摩托艇驾驶员培训教程

主　编　滕宪斌
副主编　叶保整　朱　彬
主　审　陈景锋

HEUP 哈尔滨工程大学出版社

内容简介

本书依据摩托艇驾驶员培训理论考试和评估大纲的要求，全面系统地介绍了摩托艇驾驶员应知应会的相关基本理论、基本技能及相关法律法规。本书是国内第一本有关摩托艇驾驶员培训教材，全书内容丰富，注重理论与实际的结合。全书共分七章，内容包括摩托艇结构与设备、摩托艇动力装置、摩托艇航行基本知识、摩托艇操纵基本知识、摩托艇避碰技术、救生与消防、中国沿海内河水域航行规则简述及相关法律法规。

本书可作为摩托艇驾驶员的培训教材，也可作为摩托艇相关专业人士的参考书。

图书在版编目(CIP)数据

摩托艇驾驶员培训教程/滕宪斌主编. —哈尔滨：哈尔滨工程大学出版社，2016.6

ISBN 978-7-5661-1275-0

Ⅰ.①摩… Ⅱ.①滕… Ⅲ.①摩托艇运动-教材 Ⅳ.①G874.3

中国版本图书馆 CIP 数据核字(2016)第 119752 号

选题策划 史大伟
责任编辑 张植朴
封面设计 恒润设计

出版发行 哈尔滨工程大学出版社
社　　址 哈尔滨市南岗区东大直街 124 号
邮政编码 150001
发行电话 0451-82519328
传　　真 0451-82519699
经　　销 新华书店
印　　刷 哈尔滨工业大学印刷厂
开　　本 787mm×1 092mm 1/16
印　　张 16.75
字　　数 435 千字
版　　次 2016 年 6 月第 1 版
印　　次 2016 年 6 月第 1 次印刷
定　　价 39.00 元
http://www.hrbeupress.com
E-mail:heupress@hrbeu.edu.cn

编 者 的 话

摩托艇运动起源于19世纪末，是驾驶以汽油机、柴油机或涡轮喷气发动机等为动力的机动艇在水上竞速运动，是集高科技、观赏、竞争和惊险刺激于一体，富有现代文明特征的高速水上运动。摩托艇运动场面壮观激烈、精彩纷呈、惊心动魄，也是世界公认的具有较大影响力的竞技体育项目之一。国际摩托艇联盟1922年在比利时的布鲁塞尔成立，每年举办各种摩托艇赛事。我国于1956年正式开展摩托艇运动，是国际摩托艇联盟的正式会员。

随着我国经济高速增长，人民生活水平不断提高，在广袤的大海中休闲娱乐，在蓝天白云下驾驶摩托艇追波逐浪已成为不少人的理想。特别是在海南的三亚地区，因气候适宜，海上资源丰富，摩托艇运动非常普及，已成为三亚市一道亮丽的风景。为了规范对摩托艇水上运动的管理，2012年7月，三亚市人民政府颁布了《三亚市水上旅游管理暂行办法》，2015年12月三亚市人民政府又颁布了《三亚市摩托艇登记备案管理办法（试行）》和《三亚市摩托艇驾驶员培训、考试和发证管理办法（试行）》，成为我国第一个摩托艇管理的地方法规。法规中不但规范了摩托艇运动的管理，而且对从事摩托艇驾驶员培训机构的师资和设备，以及培训内容做出了最低标准要求。

本书作为三亚市摩托艇驾驶员培训指定教材，是严格依据《三亚市摩托艇驾驶员培训、考试和发证管理办法（试行）》的相关规定，以及《摩托艇驾驶员理论培训与考试大纲》和《摩托艇驾驶员实际操作培训与评估大纲》的要求而编写的。在编写过程中充分考虑到了初学者的基础和摩托艇操纵特点，参考了大量国内外有关摩托艇驾驶技术的相关资料，以“必需和够用”为原则，深广度适中，在保证系统性、科学性的基础上尽量减少理论性阐述，注重培养参加培训人员的实际操作能力。全书共七章，主要内容有摩托艇结构与设备、摩托艇动力装置、摩托艇航行基本知识、摩托艇操纵基本知识、摩托艇避碰技术、救生与消防、中国沿海内河水域航行规则简述及相关法律法规。本书基础知识简明扼要，针对性和实用性强，不仅可以作为摩托艇驾驶员培训的基本教材，同时也可作为从事摩托艇运动的相关技术人员的参考书。

本书由广州航海学院滕宪斌教授任主编，叶保整轮机长和朱彬工程师任副主编，集美大学陈景锋教授主审，此外参加本书编写的还有闵金卫、叶伟强、张志斌、张俊爽、张雷、范佩然、葛涛、徐燕铭等。全书统稿工作由滕宪斌教授完成。本书在编写过程中参阅和应用了国内外有关的论著和网上资料，在此对原作者表示衷心的感谢！

本书的编写和出版得到了海南海事局、三亚海事局、广州航海学院等单位的支持和帮助，特别是哈尔滨工程大学出版社的各位领导和编辑，在时间紧、任务重的情况下，对本书的出版给予了鼎力帮助，在此表示衷心的感谢。

由于时间仓促，加之水平有限，疏漏不妥之处敬请指正！

编 者

2016年4月

目　录

第一章　摩托艇结构与设备

第一节　摩托艇的基本知识

一、摩托艇概念

摩托艇系指乘员定额不超过 12 人，设计静水时速在沿海水域≥10 n mile/h，在内河通航水域≥18 km/h，长度小于 20 m 的机动船艇（游艇除外），分为喷水摩托艇和螺旋桨摩托艇两种。

摩托艇主要用于短距离内运送旅客、有关执法部门执行公务、水上救生、军事、体育竞赛；也可用于游览观光、休闲娱乐、业余水上体育运动等活动。摩托艇既可以为个人所有，也可为以休闲娱乐、体育运动为目的的摩托艇爱好者组成的俱乐部或协会所有，即用于俱乐部成员、成员家属的游览观光、休闲娱乐、业余水上体育运动等活动，还可用于租赁等营业性活动，为摩托艇爱好者提供娱乐和休闲便利。在发达国家，摩托艇像轿车一样多为私人拥有，满足个人及家庭享受生活的需要；而在发展中国家，摩托艇多作为公园、旅游景点的经营项目供人们消费。

由于摩托艇体积小、速度快，一般适用于沿海遮蔽水域、沿岸划定水域及内河通航水域内航行，但也有适用于沿海的摩托艇。

需要特别注意的是，尽管摩托艇是具有额定成员的特殊船舶，但不属于客船。如果乘员超过 12 人，它就成为客船，其设计、建造、登记等必须按照客船的相关规定进行管理。

二、摩托艇的分类

摩托艇的分类方法众多，常见的有以下几种：

1. 按艇体材料分类

（1）橡皮充气摩托艇。

（2）铝合金摩托艇。

（3）玻璃钢（FRP）摩托艇。

（4）先进复合材料（ACM）艇。

2. 按机器类别和装机方式分类

（1）舷外挂机艇。

（2）艉驱动艇（以船内外机为动力）。

（3）船内装机艇。

3. 按速度分类

（1）低速艇。

（2）中速艇。

（3）高速艇。

(4)超高速艇。

4. 按大小分类

(1)快艇,艇长4.9~9.1 m(16~30 ft[①])(敞开式,没有前舱),用于滑板滑水、驾驶训练、巡航。

(2) 运动型巡航水上摩托艇,艇长7.3~11.3 m(24~37 ft)(带前舱、会客区、卧室),用于水上休闲活动、巡航、住宿过夜。

(3)运动型水上摩托艇,艇长11.6~15.2 m(38~50 ft),有带飞桥的水上摩托艇,更加舒适,可以载更多的客人。

(4)豪华水上摩托艇,艇长15.2~24.4 m(50~80 ft)。

(5)超级水上摩托艇,艇长24.4(80 ft)以上。

三、摩托艇俱乐部

早期的摩托艇俱乐部,其相应的陆上设施简陋,功能单一。经过上百年的发展,摩托艇俱乐部已经成为世界各国尤其是西方发达国家公认的相对高层次、高消费旅游娱乐项目。在欧美等发达国家,加入摩托艇俱乐部属于一种时尚的休闲娱乐方式,摩托艇俱乐部提供的专业化设施和高贵服务令社会众多成功人士及中资产阶级心仪不已。同时由于它独特的休闲感觉和体验,也正为广大旅游休闲者所喜爱,特别是随着西方城市滨水区美化改造运动的兴起,摩托艇俱乐部和相应的公共码头已成为城市滨水区规划、设计中不可或缺的一个重要因素,它在美化城市环境、提高城市空间品质、丰富城市公共活动等方面发挥了重要作用。

一般而言,摩托艇消费服务各项职能主要由其俱乐部承担。摩托艇俱乐部成立之宗旨为推广海洋休闲活动,为会员及其家属与宾客提供商务应酬、娱乐、休闲等多功能的生活空间,借以扩展海洋休憩与商务联谊,并将休闲提升到更精致之层面。俱乐部的业务功能主要包含星级酒店功能、休闲度假功能、商务功能、社交功能、娱乐功能、别墅功能、水上生活功能、水上运动培训功能和摩托艇维修保养功能等。

摩托艇俱乐部大致可以分为远郊乡野摩托艇俱乐部、城市中心区摩托艇俱乐部和屋船三种形式。

1. 远郊乡野俱乐部

远郊乡野俱乐部是一种较典型的高档摩托艇俱乐部形式,多处于远离闹市尘嚣的风景优美地段,管理上多采用会员制,各类休闲、住宿、娱乐设施自成一体,与外界少来往。它以摩托艇码头为核心,周边有会所俱乐部、宾馆、会员公寓和商业设施,不远处还有大面积的高尔夫球场和沙滩游乐场组成的较为独立、完整的一个休闲社区。

2. 城市中心区摩托艇俱乐部

城市中心区摩托艇俱乐部是一种比较常见的摩托艇俱乐部形式,多位于城市滨水中心区,尤其在欧美城市旧港区改造规划建设中非常多见,它已成为城市公共景观、公共设施的一部分,与陆上的各类宾馆、写字楼、水族馆、影剧院、商店街道成为体现城市公共空间质量的积极因素。这类摩托艇俱乐部除必要的码头设施外,多无固定的其他配套建筑,各类娱乐、住宿设施主要依靠城市周边条件。

---

① 1 ft = 0.304 8 m。

3. 屋船

屋船是一种结合摩托艇或游艇码头的滨水别墅建筑形式。它不设公共的艇码头，而是通过规划、设计使每户别墅直接临水，每户有单独的系靠码头。这种形式近年来在英、美、加拿大等发达国家的高档滨水住宅区规划设计中有大量普及的趋势。

摩托艇俱乐部对摩托艇的管理会直接影响摩托艇水上交通安全。但目前我国对摩托艇俱乐部的管理从法律上来说还比较滞后，还没有一个统一的法律文件。在我国，对水上安全的管理职责在交通运输部海事局，各地直属海事局及地方海事局对摩托艇的管理大多参照对游艇的管理。特别是我国2008年交通运输部发布《游艇安全管理规定》(中华人民共和国交通运输部2008年第7号令)，其中对游艇及游艇俱乐部的管理都做了相关规定，各地对摩托艇的管理参照此规定，有的制定了地方法规，如三亚市。具体如下：

第一，摩托艇俱乐部应当具备法人资格，具备一定安全和防污染能力，并报海事管理机构备案。

第二，摩托艇业主与其加入的摩托艇俱乐部之间通过协议，明确摩托艇俱乐部对摩托艇的日常安全管理和维护保养责任，确保摩托艇处于良好安全的技术状态。

第三，除了摩托艇的日常安全管理和维护保养责任可以由摩托艇俱乐部与摩托艇业主协商明确责任外，以下责任和义务，必须由摩托艇俱乐部承担：

(1)对摩托艇操作人员和乘员开展安全、防治污染环境知识和应急反应的宣传、培训和教育；

(2)督促摩托艇操作人员和乘员遵守水上交通安全和防治污染管理规定，落实相应的措施；

(3)保障停泊水域或者停泊点的摩托艇的安全；

(4)核查摩托艇、摩托艇操作人员的持证情况，保证出航摩托艇、摩托艇操作人员持有相应有效证书；

(5)向摩托艇提供航行所需的气象、水文情况和海事管理机构发布的航行通(警)告等信息服务，遇有恶劣气候条件等不适合出航的情况或者海事管理机构禁止出航的警示时，应当制止摩托艇出航并通知已经出航的摩托艇返航；

(6)掌握摩托艇的每次出航、返航以及乘员情况，并做好记录备查；

(7)保持与摩托艇、海事管理机构之间的通信畅通；

(8)按照向海事管理机构备案的应急预案，定期组织内部管理的应急演练和摩托艇成员参加的应急演习。

摩托艇遇险或者发生水上交通事故、污染事故，摩托艇俱乐部应当立即向海事管理机构报告，同时应当立即启动应急预案。在救援到达之前，摩托艇上的人员应当尽力自救。

四、摩托艇赛事

水上摩托运动是集高科技、观赏、竞争和惊险刺激于一体，富有现代文明特征的高速水上运动。其比赛的场面壮观激烈、精彩纷呈、惊心动魄，是世界公认的，其中一级方程式(简称F1)摩托艇世界锦标赛是有较高收视率(仅次于奥运会、世界杯足球和F1汽车)的竞技体育项目之一。摩托艇运动历史悠久，早在19世纪末期摩托艇在欧美资本主义国家最先出现并迅猛发展。1886年，法国人哥特托里·德伊姆拉首先把内燃机安装到艇上，引起世人竞相仿效。随着这种轻快灵活的小艇的普及，一些船主产生了一试高低的想法，开始组织摩托艇比赛，摩托艇运动就此产生。早期的摩托艇都是内装发动机，船体较大、耗资很多，因此从产生之日起，摩托艇就是一项高端体育运动，只有少数有产者才有条件从事，比赛也只能是少数人参加。为了夺取比赛的胜利和创造新的世界纪录，摩托艇运动爱好者往往要花费大笔的资金来设计和建造理想的赛艇，这也快速地促进了艇型和发动机的发展，使艇速得到了较快的提高。1903 年，英国人克林顿·霍普的“杰克 1 号”创造了 35 km 时速的最高纪录；1910 年，英国人 S. E. 萨文达斯的“先驱号”创造了 70 km 的时速；20 世纪 30 年代，美国人卡·乌兹托驾驶的“密斯·英格兰二世号”突破了 100 n mile 的“死亡线”；1978 年 10 月，澳大利亚人肯·沃比使用喷气发动机艇创造了 516. 425 km 时速的摩托艇纪录，后来美国人李·泰勒用火箭发动机为动力的艇在试航时时速达到 535 km。

随着摩托艇运动的发展，为了更好地推广和普及摩托艇运动，避免各种艇毁人亡的重大安全事故，协调全世界摩托艇运动爱好者的友好往来，进行世界性比赛，1922 年在比利时成立了国际摩托艇联盟，现有 45 个国家参加。国际摩托艇运动组织对摩托艇器材制定了一系列的规定和限制措施，对项目进行分级，对竞赛器材进行各种严格的限定，这样既保证了摩托艇运动的安全，也使摩托艇运动的门槛得到一定程度的降低。摩托艇每年举行洲赛、冠军杯赛、大奖赛、耐力锦标赛、世界锦标赛以及一般性的国际比赛。经世界摩联批准，用于竞赛的摩托艇有 12 种，它们各有代号，如“O”（舷外竞速艇）、“S”（舷外运动艇）等。每一种摩托艇又可按发动机气缸工作容积或艇的质量或其他，分为若干等级，如舷外竞速艇，它按气缸工作容积分为 OJ（175 mL）、OA（250 mL）、OB（350 mL）……直到 OZ（1 200 mL），共 10 个等级，各个等级的艇都可单独举行比赛。目前，我国开展的主要是舷外竞速艇。世界纪录有四种：速度纪录（1 km 或 mile，n mile）、环圈竞赛纪录（5 mile，10 mile，15 mile）、时间纪录（1 h 到 24 h）、距离纪录（12 n mile，24 n mile）。各项纪录由国际摩联逐年公布。无论何种形式的比赛，均以速度为核心。

摩托艇竞赛和纪录摩托艇的竞赛有速度赛、环圈赛和专项赛。速度赛是在 1 km，1 mile，1 n mile 或 3 n mile 的直航线上进行的。环圈赛是在闭合环圈航线上进行的，环圈航线最小长度，舷外艇为 1 500 m，其他等级的艇为 2 000 m。中国现行航线的规定，竞速航线全长为 1 km 的直线，闭合环圈航线为 1 660 m，5 km 航行 3 圈，10 km 航行 6 圈。不论何种航线都设有供运动员识别起航、转弯位置的特殊标志。摩托艇竞赛名次的评定是根据艇的速度计分，分数高者名次列前。专项竞赛不仅要求速度，还要求运动员完成规定的技术动作，以全面考察运动员的水平。

我国于 1956 年 7 月开展摩托艇运动，同年派出代表队参加了在波兰吉日茨科举行的第 1 届国际航海运动竞赛，获得气缸工作容积 350 mL、164 km 竞赛团体第 1 名，气缸工作容积 350 mL、10 km 环圈赛团体第 4 名。1957 年在保加利亚举行的第 2 届国际航海运动竞赛中，中国队又获得了金质奖章 1 枚、银质奖章 3 枚、铜质奖章 3 枚。1958 年 8 月在武汉市举行了第 1 届全国摩托艇竞赛。1959 年、1963 年、1964 年、1975 年、1979 年和 1980 年都曾举行过全国摩托艇竞赛和表演活动，丰富了群众文化生活，促进了运动技术水平的不断提高。

第二节 摩托艇常用术语

一、摩托艇船体结构

船舶的前端叫船首,后端叫船尾。

船首两侧壳板弯曲处叫艏舷,船尾两侧壳板弯曲处叫艉舷。

连接艏艉的直线叫艏艉线,它将船体分成左右两半。从船尾向船首看,在艏艉线右边的称为右舷,在左边的称为左舷。和艏艉线相垂直的方向叫作正横,在右边称右正横,在左边称左正横。

船体沿水平方向被甲板分隔成上下若干层。最上一层纵向连续甲板,通常叫作主甲板,它必须有足够的强度,并保证水密,通常也是船舶的上甲板。在上甲板以上部分统称为上层建筑。

二、摩托艇上层建筑舱室

船舶上层建筑包括船楼和甲板室,其中两侧都延伸到船舷或很接近船舷的上层建筑叫船楼。

1. 艏楼

船首部的船楼,它可以增加船首的浮力,减少船首上浪。艏楼上面的甲板叫艏楼甲板。

2. 艉楼

船尾部的船楼,它可以增加船尾的浮力,减少船尾上浪。艉楼上面的甲板叫艉楼甲板。

3. 桥楼

船中部的船楼。艉机型船的桥楼通常靠近船尾并与艉楼合并在一起。桥楼通常有多层甲板,包括起居甲板、救生甲板、驾驶甲板和罗经甲板等。

4. 甲板室

两侧不接近舷边的上层建筑叫甲板室。甲板室的顶上叫平台。如围在桅的四周的甲板室叫桅室,它的顶上往往设置起货机,叫起货机平台。

三、船舶尺度

船舶尺度是表示船舶大小,计算船舶排水量和船舶性能的必要数据。这些尺度包括长度、宽度和高度(深度)。船舶尺度按其用途可分为最大尺度、船型尺度和登记尺度三种。

1. 最大尺度

最大尺度也叫周界尺度或全部尺度。根据该尺度可以决定供船舶停靠的码头长度,也是船舶建造和修理时考虑外界限制条件的依据,以及船舶过桥涵、进出船闸、通过浅窄航段、进坞或上排修理的依据。最大尺度包括总长、全宽和最大高度。

总长是指从摩托艇的艏柱最前缘量至艉封板或艉柱后缘的距离,不包括任何其他突出物。

2. 船型尺度

船型尺度是用来计算船舶稳性、吃水差、干舷及水阻力等时所用的尺度,船型尺度的量取原则是量取船体型表面(不包括外板)。船型尺度包括型长、型宽、型深、型吃水。

(1)型宽是指在艇的最宽处,由一舷的肋骨外缘量至另一舷的肋骨外缘之间的水平距离;对纤维增强塑料艇为艇体两侧外表面之间的最大宽度,不包括护舷材等突出物。

(2)型深是指在艇长中点处,沿舷侧从平板龙骨上缘量至甲板(甲板艇)横梁上缘或舷侧板顶端(敞开艇)的垂向距离;对纤维增强塑料艇,由平板龙骨下表面量至干舷甲板(甲板艇)上缘或舷侧板顶端(敞开艇)的垂向距离。

3. 登记尺度

登记尺度是船舶检验部门丈量船舶总吨位、净吨位等时所用的尺度,它在船舶丈量证书上有记载,用来表示船舶的大小。登记尺度包括登记长度、登记宽度、登记深度。

四、其他术语

(1)飞桥:有围栏的敞开区。

(2)系艇索:系住摩托艇艇首的绳索。

(3)载重量:船舶所允许装载的最大质量,包括货物、人员、燃料、淡水、供应品等的总重。

(4)排水量:船体入水部分所排开的水的质量,以吨为计算单位。船舶空载时浮在水面,这时船体所排开的水的质量,称为"空载排水量"。装载上货物、乘客、燃料、淡水、供应品后,达到最大吃水线时,称为"满载排水量"。

(5)干舷:是指满载水线至干舷甲板(甲板艇)上缘或舷侧板顶端(敞开艇)的垂向距离。

(6)干舷甲板:是指甲板艇上自艏至艉的露天连续甲板。

(7)甲板艇:是指从艇首至艇尾范围具有风雨密的连续露天甲板的摩托艇。

(8)最大航速:是指摩托艇在满载排水量时以核定的最大持续推进功率在静水中航行能达到的航速。

(9)营运航速:是指最大航速的90%。

(10)高速摩托艇:是指其满载排水量时的最大航速。

(11)海里(n mile):1 n mile = 1 852 m。

(12)节(kn):1 kn = 1 n mile/h = 1.852 km/h。

(13)英尺(ft):1 ft = 0.305 m。

(14)续航能力:摩托艇携带额定燃料,中途不再补给,以一定航速连续航行所能达到的最大航程,以n mile表示。

(15)乘员:是指艇上所有载运人员。摩托艇的最大乘员数量应在摩托艇适航证书中注明。

第三节　摩托艇相关设备

摩托艇的主要设备包括动力装置、舵装置、通信装置、导航装置、操作装置及救生设备等。由于动力装置是摩托艇的核心即"心脏",相对来说比较重要,因此动力装置将在第二章进行详细说明,在这对其他装置进行概括。

一、舵设备及保养要求

舵设备的作用是保持或改变船艇的航向。舵设备应满足船检规范要求并保证艇操纵的可靠性。摩托艇的舵设备有舵桨分开式和舵桨一体式(无舵叶)两种。

(1)每周至少一次系统地检查舵设备和所有零部件的完好性。

(2)每次出航前,应检查舵设备的完好性,并记入值班日志。

(3)当船艇触底或舵受撞击时应进行临时检查。

二、通信设备

可根据需要配备 VHF 甚高频无线电话。其中 16 频道为航行守听频道(在 VTS 监管区域行驶时在其他规定的频道上守听)。

三、导航设备

由于摩托艇的用途和续航力限制,一般只用于短距离航行,导航设备较少,可根据船检要求和个人需要配备相应的导航设备。如磁罗经、GPS 卫星导航仪(或北斗导航系统)、AIS 船舶自动识别系统等。

1. 磁罗经

它是利用磁针在地磁力的作用下能够指向地磁北极的原理制成的一种指向仪器,用于观察航向和测定物标方位。通常用圆周法表示航向(北 000°,东 090°,南 180°,西 270°)。

2. 船用 GPS 卫星导航仪

它可为船舶航行中提供定位与导航,如图 1 - 1 所示。其主要功能包括:①船位计算与显示功能;②导航功能;③航线设计功能;④存储导航信息;⑤显示和预报卫星的有关信息。

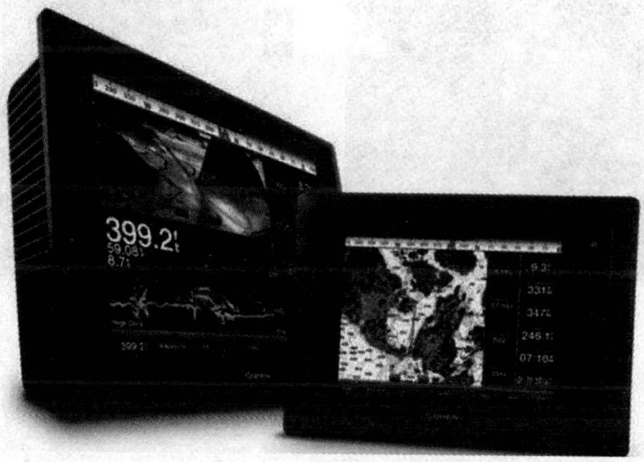

图 1 - 1　摩托艇用 GPS 设备

3. AIS 设备

AIS 是一个广播转发器系统,它能够把船舶信息如船名、呼号、海上移动识别码、船位、航向、航速等自动发到其他船舶或岸上,其主要功能有自动播放/接收 AIS 信息,以标准界面输出 AIS 信息,可用于船与船之间的识别、监视、避碰、定位、通信等,如图 1 - 2 所示。

图 1-2　摩托艇 AIS 设备

四、操作设备

简单的驾机合一，一般只有离合器、加速油门拉杆、舵盘。但也有操作设备现代化的摩托艇，电脑自动化程度高，如图 1-3 所示。

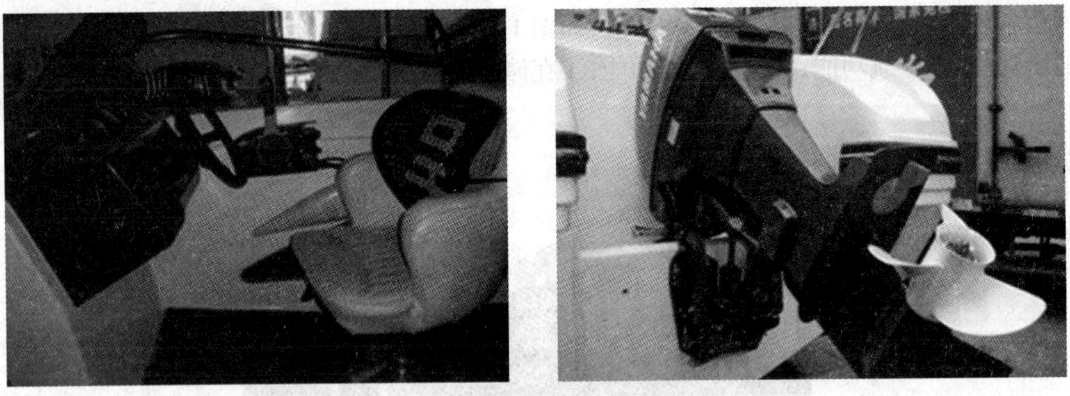

图 1-3　摩托艇操作设备

五、救生设备

包括救生圈和救生衣。

六、拖车设备

摩托艇拖车与摩托艇的关系密切，它避免了摩托艇因运输、停放时有可能的支撑受力不均、摇晃失衡而引致的损害。可以说摩托艇离开水面之后，绝大部分的时间里都是靠摩托艇拖车来承托的。

第四节 摩托艇及其拖车的选取

随着社会的快速发展,越来越多的社会精英人群选取摩托艇作为减压及休闲方式,作为时尚品和奢侈品的摩托艇如何选用非常关键。

一、摩托艇的选取

具体标准如下:

1. 选择品牌

现今有非常多的摩托艇品牌可供选择,因此应根据自己的购买需求和爱好选取适当的品牌。对于摩托艇质量要求比较高的,一般会选择庞巴迪、雅马哈、川崎等国际品牌,但费用不菲。因为品牌是一个企业以及企业的技术、产品质量和信誉的象征,选品牌实际上是选企业、选质量、选信誉。欧美地区有着深厚的摩托艇文化底蕴,相对应地,其制造工艺的精湛度、技术水平的先进度、内饰的豪华高档度、空间的有效利用度以及船身的美观度等,远高于国产摩托艇。但是,恰恰是因为这些优点,进口豪华摩托艇被列入奢侈品行列,需交付高额的税负。相比而言,国内摩托艇品牌有三江、飞籁等,这些品牌的性价比更高,更有亲民性和普及性。图 1-4 所示为某型摩托艇。

图 1-4 摩托艇

2. 选择正规的摩托艇经销商

目前中国摩托艇市场分为两个层级:进口摩托艇和国产摩托艇。不论是舶来品还是中国制造,市场上产品质量良莠不齐。

据统计,目前市场上出现的伪劣摩托艇,其出处有三:第一,二手摩托艇翻新。摩托艇是一种舶来品,在发达国家已然兴旺,成为普通富豪的必备品,旺盛的需求、可观的交易量,直接造就了频繁的更换率。有些商家会让二手摩托艇再次披上华丽的外衣,“以假乱真”,

不论外衣多么华丽,二手摩托艇在使用寿命、安全性、性能等方面都难以和新摩托艇匹敌。第二,样品船。为了自己的摩托艇能够在艇展上惊艳登场,不论是摩托艇厂家还是摩托艇销售商,每年都会携带自己品牌精心备置的样品船参展。风光展览过后,在利益的驱使下,某些厂商将这些样品船经过简单的翻新处理,与真正的新船同台出售。第三,库存摩托艇。金融风暴致使许多崭新的成品船滞销,摩托艇一旦搁置,机械部分会因为缺乏正常运转而潜伏了各种各样的隐患。在后金融时代,有些厂商不惜将存放已久的摩托艇作为新船降价出售。可见,摩托艇爱好者与厂商呈现完全的信息不对称,所以购买摩托艇最好选择正规的经销商。正规经销商经济实力、管理体系、信用资质、服务质量等各方面指数都非常高,免去顾客的后顾之忧。

另外,选择有良好的口碑及售后服务也相当关键。

二、摩托艇拖车的选择

摩托艇拖车直接影响到摩托艇的正常寿命,因此选择一款与摩托艇适配的拖车至关重要。

摩托艇拖车的选取应遵循以下条件:

1. 样式选择

显然首先要考虑的问题就是一个拖车要包含几个位置,如果你只有一艘摩托艇,当然一个单个式的摩托艇拖车就足够了,但是如果你周围的亲戚朋友也可能会购买一艘,或者找人一起在水上玩摩托艇,那么你可能需要一辆组合式的拖车,如图 1 - 5 所示。

图 1 - 5　摩托艇拖车

2. 材料选择

钢是最便宜也是最常见的制作拖车框架的材料,其喷漆后效果美观且与车辆看起来很协调,但是要注意提前做一些预防性的保养工作才能使之更加长久。拖车使用久了经常会发生腐蚀,特别是在焊接连接处和发生损坏的部位。如果没有定期进行检查,紧接着会出现一些腐蚀的斑点,这会破坏原有的外观和结构强度。如果您周围的水域主要是淡水那么可以选择钢制喷漆的拖车,但是如果是咸水或者海水,那么镀锌材质的拖车是更好的选择。

3. 减震机构

跟车一样,拖车同样有减震机构,最常见的是弹簧钢板,由许多弯曲细长的钢条组成,这些钢条重叠在一起，通过其弹性来进行缓冲减震。还有一种更贵，但是更好的减震系统是采用一根带有扭力的梁，一端与拖车框架相连，另一端与车轴相连，从而达到减震的效果。

4. 轮胎

没有什么比突然爆胎更让人恼火的了，因此选择一个可靠而又合适的轮胎就显得尤为重要。轮胎选择时必须很好地与拖车和负载吻合。一般轮胎内侧会有标记标明轮胎的尺寸、最大承重以及行驶速度。轮胎的尺寸必须与拖车的尺寸相符，根据摩托艇和拖车的总重选择合适承重的轮胎，行驶时为了保证安全应在速度范围内安全行驶。

5. 刹车系统

刹车系统一般也有两种选择，即鼓式刹车和盘式刹车。盘式刹车顾名思义，通过一个和轮胎固定并同速转动的圆盘，刹车时利用油压推动刹车卡钳中的活塞产生制动力，并和"圆盘"接触产生摩擦最终使车辆停下。这个很像我们的自行车，通过闸皮摩擦轮圈最终使车停下。鼓式刹车拥有一形状类似铃鼓的铸铁件，它与轮胎固定并同速转动。刹车时，不同于盘式刹车的"夹住"刹车盘，鼓式刹车通过油压将位于刹车鼓内的刹车来令片往外推，使刹车来令片与随着车轮转动的刹车鼓之内面发生摩擦，从而产生刹车的效果。鼓式的比较便宜，但是维护比较困难，鼓也必须进行更加细致的维护。盘式刹车一般价格较高，但是维护起来更加方便，同时出现磨损和腐蚀的几率也更小。摩托艇拖车刹车如图 1－6 所示。

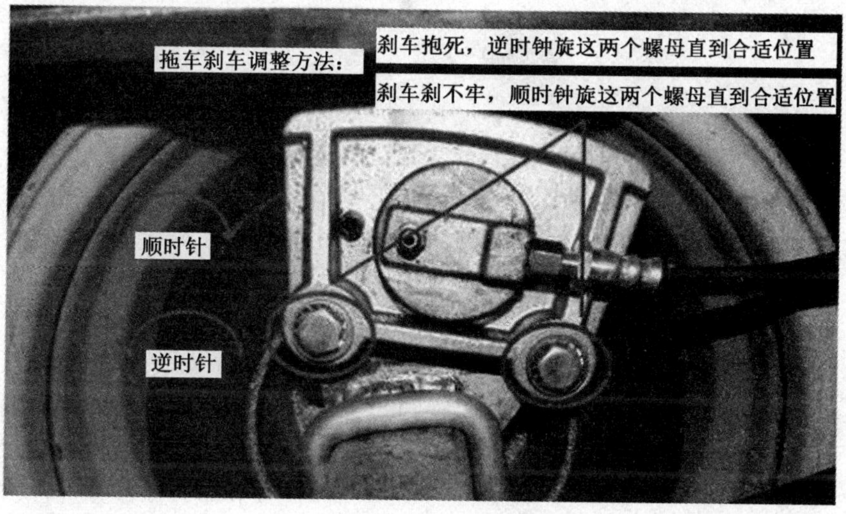

图 1－6　摩托艇拖车刹车

6. 绞盘

一般拖车上都配备有绞盘，但是很多人将其直接用来将摩托艇拖拽到拖车上，这种做法是错误的，那样的力对于拖车绞盘来说太大，容易造成损坏。绞盘正确的用法是：拖车还有最后一点距离到摆放位置时可以选择用绞盘；还有将摩托艇固定在拖车上防止其向前与向后移动。选择时最好选择能上下和前后调整移动的，这样才能更好地匹配摩托艇，如图1－7 所示。

图 1－7 拖车绞盘

7. 尾灯

现在一般都选择 LED 灯，LED 灯有着更长的寿命，可以做到很好地防水，很明亮很显眼，同时也很省电。但是同刹车线一样，最好放在框架内部，如果在外部需要注意保护好，防止损坏，如图 1－8 所示。

图 1－8 拖车尾灯

第五节 摩托艇及摩托艇驾驶员管理

一、摩托艇登记

我国对摩托艇登记，还没有专门统一的管理制度，大多地方政府或主管部门采用基本等同于游艇或商船的管理制度。有的地方政府参照游艇或商船管理的经验，结合本地实际情况，也制定出适合当地的摩托艇登记专门管理办法，如三亚市。根据《中华人民共和国船舶登记条例》的规定，在我国境内有住所或者主要营业场所的中国公民的摩托艇、我国政府公务使用和事业法人的摩托艇应当办理船舶登记手续。摩托艇的船舶登记管理主要有船舶所有权登记和船舶国籍登记。

摩托艇的所有人应当按照《中华人民共和国船舶登记条例》的规定，向海事管理机构申请办理船舶登记，取得“船舶所有权证书”和“中华人民共和国船舶国籍证书”。未取得中华人民共和国或者其他国家、地区“船舶国籍证书”的摩托艇，不得在中华人民共和国沿海、内河及其他管辖水域航行、停泊。申请办理船舶国籍登记，摩托艇所有人应当持有船舶检验证书和所有权证书，由海事管理机构审核后颁发“中华人民共和国船舶国籍证书”。从登记的主体来看，根据《中华人民共和国船舶登记条例》，我国实行严格的登记制度，仅中国公民和中国企业的船舶可以登记，若企业法人的注册资本中有外商出资份额，则中方投资人的出资额不得低于50%，而且港澳台资视同外资。这样一来，现阶段对摩托艇最有需要的外国、港澳台地区公民和外资企业无法在国内进行摩托艇登记。新通知规定，在港澳台地区办理了船舶登记的摩托艇，可以在不注销已办理船舶登记的条件下，向海事管理机构申请办理临时船舶国籍证书。

二、摩托艇驾驶员

各个国家对摩托艇驾驶员的要求不一样。我国对摩托艇驾驶员实行了较为严格的管理制度。因为操作摩托艇的技能不是单纯的船舶驾驶技术，摩托艇驾驶员不仅需要具备基本的航海知识以及机电常识，了解、熟悉航行区域的水文气象情况，具备识别基本的海图和掌握船舶稳性等基本知识，还需要有天文、地理、海洋等方面的理论知识，熟悉相关海事法规，以保证海洋航行安全、海洋环境保护等。

摩托艇作为水上交通和娱乐工具，为了保证水上交通安全和海洋防污染安全，其驾驶人员必须进行专门的培训，取得摩托艇驾驶证。在我国，早期的摩托艇驾驶证培训主要由国家体育总局下属的中国摩托艇运动协会进行培训颁发，并于2009年制定了《中国摩托艇运动协会摩托艇驾驶员培训及管理办法》，分别对培训机构的场地、教练、学员资格、培训课时、考核与发证等做出了相应的规定，并根据摩托艇的速度和用途，对摩托艇驾驶员分成A，B，C，D四个等级。该办法的出台对促进和规范我国摩托艇驾驶员的培训与管理起到很重要的作用。

根根《中华人民共和国船员条例》《中华人民共和国船员培训管理规则》等相关法律法规，交通运输部海事局是摩托艇驾驶员培训和管理的主管机关，各直属海事局和地方海事局负责所属辖区的摩托艇登记、水上安全管理和摩托艇驾驶员的培训。但是目前全国还没有统一的摩托艇驾驶员培训、考试和发证管理办法，为了规范摩托艇驾驶员管理，各个省市根据相关的国家法规并结合当地情况，制定了有关摩托艇驾驶员培训、考试和发证管理办法，如浙江省、三亚市等。没有相关规定的地区大多参照游艇安全管理规定对摩托艇进行管理和规范。

三、摩托艇驾驶员培训机构

根据《中华人民共和国船员培训管理规则》(中华人民共和国交通运输部令2013年第15号)的规定，摩托艇操作人员培训作为海船船员岗位适任培训的一种，属于强制培训项目。摩托艇驾驶员培训机构应当按照《中华人民共和国船员培训管理规则》的规定，申请并取得特定的摩托艇驾驶员培训许可，方可开展相应的摩托艇驾驶员培训业务。

1. 摩托艇驾驶员培训机构应符合的条件

依法设立的从事摩托艇驾驶员培训的机构，应当符合下列许可条件：

(1)有符合摩托艇驾驶员培训项目要求的场地、设施和设备(详见表 1－1)。

(2)有符合摩托艇驾驶员岗位适任培训相适应的教学人员(详见表 1－2)，教学人员总数的 80% 应当通过中华人民共和国海事局组织的考试，并取得相应证明。

表 1－1　摩托艇操作人员岗位适任培训场地、设施和设备标准

序号	场地、设施和设备	要求
1	多媒体教室	1 间，能容纳 40 人
2	码头(泊位)	供摩托艇安全靠离
3	安全航行水域	供摩托艇实操训练
4	陆上训练场所	供陆上训练
5	燃烧池或油槽	1 个(直径 1 m)
6	摩托艇	1 艘
7	甚高频无线电话	1 部，可配备于摩托艇上
8	全球定位仪	1 部，可配备于摩托艇上
9	雷达	1 部(3 cm)，可配备于摩托艇上
10	救生衣	22 件
11	救生圈	2 只
12	红色降落伞火箭、烟雾信号、手持红色火焰信号	各 2 只
13	二氧化碳和干粉灭火器	各 2 只
14	医药箱	1 只，按照救生艇标准配备急救药品及器具
15	心肺复苏操作模拟人	1 个
16	海图作业用具	5 套
17	港口及附近海域海图	5 套
18	中国海区及内河助航标志示意图	各 1 套
19	潮汐表及港口相关水文资料	1 套
20	港口规章、规定及相关要求	1 套
21	摩托艇培训教材	符合摩托艇培训大纲要求

表 1－2　摩托艇培训教学人员要求

培训项目	基本条件	其他要求
摩托艇操作人员	教员需满足下列条件之一： ①具有不少于 1 年的甲类大副及以上海上资历，并具有航海专业大专以上学历； ②具有不少于 1 年海上资历的航海类专业教师	①教员须自有； ②理论教员 1 名； ③实训教员按照师生比 1:20 配备

(3)有与船员培训项目相适应的管理人员。

①配备专职教学管理人员、教学设施设备管理人员、培训发证管理人员和档案管理人员。

②教学管理人员至少2人,具有航海类中专以上学历或者其他专业大专以上学历,熟悉相关法规,熟悉所管理的培训项目。

③教学设施设备管理人员至少1人,具有中专以上学历,能够熟练操作所管理的设施、设备。

④有健全的船员培训管理制度,具体包括学员管理制度、教学人员管理制度、培训证明发放制度、教学设施设备管理制度和档案管理制度。

⑤有健全的安全防护制度,具体包括人身安全防护制度和突发事件应急制度等。

⑥有符合交通运输部规定的船员培训质量控制体系。

2. 摩托艇驾驶员培训许可证的取得及保持

培训机构申请从事摩托艇驾驶员岗位适任培训业务,应当向中华人民共和国海事局提出申请,并提交下列申请材料,还应同时将申请材料抄送注册地交通运输部直属海事管理机构:

(1)开展摩托艇驾驶员岗位适任培训申请书;

(2)培训机构的法人代码证;

(3)培训场地、设施、设备的情况说明;

(4)教学人员的情况说明及证明材料;

(5)管理人员的情况说明及证明材料;

(6)法规、技术资料的配备情况说明;

(7)船员培训管理制度和安全防护制度文本;

(8)船员培训质量控制体系文件。

中华人民共和国海事局应当自受理申请之日起30日内,做出批准或者不予批准的决定。予以批准的,发给“中华人民共和国船员培训许可证”(以下简称“船员培训许可证”);不予批准的,书面通知申请人并说明理由。中华人民共和国海事局在受理船员培训申请之后,可以委托交通运输部直属海事管理机构对培训机构进行现场核验。现场核验是对培训机构是否具备许可条件所进行的全面、客观评价。现场核验的工作时间应当计入许可期限。

第二章 摩托艇动力装置

摩托艇动力装置的主要任务是为摩托艇提供各种能量以保证摩托艇的正常航行与安全、人员生命财产安全以及完成各种作业等。所以摩托艇动力装置是各种能量的产生、传递及消耗的全部机械、设备及系统的有机组合体，是摩托艇的一个重要组成部分。

第一节 摩托艇动力设备基本知识

发动机是摩托艇动力装置的核心，它是一种能够把一种形式的能转化为另一种更有用的能的机器。通常是把燃料的化学能转化为推动摩托艇的机械能。

从发动机产生和发展的历史看，它经历了外燃机和内燃机两个发展阶段。

所谓外燃机，就是说它的燃料在发动机的外部燃烧，发动机将这种燃烧产生的热能转化成动能。内燃机与外燃机的最大不同在于它的燃料在其内部燃烧。内燃机的种类十分繁多，我们常见的汽油机、柴油机是典型的内燃机。

发动机可分为以下种类。

一、按发动机安装类型划分

舷内机：发动机安装在船体内侧，大型摩托艇使用。

舷外机：不是永久固定于船上，需随时拆卸移动的船舶机器。由于体积小、功率大、转速高而广泛应用于高速艇、渔船及工作船。

舷内外机：发动机安装在船体内侧，推进器安装在船体外侧。主要供中小型摩托艇使用。

喷射引擎：将水吸入引擎，加速向后方喷射以获得动力，不需要舵，只要改变喷射方向即可改变船只的行进方向。

下面简单介绍按发动机安装类型分类的几种摩托艇艇上常用的发动机的结构和基本知识。

1. 舷内机与舷外机的基本概念及特性

摩托艇的发动机按在船体的布置部位可分为舷内机与舷外机。

(1)舷内机

固定在船体内部，并通过轴系及穿过船体的密封装置将发动机的动力传递给螺旋桨推动船体运动的动力装置叫舷内机，也就是说在摩托艇外看不到发动机，如图 2－1 所示。

舷内机一般选用四冲程柴油机，机体通过地脚螺栓将机座紧固在一起，为了达到减震、减噪的目的，使摩托艇成员有较好的舒适性，一般机座都装有减震装置。由于可以选择较大功率的发动机，所以舷内机一般都用在比较大型的摩托艇或游艇上。

由于舷内机的转速都比较高(400～800 r/min)，而螺旋桨的转速一般在 100 r/min 左右时有比较高的效率。如果这样高的转速直接传递给螺旋桨不仅无法提高摩托艇的速度，反而会造成螺旋桨空转和燃油的浪费，因此需要通过齿轮减速以获得较高的推进效率。

图 2－1　舷内机式摩托艇

一般摩托艇的推进装置都不具备换向功能，因此它的发动机不仅需要减速装置，还需要设置倒顺车装置。下面介绍一下将倒顺车和减速两个功能结合在一起的倒顺减速装置（图 2－2）。

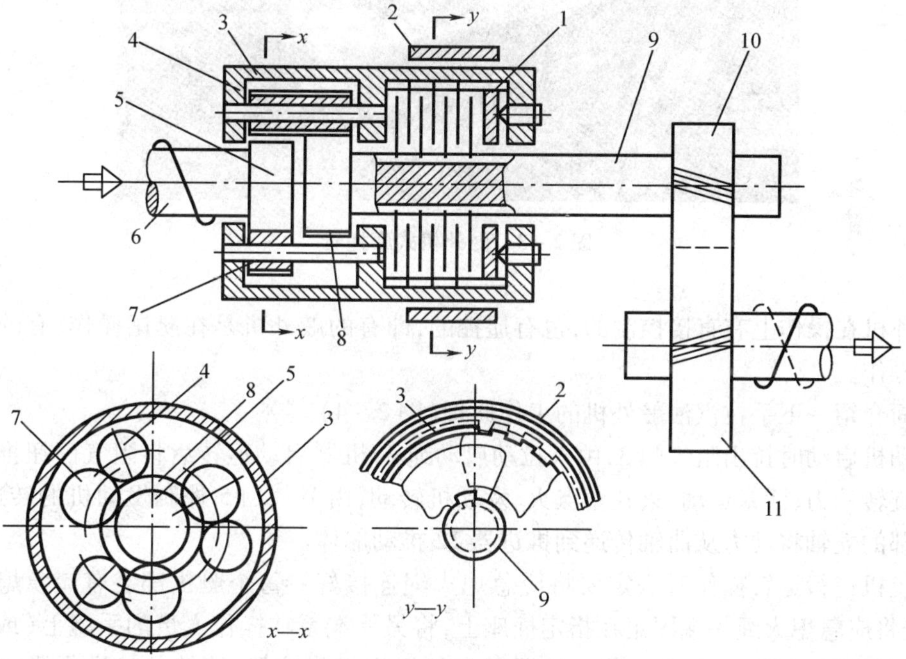

图 2－2　倒顺减速装置原理图

1—正车多片式摩擦离合器；2—倒车制动带；3—离合器外壳；4，7—行星轮；5，8—太阳轮；6—输入轴；9—从动轴；10—减速小齿轮；11—减速大齿轮

图 2－2 中，不能反转的发动机连接输入轴 6，行星轮 7 有三个，它们和太阳轮 5 啮合并在太阳轮 5 圆周上均匀分布。行星轮 4 也有三个，它们和太阳轮 8，行星轮 7 啮合并在太阳

轮8周向均匀分布,太阳轮11通过轴系带动螺旋桨。由图可见,整个装置是由减速器和倒顺离合器两大部分组成。空车时,制动带2和离合器1都脱开,离合器外壳3做与输入轴6同方向回转,而从动轴9不动,无功率输出。当螺旋桨需要正转时,制动带2脱开,离合器1接合,齿轮5,7,4和8对于离合器壳体3无相对运动,输入轴6和从动轴9处于刚性连接状态,功率通过减速小齿轮10和大齿轮11传递给输出轴。当开倒车时,收紧制动带,脱开离合器1,动力通过太阳轮5,行星轮7,4和太阳轮8,以相反的转向传递给从动轴9,再通过减速齿轮10,11传递给输出轴。

(2)舷外机

舷外机是指发动机在船体外面,或直接浸泡于水中,或在水面之上,可以较方便地识别,如图2-3所示。多用于摩托艇等小体积船体,按其功率分为6 hp①,8 hp,15 hp,30 hp不等的诸多型号。一般为二冲程汽油机,启动方式多为手动式,由操作者手持方向手柄掌握方向。传统柴油动力比较粗重,价格低廉,噪音及水域污染严重;二冲程汽油机船用动力偏重于价格经济实惠、动力强、结构简单、搬运收藏方便的特点。

图2-3　舷外机式摩托艇

舷外机在操作上有直接控制的,也有遥控的,即有的舷外机是在艇尾操作,有的是在艄部遥控操作。

下面介绍一下手拉汽油舷外机的工作原理(图2-4)。

发动机启动时拉出阻气门3,由人拉动启动绳4,机器启动运转后将阻气门钮推入使曲轴获得旋转动力,活塞运动、火花塞点火、发动机转动,由节气门5控制发动机的转速,通过机器内部的立轴将动力从曲轴传递到推进器12推动船体。

在艇机进行运转操作时一定要将应急熄火绳连接好。每个艇机都装有应急熄火绳开关,首先将应急熄火绳一端固定在指定插座上,将另一端系在操作人员的手腕上(或身体某一位),以便于操艇人员在发生紧急情况时突然远离操作位置,能够及时进行紧急停机功能。在操艇运转时,绝不可以进行超负荷功率或者超载运行,一定要按照艇机指定功率进行航行,防止发生意外事故,严重了会造成艇体破裂、艇机失控,艇失去正常的航行状态等严重后果。

---

① 英制马力,单位符号为hp,与瓦的换算关系为1 hp=735.499 W。

2. 喷水推进装置的基本结构和工作原理

喷水推进装置是一种新型的特种动力装置，与常见的螺旋桨推进方式不同，喷水推进的推力是通过推进水泵喷出的水流的反作用力来获得的，并通过操纵舵及倒舵设备分配和改变喷流的方向来实现船舶的操纵。在滑行艇、穿浪艇、水翼艇、气垫船等中、高速船舶上得到了应用。

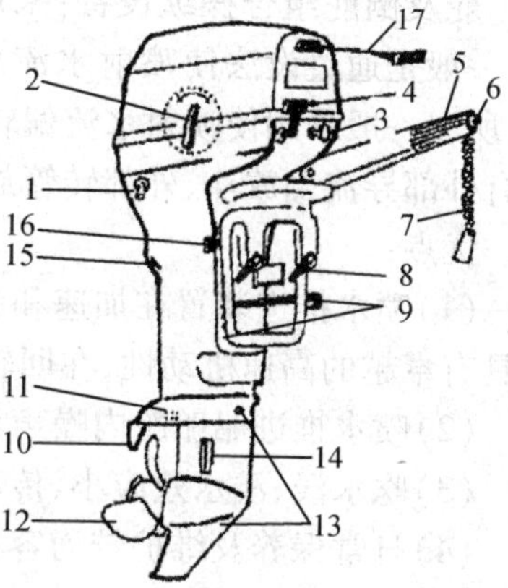

图 2－4　舷外发动机原理图

1—水泵指示灯；2—驱动选择器/齿轮选择器；3—阻气门；4—启动绳；5—节气门；6—紧急停止/张力控制；7—紧急停止绳；8—禁锢夹子；9—发动机倾斜振动控制；10—偏离纠正器/防腐蚀电极；11—出水口；12—推进器；13—机油指示灯；14—进水装置；15—尾气排放；17—升程杆

典型的喷水推进装置结构主要由原动机及传动装置、推进水泵、管道系统、舵及倒舵组合操纵设备等组成（图 2－5）。

原动机及传动装置：喷水推进装置最常见的原动机及传动装置配置有燃气轮机与减速齿轮箱驱动、柴油机与减速齿轮箱驱动、燃气轮机或柴油机直接驱动等形式。在采用全电力综合推进的舰船上则一般采用电动机直接驱动推进水泵的形式。

推进水泵：推进水泵是喷水推进装置的核心部件。从推进水泵上网功率和效率的要求、舰船布置的需要以及传动机构的合理、方便等方面出发，通常选用叶片泵中的轴流泵和导叶式混流泵，特殊情况下也可以采用离心泵。

管道系统：主要包括进水口、进水格栅、扩散管、推进水泵进流弯管和喷口等。管道系统的优劣在很大程度上决定了喷水推进系统效率的高低。

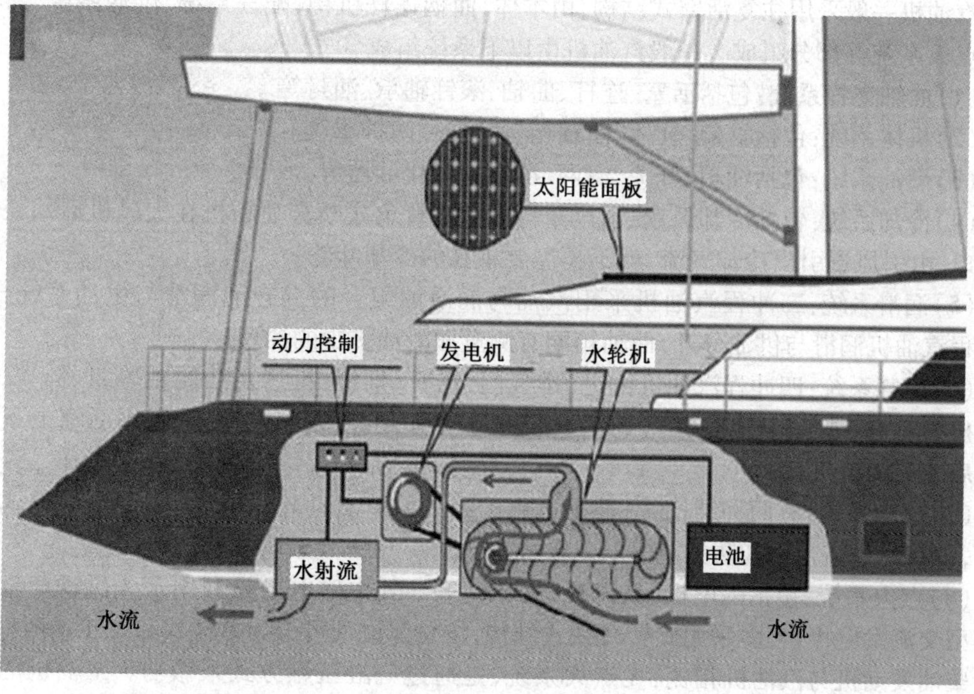

图 2－5　喷水动力装置

舵及倒舵组合操纵设备:采用喷水推进的船舶不能靠主机、推进水泵的逆转来实现倒航,一般是通过设法使喷射水流反折来实现。由于经喷口喷出的水流相对舵有较大的流速,所以一般采用使喷射水流偏转的方法来实现船舶的转向。常见的舵及倒舵综合操纵设备有外部导流倒放斗、外部转管放罩等。

优点:

(1)喷水推进装置在加速和制动性能方面具有和变距螺旋桨相同的性能,喷水推进船舶具有卓越的高速机动性,在回转时喷水推进装置产生的侧向力可使回转半径减小。

(2)喷水推进船舶舱内噪声和振动较小,比具有螺旋桨的船舶低。

(3)吃水浅、浅水效应小、传动机构简单、附件阻力小、保护性能好。

(4)日常保养及维护较为容易。

缺点:

(1)舰船航速低于20 kn时,喷水推进的效率比螺旋桨要低一些。

(2)由于增加了管路中水的质量(通常占全船排水量的5%左右),使得舰船损失排水量。

(3)在水草或杂物较多的水域,进口容易出现堵塞现象而影响舰船的航速。

(4)更换推进水泵的叶轮较为复杂。

二、按发动机使用燃料划分

发动机按使用燃料可分为汽油发动机和柴油发动机。

汽油发动机较柴油发动机体积小、质量轻、噪音低、易检修,并且相对比较容易发动,因为汽油的燃点低,热效率低,热效能转化为动能的行程短,动能转化为速度容易发挥,加速敏捷也易于操控,适合推动船身及载重较轻的小船。

汽油机一般采用往复活塞式结构,由本体、曲柄连杆机构、配气系统、供油系统、润滑系统和点火系统等部分组成。一般汽油机由以下系统组成。

(1)曲轴连杆系统:包括活塞、连杆、曲轴、滚针轴承、油封等。

(2)机体系统:包括缸盖、缸体、曲轴箱、消声器、防护罩等。

(3)燃油系统:包括油箱、开关、滤网、沉淀杯和化油器等。

(4)冷却系统:包括冷却风扇、引风罩等。有些背负式喷雾喷粉机在大风机后蜗壳上开冷却口,由引风罩引出冷却气流,就不再需要单独的冷却叶轮。

(5)润滑系统:二冲程汽油机采用汽油与润滑油组合的混合油润滑与供油系统合用。四冲程汽油机润滑与供油分开,曲轴箱配有测量润滑油多少的油尺。

(6)配气系统:四冲程汽油机由进、排气门,摇臂,推杆,挺杆及凸轮轴等组成。二冲程汽油机没有进、排气门,而是在气缸体上开有进气口、出气口和换气口,利用活塞上下运动来开启或关闭各气孔。

(7)启动系统:有两种结构,一种是由启动绳和简单启动轮组成;另一种是回弹式启动结构,带有弹簧结合齿和防护罩等。

(8)点火系统:包括磁电机、高压线、火花塞等。其中磁电机是利用永久磁铁产生磁场的小型交流发电机,大多采用旋转磁铁式结构,按总体设计可分为单体式和飞轮式两种。

柴油发动机与汽油机相比,无点火系统,是通过气缸压燃方式来做功。柴油机的优点是柴油价格低,经济性好,故障较少。从功率角度说,柴油机的功率比汽油机大,在船舶上的应用更为广泛。柴油机的使用寿命相对较长而且操作费用相对较少。柴油热点高,热效率高，热效能转化为动能的行程长，动能发挥及加速反应较慢，但动能转化和加大扭力的能力强，比较适合推动重型船身及载重较大的船。

下面分别介绍几种摩托艇上常用的发动机的结构和基本原理。

1. 四冲程柴油机基本结构和工作原理

(1)四冲程柴油机基本结构

柴油机的结构比较复杂(图2-6)，它由许多机构和系统组成。

①主要固定件

柴油机的主要固定件由机座、机架、气缸和气缸盖等组成。中小型柴油机常将气缸体和机架做成一体，称为机体，并省去机座代之以轻便的油底壳。它们构成了柴油机的骨架，支撑运动件和辅助系统。

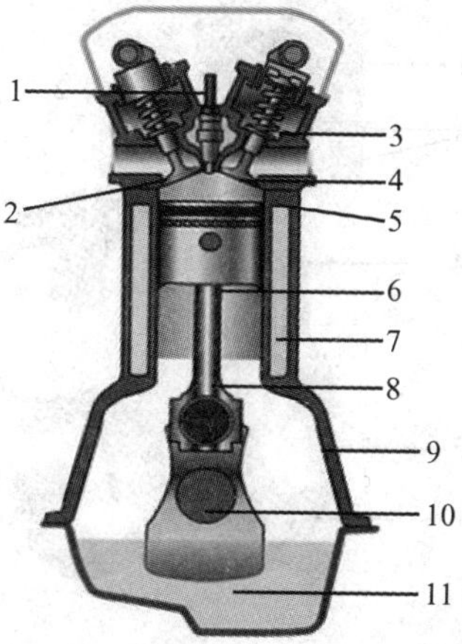

图2-6　四冲程柴油机基本结构

1—喷油器;2—进气阀;3—气阀弹簧;4—排气阀;5,6,7—气缸盖;8—连杆;9—机架;10—曲轴;11—油底壳

②主要运动件

柴油机的主要运动件由活塞、连杆组件及曲轴组成(图2-7)。活塞(图2-8)与气缸及气缸盖构成燃烧室，保证柴油机工作过程的进行，同时，通过连杆将活塞的往复运动变为曲轴的回转运动，使燃气推动活塞的动力通过曲轴以回转的方式向外输出。

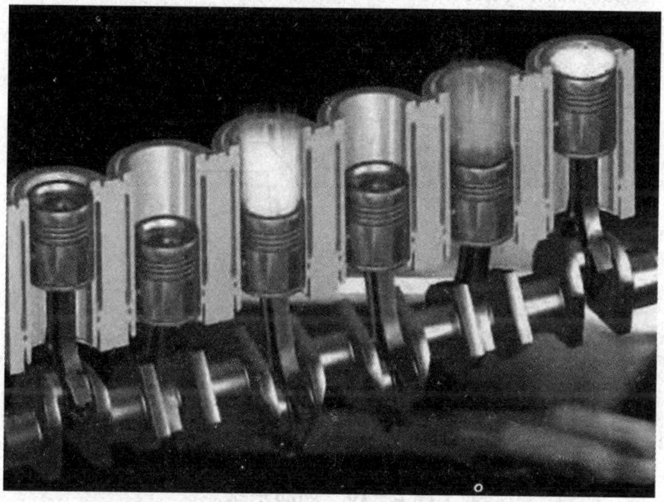

图2-7　活塞与曲轴

③配气机构及换气系统(图2-9)

配气机构由进、排气阀，气阀传动机构，凸轮轴及凸轮轴传动机构组成。进、排气系统由空气滤器，进、排气管和消音器组成，对于增压柴油机还有增压器及空冷器。它们的作用是按照工作循环的需要，定时地向气缸内供应充足、清洁的新鲜空气，并将燃烧后的废气排出气缸。

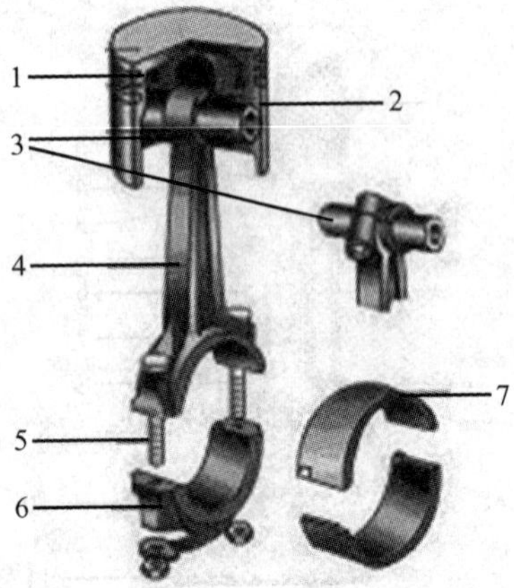

图 2－8　活塞组件

1—活塞；2—活塞环；3—活塞销；
4—连杆；5—连杆螺栓；
6—连杆盖；7—连杆瓦

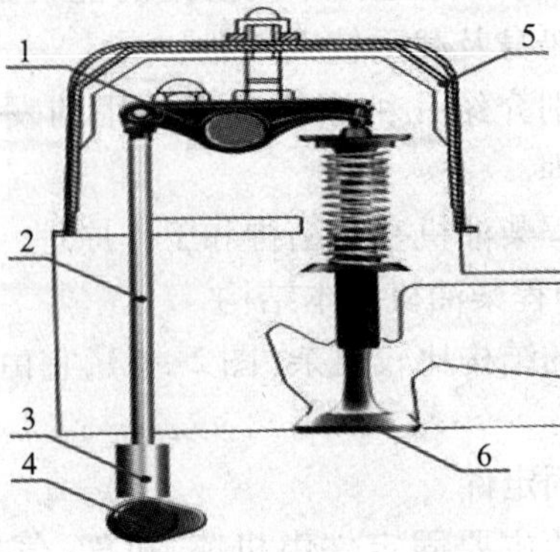

图 2－9　配气系统

1—摇臂；2—顶杆；3—顶柱；
4—凸轮轴；5—气阀室罩；6—气阀

④燃油系统（图 2－10）

燃油系统由燃油供给系统和燃油喷射系统组成。燃油供给系统是把符合使用要求的燃油畅通无阻地输送到喷油泵入口端。该系统通常由加装和测量、贮存、驳运、净化处理、供给五个基本环节组成。燃油喷射系统由喷油泵、喷油器和高压油管组成，其作用是定时、定量地向燃烧室内喷入雾化良好的燃油，保证燃烧过程的进行。

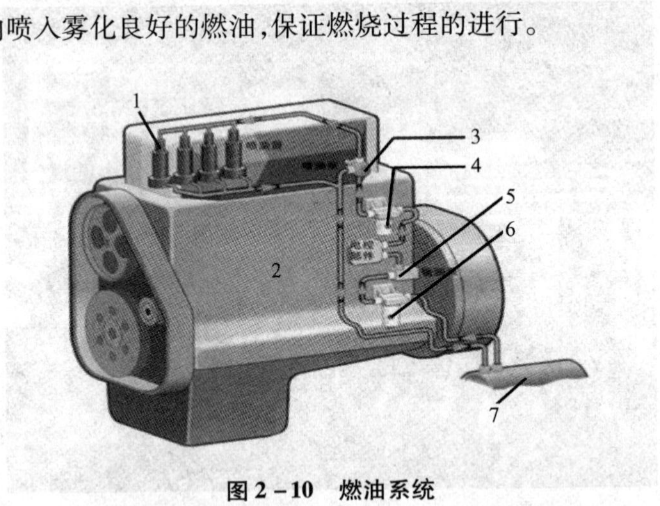

图 2－10　燃油系统

1—喷油器；2—柴油机；3，5—输油泵；4，6—燃油滤器；7—燃油箱

⑤润滑系统（图 2－11）

润滑系统的作用是将清洁的润滑油送至柴油机的各运动件摩擦表面，起到减磨、冷却、清洁、密封和防锈作用，保证柴油机的正常工作。大型低速柴油机通常由气缸注油系统和曲轴箱油系统两部分组成，而中小型柴油机只有曲轴箱油系统，也称之为机油系统。

⑥冷却系统（图 2－12）

冷却系统由泵、冷却器和温控器等组成。船舶柴油机通常以淡水和滑油为冷却剂在机

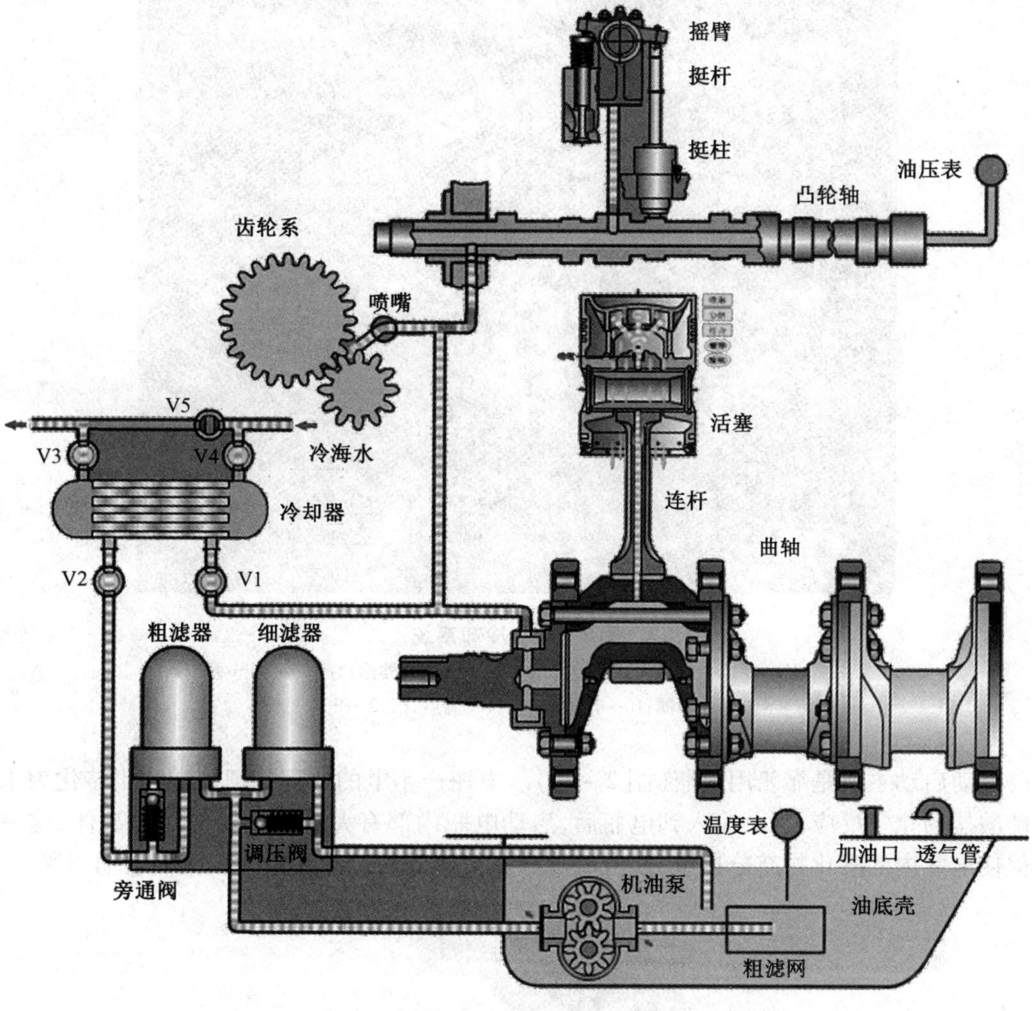

图 2－11　润滑系统

内流动，将受热零部件所吸收的热传导出去，保证零部件有正常的工作温度。而淡水和滑油本身被海水冷却。

⑦启动系统

静止的柴油机必须借助外力的作用，使柴油机获得第一个工作行程的条件，即柴油机在外力作用下进行进气、压缩、喷油，直至燃油燃烧膨胀推动活塞并通过曲柄连杆机构使柴油机自行运转，这一过程称为柴油启动。为了保证柴油机的启动，驱动柴油机的外力(矩)必须在克服阻力(矩)的条件下，使柴油机达到一定的转速。柴油机转速过低时，压缩过程进程缓慢，气体对气缸壁散热较多和气体通过活塞环的漏泄亦较多，致使柴油机压缩终点温度较低，达不到燃油自燃发火的要求，柴油机也不可能转动起来。通常称柴油机启动所要求的最低转速为启动转速。

根据所采用外来能源的形式，柴油机的启动方式可分为以下两种：

a. 借助于加在曲轴上的外力矩使曲轴转动起来，如人力手摇启动、电动启动及气动马达启动等。

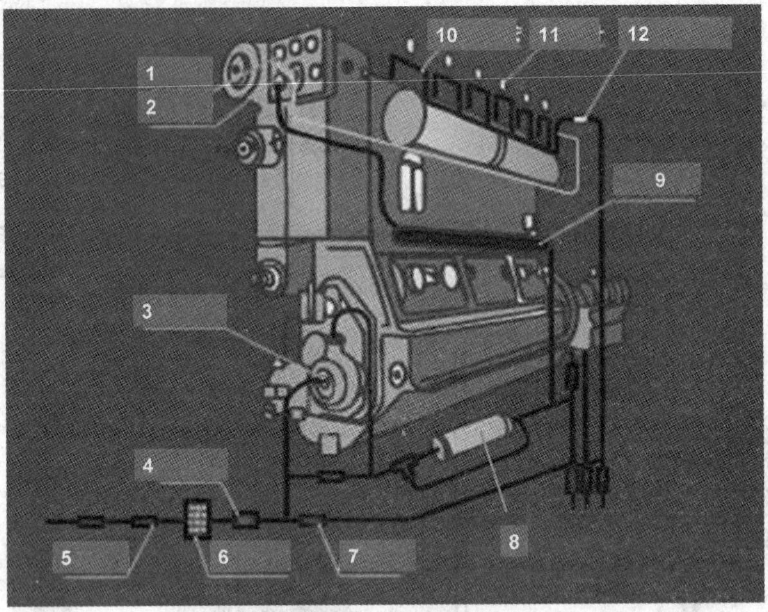

图 2－12　冷却系统

1—温度表;2—压力表;3—冷却水泵;4,5,6—滤器出口阀;7—调节阀;
8,9—冷却器;10—出水支管;11—温度计;12—出水总管

电动启动主要是靠船用电瓶(图 2－13)。电瓶产生电的原理是把硫酸和铅转化为水及铅硫酸盐的化学反应,当电输入到电瓶后,启动电瓶内部有大量的薄铅板及分离体,这一结构促使电瓶内的酸化物充分接触,使电瓶能够在短时间内输出大量能量从而启动引擎。

图 2－13　电动启动

b. 借助于加在活塞上的外力推动活塞运动使曲轴转动起来,如压缩空气启动(图 2－12)。

压缩空气启动就是将具有一定压力(2.5～3.0 MPa)的压缩空气,按柴油机的发火顺序在工作行程时引入气缸,代替燃气推动活塞,使柴油机达到启动转速,完成自行发火。它的主要优点是启动能量大,启动迅速可靠,在倒顺车运转时还可以利用压缩空气来刹车和帮助操纵,但该装置构造较复杂,质量较大,故不适用于小型高速柴油机。

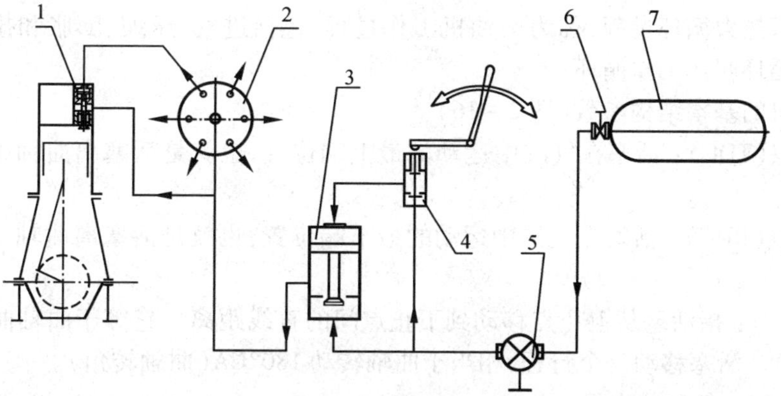

图2-14 空气启动系统

1—气缸启动阀;2—空气分配器;3—主启动阀;4—启动控制阀
5—截止阀;6—空气瓶出口阀;7—空气瓶

⑧增压系统(图2-15)

柴油机所能发出的最大功率受到气缸内所能燃烧的燃料的限制,而燃料量又受到每个循环内气缸所能吸入空气量的限制。如果空气能在进入气缸前得到压缩而使其密度增大,则同样的气缸工作容积可以容纳更多的新鲜空气,从而就可以多供给燃料,得到更大的输出功率。

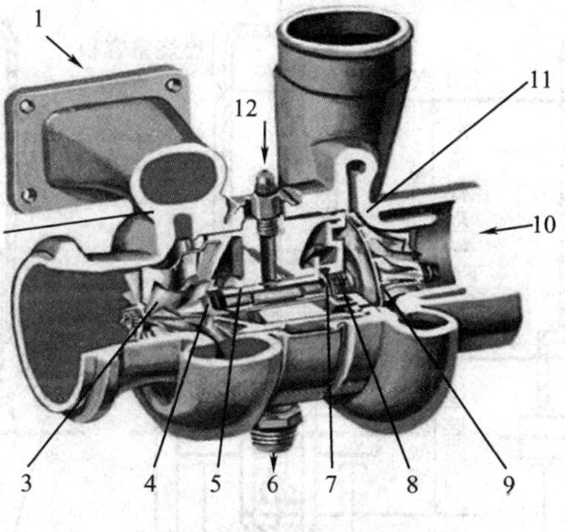

图2-15 增压系统

1—排烟;2—涡轮机壳;3—涡轮端叶轮;4,8—密封装置;5—轴承;
6,12—润滑油;7—止推轴承;9—压气端叶轮;10—空气;11—压气机壳

(2)四冲程柴油机工作原理

柴油机的基本工作原理是采用压缩发火方式使燃料在缸内燃烧,以高温高压的燃气作工质在气缸中膨胀推动活塞往复运动,并通过活塞-连杆-曲柄机构将往复运动转变为曲轴的回转运动,从而带动工作机械。

根据柴油机的上述工作特点，燃油在柴油机气缸中燃烧做功必须通过进气、压缩、燃烧与膨胀和排气四个过程。包括进气、压缩、混合气形成、着火、燃烧与放热、膨胀做功和排气等在内的全部热力循环过程，称为柴油机工作过程；包括进气、压缩、膨胀和排气等过程的周而复始的循环叫作工作循环。

①柴油机的基本结构参数（图 2－16）

a. 上止点（TDC）：活塞在气缸中运动的最上端位置，也就是活塞离曲轴中心线最远的位置。

b. 下止点（BDC）：活塞在气缸中运动的最下端位置，也就是活塞离曲轴中心线最近的位置。

c. 行程（S）：指活塞从上止点移动到下止点间的直线距离。它等于曲轴曲柄半径 R 的两倍（$S=2R$）。活塞移动一个行程，相当于曲轴转动 180°CA（曲轴转角）。

d. 缸径（D）：气缸的内径。

e. 气缸余隙容积（压缩室容积，V_c）：活塞在气缸内上止点时，活塞顶上的全部空间（活塞顶、气缸盖底面与气缸套表面之间所包围的空间）容积，如图 2－16（b）所示。

f. 余隙高度（顶隙）：上止点时活塞最高顶面与气缸盖底平面之垂直距离。

g. 气缸工作容积（V_h）：活塞在气缸中从上止点移动到下止点时所扫过的容积。

h. 气缸总容积（V_a）：活塞在气缸内位于下止点时，活塞顶以上的气缸全部容积，亦称气缸最大容积。

i. 压缩比（ε）：气缸总容积与压缩室容积之比值，亦称几何压缩比。

压缩比表示缸内工质压缩程度。柴油机压缩比为 12～22。

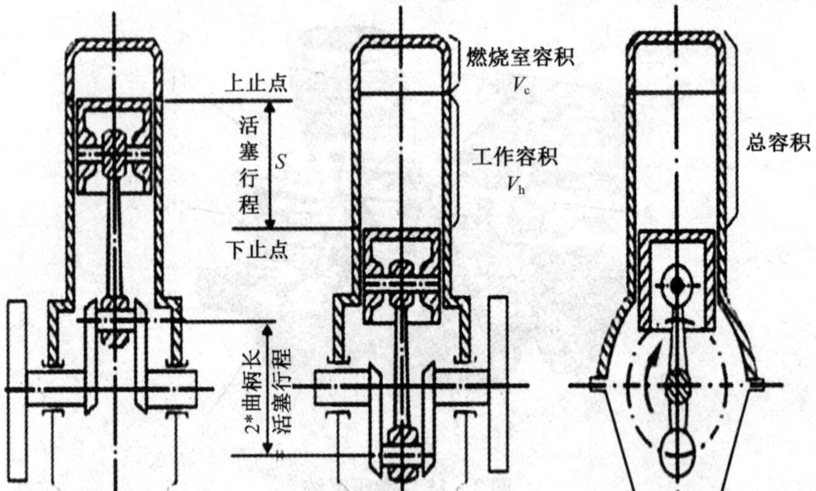

图 2－16　柴油机基本参数

②工作原理(图 2－17)

第一行程——进气行程,空气进入气缸时相应的活塞行程。

活塞从上止点下行,进气阀打开。由于气缸容积不断增大,缸内压力下降,依靠气缸内与大气的压差,新鲜空气经进气阀被吸入气缸。

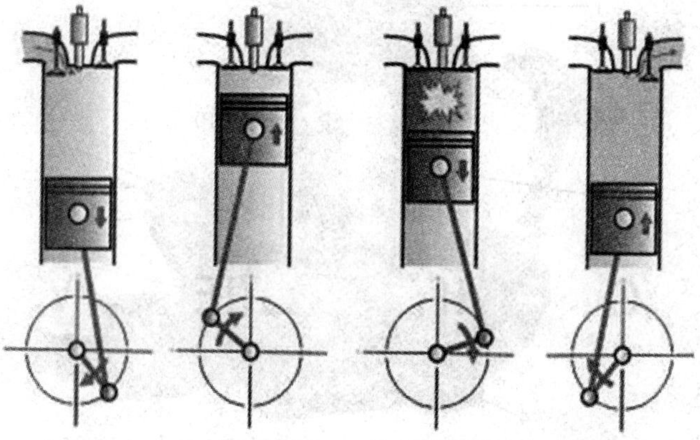

图 2－17　四冲程柴油机工作原理

第二行程——压缩行程,工质在气缸内被压缩时相应的活塞行程。

活塞从下止点向上运动,自进气阀关闭才开始压缩,一直到上止点为止。第一行程吸入的新气经压缩后,压力增高到 3～6 MPa,温度升高到 600～700 ℃(燃油的自燃温度为 210～270 ℃)。在压缩过程的后期由喷油器喷入气缸的燃油与高温空气混合、加热,并自行发火燃烧。

第三行程——燃烧、膨胀行程,工质在气缸内燃烧膨胀时相应的活塞行程。

活塞在上止点附近,由于燃油强烈燃烧,使气缸内燃气膨胀导致缸内压力急剧升高,推动活塞下行并使曲轴产生轴向运转。

第四行程——排气行程,废气从气缸内排出时相应的活塞行程。

在上一行程末,排气阀开启时活塞尚在下行,废气靠气缸内外压力差经排气阀排出。当活塞由下止点上行时,废气被活塞推出气缸。

进行了上述四个行程,柴油机就完成了一个工作循环。当活塞继续运动时,另一个新的循环又按同样的顺序重复进行。

四冲程柴油机每完成一个工作循环,曲轴要回转两转(720°CA)。每个工作循环中只有第三行程(膨胀行程)是做功的,其他三个行程都是为膨胀行程服务的,都需要外界供给能量。柴油机常做成多缸的,这样,进气、压缩、排气行程的能量可由其他正在做功的气缸供给。如果是单缸柴油机,那就由较大的飞轮供给。

2. 二冲程汽油机基本结构和工作原理

柴油机和汽油机同属往复式内燃机,但又都具有各自的工作特点。汽油机使用挥发性好的汽油作燃料,采用外部混合法(汽油与空气在气缸外部进气管中的汽化器进行混合)形成可燃混合气。其燃烧为电点火式(电火花塞点火)。这种工作特点使汽油机不能采用高压缩比,因而限制了汽油机的经济性,使其不能大幅度提高。

(1)二冲程汽油机基本结构

汽油机和柴油机一样都由固定件、主要运动件、配气机构系统、燃油及点火系统、润滑系统、冷却系统、启动和控制系统组成(图 2－18)。

图 2－18　二冲程汽油机基本结构

1—散热顶;2—手拉;3—排气孔;4—机壳;5—曲轴;6—油门连杆;
7—怠速螺丝;8—油针;9—化油器;10—活塞;11—燃烧室;12—火花塞

汽油机和柴油机结构基本相同,它们主要区别在于燃料在气缸中点燃的方法不同。汽油机是利用火花塞来点燃气缸中的汽油和空气的混合气。为了使发动机在任何工况下均能可靠地工作,要求点火系统能按发动机的点火次序,在规定的时刻供给火花塞以足够能量的高压电,在其两电极之间产生电火花,点燃可燃混合气,使发动机做功(图 2－19)。

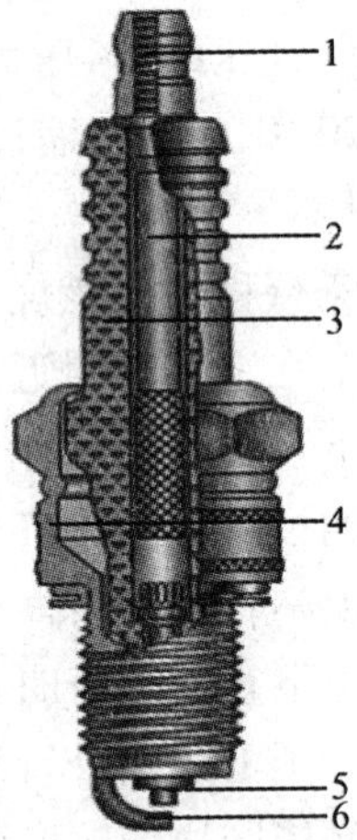

图 2－19　火花塞结构

1—接线螺母;2—中心电极导体;
3—绝缘体;4—金属壳体;
5—中心电极;6—接地电极

按照组成和产生高压电的方式不同,发动机点火系统分为以下四种:

①传统点火系统(图 2－20)

该系统以蓄电池和发电机为电源,也称蓄电池点火系统。靠点火线圈和分电器的作用,将电源提供的低压直流电(12 V,24 V 或 6 V)转变为高压电,并分配到各缸火花塞,使火花塞两电极之间产生电火花,点燃可燃混合气。

②电子点火系统(图 2－21)

该系统以蓄电池和发电机为电源。由传感器或断电器的触点产生点火信号,经由半导体器件组成的点火控制器和点火线圈,将低压电转变为高压电。

③微机控制点火系统(图 2－22)

它由电控单元(ECU)根据各种传感器提供的反映发动机工况的信号,确定点火时刻,并发出点火控制信号,通过点火线圈将电源的低压电转变为高压电,由配电器将高压电分配到各缸火花塞或由微机控制系统直接进行高压电的分配,是现代最新型的点火系统,目前已广泛应用在各种高级轿车上。这种点火系统解决了传统分电器真空和离心点火提前调节装置不能适应发动机工况和状态改变时对点火提前角的实际需要的问题，使发动机的油耗和排污进一步降低。

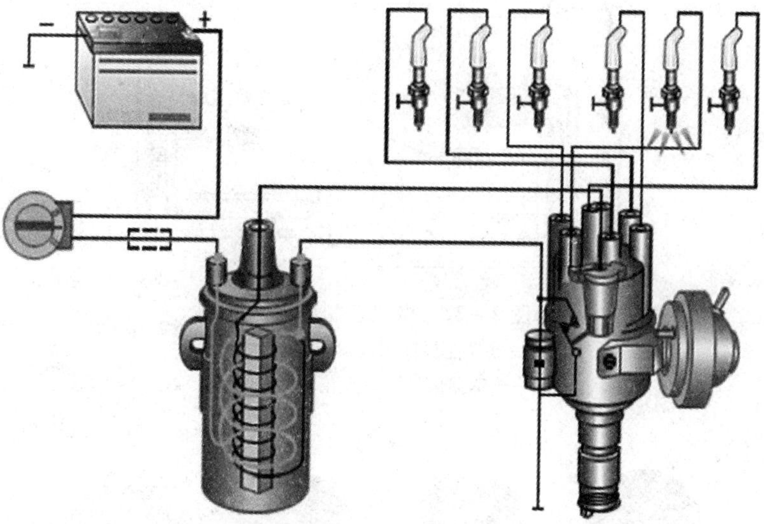

图 2-20　传统点火系统

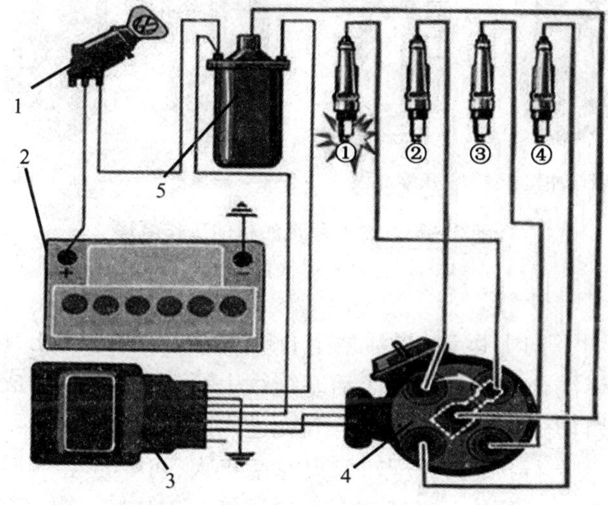

图 2-21　电子点火系统

1—点火开关；2—蓄电池；3—点火控制器；4—分电器；5—点火线圈

④磁电机点火系统

该系统由磁电机内的永久磁铁和电磁线圈的作用产生高压电，因此不需要另设低压电源。

(2)二冲程汽油机工作原理

汽油机的气缸上有三个气孔，它们分别在不同的时刻为活塞所关闭或打开。进气孔与化油器相通，可燃混合气先经过进气孔进入曲轴箱内，当扫气孔 3 被活塞打开时再进入气缸内，而废气经过排气孔 2 排出。它的工作原理(图 2-23)如下：

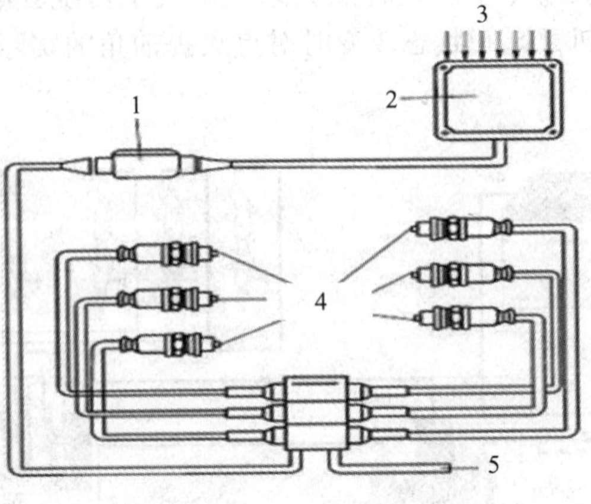

图 2－22　微机控制点火系统

1—终端能量输出极;2—控制单元;

3—传感器信号;4—火花塞;5—电源

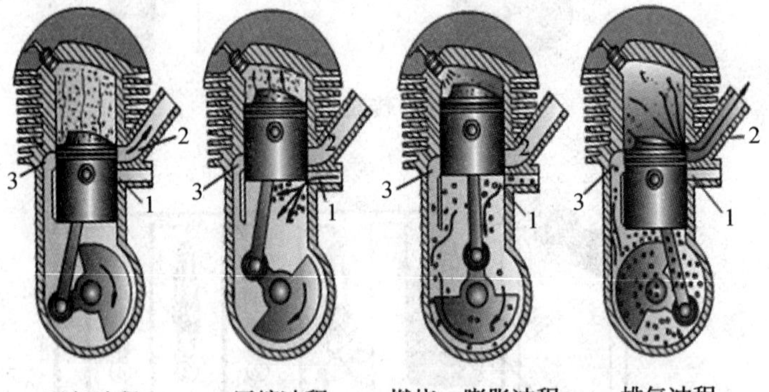

图 2－23　二冲程汽油机的工作原理

1—进气孔;2—排气孔;3—扫气孔

第一冲程:活塞自下向上运动,当活塞上行时,气缸上的进气孔、排气孔和扫气孔均被关闭后,气缸内的可燃混合气受到压缩。活塞继续上行,曲轴箱内形成一定的真空度,待活塞上行到进气孔 1 被打开时,新鲜可燃混合气就进入曲轴箱内。

第二冲程:当活塞上行接近上止点时,火花塞点火,可燃混合气燃烧,其压力和温度都迅速升高,推动活塞下行而做功。当活塞下行到排气孔 2 被打开时,气缸内的废气通过排气孔排出,而活塞下方曲轴箱内的可燃混合气受到压缩,压力升高至 0. 13 MPa 左右。活塞继续下行至扫气孔 3 被活塞打开时,受到压缩的可烧混合气通过扫气孔进入气缸内,进行扫气过程。这一过程一直延续到活塞转过下止点后关闭扫气孔时为止。

机件相互运动存在摩擦,为降低摩擦温度和机件磨损,并减少摩擦功率损失,都需要润滑。气缸、活塞组之间产生燃烧,温度很高,更需进行润滑。曲轴箱预压扫气式二冲程机,曲轴箱有时虽对气缸封闭,有时却要相通的。扫气道开通时,有扫气气流高速流动,只要曲轴箱中存有积油,马上会被吹到气缸中去。少量润滑油进入气缸会引起汽油机冒黑烟,并加快积炭,大量机油进入气缸会使火花塞不能点火,引起汽油机熄火。二冲程机既要润滑,又不允许有过多的机油窜入气缸,必须采用特殊的润滑方式,并采用特殊的机油添加汽油及发动机都采用混合润滑。混合燃料经化油器雾化成颗粒,经受曲轴箱压缩,汽油逐渐汽化,融溶于汽油中的机油缩成更小的微粒,一部分悬浮在可燃气中,经受不完全燃烧后排出气缸,一部分黏附于运动件摩擦面的机油起到了润滑作用,黏附于非摩擦面的机油受气流吹拂,有部分溅起,其余沿壁面逐渐滑移入气缸,除对气缸、活塞组有一定润滑作用外,又被扫气气流喷散。

第二节 摩托艇动力装置的运行管理

一、开行前的准备工作要点及注意事项

开航前准备工作的目的,是为了使船舶动力装置处于随时都能启动和运行的状态。一般情况下,因船舶动力装置类型、功率的不同,备车所需的时间长短不一,大致范围在0.5~6 h之间。对于船舶柴油机动力装置,应提前1~2 h备车。由于机型、辅助设备和动力装置布置的不同,备车的程序有所区别,但备车的内容大致相同。

1. 汽油机发动前准备工作

(1)检查机油面是否符合规定,不允许油面过高或过低,以节约燃、润料,保证机械正常运转。

(2)检查燃油是否足够,油箱内有无积水。

(3)检查冷却水是否足够。

(4)检查蓄电池电解液是否足够,是否固定可靠以及蓄电池电缆的连接情况及各线路的敷设和仪表的安装情况。

(5)检查外部机件是否松动损坏。

(6)启动时,有离合器的要将离合器分开。

(7)禁止不加冷却水启动。

(8)用电动机启动时,每次启动时间不超过5 s,连续启动三次,汽油机仍不能启动,应查找原因,不可长时间启动启动机,以防损坏蓄电池和启动机。

(9)用摇柄发动汽油机时,注意防止摇手柄倒转。

(10)汽油机发动后,不要猛轰油门,要让汽油机怠速运转一段时间、水温升到40 ℃后再带负荷运转。汽油机的正常工作温度应保持在60~90 ℃之间。

对于舷外机来说,在安装完成、准备启动前,应对舷外机进行下列检查:

(1)水下传动装置的润滑油量。

(2)磨合用汽油-机油的混合情况及燃油管路和燃油箱的连接、安装情况。

(3)舷外机在艉板上的紧固和水下部分螺栓孔的水密情况。

(4)操舵连动杆和紧固件是否连接可靠。左右操满舵数次,检查操舵是否方便,重复换挡和加减油门,检查换挡是否到位、遥控手柄和发动机化油器是否同步,检查化油器怠速位置及油门能否全开。

(5)检查舵设备的舵轮转向与船舶的转向是否一致。

(6)检查手动或液压起翘装置工作情况。

(7)如果为自动润滑油混合系统,向滑油箱注满油,排净滑油喷射系统中的空气。

(8)检查螺旋桨的正确选配和安装情况。

二、运行中的工作要点及注意事项

柴油机稳定运转后，评价一台柴油机技术状态和运转性能的主要依据是燃料在气缸中的燃烧状况和各缸负荷分配的均匀程度，以及各零部件和系统的工作情况。为了保证柴油机及其装置始终处于正常技术状态，柴油机运转中应做好以下工作。

1. 机械检查

机械检查的目的是为了保证发动机各部件和系统均处于正常的技术状态。

看、摸、听、闻是管理者最直接又简便的手段，优秀的轮机员通过人体的感觉器官判断出故障发生的苗头并及时排除，保证了机械设备正常运行。不正常的运转声响可导致机件受损；异常温差反映出机器或系统内部存在问题；刺激性气味表明机械设备温度异常高或滑油变质；运行中经常边巡检边触摸机器外部机件，从温差、振动、脉冲等角度判断设备工作是否正常。机械设备连接处、阀件等的泄漏要及时发现并迅速查明原因予以解决。

为了确保机器各部件处于正常的技术状态，除加强日常维护管理外，在航行中应加强各主要系统的管理。

(1)燃油系统的管理

应注意各燃油舱合理使用，保持船舶的平衡；注意燃油的加温、驳运、沉淀、净化、储存和计量，沉淀柜中油应驳满，沉淀至规定的时间后，方能经分油机净化至日用油柜，还应注意检查沉淀柜、日用柜油位和油温，按时放残水。

应定期清洗燃油滤器，清洗后必须充油排气。当风浪天航行时滤器须转换清洗，避免供油中断。

注意对高压油泵、喷油器的工作状态和对高压油管的脉动情况进行检查。综合考虑泵体发热、油管脉动以及排烟温度变化等情况，分析气缸内燃烧和喷油器的工作状态。

(2)滑油系统的管理

大型低速柴油机主滑油循环泵出口压力一般为0.15～0.4 MPa。滑油冷却器前温度为50～55 ℃，不超过60 ℃，冷却器前后温差为10～15 ℃。对高、中速柴油机滑油压力与温度值均稍高些。

注意检查滑油底壳油位，若油位发生变化应及时查明原因并排除故障。油冷式活塞的回油应保持稳定，油量不足或中断均能造成活塞烧蚀和咬缸。

对油泵和滤器前后压差的变化要注意检查，滤器清洗后必须驱气后才能转入系统工作。加强自动清洗滤器的管理，使之始终处于有效工作状态。

加强滑油分油机的管理，保证滑油的分离净化，油质符合使用要求。为了确定滑油的质量，每3～4个月定期取样化验，必要时全部滑油集中处理或更换。

运转中确保气缸注油器的工作正常，防止断油。

定期检查推力轴承的油温，各中间轴承油位、油温，艉轴重力油柜液位、油温，艏艉密封装置油柜和循环器油位。每3～4个月取样化验一次，不得超过6个月。

进、排气阀杆要按时注油，防止过快磨损或咬死。

对非压力式润滑的各活动部件要定时加注滑油或油脂。

(3)冷却系统的管理

巡回检查时，应注意主、辅机膨胀水柜、喷油器冷却水柜液位变化并注意水量的消耗，如发现水位上升或下降必须查明原因及时排除故障。各缸冷却水出口温度应符合说明书规定，温差应符合要求。如出现异常，应结合排气温度、喷油设备及增压系统的技术状态进行分析。水温调节符合说明书要求，水温过低不仅使柴油机热效率下降，增加低湿腐蚀，而且受热部件因内外温差过大产生热应力会导致裂纹故障发生。水温过高则橡胶阻水圈易老化、损坏甚至炭化，发生水腔漏泄，同时冷却腔可能形成冷却水汽化使冷却效果下降。通常大型低速机的冷却水出口温度为 65 ~ 70 ℃，海水出冷却器的温度为 50 ~ 55 ℃。

空冷器出口的扫气温度不得低于 25 ℃，不得高于 45 ℃。

冷却系统的自动温度调节器应始终保持正常工作状态。

冷却水应按规定由大管轮每周化验一次主、辅机水质，按规定的标准投药处理，必要时须化验淡水舱水质，分析冷却水质变化的原因。

(4)增压系统的管理

废气涡轮增压器是高速回转机械，在运行中要观察其运转的平衡性，有无异常振动和声响。注意检测增压器的转速、润滑和冷却情况及增压空气压力。对自带油泵式润滑系统要注意油位、油质及油泵排出情况的检测。根据情况及时添加或更换滑油。应注意强制式润滑系统中油柜的液位、循环泵的运行状况、滤器前后的压差、观察镜中油流情况等，滑油压力、温度应随时观察并根据具体情况进行调节。

压气机流道和废气流道应按说明书规定的时间间隔喷水冲洗。压气机流道每天冲洗一次。主柴油机累计运行 300 h 冲洗废气流道，视废气流道脏污状况的不同，冲洗时间的长短是不一样的。当污染严重时可采用清水和化学剂交替喷射清洗的方法。按说明书的规定，废气涡轮增压器必须定期解体清洗。

空气冷却器是增压系统中的重要设备，运行中极易发生空气流道污堵现象，影响空气流通，引起燃烧恶化，排气高温甚至达到限定的报警温度，严重时发生喘振，直接影响主机运转的可靠性和船舶营运安全及经济性。为此，增压系统的空气冷却器必须定期化学清洗其气侧，空气冷却器水侧的清洗较方便，也必须定期人工清洗。

在船舶靠泊期间应用防尘罩将消音滤器盖上，特别是装卸粉尘性货物时或港口粉尘较大时，还要考虑停止机舱风机运转，关闭通风口防止大量粉尘被吸入机舱。尽可能减少运转设备的跑、冒、滴、漏等现象，减少舱底污油水，避免大量油气充斥机舱被吸入压气机。当发生空冷器污堵时，轻者可采取用清水和清洗剂交替喷射的方法经常冲洗。污堵严重时可实现不解体浸湿式清洗，方法是：用清水和清洗剂以一定比例混合，注满底部装上盲板的空冷器，同时用蒸汽持续加温并用空气吹搅，一般需要 30 h 以上方能达到清除污垢的效果，清洗效果可依压差计读数、扫气压力、扫气温度、排气温度及冷却水温度而定。

2. 热力检查

热力检查是为了检查和确定发动机各缸燃烧情况及负荷分配的均匀程度。这是发动机正常运转、可靠工作的必要保证，也是衡量发动机运转性能和技术状态的主要内容之一。

运转中，应注意喷油设备技术状态的变化，特别是喷油器性能不良常引起气缸燃烧恶化和各缸负荷的变化。对喷油器的检查可以通过检测排气温度、观察排气烟色及打开示功阀观看火焰情况等方法进行。

各缸排气温度值要按说明书的要求限定，也可以参照试航报告在各负荷下所测得的数据与主机实际运行数据进行对比，找出排气温度升高的原因。各缸排气温度最大温差不应超过平均值 15 ~ 20 ℃(或 ±5%)。同时应检查各缸冷却水、活塞冷却液及废气涡轮增压器冷却水出口温度，各缸冷却液出口温度与平均温度相比较，最大温差要小于 4 ~ 5 ℃。在柴油机状态良好的情况下，排气温度只能大致反映出各缸燃烧的状态及喷油设备的情况，了解负荷分配的大概状况。为了确知各缸负荷的分配是否基本上均匀，还应在适当时机测取各缸示功图，确定最高燃烧压力和计算平均指示压力，分析和判断各缸负荷的大小和分配是否均匀。根据实测数值对各缸负荷做适当调节。通过测取展开示功图和手拉示功图可以确定纯压缩压力、发火始点和整个燃烧过程。

为了更可靠地掌握柴油机的热力过程，最好在测示功图的同时进行油耗测定，作为衡量柴油机维护管理的标准之一。

增压空气的压力、温度，空冷器前后增压空气压差是判断柴油机燃油燃烧状况，排气温升的主要依据之一。空冷器水侧、气侧（尤其是气侧）脏堵是引起排气温度升高及增压器喘振的主要因素。

三、到港后的工作要点及注意事项

当船舶进入停泊状态后，做好如下工作：

1. 关闭启动空气系统的主停气阀、主启动阀、空气瓶出口阀，并将空气瓶补气至规定压力。

2. 打开各缸示功阀，合上转车机进行转车 15 ~ 30 min，并人工驱动气缸注油器向气缸表面注油。

3. 关闭主海水泵进出口阀及冷却器进口阀。

4. 关停燃油输送泵、升压泵进出口阀及日用柜出口阀。

5. 打开扫气箱和涡轮增压器透平侧处的放残旋塞。用防尘罩将压气机消音器滤网盖好。

6. 让主滑油泵、淡水泵继续运转 15 ~ 20 min，充分带走运动表面的热量并使机体各部件均匀散热，避免因应力过大而发生故障。同时可以避免滑油在缸壁表面结炭。

7. 从蓄电瓶接线柱上拆下电线，先拆黑线（负极）再拆红线（正极）。

第三节　动力装置维修与保养

一、摩托艇动力装置的常见故障及注意事项（以汽油机为例）

1. 汽油机平时工作中应注意的事项

（1）必须按照说明书的规定使用汽油，加油时严禁吸烟。

（2）要根据说明书的规定更换润滑油，禁止不同牌号的机油混用，如使用代用油，其代用油的规格必须符合原机所用润滑油的质量等级。一般汽油机都有独立的润滑系统，个别型号的原动机没有独立润滑系统，如雅马哈的 SUPERJET 型摩托艇，它的润滑形式是采用机油汽油预先混合，其混合比例是磨合期滑油与汽油比为 1∶25，磨合期后为 1∶50。

（3）冬季气温低于 0 ℃时，要特别注意放水，以防冻裂机体。加注防冻液的，要经常检查防冻液缺损情况。

（4）长期停放的汽油机，应将蓄电池拆下，妥为保管。

（5）必须按时清洗或更换各种滤芯，以确保燃油、润滑油、空气的清洁。在恶劣的环境下工作时，其更换滤芯的时间应适当缩短。

(6)装有转动机油粗滤器的汽油机,每日运转停止后,需将粗滤器运转2~3圈。

(7)在每次运行后,按照说明书规定,进行检查保养。

2. 汽油机常见故障以及排除方法

(1)油门突然加大,而后熄火

汽油机正常运转时,油门突然自动加大,数秒钟后熄火。此现象为油路堵塞、汽油燃尽造成,只要排除油路堵塞,就可恢复正常。

(2)不能启动或启动困难

①火花塞无火

a. 检查高压线路绝缘层是否破坏,看有没有出现漏电、短路的情况。

b. 检查火花塞电极间距是否过大,如过大,将其调整为0.5~0.7 mm。

c. 检查点火器是否烧坏或损坏,如有损坏,将其更换。汽油机启动困难,需拉动启动轮数次方能启动一次,且运转一段时间后自动熄火。此现象多为点火线圈绝缘轻微损坏造成,用万用表无法测量出,只要更换点火线圈,故障即被排除。

②火花塞有火

a. 检查进气管是否出现漏气现象,无法形成真空度,导致化油器无法正常工作。

b. 检查曲柄箱合缝和气缸结合面是否有漏气现象,如有,请更换垫片。

c. 检查火花塞电机是否烧坏,并更换。

d. 检查气缸压力是否正常,如过低,请更换磨损严重的活塞环。

e. 检查油箱呼吸孔是否工作,将油壶盖拧松后,再启动。

③火花塞无跳火

用手转动启动轮,能听见高压跳火声,但火花塞处无跳火。此现象为点火线圈焊点松动,在焊点处跳火,只需将焊点重新焊牢即可。

④功率不足,转速上不去

使用时间较长,出现功率不足、转速上不去的现象。

a. 气路方面,气缸压缩力较差的以换活塞环为主;油路方面,一般需进行清洗;电路方面,要对火花塞、点火线圈、断电器、电容器进行检查,并做调整。

b. 启动前,先将消音器取下,缸体排气孔处的积炭应清除掉,并检查消音器是否堵塞。

c. 检查化油器油针调整是否正常,油面是否过低,否则会引起功率不足、转速上不去的现象。若按上法仍修不好,则要检查曲轴箱油封是否漏油、漏气。检查时先将缸体等取下,用干净汽油倒入曲轴箱内,一手拿活塞,另一手转动曲轴,看油封和曲轴接合处是否有汽油渗出,如有,说明油封磨损,需要更换。

d. 检查化油器是否正常,如混合器浓度是否正常,等等。

e. 检查汽油机是否有过热现象,如有,检查机油与汽油的比例是否正常,检查强制通风系统有无问题。

⑤化油器倒喷严重

a. 首先检查消音器是否堵塞,缸体排气孔处是否有积炭,因排气不畅,进气量是否减少;其次是活塞环、缸体磨损后产生窜气,曲轴箱内负压减少,不能将化油器喉管处的混合气吸入,部分混合气从喉管处吸入,造成倒喷现象。修理时,应将消音器、缸体排气孔处积炭清除掉,对磨损严重的活塞环和缸体应更换。

b. 汽油机运转时,化油器不停地漏油,实际上不是倒喷现象,而是化油器针阀失灵,油路不能关闭,由于油箱高于化油器,使浮子室里油过满,从化油器通气小孔中溢出。修理时,主要是排除针阀失灵。拆下浮子室,按动针阀支架上两只和浮子接触的压脚,将针阀上下行程调至1.5~2 mm,若行程太大,将针阀支架和销的连接部分弯头处,用尖嘴钳向里弯一下,反之向外弯。另外要检查浮子是否漏油,内孔是否有毛刺,当浮子抬到最高位置时,上平面不能和杆相碰。最后还要做一下漏油试验,接通油路,当针阀下降时,燃油能顺利流出,将针阀向上抬起,能关闭油路。

⑥使用过程中突然熄火

用手拌动飞轮,看运转是否顺畅,如出现卡滞,检查是否拉缸。检查大小滚针是否烧坏。

3.汽油机几种常见的清洗方法

(1)油路清洗方法

用未兑机油的汽油或放有少量清洁剂的热水清洗,清洗干净后应将零件晾干再装配。

(2)火花塞积炭和油污的清除方法

用细铁丝将火花塞内外电极环槽中积炭刮尽,放入开水中煮5 min,再用旧牙刷刷尽电极间积炭和油污,完全晾干后再使用。用此方法清洗,火花塞可反复使用较长时间。

在正常情况下,每6个月(大约使用100 h后)必须进行火花塞的检查。火花塞是发动机构件中重要的零部件,而且方便检查。火花塞的状况可以反映出发动机的某些状况(如果在检查中发现中心电极瓷芯非常白时,表示在该气缸内可能有进气泄漏或化油故障)。如果电极严重损耗,或者积炭过于严重,必须更换正确型号的火花塞,因为热和积炭会使火花塞慢慢地损坏和烧蚀。

在清理火花塞时,要小心轻放,避免火花塞瓷质部分破损。由于火花塞瓷质破损后工作会产生火花,点着沉积在机盖内雾化的汽油引起火灾,因此要清除或擦洗火花塞的所有污垢。在拆除时,应将火花塞轻轻地左右转动一下,慢慢拔出。在安装前应该用抹布将火花塞底座擦净,在火花塞瓷质部分及胶帽内涂敷上一层三保油脂,以防止锈蚀。在气缸盖充分冷却时,方可安装火花塞。安装时不可过度拧紧火花塞,在用手拧时,使其在1/4~1/2圈范围内即可。在拆洗及安装时,不得损坏绝缘体。在更新火花塞时,要注意产品型号和电极间隙值,通常功率为6 500 W艇机的火花塞间隙值在0.9~1.0 mm之间。

(3)消声器积炭和油污的清除方法

将消声器放在火上烧至无油烟冒出,冷却后再用细铁丝刮除消声器内积炭。也可将消声器内注入汽油或煤油,堵住排烟口用力晃动,使积炭和油污溶解后将油放尽,待消声器内残油完全挥发后再使用。

4.汽油机维修时应注意事项

(1)该机大部分零件为铝合金,装紧固件时不宜旋得过紧,以防螺纹损坏。

(2)拆卸活塞时,先取出活塞销挡环,再将活塞置于机油中加热至160 ℃左右,活塞销即可轻轻推出。活塞安装有一定方向性,顶部箭头指向排气口。

(3)拆卸活塞环,不可使开口张开过大,以免产生变形或折断。

(4)安装气缸体时,活塞环切口应对准活塞环槽中的定位销,再将活塞推入气缸,气缸进气管端与曲轴箱高压线引出缺口方向一致。

(5)磁电机飞轮和冷却风扇必须用拉拔器拆卸,磁电机飞轮装上后,必须检查半圆键配合质量,同时检查是否在键槽中。

(6)将活塞、连杆、曲轴运动件装入前后半曲轴箱时,前后半曲轴箱须放在机油中加热至170 ℃,且保持3 min,取出后立即压入运动件上右滚珠轴承。先装后半曲轴箱,后装前半曲轴箱。

(7)曲轴箱一般不允许拆卸,如必须拆卸,在安装前后半曲轴箱接合面时,必须涂以绝缘清漆,以保持密封。

(8)热机时严禁拆卸。

(9)如果发动机整体掉入水中,打捞上来后,应该用淡水冲洗干净,送往专门店进行保养。

(10)长时间不用,应该将冷却水完全排出,不可将齿轮箱放置高于机头位置,否则,任何剩余的水留在废气套内,都能倒流入气缸导致严重损坏。

(11)要定期清洗舷外机。在每次使用后,用淡水清洗本机壳体,以便于去除泥浆、盐分等污垢。要定期用肥皂水清洗壳体,晾干后涂上一层汽车蜡。在海水或者水质浑浊的水域航行后,应该用淡水冲洗冷却水管道。冲洗时选用一个合适的水箱,将艇机插入水箱内,将淡水注入水箱内,水位至少要高于防涡凹面板的平面以上,将操纵杆放于空挡位,启动发动机,做几分钟低速运转,注意排水孔是否有冷却水排出。如果有,则正常冲洗冷却水管道,防止锈蚀或污浊物堵塞。

(12)每年进行一次燃油箱的清洗。清洗燃油箱的作业非常简单。将燃油箱口部的过滤器取出,放入干净的洗涤剂中,彻底清洗干净,用水冲净,然后风干过滤器,存放好。将燃油箱排空,注入少量专用洗涤剂并摇动燃油箱,彻底清除污油。排空洗涤污水,清理干净,使其风干。

二、摩托艇动力装置(柴油机)的常见故障及注意事项

1. 舷内机常见故障的处理方法(表2-2)

表2-2 舷内机常见故障的处理方法

原因	处理、排除方法
(1) 柴油机不能启动	
燃油系统故障	① 燃油系统中有空气:检查燃油管路接头是否松弛,排除燃油系统中的空气。 ②燃油管路阻塞:检查管路是否畅通。 ③燃油滤清器阻塞:清洗滤清器或调换滤芯。 ④输油泵不供油或断续供油:检查进油管是否漏气,进油管接头上的滤网是否堵塞;如排除后还不供油,应检查进油管和输油泵。 ⑤喷油很少,喷不出油或喷油不雾化:将喷油器拆出,接在高压油泵上,撬喷油泵柱塞弹簧,观察喷雾情况,必要时应拆洗。 ⑥喷油泵调速器操纵手柄位置不对:启动时应将柄位置推到空载,转速700~900 r/min位置
电启动故障	①线路接错或接触不良:检查接线是否正确和牢靠。 ②蓄电池电力不足:用电力充足的蓄电池或增加蓄电池并联使用。 ③启动电机电刷与换向器没有接触或接触不良:修整或调换炭刷,用木砂纸清理换向器表面,并吹净,或调整刷的压力

表 2－2(续)

原因	处理、排除方法
气缸内压缩压力不足:喷油正常但不发火,排气管内有燃油	①过度磨损:更换活塞环,视磨损情况更换气缸套。 ②气门漏气:检查气门间隙、气门弹簧、气门导管及气门座的密封性,密封不好应修理和研磨。 ③气门间隙或燃烧室容积过大:检查活塞是否属于该机型的,必要时应测量存气间隙或燃烧室容积。 ④喷油提前角过早或过迟,甚至相差 180°;柴油机喷油不发火或发一下火又停下:检查喷油泵传动轴接合盘上的刻线是否正确或松弛,不符合要求的应重新调整。 ⑤配气相位不对:按第二章的方法复查配气相位。 ⑥环境温度过低:启动时间长不发火,根据实际环境温度,采取相应的低温启动措施
(2)柴油机功率不足	
燃油系统故障:加大油门后功率或转速仍提不高	①燃油管路、燃油滤清器进入空气或阻塞:排空气或更换燃油滤清器芯子。 ②喷油泵供油不良:检查修理或更换偶件。 ③喷油器雾化不良或喷油压力低:进行喷雾观察或调整喷油压力,并检查喷油嘴偶件或更换
进、排系统故障:比正常情况下排温较高、烟色较差	①空气滤清器阻塞:清洗空气滤清器芯子或清除纸质滤芯上的灰尘,必要时应更换,以及检查机油平面是否正常。 ②排气管阻塞或接管过长,转弯半径太小,弯头过多:清除排气管内积炭,重新排气接管,弯头不能多余三个,并有足够大的排气截面。 ③喷油提前角或进、排气相位变动,各挡转速下性能变差:检查喷油泵传动轴处两个螺钉是否松动,并应校正喷油提前角后扳紧,必要时进行配气相位和气门间隙检查
柴油机过热,环境温度过高	机油和冷却水温度很高,排温也大大增高:检查冷却器和散热器,清除水垢;检查有关管路是否管径过小;如环境温度过高应改善通风,临时加强冷却措施
气缸盖组件故障:此时不但功率不足,性能下降,而且有漏气、进气管冒黑烟,有不正常的敲击声等现象	①气缸盖与结合面漏气,变速时有一股气流从衬垫处冲出;气缸盖大螺柱螺冒松动或衬垫损坏:按规定扭矩拧紧大螺柱螺母或更换气缸盖衬垫,必要时修刮结合面。 ②进、排气门漏气:拆检进、排气门,修磨气门与气门座配合面。 ③气门弹簧损坏:更换已损坏的弹簧。 ④气门间隙不正确:重校气门间隙至规定值。 ⑤喷油器孔漏气或铜垫圈损坏,活塞环卡住,气门杆咬住引起气缸压缩压力不足:拆下检修、清理并更换已损坏的零件
连杆轴瓦与连杆轴颈表面咬毛:有不正常声音,并有机油压力下将等现象	拆卸柴油机侧盖板,检查连杆大头的侧向间隙,看连杆大头是否能前后移动,如不能移动则表示咬毛,应修磨轴颈和更换连杆轴瓦

表 2-2(续)

原因	处理、排除方法
涡轮增压器故障:出现转速下降,进气压力降低,漏油或不正常的声音等	①增压器轴承磨损,转子油碰擦现象:检修和更换轴承。 ②压气机、涡轮的进气管路沾污、阻塞或漏气:清洗进气道、外壳、洁净叶轮,拧紧接合螺母、夹杂箍等
(3)柴油机运转时有不正常杂声	
气缸内发出有节奏的清脆金属敲击声	喷油时间过早,调整喷油提前角
气缸内发出不清晰的敲击声	喷油时间过迟,调整喷油提前角
运转时有轻微而尖锐的响声,转速升高时撞击声加剧	活塞销连杆小头衬套孔配合太松,更换连杆小头衬套使之在规定间隙范围内
运转时在气缸体外壁听到撞击声,转速升高时撞击声加剧	活塞与气缸间隙过大,更换活塞或视磨损情况更换气缸套
运转中发出特别尖锐而刺耳的声音,加大油门时此响声更为清晰;曲轴滚动主轴承径向间隙过大,运转中发出"霍霍"声	曲轴滚动主轴承径向间隙过小,检查有响声的滚动主轴承,必要时应更换
柴油机怠速时,听到曲轴前后游动的碰撞声	曲轴前后推力轴承磨损,轴向间隙过大,导致曲轴前后游动,检查轴向间隙和推力轴承的磨损程度,必要时应更换
在气缸盖处发出有节奏的轻微敲击声	气门弹簧折断,挺杆弯曲,推杆套筒磨损,更换已损坏的零件,并按正确方法校气门间隙
气门碰活塞:运转中气缸盖发出沉重而均匀、有节奏的敲击声,用手指轻轻捏住气缸盖罩壳的螺母有碰撞的感觉	拆下气缸盖外壳,检查相碰原因,调整气门间隙,必要时检查活塞型号是否调错。如有碰撞,可适当挖深气门凹坑或增加一张厚为 0.2 mm 或 0.4 mm,形状与气缸盖底面相同的铜皮垫片
在前盖板发出不正常的声音,当突然降速时可听到撞击声	传动齿轮磨损、齿隙过大,调整齿隙,视磨损情况更换齿轮
在气缸盖处听到干摩擦发出的"吱吱"响声	摇臂调节螺钉与推杆的球面之间无机油,拆下气缸盖罩壳,添注机油
在气缸盖处听到有节奏的较大响声	进、排气门间隙过大,重校气门间隙

表 2-2(续)

原因	处理、排除方法
拆检轴承是否有磨损,叶轮叶片是否有弯曲	同时测量主要间隙并做调整和更换损坏的零件。清洗增压器的机油滤清器和进出油管路、保证润滑油畅通
(4)排气烟色不正常	
排气冒黑烟	①柴油机负荷超过规定：降低负荷使之在规定范围内。 ②各缸供油量不均匀:调整喷油泵。 ③气门间隙不正确、气门密封不良,导致气门漏气,燃烧恶化:调整气门间隙,检查密封锥面,并消除缺陷。 ④喷油提前角太小,喷油太迟使部分燃油在排气管中燃烧:调整喷油提前角。 ⑤进气量不足,空气滤清器或气管阻塞,涡轮增压气机壳过脏等:清洗和清除尘埃污物,必要时更换滤芯。 ⑥涡轮增压器弹力气封环烧坏或磨损,涡轮各结合面漏气等:检查或更换气封环,拧紧结合面螺钉。 ⑦喷油器喷油雾化不良,有滴油现象,喷油压力过低:检查喷油嘴偶件,进行修磨或更换,重调油门压力至规定范围。 ⑧柴油机刚启动时,个别气缸内不燃烧(特别是冬天):适当提高转速及负荷,多运转一些时间
排气冒蓝烟	① 空气滤清器阻塞,进气不畅或其机油盘内机油过多(油浴式空滤器):拆检和清理空气滤清器,减少机油至规定平面。 ②活塞环卡住或磨损过多,弹性不足,安装时活塞环倒角方向装反,使机油进入燃烧室:拆检活塞环,必要时应更换。 ③长期低负荷运转,活塞与缸套之间间隙较大,使机油进入燃烧室:适当提高负荷;配套时选用功率要适当。 ④油底壳内机油加入过多:按机油标尺刻线加注机油
排气冒白烟	排气中有水分凝结现象:气缸盖裂缝,使冷却液进入气缸,更换气缸盖
(5)机油压力不正常	
机油压力下降,调压阀再调整也不正常,同时压力表读数波动	①机油管内漏油:检修、拧紧螺母。 ②机油泵进空气,油底壳中机油不足:加注机油至规定平面。 ③曲轴推力轴承、曲轴输出法兰端油封处,凸轮轴轴承和连杆轴瓦处泄油严重:检查各处,磨损值超过规定范围时应更换。 ④摇臂轴之间的连接油管断裂,润滑传动齿轮的喷油嘴漏装或脱落:拆检后修复或更换。 ⑤机油冷却器或机油滤清器阻塞,冷却器油管破裂等,机油密封垫处泄油或吹皮:及时清理,焊补或调换芯子,如离心式机油精滤器中有铝屑即表示连杆轴瓦合金层剥落,应及时拆检连杆轴瓦,损坏的应更换;及时检查和更换密封垫片

表 2-2(续)

原因	处理、排除方法
无机油压力,压力表指针不动	①机油压力表损坏:更换。 ②油道阻塞:检修清理后吹净。 ③机油泵严重损坏或装配不当卡住:拆检后进行间隙调整,并做机油泵性能实验。 ④机油压力调整失灵,其弹簧损坏:更换弹簧,修磨调压阀密封面。 ⑤机油温度过高、耗量太大
(6)油温表读数超过规定值,加强冷却后仍较高,同时排气冒黑烟	
柴油机负荷过重	降低负荷
机油冷却器或散热器阻塞	清洗冷却器或散热其油路
冷却水量或风扇风量不足	注意使冷却水畅通和调整三角橡胶带张紧力使水泵和风扇达到规定转速
机油容量不足	加注机油至规定平面
温度表指示不准确	效验或更换
(7)油底壳中机油平面下降较快,油色较黑,通气管、加油口冒白烟,排气冒黑烟	
使用机油牌号不当	按规定牌号选用
活塞环被粘住或磨损、气缸套磨损过甚,使机油窜入燃烧室,燃气进入曲轴箱	更换活塞环,必要时要更换气缸套
原因活塞上油环回油孔被积炭阻塞	清理积炭或更换油环
增压柴油机涡轮增压器弹力密封装置失效	拆检弹力气封环是否烧结,弹性失效,否则更换
长期在低负荷状态	适当提高负荷
(8)出水温度过高	
水管中有空气,柴油机启动后出水管不出水或出水很少,水温不断上升	松开出水管上的温度表接头,放尽空气到出水畅通为止,拧紧水管路中各接头
循环水路不足,在高负荷下,出水温度过高,机油温度也升高	①淡水泵或风扇转速达不到:调整三角橡胶带张紧力至规定值。 ②淡水泵叶轮损坏:更换。 ③淡水泵叶轮与壳体的间隙过大:调整间隙至规定值。 ④开式循环中,水源水位过低,淡水泵吸不上水:提高水源水位。 ⑤闭式循环中,散热器水量不足:添加冷却水。 ⑥水管路阻塞:清理管路,清除冷却水道中的积垢
闭式循环中,散热器表面积垢太多,影响散热	清除积垢,清洗表面

表 2-2(续)

原因	处理、排除方法
调温器失灵	修理或更换
水温表失灵	修理或更换
气缸套肩胛处有裂纹,此时散热器内冷却水有翻泡现象	更换气缸套
(9)出水温度过低	
调温器开闭不灵活或损坏	更换
环境温度低,使用负荷低	适当提高负荷
水温表指示不正确	校验或更换
(10)电启动系统主件常见故障	
启动电机不转动	①连接线接触不良:清洁和旋紧接线头。 ②电刷接触不良:清洁换向器表面或更换电刷。 ③启动电机本身短路:找出短路部位后修理。 ④蓄电池充电不足或容量太小:进行充电或增加蓄电池并联使用。 ⑤电磁开关触点接触不良:检查开关触电并用砂皮磨光
启动电机空转无启动力	①电刷接线头接触不良或脱焊:清洁表面,焊牢或更换。 ②轴承套磨损:换新。 ③磁场绕组或电枢绕组局部短路:找出短路部位修理。 ④电磁开关触点烧毛,接触不良:检查开关触点,并用砂皮磨光
启动电机齿轮与飞轮齿圈顶齿或启动电机齿轮退不出	①启动机与飞轮齿圈中心不平行:重新安装启动机,消除不平行状态。 ②电磁开关触点烧在一起:检查开关触点并挫平砂光烧毛不平处
启动按钮脱开,启动电机继续运转	①电磁开关动触头与连杆螺钉烧牢:检修。 ②启动电机调节螺钉未调整好:重新调整
充电发电机不发电或电流很小	①硅二极管、磁场线圈、转子线圈断路或短路:更换和修理。 ②激磁回路断路或短路:连接好已断导线。 ③三角橡胶带磨损或张紧力不足:更换或调整张紧力。 ④充电电流表损坏:换新。 ⑤线路接错:检查并改正接错的线路
充电电流不稳定	①炭刷沾污、磨损或接触不良,炭刷弹簧压力不足:清洁表面,焊牢或更换。 ②硅二极管压装处松动:与散热器组件一起更换。 ③调节器内部元件脱焊或触头接触不良:重焊或用 0 号砂皮磨光。 ④三角橡胶带松动:重新调整张紧力。 ⑤线路接线头松动:检修拧紧
充电电流过大,电压过高,发电机发热	①磁场接线短路或磁场线圈匝间短路:检修。 ②转子线圈短路,与定子碰擦:检修,用挫刀挫去相碰表面。 ③调节电压过高:重新调整至规定值。 ④晶体管调节器末级功率管发射极和集电极短路:更换功率管。 ⑤振动式电压调节器中的磁化线圈断路或短路及附加电阻烧坏等:检修或更换

表 2－2(续)

原因	处理、排除方法
发电机有杂音	①轴承松动或断裂:更换。 ②转子和定子相碰: 用锉刀挫去相碰表面
蓄电池充电时温度高,电压低,密度小,充电末期气泡较小或发生气泡较晚	说明蓄电池内部短路:如因蓄电池底部沉淀物过多造成短路时,可以将蓄电池放电,倒出电解液,用蒸馏水反复清洗后再充电;如其他原因则应拆开更换隔板或极板,或送有关厂修理
(11)冷却水中有机油的原因是:水冷式机油冷却器芯子损坏,冷却水漏入机油,处理方法是检修或更换	

2. 舷外机简单故障的可能原因(表 2－3)

表 2－3 舷外机简单故障的可能原因

发动机不启动	发动机启动后很快停止	怠速困难	发动机转速异常高	发动机转速异常低	低速	发动机过热	可能原因
●	●						燃油箱空了
●	●						燃油系统连接不正确
●	●	●		●	●	●	空气进入燃油线路
●	●	●		●	●	●	燃油管变形或损坏
●	●	●		●	●	●	燃油箱旋塞或燃油箱上放气口关闭
●	●	●		●	●	●	燃油滤清器、烯油泵或汽化器堵塞
		●		●	●	●	用了不适当发动机油
●		●		●	●	●	用了不适当的汽油
●							燃油过量 火花塞被燃油浸湿
●	●	●		●	●	●	汽化器调节不当
●	●	●		●	●	●	使用了不符合规定的火花塞
●	●	●		●	●		火花塞上有污物或桥接
●	●	●		●	●		无火花或弱火花
				●	●	●	冷却水流量不足 泵堵塞或故障
			●		●	●	防涡板损坏或变形
			●	●	●	●	螺旋桨选择不当
		●	●	●	●	●	螺旋桨损坏或弯曲
			●		●	●	止推杆位置不当

表 2－3(续)

发动机不启动	发动机启动后很快停止	怠速困难	发动机转速异常高	发动机转速异常低	低速	发动机过热	可能原因
			●	●	●	●	船上载重位置不平衡
			●	●	●	●	船尾板过高或过低
●							发动机停机开关短路
●							保险匙松开

三、摩托艇动力装置存放及保养

1. 摩托艇的存放

摩托艇的停泊可分为陆上放置和水上停泊两种，各具特色与优势。水上停泊大多位于摩托艇港或部分环境较好的休闲渔港内的船席泊位；陆地放置则在平地或是艇库(立体艇库)停放，摩托艇的专用停泊水域或者停泊点，应当符合摩托艇安全靠泊、避风以及便利人员安全登、离的要求。

在摩托艇港湾内，人们在水面铺设有成排浮箱托承的浮码头，浮码头的两侧由深入海底的水泥钢筋桩柱固定住，潮涨潮落都不会影响到摩托艇的安全。摩托艇停靠在浮码头的两侧，水、电、油的管线都铺到每一船艇泊位(船席)旁，见图 2－24。

图 2－24　摩托艇的存放

(1)摩托艇在航行中的临时性停泊，应当选择不妨碍其他船舶航行、停泊、作业的水域。不得在主航道、锚地、禁航区、安全作业区、渡口附近以及海事管理机构公布的禁止停泊的水域内停泊。

(2)定期对船底的海生物进行清理，以免使用时降低船速。

(3)摩托艇应当配备必要的污油水回收装置、垃圾储集容器，并正确使用。

(4)摩托艇产生的废弃蓄电池等废弃物、油类物质、生活垃圾应当送交岸上接收处理，并做好记录。

(5)停泊在码头的摩托艇禁止存放易燃、易爆物品，船舶所有人(或委托人)应定期对船舶救生、消防、电气设备、油电管线进行检查，及时排除安全隐患。

(6)不许使用含磷的或有毒化学溶剂清洗艇身，以防止海水污染。

(7)摩托艇不得违反有关防止船舶污染的法律、法规和规章的规定向水域排放油类物质、生活污水、垃圾和其他有毒有害物质，摩托艇生活垃圾，如浴室、卫生间厨房产生的污水、食物残渣，禁止在近岸 5 n mile 的范围内倾倒、投弃。

(8)如果长期不用，应把冷却水放空，把艇至于合适的位置或艇架上，用淡水将艇身冲洗干净，擦干后用艇罩罩住；舷外机应放置在正确的位置。

2. 摩托艇保养

(1)摩托艇艇身保养

摩托艇应该在每天早晨用软布擦拭，清除清晨雾气留下的水分，并且要特别留心窗、不锈钢件、精加工件以及露天使用的软垫。

(1)船体和水线

船体的清洁一般是每周一次，或者是在需要的时候就进行清洁，这个要根据摩托艇所在地的水质情况。清洁船体可以使用专门船用清洁液，不过在使用时要留意产品说明，因为有些清洁液可能对船底的防止海生物附着的涂层有影响。

(2)舷窗玻璃

摩托艇的舷窗玻璃可以使用专门的玻璃保养产品，例如 RAIN－X，这种产品具有清洁及防水效果，能够深入玻璃毛细孔，形成表面保护膜，提供清晰视线，它可以阻挡水滴在玻璃上留下痕迹，让玻璃窗每天都保持清洁。

(3)外部的锁扣

甲板上储藏柜的锁扣要保持干净、整洁和干燥，以防止生霉。每次洗船后，应将外部的储藏柜打开，凉干。储藏柜内的物品要保持干燥并摆放整齐。最好每隔 120 天将储藏柜清空，彻底打扫一遍。所有外部的门锁、门闩及铰链要保持清洁、干燥，并最好每年进行更换。门闩和铰链最好每 6 个月上一次润滑油加以保护。

(4)帆布

可以使用温的清洁液清洗，在有褶皱的地方，例如有扣眼的地方，会聚集一些盐分，可以清洁后涂抹凡士林，并每隔 120 天涂抹一次。

(5)软垫

露天的软垫要尽可能保持干燥，不使用的时候可以用软垫套将其包裹或者将其竖直地放在储物舱。在雨后或者清洗摩托艇后，软垫一般会被弄湿，这时候要尽可能地把软垫上的水分擦掉使其保持干燥。如果软垫变脏或有污点，可以使用专门的清洁剂清洗。

(6)甲板上的舱口盖

甲板上的舱口盖的下方都有一个凹槽，用以收集并排放流入舱口盖缝隙中的水分。在每次洗船后，要将所有甲板上的舱口盖打开，清洗凹槽并擦干。在长期不使用的情况下，最好每月将舱口盖打开一次，并用温的清洁液将舱口盖上的密封条擦拭一遍。

(7)透明塑胶窗

塑胶窗可以使用清水清洁并用软布擦干。在将窗卷起的时候要注意不要造成划痕,不要让窗长时间保持卷起的状态,这样有可能引起变色,最好是白天卷起晚上放下。有拉链的地方也容易聚集盐分,可以每120天用温的清洁液对其清洗一次。

(8)摩托艇外部清洗

不论摩托艇是在巡航还是停泊在码头,都会沾染脏物、灰尘、鸟粪,以及飞溅到摩托艇上的海水蒸发后留下的盐分的结晶层。这些物质对摩托艇表层胶衣有一定的破坏作用,所以每次使用完摩托艇后,都要用淡水进行清洗。如果长期不使用,至少也要每周清洗一次。

清洗摩托艇的时候要根据艇的实际情况选择适合的清洁液。用手摸一下摩托艇表面,如果并不脏,仅用淡水冲洗并擦干就可以了。

在选用清洁液时,应选择专门为摩托艇设计的中性清洁产品,不合适的清洁液可能会减少胶衣或者喷漆的寿命。

清洗摩托艇时,应该按照从高到低,从船首到船尾的方向清洗。因为大多数摩托艇都是设计成这种排水线路。在清洗完成后,非常重要的一点就是不要让清洗后残留在船体的清洁液或者水分在太阳下自行凉干。残留的清洗液会使船体很快变脏,而残留的水分通常会留下难以清除的水斑。所以在每次清洁完船体后,应用淡水冲净船体并迅速将船体擦干。

(9)外部五金件

摩托艇外部的不锈钢件,虽然是被设计为海上使用,但由于海上环境较陆地恶劣,这些不锈钢件依然需要一个较好的蜡层的保护。不锈钢件应该每60天或者需要的时候上一次蜡。优质的蜡膜可以抵御海水的侵蚀,增加光泽度,并且使以后的保养变得容易进行。

(10)外部电子设备

在洗船时,所有外部电子设备/按钮及控制台都不能用水冲洗,否则会损坏内部的电子元件。可以使用湿布擦拭。每周所有电子设备至少打开运行半小时,以驱除线路上的潮气。

(11)很多船体表面的划痕并不是在船的使用过程中产生的,而是在停靠在码头上被磨损的。所以正确地停靠码头,合适的缆绳松紧是相当重要。

(12)避免接触尖锐、坚硬物体。摩托艇的艇壳与岸边石头、混凝土构筑物、金属构件摩擦碰撞时会产生擦痕等损伤。因此应在艇首和靠码头部位及舷边等处设置防撞耐磨的金属及橡胶护舷材料,在甲板上铺设耐磨的橡胶、塑料软材等。

(13)由于摩托艇经常被用来在海上航行,会在艇的表面附结一些盐霜,经过阳光强烈照射后,会使玻璃钢在高温下加速老化,因此需要进行相应的清理来避免摩托艇长时间接受太阳的曝晒。

3. 动力设备保养

不管是舷内机还是舷外机,以下的方法都是有效的。

(1)发动机保养

一定要在每次外出后冲洗发动机,并检查油箱是否生锈、损坏或腐蚀燃料管路,还要检查机油的液位。最后检查一下发动机的冷却仪表工作是否正常。

(2)舱底泵保养

摩托艇维护的另一个重要方面是确保舱底泵正常工作。如果舱底泵不能正常工作,未能及时将舱底水排出,会造成沉船事故。倘若需要使用泵,还需要确保电池系统包含足够的力量来支持运行了长时间的泵。

(3)电池保养

这取决于船使用的电池类型,对于常规铅酸蓄电池,需要经常检查蓄电池的电池液位。最好让电池远离灰尘及潮湿。一般来讲,摩托艇上的蓄电池都是免维护的,但仍需要一些方法来增加蓄电池的效力与使用寿命:保持蓄电池满充,这样可以使蓄电池保持较长的使用寿命;至少每 30 天检查一次蓄电池;定期清洁蓄电池接头及接线束;检查蓄电池电缆是否与接线端可靠连接,用手拧紧后再用扳手将接线端螺母拧紧 1/4 圈;检查蓄电池组中每个电池的电解液容量,电解液容量液面应在刻度线以上,如果液面低于刻度线,需加蒸馏水直到电解液达到适当容量值;谨防电解液加得过满溢出蓄电池箱;长时间充电时将蓄电池放置在凉爽干燥的地方;利用液体比重计或伏特计每三个月检查一次蓄电池电量;如果密度低于 1. 225 kg/m^3 或电压低于 12. 4 V,则需给蓄电池充电。

(4)机舱设备保养

定期检查发动机内油位;定期检查冷却剂状态;定期检查风扇皮带;开动状态下每 25 h 检查一次海水过滤器;检查喷嘴和掌舵油杯的润滑程度;第一次更换发动机汽油过滤器的时间是启动后 20 h,以后每 200 h 更换一次;每 100 h 给发动机换一次机油;每 200 h 换一次齿轮油;每 200 h 更换一次空气过滤器;燃料过滤器每年更换一次;保持油净、水净、气净和机体净。使用具有优良清净分散性能的润滑油和定期使用汽油清净剂清洗发动机喷嘴进气阀和燃烧室是延长发动机寿命的首要条件。

4. 摩托艇拖车保养

对于大部分人来说,保养也就是在海水中使用完后,用水将拖车简单冲洗一下,如果是在淡水中使用的,则连冲洗都懒得冲洗。但是水中的盐分及其他物质会逐渐腐蚀拖车的金属部件,哪怕表面经过镀锌处理,也会逐渐腐蚀并出现一些锈蚀的点。尽管这个过程很缓慢但是会一直持续,也许这些点开始只是有点影响外观,但是后续各关键部位都可能发生腐蚀,可能是弹簧钢板、固定螺栓,也可能是摩托艇的承重钢架,其中任意一处出现问题都有可能造成较大损失。

正确的做法是定期在清洗摩托艇的同时,也同时将拖车彻底地清洗一遍,尤其注意一些角落和紧固件的缝隙等可能会残存盐分的地方,还包括固定的铁链和电线。推荐待所有部件都干涸后用保护喷剂将所有金属表面都喷涂一遍,这样能起到更好的防护效果。

尽管现在 LED 灯寿命提高很多,但是拖车的灯还是时常会碰到各种问题,当出现问题时,先检查一下地线是否出现腐蚀、破损甚至是丢失。

第四节　摩托艇发动机相关品牌及参数

发动机如同摩托艇的“心脏”。体现发动机品质高低主要是看动力性和经济性,也就是说,发动机要具有较好的功率、良好的加速性和较低的燃料消耗量。影响发动机功率和燃料消耗量的因素有很多,其中影响最大的因素有排量、压缩比、配气机构。不能单凭速度一项指标来评定摩托艇上发动机的性能,在摩托艇上,性能是舒适性、稳定性、操控性、节省燃料,以及速度的融合。

除此之外,发动机品牌也是一个因素。摩托艇发动机品牌选择主要是看在该发动机厂家是否在中国地区有良好的服务网络,因为再好的发动机也离不开服务。目前在中国,最佳选择应属 Volvo Penta,主要选择对象为大中型摩托艇配置的发动机;小型摩托艇的发动机可以选择 Yamaha。为了让广大摩托艇爱好者更多地了解摩托艇发动机生产厂家及相关参数,以下介绍几家摩托艇发动机生产厂家。

瑞典沃尔沃发动机(Volvo Penta)——优良的总体性能及燃油效率,完整的动力系统,设计轻巧,低噪音,振动小,每一个纯正的 Volvo Penta 零件都是与整机一起经设计和开发而成的,易于安装维护。售后服务一流。所生产的发动机功率范围为 7.357 ~ 1 471.4 kW (10 ~ 2 000 hp)。

美国康明斯发动机(Cummins)——将省油、耐用、可靠、质量轻和结构紧凑等特点完美地结合在一起。维修保养简便。

美国水星发动机(Mercury)——爆发性较好,油耗低,独特的橡胶避震安装系统。

日本雅马哈(Yamaha)——性能稳定,马力强劲,油耗低,排污少,防锈防腐系统增加船外机的耐久性。

德国 MAN 发动机——运用最新技术。例如,通过多孔喷嘴进行高功率喷油,或者增压和空气中冷,这与高压力一起确保低污染燃烧过程。MAN 柴油机设计轻巧,功率强大,持久耐用,耗电量低,可以待续处于工作就绪状态。

美国卡特比勒发动机(Caterpilar)——拥有先进的动力装置。转速可在负荷较小或无负荷时实现自动控制,自动降低发动机转速,减少油耗。噪音低、振动小、废气排放量小、环保高效、性能稳定可靠。

日本洋马发动机(Yanmar)——提供强大的动力和扭矩,同时保持最低的燃油消耗,操作简便,经久耐用。

经典摩托艇及相关参数介绍(以雅马哈摩托艇为例,见图 2-25)。

图 2-25　雅马哈摩托艇

(1) YAMAHAAFX Cruiser SVHO(水上摩托艇),其具体参数见表 2-4。

表 2－4　雅马哈摩托艇具体参数

长/m	3.56	宽/m	1.23
高/m	1.23	干重/kg	379
发动机类型	4 冲程,4 缸 DOHC SVHD 引擎	增压器	机械增加
排量/mL	1.812	燃油	无铅汽油
泵类型	160 mm 轴流式	燃油容积/L	70.0
燃油供给系统	电子燃油喷射	机油箱容积/L	5.3
润滑系统	湿式润滑	乘员人数	1 到 3 人
储物容积/L	125.5	倒挡方式	电动式
最大功率/kW/转速/(r/min)	183.9(250)/7 500		

(2)YAMAHA 摩托艇外挂机部分产品(二冲程),见图 2－26。

型号：E75BMHDL
发动机类型：二冲程/3缸
排气量：1 140 mL
气缸X行程：55.2 kW(75 ps)
最大输出：/5 500r/min
点火系统：
齿轮比：112~117 kg
净重：

型号：85AETL
发动机类型：二冲程/3缸
排气量：1 140 mL
气缸X行程：
最大输出：62.5 kW(85 ps) /5 500 r/min
点火系统：
齿轮比：
净重：111~124 kg

型号：E115AETX
发动机类型：二冲程/4缸
排气量：1 730 mL
气缸X行程：
最大输出：86.4 kW(115 ps) /5 500r/min
点火系统：
齿轮比：
净重：147~160 kg

型号：150AETX
发动机类型：二冲程/6缸
排气量：2 596 mL
气缸X行程：
最大输出：110.3 kW(150 ps) /5 500 r/min
点火系统：
齿轮比：
净重：147~160 kg

型号：200AETX
发动机类型：二冲程/6缸
排气量：2 596 mL
气缸X行程：
最大输出：147.1 kW(200 ps) /5 500r/min
点火系统：
齿轮比：
净重：178~184 kg

型号：L200AETX
发动机类型：二冲程/6缸
排气量：2 596 mL
气缸X行程：
最大输出：147.1 kW(200 ps) /5 500 r/min
点火系统：
齿轮比：
净重：186 kg

图 2－26　雅马哈二冲程摩托艇发动机

(3)YAMAHA 摩托艇外挂机部分产品(四冲程),见图 2 - 27。

型号：F50HEDL/TL
发动机类型：四冲程/4缸
排气量：996 mL
气缸X行程：
最大输出：36.8 kW(50 ps)/5 500 r/min
点火系统：
齿轮比：
净重：107~117 kg

型号：FT50GETL
发动机类型：四冲程/4缸
排气量：996 mL
气缸X行程：
最大输出：36.8 kW(50 ps)/5 500 r/min
点火系统：
齿轮比：
净重：118 kg

型号：F60FETL/HTL
发动机类型：四冲程/4缸
排气量：996 mL
气缸X行程：
最大输出：44.1 kW(60 ps)/5 500 r/min
点火系统：
齿轮比：
净重：113~117 kg

型号：F80BETX
发动机类型：四冲程/4缸
排气量：1 596 mL
气缸X行程：
最大输出：58.8 kW(80 ps)/6 000 r/min
点火系统：
齿轮比：
净重：170~173 kg

型号：F90BETX
发动机类型：四冲程/4缸
排气量：1 596 mL
气缸X行程：
最大输出：66.2 kW(60 ps)/5 500 r/min
点火系统：
齿轮比：
净重：170~173 kg

型号：F100BETX
发动机类型：四冲程/4缸
排气量：1 596 mL
气缸X行程：
最大输出：73.6 kW(100 ps)/5 500 r/min
点火系统：
齿轮比：
净重：183~188 kg

图 2 - 27　雅马哈四冲程摩托艇发动机

第五节　摩托艇相关电工知识

一、船舶电气设备的定义

能适应传播环境条件,并满足船舶使用要求的电机、开关设备和控制设备、变压器、半导体变流器、蓄电池、照明设备、电热器及电炊具、电缆、自动化设备、船内通信设备等。

二、电气的基础知识

1. 直流和交流

直流电一般用 DC 表示,符号为 - 。

交流电一般用 AC 表示,符号为 ~ 。

电压、电流、电阻存在下述关系:①电压不变,电阻增大 2 倍,电流减至一半;②电阻不变,电压变成 2 倍,电流也变成 2 倍。这个关系用下述公式表示,这就叫欧姆定律。

$$电压(U) = 电流(I) \times 电阻(R)$$

2. 接线方法

电源与负荷的接线方法,有串联与并联两种方法。

电瓶的接线:艇上的电瓶一般是串联连接,但有些大机型有 4 个电瓶,用串联和并联组合连接。

3. 直流电有三个基本组成部分

(1)电源

产生和提供电能的装备,如发电机、蓄电池组等,是将非电能量转为电能的装置。

(2)负载

消耗电能的用电设备,如电动机、电灯等,是将电能转换为非电能的装置。

(3)连接导体及控制开关

连接电源与负载,输送和控制向负载提供的电能。

4. 按钮开关

按钮开关多使用于电源的开闭、动作的开始。

(1)使用于电源开闭的叫作交替型,每按一次,就交替 ON/OFF。

(2)使用于动作开始的叫作瞬时型,只有按下时才 ON(或 OFF)。

图 2-28 为按钮开关的外形图。

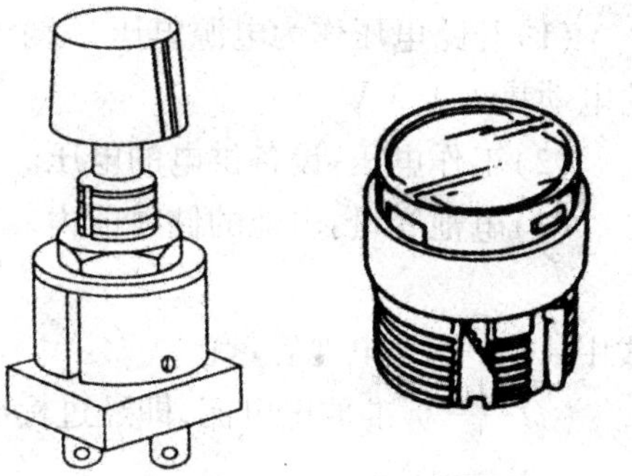

图 2-28　按钮开关

三、变压器定义及其工作原理

将某一级的电压转换为同频率的另一级的电压称为变压器。它是依据互感原理而工作的。

四、电动机的保护环节

1. 短路保护

电流不经负载而直接形成回路称为短路。常用的短路保护措施:在电路中装设空气断路器(又称自动空气开关)、熔断器(俗称保险丝)等。

2. 过载保护

对于大多数电气设备来说,当电流超过其额定值(即过载)时,并不一定会立即损坏,但长时间的或严重的过载是不能允许的。故在电路中常装设过载保护,以防被保护电器因过载而损坏。过载保护的电器:热继电器、过电流继电器、自动空气开关。

3. 失压保护

当电源电压由于某种原因消失时,电动机会自动停车。保护电器:接触器。

五、电气设备的船用条件

适应振动和冲击；适应倾斜和摇摆；适应环境温度变化；耐潮湿、盐雾、油雾和霉菌；适应船舶电网电压和频率的变化等。

六、蓄电池概念原理及种类

蓄电池是一种可以充电并反复使用的电源。蓄电池分酸性蓄电池和碱性蓄电池。酸性蓄电池历史悠久、用途广泛、价格低廉。船用蓄电池多为酸性蓄电池。

原理：铅、二氧化铅和硫酸化学反应，储存和释放电能。

化学方程式：

$$\underset{(\text{正})}{PbO_2} + 2H_2SO_4 + \underset{(\text{负})}{Pb} \rightleftharpoons \underset{(\text{正})}{PbSO_4} + 2H_2O + \underset{(\text{负})}{PbSO_4}$$

当蓄电池的正、负极板同时和硫酸溶液接触时，在正、负极之间即产生 2 V 左右的电动势，此时若外电路接通将产生放电电流。同时正极板和负极板与硫酸起化学反应，逐渐变成了硫酸铅（$PbSO_4$）。当正、负极板都变成同样的硫酸铅后，蓄电池就不能再放电了，此时需要对蓄电池充电，使其恢复原来的二氧化铅和铅。蓄电池的充电和放电是可逆的。

(1)开路电压作为电源电压：每个酸性蓄电池的电动势为 2.0～2.1 V；每个碱性蓄电池的电动势为 1.3 V。

(2)工作电压：设备供电的电压。

(3)电池容量：电池的储电能力。蓄电池容量单位：安·时（A·h）。

$$Q = I \times t$$

式中　Q——蓄电池容量；

I——标准放电电流，即经过标准放电时间使蓄电池放完电的电流；

t——时间。

标准放电时间：

①酸性：通常为 10 h（在 25 ℃下）。

②碱性：通常为 8 h。

(4)注意，超过标准放电电流蓄电池容量将大大减小，寿命受严重影响。

(5)蓄电池的充电：将蓄电池导线插在充电机上，蓄电池与充电机的正极与正极相接，负极与负极相接，就可以充电了。充电过程中，蓄电池单格电压上升，电解液出现较多的气泡——充电结束。

充足电的标志：电解液的相对密度为 1.275～1.31，单格电池的电压为 2.0 V。

放完电的标志：电解液的相对密度为 1.13～1.18，单格电池的电压为 1.7～1.8 V。

七、蓄电池的日常维护

(1)保持表面清洁，防止电解液外溢，接线夹和接线柱涂以凡士林油以防锈蚀。

(2)定期（15～20 天）检查页面高度，应保持在高出极板上缘 10～20 mm，否则要根据规定的密度补充蒸馏水或电解液。碱性蓄电池使用一年左右应重新更换电解液。

(3)蓄电池室：严禁烟火，保持通风良好。

(4)通常对长期担负工作的蓄电池每月至少进行一次过充电,对负载较轻的蓄电池,也应每2~3个月进行一次过充电。

(5)按时过充,定期全容量放电;不常用时,每月充、放一次。

(6)充电时,温度不超过额定值。

(7)定期检验蓄电池用仪表、用具。

(8)每年化验一次电解液。

八、安全电压

在各种不同环境条件下,人体接触到有一定电压的带电体后,其各部分组织(如皮肤、心、脏、呼吸器官和神经系统等)不发生任何损害。

我国根据发生触电危险的环境条件将安全电压分为三种类型,其界限值分别为:

(1)特别危险(潮湿、有腐蚀性蒸气或游离物等)的建筑物中,为12 V;

(2)高度危险(潮湿、有导电粉末、用热高温、金属品较多)的建筑物中,为36 V;

(3)没有高度危险(干燥、无导电粉末、非导电电板、金属品不多等)的建筑物,为65 V。

九、安全用电原则

(1)不接触高压带电物体;

(2)不接近高压带电物体;

(3)不用湿手触碰开关;

(4)人的安全电压是不高于36 V;

(5)使用试电笔不能接触笔尖的金属杆;

(6)功率大的用电器一定要接地线;

(7)不能用身体连通火线和地线;

(8)不能用身体连通火线和零线;

(9)使用的用电器总功率不能过高,防止因电流过大而引发火灾;

(10)有人触电时不能用身体拉他,应立刻关掉总开关,然后用干燥的木棒将人和电线分开。

十、照明系统的维护周期和要求

(1)测量线路的绝缘电阻;

(2)检查灯头接线是否老化和开断;

(3)检查室外灯具水密性能与锈蚀;

(4)开航前应检查航行灯、信号灯的供电电源、灯具及故障报警装置;

(5)探照灯等灯在使用前应检查其电源、开关、连接电缆和灯具的水密性能及绝缘电阻情况。

十一、通过人身的安全电流

通过人身的安全直流电流规定在50 mA以下;交流安全电流规定在10 mA以下。

十二、触电的预防措施

(1)加强安全用电教育,严格操作规程;

(2)电气设备必须有可靠的安全接地或接零,经常检查、维护电器设备的接地和接零。

十三、脱离低压电源的主要方法

脱离低压电源的主要方法有:切断电源;割断电源线;挑拉电源线;拉开触电者;采取相应救护措施。

采取以上措施时注意必须使用符合相应电压等级的绝缘工具。

第三章　摩托艇航行基本知识

对于摩托艇操作人员来说，掌握必要的航行知识是保证海上航行安全的必要条件之一。因此，应认真学习和领会。

第一节　内河航道概述

一、概述

内河航道是指在内陆水域中用于船舶航行的通道。内陆水域包括江、河、湖、水库、人工运河和渠道等。

内河航道可分为天然航道和人工航道。天然航道系利用天然水域提供的航道尺度行驶相应尺度的船舶。如果局部河段尺度不足，则通过整治与疏浚的手段使之达到要求的尺度。人工航道包括渠化河流航道和人工开挖的运河、渠道。渠化河流是在天然河流上分段筑坝，壅高水位，以提高航道水深，并在坝址处兴建过船建筑物。

为统一概念，便于沟通与交流，特对相关术语解释如下。

(1)航道尺度：设计最低通航水位时航道的最小水深、宽度和弯曲半径的总称。

(2)船闸有效尺度：船闸闸室有效长度、有效宽度和门槛最小水深的总称。

(3)通航净空尺度：水上过河建筑物通航净高和净宽尺度的总称。

(4)限制性航道：因水面狭窄、断面系数小而对船舶航行有明显限制作用的航道。在本节中主要指运河、渠道和河网地区的部分航道。

(5)断面系数：设计最低通航水位时，过水断面面积与设计通航船舶或船队设计吃水时的舯横剖面浸水面积之比值。

(6)代表船型：为确定通航尺度，通过技术经济论证优选确定的、设计载重量可达到相应吨级的船型。

(7)代表船队：为确定通航尺度，通过技术经济论证优选确定的、由代表船型的船舶组成的船队。

(8)船舶设计吃水：船舶处于设计载重量状态时的吃水。

二、航道尺度确定中的几个问题

(1)天然和渠化河流航道水深应根据航道条件和运输要求通过技术经济论证确定。对枯水期较长或运输繁忙的航道，应采用2004年5月1日起实施的《内河通航标准》中所列航道水深幅度的上限；对整治比较困难的航道，可采用表列航道水深幅度的下限，但在水位接近设计最低通航水位时船舶应减载航行。当航道底部为石质河床时，水深值应增加0.1～0.2 m。

(2)内河航道的线数应根据运输要求、航道条件和投资效益分析确定。除整治特别困难的局部河段可采用单线航道外，均应采用双线航道。当双线航道不能满足要求时，应采用三线或三线以上航道，其宽度应根据船舶通航要求研究确定。

(3)内河航道弯曲段的宽度应在直线段航道宽度的基础上加宽，其加宽值可通过分析计算或试验研究确定。

(4)内河航道的最小弯曲半径，宜采用顶推船队长度的3倍或货船长度、拖带船队最大单船长度的4倍。在特殊困难河段，航道最小弯曲半径不能达到上述要求时，在宽度加大和驾驶通视均能满足需要的前提下，弯曲半径可适当减小，但不得小于顶推船队长度的2倍或货船长度、拖带船队最大单船长度的3倍。流速3 m/s以上、水势汹乱的山区性河流航道，其最小弯曲半径宜采用顶推船队长度或货船长度的5倍。

(5)限制性航道的断面系数不应小于6，流速较大的航道不应小于7。

三、水流条件

为了保障船舶安全航行，《内河通航标准》3.0.7条规定，内河航道中的流速、流态和比降等水流条件应满足设计船舶或船队安全航行的要求。

第二节　三亚港概况

本节旨在为航海者阐述三亚港的最一般通航资料，以使他们对三亚港有一基本的了解。目前三亚港正处在高速发展期，港口规模不断扩大，港口建设日新月异，新的码头、泊位和设施不断建设，资料更新速度很快，涉及关键资料使用者请咨询相关部门，应以海事管理机构公布的最新资料为准。

一、三亚港地理位置

三亚港位于海南岛南部的三亚湾内，位于三亚市西南面，见图3-1，地理位置18°14′26″N/109°29′58″E，介于鹿回头岭与马岭之间，东与榆林港相邻，隔海与我国中沙、西沙、南沙群岛及越南相望。港区水域以鹿回头为起点，向西延伸至东经109°21′12″为界，西北以北纬18°11′18″、东经109°21′12″为起点，向北延伸到岸线上为界，东以三亚桥为界，包括以三条界线所围水域。该港群山环抱，有南边岭、大会岭、石岭等高山，能避诸向风。三亚港东距榆林港8 n mile，东北距广州港480 n mile，东南距西沙群岛180 n mile，西北距八所港135 n mile，西距越南舰港139 n mile，是海南省南部最大的商、渔天然良港。

二、水文气象

1.气温

属于热带海洋性季节气候。年平均气温25.4 ℃，五六月份气温最高，最高年平均气温28.3 ℃，极端最高气温36 ℃，最低年平均气温20.7 ℃，极端最低气温12 ℃。

2.降水

港区全年降水量1 224~1 690 mm，其中5~10月为雨季，降水量占全年的90%多，其中八九月较集中，占全年降水量的47.8%，10月至翌年1月为旱季。降雨多以暴雨形成，年降雨日数72~92天，年平均累计降雨时间为8.2天。

3.雾况

根据当地气象台、站历年气象资料统计，三亚港未曾有雾的记录，港区终年无雾。

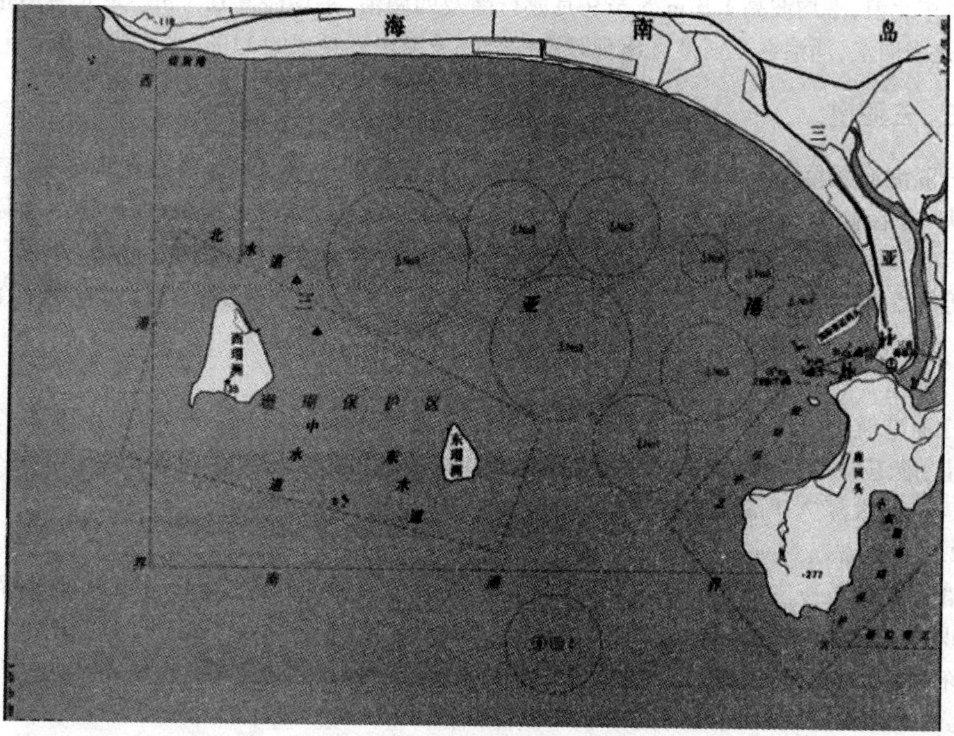

图 3－1　三亚港地理位置

4. 雷雨

在每年 5～9 月分频繁出现，伴有阵风雷电，阵风有 6～7 级。

5. 风况

三亚港区以 E、EN、ENE 风为最多，占全年总频率的 46%，一年内几乎有 8 个月的时间被上述风向控制。其余 4 个月（6 月至 10 月）以 WSW、W 风向为主，约占这 4 个月风频率的 40%。

6. 热带气旋

台风主要发生在 6 至 10 月。对本区有影响的热带风暴、强热带风暴和台风每年平均出现 2～3 次，每次持续时间一般 3～4 天，有时长达 6～8 天。台风袭击时，常有 8 级以上的东北风和暴雨，风力曾出现过 12 级以上。

7. 潮汐

三亚港潮汐为不规则日潮混合型，以日潮为主，每月 14 天为日潮，其余为不正规半日混合潮，半日潮天数在 1 个月中占 5～14 天不等，最多半个月，平均为 11 天。港区为弱潮海区，潮差不大，最高潮位 2. 2 m，最低潮位 0. 6 m，平均潮位 1. 02 m，最大潮差 1. 89 m；平均高潮位 1. 43 m，平均低潮位 0. 64 m，平均潮位 1. 02 m，平均潮差 0. 79 m。

8. 潮流

三亚港区潮流为不规则全日潮流，呈往复流。涨潮时水分为两支流，一支向东南流经码头处进入三亚河，流速 0. 68 kn；另一支自白排礁缺口向西北流，流速 0. 68 kn。落潮流向相反，流速分别为 2. 1 kn 和 0. 14 kn。

9. 波浪

三亚港区的风浪特征和风况一致。港区波浪作用不强，周期短，每年 10 月至次年 4 月盛行东及东北浪,平均波高 1. 3 m;5 至 9 月盛行南及西南浪,平均波高 0. 7 m。东北海浪是常向浪,亦是强向浪,涌浪在三亚港区出现频率占全部波浪出现频率的 11%,平均波高 0. 1 m。

三、三亚港

三亚港有国际客运码头、三亚港务局码头、三亚求助站码头、海警二支队码头、三亚渔业码头、内港榆亚码头;港界外有红塘码头、南山码头以及沿岸各旅游码头。其中国际客运码头有 4 万吨级客运泊位 1 个;港务局码头有泊位 7 个,设计年货物通过能力 104 万吨,可同时停靠 5 000 吨级船舶 2 艘;南山港码头 5 000 吨级泊位 1 个;红塘港码头 2 万吨级泊位 1 个,目前主管部门暂时同意停靠 1 万吨级船舶。

1. 航道

三亚港航道为疏浚航道,自三亚港口进口 1 号灯浮(18°13′51. 65″N/109°28′45. 29″E)至内港,航道总长 1 800 m,其中前段航道长 1 400 m,宽 140 m,水深 10. 9 m,后段航道长 400 m,宽 45 m,水深 7. 0 m,底质泥沙,真航向 071°30′/251°30′。

2. 助航标志

鹿回头岭位于三亚港南面,高程为 275 m,是一显著的山峰,距其 15 n mile 即可辨别,是船舶识别三亚港的重要目标。

东岛(东瑁洲)位于三亚角西面约 3 n mile 处(白排灯桩西南方约 4 n mile 处),岛上有南、北两峰,南峰高 60 m,北峰高 48. 9 m。

西岛(西瑁洲)位于东岛西北方约 2 n mile 处,南部山峰高 122 m,山顶上设有一灯桩(位置 18°13′48″N/109°22′7. 48″E,白色,灯质为闪 3 s 137 m 18 M),是船舶识别三亚港的良好目标。

白排灯桩(位置 18°14′15. 11″N/109°28′54. 19″E,白色,灯质为闪 3 s 15 m 10 M),位于三亚港主航道北侧。

大洲(西洲)位于三亚港主航道南侧,原其西北部有一高 10. 5 m 的显著磊石,现磊石已清除,岛高 18 m。

三亚港主航道设有引导灯桩一组,两标一线真方位 071. 5°/251. 5°,航道两侧各设有灯浮 8 个,见表 3 - 1。

表 3 - 1　三亚港航道灯浮标志

5089	三亚港引导灯桩前	18°14′17. 75″	109°29′54. 79″	专用标志	白	定红 26 m6 M	
5090	三亚港引导灯桩后	18°14′19. 75″	109°30′0. 89″	专用标志	白	定红 33 m6 M	
5090. 8	三亚港 1 号灯浮	18°13′51. 65″	109°28′45. 29″	侧面标志	绿	闪绿 4 s	同闪
5090. 9	三亚港 2 号灯浮	18°13′57. 85″	109°28′43. 09″	侧面标志	红	闪红 4 s	同闪
5091	三亚港 3 号灯浮	18°13′59. 55″	109°29′6. 59″	侧面标志	绿	闪绿 4 s	同闪
5092	三亚港 4 号灯浮	18°13′4. 55″	109°29′3. 89″	侧面标志	红	闪红 4 s	同闪

表 3-1(续)

5089	三亚港引导灯桩前	18°14′17.75″	109°29′54.79″	专用标志	白	定红 26 m6 M	
5093	三亚港 5 号灯浮	18°14′7.95″	109°29′29.69″	侧面标志	绿	闪绿 4 s	同闪
5094	三亚港 6 号灯浮	18°14′10.95″	109°29′28.99″	侧面标志	红	闪红 4 s	同闪
5094.01	三亚港 7 号灯浮	18°14′10.75″	109°29′37.59″	侧面标志	绿	闪绿 4 s	同闪
5094.02	三亚港 8 号灯浮	18°14′14.45″	109°29′40.49″	侧面标志	红	闪红 4 s	同闪

3. 码头泊位

三亚港内分为货运码头和国际码头两部分，见表 3-2。货运码头总长 714.5 m，共有泊位 7 个。其中 1,2 泊位共长 100 m，水深 3.9 m，调头区直径 120 m，可停泊两艘 500 吨级船舶；3 号泊位长 91.5 m，水深 4.2 m，可停泊两艘 1 500 吨级的船舶。目前，由于三亚港务局的经营需要，1～3 号泊位供渔业船舶停泊作业；4～7 号泊位为客、货船码头泊位。

国际客运码头位于三亚港主航道的左侧，白排灯塔的东北方，长 130 m，码头设计靠泊能力为 4 万吨轮泊位一个，调头区直径为 536 m，水深 10.9 m。客运码头海堤灯桩两个，其坐标为 LBI，18°14′18.66″N/109°29′509.41″E 和 LB2，18°14′24.6″N/109°29′20.64″E，灯高 12 m，灯质为长闪红 5 s，射程 5 n mile，于 2006 年 11 月 20 日投入使用。

表 3-2 三亚港各码头泊位情况

名称		位置	结构形式	长/m	水深/m	靠泊能力(吨×艘)	用途	建造日期	所属单位	备注
港务集团公司码头	1 号泊位	河口北岸	钢板桩	50	4.2	500 以下	港作船	1980	三亚港务局	
	2 号泊位	河口北岸	钢板桩	50	4.2	500 以下	港作船	1980	三亚港务局	
	3 号泊位	2 号泊位西侧	高桩	91.5	4.2	1 500×1	杂货	1980	三亚港务局	
	4 号泊位	3 号泊位西侧	钢板桩	1.25	3.8	1000×1	杂货	1980	三亚港务局	
	5 号泊位	4 号泊位西侧	钢板桩	125	4.3	1 000×1	杂货	1980	三亚港务局	
	6 号泊位	5 号泊位北侧	钢板桩	130	5.9	5 000×1	杂货	1980	三亚港务局	
	7 号泊位	6 号泊位北侧	钢板桩	130	6.3	5 000×1	杂货	1980	三亚港务局	供水
三亚国际客运港码头		三亚市三亚湾路	重量级潜箱栈桥	130	11	40 000×1	客货船	2006	三亚众城国际客运旅业有限公司	

表 3－2(续)

名称	位置	结构形式	长/m	水深/m	靠泊能力（吨×艘）	用途	建造日期	所属单位	备注
救助站码头	进港航道右侧	混凝土“T”型	190	2	500×01		2003 年扩建	三亚救助站	供水电
鸿洲集团游船码头	河口东侧	混凝土壁式	150	约 2.4	200 以下				可靠 50 t 驳船
水产码头	7 号泊位西北侧	混凝土岸壁式	100	3	200				
榆亚盐场码头	河口东侧	岸壁式	130	4	1 000×1		1994 年扩建		

4. 锚地

三亚港共有 9 个作业、防台锚地，1 个引航、检疫锚地，都对外开放。且都为圆形锚地，锚地半径在 0.27～0.8 n mile 之间，大多为泥或沙泥底，详见表 3－3。

表 3－3　三亚港锚地

序号	名称	范围	水深/m	锚地性质	用途	底质
1	引航检疫锚地	以 18°10′59. 15″N/109°26′1. 58″E 为中心，半径 0. 54 n mile	27～30	对外公布	引航检疫	泥底
2	1#锚地	以 18°13′11. 15″N/109°27′01. 59″E 为中心，半径 0. 54 n mile	15～20	对外公布	防台	泥底
3	2#锚地	以 18°14′14. 16″N/109°26′04. 59″E 为中心，半径 0. 8 n mile	12～27	对外公布	防台	泥底
4	3#锚地	以 18°14′11. 16″N/109°27′49. 59″E 为中心，半径 0. 27 n mile	11～15	对外公布	防台	泥底
5	4#锚地	以 18°14′46. 16″N/109°28′18. 59″E 为中心，半径 0. 27 n mile	5～8	对外公布	防台	沙泥底
6	5#锚地	以 18°15′04. 16″N/109°2818. 59″E 为中心，半径 0. 27 n mile	7～9	对外公布	防台	软泥底
7	6#锚地	以 18°15′14. 16″N/109°27′45. 59″E 为中心，半径 0. 27 n mile	8～10	对外公布	防台	软泥底
8	7#锚地	以 18°14′26″N/109°29′58″E 为中心，半径 0. 54 n mile	7～11	对外公布	防台	软泥底

表 3-3(续)

序号	名称	范围	水深/米	锚地性质	用途	底质
9	8#锚地	以 18°14′26″N/109°29′58″E 为中心,半径 0.54 n mile	8~12	对外公布	防台	泥沙底
10	9#锚地	以 18°14′26″N/109°29′58″E 为中心,半径 0.54 n mile	10~12	对外公布	防台	细沙底

5. 碍航物

(1)距离亚龙湾东洲岛偏东约 3 n mile 处,有一沉船“梅航 6068”(水深为 62 m),2006 年 5 月沉没。

(2)三亚港内渡船码头附近有一海底电缆通往南边海。

(3)市区内有一条通往鹿回头旅游区的 10 kV 高压架空电线,自建港路岸边跨海至对岸,净空高度为 20 m。船舶最大通航高度不超过 15 m。

(4)三亚供电公司所属海坡至西岛海底电缆自 18°14′45.6″N/109°22′08.4″E 至 18°17′19.2″N/109°22′13.8″E。

(5)三亚供水公司所属海坡至西岛海底电缆自 18°14′42.5″N/109°22′18.8″E 至 18°17′16.5″N/109°22′18.3″E。

(6)在三亚河上,位置为 18°14′40.4″N/109°29′47.1″E 处建有三亚国际客运港跨海大桥,通航净空高度为 8 m,通航吨数不超过 20 t。

(7)西瑁洲灯塔北偏西方约 4.2 n mile 处,有一未爆炸弹(概位);西瑁洲灯塔西北方约 2.2 n mile,有一沉船残骸(1957);西瑁洲灯塔东南方约 2.2 n mile 处,有一双扉石(高度为 8.5 m),周围有礁石,航行时不宜靠近;西南方约 1.35 n mile 处有一半路石(水深为 2.4 m);西北方存在一琵琶礁,最浅水深为 7 m;

(8)东瑁洲周围沿岸是珊瑚礁盘,并有礁石,岛的东北方距岸 0.4 n mile 处,为东洲礁(水深为 8.2 m)。

(9)白排灯桩东北方有延伸约 0.75 n mile 处的珊瑚礁脉;白排灯桩西方约 1.6 n mile 处,有一名称叫三亚礁的礁石(水深为 8.8 m);白排灯桩西南偏西方约 0.78 n mile 处,靠近三号作业、防台锚地东侧,有一沉船“驳船 204 号”(水深为 9.9 m)。

(10)港口南侧岸边是珊瑚保护区,均是珊瑚礁滩,并向航道延伸,船舶航行时不宜靠近。

(11)在鹿回头角及锦母角之间的海湾内有疑存雷区、危险物、浅点及海底管线,禁止抛锚和捕捞。

(12)在南山岭西南方约 3.4 n mile 处有一干出礁盘,过往船舶注意避开。

(13)渔栅分布情况:三亚海域范围内,渔栅网作业没有具体规划渔区的固定位置,在角头鼻(芙蓉角)、望楼港、莺歌咀附近海域有渔栅,航行须注意。网具在缓流或停流时浮出水面,急流达到一定阻力时,网具沉到海底,对航行无妨碍。浮出水面时,水面有两条竹竿串联为一组的网具,水下结构材料为木桩、钢线或纤维缆绳,水面标志难于发现,给船舶航行安全造成威胁。

(14)在榆林红沙港、三亚湾港、铁炉港、新村港航道以外可航水域分布有养殖区,采用木板、泡沫、塑料桶结构与网袋,以4~6支铁锚、缆绳固定在水面上进行鱼、虾类养殖,船舶航行受到一定限制,对船舶的防台安全造成极大威胁。

(15)三亚港三类疏浚物海洋倾倒区(抛泥区),以18°12′00″N/109°20′00″E为中心,0.5 n mile为半径范围内,水深30 m,泥底,用途为疏浚物海洋倾倒。

6. 航法

从三亚港东面来的大型船舶,沿环岛航线航行到18°00′N/109°25.8′E处,转000°,强至引航检疫锚地,由锚地中心驶020°,约2 n mile,转向060°至1号浮标,进入三亚港港区。小型船舶,可驶至鹿回头方位090°,距离2 n mile处,转航向038°,艏对白排灯桩航行,至引导灯桩一线时转航向进港。

从三亚港西面来的大型船舶,沿环岛航线航行到18°00′N/109°06.4′E处,改航向为060°,航行22 n mile,进入三亚港引航检疫锚地,由锚地中心驶020°,约2 n mile,转向060°至1号浮标,进入三亚港港区。小型船舶,可经西瑁洲北侧驶过,自马岭西南方取航向112°,驶至东瑁洲方位256°、距离2.5 n mile处,转航向071.5°,艏对引导灯桩航行进港。

驶往国际客运码头的船舶,驶过4号灯浮距6号灯浮约500 m处,转航向015°直至码头。

驶往救助码头的船舶,在驶过3号灯浮距5号灯浮约400 m处,转航向105°直至码头。

驶往1#,2#,3#,4#,5#泊位,船位到7#灯浮正横时,转向112°驶入码头各泊位前沿便可进行靠泊。驶往6#,7#泊位的船舶,船位到7#灯浮正横时,转向083°驶入码头各泊位前沿便可进行靠泊。

7. 注意事项

三亚港主航道狭窄,船舶进港,在进入主航道前一定要摆正船位,进入主航道后,应注意保持引导灯桩前后灯成一线。

重载船舶惯性大,而主航道1#、2#灯浮至码头港池的距离比较短,控制好进港航速至关重要,最好以慢速航行。重载船舶若是顺流进港,还应尽可能提前减速、停车。

在进入港池前的喇叭口处,有一股与主航道走向夹角约40°的横斜流,船舶航经该处,要注意防止被该股横斜流压近7#或8#灯浮。

港区内小船、渔船多,船舶进出港应加强瞭望,注意避让。

四、三亚红塘码头

红塘岭油码头地理位置为18°18′07″N/109°15′53″E,位于三亚湾和天涯海角的西侧,东距天涯海角约8 km,距三亚市区26 km,距凤凰机场15 km。该码头承担航空煤油、汽油、柴油装卸运输任务。码头结构为重沉箱栈桥式"T"型结构,码头设计靠泊能力为2万吨油轮,目前靠泊能力为1万吨油轮。栈桥引桥长383 m,宽6 m,码头长度275 m,最大宽度20 m。港池调头水域直径375 m,水深10 m。

水文气象:该码头潮汐是参照三亚港潮汐表使用的。该海区的的波浪以风浪为主,而且波浪的方向一般随风而变化,海区常浪向为NE向,强浪向为SW向,该海区海流以往复流为主,涨落潮流的主要走向为W—E走向,除局部地区外基本上与岸线平行。潮流流速较小,落潮流速大于涨潮流速。最大落潮流速约0.7 kn左右。

该海区季风特点明显,每年10月至次年4月多吹东至东北风,5~9月多吹南至西南风,台风主要出现在6~10月份。

1.航道与助航标志(表3-4)

航道长度1 000 m,宽100 m,航道走向为322°~142°,航道设灯浮2座,导标一组。航道、港池设计水深为12.5 m。

红塘码头引导灯桩设在码头岸上,两标一线真方位为322.5°/142.5°。

表3-4　三亚红塘航道标志

5100.1	红塘港引导灯桩前	18°17′58.02″	109°15′49.67″	专用标志	桩,杆	白	闪红4s28m5M
5100.2	红塘港引导灯桩后	18°18′6.32″	109°15′42.57″	专用标志	桩,杆	白	定红42m5M
5100.3	红塘港1号灯浮	18°17′9.22″	109°16′35.38″	侧面标志	柱形	绿	闪(2)绿6 s
5100.4	红塘港2号灯浮	18°17′55.22″	109°15′44.67″	侧面标志	柱形	红	闪红4 s

2.码头泊位(表3-5)

表3-5　红塘码头泊位

名称	位置	结构形式	长/m	水深/m	靠泊能力(吨×艘)	建造日期	所属单位	备注
太平洋石油公司码头	红塘岭	栈桥式“T”型	275	9.1	10 000×1	1995年	海南石油太平洋有限公司	

3.锚地

红塘岭油码头锚地以18°16′23.2″N/109°15′51.6″E为圆心,半径1 n mile水域,泥沙底。

五、三亚南山码头

南山基地码头位于三亚港西北方,崖洲湾东侧,码头起点为18°18′30″N/109°8′45″E,码头结构为重力式沉箱,呈“厂”字形。该码头用于处理供应海南的天然气及气田产出的凝析油和海上平台物资的供应运输,设计靠泊能力5 000 t船舶。东防波堤长约359 m,宽24 m;南防波堤码头(内侧码头)长181 m,宽32 m,西防波堤长36 m,宽24 m,西端上设灯桩。港池直径220 m,水深5.9~7.0 m,港池掉头直径220 m;码头前沿水深6.5 m,泥沙底。码头长度182 m,码头前沿水深8.3 m,港池底质为粉沙。

水文气象:该码头潮汐要参照三亚港潮汐表使用。本海区的波浪以风浪为主,常浪为SE向;次常浪向为N和S向,强浪向为S向和SSW向,涨潮时浪向西北,落潮时流向东南,流速0.8~1.0 kn。

该海区季风每年10月至次年4月多吹东至东北风,5月至9月多吹南至西南风,台风主要出现在6~10月。

1.航道与助航标志

航道长为130 m,宽约100 m,航道设计水深为9.0 m,航道走向090°~270°,港内设有导标1组;航道设浮标4座,均为红色左侧标,见表3-6。

表 3-6 三亚南山码头航道标志

5101	三亚南山基地堤头灯桩	18°18′25.52″	109°8′30.66″	专用标志	红,白	等明暗绿 2 s
5101.1	三亚南山基地 1 号灯浮	18°18′30.62″	109°8′28.26″	侧面标志	红	闪红 4 s
5101.2	三亚南山基地 2 号灯浮	18°18′30.12″	109°8′34.66″	侧面标志	红	换闪红
5101.3	三亚南山基地 3 号灯浮	18°18′30.12″	109°8′36.86″	侧面标志	红	闪(2)红 6 s
5101.4	三亚南山基地 4 号灯浮	18°18′26.42″	109°8′40.06″	侧面标志	红	闪(3)红 10 s

南山码头引导灯柱设在码头岸上,两标一线真方位为 090°/270°,航道上设有灯浮 4 个。

2. 码头泊位(表 3-7)

表 3-7 南山码头泊位

名称	位置	结构形式	长/m	水深/m	靠泊能力(吨×艘)	建造日期	所属单位	备注
南山天然气专用码头	崖州湾东侧	沉箱重力式	181	6.5	5 000×1	1996 年	BP 中国勘探及生产公司南山基地	

3. 锚地

南山锚地位于南山码头西侧水域,以 18°18′23.2″N/109°6′49.6″E 为圆心,半径1 n mile 水域,泥沙底。

六、相关规定

船舶进出三亚港各港区,须在进港前和在出港前向三亚海事局指挥中心报告,经同意后方可进出。报告频道 VHF08;通话频道 VHF25,联系上后转 VHF25 频道通话;保持 VHF08、16 频道守听。

船舶到达三亚港口岸前,应按下列程序向三亚省事局指挥中心报告动态:

(1)船舶来港计划预报。

(2)船舶在离开出发港前或抵港 24 h 前预报。

(3)船舶在抵港 24 h 内确报。

(4)船舶抵锚地抛锚后报告锚位。

(5)船舶靠泊的地点、时间计划预报:外轮提前 4 h,国轮提前 2 h。

(6)进靠船舶起锚前或直靠船进入航道前报告。

(7)船舶靠妥泊位后报告。

(8)船舶离港计划预报,外轮提前 4 h,国轮提前 2 h。

(9)船舶在离港操纵前报告。

(10)船舶驶离三亚港锚地时报告。

七、港口服务

三亚港属国家一级口岸,对外开放,具备完备的港口设施、设备,能为船舶提供完善的港口服务。

第三节　潮汐基本知识

海面周期性的升降运动称为潮汐，并将白天的海面上升称为潮，夜间的海面上升称为汐。海面做垂直升降运动的同时伴有海水周期性的水平运动，称之为潮流。

潮汐与航海的关系非常密切，它直接影响到船舶航行计划的实施和航海安全。在拟订航行计划、进出港、沿岸航行、通过浅水区和选择锚地时，甚至在靠码头时，都要考虑潮汐的影响，以确保航行安全。

一、常见潮汐术语

平均海面：海面周期性的升降是以某一个面为中心上下振动，这个面即为平均海面。它是由长期潮汐观测记录算得的某一时期的海面平均高度。我国将青岛验潮站27年观测的潮位平均值定为“1985年国家高程基准”，即高程起算面。

潮高基准面：是计算潮高的起算面，一般与海图深度基准面一致，也有少数港口的潮高基准面与海图深度基准面不一致。

海图深度基准面：计算海图深度的起算面。

潮高：从潮高基准面到海面的实际高度。

潮时：测定潮高的时间。

涨潮：潮汐涨落运动中海面上升的过程。

高潮：海面升到最高。

高高潮：一个太阴日中发生的两次高潮中潮高较高的高潮。

低高潮：一个太阴日中发生的两次高潮中潮高较低的高潮。

落潮：潮汐涨落运动中海面下降的过程。

低潮（干潮）：海面降到最低。

低低潮：一个太阴日中发生的两次低潮中潮高较高的低潮。

平潮：高潮发生后，海面有一段时间呈现停止升降的现象。

停潮：低潮发生后，海面有一段时间呈现停止升降的现象。

潮差：相邻高、低潮潮高之差。

涨潮时间：从低潮时到高潮时的时间间隔。

落潮时间：从高潮时到低潮时的时间间隔。

大潮升：从潮高基准面到平均大潮高潮面的高度。

小潮升：从潮高基准面到平均小潮高潮面的高度。

平均高（低）潮间隙：每天月中天时刻到当地高（低）潮时的时间间隔的长期平均值。

潮龄：朔望日到实际发生大潮的时间间隔天数，一般为1～3天。

我国潮汐表中的平均高低潮间隙是以格林尼治月中天时刻为基准计算得到的。这些量之间的关系如图3－2。

二、潮汐类型

按周期不同，可将潮汐分为三种类型。

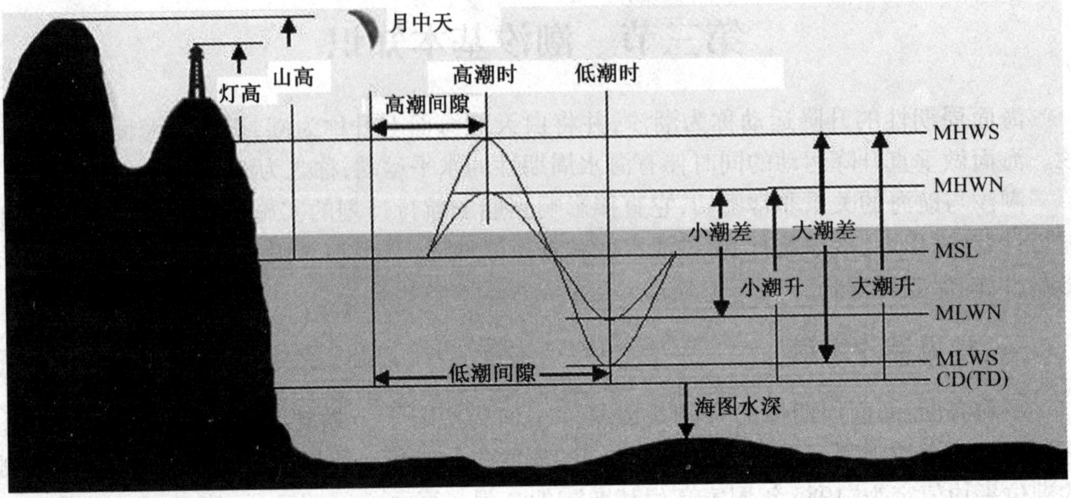

图3－2　潮汐术语

1. 半日潮

周期为半个太阴日的潮汐，即在一个太阴日中发生两次高潮和两次低潮，且两次高潮和两次低潮的潮高都几乎相等，涨潮时间和落潮时间也几乎相等。我国大部分港口属于半日潮港。

2. 全日潮

在半个月中有连续7天以上天数中只有一次高潮和一次低潮，其余天数则为不正规半日潮。南海有许多地点的潮汐属于全日潮，其中北部湾是世界上最典型的全日潮海区之一。

3. 混合潮

混合潮分为两种类型：

(1)不正规半日潮。它基本上还具有半日潮的特性，但在一个太阴日内相邻的两个高潮或低潮的潮高相差很大，涨潮时和落潮时也不等。

(2)不正规日潮。在半个月中，日潮天数不超过7天，其余天数为不正规半日潮。

三、潮汐的基本成因

潮汐是由天体的引潮力产生的，天体的引力与惯性离心力的合力称为引潮力。对潮汐影响大的是月球和太阳的引潮力，其中月球引潮力比太阳引潮力大得多，据计算是太阳引潮力的2.17倍，所以在潮汐形成过程中，月球引潮力是主要的，太阳引潮力次之。

四、潮流

潮流指的是由于地球表面海水的涨落而引起的海水水平方向的运动。潮流资料可以从海图、航路指南及潮汐表中查取。按发生的地区不同，潮流分为两种：往复流和回转流。

1. 往复流

往复流大都发生在海峡、江河口、港湾和沿岸一带。由于受到地形的影响，往复流的涨潮流和落潮流的流向相反或接近相反。在航用海图上标示如图3－3所示，涨潮流的箭矢上带有羽尾，而落潮流则没有；箭矢的方向代表的是流向；箭矢上带有的数字代表流速；如一个箭矢上有两个数字，则数值大的数字表示该处大潮日的最大流速，数值小的数字代表的是该处小潮日的最大流速；如一个箭矢上只有一个数值时，则一般为该处的大潮日的最大流速。

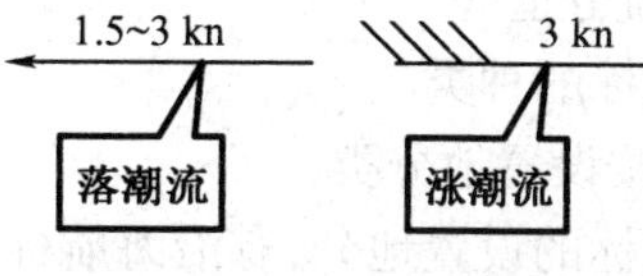

图 3－3　往复流的标示方法

2. 回转流

回转流是指在江河入海口的外方、海湾的中央、外海或广阔的海区，按顺时针（北半球）或反时针（南半球）方向不断变化的潮流。对半日潮来说，每 12 h 25 min 回转一周；而全日潮，每 24 h 50 min回转一周，涨潮流和落潮流之间一般都没有明显的憩流现象。

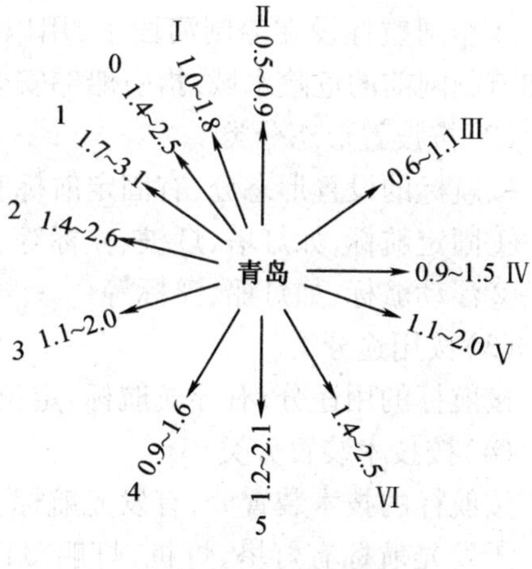

图 3－4　回转流图示

如图 3－4 所示，其为某海域位置的回转流图式。该图式代表的意思是：中心地名表示该地潮流的主港为青岛港；0 表示主港高潮时该地潮流的流向流速，1，2，3…表示主港高潮前第 1 小时、第 2 小时、第 3 小时……该地潮流的流向流速；Ⅰ，Ⅱ，Ⅲ…表示主港高潮之后第 1 小时、第 2 小时、第 3 小时……该地潮流的流向流速。

第四节　助航标志

一、航标

航标是人工设置的助航标志的简称，是设置在沿岸、狭窄水域、重要航段或危险水域附近，以特定的标志、灯光、音响或无线电信号等，提供船舶定位、避离危险、引导船舶安全航行的重要设施。

1. 航标的主要作用

（1）指示航道

在重要航道附近的岸上或浅水区，用灯桩、立标、灯塔等设置导标、叠标等引导标志，以引导船舶航行在其导航线上；或用灯浮、立标、灯船等设置可航航道的界线，以引导船舶航行在其标示的航道内。

（2）供船舶定位

供船舶定位用的航标一般为确知位置的固定航标，如灯塔、灯桩等。

（3）标示危险区

用灯浮、灯桩、立标等标示可航水域附近的危险物或危险区域的地点或范围，如沉船、暗礁、浅滩等，以指示船舶避离危险水域。

（4）其他特殊用途

如标示特定水域或特征，标示锚地、检疫地、施工区、禁区、船舶性能测定场、罗经差测定场、通航分道等。

2. 航标的种类

(1)按设置地分类

按航标的设置地分,有沿海航标、河道航标和船闸航标。

①沿海航标设在沿海和江河口地带。

②河道航标或称内河航标是设在江河、湖泊、水库航道上的航标,用以标示内河航道的方向、界限和碍航物等。内河航标由航行标志、信号标志和专用标志三大类组成。

③船闸航标设在船闸河段上,用以标示船闸内外的停船位置,指明进出船闸的引领航道和节制闸前的危险水域,指引船舶安全迅速地通过船闸。

(2)按设置形态分类

按航标的设置形态分,有固定航标和浮动航标。

①固定航标,如灯塔、灯桩、立标等。

②浮动航标,如灯船、浮标等。

(3)按用途分类

按航标的用途分,有导航航标、定位航标、避险航标和专用航标

(4)按技术装置分类

按航标的技术装置分,有发光航标、不发光航标、音响航标和无线电航标。

①发光航标有灯塔、灯桩、灯船、灯浮等,统称为灯标,它们以特定的灯光颜色、发光的节奏和周期作为夜间识别的主要特征。目前使用的灯光颜色主要有白、红、绿、黄4种。

②不发光航标有不发光的立标、浮标等。

③音响航标是指附设有雾警设备的航标,其功能是在下雾、雪及其他能见度不良时发出特定的音响。音响航标主要有雾钟、雾锣、雾哨、雾角或低音雾角、雾笛、爆音雾号和雾炮及莫斯码音响等。

④无线电航标是无线电助航设施的总称。有无线电信标、雷达反射器、雷达航标及无线电双曲线定位系统的信号发射台等。

3. 国际浮标系统

国际浮标系统是国际航标协会和各国航标管理部门经过长期、反复协调而逐步形成的。目前世界各国均采用国际浮标系统。

国际航标协会将世界海区分成两个区域,实行两种浮标系统,分别称为A系统和B系统,或称为A地区和B地区。B地区是指北、中、南美洲和亚洲的日本、韩国及菲律宾,其余的国家和地区为A地区。

国际浮标系统使用的标志形状有罐形、锥形、球形、柱形和杆形等五类。国际浮标系统使用的颜色有白色、红、绿色和黄色等四种。红、绿色用于标示可航航道两侧界限标志的灯光和标身颜色,黄色用于专用标志的标身和灯光颜色,其余标志的灯光用白色。

国际浮标系统共有五类标志,它们是侧面标志、方位标志、孤立危险物标志、安全水域标志和专用标志。

(1)侧面标志

侧面标志标示可航航道的两侧界限。按"浮标习惯走向"标示航道左侧的标志称左侧标,标示航道右侧的标志称右侧标。船舶按"浮标习惯走向"航行时,应将左侧标置于本船的左舷,右侧标置于本船的右舷。

"浮标习惯走向"是指：

①船舶从海上驶向港口、河道、港湾或其他水道所采用的总走向，即进口方向。

②若在外海、海峡或岛屿之间，按围绕大片陆地的顺时针方向。

③由浮标主管当局确定的方向。并在《航路指南》或海图上用符号 ⇨ 标示。

侧面标志的特征，见表 3－8。

表 3－8　国际浮标侧面标志

浮标名称	浮标形状	顶标（如有）	标身颜色和灯色		灯光节奏
			A 区域	B 区域	
左侧标	罐形、圆柱形或杆形	单个罐形	红色	绿色	除 F1（2＋1）以外
右侧标	锥形、圆柱形或杆形	单个锥形（尖向上）	绿色	红色	除 F1（2＋1）以外

A 区域的侧面标志的颜色（标身及灯色）是左红右绿，B 区域的侧面标志为左绿右红。

（2）方位标志

方位标志由罗经方位命名而得，它设立于被标示点（危险物）的四个基点方位之一，并以基点方位命名。因而，船舶只有在方位标志的同名一侧航行才是安全的。即船舶应在北方位标的北侧，东方位标的东侧，南方位标的南侧，西方位标的西侧航行才是安全的。在设置方位标时，均设置在需要标志处（或区域）中心点的基点方位上，且保证该标的同名一侧为可航水域，如图 3－5 所示。

(a)　　(b)

图 3－5　A 区域侧面标志物

（a）左侧标；（b）右侧标

方位标志可用以：

①指明某个区域内最深的水域在标志的同名侧；

②指明通过危险物时安全的一侧；

③引起对航道中的某些特征，如航道弯头、河流汇合处、分支点或浅滩尾端等的注意。

方位标志的特征：方位标志的顶标是垂直的两个黑色圆锥形，其朝向见图 3－6，它是白天辨认方位标名称的主要依据。北标和南标的锥尖的指向符合海图方向，即两锥尖均向上指的是北方位标，均下指的是南方位标（上北下南）；东标与西标的锥尖指向与方位标名称"东""西"两字的字形相似，"东"字上下两头尖，东标的二锥尖相背上下指向，而西方位标的二锥尖对指。

标身颜色是黑、黄二色横纹，而黑色横纹所处的位置与两锥尖的尖头指向相对应。发光节奏是夜间辨认方位标的主要依据。它与时钟钟面读数对应，东、南、西标，3，6，9 快闪，或甚快闪，南标外加一长闪，北标连续快闪或甚快闪。

（3）孤立危险物标志

孤立危险物标志设立在范围不大的孤立危险物之上或尽量靠近危险物的地方，标志的

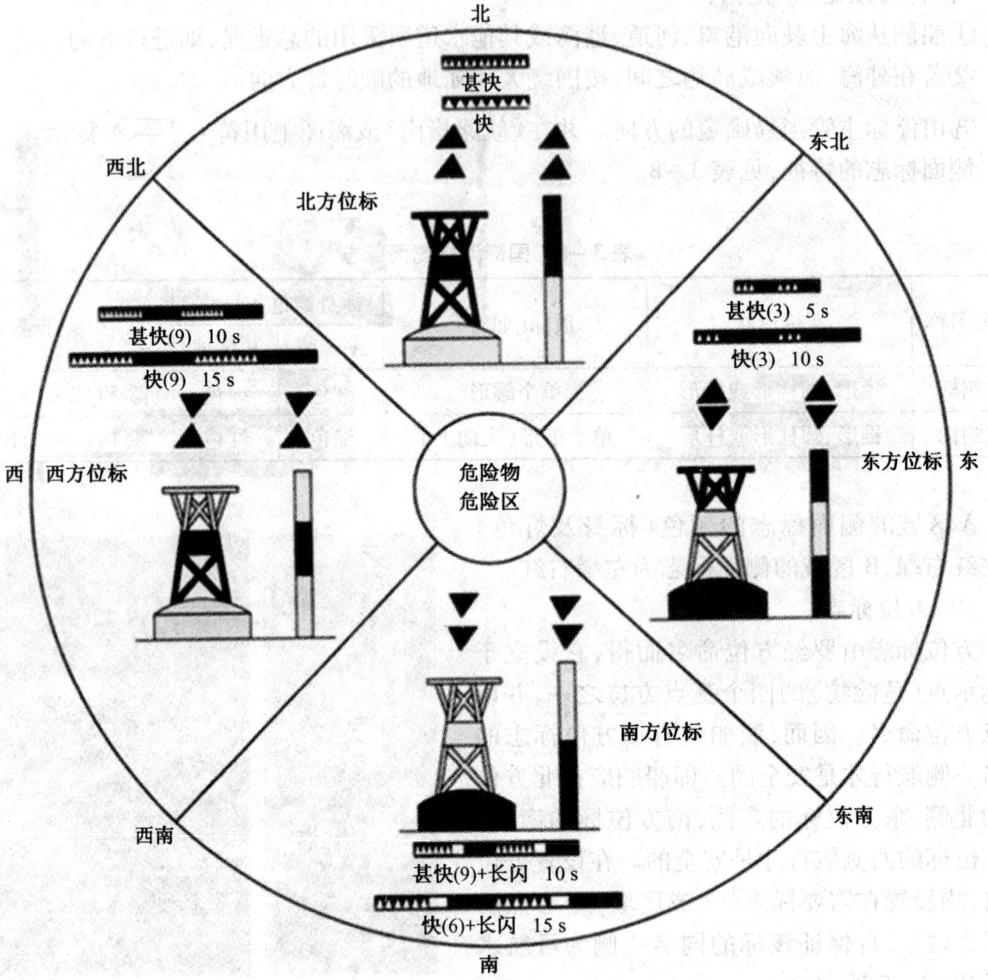

图 3－6 方位标志

周围都有可航水域。船舶应参照有关的航海资料，避开该标航行。顶标是垂直的两个黑球，它是白天识别该标志的重要特征。

孤立危险物标的标身颜色为红黑相间的横纹，灯质为 Fl(2)。图 3－7 是孤立危险物标志的实物照片。

(4)安全水域标志

安全水域标志用以指明在该标志周围均为可航水域。它设置在航道中央或航道的中线上，也可代替方位标志或侧面标志指示接近陆地。图 3－8 是安全水域标志的实物照片。

安全水域标志较多采用球形浮标，也用圆柱形和杆形的。后者使用一红色球形顶标，作为白天识别该标志的重要特征。标身颜色是红白相间的竖纹，其海图图式如图 3－9 的中图。

安全水域标志的灯质有 Iso，Oc，LFl 或 Mo(A)等。

图 3－7　危险物标志

图 3－8　安全水域标志

(5)专用标志

专用标志主要用于指示某一特定水域或特征。例如，检疫锚地；军事演习区；海洋资料探测、海道测量、水文测验、潜水、打捞、海洋开发、抛泥区、测速场、罗经校正等海上作业区；分道通航区、分隔带（当使用常规航道标示分道通航可能造成混淆时，使用本专用标）；电缆或管道线和娱乐区域及水产作业场等。

专用标志使用黄色标身、黄色灯光和单个黄色“×”形顶标（若装有顶标时），但标志的形状不得与助航用的标志相抵触，其海图图式见图 3－9。灯质必须区别于方位标志、孤立危险物标志和新危险物标志所规定的灯质。图 3－10 是专用标志的实物照片。

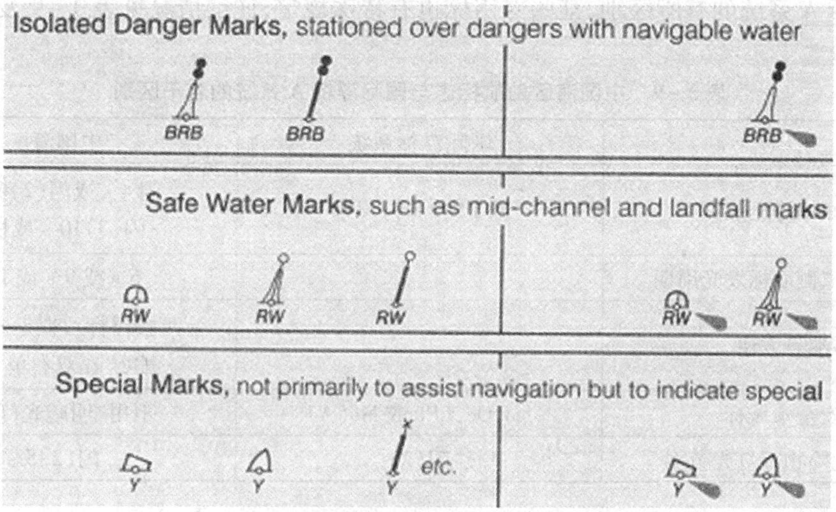

图 3－9　海图图式

(6)新危险物

新发现的尚未在海图上或航路指南上指明，也未来得及发布航海通告的障碍物定义为新危险物。

航标管理部门如认为该“新危险物”严重威胁航行安全，应尽快设置该“新危险物”的标志，它们可以是方位标或侧面标，同时必须至少有一个重复标志，其全部特征要与它配对的标志相同（实物照片见图 3－11）；所有灯光节奏要用甚快闪或快闪；“新危险物”标志上可以装设雷康，发莫尔斯信号“D”，在雷达显示器上显示 1 n mile 长度的信号。当航标管理部门确信有关新危险物的消息已经充分播告出去后,重复标志可以撤除。

图3-10 专用标志

图3-11 新危险物标志

4. 中国海区助航标志

我国在国际海上浮标制度(A 地区)的基础上,结合我国具体情况,在1984年制定了《中国海区水上助航标志》国家标准(GB 4696—84),并已于1985年8月1日付诸实施。该标准适用于中国海区及其海港、通海河口的所有浮标和水中固定标志(不包括灯塔、扇形光灯标、灯船和大型助航浮标)。该标准包括侧面标志、方位标志、孤立危险物标志、安全水域标志和专用标志等五类。它们的性质、设置方法等都遵循国际浮标A系统,有关详细说明可参阅国家标准局1984年发布的《中国海区水上助航标志》。但其中某些标志的若干规定与国际浮标A系统的有所区别,某些专用标也有特殊规定,详细情况见表3-9及表3-10。

表3-9 中国海区助航标志与国际浮标A系统的若干区别

	国际浮标系统	中国海区
侧面标灯光节奏	除F1(2+1)以外	闪4 s或闪(2)6 s或闪(3)10 s或快闪
推荐航道侧面标发光周期		6 s或9 s或12 s
编号方法		可按浮标习惯走向编号,也可“左双右单”编号
安全水域标	Iso,Oc,LF1或Mo(A)	不用“明暗光(Oc)”
孤立危险物标灯光节奏	闪(2)	闪(2)5 s

表3-10 中国海区某些专用标的规定

标志用途	标志颜色	莫斯灯	标志用途	标志颜色	莫斯灯
锚地	黑	Q— — · —	水中构筑物	黑	C— · — ·
禁航区	黑	P · — — ·	娱乐区	红、白	Y— · — —
海上作业	红、白	O— — —	水产作业	黑	F · · — ·
分道通航	黑	K— · —	—	—	—

注:灯光颜色均为黄色,周期均为12 s。

二、中国海区水上助航标志

中国海区水上助航标志见图 3－12 至图 3－15，以及表 3－11。

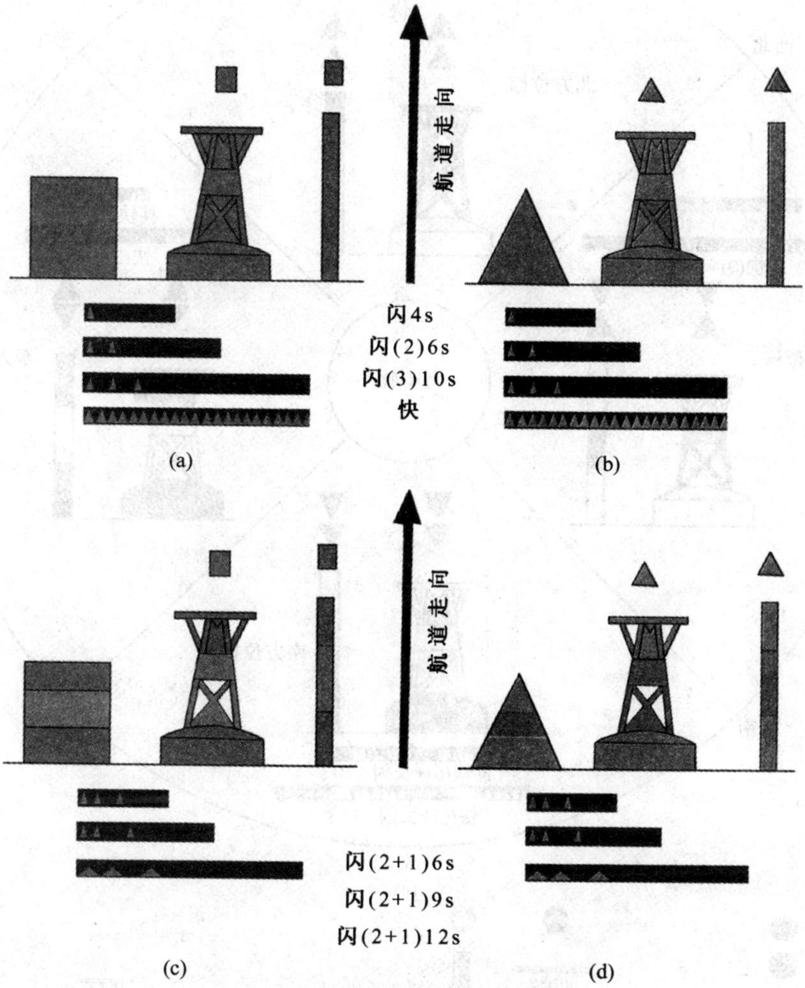

图 3－12　中国海区水上助航标志(一)

(a)左侧标；(b)右侧标；(c)推荐航道左侧标；(d)推荐航道右侧标

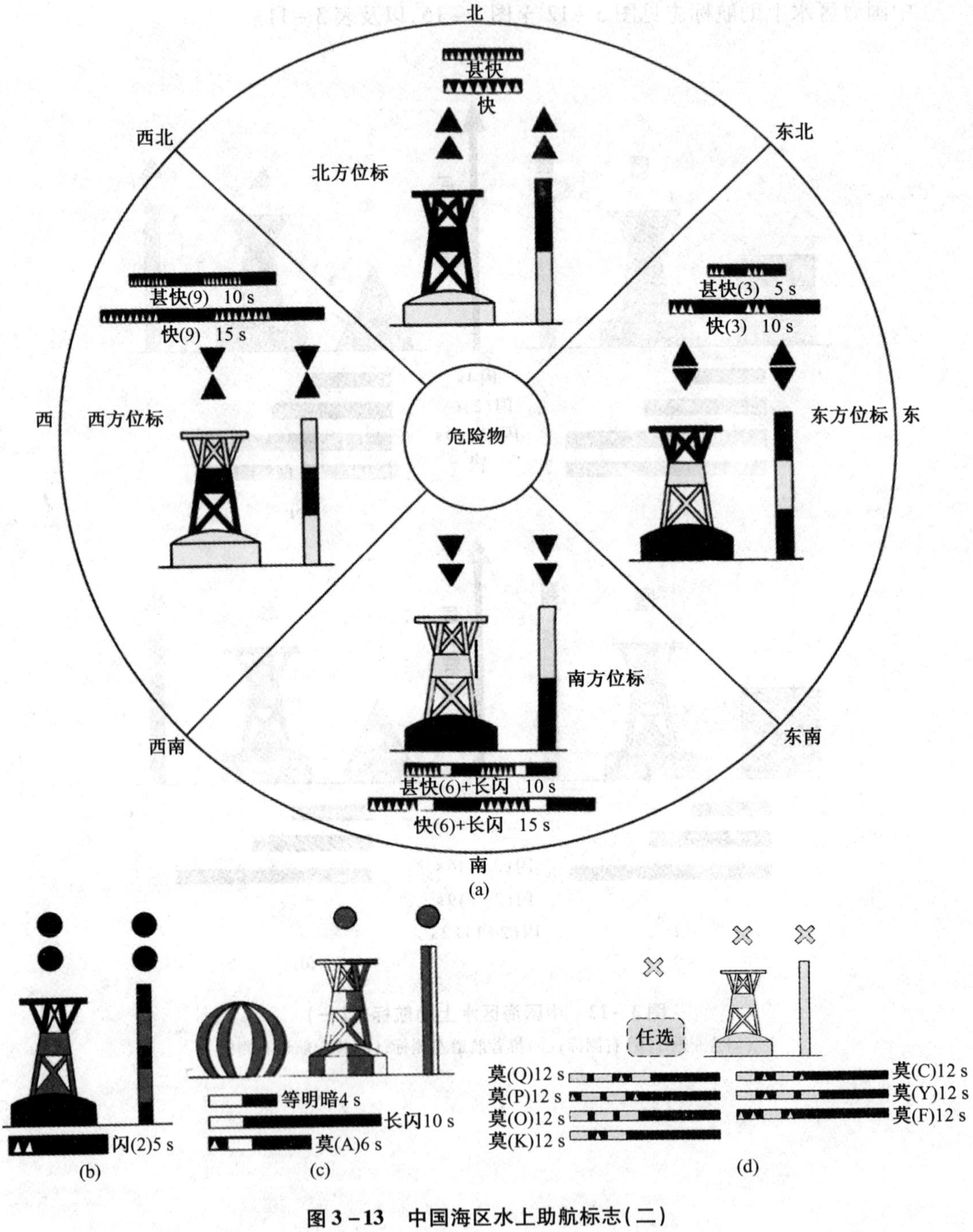

图 3-13 中国海区水上助航标志(二)

(a)方位标志;(b)孤立危险物标志;(c)安全水域标志;(d)专用标志

表 3－11　中国海区水上助航标志

标志用途	标记		灯质		
	颜色	符号	光色	莫尔斯信号	周期/s
锚地	黑		黄	Q — — · —	12
禁航区	黑		黄	P · — — ·	12
海上作业	红、白	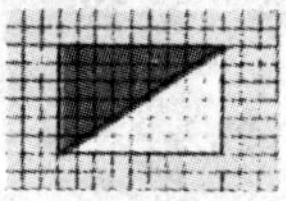	黄	O — — —	12
分道通航	黑	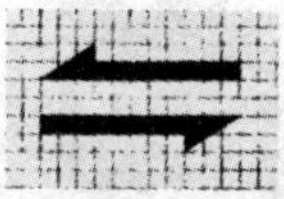	黄	K — · —	12
水中构筑物	黑		黄	C — · — ·	12
娱乐区	红、白	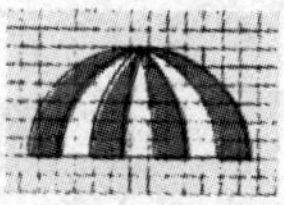	黄	Y — · — —	12
水产作业	黑	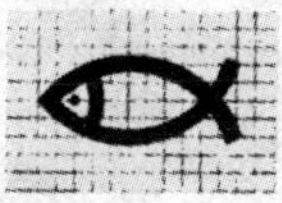	黄	F · · — ·	12

注:本表所列周期均可以 15 s 为备用。

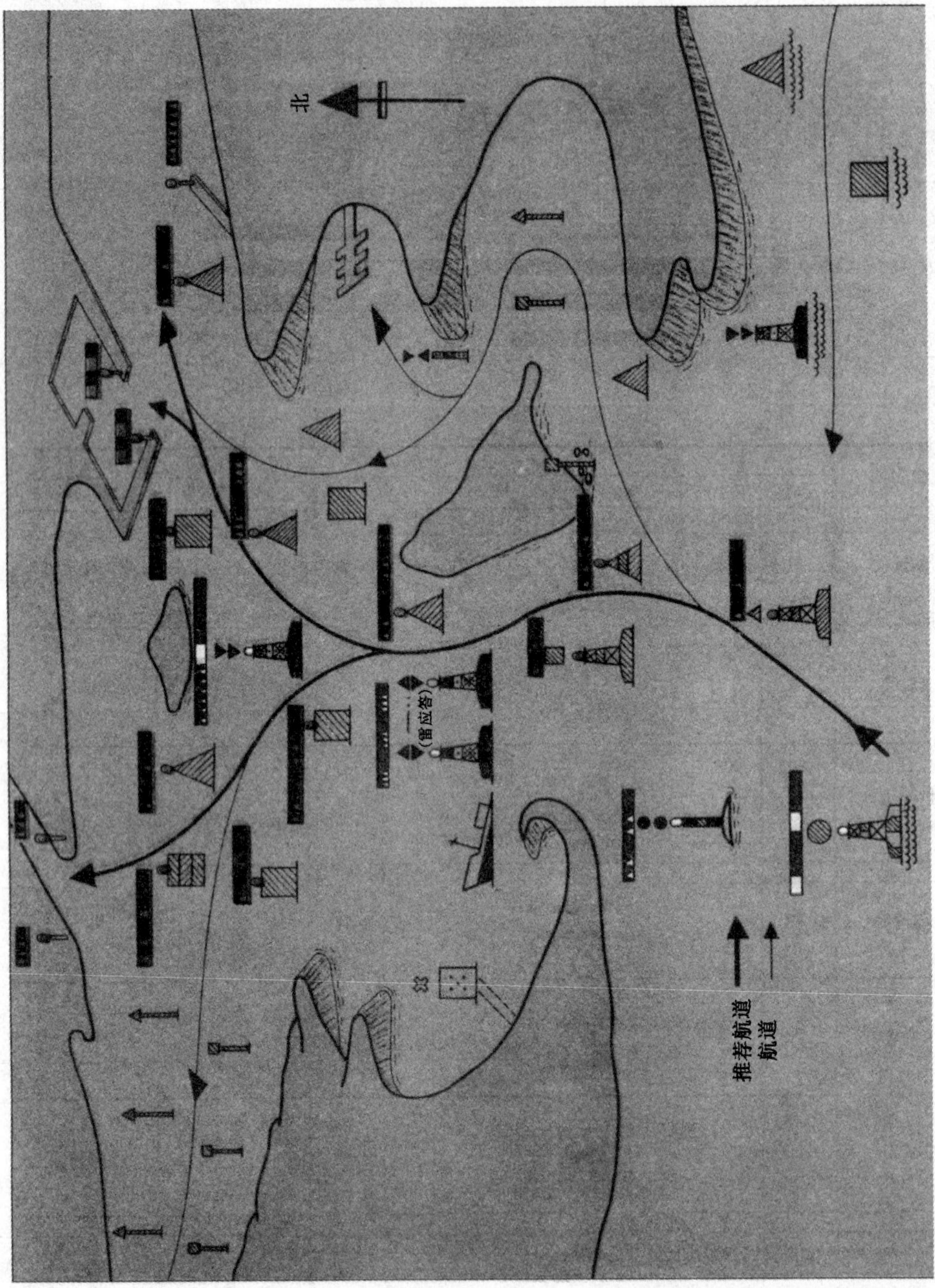

图3-14　配布示意图（夜间）

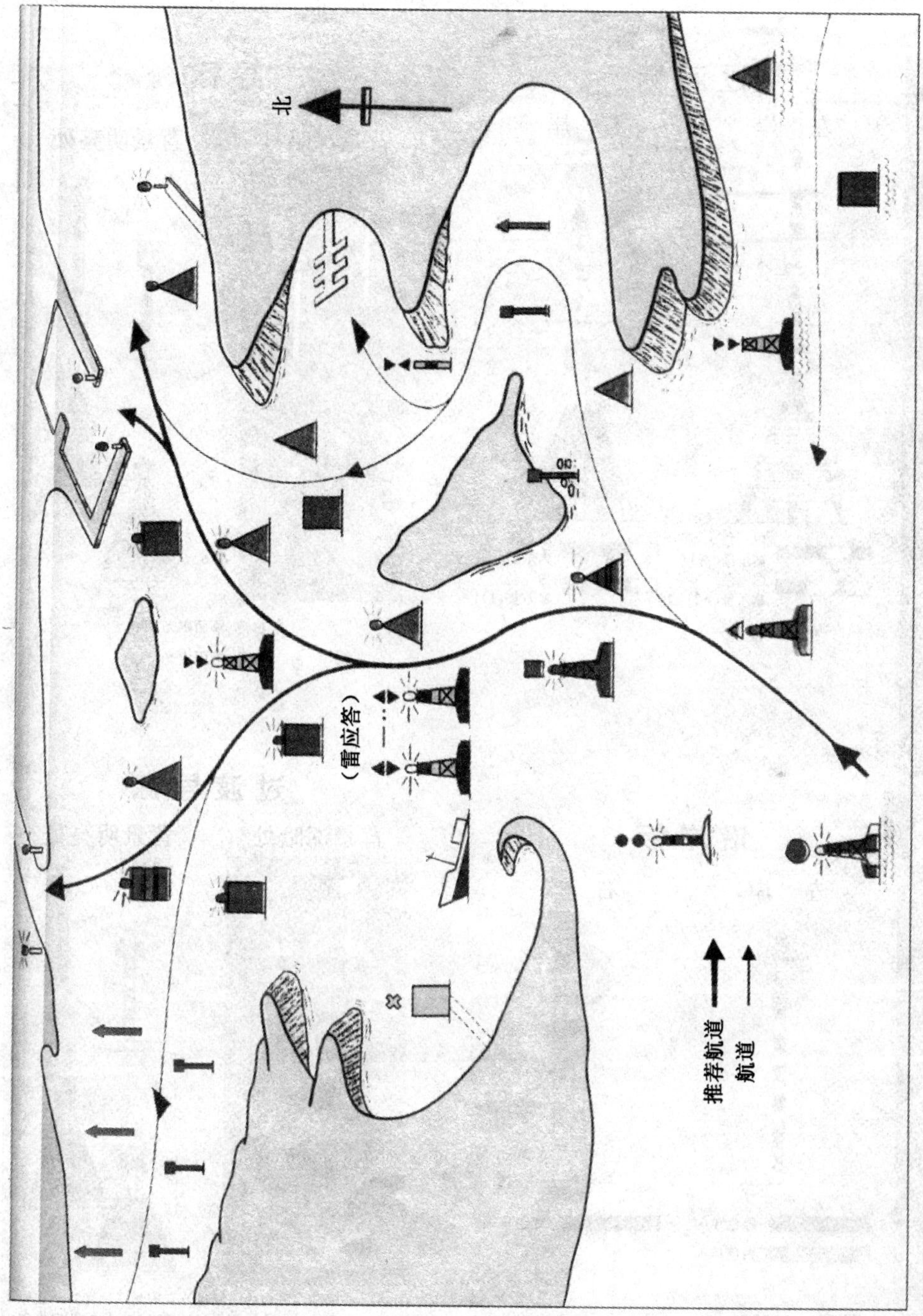

图3-15　配布示意图（白天）

三、内河助航标志

内河助航标志见图 3－16。

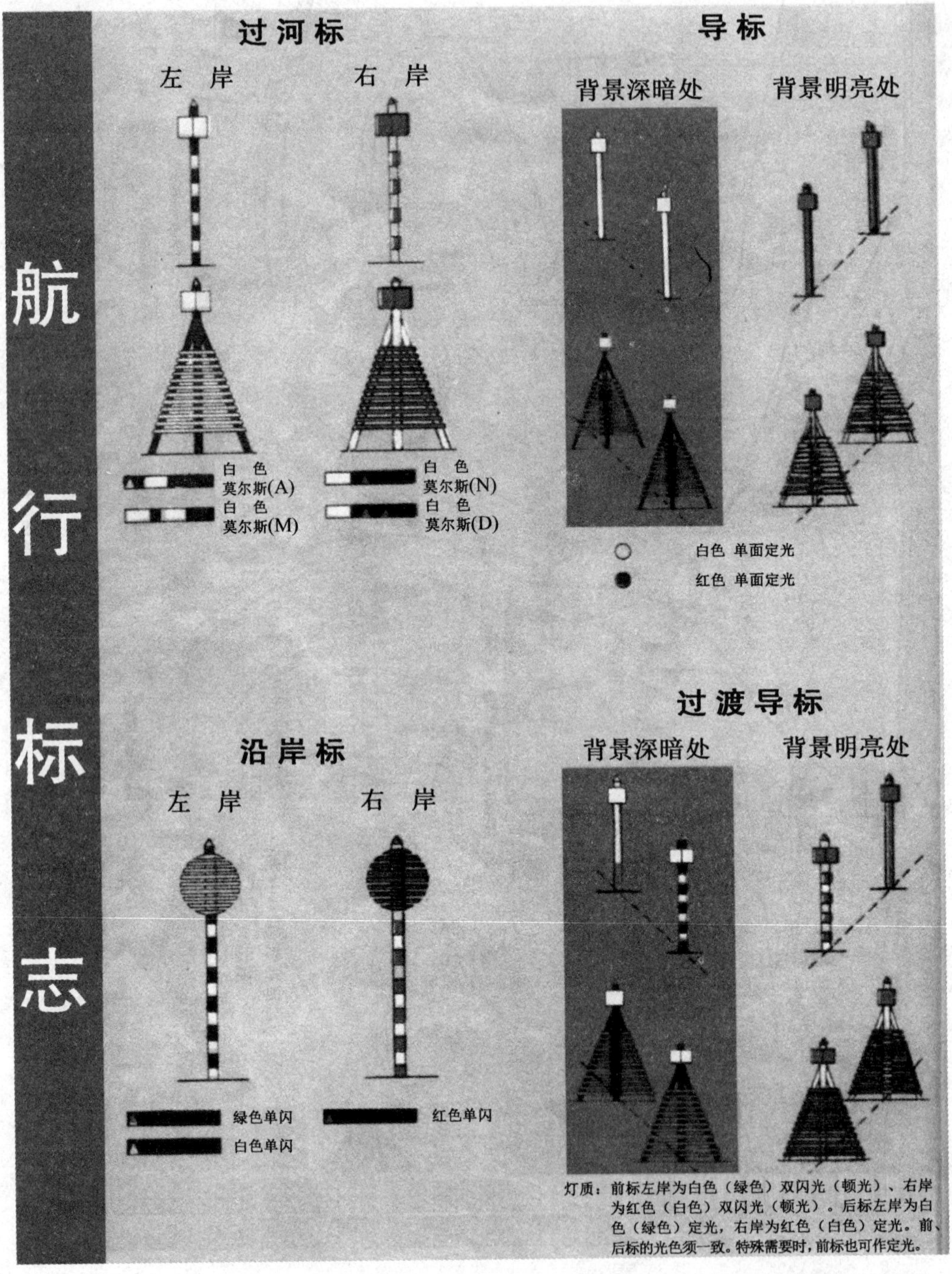

图 3－16　助航标志

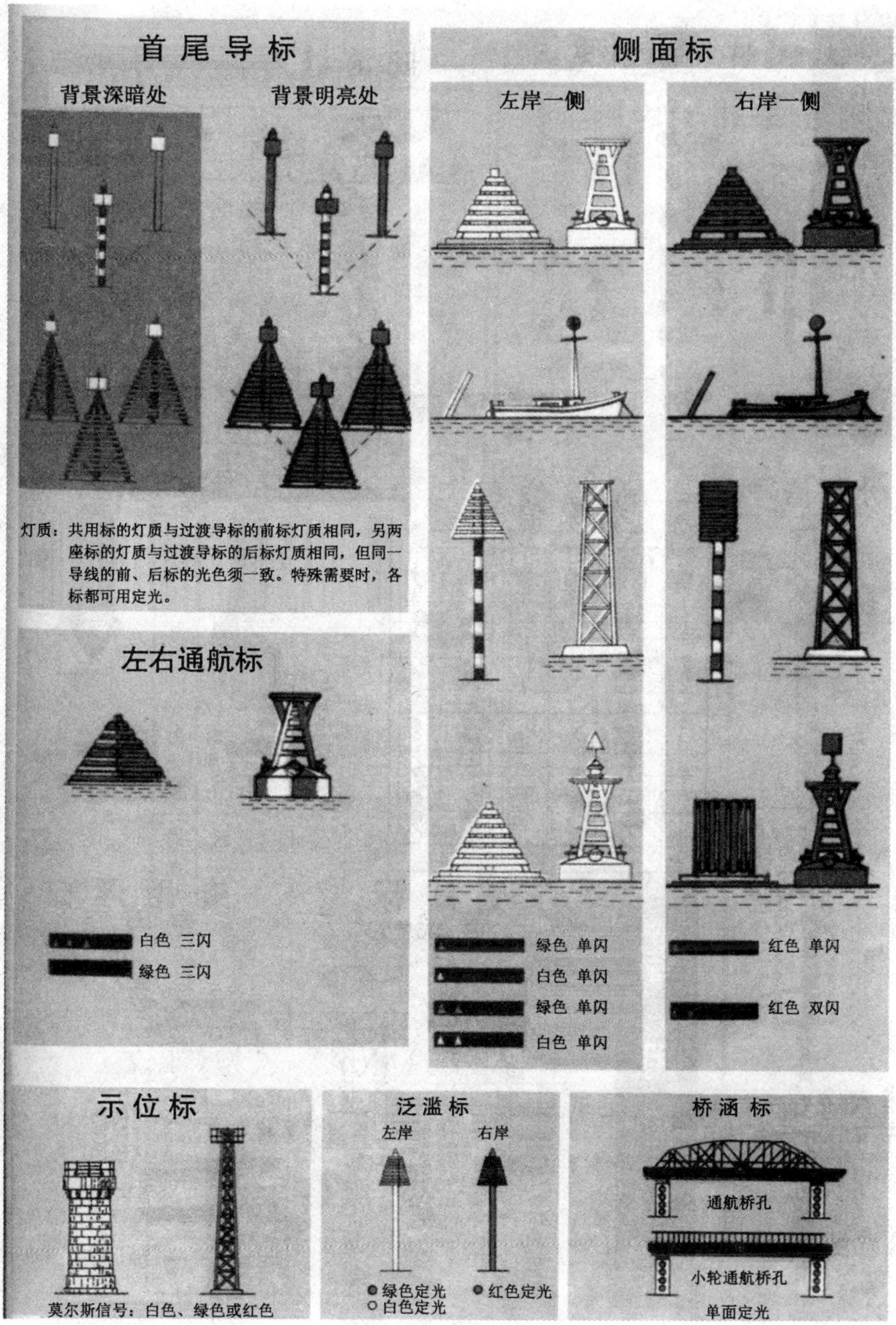
首尾导标
背景深暗处
背景明亮处
灯质：共用标的灯质与过渡导标的前标灯质相同，另两座标的灯质与过渡导标的后标灯质相同，但同一导线的前、后标的光色须一致。特殊需要时，各标都可用定光。
侧面标
左岸一侧
右岸一侧
绿色 单闪
白色 单闪
绿色 单闪
白色 单闪
红色 单闪
红色 双闪
左右通航标
白色 三闪
绿色 三闪
示位标
莫尔斯信号：白色、绿色或红色
泛滥标
左岸
右岸
绿色定光
白色定光
红色定光
桥涵标
通航桥孔
小轮通航桥孔
单面定光

图 3－16(续 1)

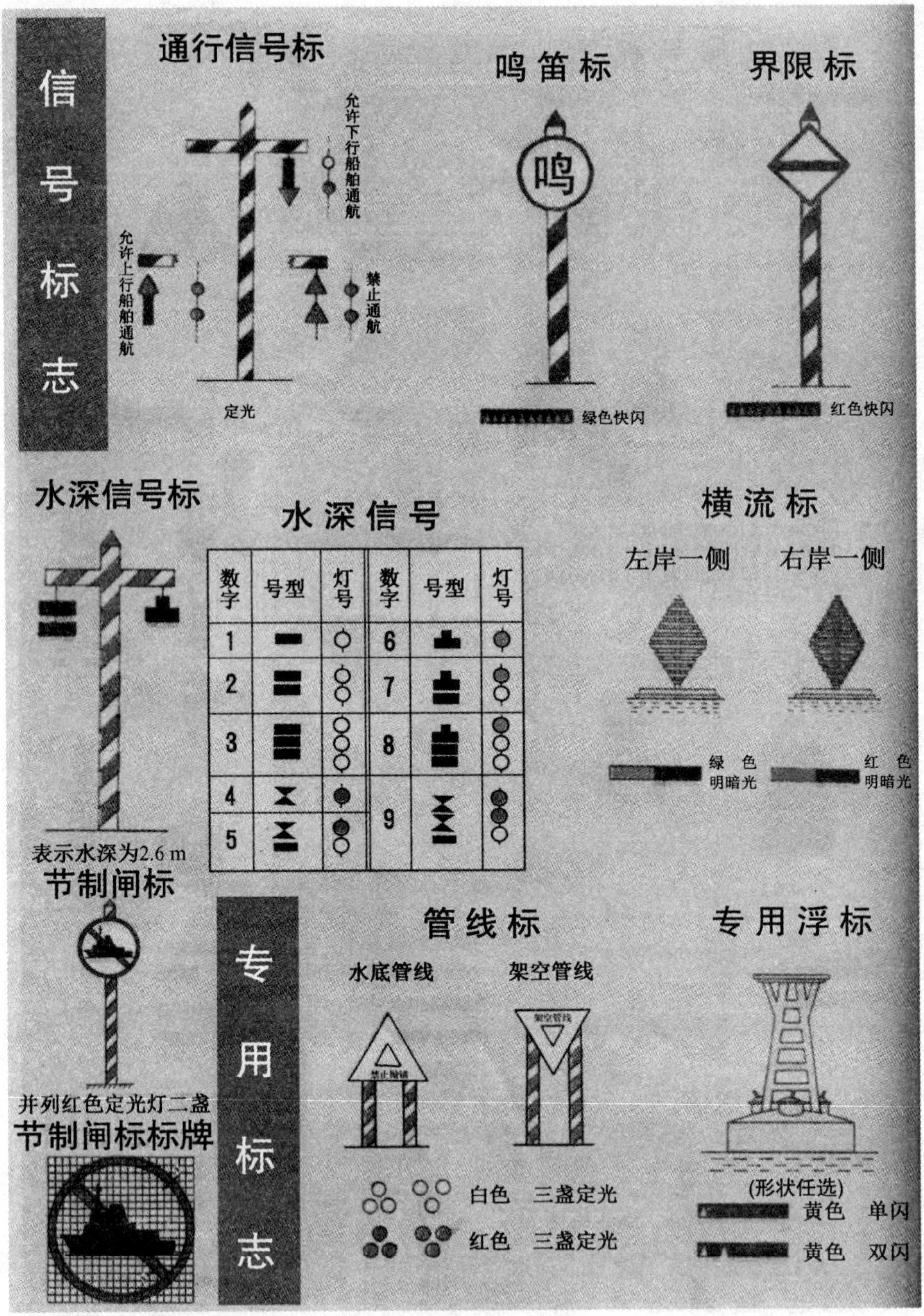
信号标志
通行信号标
允许下行船通航
允许上行船通航
禁止通航
定光
鸣笛标
鸣
绿色快闪
界限标
红色快闪
水深信号标
表示水深为2.6 m
水深信号
数字
号型
灯号
1
2
3
4
5
6
7
8
9
横流标
左岸一侧
右岸一侧
绿色明暗光
红色明暗光
节制闸标
并列红色定光灯二盏
节制闸标标牌
专用标志
管线标
水底管线
架空管线
白色 三盏定光
红色 三盏定光
专用浮标
(形状任选)
黄色 单闪
黄色 双闪

图3－16(续2)

图　例

名称		图例 左岸	图例 右岸
过河标			
过河浮标			
梯形过河标			
沿岸标			
侧面标	柱形灯浮标		
侧面标	锥（罐）形浮标	锥形	锥形　罐形
侧面标	锥（罐）形岸标	锥形	锥形　罐形
侧面标	杆形浮标		
侧面标	灯船		
侧面标	灯桩	框架形　杆形	框架形　杆形
横流标	岸标		
横流标	浮标		
泛滥标	岸标		
泛滥标	浮标		
		背景深暗处	背景明亮处
导标			
梯形导标			
过渡导标			
梯形过渡导标			
首尾导标			
梯形首尾导标			

名称		图例
左右通航标	柱形浮标	
左右通航标	柱形灯浮标	
左右通航标	锥形浮标	
左右通航标	锥形岸标	
左右通航标	灯船	
左右通航标	灯桩	
示位标		
桥涵标	通航桥孔	
桥涵标	小轮通航桥孔	
通行信号标		
进出闸信号标		
鸣笛标		
界限标		
水深信号标		
节制闸灯		
指路牌		
管线标	水底管线	
管线标	架空管线	
专用浮标		专
航道（标）站		
航道（标）段		

图 3-16（续3）

第五节　海　　图

一、地图投影与比例尺

1. 将球面投影成平面产生了投影变形

地图是地表事物及经纬线在平面上的描绘。地球的表面是不可展曲面，即不可能无破裂、无折叠地将它平展开来。为了得到地球表面的平面图像，必须借助于某种数学法则，按此数学法则将地面的一部分或全部绘到平面上去，这样的方法叫作地图投影或图法。

地面上任意点的位置是用地理坐标即地理经纬度表示的，因此，地图投影主要是将地面的经纬线绘成平面的经纬线图网。但地球的表面是不可展面，如果将地球面按同一比例缩小后，只能成为地球仪，而不能建立平面图网。若要将地球的表面无破裂、无折叠地展成平面，就必须使地面经纬线有的地方缩小得多一些，有的地方缩小得少一些，也即必须使用不同的缩放比例尺，这就产生了地图的投影变形。

2. 局部比例尺

地图的投影变形，使得在同一张海图上，各点的比例尺可能不相同，有时在同一地点上的各个不同方向上的比例尺也可能各不相同。因此，地图比例尺的确切定义是：在地面上任意一点 A，在它的某一方向上有线段 AB，将它投影到地图上，变成图上线段 ab，则该地图在 A 点的 AB 方向上的比例尺 C 是

$$C = \lim_{AB\to 0}\frac{ab}{AB}$$

这种比例尺叫作局部比例尺。它在投影中的变化，可以表明地图投影的变形特点。例如，地图上某一点在各个方向上的局部比例尺都相等，则该地图在这一点上的一个微小的图形能够保持与地面上的原来图形相似，或在这一点上能够保持角度不变形，这在地图投影中叫作正形投影或等角投影。相反，如果地图上某点的各个方向上的局部比例尺不相等，则地图在这一点上的微小图形与其原像不相似且不保角，因而不是正形投影或等角投影。

3. 海图上所标的比例尺

一般海图上注明的比例尺，称为基准比例尺或普通比例尺（Nature scale）。它等于图上某点或某条线上的局部比例尺，或者大约是图上各个局部比例尺的平均值。有时为了便于几张海图联合起来使用，上述的基准点或基准线也可以不在图区内。例如我国航用海图 12 000 和 13 000，都是采用北纬 30°处的局部比例尺作为它们的基准比例尺，该纬度叫作基准纬度（图 3－17）。

图 3－17　基准纬度

海图比例尺的表示方法有如下两种：

（1）数字比例尺

比例尺用一比若干数字的形式表示，叫作数字比例尺。例如 1∶300 000 或 $\frac{1}{300\ 000}$，它表示在图上基准点或基准线处，图上一个单位长度等于地面上 300 000 个相同单位的长度。

显然，比值越大（即分母越小），则比例尺越大。

（2）直线比例尺

用图上单位线段的长度来表示地面上对应线段的实际长度，叫作直线比例尺。这种比例尺一般绘在地图标题栏，或图边适当的地方。

4. 图上的作业精度

图上作业的最大精度是与地图比例尺有关的。如果是削尖的铅笔在图上画一小点，其直径最小也有 0.2 mm。这就是图上能够分辨和量出的最小距离。图上0.2 mm代表的地面距离与地图比例尺有关。例如在 1∶300 000 的地图上，0.2 mm 代表地面上的距离：0.2 mm × 300 000 = 60 m。它说明在该图上作业的最大精度是 60 m，即在该图上不可能量出小于 60 m 的长度来。显然，海图比例尺越大，海图作业越精确。

海图比例尺还决定图上资料的详细程度，因此，在进行海图作业时，应根据航区的特点，尽可能地使用较大比例尺的海图，以便能够获得较详细的航海资料和提高海图作业的精度。

二、投影方法

1. 等角投影

等角投影又称正形投影，在这种投影图上，无限小的局部图像应与地面上相对应的地形保持相似的一种投影方法。在等角投影中，地面上一个圆形微元，投影到地图上仍能保持是一个圆；或者说地面上某地的一个角度，投影到地图上后仍能保持其角度不变（图 3 – 18）。但在等角投影中，不能保持其对应的面积成恒定的比例。因此，在等角投影中，从局部来看能够保持其形状相似，但从整体来说地图形状仍然是有变形的。例如，在地面上不同地点有两个同样大小的圆形微元，但在等角投影的地图上可能被绘成不同大小的两个圆。从局部比例尺来说，在等角投影中，图上任意点的各个方向上的局部比例尺都应该相等。但是不同地点的局部比例尺，是随着纬度（或经度）的变动而变化的。

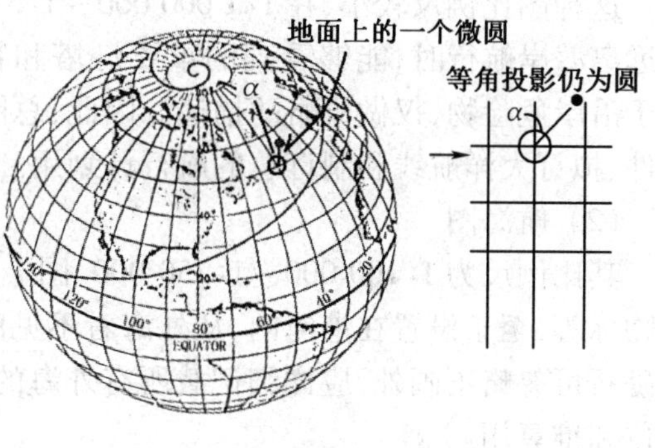

图 3 – 18　等角投影法

2. 圆柱投影

圆柱投影是用一个圆柱套在地球（仪）上，将地面上的经线和纬线投影到圆柱面上去，然后沿圆柱母线切开展平，即成为圆柱投影图网。如果圆柱轴与地轴重合，叫作正圆柱投影（图 3 – 19（a））；如果圆柱轴在赤道面上与地轴垂直，叫作横圆柱投影（图 3 – 19（b））；如果圆柱轴与地轴斜交，叫作斜圆柱投影（图 3 – 19（c））。

圆柱投影中，等角正圆柱投影又叫墨卡托投影，它是航用海图投影的主要方法；等角横圆柱投影又叫高斯投影，它是大比例尺地图的常用投影方法。

三、海图分类

海图根据其作用的不同，可以分为航用海图和专用参考图两大类。

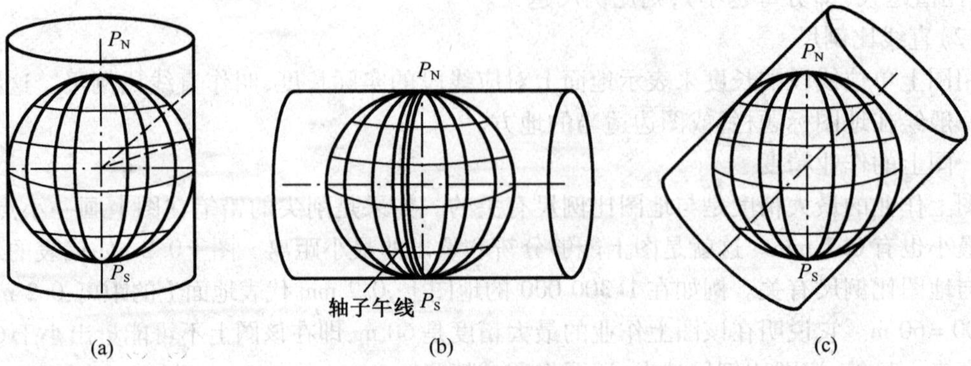

图 3－19　圆柱投影法

(a)正圆柱投影;(b)横圆柱投影;(c)斜圆柱投影

1. 航用海图

航用海图大部分是墨卡托海图,用以拟订航线,进行航迹绘算和定位等。航用海图按其比例尺可分为以下四种:

(1) 总图和大洋图

这种图比例尺较小,在1∶1 000 000～1∶5 000 000以下,图上包含地区较广,因此只印有在远离海岸航行时,能够看到的重要灯塔和物标,以及与海岸有一定距离的航海危险物。至于沿岸危险物,仅做概略的描述。因此,总图只能作为船舶在大洋航行时,研究总的航行条件、拟订大洋航线和制订总的航行计划用。

(2) 航海图

其比例尺为1∶100 000～1∶750 000,图上较详细地记载有近海航行时所需之灯塔、浮标和物标等,至于设置在港湾内,从外海看不见的航标则不画出。在航海图上,除岸边的浅滩和礁石可忽略不画外,应详细记载所有外海的航海危险物。航海图可供船舶在近海航行时定位和推算用。

(3) 沿岸图(又称海岸图)

其比例尺为1∶25 000～1∶75 000,图上详细地记载了图区范围内(除港内)的所有航标和危险物。可供船舶沿岸或狭水道航行用。

(4) 港泊图

其比例尺为1∶1 000～1∶25 000,图上详尽地记载有图区范围内的所有航海资料,供船舶进出港湾或锚地用。

2. 专用参考图

一般的专用参考图不作为航迹推算和定位用图,它是为了某种特殊需要而专门制作的海图。如供无线电导航系统定位用的位置线图;为设计大洋航线用的如"航路设计图""大圆海图""气候图"等;以及"等磁差曲线图"和在大洋航行中仅作推算和定位用的"空白定位图"。

四、海图的使用、改正及保存

1. 海图的使用、存放注意事项

(1)要善于识别一张海图的可靠程度

一张经过详细测量过的海图,其水深点应较密集而且是有规则地排列着的,而不是在海图水域有很多空白处；等深线、等高线和岸线都是用实线描绘的，而不是虚线；测量日期和出版、新版、改版等日期应是最近的，而不是过时的；小改正是改正到使用之日，而不是长期未改正的。

海图水域的空白区，表明该处未经详细测量，很可能有航行危险存在。

(2)不能盲目信赖海图

由于测量的不充分或其后的地貌、海底等的变迁，海图上标注的内容可能会不准确，特别是资料陈旧的旧版海图，在航行中应经常予以检查。有些图可能存在位置与实际不符等情况。对此，要通过实践来核对，不能盲目地信赖海图。

(3)使用较大比例尺的海图

拟订航线或航行定位时，应尽量使用较大比例尺的海图，因为大比例尺海图上的资料比较齐全。对航线附近的物标、地形、水深、底质、危险物、助航设施及印在海图标题栏内的警告(Caution)与注意(Note)等应加以详细研究。

(4)海图应改正到使用之日

按航次需要抽取的海图，应检查是否已改正，图面是否已擦净，并按航线使用次序放在海图桌的抽斗内。航次结束后，将海图擦净放归原处。海图作业应保留到航次结束后方可擦去，如有海事发生，则应保留到海事处理完毕。

(5)海图作业

海图作业应用软质铅笔和松质橡皮，铅笔要削尖，用力要轻，以免损坏海图。绘画要准确、清楚、细致，标注的位置要适当，要达到准确、迅速、整洁、连续不断。

(6)海图的存放

海图应存放在干燥的地方，防止受潮。雨雪天进行海图作业时，要注意不可使海图受潮。海图应尽量平放，图幅较大的海图有些是对折或三折存放的。搬运海图时，应卷成筒状，切勿随意折叠，回船后应立即放平恢复原状。

总之，海图是航海的重要工具，应该对它十分爱护，妥善管理，正确使用，以保证船舶航行的安全。

2. 海图的改正

(1)中版《航海通告》

中版《航海通告》每周出版一本，全年 52 期，有纯中文版和中英文对照版两种类型。中英文对照版由中国航海图书出版社出版，主要对外使用；纯中文版由海军航海保证部出版，主要用于对内部使用的航海图书资料的改正。两种类型在内容编排上基本一致。

通常，中版《航海通告》的内容包括六个部分。

Ⅰ索引　由“地理区域索引”和“关系海图索引”两个索引组成，分别表明本期航海通告的内容所涉及的海区和需要改正的海图。

Ⅱ航海通告　主要有对海图改正的资料和航海资料出版的信息。内容编排总是先国内海区后国外海区，国内海区由北到南为序。航海通告一般是先永久性通告，后临时性和预告性通告。

Ⅲ无线电航海警告　覆盖国际划分的 NAVAREA XI 航区的仍有效的航行警告的年份与通告号码以及当前时段内的航海警告具体内容。

Ⅳ航标表改正　按我国《航标表》的卷号、航标编号顺序编排，每一编号的改正内容按八个栏目单面印刷，便于剪贴操作。如本期无改正内容，本部分将缺少。

Ⅴ航路指南及港口资料的改正　按我国《航路指南》及港口资料的卷号顺序编排，单面印出。如本期无改正内容，本部分将缺少。

Ⅵ其他　刊载以上各项不能包括但又与航行安全有关的内容。此部分不是每期都有。

每年的最后一期还列出类似于英版《航海通告累积表》的海图改正信息。

（2）使用注意事项

A.《航海通告》中在标题栏后加注“（临）（预）（参）”等字，分别表示该通告是临时性通告、预告性通告和参考性通告，改正时应用铅笔改；未加注上述字样的，为永久性通告，应用不渗水的钢笔改。

B.《航海通告》中所给的方位，如 XXX°，是指测者从海上看灯标的真方位；如用罗经点法（NNE，NE 等）所给出的方位，是以该灯标为参考点的真方位。

C.《航海通告》中给出的位置是以最大比例尺的最新版海图为准。

D. 每一通告一般由通告号与标题、通告正文、通告涉及的海图及上次改正的通告号、资料来源四个部分组成。

例如：1104. 印度尼西亚　淡美兰群岛—存在浅水深

①在 1°18′30″N，107°12′20″E 处加绘“⑪据报（1999）”。

②删去①附近的 57 m 水深（太 1024 图上为 55 m 水深）。

海图　22152①［98 – 505］　25039①［99 – 848］　25041［99 – 848］　太 1021［99 – 984］

资料来源　英版通告 99 –（41）– 3791

本例中海图 22152①［98 – 505］只改 1104 号通告内容的第①项，该海图上次改正的航海通告是 1998 年的第 505 号通告；25039①［99 – 848］只改 1104 号通告内容的第①项，该海图上次改正的航海通告是 1999 年的第 848 号通告；太 1021［99 – 984］对 1104 号通告内容的第①②项全改，该海图上次改正的航海通告是 1999 年的第 984 号通告。

因此，海图图号之后小括号内的数码表示该海图应改本通告内容中的第几项，而中括号内的数码则表示上次该海图应改正的某年通告号码。

五、使用 GPS 在海图上定船位

利用 GPS 得到船位后，我们需要将船位在海图上标示出来。

例如，从 GPS 得知我船船位为 385542N/1180114E，此时时间为 12：00，则在海图 385542N 处画一短横线，在 1180114E 处画一短竖线，两线相交处画一五角星以表示此船位数据来源于 GPS，边上标注时间，如图 3 – 20 所示。

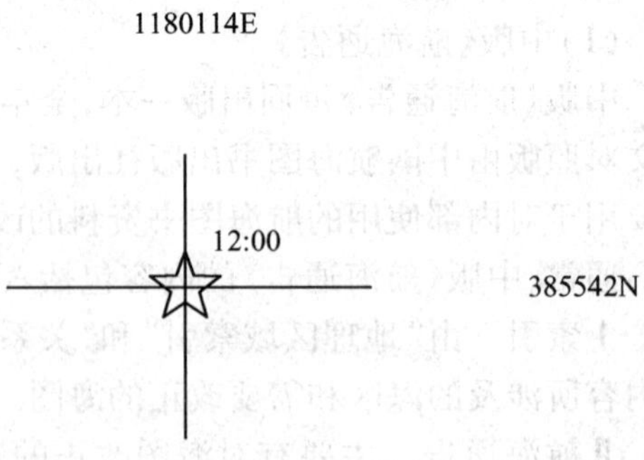

图 3 – 20　GPS 定位

第六节　气象常识

摩托艇在航行中不可避免地受到天气和海况的影响，如何利用当时的气象和水文条件，最大限度地避免不利影响所导致的事故发生是摩托艇操作人员应该掌握的一项技能。

一、气象要素

在航海气象学上，将气温、气压、湿度、风、云、雾、能见度等统称气象要素（Meteorological Elements），它们都是表征大气状态的物理量或物理现象。表层水温、海浪、海流、海冰等是水文要素，但也可以看成广义的气象要素。要了解天气变化和气候规律，必须首先了解气象要素。

1. 气温

（1）气温的定义

气温（Air Temperature）是重要的大气状态参数之一，表示空气冷热程度的物理量。空气的冷热程度，实质上是反映空气分子运动的平均动能。当空气获得热量时，其分子运动的平均速度增大，平均动能增加，气温升高；反之当空气失去热量时，其分子运动平均速度减小，平均动能随之减少，气温就降低。气温可以通过温度表或温度计直接测得。

（2）温标

温度的数值表示法称为温标，常用的温标有以下三种。

①摄氏温标（单位℃）

把水的冰点温度定为0 ℃，沸点为100 ℃。多数非英语国家使用，摄氏温标多用于实际业务工作和日常生活中。

②华氏温标（单位℉）

水的冰点温度定为32℉，沸点212℉。一些英语国家多使用，有时还用来标绘航海气候图。

摄氏温度与华氏温度的关系：

$$t=\frac{5}{9}(t_{\mathrm{h}}-32)\quad 或\quad t_{\mathrm{h}}=\frac{9}{5}t+32$$

式中　t_{h}——华氏温度；

t——摄氏温度。

③绝对温标或称开氏温标（单位K）

水的冰点温度定为273 K，沸点为373 K（由英国物理学家Kelvin提出）。多用于理论计算。

绝对温度与摄氏温度的关系：

$$T=273+t\quad 或\quad t=T-273$$

式中，T和t分别表示绝对温度和摄氏温度。

（3）空气的增热和冷却

下垫面是对流层大气主要的直接热源，因此空气的增热和冷却主要受下垫面影响，这种影响是通过下垫面与空气之间的热量交换来实现的。下垫面与空气之间的热量交换途径主要有以下几种。

①热传导(Conduction)

空气与下垫面之间,通过分子热传导过程交换热量,又称感热。空气是热的不良导体,其导热率仅为银的六万分之一。仅在贴近地面几厘米以内明显,故通常不予考虑。

②对流(Convection)

对流有热力对流和动力对流之分。由于下垫面受热不均匀而引起空气有规则地升降运动,称为热力对流或热对流。季风、海陆风、山谷风及积云对流均属不同尺度的热对流。在外力影响下,如气流受地形阻挡或另一气流冲击而形成的对流,称为动力对流。

③平流(Advection)

平流指某种物理量的水平输送。平流运动的范围要大得多,持续时间也长得多。从整个地球来看,平流是大气中最重要的热量传递方式,对局地温度变化影响甚大。如南风吹暖,北风送寒,属于温度平流;东风送湿,西风送干,属于湿度平流。

④乱流或湍流(Turbulence)

当下垫面受热不均匀的范围和程度较小时,可以形成一些小规模的、不太强的、无规则的空气运动。当空气流经粗糙的下垫面时,也能造成空气的无规则运动。空气微团的无规则运动,称为乱流或湍流(图 3－21)。

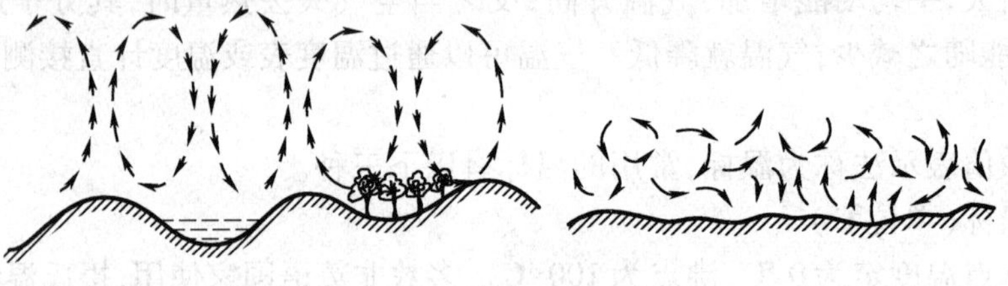

图 3－21　对流和乱流

乱流能使空气在各个方向上得到充分的混合,也使热量、水分和尘埃等得以交换,使之趋于均匀。乱流总是将热量从较热的地方传到较冷的地方。白天由于对流和乱流混合,热量通常向上传输,而且特别强烈;夜间则相反,乱流将热量向下传输给地面,强度比白天弱。从能量平衡的观点看,乱流总是将热量从地面向大气传递。它与对流相比,规模较小,也不旺盛,一般只发生在 1 km 以下的气层内。但因为乱流的产生比对流更经常和普遍,所以它是下垫面与空气之间热量交换的重要方式之一。例如,在有风的夜里,地面气温通常不会太低,就是因为地面辐射失去的一部分热量,由于乱流向下传输热量而得到部分补偿。

⑤水相变化

下垫面水分蒸发时吸收下垫面的热量,当这些水汽在空中凝结时,又把这部分潜热释放给大气,大气便间接地从下垫面获得了热量。如果空气中的水汽在下垫面上凝结时,下垫面便获得了热量。在大气中当云滴蒸发时,要吸收周围空气的热量。当水汽由某地输送到另一处而发生凝结时,便释放潜热给它周围的空气。可见,水相变化(图 3－22)也是空气与下垫面之间交换热

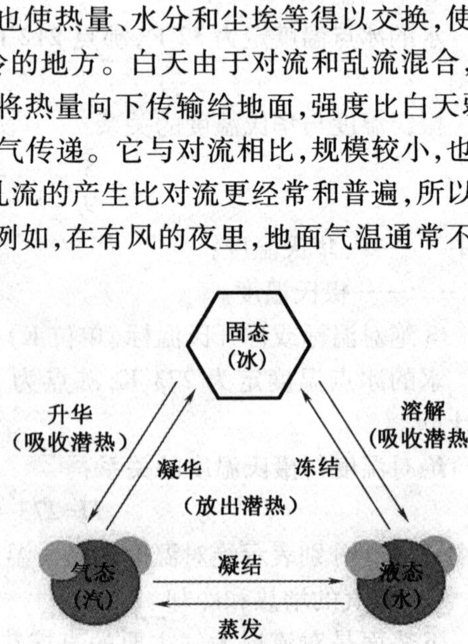

图 3－22　水相变化示意图

量的方式。

⑥辐射

地面和大气之间主要是通过辐射进行热量交换的。白天地面的长波辐射为低层大气所吸收。同样,这些气层也放射辐射而使邻近的上部气层增温,如此层层向上传递,最后使所有较高的层次都得到增温。夜间地面因得不到太阳辐射而降温,地面辐射减弱,大气本身也因放出辐射而使气温降低。

综上所述可知,空气与下垫面之间的热量交换是通过多种途径进行的。通常,地面与大气之间的热交换以辐射为主,乱流和水相变化次之;各地空气之间的热交换以平流为主;上、下层空气之间的热交换以对流和乱流为主。

(4)气温的日、年变化

大气底层空气的热量主要来自下垫面,所以气温具有与下垫面温度类似的周期性变化,越靠近地面的气层,这种变化越显著。如冬寒夏暖、午热晨凉反映了气温日、年变化的一般规律。

①气温的日变化(Diurnal Variation of Temperature)

气温主要受地表面增热与冷却作用而发生变化。气温日变化的特点是:一日内气温有一个最高值和一个最低值。气温的最高值陆地上在夏季14:00~15:00,冬季13:00~14:00;海洋上则最高气温出现在中午12:30左右。气温最低值海洋上和陆上出现的时间接近,均在日出前后,接近于日出前。自日出后气温逐渐上升并达到最高值,以后逐渐下降直到日出前为止。

一日中最高值与最低值之差称为气温的日较差。其大小与纬度、季节、下热面性质、海拔高度及天气状况有关。

a. 纬度:日较差随纬度的增高而减小,即低纬日较差大、高纬日较差小,如热带地区气温日较差平均为12.4 ℃,温带地区平均为8~10 ℃,极地附近只有2~3 ℃。

b. 季节:中纬度的气温日较差有明显的季节变化,即夏季日较差大,冬季日较差小。

c. 下垫面性质:海洋日较差小、陆地日较差大,沙漠日较差最大,如大洋只有1~2 ℃,陆地常达10~15 ℃。

d. 海拔高度:日较差随海拔增高而减小,即低海拔日较差大,高海拔日较差小,如吐鲁番海拔-154 m,日较差大。

e. 天气状况:晴天有利于近地表气层增温,也有利于近地表气层降温,而阴天有云的遮挡,减缓了增温和降温的程度,即晴天日较差大,阴天日较差小,降雨天更小。

②气温的年变化(Annual Variation of Temperature)

气温年变化是指气温在一年中正常的有规律的变化。一年之内,月平均气温也有一个最高值和一个最低值。在北半球大陆上,最高值出现在7月,海洋上出现在8月;大陆上最低值出现在1月,海洋上则出现在2月。在南半球大陆上,最高值出现在1月,海洋上出现在2月;大陆上最低值出现在7月,海洋上则出现在8月。海洋的最高值、最低值均比大陆滞后1个月左右。南半球最高月平均气温值与最低月平均气温的最低值出现的月份则与北半球相反。

一年中月平均气温的最高值与最低值的差,称为气温的年较差。气温年较差的大小与纬度、下垫面性质和海拔高度等有关。

a. 纬度:随纬度的增加而变大,在赤道附近年较差最小,两极地方年较差最大。

b. 下垫面性质：海洋上气温年较差小，陆地上则较大，从沿海向内陆气温年较差逐渐增大。

c. 海拔高度：高度越高，气温年较差越小。

但需明确指出的是，虽然气温年较差在赤道地区最小，但在一年中出现两个高值和两个低值，高值出现的春分和秋分；低值出现在冬至和夏至。这是赤道地区在一年内接受太阳辐射能量的年变化造成的。

③气温的非周期性变化

某地的气温除了由太阳辐射而引起的周期性变化外，还有大气的运动引起的非周期性变化。例如3 月以后，我国江南正是春暖花开的时节，却常常因为冷空气的活动而有突然转冷的现象。秋季，正是秋高气爽的时候，往往也会因为暖空气的来临而突然回暖。

实际气温的变化，就是这两个方面共同作用的结果。如果前者的作用大，则气温呈周期性变化；相反，就呈非周期性变化。但从总的趋势来看，气温日、年变化的周期性还是主要的。所以，掌握气温的各种变化规律，对天气分析与预报具有极重要意义。

(5)气温与天气的关系

引起气温日变化的基本因素是天文因素，即昼夜长短和太阳高度，也就是与上述因素相对应的太阳辐射的时间和强度。如受到来自高纬度冷空气平流或来自低纬度暖空气平流的作用，正常的气温日变化规律将遭到明显的干扰，出现“日寒夜暖”的反常现象，那么很明显暖空气非常活跃，天气即将变坏。如果气温日变化正常，意味着冷暖平流的作用居于次要的地位，预示着天气晴好少雨。

根据气温预测天气，要考虑季节背景。在冬季，冷是正常现象，只有冷得足，才能晴得长。在大冷期间，天气总是晴好，一旦变得暖和起来，天气往往就要变了。反之，在夏季，暖是正常现象，只要热而不闷，是不会下雨的。一旦天气变冷，只要稍有一点冷空气下来，往往就会下雨。当然，天气变化是复杂的，仅仅依据气温情况进行天气预报，就难免有一定的片面性，因此必须综合分析，全面考虑，才能收到较好的预报效果。

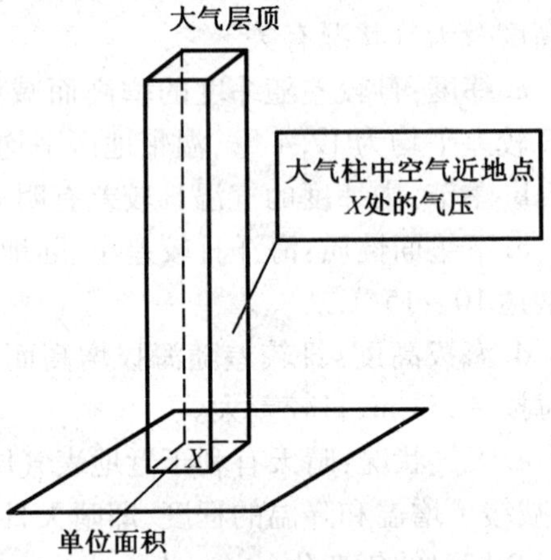

图 3-23　大气压

2. 气压

(1)气压的定义

大气是有重力的。在垂直方向上单位截面积上大气柱的重力称大气压强，简称气压，有时也称为大气压(Air Pressure)，一般用 p 来表示。显然，大气任意高度上的气压，就是从该点起直至大气上界为止单位面积铅直空气柱的总重力(图 3-23)。

大气压强公式为

$$p = W/S = \rho ghS/S = \rho gh$$

式中　ρ——水银密度；

h——水银柱高度；

g——重力加速度；

S——水银柱截面积;

W——水银柱重力,$W=\rho ghS$。

在标准情况下(即气温为0 ℃,纬度为45°的海平面上),760 mm水银柱高的大气压称为一个标准大气压,等于1 013.25 hPa(百帕)。

(2)气压的单位

国际单位制中,气象上规定采用“百帕”或hPa(hecto - Pascal)作为气压的单位。如:1 hPa=100 Pa;1个标准大气压$P^{\ominus}$=1 013.25 hPa。

hPa和mmHg这两种单位之间的关系如下:

$$1\ \text{hPa}=3/4\ \text{mmHg} \qquad 1\ \text{mmHg}=4/3\ \text{hPa}$$

现在国际上许多国家仍然继续使用毫巴(mbar)作为气压的单位,气象传真图上也可见到。根据巴(bar)的定义:1 bar=100 kPa=1 000 hPa,而1 bar=1 000 mbar,因此,1 hPa=1 mbar或1百帕=1毫巴。

(3)气压的变化

①影响气压变化的因素

a.热力因素

温度高,空气受热膨胀,空气密度变小,气压下降;温度低,空气冷却收缩,空气密度变大,气压升高。

b.动力因素

其包括水平气流的辐合和辐散、空气密度变化和空气的垂直运动。气流水平辐合时,空气聚积,产生空气的堆积,导致气压上升;水平辐散时,空气离散,产生空气的扩散,导致气压下降。

②气压随高度的变化

随着高度的增加,气柱变短,空气密度变小,气压减小,见表3-11。在海平面上气压最大(约1 000 hPa),到大气上界减小为零。如在5.5 km高处,气压减到地面气压的1/2,到16 km减少到1/10,到31 km则已迅速减小到只有地面气压的1/100了。表3-11给出了气象上所用各标准等压面所对应的高度。

表3-11 气压随高度的变化情况

高度/km	0	1.5	3	5.5	9	12	16	20	24	31	36	48
气压/hPa	1 000	850	700	500	300	200	100	50	30	10	5	1

③气压随时间的变化

气压随时间有周期性和非周期性两种变化。气压的周期性变化分为气压日变化和年变化。

a.气压的日变化(Diurnal Variation of Pressure):

气压的日变化以12 h为周期,一日内有2个高值和2个低值,呈现2个大致对称的半日波(图3-24)。白天的谷值比夜间的谷值表现得明显,上午的峰值比前半夜的峰值明显。下午的最低值是空气的增热作用造成的,上午的最高值是空气的冷却作用造成的。

最高值:上午9~10时;次高值:晚间21~22时。

最低值:下午 15 ~16 时;次低值:凌晨 3 ~4 时。

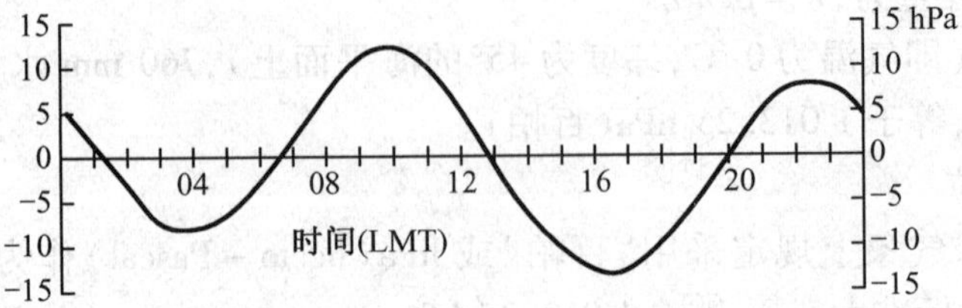

图 3-24　气压的日变化

气压日较差随纬度的增高而减小。低纬地区最大,日较差可达 3 ~5 hPa,除有热带气旋活动外,气压的日变化是十分显著的;中纬度地区则小于 1 hPa,又因经常受到高、低气压系统的影响,致使气压的日变化不甚明显。在中高纬度地区只有在稳定的天气形势下,才能记录到较明显和完整的日变化。

b. 气压的年变化(Annual Variation of Pressure)

根据气压的月平均值资料,可将气压的年变化概括为两种类型:

大陆型:冬季气压高,夏季气压低,年较差大。例如,北京的气压年较差可达 26 hPa 以上,即北半球大陆上月平均最高气压的月份是 1 月份,月平均最低气压是在 7 月份(图 3-25);南半球大陆上月平均最高气压的月份是 7 月份,月平均最低气压出现在 1 月份。

海洋型:与大陆型相反,一年中在海洋上月平均气压最高的月份出现在夏季,月平均最低气压出现在冬季,即北半球海上月平均最高气压出现在 7 月份;月平均最低气压出现在 1 月份;南半球平均最高气压出现在 1 月份,月平均气压最低值出现在 7 月份。因为海洋上气温的年较差比大陆小,所以海洋型气压的年较差也比大陆小。

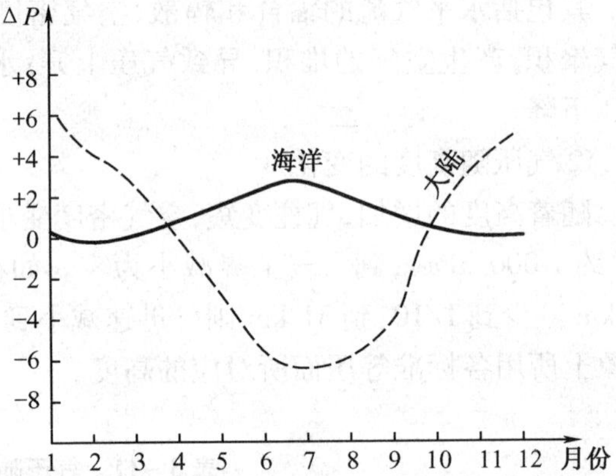

图 3-25　海洋、大陆气压年变化

海洋型与大陆型是由于海陆分布造成的。冬季大陆比同纬度洋面冷,在冷区大气柱收缩,暖区大气柱膨胀,因此上空有空气从海洋流向陆地,使陆地上单位截面大气柱的质量增加,气压较高,而海洋上单位截面大气柱质量减小,气压较低;夏季则相反,大陆比同纬度洋面热,于是形成大陆上气压低、海洋上气压高的情况。

由于太阳辐射的年变化在高纬度地区比低纬度地区大,因此气压的年较差也随纬度的增高而增大,在中高纬度地区年较差最显著。海上气压的年较差较小,越深入内陆年较差越大。

④气压的非周期性变化

气压的非周期变化与天气变化密切相关,因此它是天气预报的重要课题。例如,冬季强冷空气南下时,它所经之地气压明显上升;在夏季受热带气旋的影响时,气压明显下降等。气压的非周期变化的幅度也大于周期性日变化的幅度。一般在天气转变(变坏)后,正常的气压日变化和年变化规律将遭到破坏。

⑤气压与天气

气压的高低及其变化趋势,同未来的天气变化有着十分密切的关系。在一般情况下,气压的明显升高,意味着干冷气流的加强和空气下沉运动发展,二者对于成云致雨都是不利的,所以在这种情况下,天气晴好;相反,气压的明显下降,意味着暖湿气流的加强和空气上升运动的发展,暖湿气流的加强和空气上升运动的发展,提供了成云致雨所需要的动力,因此导致降水,天气阴雨。在同一地点,气压上升到最高值的期间,即受高压控制时,往往就是空气下沉运动最明显的时期,天气晴好;反之,气压下降到最低值的期间,即受低压控制时,往往就是空气上升运动最明显的时期,天气阴雨。当然,气压的上升和下降,还有各种不同的情况。在气压很高的时候,气压的轻微下降未必是降水的先兆;反之,在气压很低的时候,气压的轻微上升亦未必是转晴的征兆。另外气压的猛升和猛降,往往是迅速转晴或转雨的先兆,而气压的平稳下降,往往带来比较和缓的降水。至于气压下降时出现的不稳定跳动现象,往往预示雷雨等剧烈天气即将来临。

根据气压来判断天气变化,必须注意气压的日变化规律是否遭到破坏。在天气晴朗的情况下,气压的日变化是正常的,而在天气阴雨时,正常的日变化规律便遭到破坏。天气的变化受多方面因素的影响,气压只是其中之一,未必能够说明天气变化的全局。仅仅依据气压变化所做出的天气预报,未必完全符合客观实际。

3. 湿度

湿度(Humidity)是表示大气中水汽含量多少或空气潮湿程度的物理量。大气中的水汽是形成云、雾和降水等天气现象的主要因子,同时对船运货物是否受潮变质有很大的影响。

(1)大气湿度的表示方法

①水汽压(Vapour Pressure)e

大气中由于水汽的存在所引起的那一部分压强,称为水汽压,用符号 e 表示,单位与气压相同,如百帕(hPa)、毫巴(mbar)和毫米汞柱高(mmHg)。空气中实际水汽含量越多,e 值越大;实际水汽含量越少,e 值越小。水汽压 e 的大小直接表示了空气中水汽含量的多少。水汽压不能直接测得,查"湿度查算表"获得。

②饱和水汽压(Saturation Vapour Pressure)E

空气达到饱和时的水汽压,称为饱和水汽压(E),也叫最大水汽压。饱和空气中的水汽压是温度的函数,即 $E=E(T)$,随着温度的升高而增大,见表 3-12。在一定的温度条件下,一定体积空气中所能容纳的水汽分子的数量有一个最大限度,超过这个限度时多余的水汽就会发生凝结或凝华现象。空气有未饱和、饱和和过饱和之分。当 $e<E$ 时,空气未饱和;当 $e=E$ 时,空气正好达到饱和;当 $e>E$ 时,空气过饱和。大气中的水汽越多,e 越大;反之,水汽越少,e 越小。它表示空气"吞食"水汽的能力,不反映空气中水汽含量的多少。

表 3-12　饱和水汽压随温度的变化

温度/℃	0	5	10	15	20	30	40
饱和水汽压/hPa	6.1	8.7	12.3	17.1	23.4	42.5	74.1

对于不同的蒸发表面，当温度相同时，饱和水汽压不一定相同。当 $t<0$ ℃时，冰面上的饱和水汽压比过冷水面上的饱和水汽压要小；海面上的饱和水汽压比纯水面上的要小。例如，在 -10 ℃时，$E_{冰}=0.91E_{水}$；在 -30 ℃时，$E_{冰}=0.75E_{水}$。显然，在同一温度下，若水面上饱和时，对冰面上来说已经是相当过饱和了。这就可以解释在冰成云或冰成雾中，常常可观测到 $f<100\%$ 的事实。

③绝对湿度(Absolute Humidity)a

单位体积空气中所含水汽的质量(图 3-26)，称为绝对湿度，用符号 a 表示，常用单位是 g/cm^3，g/m^3。绝对湿度表达式为

$$绝对湿度=\frac{水汽质量}{空气体积}$$

它实际上就是水汽密度，可直接表示空气中含水汽的多少。绝对湿度大，水汽含量多；绝对湿度小，水汽含量少。绝对湿度不能直接测量，一般通过查算“湿度查算表”获得。绝对湿度与水汽压成正比。绝对湿度与水汽压在一定条件下，数值上可互相代替。两者间的结论为：当气温 $t=16$ ℃(289 K)时，$a=e$，a 的单位 g/m^3，e 的单位 mmHg。

④相对湿度(Relative Humidity)f

空气中的实际水汽压(e)与同温度下的饱和水汽压的百分比，称为相对湿度，用符号 f 表示，即 $f=e/E\times100\%$。

当 $f<100\%$，未饱和；当 $f=100\%$，饱和；当 $f>100\%$，过饱和。

它表示空气距离饱和的程度，不直接反映空气中水汽含量的多少。

⑤露点(Dew - point Temperature)t_d

空气中水汽含量不变且气压一定时，降低温度，使其空气达到饱和时的温度(图 3-27)，称为露点温度，用符号 t_d 表示，单位与气温相同。

露点时的空气，$e=E$，且 $f=100\%$。在气压一定时，露点的高低只与空气中的水汽含量有关。水汽含量越多，露点越高；反之，水汽含量越少，露点就越低。因此，露点也表示空气中水汽含量的多少。通常以 e 为引数查“露点查算表”获得。

⑥气温露点差 $(t-t_d)$

它的大小反映空气距离饱和程度，即空气的潮湿程度。$t-t_d>0$，空气未饱和；$t-t_d=0$，空气饱和；$t-t_d<0$，空气过饱和。若湿球温度趋于干球温度，说明相对湿度大，一般有雾或降水。

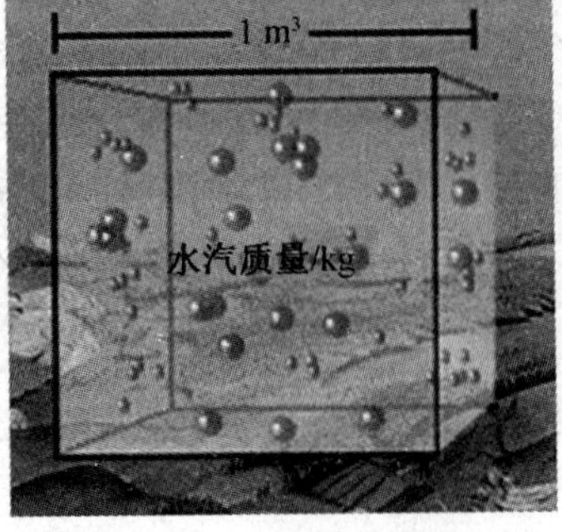

图 3-26 绝对湿度

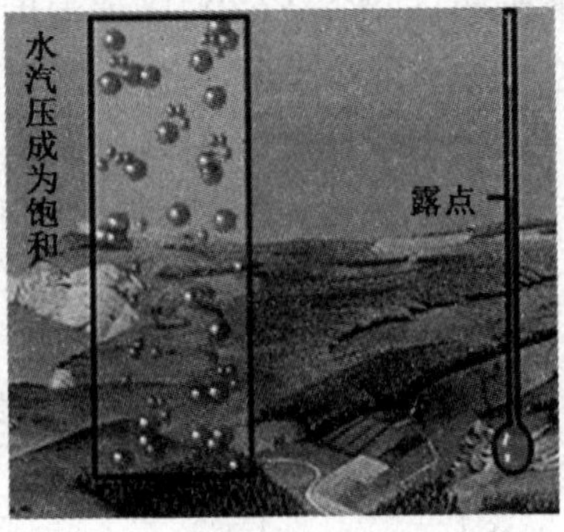

图 3-27 露点

(2)大气中水汽的分布和凝结途径

①大气中水汽的分布情况

大气中的水汽主要来自下垫面的蒸发,水汽的凝结或凝华改变水汽的含量,其分布是不均匀的。下垫面上空气中的水汽随风飘溢,不断进行水平输送,同时也随上升气流或乱流向上输送到中、上层大气中。

a. 水平分布

绝对湿度的水平分布与气温的水平分布基本一致。它与下垫面性质(如海面、陆地、沙漠、冰面等)关系密切。不同性质下垫面的蒸发情况不同,通常海洋多于陆地,森林多于沙漠。蒸发量与气温有密切关系。赤道地区大,随纬度的增高而递减。通常,绝对湿度白天大于夜间,夏季大于冬季,低纬大于高纬。

b. 垂直分布

绝对湿度随高度的增加而迅速减小。在 2 km 高度处不足地面的 1/2,5 km 处减到地面 1/10,90% 的水汽集中在 3 km 以下的低层大气中。

②大气中水汽凝结途径

a. 水汽含量不变,降低温度

大气存在许多冷却过程可以降低温度,除上升运动中的绝热冷却外,还有辐射冷却、平流冷却、乱流冷却和接触冷却等过程。

b. 气温不变,增加水汽

增加水汽的途径主要是蒸发,如水面蒸发和云雨滴在下降过程中的蒸发等。蒸发量的大小主要取决于水面上空气的饱和差($E_w - e$)和风速的大小。饱和差和风速越大时,蒸发量越大。

c. 两者同时作用

若增加水汽和降低温度同时进行,将加速凝结过程。

4. 海面能见度(Visibility)

(1)海面能见度的概念

在海面上,正常目力所能看到的最大水平距离,称为海面能见度,以 km 或 n mile 为单位。所谓"能见"就是能将目标物的轮廓从天空背景(Sky Background)上分辨出来。在海洋上,通常以水天线作为目标物进行观测。大气透明度(Transparency of Atmosphere)是影响能见度的直接因子,其次是目标物和背景的亮度以及人的视觉感应能力。

雾是影响海面能见度最主要的因子。其他如沙尘暴、烟、雨、雪和低云等也能使能见度变得恶劣。

(2)海面能见度的等级

根据能见距离的大小,将能见度分成 0 ~ 9 共 10 个等级,见表 3 - 13。能见度越好,等级越大;能见度越差,等级越小。在气候资料和世界各国发布的天气报告中,通常能见度不用等级,而以能见度恶劣(Visibility Bad)、能见度不良(Visibility Poor)、能见度中等(Visibility Moderate)、能见度良好(Visibility Good)、能见度很好(Visibility Very Good)和能见度极好(Visibility Excellent)等用语来表示。

表3-13　海面能见度等级表

等级	能见距离		能见度鉴定	海上可能出现的天气现象
	n mile	km		
0	<0.03	<0.05	能见度低劣	浓雾
1	0.03~0.10	0.05~0.2		浓雾或雪暴
2	0.10~0.25	0.2~0.5		大雾或大雪
3	0.25~0.50	0.5~1	能见度不良	雾或中雪
4	0.50~1.00	1~2		轻雾或暴雨
5	1~2	2~4	能见度中等	小雪、大雨、轻雾
6	2~5	4~10		中雨、小雪、轻雾
7	5~11	10~20	能见度良好	小雨、毛毛雨
8	11~27	20~50	能见度很好	无降水
9	≥27	≥50	能见度极好	空气澄明

5. 雾

(1)雾的定义与形成

由大量小水滴、小冰晶或两者的混合物所组成悬浮在近地面气层中，使水平能见度小于0.5 n mile(约1 km)的天气现象，称为雾。水平能见度在0.5~5 n mile(1~10 km)，称轻雾(Mist)。

雾与云本质上是一样的，都是发生在大气中的水汽凝结现象，只不过高度不同而已，云悬浮于空中，雾贴近地面，可以把雾看成地面上的云。

雾形成的途径有增加大气中的水汽含量和降低空气温度两种。

在上述两种途径中，降低温度对雾的形成更重要。当空气中有凝结核时，饱和空气如继续有水汽增加或继续冷却，便会发生凝结。凝结的水滴如使水平能见度降低到0.5 n mile以内时，便形成了雾。海洋上雾的形成往往既有蒸发过程，又有冷却过程。

(2)雾的分类与特征

实际上雾的形成往往是多种因素共同作用的结果。根据雾的形成过程及特征不同，主要分成以下几种：

①平流雾(Advection Fog)

暖湿空气流经冷的下垫面(水面或陆面)，导致气温下降，水汽凝结所形成的雾，称为平流雾(图3-28)。

此雾多形成于冷、暖海流，海洋、河流、湖泊、港湾或洼地与沿岸交汇处的冷水面一侧。它是出现最多、对航海影响最大的一种雾，故又称为海雾(Sea Fog)。

a. 浓度、厚度大：雾滴浓密，有时伴有毛毛雨。能见度恶劣，有时小于50 m。雾的厚度可达几十到几百米，遮天蔽日，严重影响天文、地文定位。

b. 水平范围广：遍及整个海区，最大可达30万平方千米。从卫星云图上经常可以看到，有时整个黄海和部分渤海海域笼罩在同一片雾中。

c. 持续时间长：一般可持续5~6 h或可数日不散。如在暖湿气流较强且流场稳定少变时，平流雾可以维持几天甚至一周以上。

d. 日变化：一天中任何时刻均可发生，大洋中无明显的日变化，但在沿海或岛屿等浅海地区却有明显的日变化。白天太阳辐射强烈，气温升高，雾变得稀薄些，甚至暂时消散，但一到傍晚，雾又会再度转浓（沿海地区实际上往往是平流辐射雾）。

e. 年变化：春夏多，秋冬少。

f. 随风飘移：当条件适当时，海雾可伸入内陆几十千米远，然后逐渐消散或抬升为层云、碎层云。

②辐射雾（Radiation Fog）

在晴朗微风又比较潮湿的夜间，地面以长波辐射的形式损失热量，地表温度迅速下降，近地面层气温降至露点或露点以下，使水汽凝结而形成的雾，称为辐射雾（图 3－29）。辐射雾多见于陆地上，又称陆雾。辐射雾的范围不广，它只占据局部地区，多见于峡谷、洼地、湿地或沿海地区。在沿海地区产生的辐射雾可随风缓慢地移往附近海面，会给沿岸航行带来一定的影响。雾层不厚，在雾中往往还可以见到大船的桅顶。沿岸港口的辐射雾会影响船舶进出港及港内的装卸作业。

图 3－28 平流雾

图 3－29 辐射雾

a. 年变化：辐射雾一年四季都能产生，尤以秋季和冬季最频。冬季，海面水温高于陆地气温，移往海面的辐射雾会迅速消失。往往沿海陆上有雾而海上却没有雾，或港内雾很浓，离港后就见不到雾。夏季，辐射雾比较少见，如果有辐射雾移往海面，则因此时水温低于陆地气温，雾就不容易消散。

b. 日变化：具有明显的日变化规律，它常形成于夜间，日出前最浓，日出后随低层气温升高而减弱消散。

c. 晴天是产生辐射雾的有利条件，有云时不利于辐射雾的产生。但雾产生后，晴天也最有利于雾的消散，云则阻碍雾的消散。

d. 辐射雾冬季消散慢，夏季消散快。

e. 形成辐射雾的有利风速是 1～3 m/s。强风时容易消散，静风时不利于消散。

晴夜，下垫面辐射强，水汽含量充沛，低层微风，大气层结稳定是形成辐射雾的主要条件。多见于晴朗、微风、少云的冷高压中心附近。（十雾九晴）

③锋面雾（Frontal Fog）

暖锋前暖气团产生的降水，在往地面降落时要穿过较冷的气团，水滴在下降的过程中是要蒸发的，当蒸发出的水汽冷空气不能容纳时，又重新凝结成小水滴或小冰晶悬浮在近地面的低层空气中而形成的雾，称为锋面雾。锋面雾的形成是伴随降雨，所以又称降水雾或雨雾（Precipitation Fog）。

锋面雾对航海的影响仅次于平流雾，锋面雾常出现于锢囚锋两侧、暖锋前和第一型冷锋后。

雾区沿锋线呈带状分布，长度可达几百海里，宽度 50 ~ 100 n mile。锋面雾随锋面和降水区的移动而移动，因此在局地持续时间较短。当锋面和降水区移动缓慢或停滞不前时，持续时间就会延长。锋面雾出现的时间不受气温日变化的影响。

④蒸汽雾(Steam Fog)

a. 形成

寒冷而稳定的空气覆盖在暖海面上，海面蒸发使贴近海面的空气达到饱和状态而形成的雾，称为蒸汽雾。多见于水面温度远高于空气温度的时候。实际上，暖水面一面蒸发，进入低层冷空气的水汽一面凝结，其现象犹如水面冒白汽。

b. 发生

蒸汽雾多发生在深秋和冬季，特别是冰原上的寒冷空气流到较暖的水面上，通常当气温低于水面温度 15 ℃以上，并且空气层结稳定时，就会产生蒸汽雾。蒸汽雾多产生于极地冰原的边缘、冰间水面以及亚洲和北美的东海岸。在晚秋和冬季的早晨，蒸汽雾可见温带地区的湖泊或河流上。北冰洋蒸汽雾最有名，在我国见于冬季渤海和黄海。

c. 特点

蒸汽雾的特点是浓度不大，占据的面积也不广，多限于高纬度沿海、冰缘和冰间水边较狭窄的水带。蒸汽雾在多数情况下比较浅薄，较高的桅杆一般不会被它遮蔽。陆地水面上的蒸汽雾多产生于清晨，日出后随气温上升而慢慢消散。海上蒸汽雾无明显日变化。蒸汽雾的发生与风速无关，在 5 ~ 40 m/s 的风速中均观测到蒸汽雾的发生，风向改变可使蒸汽雾消散。

⑤地形雾

由于海洋与岸滨或岛屿之间热力作用及动力作用存在差异，在岸滨和岛屿附近常有雾形成，一般称之为地形雾。

a. 岛屿雾

从海面吹向岛屿的暖湿空气，在迎风面上被迫抬升，因而产生绝热冷却作用，使空气达到饱和而产生雾，这种雾称为岛屿雾或上坡雾。

b. 海陆轻风雾

海陆轻风雾是伴随海陆风而出现的一种海雾。在海岸附近，夏秋季节陆上暖湿空气流到海上，受海面降温增湿作用凝结成雾，白天借助于凉爽的海风吹上滨海地带，夜间又随陆风回到海上，因其往返于海岸附近，故又称岸滨雾。

(3)中国的近海雾

中国近海是北太平洋的多雾区之一，主要以平流雾为主，锋面雾和辐射雾次之。

①地理分布

雾区分布是自渤海到北部湾基本呈带状分布。地理上分布是南少北多，南窄北宽。

中国近海是北太平洋多雾区之一。北起渤海湾南至北部湾，大致呈带状分布，如图 3 - 30 所示。雾区范围具有南窄北宽的特点，南部宽 100 ~ 200 km，舟山群岛一带约400 km，北部更宽些，如黄海 6 ~ 7 月几乎全部都是雾区。黄海中、南部，长江口至舟山群岛和北部湾是 3 个相对多雾中心。

另一特点是南少北多。琼州海峡和北部湾西北部冬春季多雾，年雾日(一日中任何时间出现雾,不论持续时间长短,均计为一个雾日)20～30天;台湾海峡西部和福建沿海年雾日20～35天(台湾海峡东部、澎湖列岛一带却很少,只有4～5天);闽、浙沿岸到长江口一带,年雾日增加到50～60天;黄海中部水域雾日达50～60天以上;山东半岛南部成山头和石岛一带海面雾最频,年雾日超过80天,最长连续雾日超过25天,有"雾窟"之称。从鸭绿江口到济州岛的朝鲜西部沿海雾也较多,年雾日达50多天,有时与山东南部沿海的雾区连成一片。渤海是我国的内海,暖流不易到达,也不存在水温不连续带,因而雾很少,仅在渤海海峡附近多些,年雾日为20～40天。此外,台湾地区以东洋面、海南岛榆林港以南终年受暖流控制,缺乏冷却条件,因而基本无雾。

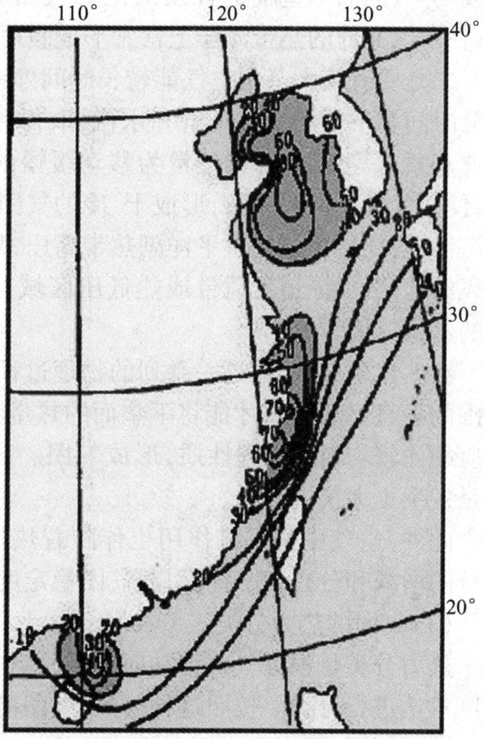

图3－30　中国近海雾的分布

②季节变化

中国近海的雾在时间上从春至夏,由南向北推延,表现出南早北晚的特点。南海北部沿岸出现最早,始于头年12月,至次年4月为雾季,2～3月雾最多。东海的雾始于3月,3～7月为雾季,其中浙江沿海至长江口4～6月最盛。黄海的雾始于4月,4～8月为雾季,6～7月最盛。8月,除黄海北部外,中国整个沿海的雾骤然减少。在渤海和台湾海峡东部雾较少,南海南部几乎没有。

我国近海的雾不但在范围上雾区由南向北扩大,而且在时间上从春至夏也由南向北推延;我国春季从陆上吹往海上的空气,气温可能略微高于水温,这时也可形成平流雾。冬季,北方沿海有时会出现蒸汽雾。在秋冬季河口、港湾或低湿平原的沿海夜间常产生辐射雾,并可能移往海面。

二、气团与风的基本概念

1.气团(Air Mass)

(1)气团的概念

从地表广大区域来看,存在着水平方向上物理性质(温度、湿度、稳定度等)比较均匀的大块空气,它的水平范围常可达几百千米到几千千米,垂直范围可达几千米到十几千米,水平温度差异小,一千千米范围内的温度差异小于10～15 ℃,这种性质比较均匀的大块空气叫作气团。

(2)气团的形成

气团的形成需要具备以下两个条件:

一是要有大范围性质比较均匀的下垫面,如辽阔的海洋、无垠的大沙漠、冰雪覆盖的大陆和极区等都可成为气团形成的源地。下垫面向空气提供相同的热量和水汽,使其物理性质较均匀,因而下垫面的性质决定着气团属性。在冰雪覆盖的地区往往形成冷而干的气团;在水汽充沛的热带海洋上常常形成暖而湿的气团。

二是要有使大范围空气能较长时间停留在均匀的下垫面上的环流条件,以使空气能有充分时间和下垫面交换热量和水汽,取得和下垫面相近的物理特性。例如,亚洲北部西伯利亚和蒙古等地区,冬季经常为移动缓慢的高压所盘据,那里的空气从高压中心向四周流散,使空气性质渐趋一致,形成干、冷的气团,成为我国冷空气的源地;又如我国东南部的广大海洋上,比较稳定的太平洋副热带高压,是形成暖湿热带海洋气团的源地;较长时间静稳无风的地区,如赤道无风带或热低压区域,风力微弱,大块空气也能长期停留,形成高温高湿的赤道气团。

在上述条件下,通过一系列的物理过程(主要有辐射、乱流和对流、蒸发和凝结,以及大范围的垂直运动等),才能将下垫面的热量和水分输送给空气,使空气获得与下垫面性质相适应的比较均匀的物理性质,形成气团。这些过程有的是发生于大气与下垫面之间的,有的是发生于大气内部的。

此外,空气中的平流作用也伴随着热量和水分的输送,影响着气团中某一部分热量和水分的增减和分布,并可能引起气团稳定度的变化。

(3)气团的热力分类

热力分类是根据气团移动时与其所经下垫面之间的温度对比或相邻两个气团之间的温度对比进行分类。按照这种分类,气团可分为冷气团和暖气团两种类型。

①暖气团(Warm Air Mass)

如果气团向比它冷的下垫面移动称为暖气团。暖气团使所经之地变暖,而本身逐渐冷却,气温直减率减小,气层趋于稳定,有时形成逆温或等温层,不利于对流的发展。如果暖气团中水汽含量较多,常形成很低的层云、层积云,并下毛毛雨、小雨或小雪。有时,因为低层空气迅速冷却,所以暖气团中能见度通常比较差,特别是冬季,从南方海洋移入中国近海和大陆的暖气团,是具有这种天气的典型气团,如果暖气团中的水汽含量较少,天气就好一些,一般是少云或无云天气。

②冷气团(Cold Air Mass)

如果气团向比它暖的下垫面移动称为冷气团。冷气团使所经之地变冷,而本身却逐渐增热。由于低层迅速增温,气温直减率增大,气层往往趋于不稳定,有利于对流的发展。

夏季,如果冷气团中水汽含量较多时,常形成积云或积雨云,甚至出现阵性大风、阵性降水或雷暴天气。冬季,冷气团中水汽含量通常很少,这时多为少云或碧空。冷气团中由于乱流、对流活跃,因此,低层能见度一般较好。

冷暖气团还可以依据相邻气团之间的温度对比来划分:两气团相邻时,温度较高的气团称为暖气团;温度较低的气团称为冷气团。一般来说,这种划分方法和前述划分方法基本是一致的,因为通常自高纬向低纬移动的气团不仅相对于地面,而且相对于低纬的气团来说,都是冷气团;同样,自低纬向高纬移动的气团不仅相对于地面,而且相对于高纬的气团来说,都是暖气团。

2. 风

空气相对于下垫面的水平运动,称为风(Wind)。风是矢量,既有大小又有方向,分别用风速和风向来表示。

(1)风的单位和表示方法

①风速(Wind Speed)

风速是指单位时间内空气在水平方向上的位移,单位有 m/s,km/h,n mile/h,kn 等。它们的关系如下:

1 km/h = 0.28 m/s,　　　　1 m/s = 3.6 km/h

1 kn = 1.852 km/h ≈ 0.5 m/s,　　1 m/s ≈ 2 kn

②风向(Wind Direction)

风向是指风的来向,常用 16 个方位(E,W,S,N,NE,SE,NW,SW,NNE,ENE,ESE,SSE,SSW,WSW,WNW,NNW)或方位度数(0° ~ 360°)来表示,见图 3 - 31。前者多用于陆地,后者多用于海洋上或高空。

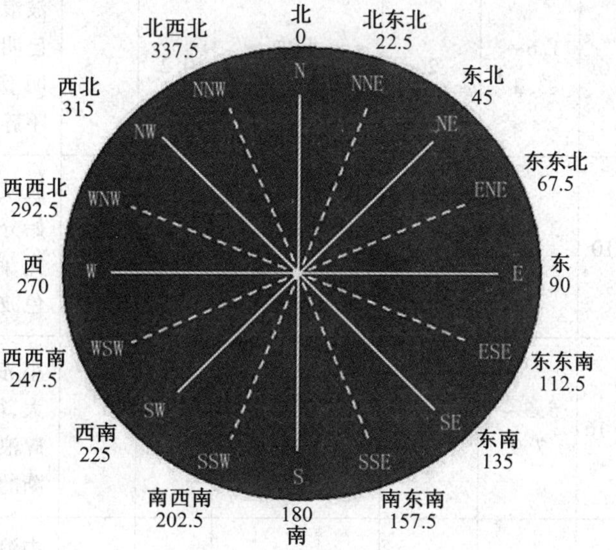

图 3 - 31　风向表示

③风级(Wind Scale)

根据风对地面或海面的影响程度又划出风力等级,简称风级,是风强度(风力)的一种表示方法。目前国际上采用的风力等级是由英国人蒲福(Beaufort)于 1805 年拟定的,故又称"蒲福风力等级(Beaufort Scale)",它最初是根据风对炊烟、沙尘、地物、渔船、波浪等的影响大小分为 0 ~ 12 级,共 13 个等级。自 1946 年以后,风力等级又做了扩充,增加到 18 个等级(0 ~ 17 级),见风力等级表(表 3 - 14)。等级越高,风速则越大;等级越低,风速则越小。在实际工作中各国的陆地气象观测站、海上船舶观测站和海洋气象部门所使用的风级都是 0 ~ 12 级。船舶驾驶员在进行目测风力和风向时,按海上的观测经验,采用风级来表示风的大小。

表 3-14 风力等级表

风级	风名	相当风速			海面状况	海面浪高/m		海面征象	风压/(kg/m²)
		kn	m/s	中速 m/s		一般	最高		
0	无风 Calm	<1	0~0.2	0	平如镜子 Calm-glassy	—	—	海面像镜子一样平静(无浪)	0~0.004
1	软风 Light Air	1~3	0.3~1.5	1	微波 Calm-rippled	0.1	0.1	海面有波纹,但还没有白色波顶	0.009~0.225
2	轻风 Light Breeze	4~6	1.6~3.3	2	小波 Smooth-wavelets	0.2	0.3	波浪纹虽小,但已明显,波顶透明像玻璃,但不碎	0.256~1.089
3	微风 Gentle Breeze	7~10	3.4~5.4	4	小浪 Wavelets	0.6	1.0	波较大,波顶开始分裂,泡沫有光,间断见到白色波浪	1.156~2.916
4	和风 Moderate Breeze	11~16	5.5~7.9	7	轻浪 Sight	1.0	1.5	小浪,波长较大,往前卷的白碎浪较多,有间断的呼啸声	3.025~6.241
5	清风 Fresh Breeze	17~21	8.0~10.7	9	中浪 Moderate	2.0	2.5	中浪,波浪相当大,白碎浪很多,呼啸声不断,间或有浪花溅起	6.4~11.449
6	强风 Strong Breeze	22~27	10.8~13.8	12	大浪 Rough	3.0	4.0	开始成大浪,波浪白沫飞布海面,呼啸声大作(可能有少数浪花溅起)	11.664~19.044
7	疾风 Near Gale	28~33	13.9~17.1	16	巨浪 Very rough	4.0	5.5	海面像由波浪堆积而成,碎浪的白泡沫开始成纤维状,随风吹散,飞过几个波顶	19.321~29.241

表 3－14(续)

风级	风名	相当风速			海面状况	海面浪高/m		海面征象	风压/(kg/m²)
		kn	m/s	中速 m/s		一般	最高		
8	大风 Gale	34～40	17.2～20.7	19	狂浪 High	5.5	7.5	中高浪，波长更大，随风吹起的纤维状更明显，呼啸声更大	29.58～42.85
9	烈风 Strong Gale	41～47	20.8～24.4	23	狂涛 Very high	7.0	10.0	高浪，泡沫纤维更加浓密，海浪卷翻，泡沫可能影响能见度	43.26～59.54
10	狂风 Storm	48～55	24.5～28.4	26		9.0	12.5	大高浪，波浪成长形突出，纤维状泡沫更为浓厚，并成片状。海浪颠簸好像槌击，浪花飞起带白色，能见度受影响	60.03～80.66
11	暴风 Violent Storm	56～63	28.5～32.6	31	非凡现象 Phenomenal	11.5	16.0	特高浪，中小型船在海上有时可能被浪所遮蔽。波顶边缘被风吹成泡沫，能见度大减	81.2～106.28
12	飓风 Hurricane	≥64	≥32.7	—		14.0	—	空气中充满泡沫和浪花，海面因浪花的飞起成白色状态，能见度剧烈降低	>106.28
13		72～80	37.0～41.4	39.2					
14		81～89	41.5～46.1	43.8					
15		90～99	46.2～50.9	48.6					
16		100～108	51.0～56.0	53.5					
17		109～118	56.1～61.2	58.7					

④风压（Wind Pressure）

风吹过障碍物时，在与风向垂直的方向上单位面积所受到的压力，称为风压。风压与风速的关系可表示为

$$P = 0.0625V^2$$

式中　P——风压，N/m^2；

V——风速，m/s。

⑤风的脉动性（阵性）

在观测风时发现，风速表现为时大时小，风力时强时弱，风向不停变化，这种现象称为风的阵性。风的阵性主要是由于大气湍流运动的作用，实际上风的阵性就是小尺度的湍涡叠加在大型流场上造成的结果。因此在测风时，要求取其平均值。风的脉动性在摩擦层中表现得最经常和最显著。随着高度的增加，脉动逐渐减弱，一般到2～3 km 高度以上就不明显了。一日之中，由于午后乱流最强，脉动性最明显。一年之中夏季较明显，陆地上比海洋上明显，山区最明显。

⑥风的日变化、年日变化

a. 风的日变化

通常在近地面午后风速大，夜间清晨风速小。风的日变化幅度，晴天比阴天大，夏季比冬季大，陆地比海洋大。

b. 风的年变化

因地而异。风向的年变化在季风地区有明显的规律，在非季风地区则很难看到规律性的变化。风速的年变化也不存在普遍规律。

（2）真风求法

①矢量关系法（图3－32）

a. 视风

船舶在航行时由风向风速传感器测得的风为视风，又称合成风。我们应根据船风（风向矢量与航向相反，风速与船速相等）和视风确定出真风，三者之间的矢量关系为

$$\boldsymbol{V}_{视风} = \boldsymbol{V}_{船风} + \boldsymbol{V}_{真风}$$

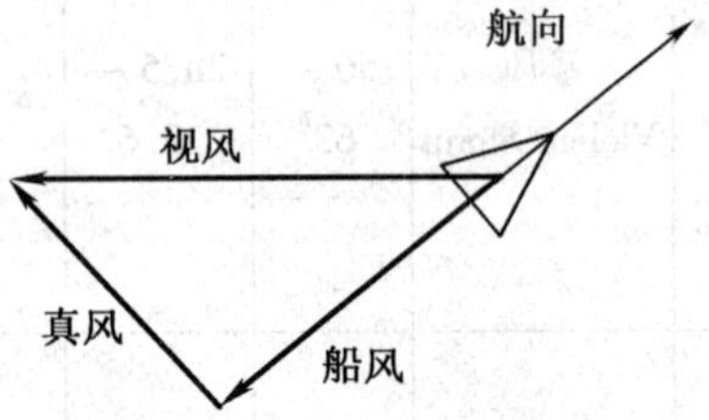

图3－32　船风、真风和视风三者关系

b. 船风

船舶在航行时所产生的一种风向与船舶运动方向相反、风速与船速相等的风。

c. 视风

船在航行时仪器所测得的风，是真风与船风的合成风（空气相对于船舶）。

真风的计算可以由仪器自动进行，输入航向、航速后可立即显示出真风向和真风速。也可以通过上述矢量关系用图解法求出。

②图解法

以船位点作为坐标原点，先画出船风矢量，矢量的方向与航向相反，矢量的长短表示航速的大小；再画出视风矢量，方向为视风向，矢量的长度表示风速；然后由船风矢端到视风矢端画一矢量，其方向就是真风向，矢量的长度就是真风速。

（3）季风和地方性风

①季风

不少地区的盛行风都是随季节变化而改变的。例如渤海和黄海冬季多偏北风，夏季多偏南风，春秋季为转换季节。春季风向逐渐由偏北风转为偏南风，4月份偏南风出现在本区的频率已居第一，9月份北风出现次数增多，10月份黄、渤海沿岸主要风向分布较春季复杂，渤海沿岸以偏南风居第一，偏北风次之，而黄海区北风及东北风已居第一；11月全区都以偏北风为最多。冬季风速最大，尤其是1月，黄海中、南部及渤海海峡附近，平均风速7.0 m/s以上，个别海区大于10.0 m/s，黄海北部及渤海沿岸风速较小。夏季平均风速在4～5 m/s，春秋季平均风速在5～6 m/s，除个别海区外，春季风速略小于秋季。像这种大范围风向随季节而有规律转变的盛行风叫作季风。

②海陆风（Sea and Land Breeze）

在海岸附近，由于海陆间热力差异的日变化引起的风，称为海陆风。如图3－33所示，白天风从海洋吹向陆地称海风（Sea Breeze）；夜间风从陆地吹向海洋称陆风（Land Breeze）。这种具有明显日变化的风系称为海陆风环流。

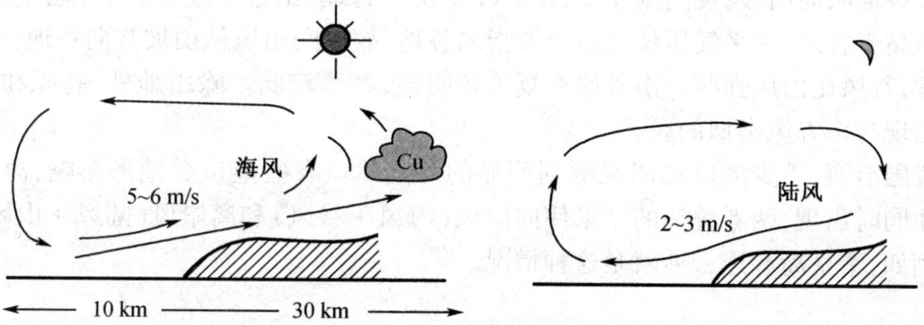

图3－33　海陆风示意图

产生海陆风的根本原因是海陆的热力差异，即海上和陆地空气增热、冷却不均，实际上就是完全由海陆温差而引起的，而与大范围的气压系统无关。白天，陆地上空气增温迅速，海面上气温变化甚微，因而陆地上空气受热膨胀向上空输送的空气较海洋上为多，这样造成临时性的海上气压高于陆地的，而出现由海洋指向陆地的水平气压梯度，并在水平气压梯度的作用下，下垫面的气流由海洋流向陆地，故白天下垫面上吹海风；而夜间，陆地上空气冷却很快，即陆上的气压高于海洋，水平气压梯度的方向由陆地指向海洋，所以下垫面的气流由陆地流向海洋，故夜间下垫面上吹陆风。

通常，海风比陆风强，海风可达5～6 m/s，陆风只有2～3 m/s；海风的水平范围和垂直厚度也比陆风大。在热带地区，海风可深入内陆50～100 km，而陆风入海距离不超过10 km。在热带地区，海风的垂直厚度可达1 km左右，而陆风一般不超过0.5 km。

海风和陆风的转换时间随地区和天气条件而异。通常，海风始于8～11时，到13～15时最强，日落后明显减弱，20时后转为陆风。如果是阴天，海风出现的时间要向后延迟，有时到中午12时左右才出现，强度也明显减弱。在海风和陆风交替期间可暂时出现静风。在低纬地区，特别是傍晚无风时，使人有异常闷热之感。

海陆温差越大，海陆风发展越强。因此，在地面温度日较差大的地区和季节，海陆风现象明显。在低纬地区，气温日较差大，一年四季均可出现；在中纬地区，海陆风主要出现在夏季,冬季很弱;在高纬地区,只有夏季晴朗的日子里才能见到微弱的海陆风。海风从海上带来大量水汽,使陆上空气湿度增大,有时会形成雾和降水。海风还可以使陆地气温降低,沿海地区夏季不十分炎热。

海陆风通常出现在大范围气压场比较均匀,即等压线比较稀疏的天气形势下。当大范围气压场的气压梯度较大时,海陆风往往被大范围的较强风场所淹没。

③山谷风(Mountain and Valley Breeze)

在山区,白天自谷底沿山坡向上吹向山顶的风称为谷风(Valley Breeze);夜间自山顶沿山坡吹向谷底的风称为山风(Mountain Breeze)。山谷风是由于山坡上的气温与同高度谷地上空气温之间的差异产生的局地热力环流。谷风一般在日出后9~10时开始,午后最强。日落后山风开始,逐渐增强,到日出前最强。在背阴的峡谷中,谷风出现的时间会向后延迟,持续时间也会缩短。

如图3-34所示,白天山坡外很快增热,暖空气不断上升,而谷地增热却很慢,造成在山坡和谷地之间的气压相比较,谷地的气压高于山坡,则水平气压梯度由谷地指向山坡,故白天谷风从谷地吹向山坡;夜间则相反,山坡冷却快于谷地,山坡温度低,而谷地冷却快,且山坡的气压高于谷地,水平气压梯度由山坡指向谷地,故夜间山风从山坡吹向谷地。

通常,谷风比山风强些。山谷风在夏季较明显,冬季较弱。除山地外,高原和盆地边缘也可能出现与山谷风类似的风。

在我国沿海,不少港口都能观测到明显的海陆风。有些港口受地形影响,海陆风与山谷风往往同时出现,两者叠加的结果使向岸风(海风+谷风)和离岸风(陆风+山风)都相当显著。例如,秦皇岛和连云港就是这种情况。

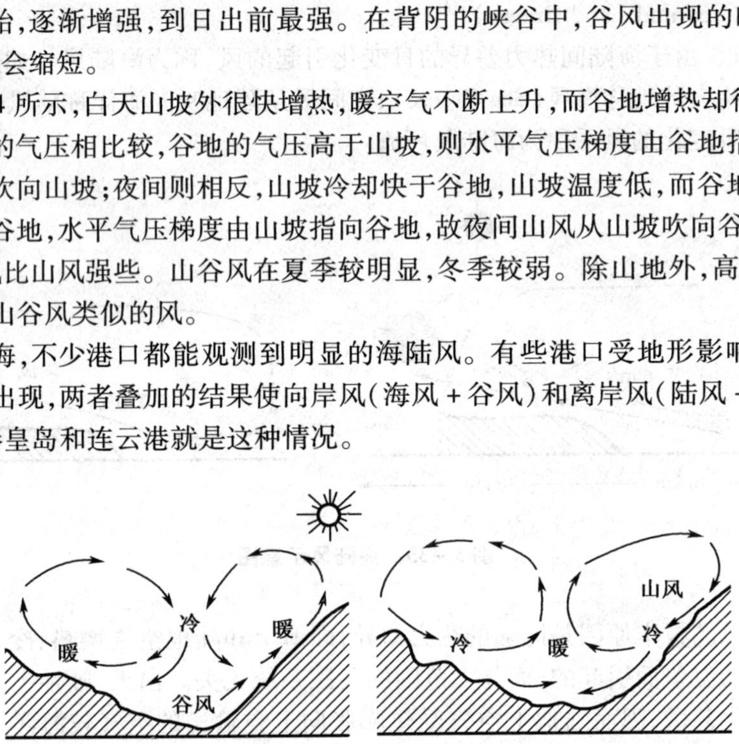

图3-34 山谷风示意图

三、气旋与反气旋

1. 气旋的基础知识

(1)气旋的概念

在北半球,逆时针方向旋转的大型水平空气涡旋称为气旋;在南半球则相反,顺时针方向旋转的大型空气涡旋称为气旋(图3-35)。

由风场与气压场之间的关系可知,气旋与低压或反气旋与高压都是对同一天气系统分别从流场和气压场两个不同角度进行考查时使用的不同名称。除低纬度地区之外,一般两者可以互相换用。由于气流从四周向气旋中心辐合,必然产生上升运动,气流升至高空又向四周辐散,这样才能保证低层大气不断地从四周向中心流入,气旋才能存在和发展(图3-36)。所以气旋的存在和发展必须有一个由水平运动和垂直运动所组成的环流系统。因

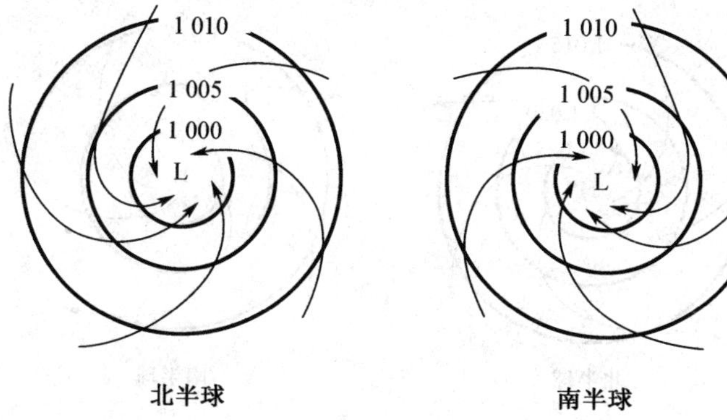

图 3－35　气旋

此，每当低压（或气旋）移到本区时，云量增多，出现阴雨天气。

（2）气旋的强度和范围

通常气旋的强度以低压中心气压值来表示。中心气压值越低，表示气旋越强，中心气压值越高，表示气旋越弱。一般地面气旋中心气压值为 970～1 010 hPa，发展强大的气旋中心气压值可低于 935 hPa。

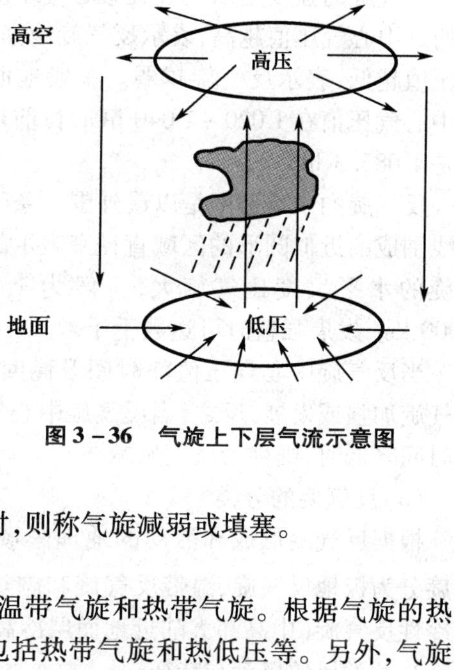

图 3－36　气旋上下层气流示意图

气旋的水平范围以地面天气图上最外围闭合等压线围成的近似圆形的区域直径表示，平均为 1 000 km，大的达 2 000～3 000 km，小的只有 300～500 km。

当气旋中心气压值随时间降低时，称气旋发展或加深；反之，当气旋中心气压值随时间升高时，则称气旋减弱或填塞。

（3）气旋的分类

根据气旋形成与活动的地理区域，将气旋分为温带气旋和热带气旋。根据气旋的热力结构可分为锋面气旋和无锋面气旋。无锋面气旋包括热带气旋和热低压等。另外，气旋之间并不存在不可逾越的鸿沟，不同类型的气旋，在一定条件下会相互转化。如锋面气旋可因一定条件转化为无锋面气旋，无锋面气旋可因一定条件转化为锋面气旋。

2. 反气旋的基础知识

（1）反气旋的概念

由闭合等压线围成的中心气压比四周高的水平空气涡旋称反气旋。在北半球，风从中心以顺时针方向向四周辐散；在南半球，风从中心以逆时针方向向四周辐散（图 3－37）。

反气旋与高压是对同一天气系统的描述，只是反气旋从流场角度来定义，而高压是从气压场角度来定义，除赤道低纬度地区以外，两个名称可以互换。

由于气流从反气旋中心向外辐散，必然产生下沉运动，对应高空出现低压辐合下沉气流，伴随晴朗、微风或少云天气，如图 3－38 所示。

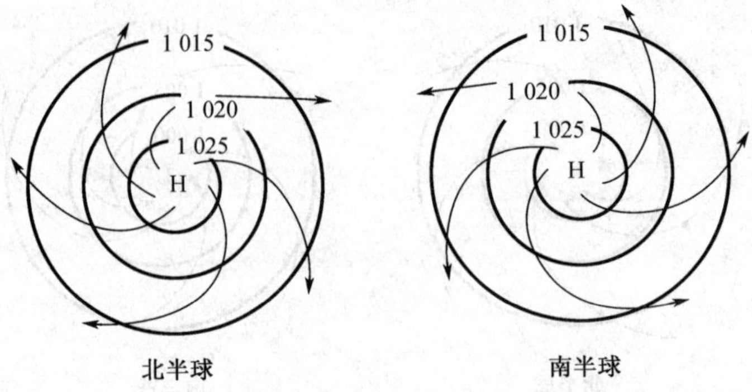

图 3－37　反气旋

(2)反气旋强度和范围

反气旋的强度是以反气旋中心气压值来表示的。中心气压值越高,表示反气旋越强;中心气压值越低,表示反气旋越弱。一般地面反气旋中心气压值在 1 020 ~ 1 040 hPa,目前最高纪录是 1 083. 3 hPa。

反气旋的水平范围是以最外围一条闭合等压线围成的近似圆形的区域直径来表示的。反气旋的水平尺度比气旋大,一般为 1 500 ~ 2 000 km,发展强盛时可达数千千米。

当反气旋中心气压值随时间升高时,称为反气旋加强或发展;反之,当反气旋中心气压值随时间降低时,则称为反气旋减弱。

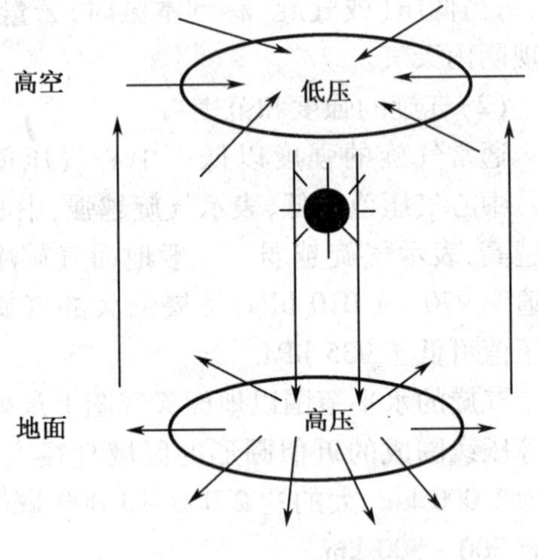

图 3－38　反气旋上下层示意图

(3)反气旋的分类

根据反气旋形成和活动的地理区域,将反气旋分为极地反气旋、温带反气旋和副热带反气旋。根据反气旋的热力结构,将反气旋分为冷性反气旋(中高纬大陆近地面层冷高压)和暖性反气旋(副热带高压、阻塞高压)。

3. 龙卷风的概念与特征

(1)龙卷的概念

龙卷是一种破坏力很大的小尺度风暴系统。龙卷是和强烈对流云相伴出现的,具有垂直轴的小范围强烈涡旋。大多数的龙卷出现在有强烈雷雨时,少数出现在阵雨时,还有个别出现在未降水的浓积云底部。当有龙卷出现时,总有一个如同“象鼻子”一样的漏斗状云柱自对流云底盘旋而下,有的能达到地面或水面,有的稍伸即稳或悬挂在空中。出现在陆地上的称为陆龙卷(Tornado),出现在海面上的称为水龙卷(Water Spout)。

(2)龙卷的一般特征

①水平范围小。龙卷的水平尺度很小,近地层直径一般在几米到几百米,大的可达 1 km 左右。空中直径可达 3 ~4 km,最大可达 10 km。

②持续时间短。龙卷持续的时间很短一般为几分钟至几十分钟。

③气压甚低。龙卷中心的气压非常低，据估计，龙卷中心处的气压可低至400 hPa，甚至达到200 hPa。正是由于龙卷内部气压的剧降，造成水汽的迅速凝结，龙卷才由不可见的空气涡旋变为可见的“象鼻子”式漏斗云柱。

④风力甚强。龙卷的直径虽小，风速却非常大，最大可达100～200 m/s。其风速分布特征是：自中心向外增大，在距中心数十米的区域达到最大，再往外，风速便迅速减小。

⑤破坏力极大。龙卷的破坏能力非常大。例如：在1956年9月24日，上海出现一次强烈的龙卷，一座三层楼房被吹塌，一座钢筋水泥的四层楼房被削去一角，一个重达11 000 kg的大油筒也被从地上拔起，并抛出120 m远。龙卷的巨大破坏能力，是由龙卷中特别大的风速和强大的内外气压差提供的。

⑥移动迅速，移动路径多为直线。移动速度平均为15 m/s，最快可达70 m/s。移动路径多为直线，长度一般为5～10 km，短的只有300 m，个别长的可达300 km。龙卷的漏斗云柱一般是垂直向下的，但因空中风比地面风大，它的上部会顺着气流方向倾斜。因此，象鼻云柱的倾斜方向，通常指示龙卷移动的方向。这一特点可作为船舶避难龙卷时的一个很有用的参考。

(3)龙卷的形成

由于龙卷总是伴随强烈的对流云出现，因此龙卷形成的天气形势和条件自然与雷暴类似。指示龙卷形成时所要求的大气不稳定性更强。从湿度条件看，龙卷总是出现在较强的干、湿交汇地区。

龙卷有时会成对出现，两个龙卷的旋转方向相反，一个是气旋式的，一个是反气旋式的(图3－39)。气旋式较为常见。

图3－39　双龙卷

对于龙卷形成的具体物理机制和演变过程，目前尚无成熟理论。一种说法认为龙卷生成与积雨云中强烈升降气流有关；另一种说法认为龙卷形成在两条飑线的交点上。

由以上介绍可知，与大尺度天气系统不同，中小尺度天气系统的基本特征主要是：水平尺度小，生命史短，气象要素的梯度大，运动属于非地转和非静止力平衡。

4. 热带气旋

(1)热带气旋的天气特征

发展成熟的热带气旋，最大风速一般可达60～70 m/s，少数可超过100 m/s。热带气旋中心附近最大风力与热带气旋中心气压有密切关系。气压越低，风力越大。

世界上一些惊人的暴雨记录往往与热带气旋有关。登陆热带气旋常能给沿海地区带来 300～400 mm 的特大暴雨,热带气旋侵入内陆时还能造成大水灾。

热带气旋中心的极低气压和云墙区的大风,使海面产生巨大的风浪和涌浪。在热带气旋大风区中,浪高都在 5 m 以上,强热带气旋可达 10 m 以上,强烈的波浪给海上船舶航行造成极大的影响和危害。

热带气旋在沿海登陆时,还常造成风暴潮。当其与天文大潮叠加时,可引起海面水位异常上涨,有时冲毁海堤,形成海水倒灌,侵入内陆几千千米,造成巨大灾害。

(2)热带气旋的等级名称、命名和编号

①热带气旋的等级名称

国际上根据热带气旋中心附近最大平均风速,对其进行分级,并且按产生的地理区域规定了不同的通用标准名称(表 3－15)。

表 3－15　热带气旋国际标准

名称	代号	近中心最大风力等级	风速
热带低压	TD(Tropical Depression)	≤7 级	≤33 kn
热带风暴	TS(Tropical Storm)	8～9 级	34～47 kn
强热带风暴	STS(Severe Tropical Storm)	10～11 级	48～63 kn
台风	T(Typhoon)	≥12 级	≥64 kn

a. 国际标准。热带气旋的初级阶段还有一种“热带低压区”,在(JMH)天气图上以符号“L”表示,其中心风力 <8 级。它与 TD 属于同一等级,只是中心位置尚未确定。

b. 在东北太平洋和大西洋将热带气旋分为 3 级:

热带低压 TD(Tropical Depression)——风速 <34 kn(风力 <8 级);

热带风暴 TS(Tropical Storm)——风速 34～63 kn(风力 8～11 级);

飓风 H(Hurricane)——风速≥64 kn(风力 12 级)。

c. 在阿拉伯海和孟加拉湾,将热带气旋分为 2 级:

低气压 D(Depression)——风速 <34 kn(风力 <8 级);

气旋性风暴 CS(Cyclonic Storm)——风速≥34 kn(风力≥8 级)。

d. 在南半球洋面,通常将热带气旋分为 2 级:

热带扰动 TD(Tropical Disturbance)——风速 <34 kn(风力 <8 级);

热带气旋 TC(Tropical Cyclone)——风速≥34 kn(风力≥8 级)。

②热带气旋的命名和编号

2000 年 1 月 1 日起,西北太平洋台风委员会成员国在向国际社会(包括媒体、航空、航海)发布警报公报时,都统一使用东京台风中心分配的命名和编号。亚太地区 14 个国家和地区各提出 10 个名字,共 140 个名字。

发生在 180°E 以西、赤道以北的西北太平洋(包括南海)上近中心最大风速≥34 kn(8 级)的热带气旋,每年从 1 月 1 日起按其出现的先后顺序进行数字编号,如 0105 表示 2001 年出现在上述海域的第 5 个热带气旋,并按顺序从“西北太平洋及南海热带气旋命名表”中给其分配名字,依热带气旋命名、编号(加括号)的次序排列。2000 年以前北太平洋沿岸国家各自进行编号，而美国对每个热带气旋起英文名字，所用英文名字在美国气象局拟定的台风（飓风）名称表中取得。日本和美国一样既对台风进行数字编号又使用英文名字，而我国只编号。但由于在同一地区对于同一热带气旋可能有不同的编号，故2000年以后各北太平洋沿岸国，包括中国和日本在内的国家均采用这个新标准，并对发生在西北太平洋和南海海域上生成的热带气旋统一进行编号和命名以及划分等级。

如果某个热带气旋给台风委员会成员造成了特别严重的损失，该成员可申请对该热带气旋进行更名，以便在台风气象灾害史上记录标志性的事件。

③热带气旋的源地、发生频率、季节及西北太平洋热带气旋

a. 热带气旋的源地和发生频率

热带气旋主要发生在南北半球5°～20°纬度带的海洋上（副高低纬一侧，赤道辐合带、东风波中），其中10°～20°之间占65%，在西北太平洋和西北大西洋20°以外的较高纬度亦有热带气旋发生，不过只占总数的13%。大洋西部多于东部，北半球多于南半球，北半球可以一直向北延伸到36°N，而南半球22°S以南就很少形成热带气旋了。北半球总数占全球总数的3/4，又以北太平洋最多，占全球总数的1/2以上（图3－40）。

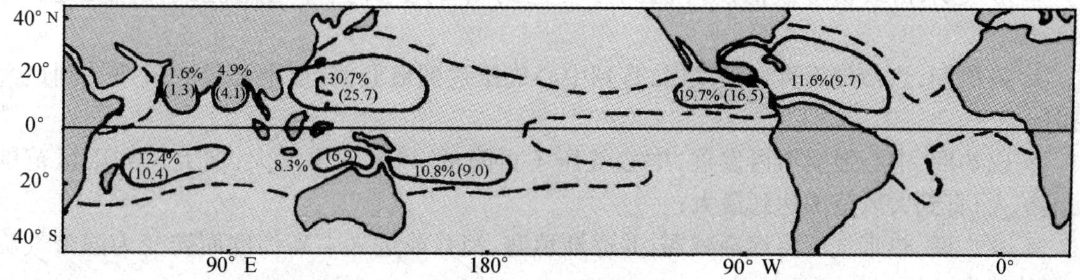

图3－40　全球热带气旋发生次数及占全球总数百分率的区域分布

热带气旋相对集中出现在以下8个特定区域（源地）：西北太平洋、东北太平洋、西北大西洋、孟加拉湾、阿拉伯海、南印度洋东部和西部、西南太平洋。

全球每年平均约有80个热带气旋产生，其中有50%～75%的热带气旋能达到台风和飓风的强度。一般来说，北半球要多于南半球，占全球总数的73%；南半球较少，占全球总数的27%；在大洋西部发生的热带气旋要多于东部；以北太平洋最多，占全球总数的1/2以上，达52%；西北太平洋占全球总数的1/3以上，达36%；中国南海海域的热带气旋占西北太平洋总数的1/3以上。南大西洋和东南太平洋至今未发现有热带气旋发生，赤道两侧纬度在5°范围内也几乎没有热带气旋发生。

b. 热带气旋产生的季节

热带气旋在一年四季均可发生，在北半球，除了孟加拉湾和阿拉伯海以外，热带气旋出现最多的月份是7～10月；在南半球热带气旋出现最多的月份是1～3月。这表明大多数热带气旋发生在该海域太阳赤纬达到最大的三四个月里，而其他月份就明显较少。由于强西南季风的影响，孟加拉湾热带气旋发生数盛夏很少，在季风盛衰交替的10～11月份最多，5月份其次；阿拉伯海7～8月份几乎无热带气旋发生。

c. 西北太平洋热带气旋

西北太平洋热带气旋源地和相对发生高频率区主要集中在菲律宾群岛以东到琉球群

岛附近洋面、马里亚纳群岛附近洋面、南海中北部海域和马绍尔群岛附近洋面。

西北太平洋终年都有热带气旋活动，其中7～10月是热带风暴盛行季节（我国称为台风季节），热带风暴发生数占全年68%，其中又以8月份最多；1～3月最少，仅占4%。

我国濒临西北太平洋，受西北太平洋热带气旋影响相当严重。据统计，年均有20.1个热带气旋进入海岸线300 km的沿海海域，其中南海频率最大，占总数的60.4%。在我国登陆的风力≥8级的热带气旋年均8个，主要集中在广东和海南，其次是台湾、福建和浙江，上海和长江以北沿海省份极少，华南沿海最多，占58.1%，其次是华东沿海占37.3%。登陆时间主要集中在5～12月份，尤以7～9月最多，占全年热带气旋总数的76.4%，是袭击我国的高峰季节，1～4月份几乎没有热带气旋在我国登陆，但仍在南海四大群岛活动。历史上统计得到，年登陆热带气旋数最多达12个，最少为3个（1998年）。

④热带气旋的生命史

热带气旋的生命史是指热带气旋从形成、发展到最后消亡（消失或者说变成锋面气旋）的全过程。对于中心风力达到12级（64 kn）的热带气旋等级的台风来说，其生命史通常分为四个阶段：

a. 形成期，由最初形成低压环流到强度达到热带风暴时（中心附近最大风力达到8级）；

b. 发展期，热带气旋将继续发展，直到中心气压达到最低值，近中心最大风速达到最大值时；

c. 成熟期，中心强度不再发展，中心气压不再降低，风速不再增大，但大风和雨区范围逐渐扩大，直到大风范围达到最大；

d. 衰亡期，热带气旋将逐渐减弱，并逐渐填塞、消亡或进入中高纬度而转变为温带气旋或登陆消失。

热带气旋的生命期一般为3～8天，最长达20天以上，最短仅1～2天，夏、秋季生命期较长，冬、春季较短。

5. 台风的天气结构及天气特征

发展成熟的台风多呈圆形对称分布，圆形涡旋的直径一般为600～1 000 km，个别可达2 000 km以上。台风垂直伸展一般到对流层上部，个别可达到平流层下部（15～20 km）。台风的垂直尺度与水平尺度的比值约为1:50。可见，台风是一个扁圆形的气旋性涡旋。

（1）气压场特征

台风的中心强度海平面气压一般都在950 hPa以下。历史上的最低记录达877 hPa，风速达110 m/s。在地面天气图上，台风区域内等压线非常密集，从外围到中心，气压急剧降低，中心附近呈漏斗状陡降和陡升。在台风区内，水平气压梯度很大，并且越靠近中心越大，一般可达0.5～1 hPa/km，是平均值的50～100倍。

（2）风场特征

台风的地面流场，按风速大小通常可分为三个区域：

①外围区

外圈又称外围区，风力由台风边缘向内增大，在8级以下，一般呈阵性。当接近台风低压环流外缘时，气压开始缓慢下降，风速逐渐增大；高空出现辐射状卷云（Ci）、卷云层（Cs）和日月晕环，夜间星光闪烁，能见度特别好。当风力增大到5～6级时即进入外圈。

进入外圈后，气温逐渐升高，湿度开始增大，天气逐渐闷热；气压在继续下降，距离台风中心越近,气压下降越快,水平气压梯度越大,风速增大越快;云层逐渐增厚,天色越来越乌黑,出现高层云、高积云,低空有被称为“飞云”(Cu)或“猪头云”的塔状层积云(Sc)和浓积云(Cu)随风的去向移动;出现高层云时,开始下雨,并逐渐增大,而海面上有较明显的涌浪(波长长、周期大,而且比较明显)。

②涡旋区

涡旋区又称中圈,风力一般在8级以上。进入涡旋区,风力向台风的中心急速增大,并在台风眼壁处达最大,最大风速一般可达60~70 m/s,有时甚至超过100 m/s,并带有阵性,阵风通常比平均风速大30%~50%。该区中风的经向分布特征是越往中心附近风力就越大,在近眼区附近风力达到最大值,其中心附近最大风力可以进行计算。

台风中心眼区附近最大风速带,宽度平均为10~20 km,与环绕台风眼的云墙区相重合,是台风破坏力最猛烈、最集中的区域(注:在有些文献中,将近中心附近最大风速带称为涡旋区)。

在涡旋区内,进入8~9级风圈后,气压急剧下降,天空被浓厚而灰暗,且不规则的雨层云所遮蔽,开始降大暴雨或特大暴雨。雨层云和外圈的各云系组成螺旋云带旋向台风眼壁。进入10~12级风圈后,即进入台风的云墙区,水平气压梯度迅速增大,气压几乎直线下降,每小时可下降10~30 hPa。该区内对流上升运动强烈,产生浓厚、乌黑而高大的积雨云,这些积雨云常组合成宽数十千米、高达8~9 km的环状垂直云墙,成为台风眼壁,云墙下倾盆大雨,能见度恶劣,是台风中最大降水所在之处,而海面上出现巨浪。

③台风的眼区

台风的眼区又称为内圈,多呈圆形,也有椭圆形的。直径一般为10~50 km,小的只有10~20 km,最大的高达100~150 km。眼区的直径大小与热带气旋的强度有关,即当其强度强,其直径就小;当其强度小,其直径就大。进入眼区后,气压降到最低,不再明显下降;风速向中心迅速减小,几乎静风;暴雨立刻停止,低云基本消散,天空豁然开朗,可见蓝天,天空晴好,在夜间星光明亮。

到台风的眼区后面时,气压开始急剧上升,风力又迅速增大,风向和进入眼区前相反,暴风雨又起,出现后半圆涡旋区的恶劣天气,只是时间上没那么长,气象要素比前部要弱些,就是海面上的海浪要比前部大而强。以后又是外围区天气,天气演变顺序相反,当气压上升到接近月平均气压后开始稳定,风速减小,降水开始停止,台风天气基本结束。

据统计,一个正常移动的台风正面过境时,从8级风力开始,逐渐增大到12级,再降到8级风力,通常总共要经历8~9 h,其中最紧张阶段,即11级以上风力所经历时间约4 h,台风眼过境时间0.5~1.5 h。

(3)眼区和云墙区特征

如图3-41所示,眼区基本上是晴空少云区,眼中心气压最低,眼周围是近于垂直的高耸云墙,也称眼壁。在眼壁附近风速达极大值,向内急剧减小。眼中微风或静风,但海况十分恶劣,有巨大的“金字塔形浪”,俗称“三角浪”,它具有驻波的性质。

在云墙区域,空气具有非常强烈的上升运动,其值可达5~13 m/s。云墙区主要是由一些高大的对流云组合而成,其高度通常在15 km以上,宽度可达数十千米。云墙及其邻近地区是风雨最剧烈的地区,台风区的最大降水和破坏性的风力常常发生在这里。

由于云墙区中有强烈的对流运动,因而有大量的凝结潜热释放,这对台风暖中心的形成有重要作用。云墙区气流的上升运动和眼区气流的下沉运动方向正好相反,这种方向不

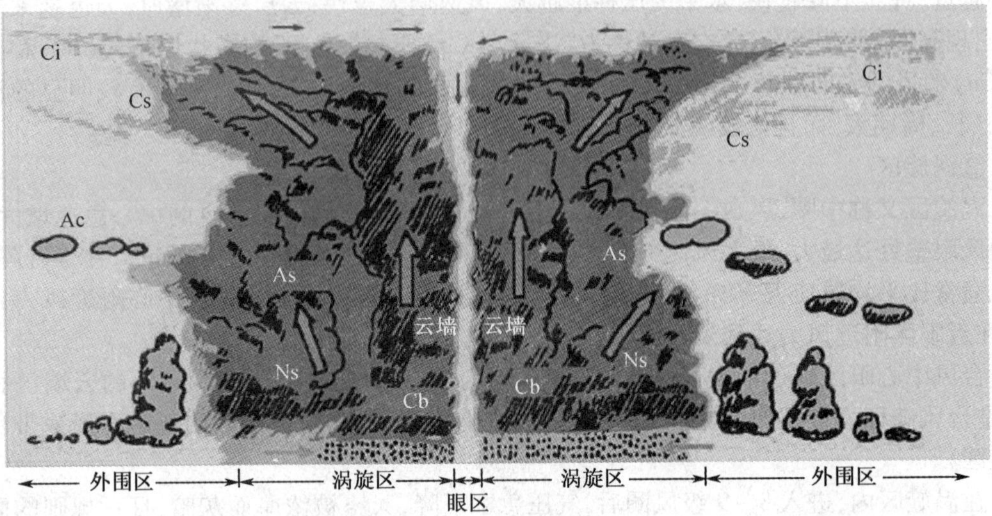

图 3 – 41 台风眼区的垂直剖面示意图

同的垂直运动环流可以使温度梯度和动量梯度集中或加强，维持眼区边界或眼壁。云墙内侧的眼壁不是垂直的，眼壁随高度的升高而向外倾斜，成为上大下小的漏斗状。

从云墙到外缘是螺旋云（雨）带，云（雨）区的这种带状结构也是台风的重要特征之一。台风内的云区分布是由一条或几条螺旋云带旋向热带气旋中心眼壁的。值得注意的是，台风内有时还会出现龙卷风。

遇台风侵袭，摩托艇应选择安全的港口停泊避台，并时刻注意台风的动向，采取正确的措施，避免或减少损失。

四、天气预报内容及获得的途径

船舶出航之前或在航行中，摩托艇操作人员总是时刻关注着航区内的天气变化，考虑航行中是否会遇到风暴、浓雾、雨雪等恶劣天气，以及这些天气给摩托艇航行安全可能带来的危害和应采取的措施，以保证摩托艇航行安全。

1. 天气预报的内容

天气预报的内容，包括天气形势预报和气象要素预报。天气形势预报是对天气系统的移向、移速和强度变化的预报。气象要素预报是对风向、风力、降水、气温、能见度及天气状况的预报。

天气预报按时间可分为短期、中期和长期预报。短期天气预报通常是对未来 1 ~ 3 天的预报。中期天气预报是对未来 3 ~ 10 天的预报。对未来 10 天以上的预报称作长期预报。在预报时，气象台通常是按地区、各类警报、时间、天空状况、降水、风向、风力、气温依次进行广播的。

2. 获取天气预报的途径

获取天气预报的途径主要有以下几种：

（1）定时收听本地区广播电台播发的天气预报；

（2）定时收看本地区电视台播报的气象信息；

（3）在本地报纸上查阅；

(4)Internet 网上查询;

(5)拨打本地区天气预报服务电话 12121;

(6)通过船上的无线电话,在 2 182 kHz 或 VHF16 频道上收听大风警告和暴风警告引语及相关信息;

(7)利用气象传真,无线电气象传真具有直观、准确、预报时间长、范围广和便于分析等特点,其种类包括地面分析图、高空等压分析图、24 h/48 h/72 h/96 h 气象预报、海浪分析、海浪预报、海流图、海冰图及卫星云图等;

(8)使用 NAVTEX 系统,NAVTEX 是指利用窄带直接印字电报(NBDP)播发和自动接收海上安全信息(MSI);

(9)利用 INMARSAT 系统提供的国际安全通信网系统。

五、常见天气谚语

千百年来,我国劳动人民在实践中根据天气的变化,积累下丰富的经验,并将这些经验编成谚语。常见的天气谚语包括:

1. 看云识天气

天上钩钩云,地上雨淋淋。　天有城堡云,地上雷雨临。　天上扫帚云,三天雨降淋。
早晨棉絮云,午后必雨淋。　早晨东云长,有雨不过晌。　早晨云挡坝,三天有雨下。
早晨浮云走,午后晒死狗。　早雨一日晴,晚雨到天明。　今晚花花云,明天晒死人。
空中鱼鳞天,不雨也风颠。　天上豆荚云,不久雨将临。　天上铁砧云,很快大雨淋。
老云结了驾,不阴也要下。　云吃雾有雨,雾吃云好天。　云吃火有雨,火吃云晴天。
乌云接日头,半夜雨不愁。　乌云脚底白,定有大雨来。　低云不见走,落雨在不久。
西北恶云长,冰雹在后晌。　暴热黑云起,雹子要落地。　黑云起了烟,雹子在当天。
黑黄云滚翻,冰雹在眼前。　黑黄云滚翻,将要下冰蛋。　满天水上波,有雨跑不脱。

2. 看风识天气

久晴西风雨,久雨西风晴。　日落西风住,不住刮倒树。　常刮西北风,近日天气晴。
半夜东风起,明日好天气。　雨后刮东风,未来雨不停。　南风吹到底,北风来还礼。
南风怕日落,北风怕天明。　南风多雾露,北风多寒霜。　夜夜刮大风,雨雪不相逢。
南风若过三,不下就阴天。　风头一个帆,雨后变晴天。　晌午不止风,刮到点上灯。
无风现长浪,不久风必狂。　无风起横浪,三天台风降。　大风怕日落,久雨起风晴。
东风不过晌,过晌翁翁响。　雨后东风大,来日雨还下。　雹来顺风走,顶风就扭头。
春天刮风多,秋天下雨多。

3. 看天象识天气

天空灰布悬,大雨必连绵。　天上拉海纤,下雨不过三。　四周天不亮,必定有风浪。
有雨天边亮,无雨顶上光。　日落胭脂红,无雨便是风。　日落黄澄澄,明日刮大风。
日出太阳黄,午后风必狂。　星星水汪汪,下雨有希望。　星星眨眨眼,出门要带伞。
日月有风圈,无雨也风颠。　朝霞不出门,晚霞行千里。　风大夜无露,阴天夜无霜。
大雾不过三,过三阴雨天。　雾露在山腰,有雨今明朝。　久晴大雾阴,久雨大雾晴。
雷声连成片,雨下沟河漫。　先雷后刮风,有雨也不凶。　雷公先唱歌,有雨也不多。
闷雷拉磨声,雹子必定生。　阴雨亮一亮,还要下一丈。

4. 看物象识天气

喜鹊搭窝高,当年雨水涝。久雨闻鸟鸣,不久即转晴。海雀向上飞,有风不等黑。
鸟往船上落,雨天要经过。喜鹊枝头叫,出门晴天报。蟋蟀上房叫,庄稼挨水泡。
蚊子咬得怪,天气要变坏。蜻蜓千百绕,不日雨来到。蜜蜂采花忙,短期有雨降。
腰酸疮疤痒,有雨在半晌。枣花多主旱,梨花多主涝。晴天不见山,下雨三五天。
河里泛青苔,必有大雨来。海水起黄沫,大风不久过。

5. 有关热带气旋(台风)

跑马云,台风临。北风冷,台风循(遁)。海潮响,有台风。
乌黑云,底又平,必有龙卷生。风起长浪,不久狂风降。芝麻弯头有台风。
日出血样红,当天有雷轰。东南转东北,搓绳攀草屋。
无风起长浪,不久狂风到。浪头圆圆浪面大,及早调篷赶回家。
海鸟成群向西飞,台风必定登陆地。芦青不抬头,台风就在宅前头。

第七节　沿岸航行的特点和航线的选择

一、沿岸航行的特点

沿岸航行(Coastal Navigation)有如下特点:距沿岸的危险物近,地形复杂;潮流影响大,水流较为复杂,水深一般较浅;来往船只和各种渔船较为密集,造成避让困难;当距岸不很远而遇到紧迫局面时,在许多情况下回旋余地不大。这些都给船舶的航行带来困难。但沿岸航区的航海资料一般详尽、准确;沿岸航线距岸较近,可用于导航定位的物标也较多,常常可获得较准确的陆标船位。这些为船舶的航行安全提供了一定的保证。总之,沿岸航行应充分利用其优势,克服其不利因素。航行前要仔细研究航海资料,熟悉航区特点。航行中要集中精力,谨慎驾驶,不可有任何疏忽,以确保船舶的航行安全。

二、沿岸航线的选择

沿岸海区(Coastal Waters)船舶通航的历史较长,主要航区的测量资料比较详尽,许多地方在海图和航路指南等资料中均有推荐航线,条件许可时应予以采用。但是,沿岸航行由于季节、往返航和昼夜时间的不同,航线也不是固定不变的。在具体选定航线时,应进行以下三方面的工作。

1. 分析航次情况

应根据航次任务,综合考虑本船性能、导航设备性能、客货载情况、船员技术状况、航程长短,以及航区的风流、能见度、障碍物、渔船、灾害性天气和避风港等情况。

2. 研究有关资料

根据航次任务的一般要求,详细研究有关航海图书资料,如海图、航路指南、航标表和潮汐潮流表等。应根据航海通告和航海警告对有关图书资料进行认真而仔细的改正。对本航次中可能遇到的困难条件,应做到心中有数并做好必要的安排。

3. 航线拟订

在拟订航线前,应根据安全和经济的原则,充分考虑下列各点。

(1)尽可能采用推荐航线

在没有特殊原因的情况下,应尽可能采用海图和航路指南中的推荐航线,包括采用通航分隔航路。

(2)确定适当的航线离岸距离

航线离岸距离应根据船舶吃水的深浅、航程的长短、测定船位的难易、海图测绘的精度、能见度的好坏、风流影响的大小、航行船只的密集程度以及本船驾驶员技术水平等情况加以确定。还应考虑避让和转向要留有足够的余地。

在能见度良好的情况下,距陡峭无危险的海岸,一般可在 2 n mile 以上通过,以保证能清楚地辨认岸上物标。沿较平坦倾斜的海岸航行,大船应以 20 m 等深线为警戒线;小船可以 10 m 等深线为警戒线。但至少应在本船吃水二倍的等深线之外航行。夜间航行,如定位条件不好或能见度不良,应在离岸 10 n mile 以外航行,以保证安全。

在定位条件不好的海区沿岸航行,采取与岸线总趋势平行的航线是有利于安全的。在夜间,特别是在可能遇到吹拢风或向岸流影响时,应将航线再适当地向外海偏开一些,确保航行安全。

为了有利于避让,航线应避开船舶的交会点,尽可能避开渔船作业区。如我国黄海佘山以北、34°N 以南海区,广东、福建沿海一带,常有大量渔船集中作业,必要时以绕航为宜。

(3)确定航线离危险物的安全距离

航线距其附近的暗礁、沉船、浅滩、渔栅等危险物的安全距离,应根据下列因素确定:

①从接近危险物前所能测到的最后一个陆标船位至危险物的航程长短和所需的航行时间:一般情况下,这段航程愈远、航行时间愈久,通过时的概率航迹区距该危险物的距离也就越近,则航线距危险物的距离也应远些。

②危险物附近海图测量的精度:通过未精测区比通过精测区的距离应远些。通过精测过的危险物,可从其外缘以 1n mile 为半径画出危险圆,并考虑本船船位误差范围再确定距危险圆的距离。

③危险物附近有无显著的可供定位和避险的物标。

④通过危险物时的能见度情况,是白天还是黑夜。

⑤风、流对航行的影响。

⑥是水下障碍物还是可见障碍物,以及是否设有危险物标志。

一般有陆标可供不断观测定位时,至少应在一海里以上通过危险物。如果是在潮流影响较大的海区,或者受吹拢风影响,或能见度不好时,离危险物的距离显然应该加大。在通过远离陆地而又未设标志的危险物时,应根据水流情况和最后一个实测船位到危险物航程的远近,以 6 ~ 10 n mile 的距离通过它。当黑夜或能见度不好时,这距离还应当增大。

(4)绕航

选定沿岸航线,有时为了避开风浪、不利水流,或者为了安全通过危险物等原因而需要绕航。须知避开危险物的绕航,即使离开危险物距离增加很大,由此而增加的航程也是很有限的,而船舶的航行安全却因此而得到较大的保证。如图 3 - 42 所示,若距 D 暗礁 5 n mile 通过,从 A 到 B 的直航程为250 n mile。为了避离危险物 D 更远些,设距其 25 n mile 通过,则绕航后的全程为 $AC + CB = 253$ n mile,航程仅增加 3 n mile。绕航渔区的情况也是如此。

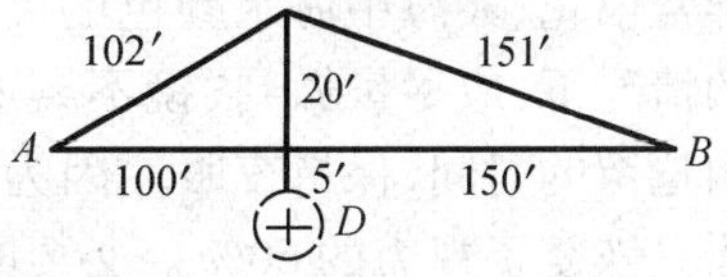

图 3 - 42

(5)定位与转向条件

沿岸航行,应考虑在各种航行情况下,都能有较好的定位条件。在重要转向点,要事先选择好显著易认的、转向侧正横附近的转向物标,如灯塔、灯桩、小岛、山头等。必要时可多选择一个转向物标,以便在一个转向物标因故被遮蔽时利用另一个。

三、沿岸航行的注意事项

在沿岸航行时,一般应注意下面一些问题:

1. 准确地进行航迹推算

沿岸航行一般均离岸较近,除了有定位精度较高的 GPS 定位外,获得准确的陆标船位也较为容易。但是,认为沿岸航行定位方便,因而忽视航迹推算甚至中断推算,一旦出现异常情况,就可能丢失船位,其后果是十分严重的。因此,平时应注意分析推算的精度,积累资料,以作为能见度不良时或情况有异常时航行的参考。

推算起始点应是准确的观测船位。在到达推算起始点前,应启用计程仪,并使其正常工作。航迹推算应保持连续性,在水流影响显著地区航行时,每一小时推算一次船位,到达引航水域或接近港界有物标可供导航时才可终止推算。

2. 做好定位工作

如果条件许可,在一般情况下,船速 15 kn 以下的船舶应每半小时测定船位一次。接近危险地区或船速在 15 kn 以上,应适当缩短定位时间间隔。能见度不良时,应充分利用雷达定位。通过一系列的观测船位,检查船舶是否偏离计划航线;系统地分析船舶偏离计划航线的原因;同时可根据实测船位的间距,计算出实际航速,以便预计何时可看到和到达下一个重要物标。

物标在视界之内时,应尽量使用目测定位。雷达、回声测深仪以及无线电定位仪器,均应保持良好的工作状态。在重要航区,应采用多种方法定位,以消除单一定位方法可能存在的误差和局限性。必要时可采用诸如方位距离、方位测深、天文船位线等综合定位方法测定船位。使用转移船位线时,应特别注意推算的准确度。当航迹推算误差较大又对观测船位有充分把握时,可转移船位。

准确识别物标是准确定位的前提。例如浮标,在大风之后常有移位或漂失的情况。灯浮有时也会灯光熄灭,应注意识别,不可主观臆断。只有物标确认无疑后,方可用以定位和导航。对于灯塔,也不应盲目信赖,消极等待发现其灯光。因为其灯光有可能被云雾遮住,或因船位偏离而不能及时发现它。

3. 加强瞭望

许多海事,特别是碰撞事故,大部分是由于瞭望疏忽引起的。瞭望应由近及远地连续扫视水平线内的一切事物。不要忽视任何微小的异常现象,例如海面的漂浮物、平静海面的异常浪花、大海中海水颜色的突然改变等,它们往往是危险的预兆。在航行条件比较复杂的情况下,应尽量做到“镜不离手”,以提前发现危险。夜航时,应注意尽可能减少在海图室内逗留的时间,保持夜眼。因为眼睛从有灯光到黑暗,7 min 内是看不清东西的,15 min 后才只恢复了视力的 60%。必要时应及时开启雷达,使用雷达协助瞭望。在渔船和来往船只密集的海区,应密切注意其他船只的动向。

4. 转向

转向前应尽可能地测得准确船位,以此推算出到达转向点的时间。在转向时最好用小舵角逐渐转过去。如果船至转向物标的横距比设计的距离过大或过小,可适当提前或延后转向,以使船转向后驶上计划航线。转向时应特别注意避让,因为重要的转向点往往也是船舶的交会点。那里的船舶会遇到的局面不易判断。因此,应特别加强瞭望,谨慎驾驶。在转向后,应在海图上和航海日志中记下转向时间、计程仪读数和船位。然后在条件许可时,应立即利用一切机会测定船位,校验转向后船舶是否在计划航线上航行。

绕岛屿与岬角航行,不必都采用正横转向。因为这样转向,船与物标的距离可能会越来越近。若连续三次正横转向30°,则最后距物标的距离约为原先第一次转向时的2/3。最好采用定距绕航的方法,先在海图上画出航线,标出几个转向点,然后用雷达观测距离,使船保持在计划航线上航行。也可采用平行方位转向法(第三章第二节),就能保证转向后船舶航行在新航线上。此外,还应根据本船吃水,设定适当的避险位置线,以防转向中接近海岸或危险物。

5. 保持助航仪器的良好工作状态

对所有助航仪器,都应保持正常良好的工作状态。对罗经和计程仪,应该利用航行中的一切机会测定其误差。

6. 海图的使用

为了提高推算和定位的精度,应尽可能采用现行版大比例尺海图。因为在大比例尺海图上,资料比较详尽、准确。海图作业应按规定进行,并要保持整齐清洁。在换图后,只要条件允许,应立即定位进行核对。此外,航行中应注意收听航海警告,并及时进行资料及海图的改正工作。

7. 避离灾害性天气

注意收听有关的气象预报,如发现航路的进程中有灾害性天气,应及时果断地改变航行计划,借以避离。

8. 应充分利用单一位置线

如能正确利用单一位置线,有时对航行安全会起到一定的保证作用,故应充分利用。

9. 正确识别岸形和物标

正确识别岸形和物标,对于沿岸航行或从大洋接近海岸的航行安全具有决定性的作用。

目视或用雷达识别岸形、陆标,并非一举即成。即使对于助航标志,亦必须经反复的观测、分析后,才能正确识别。实践证明,许多海事就是由于对岸形和物标的识别错误引起的。因此,对物标和岸形必须进行仔细的分析,反复辨认,做到准确无误,万无一失。

(1)参考概率船位区识别物标

如图3－43所示,船在推算船位 F 点,发现岸上的一个物标,其外形与海图上的 A 和 B 物标相似。因此,首先必须辨认 A 和 B 哪一个是所发现的物标。为此,在推算船位点 F 附近画出概率船位区,并在图上自两物标画出所测得的方位线和距离圆。结果是从图上物标 A 画出的方位线和距离圆的交点通过概率船位区。这样可以肯定,图上的 A 是所发现的物标。当然,推算精度越高,这种识别方法的效果会越好。如果概率船位区位于两物标的方位线和距离圆交点的中间,那就难以判断了。

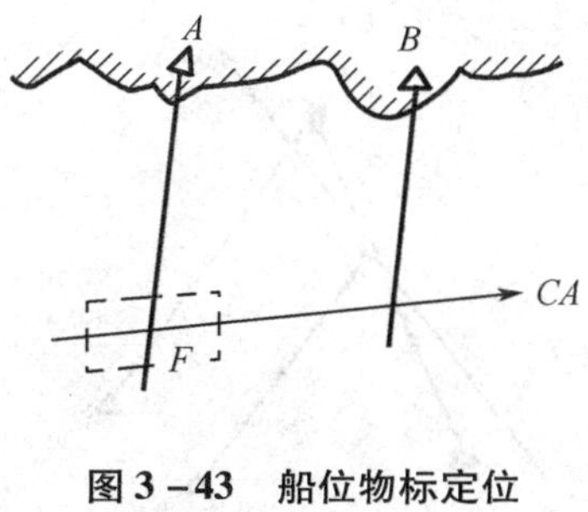

图3－43　船位物标定位

如果岸上在视界范围内只有一个物标,由于这时造成的物标识别错误没有其他办法帮助发现,并在随后的航行定位中会继续被误用,这是最危险的。如图3-44所示,船连续观测了物标A的方位和距离,但将A误认为B,于是在海图上从B连续画出了测A得到的方位和距离,得出了错误的船位M_1,M_2和M_3,而实际船位应在F_1,F_2和F_3。在这种情况下,务必防止粗心、盲目自信,要注意分析,并尽可能获得进行校验的其他办法。在确有把握之前,不能轻易转移船位。

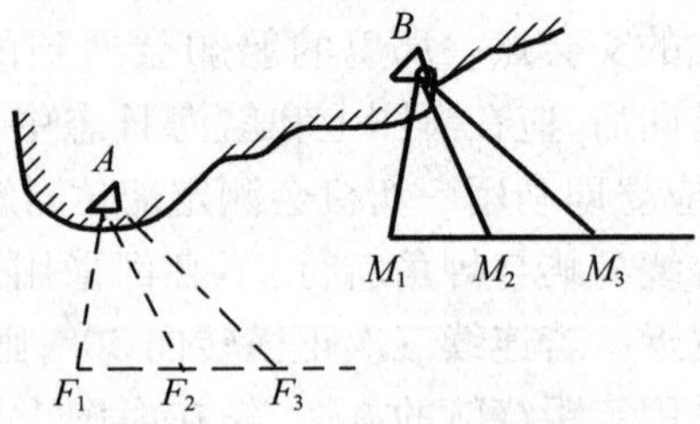

图3-44　误用物标定位

(2)根据船位的分布识别物标

①两方位定位

当船沿计划航线航行,利用岸上的两物标方位定位。如果错误识别了物标,则因此而得出的错误船位与某些因素有关,并按一定规律分布。

例如,在A,B两物标中,A物标识别正确,而将海图上的物标B误认为海图上没有标记,但实际被观测的物标是B'。测得B'的方位后,并在海图上误从B画出方位线。于是在图上得出的不是正确船位F,而是错误船位M(图3-45)。

进行连续测定,这种错误船位的分布规律,可从数学推导中得出。图3-46就是误以B'为B进行观测,而从B画方位线时错误船位点的分布曲线情形。根据理论推导和实践证明,在实际航行中,如果在海图上的连续观测船位点不是沿直线分布,而是出现曲线分布,且各错误船位之间的距离也不与观测时间间隔或航程成比例,即可断定识别物标可能存在错误。

当然,罗经差有误差时也会出现类似的情况,应当注意分析判断。

②两距离定位

如图3-47,船沿直线CA航行,当A物标识别正确,而误以B'为B,并测得距离。如果在航行中连续多次采用两物标距离定位的船位点分布在曲线上,而且各船位点之间的距离与相应的航程不成比例,或者出现两船位圆无法相交的情况,都表明识别物标有错误。由于物标相对位置关系等因素,错误船位分布的曲线,可能是椭圆、抛物线或双曲线。

识别物标的方法,还可以列出多种,这里主要介绍这些。

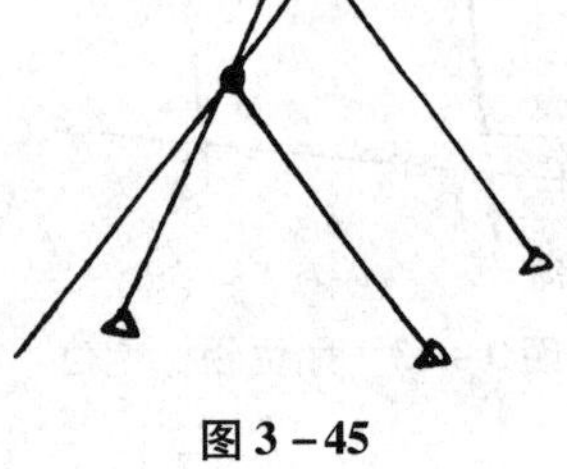
图3-45

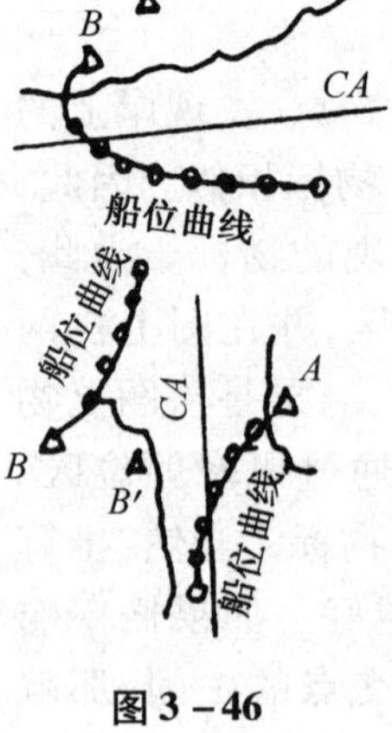

图3-46

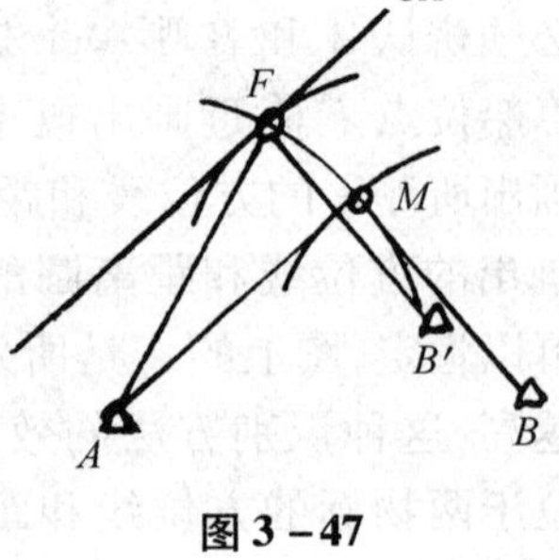

图3-47

第八节　摩托艇助航设备的使用

一、罗经

磁罗经是利用磁针在地磁力作用下能够指向磁北的原理制成的一种指向仪器。所有船舶都应安装，用于观察航向和测定物标方位。

陀螺罗经又称电罗经，它是利用陀螺仪的基本特性——定轴性和旋进性，借助于控制设备和阻尼设备，能自动找北并精确地跟踪地理子午面的一种指向仪器。它不依赖地磁场定向，不受磁干扰影响，因而能在船舶上高度精确地工作。

与磁罗经相比较，陀螺罗经的主要优点包括：指向精度高（一般误差小于±1）；能带多个复示器，有利于船舶自动化；不受磁干扰影响，指向误差小；安装位置不受限制等。其主要缺点包括：必须有电源才能工作（可靠性较差）；工作原理、结构复杂。

二、VHF 无线电话（图 3－48）

VHF 无线电话作为水上移动电台的一种近距离通信工具，在海上船舶通信中发挥着巨大的作用。它可以进行船舶遇险、紧急、安全通信和日常业务通信，也是船舶交通管理系统（VTS）的重要通信工具。

图 3－48　VHF 无线电话

1. 频道

VHF 无线电话的频道又称信道。

（1）CH16

按照规定，CH16 是公共频道，是遇险与呼叫的专用频道，在日常业务通信中，只能用于建立通信联系的呼叫。除 CH16 以外的其他频道都是工作频道，它们可用于日常无线电话通信。在通信开始时，除有约定外均应首先用 CH16 呼叫，一旦通信联系建立，应立即转入工作频道。

（2）船舶遇险、紧急、安全通信频道

CH16，用于船舶遇险、紧急等的呼叫与通信；

CH70，用于船舶遇险的数字选择呼叫（DSC）；

CH06，用于船舶/航空器间协调搜救行动的通信，我国规定用于船舶间的避让；

CH13，用于船舶间有关航行安全的通信。

（3）气象频道

供船舶收听气象广播时使用。

2. VHF 无线电话通信法

尽管日常业务通信量很大，但海上航行安全第一，有关船舶及其人员安全的通信被赋予优先的地位。通常，无线电话的通信优先顺序为：遇险通信，紧急通信，安全通信，搜索与救助通信，日常通信。

任何种类的无线电话通信均应遵守有关的标准程序，以确保通信的顺利进行。

3. 一般明语通信程序

(1)初始呼叫与回答

除已约定外,船舶间或船岸间 VHF 无线电话通信的初始呼叫与回答均应在 CH16 上进行,待通信联系已建立之后即转入商定的频道通话。其格式如下:

呼叫:

——被呼叫船(台)名称或呼号(不超过三次);

——呼叫船(台)名称或呼号(不超过三次)。

回答:

——呼叫船(台)名称或呼号;

——回答船(台)名称或呼号。

(2)商定工作频道

建立联系以后,应商定并转换到工作频道进行通话。如发现该工作频道正在被占用,仍转回呼叫频道重新商定。

(3)信文发送

信文发送是通信的主题,力求简捷,对于重要的指示、时间、数据等内容应重复或复诵。收信方应及时表达对信文的了解和接收程度。

(4)通信结束。

4. 广播通信

VHF 无线电话广播通信是一种特殊的明语通信形式。它的通信程序中只有信息的单向传递,而无信息的互相交换。这种通信形式通常是某一岸台为发布某种信息而向其覆盖区域内的某一船或某些船广播时采用。收听信息的船舶不必做任何形式的回答。广播通信多见于港内或实施交通管制(VTS)的水域。

广播通信的程序与一般明语通信程序相同,形式如下:

(1)初始呼叫

——收听船的名称;

——广播台的名称;

——广播信息类别(航行警告、航行通告、航行指示、天气预报等);

——指定广播与收听频道:除有约定的频道外,一般的广播内容都应在 CH16 上呼叫后再转到其他工作频道上广播与收听。

(2)信文广播

广播详细内容之前,应先重复部分呼叫程序。

(3)广播结束。

5. VHF CH:16 使用注意事项

(1)使用 CHl6 之前,应在此频道上守听适当时间,以确定是否有遇险呼叫通信正在进行。避免在无线电话规定的静默时间内(每小时的 0 ~ 3 min;30 ~ 33 min)进行普通的呼叫。

(2)使用 CH16 进行普通的呼叫时,应尽量减少使用时间,且不应超过 1 min,双方沟通联系后应立即转到其他工作频道。

(3)CH16 上连续呼叫三次,但仍未收到被呼叫台的回答时,即应停止呼叫,3 min 后再重新呼叫。

(4)船舶在海上航行,应在 CH16(156.8 MHz)守听或呼叫。

（5）船舶进出港口、相互对遇、横交或追越时，均应在CH06上播发或交换船位、航向、航速及双方的操作意图，以保证船舶安全。

（6）通话应简明扼要，严守国家机密。

（7）使用人员应将每次通信内容，包括有关导航、避让或防台商定的要点及时间、地点、对方船名等记录在无线电话工作日志内，以备查考。

6. 摩托艇配备VHF无线电话及其他通信设备的规定

（1）一般要求

无线电通信设备的产品性能应能符合中国海事局的《国内航行海船法定检验技术规则》的有关规定。

（2）设备的配备

①摩托艇应配备一台固定安装的甚高频无线电话装置，以便艇与岸、艇与艇进行通信，甚高频无线电话装置应安装在驾驶室。

②甚高频无线电装置应至少具有电话功能。对于A类摩托艇，甚高频无线装置还应具有数字选择性呼叫（DSC）功能（至少满足国际电信联盟规定的D级DSC的要求）。

③对于A类摩托艇应配备一只雷达应答器。

④对于敞开式摩托艇，可仅配便携式甚高频无线电话设备，至少具有在156.300 MHz（CH06），156.650 MHz（CH13）和156.800 MHz（CH16）频率上的无线电话功能。

⑤对于D类摩托艇，如果安装甚高频无线电话装置不切实际，经同意，可安装其他适用的无线电通信装置，但须经同意。

（3）供电

①无线电通信设备应由两套电源供电（可携式无线电通信设备除外），一套为摩托艇电源，另一套为无线电专用备用电源，专用备用电源应能供电1 h。当蓄电池组作为摩托艇电源的一部分时，可不要求另外设置无线电专用备用电源。

②对于可携式无线电通信设备，如艇上未设有充电装置，应至少配备一组容量相同的备用电池。

三、雷达

雷达是一种自备（自主）式导航设备，完全依靠安装在船上的雷达设备进行导航，不受发射信号台站等条件的影响。雷达除了用于定位外，还可以用于避碰、狭水道及进出港导航和向其他仪器提供海面物标信息，因此雷达是现代船舶自动导航必不可少的重要导航设备。

1. 雷达组成及各部分的主要作用

（1）雷达天线

船用雷达天线一般采用裂缝式天线（隙缝天线），发射与接收面为水平直线形，是目前使用最多的一种雷达天线。由金属体辐射与接收部分、电机、传动齿轮和同步接收机等组成。工作时能够360°旋转。雷达天线的作用是发射电磁波并接收反射回波，发射和接收的时间由收发机内的收发开关控制。

（2）雷达收发机

收发机箱内的电子器件包括发射部分和接收部分。发射部分的作用是产生电磁波。接收部分的主要作用是放大处理回波信号。

(3)显示器

雷达显示器的作用是显示和测量导航信息(物标位置、形状、距离、方位、运动速度与方向等)。

(4)电源

雷达电源的作用是将船电转换为雷达所需要的电源,雷达电源属于中频电源。

2.雷达操作

(1)各主要控钮的名称及作用

①电源开关

a.船电开关,控制船电的接通与断开。

b.雷达电源开关,控制雷达低压电源的接通与断开。

c.雷达高压电源开关,控制雷达高压电源的接通与断开。

②照明开关

a.面板亮度旋钮,控制显示器面板照明。

b.刻度盘亮度旋钮,控制刻度盘照明。

c.读数窗口亮度旋钮,控制读数窗口照明。

③调回波清晰度的开关或旋钮

a.扫描旋钮(辉度开关),控制荧光屏扫描。

b.增益旋钮,调节回波清晰度。

c.对比度旋钮,调节回波清晰度。

d.调谐旋钮,调节回波清晰度。

e.海浪干扰抑制旋钮,抑制海浪干扰回波。

f.雨雪干扰抑制旋钮,抑制雨雪干扰回波。

g.天线开关,控制天线工作与停止。

h.聚焦旋钮,调节回波清晰度。

④各种标志旋钮

a.船首线开关,控制船首线标志的接通与断开。

b.固定距标开关,控制固定距标圈的显示。

c.活动距标开关,控制活动距标圈的显示。

d.罗经刻度盘开关,控制罗经方位圈的显示。

e.固定刻度开关,控制固定刻度圈的显示。

f.电子方位线开关,控制电子方位线显示和移动。

g.机械方位线旋钮,控制机械方位线的转动。

⑤雷达功能旋钮

a.量程转换开关,转换量程。

b.长、短脉冲转换开关,选用长脉冲或短脉冲。

c.运动方式转换开关,选用真运动工作方式或相对运动工作方式。

d.扫描方式转换开关,选用中心扫描方式或偏心扫描方式。

e.显示方式转换开关,选用“真北向上”/“船首向上”/“航向向上”显示方式。

(2)开机的方法步骤

①接通船电(变流机)开关。

②接通低压电源开关,预热 3 min。

③接通高压电源开关和天线开关。

④接通并调节扫描旋钮,调到荧光屏上刚好看不见噪声斑点为止。

⑤调节增益旋钮、对比度旋钮、调谐旋钮,使回波最清晰。

⑥必要时调节海浪干扰抑制旋钮或雨雪干扰抑制旋钮,使海浪干扰回波或雨雪干扰回波不影响正常物标回波的观测。

⑦调节固定距标或活动距标开关,使此标志亮度适中和清晰。

⑧调节罗经刻度盘或固定刻度盘亮度,使之适中。

⑨测量物标的距离或方位。

3. 使用注意事项

(1)开机前应检查天线附近是否有人或障碍物等。

(2)开机前应检查扫描旋钮、增益旋钮、对比度旋钮、反海浪旋钮、反雨雪旋钮等,应反时针旋到底。

(3)接通电源后必须预热 3 min 再开高压开关。

(4)调节扫描旋钮和增益旋钮时应慢慢旋转,切不可旋转太快,以免损坏荧光屏。

(5)调节活动距标时,应先将活动距标从扫描中心移开,以免长时间过亮,损坏荧光屏。

(6)转换量程时应先将扫描亮度适当旋小。

(7)测量较小物标的距离时,应测量物标的中心,测量岬角时应测量岬角的前沿。

(8)关机时应先将扫描亮度、增益关闭,再关电源。

4. 雷达定位

(1)定位物标选择

选择定位物标的总原则是选择物标回波稳定、明亮清晰、位置与海图上的位置精确对应、测量精度高的物标。具体可选用的物标包括:

①孤立的小岛、岩石,高而陡峭的岬角、突堤、雷达应答标等。

②尽量选择近距离、失真小的物标。

③选择船位线交角好的物标。

(2)定位方法

①单一物标定位

在雷达显示器上同时测量一个物标的距离和方位,在海图上从所测物标测量点画出该物标的方位线(方位船位线),再以所测物标测量点为圆心,以其测距离为半径画圆(一般只画出所需要的一段圆弧),就是船位圆,船位圆与方位线的交点就是雷达船位。物标真方位是根据显示器上罗经刻度盘读取物标罗方位后,经陀螺差改正得到的,如图 3-49 所示。

②两物标定位

a. 测量两物标距离定位

在雷达显示器上测量两个物标的距离,在海图上分别以所测物标测量点为圆心,以所测距离为半径画出两个船位圆(一般只画出所需要的圆弧),两个船位圆的交点就是雷达船位。测量时应尽量缩短测量时间间隔,测量顺序应遵照先慢后快、先难后易的原则,即先测距离变化慢的物标(左右舷方向的物标),再测距离变化快的物标(船首尾方向的物标),以提高定位精度。距离变化相同的物标,应先测难测的物标,后测容易测的物标,以减小定位误差,如图 3-50 所示。

b. 测量两物标方位定位

在雷达显示器上测量两个物标的方位,在海图上分别从所测物标测量点画出两个物标的方位线(方位船位线),两条方位线的交点就是雷达船位。测量两个物标方位时应尽量缩短测量时间间隔,测量顺序应遵照先慢后快、先难后易的原则,即先测方位变化慢的物标(船首尾方向的物标),再测方位变化快的物标(左右舷方向的物标),提高定位精度。方位变化相同的物标,应先测难测的物标,后测容易测的物标,以减小定位误差。

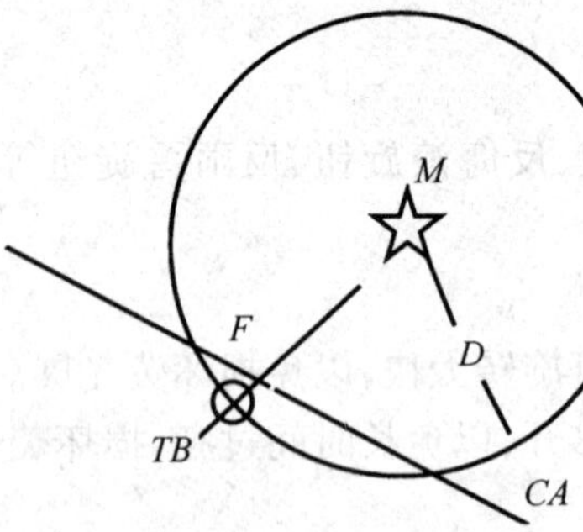

图 3-49　雷达单一物标定位

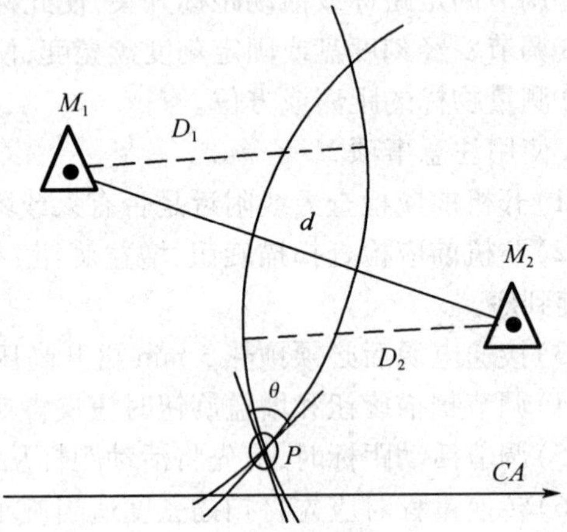

图 3-50　雷达两物标定位

5. 雷达导航

(1)保线航行

船舶沿岸航行或特殊海域航行,单纯依靠定位不能有效保证航行安全时,可使用雷达采用保线航行,主要有以下方法:

①导标导航

使雷达荧光屏上,方位标尺指向导标回波的特定方位(或舷角)并始终保持之,则船舶航行就是安全的。若导标回波偏在方位标尺线的左边或右边,就要调整航向,使方位标尺线始终指向导标回波。

②方位叠标导航

在雷达荧光屏上选定两个以上的物标回波,使用方位标尺使其回波重叠,船舶航行时一直保持其两物标回波重叠的状态,船舶的航行就是安全的。

③距离叠标导航

在雷达荧光屏上,使选定的两个基本点物标回波位于同一距标圈上,船舶始终保持这种状态航行,船舶的航行就是安全的。

(2)雷达避险线

船舶在狭水道或特殊海域航行,单纯依靠定位不能有效保证航行安全时,经常采用雷达避险线航行,主要有以下方法:

①距离避险线

在雷达荧光屏上,选定某一物标回波作为避险物标,根据船舶航行安全的需要,用雷达活动距标设定距离避险物标回波的安全距标圈,航行中保持此距标圈始终与避险物标回波相切,船舶的航行就是安全的。当选定的避险物标与危险物(区)的连线与计划航线垂直或接近垂直时,宜采用距离避险线航行。

②方位避险线

在雷达荧光屏上,选定某一物标回波作为避险物标,根据船舶航行安全的需要,用方位标尺(机械方位标尺或电子方位线)指向所选定的避险物标回波,操纵船舶使其方位标尺始终位于所选定的避险物标回波外侧航行,船舶就是安全的。

当所定的避险物标与危险物(区)的连线与计划航线平行或接近平行时,宜采用方位避险线航行。必要时,也可以采用距离避险线和方位避险线双重避险措施。

6. 雷达导航的注意事项

(1)在进入危险区前,应预先找到主要导航物标及危险物标的位置及特点。确定雷达导航的方式,并确定安全距离及有关导航参数。

(2)在狭水道航行时,由于物标近,方位距离变化快,有时不能及时定位,应采用物标与物标回波对照的方法导航,要求识别物标要准确迅速。

(3)应充分利用雷达方位标尺和活动距标圈协助判断船位。

(4)在狭水道航行时,最好使用真运动导航,可选用船首向上或真北向上显示方式。

(5)使用雷达瞭望时,应根据本船船型、航行状态、速度、当时的视距、船舶密度等情况决定使用何种量程。

四、GPS

GPS 是英文 Global Positioning System(全球定位系统)的简称。GPS 是 20 世纪 70 年代由美国陆海空三军联合研制的新一代空间卫星导航定位系统。其主要目的是为陆、海、空三大领域提供实时、全天候和全球性的导航服务,并用于情报收集、核爆监测和应急通信等一些军事目的。经过 20 余年的研究实验,耗资 300 亿美元,到 1994 年 3 月,全球覆盖率高达 98% 的 24 颗 GPS 卫星星座已布设完成,1995 年 10 月后宣布“GPS 已进入全部运作能力”。

卫星发射有两种频率,分别为 1 575.42 MHz 和 1 227.60 MHz,供单频道或双频道接收机使用。

GPS 的构成包括:

1. 空间部分

GPS 系统相继发射了 43 颗 GPS 专用导航卫星,GPS 的空间部分由 24 颗卫星组成(21 颗工作卫星,3 颗备用卫星),它位于距地表 20 183 km 的上空,均匀分布在 6 个轨道面上(每个轨道面 4 颗),轨道倾角为 55°,以 717.98 min 的周期运行。卫星的分布使得在全球任何地方,在地平线 7.5°以上至少可以看到 4 颗卫星,在地平线以上至少可以观测到 5 颗卫星。GPS 的卫星因为大气摩擦等原因,随着时间的推移,导航精度会逐渐降低。

2. 地面控制系统

地面控制系统由监测站(Monitor Station)、主控制站(Master Monitor Station)、地面天线(Ground Antenna)所组成,主控制站位于美国科罗拉多州春田市(Colorado Spring)。地面控制站负责收集由卫星传回之信息,并计算卫星星历、相对距离、大气校正等数据。

3. 用户设备部分

用户设备部分即 GPS 信号接收机。其主要功能是能够捕获到按一定卫星截止角所选择的待测卫星,并跟踪这些卫星的运行。当接收机捕获到跟踪的卫星信号后,就可测量出接收天线至卫星的伪距离和距离的变化率,解调出卫星轨道参数等数据。根据这些数据,接收机中的微处理计算机就可按定位解算方法进行定位计算,计算出用户所在地理位置的经纬度、高度、速度、时间等信息。接收机硬件和机内软件以及 GPS 数据的后处理软件包构成完整的 GPS 用户设备。GPS 接收机的结构分为天线单元和接收单元两部分。接收机一般采用机内和机外两种直流电源。设置机内电源的目的在于更换外电源时不中断连续观测。在用机外电源时机内电池自动充电。关机后,机内电池为 RAM 存储器供电,以防止数据丢失。目前各种类型的接受机体积越来越小,质量越来越轻,便于野外观测使用。使用者接收器有单频与双频两种,但由于价格因素,一般使用者所购买的多为单频接收器。

五、北斗导航系统

北斗系统分为三个部分,分别为空间段、地面段、用户段,可在全球范围内全天候、全天时为各类用户提供高精度、高可靠定位、导航、授时服务,并具短报文通信能力,已经初步具备区域导航、定位和授时能力,定位精度 10 m,测速精度 0. 2 m/s,授时精度 10 ns。

北斗卫星导航系统空间段计划由 35 颗卫星组成,包括 5 颗静止轨道卫星、27 颗中地球轨道卫星、3 颗倾斜同步轨道卫星。5 颗静止轨道卫星定点位置为东经 58. 75°、东经 80°、东经 110. 5°、东经 140°、东经 160°,中地球轨道卫星运行在 3 个轨道面上,轨道面之间为相隔 120°均匀分布。根据系统建设总体规划。2020 年左右,建成覆盖全球的北斗卫星导航系统。

系统的地面段由主控站、注入站、监测站组成。主控站用于系统运行管理与控制等。主控站从监测站接收数据并进行处理,生成卫星导航电文和差分完好性信息,而后交由注入站执行信息的发送。注入站用于向卫星发送信号,对卫星进行控制管理,在接受主控站的调度后,将卫星导航电文和差分完好性信息向卫星发送。监测站用于接收卫星的信号,并发送给主控站,可实现对卫星的监测,以确定卫星轨道,并为时间同步提供观测资料。

用户段指用户的终端,既可以是专用于北斗卫星导航系统的信号接收机,也可以是同时兼容其他卫星导航系统的接收机。接收机需要捕获并跟踪卫星的信号,根据数据按一定的方式进行定位计算,最终得到用户的经纬度、高度、速度、时间等信息。

海运和水运是全世界最广泛的运输方式之一,也是卫星导航最早应用的领域之一。在世界各大洋和江河湖泊行驶的各类船舶大多都安装了卫星导航终端设备,使海上和水路运输更为高效和安全。北斗卫星导航系统将在任何天气条件下,为水上航行船舶提供导航定位和安全保障。同时,北斗卫星导航系统特有的短报文通信功能将支持各种新型服务的开发。

第四章　摩托艇操纵基本知识

第一节　摩托艇操纵性能基本知识

一、摩托艇操纵性的概念

摩托艇操纵是指摩托艇驾驶员根据摩托艇操纵性能以及风、浪、流等客观条件,按照有关法规要求,正确运用操纵设备,使摩托艇按照驾驶员的意图保持或改变摩托艇水平运动状态的作业。摩托艇操纵包括摩托艇操纵基本原理和实艇操纵。只有全面理解这些内容及其相互之间的关系,才能掌握摩托艇运动规律,正确地操纵摩托艇。

摩托艇操纵基本原理主要论述摩托艇操纵性及影响摩托艇操纵性能的因素。

摩托艇的操作特性如下:

1. 质量小,主机功率大,速度高

摩托艇每单位排水量所分配到的主机功率远远大于普通船舶。

2. 易受风浪影响

由于摩托艇结构和排水量等方面的原因,除了极少数摩托艇外,耐波性通常都不好,因而大多只适用于内河及沿海遮蔽航区,而不适合于在开阔海域航行。恶劣的海况将会造成很大的失速现象,加之在风浪中平稳性和舒适性大打折扣,不利于乘员和艇体、设备的安全。

3. 在狭窄水道及内河水域应注意防止浪损

摩托艇在高速航行时,较大的兴波会对附近的低干舷小船和岸堤造成不利的影响。如环境许可,应尽可能远离小船和岸堤航行。因此,在通过狭窄水域或者附近有低干舷小船时,为了防止浪损,应慢速航行。

4. 注意保持正规瞭望,尤其要注意对在水面漂浮的障碍物的瞭望

由于摩托艇速度快,给瞭望带来了非常不利的因素,使其在正常航行中不能够及时发现那些较小的目标,尤其是那些漂浮的、时隐时现的物标。有些虽然发现了,但由于速度快,判断和采取避让行动的时间少,给采取有效措施带来了极大的限制。因此,对摩托艇的瞭望提出了更高的要求。那些水中漂浮的碍航物,如小的木质沉船、树干、树枝、树根、落水的集装箱等,对摩托艇的安全航行可能会带来致命的危害,甚至可能会发生海损事故。

5. 风浪大时,应减速慢车航行

由于设计吃水浅,自重轻,耐波浪性能差,特别是在高速航行时船体几乎在水面滑行,稍有波浪,船体便会颠簸,顶风浪时会产生击底,有损船体、主机及设备,使人员乘坐不舒服。所以波浪大时,应减速慢车航行。

6. 摩托艇从慢速到高速过渡航行状态的驾驶

过渡航行状态是指艇从低速加速到全速航行(或减速到停船)。在过渡航行状态下驾驶员应做到:

(1)在摩托艇开始加速前应确认乘坐人员分坐在艇的两侧,使摩托艇没有初始横倾,或者初始横倾角不超过2.5°~3°;

(2)不要拖延过渡到高速航行状态的时间,加速尽可能在直线航向上完成,且在加速过程中不允许做弧形回转及急剧转舵;

(3)在加速过程中遇到必须急剧改变航向时,应在降低主机转速后并借助舵进行操纵。

7.在高速航行状态下的驾驶

(1)在高速航行状态时,摩托艇应具有足够的稳定性及可控性,不允许乘坐人员明显地集中在任何一舷。因为当摩托艇必须突然减速或转向并过渡到低速航行状态时,艇的横倾角会显著增大。

(2)高速行驶中旋回时,其转舵角不应超过15°,否则会产生严重的横倾。

(3)摩托艇在高速行驶状态下,旋回直径很大,最大可达15~17倍的艇长,最小也有6~7倍的艇长。而普通船舶的旋回直径只有3~6倍船长。因此,在转向、掉头或避让时,应充分考虑。驾驶员在操纵时应做到早用舵早回舵,车舵配合使用。尽量用小舵角来达到改向或转向的目的。

如水域环境不允许高速航行状态下转向或避让,首先应考虑减速,借助大舵角来实现转向或者避让。

二、摩托艇的阻力和推进

1.摩托艇阻力

摩托艇在水面上航行时,扰动空气及水两种流体,流体对摩托艇的反作用力称为摩托艇阻力。摩托艇阻力R包括基本阻力R_0和附加阻力D_R两部分,即

$$R = R_0 + D_R$$

(1)基本阻力

新出坞的裸艇体在平静水面深水中行驶时水对艇体的作用力(不包括突出于裸艇体之外的附属体,如舵、龙骨、轴支架等所增加的阻力),即是基本阻力。它包括摩擦阻力R_f和剩余阻力R_r,而剩余阻力又包括涡流阻力R_e和兴波阻力R_w,即

$$R_0 = R_f + R_r = R_f + R_e + R_w$$

摩擦阻力R_f:当艇体运动时,由于水的黏性,在艇体周围水和艇体湿表面积之间产生的摩擦阻力。摩擦阻力与艇的长度、浸水面积和表面粗糙度有关。

涡流阻力R_e:在艇体表面形状急剧变化之处产生漩涡,这种漩涡形成的阻力称为涡流阻力。由于这种阻力与艇体的形状和对水流的位置有关,所以又称为形状阻力。涡流阻力与横截面积曲线形状、艇的长宽比等有关。

兴波阻力R_w:艇在水面航行时产生航行波,沿着艇体艏艉方向进行,由于兴波而构成压力差所产生的阻力称为兴波阻力。兴波阻力与棱形系数、平行艇中体及前后体长度、横截面形状等有关。

对于给定的摩托艇,基本阻力的大小与吃水、艇速有关。基本阻力随吃水的增加而增加,随艇速的提高而增加。在艇速较低时,基本阻力增加较为缓慢,而艇速较高时,基本阻力增加明显,与艇速的平方成正比。其原因不仅是由于摩擦阻力增加,仅兴波阻力就越来越大,与艇速的4~6次方成正比;涡流阻力约与艇速的平方呈正比。在基本阻力中,各阻力占总阻力的比例是不同的。在一般商船速度范围内,摩擦阻力所占比例最大,占总阻力的

70%～80%，低速时所占比例更多。随着艇速提高，兴波阻力所占比例增大，高速时可达50%以上，低速时影响甚小，而涡流阻力一般不足10%。

（2）附加阻力

附加阻力 A_R 由污底阻力 R_F、附属体阻力 R_A、汹涛阻力 R_R 和空气阻力 A_X 组成。

$$A_R = R_F + R_A + R_R + A_X$$

附属体阻力与艇体上附属体的位置、大小、数量、形状等有关，空气阻力与水面上艇体和上层建筑物形状、大小、分布等有关，汹涛阻力与艇体尺度、线形、质量、分布以及抗摇性能有关。

附加阻力所占总阻力的比例大小，决定于风流的大小、艇体污底轻重程度以及航道浅窄等。其中附属体阻力一般单螺旋桨艇为3%～6%，双桨艇为5%～10%或以上。空气阻力视风力强度及其摩托艇的相对速度而定，一般摩托艇航行时空气阻力为3%～4%，低速艇亦可低到1.5%～2%。汹涛阻力视海面气象波浪情况而定。

2. 摩托艇的推力

（1）推进器

推动摩托艇运动的工具，总称为推进器。推进器的种类很多，目前海艇应用最多的是螺旋桨。其他种类的推进器还有明轮、平旋推进器、喷水推进器和Z型推进器等。

目前使用的螺旋桨大多是固定螺距螺旋桨（FPP）。现在也有些摩托艇采用可调节螺距螺旋桨（CPP）。CPP是通过调节桨叶的螺距角来进行停车、正车或倒车操纵，不需要改变螺旋桨的旋转方向和转速就可达到换向或改变推力大小的目的，其停艇性能良好。

摩托艇大多装有一只螺旋桨，称为单桨艇。当螺旋桨正车旋转时，从艇尾往艇首看，螺旋桨做顺时针旋转，倒车时做逆时针旋转，则该螺旋桨称为右旋式桨；反之，称为左旋式桨。多数摩托艇采用右旋式桨。

有些艇装有两只螺旋桨，左右各一个，称为双桨艇。按螺旋桨旋转方向划分，双桨艇可分为外旋式和内旋式两种。所谓外旋式，是指进车时，左舷螺旋桨左转，右舷螺旋桨右转；反之，称为内旋式。一般双桨艇大多采用外旋式，而CPP双桨艇则多采用内旋式。

（2）螺旋桨的推力（T）

在主机驱动下，螺旋桨正车旋转推水向后，而被推的水给桨叶一个反作用力，这个反作用力在艇首方向的分量就是推艇前进的推力 T。倒车时，则水对桨叶产生一个指向艇尾的反作用力，该反作用力在艇首尾方向的分量称为倒车推力或拉力。

当 $T > R$（阻力）时，摩托艇做加速运动；反之，摩托艇做减速运动。当 $T = R$ 时，摩托艇做等速运动。

对于给定的摩托艇，其螺旋桨产生推力和转矩的大小是由转速 n、艇速 V_S 和螺旋桨轴在水中的沉深 h 决定的。当艇速 V_S 一定时，推力 T、转矩 MQ 与转速的平方（n^2）成正比。当转速 n 一定时，随着艇速 V_S 提高，推力 T 逐渐下降，因而摩托艇航行时推力小于系泊时推力。这是螺旋桨流体动力特性的一个重要变化规律，即在转速一定的条件下，螺旋桨的推力是随艇速的提高而降低的。后退推力较前进推力要小，为前进推力的60%～70%，并随着摩托艇的大型化而减小。

三、旋回性

摩托艇在舵作用下做圆弧运动的性能称为回转性，主要用满舵角时的回转圈大小来表示摩托艇的最大回转能力，用定长回转直径与摩托艇两柱间长度之比值来衡量，比值越小，回转性越好；反之则越差，如图 4－1 所示。

1. 旋回运动三个阶段

根据摩托艇操舵旋回过程中的运动特征不同，可将旋回运动分为三个阶段。

(1)第一阶段——转舵阶段(横移内倾)

从开始转舵至舵转至指定舵角止为转舵阶段。在这个阶段，由于时间较短，摩托艇因运动惯性仍保持直线前进，随后艇首出现向转舵一侧回转的趋势，艇体开始出现向操舵相反一侧横移的现象(反向横移)，并会产生向转舵一侧少量横倾(内倾)。

(2)第二阶段——过渡阶段(加速旋回)

随着摩托艇斜航运动的出现，同时艇首回转不断发展，摩托艇艏艉线与切线速度方向的夹角，即漂角增大。在这个阶段，摩托艇一方面加速旋回，一方面由原来的反向横移逐渐转化为向操舵一侧的横移(正向横移)，并且艇体由原来的内倾转化成向操舵相反一侧横倾(外倾)。此外，随着旋回的发展水动压力、舵正压力和离心力的纵向分力等，使艇速逐渐下降。

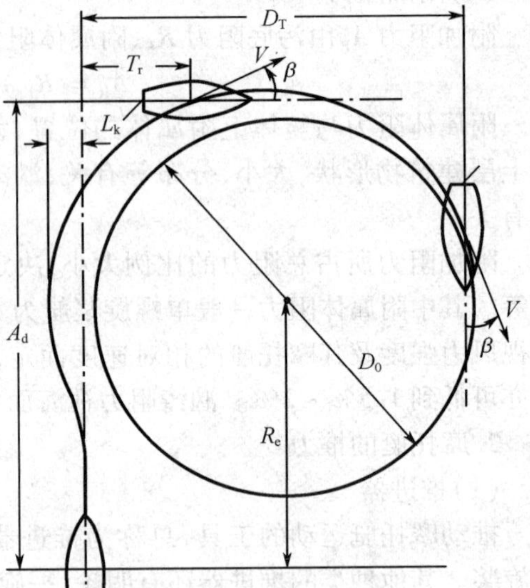

图 4－1　摩托艇的旋回性

(3)第三阶段——定常旋回阶段(匀速圆周运动)

在过渡阶段作用于艇体的回转力矩和水阻尼力矩不断变化，最终两力矩会达到平衡，摩托艇进入定常旋回阶段。在这个阶段，作用于艇体的合力矩为零，转头角加速度为零，角速度达到最大值，摩托艇降速达到最大值，摩托艇向外横倾角也趋于稳定，这时摩托艇围绕一固定的回转中心做匀速圆周运动。

2. 旋回圈及其要素

定速直航(一般是全速)中的摩托艇操一舵角(一般是满舵)并保持此舵角，摩托艇将做旋回运动。旋回运动时摩托艇重心的轨迹，称为旋回圈。旋回圈及其要素如图 4－1 所示。

(1)反移量 L_K

摩托艇在旋回的初始阶段向操舵相反一侧产生横移。摩托艇重心偏离原航向线向操舵相反一侧横移的距离称为反移量。

通常，摩托艇全速满舵旋回，当摩托艇回转达到 1 个罗经点左右时，反移量达最大值，约为艇长的 1%。但在实际操艇时，更应注意艇艉部向操舵相反一侧的偏移量，即艇尾反移量，艇尾反移量最大值约为艇长的 15%。艇速快、舵角大，反移量则大。此外，操舵速度、载重状态、船型对反移量大小也有影响。

(2)进距(A_d)

进距是指自初始航向转过任一角度时摩托艇重心所移动的纵向距离。初始航向改变 90°稍后的进距称为最大进距。通常，在摩托艇旋回资料中给出的进距是航向改变 90°时的进距。

(3)横距(L_r)

横距是指自初始航向转过任一角度时摩托艇重心所移动的横向距离。通常,在摩托艇旋回资料中给出的横距是航向改变90°时的横距。在初始航向改变180°稍后,摩托艇偏离初始航向的横向距离达到最大,称为最大横距。

(4)旋回初径 D_T

旋回初径是指自初始航向改变180°时,摩托艇重心所移动的横向距离。

(5)定常旋回直径 D

摩托艇做定常旋回运动时,重心轨迹圆的直径。

(6)滞距 L_0

从发令位置起,摩托艇重心至定常旋回曲率中心的纵向距离称为滞距。

(7)漂角 β(图4-2)

摩托艇旋回时,摩托艇艏艉线与艏艉线上任何一点的旋回切线速度 V_t 方向之间的夹角,称为该点的漂角,如图4-2所示。一般是指重心 G 处漂角 β。满舵旋回时,定常阶段的 β 为6°~10°。摩托艇艏艉线上不同点处的漂角值不相等。艇艉部 S 处漂角 β_s 最大。漂角相当于水流作用于艇体的角度(流体力学称攻角),漂角越大,旋回性能越好,旋回直径越小。

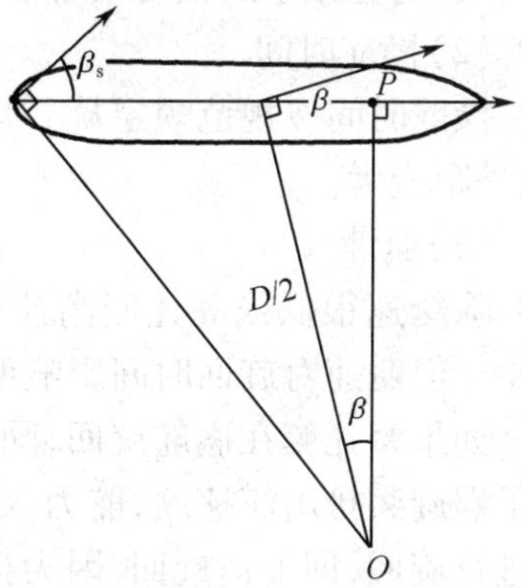

图4-2　漂角

(8)转心 P

摩托艇转舵后绕旋回曲率中心 O 的旋回运动,可以看成是两个方面运动的合成:一是摩托艇以切线速度 V_C 前进,另一则是摩托艇绕自身某一点做自转,这一点就是转心 P。从几何学上讲,转心 P 的位置是旋回中某瞬间的旋回中心至摩托艇艏艉线的垂线的垂足点。P 点处漂角为零,横移速度为零。转心 P 的位置,在开始操舵时约在重心稍前处,随摩托艇旋回不断加快,转心 P 位置向前移动,在定常旋回阶段趋于稳定。定常旋回时转心 P 在艇艏柱后1/5~1/3艇长附近处,漂角大、旋同性能好的摩托艇,转心越靠前。由于摩托艇前进中旋回时转心 P 在重心之前,因此在旋回时艇首向内偏移量比艇尾向外偏移量来得小。摩托艇在后退中回转时,转心位于重心之后,大约与前进中同转时转心位置相对称。

(9)旋回中艇速

摩托艇旋回过程中艇速不断下降,定常旋回阶段艇速下降达最大值并趋于稳定。定常旋回时的艇速 V_t 与旋回开始时的初始艇速 V_0 比值 $V_0(V_t)$ 称为速降系数。旋回中艇速下降与相对旋回初径 $L(D_T)$ 密切相关,$L(D_T)$ 越小旋回性能越好时,速降越明显,速降系数越小。因此,肥大型摩托艇旋回中速度下降比瘦削型摩托艇大。实船和船模试验结果表明,旋回性能好的摩托艇($L/D_T=3$)可降速40%~50%。

(10)旋回时间

旋回360°所需的时间。它与旋回初始艇速、摩托艇排水量有密切关系。艇速越低、排水量越大,旋回所需时间越长。

(11)旋回中横倾

摩托艇操舵后,摩托艇开始出现少量内倾,随后摩托艇由内倾变为外倾。在此期间由于横向摇摆惯性的原因,摩托艇会出现最大的外倾角,这是旋回的第二阶段尤其应注意的危险现象。进入定常旋回阶段,将稳定在一定常外倾角上。

定常旋回外倾角的大小与摩托艇定常旋回切线速度(V_t)、角速度(r)、重心浮心间距 GB 成正比,与摩托艇初稳性高度、重力加速度成反比。

最大外倾角的大小除与影响定常外倾角的因素有关外,还与操舵速度有关。操舵速度快,最大外倾角则大。瞬时最大外倾角为定常外倾角的 1 ~ 2 倍。

3. 影响旋回圈大小的因素

(1)舵角

在极限舵角范围内,舵角大小与旋回初径之间的关系是舵角增大、旋回初径变小。在所操舵角为 15°以下时,舵角越大,旋回初径明显减小。所操舵角大于 15°时,随着舵角增加,旋回初径减小的幅度减小。

(2)操舵时间

操舵时间按规范规定从一舷 35°至另一舷 30°不应超过 28 s。如果超过规定标准,心距、进距变大。

(3)艇速

除艇速很低或高速艇高速旋回之外,在一般商船速度范围内,艇速对旋回圈大小影响很小。但艇速对旋回时间影响明显,艇速快,旋回时间大大缩短。

如果摩托艇在满舵旋回,同时从全速前进中停止主机,即减速旋回,由于停车后马上失去了螺旋桨排出流速度,舵力大大减小,旋回圈增大;相反,摩托艇从静止或低速状态时加速进行旋回,即加速旋回,因为排出流速度立即增大,加之伴流较小,所以舵力较强,旋回圈明显变小。

(4)水线下船型因素

①方形系数 C_b

方形系数 C_b小的瘦削型艇比方形系数 C_b大的肥大型船舶旋回性差,旋回圈明显增大。

②水线下艇体侧面积

艇首部水线下侧面积分布较多,艇尾部水线下侧面积较少,旋回圈较小;相反,艇尾有钝材或艇首较削尖的摩托艇,旋回圈则较大。

③舵面积比

舵面积比($AR/PP \times d$)大的摩托艇,其他条件相同时,舵力则大,因而旋回圈较小。但舵面积超过一定值后,旋回圈会有所增大。

(5)吃水

摩托艇吃水增加,舵面积比则减小,而且吃水增加时摩托艇绕重心 G 的转动惯量增加,所以开始阶段摩托艇旋回缓慢。因此,摩托艇吃水增加,旋回时进距 A_d加大,横距、旋回初径也将有所增加。

(6)吃水差

摩托艇艉倾时旋回圈变大,艉倾量增加 1% 艇长,旋回初径增加约 10%;反之,艏倾每增加 1% 艇长,旋回初径减小约 10%。高速艇在高速航行时,由于艇尾下沉,增加艉倾,故旋回圈增大。对于同一摩托艇,空艇和满载时旋回圈大小相差不大。

(7)其他因素

①横倾

横倾状态对旋回圈大小的影响呈较为复杂的变化,不仅与横倾角有关,而且在不同艇速时,影响结果也不相同。但总体来说,横倾对旋回圈大小的影响并不大。低速时,在阻力-推力转矩的作用下,向低舷侧旋回时 D_T小。高速时,受艏波峰压力转矩的作用,向高舷侧旋回时 D_T小。

②浅水

摩托艇在浅水中航行时,与深水中比较,操相同舵角时舵力变化不大,但浅水中旋回时阻力明显增加,因此旋回圈变大。当水深与吃水之比小于一定值($d/H \leqslant 2$)时,旋回圈增大趋势明显。

③艇体污底和风、流因素

艇体污底严重,旋回时阻尼力矩增加,旋回圈略微变大。有风、流影响进行旋回时,旋回圈大小受风流方向和大小的左右。如顺风(流)中旋回时旋回圈增大,顶风(流)中旋回时旋回圈减小。

4. 反移量的应用

在操舵后的初始阶段应特别注意克服或利用反移量,尤其艇尾反移量,例如:

(1)航行中发现本艇有人落水,应立即向落水者一舷操满舵,使艇尾向另一侧摆开,以避免落水者卷入螺旋桨。

(2)在艇首极近距离内发现障碍物或紧急避让时,应首先操舵使艇首让开;当艇首已经让开且估计有可能与艇尾发生碰撞时,应立即操另一舷舵使艇尾甩开。

(3)在摩托艇驶离码头或并靠艇时,艇首刚刚摆出泊位,如果很快操大舵角进车,则会产生较大反移量而易导致艉部触碰码头或碰撞他船,因此应慢车、小舵角以减小反移量。

(4)摩托艇过弯道时,高速大舵角转向会引起较大的反移量,因此应注意保持足够的艇岸间距并采用正确的操艇方法。

四、摩托艇保向性的概念

保向性是指摩托艇在外力作用下(如风、流、浪等),由舵工(或自动舵)通过罗经识别摩托艇艏摇情况,通过操舵抑制或纠正艏摇并使摩托艇驶于预定航向上的能力。摩托艇保向性的好坏不但与摩托艇航向稳定性的好坏有关,而且还与操舵人员的技能及熟练程度、自动舵、舵机的性能有关。

影响摩托艇保向性的主要因素包括:

1. 船型

水下船型是决定摩托艇转头阻矩和惯性的重要因素,水上船型是决定摩托艇所受风力及风力转艇力矩大小的重要因素。它们对保向性均有很大影响,表现在以下方面:

(1)方形系数较低、长宽比较高的瘦削型摩托艇,其保向性较优;浅吃水的宽体艇保向性较差。

(2)艇体侧面积在艉部分布较多者,如艇尾有钝材,其保向性较好;艇首水下侧面分布较多者,如船首有球鼻艏将降低保向性。

(3)较高的干舷将降低摩托艇在风中航行时的保向性。

2. 载态

载态的改变将导致水下和水上船型的改变,因而也影响到摩托艇保向性。对于同一艘艇一般的倾向如下：

(1)轻载较满载时保向性好(受风时另当别论)；

(2)艉倾较艏倾时的保向性好。

3. 舵角

增大所操的舵角,能明显地改善摩托艇的保向性。

4. 艇速

对于同一艘艇而言,由于艇速的提高,摩托艇保向性将变好。

5. 其他因素

保向性将因水深变浅而提高,摩托艇顺风浪或顺流航行中保向性反而降低。

五、启动与停车惯性

1. 启动

为了保护主机,由静止状态开进车时,转速应视艇速的逐步提高而逐步增加,用车时先开低转速,在艇速达到与转速相应的艇速时再逐级加大转速。

从静止状态逐级动车,直至达到定常速度 V,所航行的距离与排水量成正比、航速 V 的平方成正比、航速 V 时的阻力成反比。

根据经验,从静止状态逐级动车,直至达到定常速度,满载摩托艇约需航经20倍艇长左右的距离,轻载时为满载时的1/2～2/3。

2. 停车

以某一速度航行的摩托艇,从发出主机停止车令起到摩托艇对水停止移动时止所需的时间和滑行的距离,称为停车冲时和停车冲程。

停车后,艇速开始下降较快,随艇速降低,阻力减小,艇速下降趋缓。

摩托艇在常速航行中停车,降速到能维持其舵效的速度时,一般摩托艇的停车冲程为艇长的3～6倍。艇越大,停车惯性越大。

3. 倒车冲程

摩托艇在全速前进中开全速后退,到艇对水停止移动所需的时间及航进的距离,称为倒车冲时和倒车冲程,倒车冲程又称紧急停船距离或最短停船距离。

六、驾驶摩托艇技巧和注意事项

如果要追求水上运动的速度,那么玩摩托艇一定过瘾。一般的摩托艇能开到70～80 km/h,那种能坐两三人的大摩托艇速度可达到100 km/h。

摩托艇速度相对很高,一般都能开到70～80 km/h甚至更高,因此驾驶摩托艇时应注意以下事项：

(1)摩托艇操作方便,而且配有专门的教练和救生人员。初学者最好先由专业人士陪伴体会一番,再独自驾驶前行。

(2)安全帽和救生衣也是必不可少的。

(3)上船时,把一开关绳系在手腕上,万一身体甩离艇体,摩托艇会自动关机,不至于伤人。

(4)两艇高速对驶时,与陆地开车靠右行驶一样,应该靠右避让。

(5)特别需要注意的一点是,摩托艇是靠喷射水流来推动前进、控制方向的,所以艇即将靠岸的时候,应该慢慢减速,而不是一下子关机。如果熄火,方向就不能控制,惯性会使摩托艇直冲岸边。

(6)在驾驶过程中不要离海岸太远。

(7)年龄未满16周岁或年龄超过60周岁，患有心脏病、高血压的人最好不要驾驶。

(8)不得相互追逐、嬉戏。

(9)坐在摩托艇上插上钥匙时，请将钥匙套在右手上，以免摩托艇在高速行驶时，钥匙滑落。

(10)启动或回航时都请低速行驶，以免造成机器损坏。

(11)摩托艇在海上高速行驶时，请不要急转弯，以免翻艇造成人员受伤。

(12)摩托艇在海上高速行驶时，请保持自身与摩托艇的平衡。

(13)要熟悉你航行的水域，遵守所有航标和告示标记。

(14)认识和理解你的摩托艇的所有运行特色，阅读和遵守操作员手册的指引。

(15)尽量避免利用摩托艇跳波，或使用它的动作拨水，或在近距离超越另一艘摩托艇。应保持安全距离。

第二节　摩托艇操纵设备的使用

一、单螺旋桨艇的桨效应

摩托艇在正舵前进时，除摩托艇的前后运动之外，还会产生左右不对称的横向力使摩托艇产生偏转，摩托艇是不能保持直线前进的。其原因是螺旋桨转动时，除了产生前后方向的推力或拉力，以控制摩托艇的前后运动之外，还会产生左右不对称的横向力使摩托艇偏转。摩托艇驾驶员必须注意这些横向力对摩托艇操纵的影响，了解和掌握其特性、大小、方向等，在实际操艇中趋利避害地加以运用。现以右旋单螺旋桨艇为例说明各种横向力的成因及致偏作用。

1. 螺旋桨横向力的作用

(1)右旋螺旋桨和左旋螺旋桨

当摩托艇开正车时，人站于艇尾面向艇首，螺旋桨左向右做顺时针方向旋转的叫右旋螺旋桨；反之则称左旋桨，如图4－3所示。

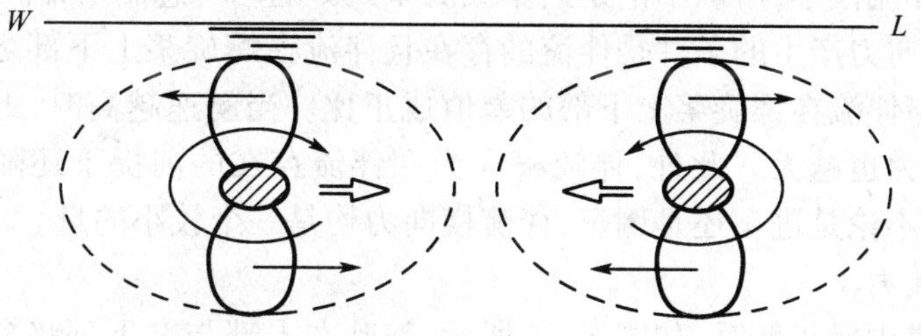

图4－3　左右旋桨

①螺旋桨沉深横向力

螺旋桨盘面中心距水面的垂直距离称为螺旋桨的沉深向。它与螺旋桨直径 D 之比称为沉深比。

螺旋桨转动时，除推水产生推力或拉力外，还推水旋转，从而产生即转力 Q。当沉深比 <0.5

时,螺旋桨桨叶部分露出水面,这就导致螺旋桨部分在空气中工作,因空气的密度要比水的密度小800多倍,导致螺旋桨上部的转力小于下部的转力,其差值形成的横向力,称为螺旋桨沉深横向力。对于右旋固定螺距螺旋桨推力和转矩下降,并同样出现上部桨叶所受的转力较下部桨叶为小的现象,同样存在螺旋桨横向力,其作用与沉深比<0.5时的情况相同。进车时,该力推艉向右,艇首左偏;倒车时相反,推艉向左,艇首右偏,如图4-4所示。

实验表明,当沉深比<0.65~0.75时,螺旋桨由于在其旋转过程中出现的空气吸入和产生空泡现象,将使其螺旋桨沉深横向力的大小与摩托艇浮态密切相关,当沉深比>0.65~0.75时,螺旋桨桨叶距水面较深,空气就不易吸入,沉深横向力很小,伴随浪的逐渐减小,该力将明显增大。此外,该力的大小还随艇速的降低、转速的提高而增大;受螺旋桨工况影响极为明显而与操舵无关。

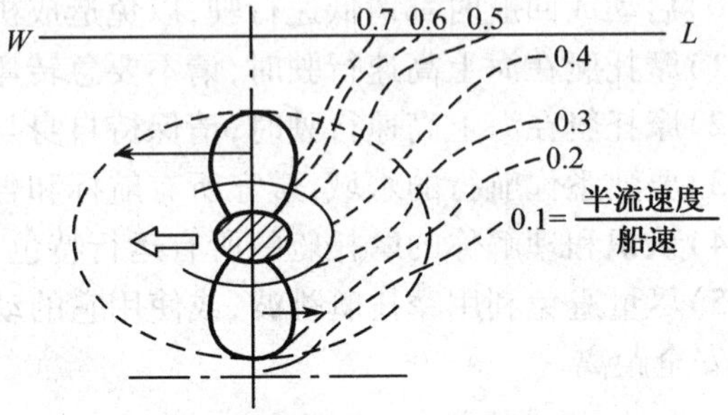

图4-4 横向力

②伴流横向力

伴流是伴随艇体运动而产生的追随性水流,也称追迹流。它主要由摩擦伴流、势伴流和兴波伴流组成,其大小在摩托艇周围各处并不相同,通常所说的伴流速度是指相应位置处伴流沿艏艉方向的分量。

由前述可知,螺旋桨盘面处的伴流有利于提高螺旋桨桨叶处来流的冲角,增大螺旋桨的推力和转矩。伴流在螺旋桨处的分布是不均匀的,其分布特点是左右对称、上大下小。因此,当螺旋桨转动时,螺旋桨上部桨叶的转力也要比下部桨叶的转力要大,该转力之差称为伴流横向力。

对于右旋固定螺距螺旋桨单桨艇而言,当摩托艇在前进中进车时,因伴流的影响而产生的伴流横向力推艉向左,艇首右偏;摩托艇在前进中倒车时,则相反,伴流横向力推艉向右,艇首左偏。上述的艇首偏转方向正好与螺旋桨的沉深横向力相反。摩托艇在后退中,因为舵叶形成的伴流极小,所以不论是进车或倒车其影响均可忽略不计。

显然,伴流横向力产生的条件是伴流的存在且伴流在螺旋桨上下部之间存在差异。伴流横向力的大小与伴流在螺旋桨上下部的差值成正比。当艇速越高时,上下伴流的速度差就越大,伴流横向力也越大。此外,伴流横向力在伴流存在的前提下还随转速的提高而增大。但总体而言,不论是进车还是倒车,伴流横向力均是一个较小的量。

③排出流横向力

摩托艇在前进中操正舵时,如图4-5所示,舵叶左上部与右下部将分别受到排出流的有力冲击。相比较而言,因为右下部排出流的冲角明显大于左上部,使右侧的水动力高于左侧,造成推艉向左,艇首向右偏转。当摩托艇在轻吃水状态下舵叶部分露出水面时,这种偏转趋势将更加明显。

摩托艇进速较低或摩托艇后退中倒车时,螺旋桨的排出流将打在艇体的艉部。因为艇体尾部型线的上肥下瘦,相比较而言,在艇尾右舷艉外板上排出流冲角面积较为宽广,所以使艇首强烈向右偏转。

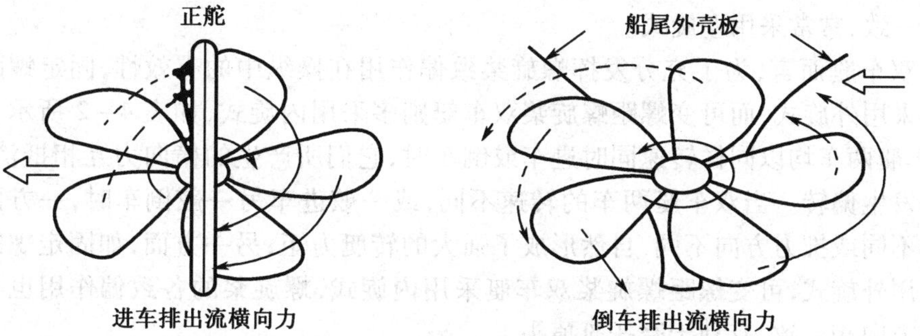

图 4-5　排出横向力

上述两种情况说明，对于右旋固定螺距螺旋桨单桨艇而言排出流均使艇首向右偏转。总体而言，当艇速较低时，排出流横向力在螺旋桨横向力中是一个比较大的量，尤其是摩托艇在轻载状态下。

④推力中心偏位

推力中心偏位是由于吸入流造成的。摩托艇前进时，吸入流沿水下艇尾型线由艇底向上呈斜上方向汇集于螺旋桨的盘面内。进车时右半圆的桨叶呈顶流、左半圆的桨叶呈顺流状态，使右侧桨叶的推力大于左侧桨叶的推力，整个螺旋桨的推力中心偏向于螺旋桨中心的右侧，使艇首左偏；摩托艇前进中倒车时，左侧的桨叶呈顶流、右侧的桨叶呈顺流状态，使左侧桨叶的拉力大于右侧桨叶的拉力，整个螺旋桨的拉力中心偏向于螺旋桨中心的左侧，使艇首左偏。总而言之，螺旋桨推力中心偏位的方向与螺旋桨旋转的方向一致，且艇速越高、螺旋桨转速越高，则推力中心偏位越明显。

摩托艇在后退中，如操正舵，则吸入流并无致偏作用；如操某舷舵角，则吸入流冲在舵叶的背面，使艇首向操舵另一舷偏转，即操左舵时艇首向右偏转，操右舵时艇首向左偏转。

为便于记忆，将上述四种螺旋桨横向力的致偏作用进行归纳，如表 4-1 所示。

表 4-1　螺旋桨横向力的致偏作用（右旋即 P 单桨艇）

横向力	致偏作用	产生条件	影响其大小的因素	量值
沉深横向力	进车时艇首左偏 倒车时艇首右偏	螺旋桨沉深比＜0.165～0.175	沉深比越小、艇速越低、转速越高，该力越大	视其值的大小
伴流横向力	进车时艇首右偏 倒车时艇首左偏	伴流存在，即摩托艇必须有前进的速度	伴流分布上下相差越大、艇速越高、转速越高，该力越大	较小的量
排出流横向力	不论进车或倒车，艇首均右偏	排出流能够作用于舵上或艇体尾部	排出流速度越大、艇尾吃水越浅，该力越大	较大的量
推力中心偏位	不论进车或倒车，艇首均左偏	摩托艇在前进中	艇速越高、螺旋桨转速越高，推力中心偏位越明显	较小的量

对于可变螺距螺旋桨(CPP)单桨艇而言,为了使其在操纵中与右旋固定螺距单桨艇的致偏作用一致,常常采用左旋式。

对于双车艇而言,为了充分发挥螺旋桨致偏作用在操纵中的有效性,固定螺距螺旋桨双车艇多采用外旋式,而可变螺距螺旋桨双车艇则多采用内旋式,如表4-2所示。其原理是,当双车艇两车均以同样转速同时进车或倒车时,它们所产生的横向力互相抵消,摩托艇将基本不发生偏转。当双车艇两车的转速不同,或一舷进车另一舷倒车时,一方面因两车推力大小不同或推力方向不同,自然形成了强大的转艇力矩;另一方面,如固定螺距螺旋桨双车艇采用外旋式,可变螺距螺旋桨双车艇采用内旋式,螺旋桨的各致偏作用也与上述转艇力矩的方向相一致,有利于摩托艇掉头。

表4-2　双车艇车舵效应比较

类别		内旋式	外旋式
用车情况		左车进,右车退	左车进,右车退
舵角		正舵	正舵
正	倒车力矩	艏向右	艏向右
沉深横	左车	艏向左	艏向右
向力	右车	艏向左	艏向右
排出流	左车	艏向左	艏向右

2. 右旋固定螺距螺旋桨(FPP)单桨艇的偏转趋势

前面讨论了各种螺旋桨横向力的成因和致偏作用,现运用前述的结论分析摩托艇在各种运动状态下的一般偏转趋势。

(1)静止中的摩托艇正舵进车时的偏转

开始动车时,艇速仍较低,伴流横向力、进车排出流横向力以及推力中心偏位的影响均较小;摩托艇在沉深横向力的作用下使艇首左偏。空艇或轻载时,螺旋桨的沉深比比较小,沉深横向力较大,艇首左偏比较明显;重载艇沉深横向力较小,则几乎不出现偏转。

随着艇速的提高,沉深横向力减小,伴流横向力、排出流横向力推艉向左的影响增强,将逐渐削弱甚至克服沉深横向力的作用。

摩托艇在静止中进车,不论出现左偏或右偏,均可用2°~3°舵角加以克服,保证摩托艇直航。

(2)前进中倒车时的偏转趋势

开始倒车时,艇速仍较高,伴流仍很强,伴流横向力的影响使艇首左偏;因艇前进的速度较快,倒车排出流横向力使艇首右偏的影响较弱;艉吃水较浅的艇,沉深横向力的影响使艏右偏。因此,总体而言摩托艇的偏转方向不定,此时用舵就能克服偏转。

随着艇速降低,倒车排出流横向力的影响逐渐增强,而伴流横向力逐渐减弱,艇首将出现明显的向右偏转。此时,艇虽仍在前进中,但倒车排出流却大大降低了舵处的来流速度,舵效极差,因此即使操舵也无效果。一般摩托艇为控制艇首右转,只有在倒车开出之前先操左舵,使艇先具备左转趋势,上述右偏现象才有所缓解。

(3)静止中正舵倒车时的偏转特性

静止中的摩托艇操正舵倒车时,伴流尚未发生,只有倒车排出流横向力及艉吃水较小时的螺旋桨沉深横向力的影响使艇首向右偏转。吸入流产生的舵力因舵速较低,即使使用右满舵也不能控制这种艇首右转的现象,直至摩托艇具有相当的后退速度后,舵与水的相对速度增大,才能产生足够的舵力转艇力矩以削弱艇首向右偏转的趋势。实艇经验表明,后退中的舵力,一般仍不能制止艇首向右偏转。

随着摩托艇退速的提高,沉深横向力的影响相对减弱,排出流横向力的影响也将因艇体左侧所受水动力的影响而作用减弱,此时摩托艇右转速度将自行稳定,进行艇尾向左后方的大直径旋回。

(4)左、右满舵全速旋回的比较

无风流条件下,一般说来右旋定距桨单桨艇,其左旋回直径较右旋回直径为小,原因包括:

①吸入流造成的推力中心偏位有利于摩托艇左转;

②向左旋回时,左侧车叶由下而上旋转,因伴流、吸入流的影响,不易失速,空气吸入空泡现象不易发生,因而较右转时有较强的舵力。

3. 致偏作用的运用实例(右旋固定螺距螺旋桨单桨艇)

右旋固定螺距螺旋桨单桨艇最明显的致偏作用是静止中、低速前进中或后退中倒车均出现艇首向右偏转的现象。现举数例来说明在实际操艇中如何趋利避害地运用这些致偏作用。

(1)向右就地掉头

为了在狭小的水域完成掉头 180°的操纵,右旋单桨艇(FPP)多采取向右掉转的方法。操纵得当应能在 2 倍艇长左右或更小的圆水域内实现掉转,如图 4－6 所示。

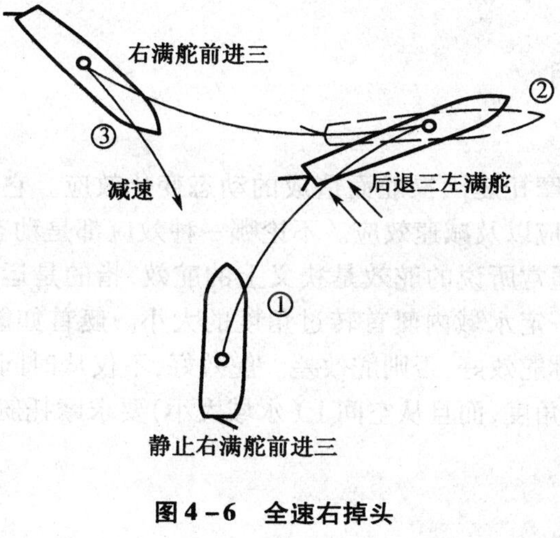

图 4－6 全速右掉头

摩托艇停车淌航至位置①时,操右满舵全速进车,此时螺旋桨的滑失很大,在强大的排出流的作用下,舵力转船力矩很大,舵效极佳,艇首迅速向右偏转,但由于艇速并不大,故前冲的距离并不大。在未到位置②之前即用后退三,此时舵力、螺旋桨沉深横向力、倒车排出流横向力均推尾向左,进一步使艇首继续右转。当摩托艇到达位置②时,即摩托艇前进运动停止后操正舵,待摩托艇开始后退时即操左满舵,艇首继续右转。当至位置③时,若确信位置已够,可操右满舵并全速进车,待艇首掉转到接近180°时适当减速。

(2)自力靠码头操纵中的应用

左舷靠码头时,一般应调整本艇对码头线的靠拢角为10°~20°(越是倒车偏转特性强的小型艇,该角度也越高),以备在适当时间倒车时既可将艇拉停在码头边,又能使艇外转该靠拢角度,正好平行地或近乎平行地停于码头泊位处。右舷靠泊,考虑到为了停艇必须使用的倒车会使摩托艇右转,因此应尽量减小靠拢角,而略加大艇与码头线的横距,以便倒车时使艇首平安地接近码头线,然后再采取适当措施解决艇尾入泊的问题,如图4-7所示。

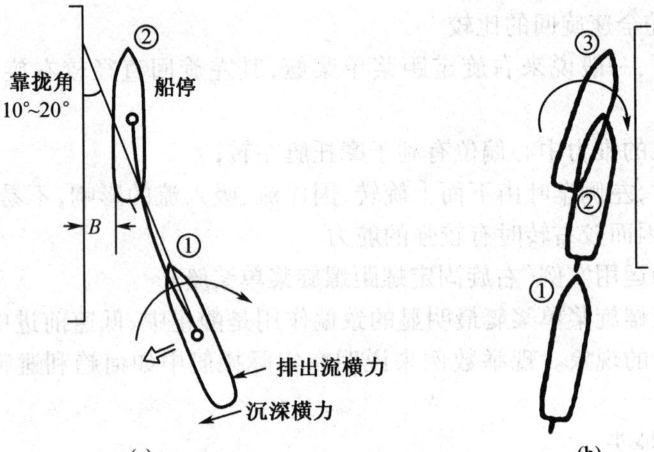

图4-7　自力靠码头

(a)左舷靠;(b)右舷靠

二、舵设备的使用

1. 舵效

舵效泛指运动中的摩托艇因操舵而造成的动态变化效应。它应包括操舵带来的控向效应、横移效应、横倾效应以及减速效应。不论哪一种效应都是动态的效应,综合起来称为舵效。在实际操艇中,通常所说的舵效是狭义上的舵效,指的是运动中的摩托艇操一舵角后摩托艇在一定时间、一定水域内艇首转过角度的大小。艇首如能在较短时间、较小水域内转过较大的角度,则称舵效好,否则舵效差。舵效好,不仅从时间上要求摩托艇在用舵后较短时间内转过较大的角度,而且从空间上(水域大小)要求摩托艇能在较小水域内有较大的回转角。

2. 影响舵效的因素

(1)舵角和舵面积比

加大操舵角是提高舵效的有效措施。舵面积比增大,舵效变好。

(2)舵速

提高舵速往往在艇速较低时通过提高主机转速的方法来实现。由于排出流速度迅速增加,滑失比增大,舵速增大,从而舵效得以提高。该方法由于艇速低,改向时滞距小,所需水域小。狭水道航行时常采用该方法来提高舵效。

(3)纵倾和横倾

艏倾时舵效较差,适当艉倾时舵效较好。摩托艇有横倾时,向有横倾侧转向时舵效差;反之舵效较好。

(4)舵机性能

操舵控制系统性能好坏与否,直接影响控向能力。电动液压舵机性能较好,舵来得快,回得快,易把定。

(5)风、流因素

艇首一舷来风时,向上风侧转向比向下风侧转向舵效差,尤其是空载艇低速航行中遇强风作用时舵效很差。顶风、顶流时转向,在同样时间内能在较小水域内转过较大角度,舵效比顺风顺流时好。

(6)水深因素

浅水中旋回阻力明显增大,舵效比深水中差。

3. 操舵方法与要领

(1)要熟练掌握罗经基线与艇首航行方向的关系。罗经基线指示的刻度盘上度数就是航向。当罗经基线偏离到原定航向刻度的右边时,表明艇首已偏到原航向的右边,应操相反方向的小舵角(左舵,3°~5°即可)进行修正,使艇首(罗经基线)返回原航向。

(2)按航向操舵。航向变动的幅度小、航速快,可操小舵角;反之,操大舵角。用舵后,摩托艇开始转向,此时可根据罗经基线和刻度盘的相对转动情况,把握摩托艇回转时的角速度。当摩托艇逐渐接近新航向时,应根据摩托艇惯性和回转角速度的大小,按经验提前回舵,必要时可向相反方向压一舵角,以防摩托艇回转过头,较快地进入并稳定在新航向上。

(3)压舵。摩托艇在航行中受到风、流的影响,或因其他原因使摩托艇两舷受力不均匀,艇首易向一边偏转。因此,应根据摩托艇偏转情况,向反方向操舵来抵消这种偏转,这种做法叫“压舵”。至于压舵角大小,需经过多次试验后才能找出合理的舵角大小和压舵时间,以及时克服偏转。

(4)不操急舵。正常航行时,尽量不操急舵或少操急舵,以免摩托艇旋转惯性过大难以控制,防止损坏舵设备。

(5)沿导标操舵。

(6)大风浪中航行。摩托艇左右摇摆和前后颠簸很大,航向难以稳定,操舵应机敏耐心,细心观察。艇首将要向右偏时,应先向左压舵抵制,偏转影响将要消失时,及时回舵至正舵位置,使舵所产生的作用力抵消风浪的影响。待艇首开始向相反的方向偏转时再回舵就迟了。

(7)操舵时注意力集中,时刻观察罗经航向,保持艇在航向上。

(8)掌握本艇的性能。如左舵与右舵、空载与满载、强风与急流、浅水与波浪、顶流与顺流等情况下舵来得快与慢、旋转惯性的大与小等。

(9)航行狭水道中不操急舵和满舵,防止旋转惯性过大不易停住。

(10)航行中大幅度转向时,应逐渐改变舵角,以防发生意外。

三、侧推器的使用

侧推器(艄、艉):舵和螺旋桨功能合二为一的螺旋桨舵及可转动双螺旋桨舵等。单独使用艄侧推器产生侧推力,在侧推力的作用下净值中的船舶将产生横向阻力,摩托艇横向运动状态发生变化,这时,由于船舶没有进速或退速,水动力中心在船中处,因此,不产生水动力依据。船首将绕船中位置转动,同理,单独使用艉侧推器时,其效应与单独使用艄侧推器的情况类似,侧推器图如图 4 -8、图 4 -9、图 4 -10 所示。

图 4 -8　艉侧进器

图 4 -9　艄侧推器

图 4 -10　侧推器

1. 摩托艇静止中的侧推器效应

(1)单独使用一个侧推器。

(2)同时使用双侧推器。

同时使用艄艉侧推器其效应取决于艄、艉侧推力的大小和方向。横移效应取决于艄、艉侧推力合力的大小,转船效应取决于艏艉侧推力的方向。若艏艉侧推力的方向相反,其转船效率比单独使用艏或艉侧推器的效率高得多,从而使摩托艇加速转动。若艏艉侧推力的方向相同,并且艏艉侧推器位置距离船中相等,将不产生转船效应,仅产生横移效应。

2. 摩托艇前进中的侧推器效应

(1)艏侧推器的效应

艇速较低时,水动力中心在艇中之前但较接近艇中,力偶臂较大,且有效侧推力也接近摩托艇静止中的情况,这时的转船效应比较接近静止中使用艏侧推器的情况。随着艇速的提高,水动力中心逐渐向前移动,力偶臂逐渐缩短,且有效侧推力也逐渐降低,则转船效应也不断降低。

(2)艉侧推器的效应

单独使用艉侧推器时与单独使用艏侧推器的情况不同,转船效果取决于力偶臂和艉侧推力的大小,低速时的效应较接近静止时的情况。随着艇速的提高,水动力中心逐渐前移,力偶臂逐渐变长,虽然有效推力逐渐降低,但与艏侧推器比较,有效侧推力相同时,艉侧推器的转艇力矩要大得多,转艇效果比艏侧推器好得多。故艇前进中应使用艉侧推器调整航向。

3. 摩托艇后退中的侧推器效应

(1)艏侧推器的效应

与艇前进中使用艉侧推器的情形类似,转艇效果取决于力偶臂和艏侧推器的大小。退速较低时的效应接近静止中的情况。故艇后退中应使用艏侧推器来调整航向。

(2)艉侧推器的效应

由于艇后退中水动力中心在艇中之后,艇将产生转动角速度,使航向角发生变化,其效应与前进中使用艏侧推器的情形一样。

第三节　外界因素对摩托艇操纵的影响

一、风、流对摩托艇操纵的影响

1. 风对操艇的影响

摩托艇操纵中,风作用于摩托艇会产生一定的作用力——风动力。风动力是指处于一定运动状态下的摩托艇,其水上部分所受的空气动压力。摩托艇在风的影响下,顶风减速,顺风增速。侧面受风,艇首将向上风或下风偏转,并向下风漂移。而在低速行驶时,若遇强风也可能会出现舵力转艇力矩不足,摩托艇转向困难,操纵进退两难的情况。

(1)艇在风中的偏转

①艇静止或航速接近于零时,艇身将趋向于和风向垂直。

②摩托艇前进时,正横前来风,空载、慢速、艉倾、艇首受风面积大的艇,顺风偏;满载或半载、艏倾、艇尾受风。面积大的艇或高速艇,逆风偏;正横后来风,逆风偏显著。

③摩托艇后退中,在一定风速下当艇有一定退速时,艇尾迎风,正横前来风比正横后来风显著,左舷来风比右舷来风显著。退速较低时,艇的偏转基本上与静止时情况相同,并受到倒车横向力的影响,艇尾不一定迎风,如图 4 – 11 所示。

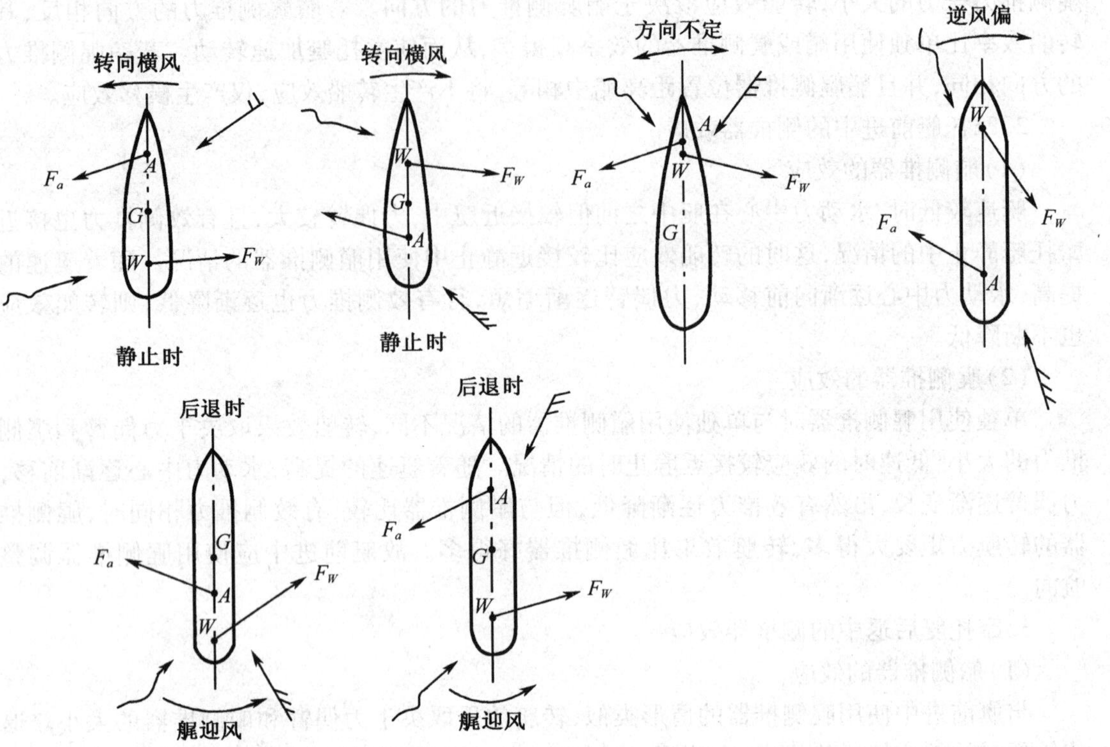

图 4-11　摩托艇受风偏转

(2)风致漂移

摩托艇受风作用而向下风漂移,其漂移速度随艇速降低而增加。停于水上的摩托艇受风作用时最终将保持正横附近受风,并匀速向下风横向漂移,此时,漂移速度最大。航行时,艇速提高,漂移速度减小。故在港内靠泊或掉头操纵,应根据摩托艇当时的漂移速度及下风侧可供水域的大小,确定可供操纵使用的时间与完成整个操纵过程所需的时间相比较,是否安全可行,做到心中有数。

(3)强风中操艇的保向性

摩托艇在航行中,除艏艉向来风不发生偏转外,其他方向来风都将使摩托艇在向下风漂移的同时还将产生偏转运动。为了保证摩托艇能航行在预定航线上,必须根据风压差采取压舵措施来抵消摩托艇的漂移和艇首的偏转。风速越大,航速越小,则风压差也越大,压舵量也势必增加。当风速大到某一界限以上时,即使用满舵,也无法保持航向。能够用舵保持航向的风速界限,称保向界限。它和风速与航速之比及相对风向角有关。

①对同一摩托艇来说,压舵角大,保向范围扩大。

②摩托艇正横附近或稍后受风时,保向最为困难。风速只要达到艇速数倍时,就将出现即使满舵也无法操纵的情况。

③摩托艇斜顶风时的保向性较斜顺风时好。

④保向范围总的来说随风速的降低而扩大,随艇速的降低而减小;增大压舵角可扩大保向范围。由此可知,提高航速、增加压舵角、采取斜顶风是提高摩托艇保向性的有效措施。但提高艇速是有限度的,对于任何摩托艇,随着风速提高均存在受风不能保向的范围,

操艇时应予注意。

2.水流对操艇的影响

(1)水动力

摩托艇由于种种原因,与其周围的水有相对运动时,摩托艇所受水的作用力称为水动力。这种艇水之间的相对运动,有的是由艇本身自力(凭借车、舵、缆作用)所造成的,也有的是由外界条件(凭借拖船、风动力、水流作用)所造成的。

(2)流对操艇的影响

①水流对艇速和冲程的影响

摩托艇顺流航行时,实际艇速等于静水艇速加流速;顶流航行时,实际艇速则等于静水艇速减流速。因此,在静水艇速和流速不变的条件下,顺流航行时对地艇速比顶流航行时实际对地艇速大两倍流速。

顶流时,对地冲程减小,流速越大冲程越小;顺流时,对地冲程增加,停车后减速的过程非常缓慢,最后如不借助倒车或抛锚,将不能阻止摩托艇以水流速度向前漂移。

②水流对舵力和舵效的影响

舵力及其转艇力矩是与舵叶对水速度的平方成正比的,而舵叶对水速度又与摩托艇对水速度成正比。因为不论顶流或顺流,只要流速相等,摩托艇相对于水的速度则不变,等于静水艇速,所以在舵角和螺旋桨转速(排出流速度)等条件相同时,顺流和顶流时的舵力相等,其转艇力矩也一样。但舵效却是个对地的概念。顶流时对地艇速比顺流时小两倍流速,故使用同样的舵角顶流时能在较短的距离上使艇首转过较大的角度,需要时也比较容易把定,操纵较为灵活。因此,顶流时的舵效较顺流时好。但当艇首斜向顶流时,由于流压力矩的作用,摩托艇向迎流舷回转困难,舵效反而差。

③流压对摩托艇漂移的影响

摩托艇首尾线与流向有一交角时,流速和静水艇速的合成速度,将使艇向水流来向相反一舷运动,通常称之为流压。流压使艇漂移,流速越大、交角越大,流压也越大;艇速越慢、流压也越大,漂移速度也越快。操纵时应特别警惕横压流的影响,尤其摩托艇以较低航速住狭窄水域航行时应特别注意漂移速度,及时修正流压差。在流水港,顶流靠泊时,根据流速的大小,摆好水流与首尾线的交角,并控制好艇速,可以使艇慢慢地靠上泊位。如艇速和交角控制不当,尤其是急流时,交角摆得过大,艇身横移就非常迅速,流压将造成压碰码头的事故。为了预防这种现象在驶近泊位时就应逐渐减小艇首尾线与流向的交角,以使摩托艇安全、平稳地靠上泊位。

④流对旋回的影响

摩托艇顺流旋回时,纵距要比顶流旋回时大得多,这是由于受水流推移的缘故。在旋回过程中,摩托艇除了旋回运动外,还有受水流作用而产生的漂移运动。在有流水域,要掌握好转向时机。静水中可在转向依据的物标接近正横时转向;而在顺流时,应适当提前转向;顶流时应适当延迟转向。这样,在流压的推移下,使船位在转向后仍能保持在预定的航线上。

⑤弯曲水道水流的特点

河道的弯段,不论涨落流,水流的流向都向凹岸一边冲压;近凹岸边水深流急。凸岸边下流还存在回嘴流。加上岸壁效应的影响,使操纵变得困难。如操纵不当,就会发生碰撞、搁浅等事故。

(3)摩托艇下水通过急弯航道的操作方法

弯曲航道出现的扫湾水多在弯曲顶点下方。摩托艇在弯道下水航行时,受流压影响,容易发生困边、触坡等事故。为此,下水摩托艇常采用挂高取矮的操作方法。

①进入弯段前应力求船位靠水势较高一侧,即把摩托艇在下急湾前带住凸岸,紧抢些凸岸浮标驶过,以便过弯顶处时保持离岸有适当远的距离,这就是挂高。挂高行驶使摩托艇有了防止触坡的缓冲余地,避开了较高流速的推压。但船位靠较高水势行驶时,应使艇首扬着些,即艇首适当对着下方岸;防止"背脑"这就是取矮。这样就有足够的用舵余地驶过急弯。

②妥善选择航线位置,使实际航迹的弯曲半径大过于航道的弯曲半径,以降低摩托艇驶过的困难程度。

③使用车速适当。下急弯时宜用适当的慢车以减小离心力,从而减少向凹岸的偏移,过急弯时则根据需要加车助舵,以减小水流向凹岸的推压,这两点措施有助于提高操纵能力。

④待航道开门后,调正航向,驶往主流航道。

摩托艇操纵中,风作用于摩托艇会产生一定的作用力——风动力。风动力是指处于一定运动状态下的摩托艇,其水上部分所受的空气动压力。摩托艇在风的影响下,顶风减速,顺风增速。侧面受风,艇首将向上风或下风偏转,并向下风漂移。而在低速行驶时,若遇强风也可能会出现舵力转艇力矩不足,摩托艇转向困难,操纵进退两难的情况。

二、浅水影响

摩托艇进入浅区后会出现:

1. 水花声减小(艇头啸水声减小);

2. 艇尾出现又高又陡的泥浆水卷花浪;

3. 艇身摆动;

4. 舵效失灵,艇首向深水处偏转;

5. 艇速急剧降低,机器发生异常振动。

发现以上情况,应立即慢车减速,向深水航道行驶,避免搁浅。

三、岸壁效应

水道宽度受限时,当船舶偏航接近水道岸壁,因船体两舷所受水动力不同,而出现的船舶整体吸向岸壁、船首转向中央航道的现象称为岸壁效应。

1. 岸推

船首转向中央航道而"离岸"的现象称为岸推。

2. 岸吸

船体被岸壁"吸拢"的现象称为岸吸。

3. 影响因素

(1)距岸越近、偏离中心航道越远岸壁效应越明显。

(2)水道宽度越窄,岸壁效应越激烈。

(3)水深越浅、岸壁效应越明显。

(4)船速越高,岸壁效应越激烈。

4. 岸壁效应与保向

(1)船舶一舷接近岸壁航行时,为保向需向岸壁一侧操舵。

(2)在中等舵角难以保向时,应加大离岸距离。

(3)岸推岸吸力较强,出现危险的转头时,不应盲目减速,以免丧失舵效。

四、船间效应

1.船间效应的现象

船舶在近距离上对驶会船、追越或驶过系泊船时,在两船之间产生的流体作用,将使船舶出现互相吸引、排斥、转头、波荡等现象,称之为船间效应。

产生原因:船体周围压力分布发生变化;船兴波。

2.船间效应的种类

(1)排斥

航进中的船舶,艏艉处水位升高,压力增高从而给靠近航行的他船以排斥作用。

(2)吸引

船中部附近的水位下降,压力降低,则给靠近航行的他船以吸引作用。

(3)波荡

波浪的水质点以一定的速度做轨圆运动,当水质点处于波峰时,其运动方向与波的传播方向相同(向前运动)、处于波谷时则与波浪的传播方向现反。

处于他船发散波中的船舶,由于相对于波的位置不同而受到加速或减速的现象,称之为波荡或无索牵引。

兴波越激烈、追越船的吃水越小,波荡现象越明显。

(4)转头

处于他船发散波中的船舶,当其船首向与他船发散波方向存在夹角时,即船舶斜向与发散波遭遇时,由于波中水质点做轨圆运动,导致波峰处的船体部分受波的前进方向的力,而波谷处的船体部分则受相反方向的力,其结果构成了力矩使船首转头。

3.影响因素

(1)两船间距

一般当两船间的横距小于两船船长之和时,就会直接产生这种作用;两船间横距小于两船船长之和的一半时,相互作用明显增加。两船过度接近则有碰撞的危险。

(2)船速

船间作用与船速的平方成正比。

(3)作用时间

航向相同比航向相反时影响大。

(4)船舶种类

小船受到的影响较大。

(5)水深

浅窄水域船间效应更为激烈。

4.具体的局面

(1)追越

①危险现象

追越船 A 接近被追越船 B 船尾时,B 船内转,挡住 A 船进路。

A,B 两船有部分重叠时,回转力矩先后达到最大值,追越船 A 船船首内转,碰撞被追越船 B 的船中或船尾。

两船平行，横向作用力很大，两船迅速接近，追越船 A 船船尾擦碰 B 船船中。

当 A 船船首追过 B 船，两船部分重叠时，被追越船 B 船的船首碰撞追越船 A 的船中或船尾。

②追越原则

a. 深水中，两船间距至少应保持大船的一倍船长，最好大于两船船长之和。

b. 追越的时间越长越危险；被追越船应适当减速(前提:保证舵效)。

c. 追越中出现明显的船间效应而有碰撞危险，被追越船应适当加车以提高舵效。

(2)对遇

两船对遇，船间相互作用和位置关系与追越类似。但所造成碰撞的危险比追越过程中低。主要原因是持续时间短、船体惯性大。当两船船首相平时，切忌用大舵角抑制船首外转。

(3)驶过系泊船

船舶以极近距离驶过系泊船时，系泊船会产生：艏摇、横摇、横荡、垂荡、纵荡、纵摇(六自由度)。

①原因

船间效应及发散波被岸壁反射后对船体的作用。

②危害

对系泊船影响最大的是纵荡，可能造成断缆等问题。

③影响因素

水深越浅，影响越大；驶过船航速；船间距离越大，影响越小；航道宽度越大，影响越小；驶过船排水量越大，影响越大，系泊船排水量越大，影响越小。

④预防措施

a. 驶过船：保持足够横距，减速。

b. 系泊船：对缆绳和碰垫做必要的调整，尤其是应使各缆绳均匀受力，避免某根缆绳单独过紧或过松。系泊船应停止有关可能受影响的作业。应对舷梯做出必要调整，避免船体移动而发生擦碰等事故。

五、弯道非均匀流对摩托艇运动的影响

弯曲河道属于非均匀流场，流态较为复杂。凹岸一侧受水流的冲刷，流速较高，凸岸一侧流速较小，且存在淤积现象。弯曲河道的主流、回流和横流对摩托艇航行都有一定影响，加上岸壁效应，使操纵变得更加困难。由于弯道局部范围内的主流、回流等属于非均匀流场，摩托艇过弯道时艇首和艇尾可能受到不同方向流的影响，故水动力将发生变化。

1. 顶流过弯道

当摩托艇顶流通过弯道时，舵力产生的转船力矩和艇首水流的作用力矩方向相反。当舵力的转船力矩小于水流的作用力矩，且船速较低时，受横流的作用容易发生艇首触碰凹岸一侧岸壁，如图 4 - 12(a)所示。

摩托艇在驶入弯道之前，应调整艇位，使摩托艇保持在河道轴线略偏凹岸一侧，把艏对着流向，然后提前操舵转向，用慢速顺着凹岸的弯势一点一点地转向，使航迹线的曲率半径小于河道轴线的曲率半径，将艇首向始终放在航道轴线的内测，放置在弯曲顶点附近操舵

太迟或过早把定而产生过大横移。一旦发现艇首外偏，应及时增加螺旋桨转速增大舵效进行纠正。当措施无效时，应果断抛锚，快倒车，以防发生触碰岸壁事故。

2. 顺流过弯道

与顶流过弯道比较，顺流过弯道的风险更大。当摩托艇顺流进入弯道时，舵力的转船力矩和艇尾水流的作用力矩方向一致，当操舵过早而艇速又较低时，受横流作用更容易发生触碰凹岸一侧岸壁，如图 4－12(b)所示。

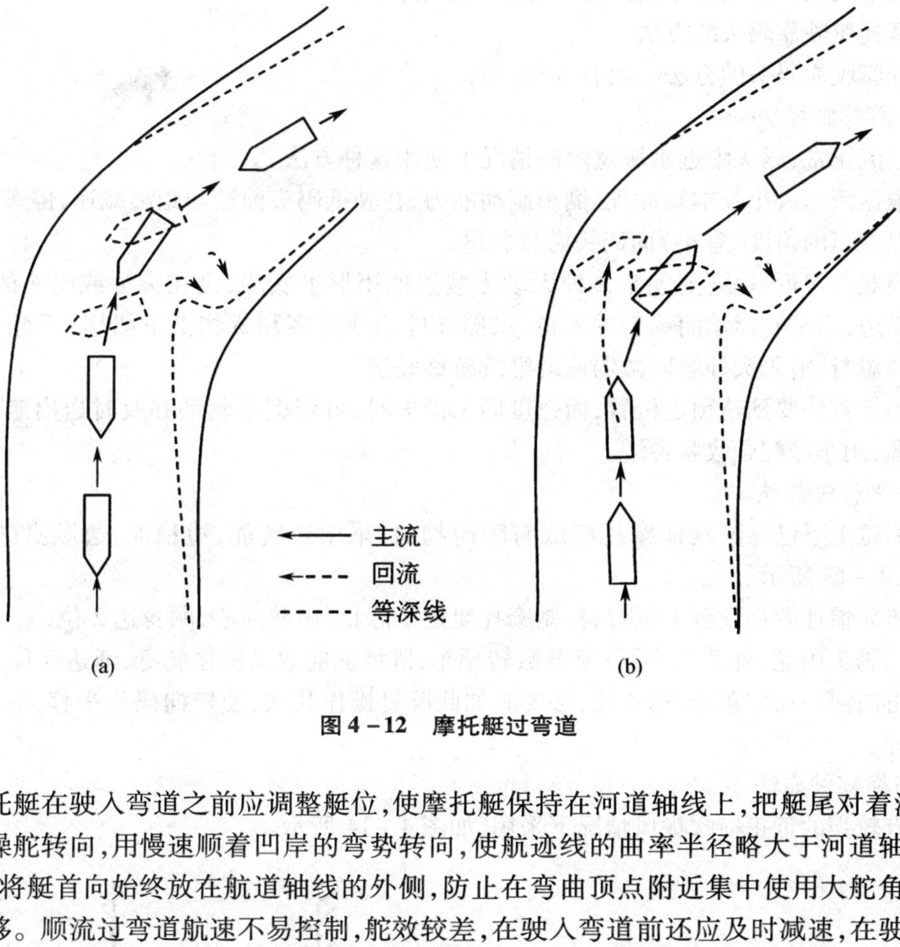

图 4－12　摩托艇过弯道

摩托艇在驶入弯道之前应调整艇位，使摩托艇保持在河道轴线上，把艇尾对着流向，然后提前操舵转向，用慢速顺着凹岸的弯势转向，使航迹线的曲率半径略大于河道轴线的曲率半径，将艇首向始终放在航道轴线的外侧，防止在弯曲顶点附近集中使用大舵角而产生过大横移。顺流过弯道航速不易控制，舵效较差，在驶入弯道前还应及时减速，在驶抵弯顶前在及时增速，使摩托艇在通过弯顶时有较大的舵力可控制使用。

第四节　摩托艇在拥挤水域航行及靠离泊操纵要领

一、摩托艇在船舶拥挤水域操纵要领

在沿岸和拥挤水域航行时，应使用船上适合于该地区并依照最新资料改正过的最大比例尺的海图，在确认没有碰撞危险的情下，应勤测船位，环境许可时还应使用多种方法定位，值班驾驶员确切地辨认沿岸陆标及所有有关的航行标志。

二、常用的靠泊操纵方法

1. 基本原则

靠码头时,除应充分考虑车、舵、锚、缆、风、流六要素外,应记住:"慢速前进,及时停车,保持有效舵力,正确掌握角度,待驶近码头旁时可使用倒车,使之平行地靠向码头,再递上系缆"这条基本原则。此外,靠码头应以顶风、顶流为主;风流不一致时,一般以顶流为主;在缓流地区或风力影响大于流的地方,则以顶风为主。

2. 摩托艇驶靠码头的方法

摩托艇驶靠码头的方法一般有五种,即:

(1)游移驶靠法

在水流正常,码头附近水域宽敞的情况下使用这种方法。

①根据流速大小及本艇冲程、倒车制动能力,在驶抵码头前适当距离减速,停车。

②以适当的角度(宜小)向码头游移驶进。

③当艇首接近趸船(趸船是一种无动力装置的矩形平底船,设在突堤或码头的尽头且固定在岸边,通常有浮动而锚着的平台,供船舶停泊或旅客和货物上下船用)下角外方时,用舵调顺艇身,沿码头外缘以微弱速度继续游移驶进。

④当艇首快要到达预定位置,而速度尚未消失时,可用倒车制动并及时送出艄倒缆,带上艄艉缆,用车舵配合收紧各缆。

(2)平移驶靠法

在泊位上下已靠泊其他摩托艇或有障碍物时,采用边转舵、边稳舵、边顺身的操作方法,如图 4-13 所示。

①艇靠惯性游移驶至 1 位置,控制摩托艇近于静止,操舵河心,顺身达 2 位。

②向码头用舵(舵角宜小)并略开数转顺车,既增加舵效又稳住艇身,渐达 3 位。

③再向河心扬舵顺身,达 4 位,必要时如此反复操作几次,使艇向码头平移,靠上码头,带好系缆。

(3)横移驶靠法

在有较强的近正横吹拢风情况下采用,如图 4-14 所示。

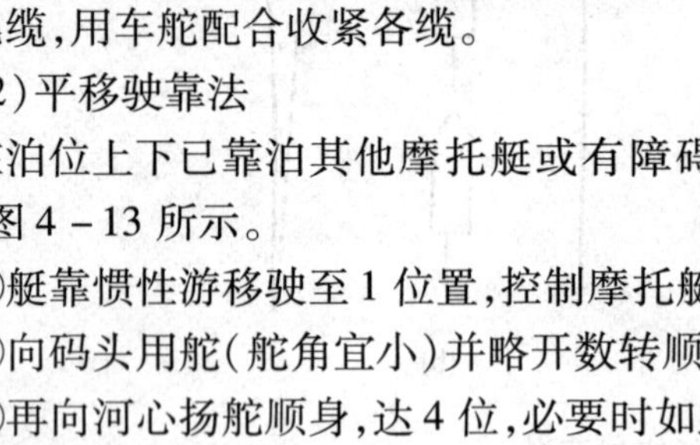

图 4-13　平移驶靠

图 4-14　横移驶靠

①艇靠惯性，在离开趸船较大横距处（视吹拢风大小而定）调顺艇身，驶至 1 位。

②艇用适当的上风舵，受吹拢风风压，向码头平行横移达 2 位。

③及时进车以减轻吹拢风的横压力，如艇首向码头偏转较多，还应考虑加大上风舵角，前进至 3 位。

④将艇首最受力靠把与趸船上方靠把相碰，以缓冲艇与趸船的撞击力，如艇仍有前冲趋势可用倒车（一般宜少用），艇受吹拢风横移压拢趸船如 4 位。

（4）抛锚驶靠法

在强吹拢风、水流急、趸船小的情况下采用，如图 4－15 所示。

①艇靠惯性，以适当的横距、一般在趸船中上方的 1 位，抛下外舷首锚，松链。

②如艇首转进过快如 2 位，可刹住锚链；若艇尾迫向趸船，必须用车舵拉住。

③再视实际情况松链，并适当用车舵配合，使艇接近平行地贴拢趸船如 3 位，即可徐徐靠上码头。

（5）大角度驶靠法

在较强的吹开风，码头区水流缓慢又没有回转余地及空挡小的情况下采用，如图 4－16 所示。

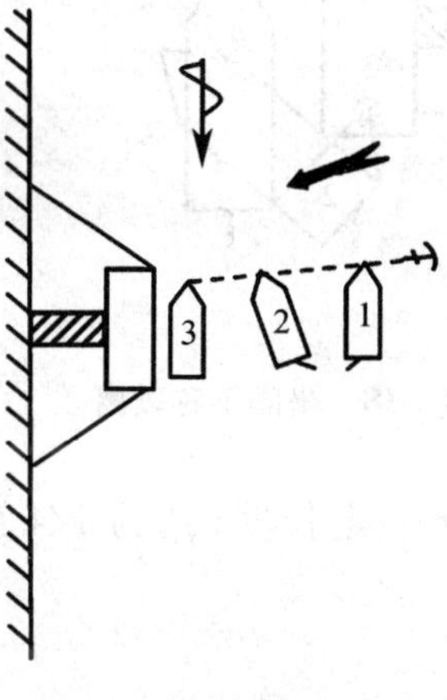

图 4－15　抛锚驶靠

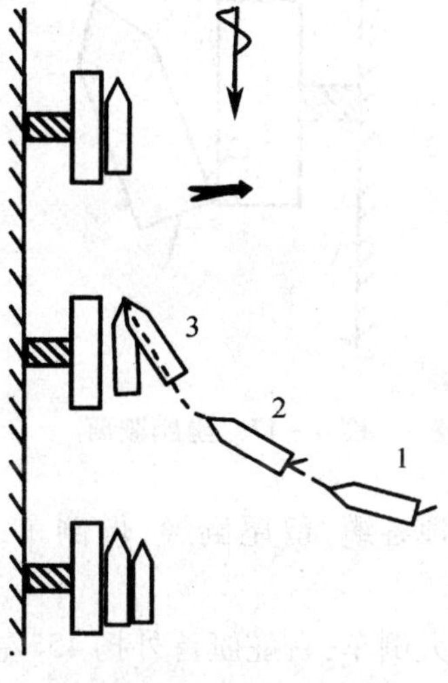

图 4－16　大角度驶靠

①掌握本艇的惯性和速度，在 1 位时以较大的角度对准趸船中部或趸船头部，驶达 2 位。

②用舵控制艇首使之处于能随时外扬的态势，以免抬不起头而撞趸船。

③接近趸船，抓紧时机，以适当的横距（比游移时大），和适宜的角度操外舵，使摩托艇急速回转达 3 位。

④注意倒车、艇靠回转时的偏移、克服风的影响和向码头转进所留的横距等问题。

⑤先带倒缆，用车舵配合，调整船位，系好各缆。

三、常用的离泊操纵方法

1. 坐艄驶离法

离码头的常用方法，如图 4－17 所示。

(1)解艇首各缆,留艇尾倒缆。

(2)向外操舵,艇靠水流作用后退,艇尾下坐,使尾倒缆受力,艇首外扬,如水流缓慢,又有吹拢风,可用倒车,以提高艇首外扬能力。

(3)当艇首摆开距离达一倍艇宽时,解尾缆。

(4)向内压舵,慢车前进,摆出艇尾,随后用舵向外渐转,必要时可稍停一下车。

(5)当艇尾离开趸船后,再用车舵,驶向航道。

2. 坐艄下移驶离法

在有吹拢风和趸船下方有一定的空挡、足够的水深且无障碍物时,可采用此法,如图 4-18 所示。

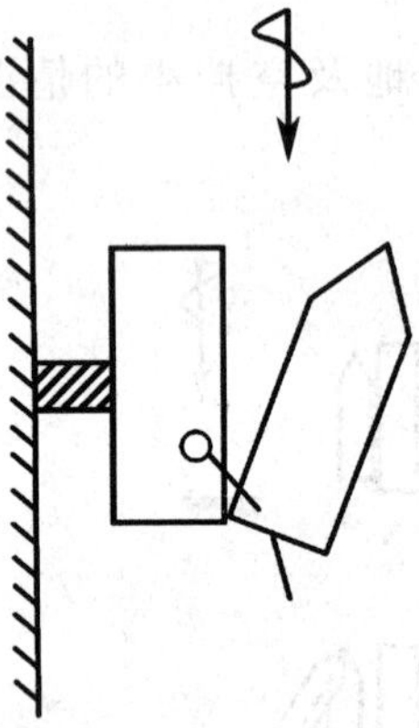

图 4-17　坐艄驶离

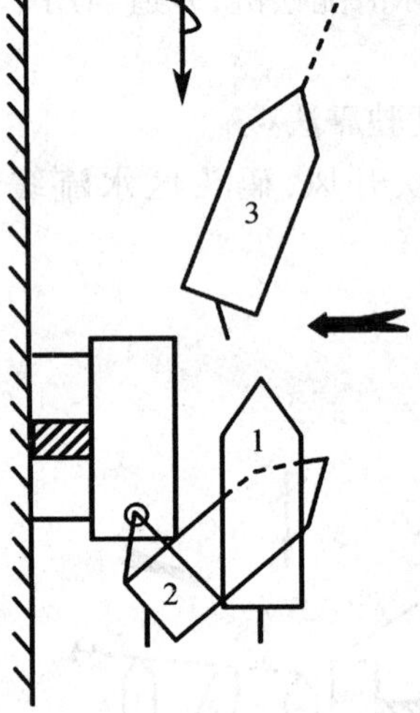

图 4-18　坐艄下称驶离

(1)解掉各缆,留尾倒缆,慢倒车,将尾缆慢慢松至一定长度(约为 1/4 艇长),使之受力。

(2)加大倒车,右舵艇首外扬 45°左右,如 2 位。

(3)停车,解尾缆,迅速提车,加大车速,以防摩托艇迫拢,驶向航道。

3. 飞艄驶离法

在艇尾受吹拢风及在艇首前有障碍物伸向河心且宽度大或在有潮汐影响的港区落潮靠,涨潮开或涨潮靠、落潮开等情况下,可用甩尾法驶离码头,其操作方法如图 4-19 所示。

(1)解掉各缆,只留艇首倒缆,必要时倒缆可以松长。

(2)向趸船一舷操满舵,开慢进车;艄倒缆受力后转向 2 位,艇尾在车舵作用下逐渐离开。

(3)当艇尾转出一定角度(约 45°),达 2 位时,停车,解艄倒缆,正舵,倒车。

(4)艇后退适当的距离到 3 位,停车,再调整航向到 4 位,用车驶离。

4. 利用开锚驶离法

(1)准备工作

实地观察风、流及泊位前后情况,前后有无动车余量、锚链方向及长度,系缆的角度及

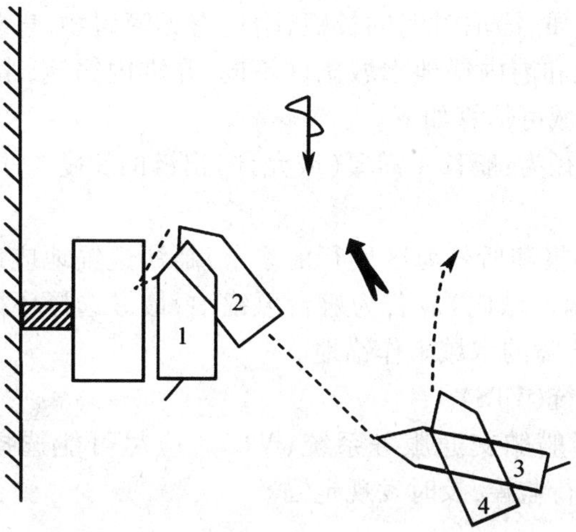

图 4－19　飞艄驶离

受力状态，以及水域内来往船舶的动态。

(2)操纵要领

①顶流较缓，有吹开风，泊位前方较清爽，收外档锚，艇首外摆 15°左右。船尾附近清爽时可用。

②掌握摆出角度。

③控制前冲后缩。

第五节　摩托艇锚泊要领

一、选择锚地的一般要求

通常摩托艇都在港口锚地或江河入口处的锚地下锚。由于锚地范围和条件限制，需要根据本艇具体情况和当时周围客观条件，认真研究海图、航路指南等航行资料以及气象预报，选择安全的抛锚地点。

1. 水深

在无浪涌侵入、遮蔽良好的锚地，所选锚地的水深应能保证在低潮时仍然具备 20% 吃水的富余水深；在有风浪或涌浪侵入的开敞锚地，为预防摩托艇在摇摆、垂荡时出现的摩托艇墩底现象，应能保证低潮时的水深大于 1.5 倍吃水再加上 2/3 的最大波高；深水区域抛锚时，锚地最大水深不得超过一舷锚链总长的 1/4，否则将会影响锚的抓力。

2. 底质

锚抓力与底质关系密切，软硬适度的沙底抓力较好，泥沙底次之，硬质泥底较差，石底不宜锚泊。锚地的海底地形以平坦为好，若坡度较陡（等深线较密）则影响锚的抓力，容易走锚。

3. 水流

流向宜相对稳定，流速以较缓为好。

4. 有足够回旋余地

回旋余地应根据底质、锚泊时间的长短、附近有无障碍物、气象、海况等情况来综合分析确定。开阔水域锚地和港内锚地水域条件不同,在港内锚地,由于船舶密集,水域有限,一般情况下锚泊所需水域可估算如下。

单锚泊时取回旋半径为:艇长+需要(或允许)出链的长度。

5. 避风条件

根据当地的气象预报和所处海区盛行的季节风,所选锚地应避免受强风的袭击,靠上风水域一侧为原则(避风水域内)。若为避台风锚泊,最好选择环抱式的避风港湾锚地,或者周围有高山、岛屿为屏障的水域来作锚地。

6. 船舶交通服务系统(VTS)

许多港口都建立了船舶交通服务系统(VTS),应尽可能选择(VTS)监控下的锚地。VTS 可对锚泊船锚位进行监控,及时发现走锚。

7. 其他方面

所选锚地附近还应远离航道或水道等船舶交通较密集地区,还应是无海底电缆等水中障碍物的水域,水流宜缓且方向稳定。

二、锚泊作业

当摩托艇按减速要求向锚地接近,并尽可能使用雷达随时预测到达预定抛锚点的距离,据以及时调整艇速。当距抛锚点尚有一倍艇长时,将艇机换为微退,使艇首正处于抛锚点时,正好使艇速也消耗殆尽并有微小退势时,同时将锚抛出。当倒车刚一开始使艇微微有点退势迅即停车,利用艇极慢的退势,分多次少量出链(或绳)至预定长度。

三、走锚判断及应急措施

锚泊船引起走锚的原因很多,主要是由于锚泊力不足和偏荡。导致锚泊力不足的原因主要有出链太短、底质较差、锚链绞缠、强风急流突起等。一旦锚链张力超过锚泊力,锚就有可能被拖动、自转乃至翻转出土,从而失去正常锚泊力,这种现象就被称为走锚。摩托艇走锚如不能及时发现并采取有效措施,往往会发生碰撞、搁浅、触礁等严重事故。驾驶人员在值锚更时,应该及时发现走锚,并采取有效防范措施。

1. 走锚的判断

(1)利用各种定位方法勤测船位,利用陆标、雷达、GPS 定位,经常核查船位以便及早发现走锚。

(2)连续观察偏荡情况。强风中的锚泊艇,如来回偏荡持续不断,则说明锚泊力能抵御外力及偏荡的影响,艇未走锚。如偏荡运动停止,而变为仅以抛锚舷受风状态,则判定艇已走锚。这是大风中判断走锚的最及时的方法。

(3)观测。岸上串视标判断法在强流中,我们应重点观测摩托艇正横附近的串视标的方位变化来判断是否走锚。但在强风中应注意摩托艇走锚时往往是以接近正横状态受风漂移,所以应重点观测艇首尾方向上的串视标以判断是否走锚。

(4)根据本艇与他船相对位置变化来判断走锚。注意观察周围锚泊船与本艇的相对距离,如距离变大或缩小明显,且他船并未起锚航行,则必有一艇走锚。如本艇在他船上风流一侧且两艇间距缩小,则可判定本艇走锚;反之,则为他船走锚。

（5）观察锚链情况正常锚泊时，锚链带有周期性松紧、升降现象。若表现为持续拉紧状态或突然松动的现象，则有可能走锚。此时，若用手按住锚链能感到锚链间歇性的急剧抖动。

2. 应急措施

（1）应立即加抛另一艏锚并使之受力，这是首要措施，同时紧急备车。

（2）在查明用车无妨碍时，可用车抵抗外力以减轻锚链受力，防止摩托艇继续走锚。

（3）按国际信号规则规定，及时悬挂并鸣放"Y"信号，并用 VHF，等通信手段警告附近他船。

（4）如开车后仍不能阻止走锚，则应果断决策，离艇上岸。

第六节　大风浪中的摩托艇操纵方法及注意事项

一、波浪概述

波浪是水质点在外力作用下所形成的波动运动。在深水中波浪的水质点以一定的速度做轨圆运动，其波形以某一速度传播出去，而水质点本身并不随波形移动。

大洋中最容易产生的波浪的波长是 80 ~ 140 m，波周期为 7 ~ 10 s。最陡的波的倾斜度为 1/10，一般为 1/40 ~ 1/30。

海上波浪实际上是不规则的，它们是由各种不同波长、波高和陡度的波组成的。经观测统计表明，其中有 1/10 波的波高是平均波高的 2 倍，称之为最大波高（$h_w/10$）；有 1/3 波的波高是平均波高的 1.6 倍，称之为三一平均波高或有义波高（$h_w/3$）。人们在海上目测的波高很接近有义波高，如图 4 – 20 所示。

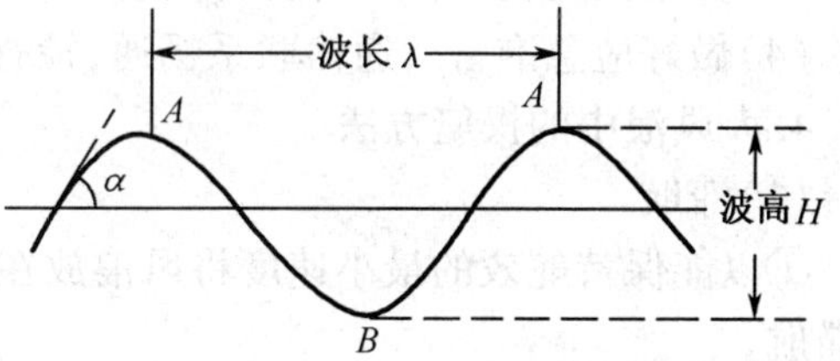

图 4 – 20　海浪波形

浅水区的波形变化：水质点的运动轨迹将由圆形变为椭圆；波速降低；波浪的周期不变，波长变短，波高增大；波峰向前卷起，同时在行进中破碎。

干扰引起的波形变化：合成波，波速变小，波高增加，俗称为三角浪；波高做周期性变化的群波 3 个或 5 个大浪随后又出现几个小浪。

二、船在波浪中的运动

如图 4 – 21 所示。

1. 三个平动

x 轴：u，前进。

y 轴：v，横移。

z 轴：w，升沉。

2. 三个转动

x 轴：p，横摇。

y 轴：q，纵摇。

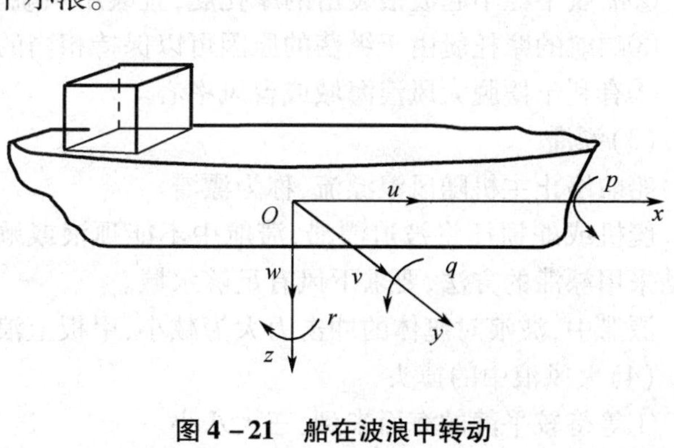

图 4 – 21　船在波浪中转动

z 轴:r,艏摇。

三、大风浪中航行

1. 横向受浪时所产生的危害

(1)产生过大的横摇角。

(2)舷侧容易上浪。

(3)由于横摇加速度增大,容易引起货物移动和增加自由液面的冲击力。

(4)造成人员不适,船用仪器使用不便。

(5)船体结构容易受损,增大船舶倾覆的危险。

2. 纵向受浪时所产生的危害

(1)拍底。

(2)甲板上浪。

(3)艉淹。

(4)螺旋桨空转。

(5)艇体结构容易受损,增大船舶断裂沉没的危险。

3. 大风浪航行的准备工作

(1)保证水密　检查甲板开口、水密门、关闭通风口、天窗和舷窗、锚链管等。

(2)排水畅通　检查排水管系、抽水机、分路阀等。

(3)绑牢活动物　活动物件都要绑牢。

(4)做好应急准备　通信联系畅通;检查应急电机、天线、舵设备等处于良好状态。

4. 大风浪中的操艇方法

(1)滞航

①以能保持舵效的最小速度将风浪放在艇首 2 ~ 3 罗经点的方位上迎浪前进的方法,称为滞航。

②摩托艇处于缓进或不进,甚至是微退的状态。

③减轻波浪对艇首的冲击和甲板上浪。

④保证有足够的舵效,以免被打成横浪。

(2)顺浪

①顺浪航行时,波浪与艇的相对速度较小,可以大大减弱波浪对艇体的冲击。

②滞航中经不起波浪袭击的摩托艇,宜改用顺航。

③顺航的摩托艇由于纵荡的原因可以保持相当的速度。

④有利于摆脱大风浪海域或台风中心。

(3)漂滞

船舶停止主机随风浪漂流,称为漂滞。

艇机或舵损坏将被迫漂滞,滞航中不能顶浪或顺航中保向性差或艇体衰老的船,可以主动采用漂滞的方法,要求下风有足够水域。

漂滞中,波浪对艇体的冲击力大为减小,甲板上浪不多。

(4)大风浪中的掉头

①等待较平静的海面来到,三大八小。

②开始时慢速中舵(15°左右)掉头过程中适时使用快车满舵。

③从顶浪转向顺浪时，转向应在较平静海面到来之前开始，以求较平静海面来临时正好转到横浪。

④从顺浪转向顶浪比较危险，必先降速减低惯性冲力，等待时机，以求后半段掉转在较平静的海面进行。

第七节　摩托艇应急操纵方法

一、避离热带气旋的船舶操纵

1. 摩托艇在热带气旋中相对位置的判断

在地球的北半球水域内，台风圈的右半圈风雨波浪较左半圈激烈，这是因为低气压气旋逆时针旋转与本身的前进运动相叠加而造成的。朝台风前进方向看去，操艇者常称台风的右半圈为危险半圆，并将左半圆称为可航半圆。在南半球水域内，低气压气旋为顺时针旋转，与北半球相反，称右半圆为可航半圆，而左半圆为危险半圆。航行在台风区的摩托艇，只有在确实掌握台风的动态和本艇所处台风的部位之后，才能据以采取有效措施避开台风中心。从气象变化来看，在北半球操艇者应该明确的是风向右转时本艇处于右半圈，风向左转时本艇处于左半圈，风向无明显变化时处于台风进路附近；气压降低时本艇处于台风的前面，而大气压升高时本艇处于台风的后面；无风而大气压显示最低，甚至可见晴天而海面为相当高的三角浪的情况，则说明本艇已处于台风眼内。

2. 摩托艇在热带气旋不同相对位置中的避离操纵

(1)避台注意事项

航行中收到有关台风的预报时，是按原航向继续航行还是迂回避台，或者是应驶向附近港口避台，应考虑以下各点并做出判断。

①台风的规模和进路，估计风浪发展的状况。

②台风中心与本艇之间的距离，台风进路与本艇航线是否交叉，距台风中心最近会遇距离如何，本艇将处于其危险半圆还是可航半圆根据航行经验，由于低气压的接近，当气压下降每小时超过 1 hPa 时，即应引起高度重视；气压下降量每小时超过 2 hPa 以上时，即应该根据情况改向避开，改向方向应与台风所在一侧反向。

③附近有无避风港口，本艇与该港间的距离。

④有关摩托艇耐航性的考虑。这里所说的耐航性是指在某种海况下使预定航速的降低达到最小，艇体不受任何损坏，能够安全而且相对舒适地进行航海的性能。

(2)避台操纵方法

航行在台风区的摩托艇，只有确知台风的动态和本艇在台风中的相对位置后，才能采取有效措施避开台风中心，否则盲目行动必将陷入被动局面，造成更大困难。避台的核心问题是尽可能远离台风中心，一般应保持 300 n mile 以上，风力在 6 ~ 7 级，气压不跌入 1 000 hPa，迫不得已时，至少要保持 100 n mile 以外，风力不超过 8 级。沿海航行摩托艇遇到台风袭来应及早驶入避风锚地。航行在大洋上的摩托艇必须改变航向和航速，避开台风中心。现将摩托艇在台风区的不同部位应如何驶离台风中心的操纵方法介绍如下：

①危险半圆内避台操纵法

在北半球，台风路径的右半圈，风速比左半圈大，风向逐渐向右转变(顺时针方向)，摩托艇在右半圈有被卷入台风中心的危险,所以右半圈叫作危险。艇处于危险半圈时,应取与台风路径垂直的方向全速驶离,即以右艏舷15°~20°顶风全速避离。如果风浪已十分猛烈或者由于前方有陆地等的阻碍,不能全速驶离时,可以采取右艏顶风滞航使艇处于几乎不进不退的状态,随着台风中心的前移而避离台风区。

综上所述,在北半球危险半圆的避航法,可概括为“三右”,即右半圈,风向右转,右艏受风驶离。

②可航半圆内避台操纵法

北半球的左半圆,风向与台风移动路径,风向逐渐左转(逆时针方向),风力比右半圆小摩托艇被压入台风中心的危险少,此时,应使右艉受风驶离台风中心。直到风力由大变小,气压由低变高,则台风中心已过。如果前方没有充分的避离余地,则可改使右艉受风,顶风滞航。

综上所述,在北半球可航半圆的避航法,可概括为“左左右”,即左半圆,风向左转,右艉受风驶离。

3. 在台风进路上的操纵方法

艇在台风进路上时,风向不变,气压下降,台风中心即将来临,此时在北半球应使艇尾右舷受风顺航,迅速驶进左半圆,直至气压回升,风力变小,离开险区。为便于记忆,可将台风避让操纵方法总结成如下口诀:“风向左转,艇在左半圆,风向右转,艇在右半圆;艇在北半球右艏(艉)迎风,艇在南半球左艏(艉)迎风”。

4. 系泊防台注意事项

靠在码头上遇台风来临,要对自己的处境进行分析。如港内防风浪条件良好,涌浪不会太大,台风引起的水位上涨不至于使艇发生危险,本艇的受风性能也较好,则可以留在泊位上抗台;反之,应离泊位出港抗台。在决定留或离的问题上,应当听取港口当局的意见。

在码头防台时,增加带缆,特别是强风向方面应加强;各缆应受力均匀,带缆点应分散,缆系长一点可增加位能,缆绳的摩擦部位要妥善包扎、涂油以防磨损。码头和艇体之间增设碰垫;空艇必须增加压载,减少受风面积,增加艇体运动的水阻力;如果强风向是来自外舷,则可以在艇首、尾外侧抛锚以缓和风浪的作用;将艇首系靠在出港方向,并做好必要时能离开码头的准备。例如,抛外侧锚或外侧浮筒系缆等;系浮避台时,系单浮筒比较有利,它能够随时保持艇首迎风,可以用锚链系浮筒,加长锚链或增加系缆,只要浮筒不移位,是可以系浮抗台的,必要时还可以抛另一锚来制止偏荡;系双浮筒时,除非浮筒方向与最大风力的方向基本一致外,最好改为系单浮筒,不可能时应驶离泊位去锚地右港外抗台。

二、救助落水人员的船舶操纵

摩托艇在发生海损事故、船员舷外作业或其他原因造成人落水时,应立即做以下工作:

1. 立即停车,向落水者一侧操满舵,使艇尾摆开,以免落水者为螺旋桨或艇尾所伤。

2. 扔下救生圈(夜间应扔下带有指示灯的救生圈)或木板等漂浮物,以便落水者能攀附,并能指示落水者的位置。

3. 发出人落水警报,按规定显示和鸣放信号,派人携带望远镜登高瞭望,凡过往船舶有责任协助寻救。

4. 指定人员留意该落水者,如落水者是一小孩,则派一人(非驾驶者)腰系绳索,跳下水在航道条件许可下,摩托艇应及时掉头驶回人落水的位置,尽力搜索援救落水者。

5. 尽快转向回航，在大浪中应迎风转向以便容易控制摩托艇。当该落水者在摩托艇的下风艇舷时，停止发动机从落水者下风靠拢并将其救起。

6. 给遇溺者急救。

三、发生火灾时的摩托艇操纵和措施

航行中发生火灾，除立即组织人员进行施救外，如何操纵摩托艇对火灾的迅速扑灭有重要意义。

（1）当驾驶人员应了解起火的地点，迅速组织灭火，启动一切灭火设备，同时按当时的风向，操纵摩托艇使起火部位处于下风位置。起火地点在船尾部，应迎风航行；火灾地点在艇首部，应顺风航行；在艇中部则傍风而行。应注意在旋回掉头或继续航行时要减缓速度，以免助长火势。

（2）按规定鸣放和显示火警信号，借助通信设备以求得就近港口或过往船舶的协助。

（3）如火势一时不能迅速捕灭时，则应将艇上的旅客或者其他人员安全撤离。切忌慌乱，给施救造成困难。

（4）为使他船来救时便于接近或相靠本艇，应就近选择在陡岸附近水深不大的边滩处收艇，使艇既能靠拢岸边，又在万一出现下沉情况时，不致全部沉入水中。此过程中，仍必须使着火部位处于下风位置。必要时，可操纵摩托艇顺水靠岸，以兼顾各方面的要求。

（5）把发生火灾的时间、地点、气候条件，采取的措施详细记入航行日志。

四、发生碰撞后的应急措施

1. 堵漏措施

在摩托艇发生碰撞造成进水后，被撞船应该立即发出堵漏警报，组织全体人员进行快速、积极抢救。与此同时，应该采取备车、停车，以减少摩托艇进水量。当周围有波浪时，应该尽量让摩托艇在其破洞处于背着波浪的方向停车。根据摩托艇吃水、干舷变化来确定摩托艇破损的大小，确定相应堵漏措施。开动所有排水泵排水，使得摩托艇单位时间内总的进水量减少，来延缓摩托艇下沉的幅度，减少因摩托艇进水而造成对摩托艇稳性和浮性的影响。被撞艇艇员应该根据摩托艇破洞的位置和受损面积的大小确定应采取的堵漏措施。

（1）对于水线以下船体破洞且直径较小时，采用软木塞或者堵漏板进行堵漏。当直径大时，选择堵漏毯临时堵住洞口，排水后用水泥箱堵漏。

（2）水线以上船体破洞，可以选择从外向里堵。

（3）对于裂缝，可以采用麻丝或者破布，橡胶盖住裂缝然后钉牢。

（4）对于承受水压力较大但本身承受能力较小处应进行加固。

在被撞艇采取措施的同时，撞击艇慢速准确地微速进车，堵住摩托艇破洞使得摩托艇进水面积减小，单位时间内进水量减小。同时，应该密切注意被撞艇的浮性和稳性的变化，以及采取措施是否有效；应该及时将情况通知领导机关和附近的港务机关，以求得指示和救援。

2. 恢复摩托艇的浮性和稳性

摩托艇在破损后由于进水，会使得摩托艇的稳性和浮性发生变化，甚至造成倾斜过大而倾覆。摩托艇的浮性变差，造成本船和撞击船的损坏，因而在采取堵漏措施的同时应该采取措施恢复摩托艇正常的浮性和稳性，以免产生以上后果。

在被撞艇采取堵漏和恢复被撞艇浮性和稳性的同时，撞击艇应该利用通信手段迅速了解被撞艇破洞的大小，根据破洞产生的位置，确定可能产生的后果。根据摩托艇本身推力的大小，确定撞击艇承受被撞艇横倾产生的极限压力。利用自身的资料和计算工具，根据进水量和排水量公式确定此时的总的进水量，从而根据 $\Delta d = \Delta p/TPC$，确定此时的摩托艇吃水变化，来决定摩托艇采取后退时的时间。

3. 抢滩

摩托艇碰撞后，根据摩托艇状态分析摩托艇沉没的趋势，若附近有浅滩时，应迅速分析是否有抢滩的可能。首先，比较碰撞事故发生到被撞艇所到达搁浅位置的时间与摩托艇从碰撞后进水到摩托艇沉没的时间。再次，应该考虑浅滩位置的底质。当浅滩的底质为岩石或者较坚硬的物质时，摩托艇将会造成艇体刮伤或者更大损害，不适宜抢滩；当浅滩底质为沙泥或者柔软物质时，摩托艇不会造成大损害适宜抢滩。此外，在摩托艇前进的过程中，应该注意两艇前进的一致性，防止产生错位或者速度变化造成摩托艇更大损坏。当以上条件都满足时，应该迅速决定采取抢滩措施。在此过程，撞击艇也应该注意被撞艇下沉对于本艇的影响，根据摩托艇设计资料查得艇体此部位的允许强度，确定摩托艇首部承受的外力极限，从而确定摩托艇是否会发生本身破损，来决定是否应该采取后退的措施，来减少损失。

4. 弃艇

若以上堵漏措施、恢复艇体措施不能改变摩托艇沉没，而选择抢滩措施又不能满足条件时，被撞艇艇长应该决定弃艇。撞击艇应该及时、迅速地采用退车使艇体完全脱离被撞艇，防止本艇被牵连造成损害。特别是小艇撞大艇时，由于大艇在进水后下沉，小艇艇首部受力将会增大。根据摩托艇动力学得知，一般摩托艇倒车的推力只有正车推力的60%～70%。当摩托艇受力很大时，摩托艇靠自身的动力不能脱离被撞艇艇体而造成两艇沉没的危险。因而小艇作为撞击艇时，更应该考虑此因素，及时确定摩托艇倒车的时间。在撞击艇完全安全时，应该迅速抢救被撞艇上的艇员、重要物品如航海日志以及重要文件证书等，减少总损失。

第五章　摩托艇避碰技术

水上避碰规则分为《中华人民共和国内河避碰规则》(以下简称《内规》)和《国际海上避碰规则》(以下简称《规则》),是调查处理水上交通事故的法律依据。其中《内规》由交通运输部颁布实施,适用于在我国境内江河、湖泊、水库、运河等通航水域及其港口航行、停泊和作业的一切船舶、排筏。《规则》由国际海事组织(IMO)颁布,在其缔约国(包括我国)实施,适用于在公海和连接公海可供海船航行的一切水域中的一切船舶。二者有一定的相通性,《内规》基本符合《规则》各条款的内容,由于内河航道的复杂性以及船舶类型的更加多样性,所以,《内规》比《规则》内容更加详细。

第一节　内河避碰规则

一、《内规》的宗旨和适用范围

1.《内规》的宗旨

维护水上交通秩序,防止碰撞事故,保障人民生命、财产的安全。

2.《内规》的适用范围

在我国境内江河、湖泊、水库、运河等通航水域及其港口航行、停泊和作业的一切船舶、排筏。

二、航行与避让

1.行动原则

(1)瞭望的目的、正规瞭望的方法

《内规》第六条指出:"船舶应当随时用视觉、听觉以及一切有效手段保持正规的瞭望,随时注意周围环境和来船动态,以便对局面和碰撞危险做出充分的估计"。

①瞭望的目的,就是对局面和碰撞危险作出充分的估计。

②正规瞭望的方法是指视觉瞭望、听觉瞭望以及其他有效瞭望手段,包括望远镜、雷达、船舶间 VHF、船舶与 VTS 中心的联系等,其中视觉瞭望是最基本的瞭望手段。

(2)安全航速、决定安全航速的因素及使用安全航速的目的

①船舶在任何时候均应当以安全航速行驶,以便能够采取有效的避让行动,防止碰撞。

②船舶决定安全航速时,应当考虑能见度、通航密度、船舶操纵性能、风、浪、流及航道情况和周围环境等主要因素;使用雷达的船舶,还应当考虑雷达设备的特性、效率和局限性。其中能见度是首要因素。

③机动船经过要求减速的船舶、排筏、地段和船舶装卸区、停泊区、鱼苗养殖区、渡口、施工水域等易引起浪损的水域,应当及早控制航速,并尽可能保持较开距离驶过,以避免浪损。

④由于本身防浪能力或者防浪措施存在缺陷的,不能因本条第三款规定而免除责任。

《内规》虽然没有对“安全航速”做出“量”的规定,但是明确了使用安全航速的目的,即能够采取有效的避让行动,防止碰撞;避免引起浪损。

2. 航行原则

1. 机动船的行动原则

“机动船航行时,上行船应当沿缓流或者航道一侧行驶,下行船应当沿主流或者航道中间行驶。但在潮流河段、湖泊、水库、平流区域,任何船舶应当尽可能沿本船右舷一侧航道行驶。

设有分道通航、船舶定线制的水域,必须按照有关规定航行和避让。两船对遇或者接近对遇应当互以左舷会船。”(《内规》第八条)

①上行船走缓流、下行船走主流

除感潮河段、湖泊、水库、平流区域外,对于有主流、缓流较明显之分的水域,机动船航行时,上行船应当沿缓流或者航道一侧行驶,下行船应当沿主流或者航道中间行驶。

②各自靠右行驶

对感潮河段、湖泊、水库、平流区域,任何船舶应当尽可能沿本船右舷一侧航道行驶。

③船舶定线制

我国一些海事管理机构针对辖区水域制定了属于该水域的“船舶定线制”规定(如温州乐清湾水域),规范了船舶航行行为和避让行为,完善了船舶航行原则规定,对改善水上交通秩序,避免碰撞事故的发生起到了重要的作用。

(2)机动船避让原则

①避让行动的要求

a. 船舶在航行中要保持高度警惕

“船舶在航行中要保持高度警惕”,应主要体现在驾驶人员航行值班的要求。值班人员在航行值班过程中,应尽职尽责,千万不能松懈麻痹,对水上任何航行危险应保持高度戒备。

b. 不明动态,及时停车

当对来船动态不明产生怀疑,或者声号不统一时,应当立即减速、停车,必要时倒车,防止碰撞。

c. 采取任何防止碰撞的行动

为避免碰撞所采取的行动包括转向、变速、转向变速结合的行动。在某些特定的环境和情况下还包括备车、备锚、抛锚等避碰准备和紧急行动。

d. 应当明确、有效、及早进行

所谓“明确”是指避让意图和行动清楚明朗、连贯统一,使对方易于察觉,一目了然,而不致产生错觉、怀疑或误解。

所谓“有效”是指在船舶避碰过程中,为了保证达到在安全距离驶过的预期效果,应细心核查行动的有效性。

所谓“及早”是指在时间和距离两个方面都留有余地,避碰行动完成后,两船能在安全距离上驶过。

e. 运用良好驾驶技术

“良好驾驶技术”是指船舶驾驶人员在长期的驾船生涯中所积累的宝贵经验而形成的优良技术和习惯做法。

f. 驶过让清

“驶过让清”是指两船相遇在采取相应的有效避让措施后，已经在安全距离内驶过，不再存在任何碰撞危险并已进入正常航行。

②避让责任

当两船相遇构成碰撞危险时，会遇双方要按规则规定，必须明确双方的避让责任和义务。船舶之间的避让责任是指按《内规》规定相遇两船在避碰中一船对另一船所承担的责任，也就是相遇两船之间的避让关系。

③避让意图的统一

两船相遇致构成碰撞危险时，避让意图的统一和避让行动的协调，是确保两船安全避让必不可少的重要环节。只有避让意图的统一，才能保证避让行动的协调。双方避让意图的统一，主要通过声号、VHF 和灯光信号等方式实现。避让意图经统一后，避让行动必须得以坚决执行。

三、机动船相遇，存在碰撞危险时的避让行动

1. 对驶相遇的判断及避让关系

（1）对驶相遇的判断，应同时满足以下三个条件：

①两艘机动船；

②顺航道行驶两船的往来相遇；

③存在碰撞危险。

（2）机动船对驶相遇的避让关系：

①上行船应当避让下行船；

②逆流船应当避让顺流船；

③单船应当避让船队。

2. 追越的判断及避让责任

（1）追越的判断，应当同时具备以下四个条件：

①两艘机动船；

②方位与距离：后船位于前船正横后大于 22.5°的任一方向，后船位于前船尾灯的能见范围内；

③速度：后船速度大于前船速度；

④可能构成碰撞危险。

（2）追越中的避让责任：追越船应当避让被追越船，直到最后驶过让清为止。

3. 横越和交叉相遇避让责任及避让行动

（1）机动船横越和交叉相遇的避让责任

①横越船应当避让顺航道或河道行驶船；

②有他船在本船右舷者，应当给他船让路；

③上行船（逆流船）应当避让下行船（顺流船）。

（2）机动船横越的避让行动

①机动船横越前应当注意航道情况和周围环境，确认无碍他船行驶，按规定鸣放声号后，方可横越。

②横越船都必须避让顺航道或河道行驶的船，并不得在顺航道行驶船的前方突然和强

行横越。

(3)机动船交叉相遇时的避让行动

①同流向的两横越船交叉相遇:“居左船”应主动避让“居右船”。

②不同流向的两船交叉相遇:上行船(逆流船)应当主动避让下行船(顺流船)。

在上述避让行动中,不论那种局面,让路船采取避让行动时应鸣放相应的操纵声号,同时,被让路船应回答相应的操纵声号。

4. 机动船尾随行驶的规定及避让关系

(1)《内规》第十三条规定:“机动船尾随行驶时,后船应当与前船保持适当距离,以便前船突然发生意外时,能有充分的余地采取避免碰撞的措施。”

(2)“尾随行驶”的避让责任:后船应当避让前船。

5. 机动船在干、支流交汇水域相遇的规定及避让关系

(1)机动船在干、支流交汇水域相遇的规定

①从干流驶进支流的船,应当避让从支流驶出的船。

②干流船同从支流驶出的船同一流向行驶,干流船应当避让从支流驶出的船。

③干流船同从支流驶出的船不同流向行驶,上行船应当避让下行船,但在潮流河段逆流船应当避让顺流船。

(2)机动船在干、支流交汇水域相遇的避让关系

两机动船在平流区域进出干、支流交汇水域相遇时,有他船在本船右舷者,应当给他船让路。

6. 机动船在叉河口相遇时的避让关系

两机动船在叉河口相遇,同一流向行驶时,有他船在本船右舷者,应当给他船让船;不同流向行驶时,上行船应当避让下行船,但在潮流河段逆流船应当避让顺流船。

7. 机动船与在航施工的工程船相遇的避让关系

机动船与在航施工的工程船相遇,机动船应当避让在航施工的工程船。

快速船相遇的避让责任:

快速船(指静水时速 35 km/h 以上的船舶)在航时,应当宽裕地让清所有船舶。两快速船相遇时,应当按《内规》各条规定避让。

机动船掉头应注意的事项:

(1)机动船或者船队在掉头前,应当注意航道情况和周围环境,在无碍他船行驶时,按规定鸣放声号后,方可以掉头;

(2)过往船舶应当减速等候或者绕开正在掉头的船舶行驶。

四、船舶在能见度不良的定义、适用范围及行动原则

1. 定义

“能见度不良”是指由于雾、雪、暴风雨、沙暴等原因而使能见度受到限制的情况。

船舶在能见度不良的情况下航行,应当以适合当时环境和情况的安全航速行驶,加强瞭望,并按规定发出声响信号。

装有雷达设备的船舶测到他船时,应当判定是否存在着碰撞危险。若是如此,应当及早地与对方联系并采取协调一致的避让行动。

除已判定不存在碰撞危险外,每一船舶当听到他船雾号不能避免紧迫局面时,应当将

航速减到能维持其航向操纵的最低速度。无论如何,每一船舶都应当极其谨慎地驾驶,直到碰撞危险过去为止,必要时应当及早选择安全地点锚泊。

2. 适用范围

(1)适用的能见度:通常情况下,以机动船号笛最小可听距离 1 km 为依据,当能见距离小于 1 km 时,应当鸣放雾号;当能见距离小于 2 km 时,应当备车航行。

(2)适用的水域:能见度不良的水域中或在其附近。

(3)适用的船舶:在上述水域中航行的任何船舶。

3. 戒备行动规则

(1)加强瞭望。

(2)以安全航速行驶。

(3)按规定鸣放声号。

五、对靠离泊的要求

机动船靠、离泊位前,应当注意航道情况和周围环境,在无碍他船行驶时,按规定鸣放声号后,方可行动。正在上述水域附近行驶的船舶,听到声号后,应当绕开行驶或者减速等候,不得抢挡。

六、对锚泊船的要求

船舶、排筏在锚地锚泊不得超出锚地范围。系靠不得超出规定的尺度。停泊不得遮蔽助航标志、信号。船舶、排筏禁止在狭窄、弯曲航道或者其他有碍他船航行的水域锚泊、系靠。

除因工作需要外,过往船舶不得在锚地穿行。

七、船舶号灯、号型和声响信号

1. 船舶号灯、号型的定义、显示时间

(1)号灯的定义

①“桅灯”是指安置在船的艏艉中心线上方的白灯,在 225°的水平弧内显示不间断的灯光,其安装要使灯光从船的正前方到每一舷正横后 22.5°内显示。

②“舷灯”是指右舷的绿灯和左舷的红灯,各在 112.5°的水平弧内显示不间断的灯光,其装置要使灯光从船的正前方到各自一舷的正横后 22.5°内分别显示。长度小于 20 m 的船舶,其舷灯可以合并成一盏,装设于船的首尾中心线上。

③“艉灯”是指安置在尽可能接近船尾的白灯,在 135°的水平弧内显示不间断的灯光,其装置要使灯光从船的正后方到每一舷 67.15°内显示。

④“拖带灯”是指具有与本款 3 项所述“艉灯”相同特性的黄灯。

⑤“环照灯”是指在 360°的水平弧内显示不间断灯光的号灯。

⑥“闪光灯”是指每隔一定时间以频率为每分钟闪 120 次或 120 次以上的号灯。

(2)号灯的显示时间

①从日没到日出。

②能见度不良的情况下从日出到日没。

(3)号型的定义

号型是指《规则》所规定的悬挂在船舶桅杆上作为信号用的球形、十字形、圆柱形、圆锥形、菱形、双箭头和篮子形体的总称。

(4)号型的显示时间

白天,包括日出之前和日没之后的晨昏蒙影期间。

2. 声响和灯光信号

(1)声响和灯光信号的作用

可表明船舶的存在、种类、大小、动态。某些声响和灯光信号还可表明船舶的操纵意图和操纵行动,表示怀疑、发出警告和引起他船注意。

(2)声号的定义

①短声:指历时约 1 s 的笛声。

②长声:指历时 4 ~6 s 的笛声。

3. 号灯、号型与声响信号的作用

号灯和号型是用来表示船舶种类、大小、动态和工作性质的灯光和形体。声响信号可表明船舶的存在、种类、动态,某些声号还可表明船舶的操纵意图和操纵行动,表示怀疑、发出警告和引起他船注意。内河船舶的号灯、号型、灯光信号和声号的种类要多于海船,但其信号设备技术要求则略低于海船。但是,《内规》第四十六条对使用 VHF 协助避碰做出了明确的规定,这是《国际海上避碰规则》所没有的。总体来说,《内规》在避碰信号上基本符合《国际海上避碰规则》第一条中所提出的“尽可能符合本规则条款”和“尽可能不致被误认”的要求。了解和掌握了《国际海上避碰规则》有关避碰信号的规定,就比较容易了解和掌握《内规》有关避碰信号的规定;反之亦然。

4.《内规》主要声号的含义

(1)一短声:我正在向右转向;当和其他船舶对驶相遇时,要求从我左舷会船。(互见中)

(2)两短声:我正在向左转向,当和其他船舶对驶相遇时,要求从我右舷会船。(互见中)

(3)三短声:表示正在倒车或者有后退倾向。(互见中)

(4)四短声:不同意你的要求。(互见中)

(5)五短声:怀疑对方是否已经采取充分避让行动,并警告对方注意。(互见中)

(6)一长声:我将要离泊;我将要横越;要求来船或者附近船舶注意。(任何能见度)

(7)两长声:我要靠泊;我要求通过船闸。(互见中)

(8)一长一短声:掉头时,表示“我向右掉头”;进出干、支流交汇水域或者叉河口时,表示“我将要或者正向右转弯”。(互见中)

(9)一长两短声:掉头时,表示“我向左掉头”;进出干、支流交汇水域或者叉河口时,表示“我将要或者正向左转弯”。(互见中)

(10)两长一短声:追越船要求从前船右舷通过。(互见中)

(11)两长两短声:追越船要求从前船左舷通过。(互见中)

(12)一短一长一短声:要求他船减速或者停车。(互见中)

(13)一短一长声:我已减速或者停车。(互见中)

(14)一长一短一长声:我希望和你联系。(互见中)

(15)一长一短一长一短声:同意你的要求。(互见中)

(16)一长两短一长声:要求来船同意我通过。(互见中)

(17)三长声:有人落水。(任何能见度)

(18)一长三短声:拖船通知被拖船舶、排筏注意。(任何能见度)

(19)机动船在能见度不良时,应鸣放的声响信号:

①在航机动船应每隔一分钟鸣放一长声;

②在航客渡船应每隔一分钟鸣放二短一长声;

③锚泊的机动船应每隔一分钟急敲号钟或者有效响器约5 s。

第二节　国际海上避碰规则

《1972年国际海上避碰规则》(下称《规则》)适用于公海和连接于公海而可供海船航行的一切水域中的一切船舶,包括摩托艇。规则规定船舶驾驶人员如何避免碰撞,从技术层面而言是一部技术规范。当船舶发生碰撞事故后,规则是判明双方责任的依据。

一、碰撞危险的判断方法

1. 罗经方位判断法

船舶驾驶员在能见度良好时判断是否存在碰撞危险的一种最常用的方法。

(1)来船方位没有明显的变化,则应认为存在这种危险。

(2)来船方位有明显的变化,有时也可能存在碰撞危险,特别是在以下情况:

①在驶近一艘很大的船舶或者拖带船组时;

②近距离驶近他船时。

2. 舷角判断法

通过观测来船舷角的变化来判断碰撞危险的一种方法,原理与罗经方位法一致。这种方法更加简单方便、直观迅速,但在船首向不稳定和改变航向时不宜使用。

3. 雷达标绘判断法

(略)

二、避免碰撞的行动原则

1."及早"原则

为避免碰撞所采取的任何行动,如当时环境许可,应是积极的,应及早地进行和充分注意运用良好的船艺。

(1)为避免碰撞采取避碰行动时,应当果断,毫不犹豫。一旦决定了所要采取的行动,就应当果敢、干净利落。

(2)根据船舶所处的环境和条件,"及早"确定避碰行动的时机。通常的做法是在宽阔水域行动比受限水域早,对遇局面比其他局面早,操纵能力差的船比操纵能力好的船早,慢速船比快速船早,能见度不良时比能见度良好时早等。

2."动作易察觉"原则

为避免碰撞而做的航向和(或)航速的任何变动,如当时环境许可,应大得足以使他船用视觉或雷达观测时容易察觉到;应避免对航向和(或)航速做一连串的小变动。

3."避免紧迫局面"原则

如有足够的水域,则单用转向可能是避免紧迫局面的最有效行动,只要这种行动是及时的、大幅度的,并且不致造成另一紧迫局面。

紧迫局面的含义:当两船接近到单凭一船的行动已不能导致在安全距离上驶过的局

面。为避免与他船碰撞而采取的行动,应能导致在安全的距离驶过。应细心查核避让行动的有效性,直到最后驶过让清他船为止。

(1)船舶在采取避碰行动时应以达到在安全的距离驶过为标准。《规则》中并未给出安全距离的定义。安全距离的量化需要根据船舶所处的环境和具体条件来确定。

(2)“驶过让清”通常是指船舶采取让路或避让行动后相互驶过,在恢复原来的航向航速后,不会形成新的碰撞危险。

4.“留足估计判断时间”原则

如需为避免碰撞或留有更多的时间来估计局面,船舶应当减速或者停止或倒转推进器把船停住。

减速或者减速把船停住的目的,是为了留有更多的时间来对他船的动态和碰撞危险做进一步的分析和判断,更重要的是能够缓解所面临的碰撞危险。

三、招引注意的信号和遇险信号

1.招引注意的信号

如需招引他船注意,任何船舶可以发出灯光或声响信号,但这种信号应不致被误认为本规则其他条款所准许的任何信号,或者可用不致妨碍任何船舶的方式把探照灯的光束朝着危险的方向。任何招引他船注意的灯光,应不致被误认为是任何助航标志的灯光。为此目的,应避免使用诸如频闪灯这样高亮度的间歇灯或旋转灯。

2.遇险信号

下列信号在一起或单独使用或展示时,表示遇险和需要救助:

(1)约每隔 1 min 鸣炮或发出其他爆炸信号。

(2)用任何雾号装置连续发声。

(3)以短的间隔,每次放一个抛射红星的火箭或信号弹。

(4)以《摩斯信号规则》的··· ——— ···(SOS)信号组构成的任何信号方法发出的信号。

(5)用无线电话发出的、由口说的“MAYDAY”一词组成的信号。

(6)由 N.1C.1 表示的《国际信号规则》的遇险信号。

(7)由下列者构成的信号:在一四方旗的上方或下方有一个球或球状物。

(8)船舶上的火焰(如点燃的沥青桶或油桶等发出的火焰)。

(9)发出红光的火箭降落伞闪光信号或手提火焰信号。

(10)发出橙色烟雾的烟雾信号。

(11)将从两侧伸展的手臂慢慢反复举起和放下。

(12)无线电报报警信号。

(13)无线电话报警信号。

(14)应急无线电示位标发送的信号。

四、船舶在互见中的避碰行动

1.追越局面的构成及避让行动

(1)追越局面的构成

①互见中的任何船舶。

②两船的方位:一船位于他船正横后大于 22.5°的任一方向上,也即该船对其所追越的

船所处位置,在夜间只能看见被追越船的尾灯而不能看见它的任一舷灯时。

③两船的距离:后船位于前船尾灯的光照距离内。

④两船间的相对速度:后船速度大于前船。

(2)假定追越

对是否构成追越局面持有任何怀疑时,后船应假定在追越中。

(3)追越局面的避让责任

①追越船应首先遵守追越条款的规定。

②追越中两船的避让责任:追越船为让路船,被追越船为直航船,直到最后驶过让清为止。

2. 对遇局面的构成及避让行动

(1)对遇局面的构成

①两艘船均为机动船。

②在正前方或接近正前方两船航向相反或接近相反。

③致有构成碰撞危险。

(2)假定对遇

对是否构成对遇局面持有任何怀疑时,应假定两船处于对遇局面,并按《规则》要求采取相应的行动。

(3)对遇局面中船舶的避让责任

对遇局面中两船负有采取相同避碰行动的责任,对遇的两船无直航船和让路船之分,应各自向右转向,从而各自从他船的左舷驶过。

3. 交叉相遇局面的构成及避让行动

(1)交叉相遇局面的构成

①两艘均为机动船。

②交叉相遇:两船航向交叉,或一船航向与另一艘船首向交叉。

③致有构成碰撞。

(2)交叉相遇局面的避让行动

在交叉相遇局面中,他船在本船右舷时,本船为让路船,负有让路的责任和义务;当他船在本船左舷时,本船是直航船,他船应给本船让路;夜间,交叉相遇局面中,看见他船的红舷灯时,本船是让路船,看见他船的绿舷灯时,本船是直航船。采取行动时应鸣放相应的操纵声号或者显示操纵号灯以避免两船行动的不协调。

4. 让路船、直航船的行动原则

(1)让路船的含义

指按《规则》规定须给他船让路的船舶。《规则》规定会遇两船中的一船应给另一船让路时,前者即为让路船。

(2)让路船的行动

须给他船让路的船舶,应尽可能及早地采取大幅度的行动,宽裕地让清他船。

(3)直航船的含义

相遇两船中一船应给另一船让路时,另一船即为直航船。

(4)直航船的行动

①两船中的一船应给另一船让路时,另一船应保持航向和航速。然而,当保持航向和

航速的船一经发觉规定的让路船显然没有遵照本规则条款采取适当行动时，该船即可独自采取操纵行动，以避免碰撞。

②当规定保持航向和航速的船，发觉本船不论由于何种原因逼近到单凭让路船的行动不能避免碰撞时，也应采取最有助于避碰的行动。

③在交叉相遇局面下，机动船应采取行动以避免与另一艘机动船碰撞时，如当时环境许可，不应对在本船左舷的船采取向左转向。

五、能见度不良时的避让行动

在能见度不良的水域中或其附近航行时，每一船舶应备车、开航行灯、开雷达，按规定施放雾号，使用安全航速行驶，保持正规瞭望。

1. 仅凭雷达测到他船的行动

当仅凭雷达测到他船时，应判定是否正在形成紧迫局面和(或)存在着碰撞危险。若是如此，应及早地采取避让行动。如果这种行动包括转向，则应尽可能避免如下各点：

(1)除对被追越船外，对正横前的船舶采取向左转向。

(2)对正横或正横后的船舶采取朝着它转向。

2. 听到雾号显示在本船正横以前的行动

当听到他船的雾号显示在本船正横以前，除非已经断定不存在碰撞危险，否则意味着紧迫局面已经形成，在不了解对方船的动态时，不应盲目转向，应将航速减到能维持其航向的最小速度。必要时，应把船完全停住，而且，无论如何，应极其谨慎地驾驶，直到碰撞危险过去为止。

第六章　救生与消防

摩托艇在海上航行，作为操作人员有责任保护乘客和艇的安全，避免事故的发生。一旦出现紧急情况，应全力救助，消除危险。这就需要摩托艇操作人员会操作和使用各种类型的应急设备，并掌握一定的水上求生技能以应对各种紧急状况。

第一节　摩托艇安全设备种类和正确使用方法

摩托艇上常配用的安全设备主要包括救生设备、消防灭火设备等。

一、救生设备

根据规定要求，救生设备的性能应符合中国海事局的《国内航行海船法定检验技术规则》的有关规定，在一切有助于探测的表面应具有鲜明易见的颜色，并装贴认可的逆向反光材料。

摩托艇上的救生设备主要包括救生衣、救生圈和救生烟火信号三类。

1. 救生衣

(1)摩托艇检验规范要求

①应为每位额定乘员配备易见救生衣。

②救生衣应置于每个乘员的座椅底下或方便取用处。

③每件救生衣应备有用细绳系牢的哨笛。

常见的救生衣主要有泡沫式救生衣(图6－1)和充气式救生衣(图6－2)。

图6－1　泡沫式救生衣

图6－2　充气式救生衣

(2)救生衣的使用

摩托艇上的乘客都必须掌握正确使用救生衣的方法，以确保安全。现将救生衣的使用方法叙述如下：

配置泡沫式(普通)救生衣时，应预先检查浮力袋、领口带、腰带等，它们不能有损坏，并注意检查救生衣灯是否良好并保持打开状态以及救生哨笛是否完整。穿着救生衣时把救生衣从头套下穿在身上，浮力袋大的一面置于身体前面，把腰带分别从左右两边绕到身后，再绕到前面一周，在胸前用力收紧打一平结系牢。其佩戴步骤如图 6 – 3 所示。

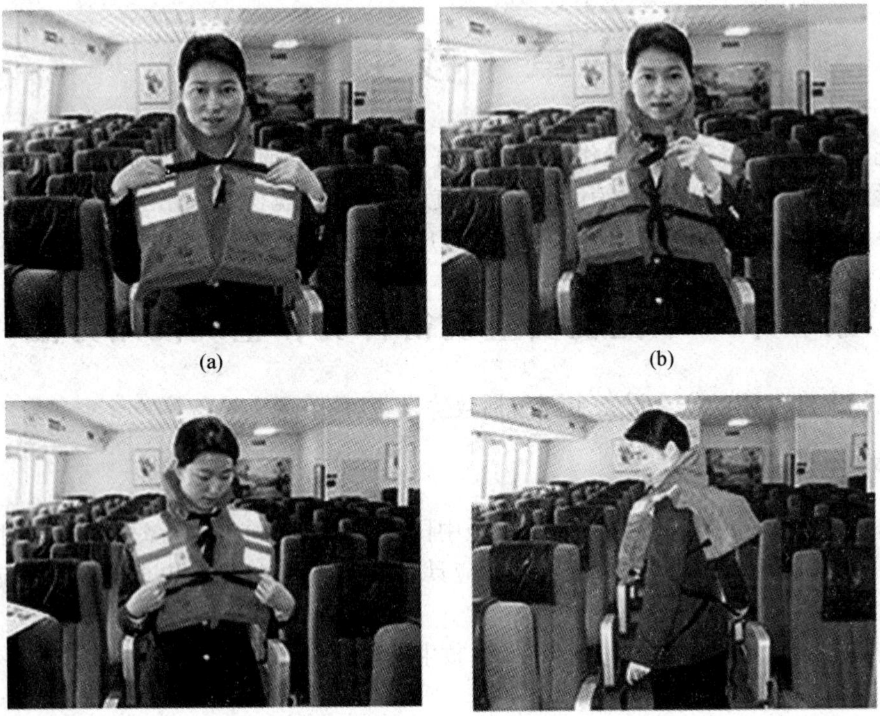

(a) (b) (c) (d)

图 6 – 3　救生衣佩戴

(a)将救生衣套在颈上，把两长方形浮力袋放置胸前，缚好颈带；

(b)将缚带向下收紧，再向后交叉；

(c)将缚带拉到前面穿过扣带环扎紧；

(d)穿好救生衣的式样

充气式救生衣在存放时，应检查气嘴和通气管、胸带等，它们应完整无损，并有两个独立的气室，互不连贯，互不漏气，穿着后，系好胸带，并调整好跨带，拉扣；充气瓶拉绳，使救生衣充气成形；或用牙齿将气嘴向前顶紧吹气（松开即自动关闭），并交替进行，使前后平衡，以增大浮力。

艇上的救生衣正反都可以穿着使用，穿着救生衣的人可转动身体至安全漂浮姿势，使身体后倾仰浮，身体向后倾斜与竖直方向成不小于 20°，但不大于 50°的角度，并保证人员在失去知觉后，能够被救援人员从任何位置翻转，在 5 s 以内使其嘴部高出水面，一般嘴离水面至少 12 cm。

（3）救生衣的存放与保养

救生衣不得存放在潮湿、有油垢或温度过高的地方，并在放置位置贴上明显的标志，如图 6 – 4 所示。每 3 个月检查一次有无霉烂、发脆或损坏；如有，应及时修补、清洗和更新。保持救生衣

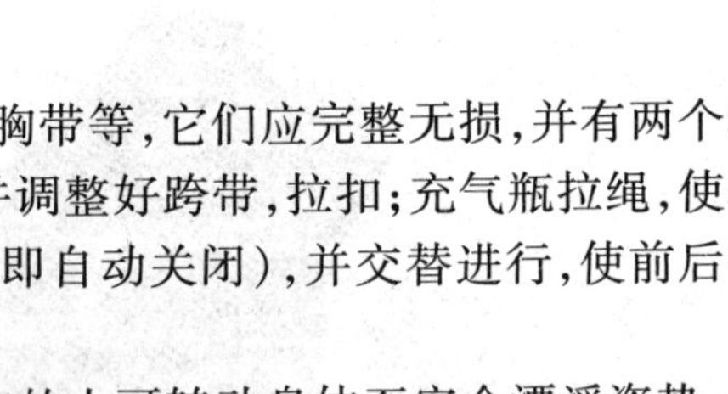

图 6 – 4　救生衣及儿童救生衣标志

的清洁干燥,每个月应晾晒一次。经常检查救生衣是否存放在正确的位置,保管是否妥善。不要随意把救生衣作枕头或坐垫使用,以免受压后浮力减少,影响其安全使用。

2. 救生圈

(1)摩托艇检验规范要求

①艇长小于 12 m 的摩托艇至少应配备 1 只带救生绳的救生圈;

②艇长 12 m 及以上的摩托艇应至少配备 2 只救生圈,并分别置于驾驶室或摩托艇操纵位置两侧,其中 1 只应带救生绳;

③所配载救生绳的长度一般不小于 18 m。

(2)救生圈的使用

救生圈是为了救助落水人员,供落水人员攀附待救的求生设备。它以塑料或经验船部门同意的其他材料制成环状形,制造救生圈的泡沫塑料是闭孔的,应能不受海水、油类以及海上温度和气候变化对它的不利影响,保持其浮性以及耐久性。救生圈的外表有反光带和扶手索(图 6－5)。

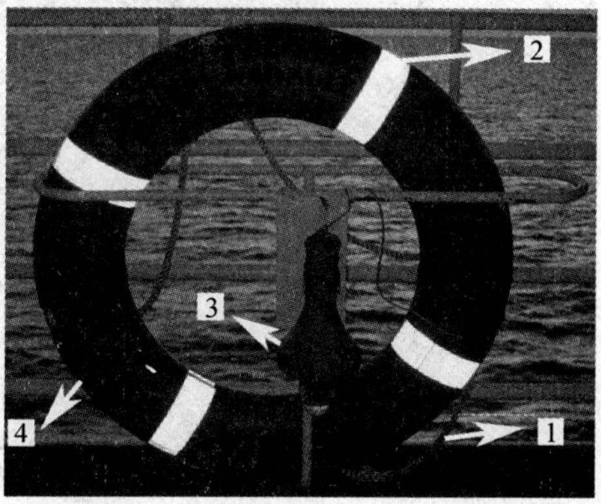

图 6－5 悬挂在舷外的救生圈

1—扶手索;2—反光带;3—救生灯;4—浮胎

如果有人不慎落入水中,落水者应大声呼叫以引起其他人员的注意。发现者应就近拿取救生圈并迅速抛向落水者附近的海面,现将具体的做法叙述如下:

落水者先抓住把手索,然后双手同时向下压住救生圈的一侧,使救生圈竖起,手和头顺势钻入圈内,再将救生圈夹在两腋下面,保持头部高于水面,身体浮于水中,等待救助。也可以一手抓住救生圈,另一手做划水动作。

如果在摩托艇停泊时,有人落水,此时抛投者应一手握住救生索,另一只手将救生圈抛在落水者的下流方向。无流而有风时,应抛在上风,以便于落水者攀拿。落水者攀拿后,艇上人员回收浮索,将落水者拉至艇边。也可以把救生索系在栏杆上,两手同时抛投救生圈。当摩托艇与落水者有较大距离时,应将救生圈连绳索一起用力抛出,这样抛投距离比较远。

(3)救生圈的存放与检查

救生圈应合理布置在摩托艇两舷侧和容易看见、到达的地方。外表标记应清晰可见,把手绳和救生圈本身应完好无损。

3. 救生烟火信号

(1)摩托艇救生烟火信号的配置

①A 类摩托艇应配备 4 支降落伞火箭信号。

②其他摩托艇应配备 2 支降落伞火箭信号。

遇险信号应储存在可携带的水密容器中并置于摩托艇操纵位置。图 6－6 所示为红光降落伞火箭信号。

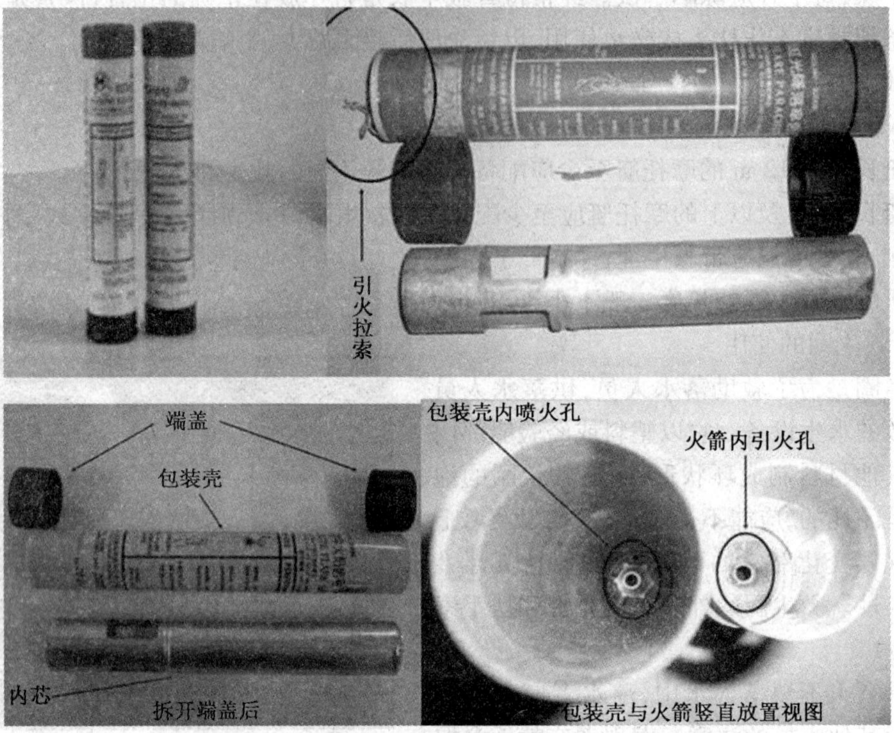

图 6－6　红光降落伞火箭信号的外形及内部结构

(2)降落伞火箭信号的使用方法

火箭降落伞火焰信号有很多种,它们的主要区别在于发射装置不同。比较常见的有拉发式和压发式两种。使用时应注意使用说明,按其要求操作。下面介绍压发式和拉发式火箭降落伞火焰信号的使用方法(图 6－7)。

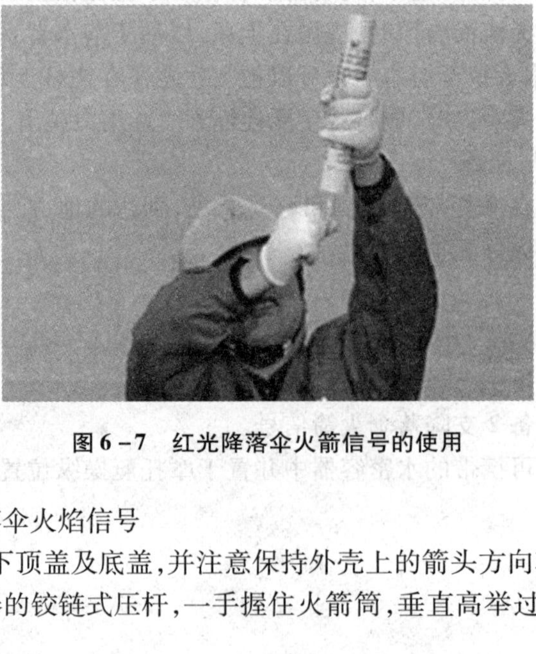

图 6－7　红光降落伞火箭信号的使用

①压发式火箭降落伞火焰信号

a. 撕掉塑料袋,拆下顶盖及底盖,并注意保持外壳上的箭头方向朝上;

b. 放下底部触发器的铰链式压杆,一手握住火箭筒,垂直高举过头,另一手手掌托在压杆上；

c. 把压杆上推，双手迅速紧握火箭，有风时可略偏向上风，火箭很快会发射出去。

②拉发式火箭降落伞火焰信号（图 6 –7）

火箭降落伞火焰信号的使用：

a. 撕掉塑料袋，拆下顶盖及底盖，并注意保持外壳上的箭头方向朝上；

b. 将降落伞火箭信号下端的拉索取出挂在脚下，拔出安全销；

c. 两只手用力抓住信号筒向上方拉动；

d. 火箭信号发射出去。

(3) 手持式红光火焰信号

艇用手持式红光信号装在防水外壳内，外壳上印有简明须知或图解（手持式红光火焰信号外表及结构如图 6 –8 所示），清楚标明该信号的使用方法，并且具有整套装在一起的点燃装置，按制造厂商的使用说明使用时，使用人员持该信号不致感到不舒适，同时在燃烧中未熄灭的渣滓不致危及救生人员及设备。

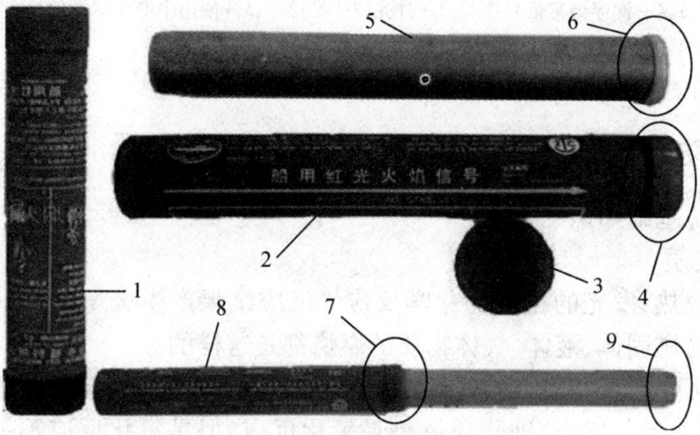

图 6 –8　手持式红光火焰信号外表及结构

1—手持式红光火焰信号；2—包装壳；3—端盖；4—内螺纹（包装壳内部）；
5—内芯；6—外螺纹（绿色凸起部分）；7—通过内、外螺纹连接处；
8—使用时外壳作为手持的握柄；9—使用时用手将此处易拉环抠出

手持式红光火焰信号使用时，发出明亮的红光，燃烧均匀，其平均发光强度不小于 15 000 cd（坎德拉），燃烧时间不少于 1 min，而且浸入 100 mm 水中历时 10 s 后仍能继续燃烧。

(4) 漂浮烟雾信号

漂浮烟雾信号装在防水外壳内，外壳上印有简明须知或图解（漂浮烟雾信号外表及使用见图 6 –9），清楚标明该信号的使用方法，且具有构成整体的点燃装置，按制造厂商的使用说明使用时，不会爆炸性的点燃。

漂浮烟雾信号使用时应均匀地喷出鲜明易见颜色的烟雾，持续时间不少于 3 min，在整个烟雾喷发期间，没有任何火焰产生。在海浪中不致被淹没，而且浸入 100 mm 水中历时 10 s后仍能继续喷出烟雾。但要注意，在未发现救援目标前不要盲目使用。

发射火箭信号时应特别注意：有些火箭信号在发射时往往会有一段时间延迟，应尽量用双手握住火箭筒体。但如果击发 10 s 后火箭还没有发射出去，则应尽快将火箭信号抛入

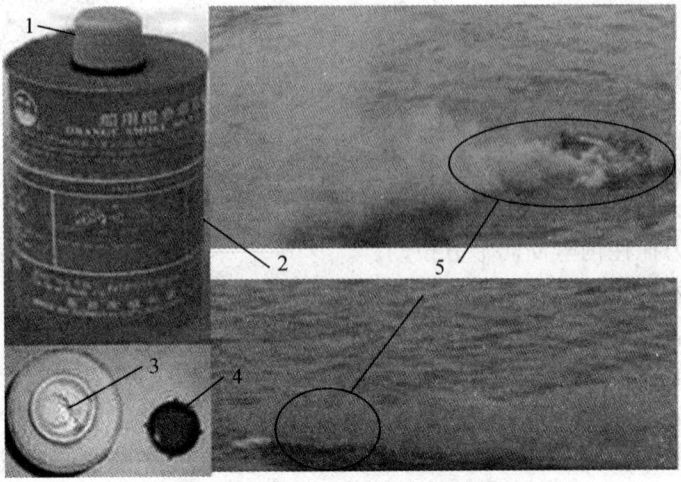

图 6-9 漂浮烟雾信号外表及使用

1,4—漂浮烟雾信号顶盖;2—外壳;3—易拉环;5—使用中漂浮烟雾信号

水中,以防发生危险。

二、摩托艇防火与灭火

1. 摩托艇消防基础知识

(1)燃烧的实质

燃烧是一种放热、发光的剧烈的化学反应。反应结果产生大量的热,并把反应产物加热到发光。所有易燃固体、液体、气体物质的燃烧都是这样的。

物质燃烧是可燃物质与氧或其他氧化剂进行反应的结果。由于氧化速度不同,或成为燃烧,或成为一般的氧化反应,即物质燃烧是氧化反应,但是氧化反应不一定都是燃烧,同理,能氧化的物质也不一定都是可燃物质。

(2)燃烧的条件

燃烧是要具备一定条件,并且必须同时具备三个基本条件(或叫三要素):可燃物、助燃物(空气中的氧)和着火源。通常用燃烧三角表示三要素对燃烧具有同等的重要性,如图 6-10 在某些条件下,虽具备了燃烧的三个条件,但不一定能发生燃烧。

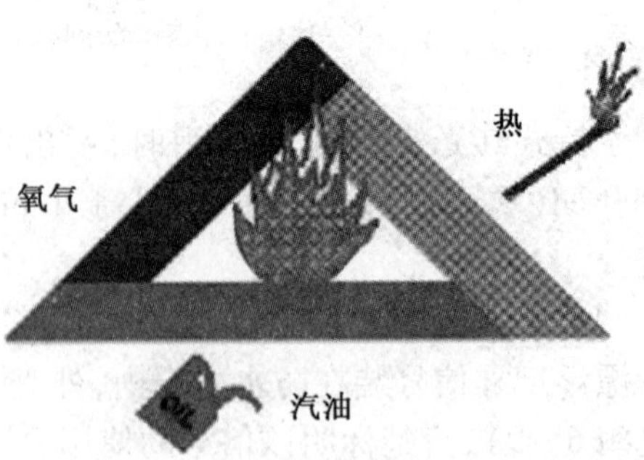

图 6-10 火三角的组成

(3)燃烧类型

所谓燃烧类型,就是具有共同特征但表现形式不同的燃烧现象。根据燃烧所表现的不同形式,可分为闪燃、着火、自燃和爆炸四种。物质燃烧类型不同,虽然它所需要的基本条件相同,但是产生的后果却不一定相同。

①闪燃

闪燃是在一定温度下易燃或可燃液体(包括可溶化的少量固体,如石蜡、樟脑、萘等)、蒸气与空气混合后,达到一定浓度时,遇明火源产生一闪即灭(5 s 以内)的燃烧现象。其闪点又称闪火点,是能发生闪燃现象的最低温度。

②着火

就是可燃物在一定的温度下遇明火源能产生一种持续(5 s 以上)燃烧的现象。其着火点又称为燃点,是能产生燃烧现象所需要的最低温度。

③自燃

自燃就是可燃物在空气中未接触明火源,在一定温度时发生的燃烧反应,其自燃点是可燃物能发生自燃的最低温度。

④爆炸

爆炸是物质发生变化的速度不断急剧增加,并在极短时间内突然放出大量的热和机械能的现象,主要分为核爆炸、化学爆炸和物理爆炸三种。

(4)火的分类以及灭火方法

不同的物质具有不同的理化特性,所以其燃烧也具有各自的特点。要灭火首先要了解它们的特点,再根据它们的特点,采取相应的灭火方法,选用最有效的灭火剂,才能将火扑灭。

①火的分类

根据国际海事组织采用的欧洲共同体的火灾分类相关规定,火主要分为四类:

a. 甲类火,又称 A 类火,主要是普通可燃固体着火。该类火不仅在物体表面燃烧,而且能深入内部,一般用水来施救。

b. 乙类火,又称 B 类火,主要是可燃液体或可溶性固体着火。该类火只限于表面燃烧,但有爆炸危险,多采用干粉、泡沫、二氧化碳、卤代烷等来扑灭。

c. 丙类火,又称 C 类火,主要是可燃气体着火。该类火易燃易爆性大,比乙类火爆炸的危险性高,其较适宜的灭火剂为卤代烷及干粉。

d. 丁类火,又称 D 类火,主要是可燃金属引起的火灾。该类火燃烧温度极高,不准使用水灭火,可以用金属型干粉 7150(特殊干粉)或沙土扑灭。

②灭火方法

对于电气火灾,不在以上四类范围之内,其灭火原则:首先切断电源,断电后的电气火灾可作为甲类火扑救,若无法断电,应采用不导电的卤代烷、干粉和二氧化碳等灭火剂加以扑灭。

根据灭火原理的不同,可以分为四种灭火方法。

a. 隔离法,就是将可燃物质从燃烧的地方移走,将火与可燃物质隔开,达到熄火的目的。例如迅速将燃烧物转移到安全地点或投入海中。

b. 窒息法,就是使可燃物质与空气隔绝,火因缺氧而窒息,达到灭火的目的。一般来讲,当火灾区域中空气含量降到 11% 以下时,一般可燃物质的燃烧都会因缺氧而窒息。

c. 冷却法,即降低燃烧物温度,使其温度低于燃烧物的燃点温度时,火因失去热量而窒息。

d. 抑制法,就是使用灭火剂渗入到燃烧反应中去,使助燃的游离基消失,或产生稳定的或活动性很低的游离基,使燃烧反应停止,例如卤化烷灭火剂等。

2. 常用灭火器

摩托艇用的灭火器主要是手提式与移动式(推车式)两种。二者主要是容量的不同,都适用于扑救初起的小型火灾。目前,除了常见的水灭火系统外,主要常用的手提式灭火器有二氧化碳、泡沫和干粉等灭火器。

(1)二氧化碳灭火器

①结构

二氧化碳灭火器多为手提式,主要由瓶体、喷射装置和开关装置等组成,如图 6 - 11 所示。

②特点

二氧化碳灭火剂是一种具有一百多年历史的灭火剂,价格低廉,获取、制备容易,其主要依其窒息作用和部分冷却作用灭火。二氧化碳具有较高的密度,约为空气的 1.5 倍。在常压下,液态的二氧化碳会立即汽化,一般 1 kg 的液态二氧化碳可产生约 0.5 m^3 的气体。因而,灭火时,二氧化碳气体可以排除空气而包围在燃烧物体的表面或分布于较密闭的空间中,降低可燃物周围或防护空间内的氧浓度,产生窒息作用而灭火。另外,二氧化碳从储存容器中喷出时,会由液体迅速汽化成气体,而从周围吸引部分热量,起到冷却的作用。

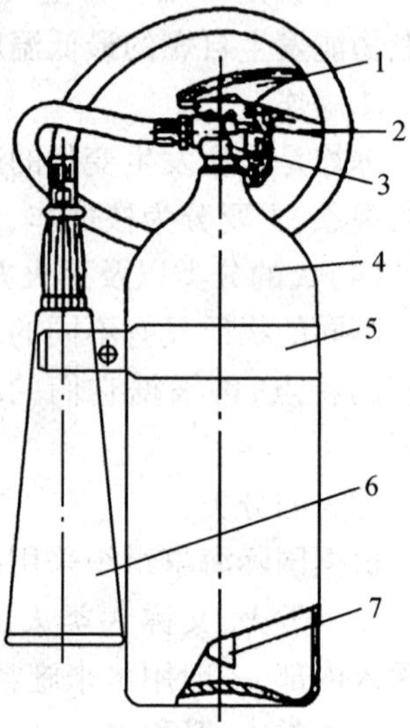

图 6 - 11　MTZ 型鸭嘴式二氧化碳灭火器的结构

1—压把;2—提把;3—启闭阀;4—钢瓶;5—长箍;6—喷筒;7—虹吸管

③使用范围

二氧化碳灭火器主要用于扑救贵重设备、档案资料、仪器仪表、600 V 以下电气设备及油类的初起火灾。

④使用方法

在使用时,应首先将灭火器提到起火地点,放下灭火器,拔出保险销,一只手握住喇叭筒根部的手柄,另一只手紧握启闭阀的压把。对没有喷射软管的二氧化碳灭火器,应把喇叭筒往上扳 70° ~90°。在室外使用二氧化碳灭火器时,不能直接用手抓住喇叭筒外壁或金属连接管,防止手被冻伤,并且应选择上风方向喷射;在室内窄小空间使用的,灭火后操作者应迅速离开,以防窒息。使用方法如图 6 - 12 所示。

(2)泡沫灭火器

①结构

泡沫灭火器主要由筒身、瓶胆、筒盖、提环等组成,如图 6 - 13 所示。

②使用范围

泡沫灭火器适用于扑救一般 B 类火灾,如油制品、油脂等火灾,也适用于 A 类火灾,但不能扑救 B 类火灾中的水溶性可燃、易燃液体的火灾,如醇、酯、醚、酮等物质燃烧造成的火灾;也不能扑救带电设备及 C 类和 D 类火灾。

③使用方法

如图 6 - 14 所示,手提筒体上部的提环,迅速奔赴火场。这时应注意不得使灭火器过分倾斜,更不可横拿或颠倒,以免两种药剂混合而提前喷出。

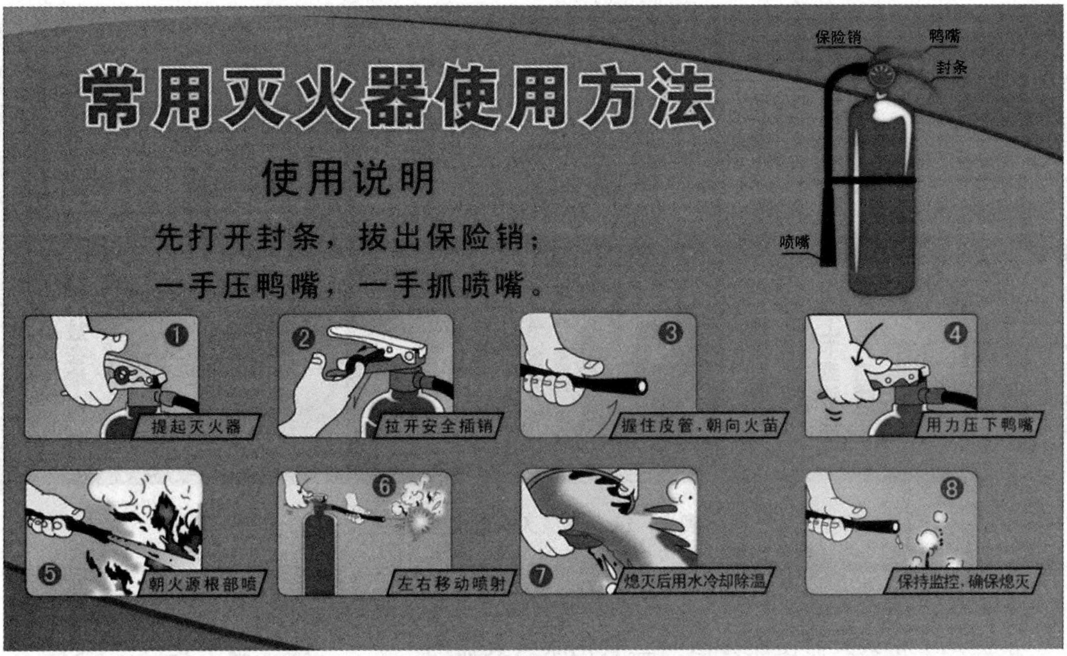

图 6－12　常用灭火器(二氧化碳与干粉)的使用方法

当距离着火点 10 m 左右,即可将筒体颠倒过来,一只手紧握提环,另一只手扶住筒体的底圈,将射流对准燃烧物。

在扑救可燃液体火灾时,如燃烧物质已呈流淌状燃烧,则将泡沫由远而近喷射,使泡沫完全覆盖在燃烧液面上;如燃烧物质在容器内燃烧,应将泡沫射向容器的内壁,使泡沫沿着内壁流淌,逐步覆盖着火液面。切忌直接对准液面喷射,以免由于射流的冲击,反而将燃烧的液体冲散或冲出容器,扩大燃烧范围。

在扑救固体物质火灾时,应将射流对准燃烧最猛烈处。灭火时随着有效喷射距离的缩短,使用者应逐渐向燃烧区靠近,并始终将泡沫喷在燃烧物上,直到扑灭。使用时,灭火器应始终保持倒置状态,否则会中断喷射。

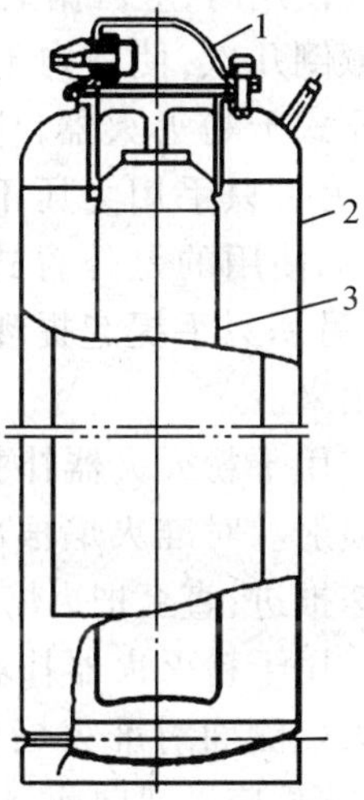

图 6－13　手提式化学泡沫灭火器结构

1—筒盖;2—筒体;3—瓶胆

(3)干粉灭火器

①结构

干粉灭火器由金属筒身内盛干粉,钢瓶内盛加压的二氧化碳(或氮气),以及耐高压橡皮喷射管和带有阀门的喷嘴等部分组成,如图 6－15 所示。

②特点

干粉灭火器是利用二氧化碳或氮气作动力,将干粉从喷嘴内喷出,形成一股雾状粉流,射向燃烧物质灭火。

③使用范围

普通干粉又称 BC 干粉,用于扑救液体和气体火灾,对固体火灾则不适用。多用干粉又称 ABC 干粉,可用于扑救固体、液体和气体火灾。

图 6－14　泡沫灭火器使用方法

④使用方法

手提式干粉灭火器使用方法与二氧化碳灭火器的使用类似(图 5－12)，应手提灭火器的提把，迅速赶到着火处。在距离起火点 5 m 左右处，放下灭火器。在室外使用时，应占据上风方向。使用前，先把灭火器上下颠倒几次，使筒内干粉松动。如使用的是内装式或储压式干粉灭火器，应先拔下保险销，一只手握住喷嘴，另一只手用力压下压把，干粉便会从喷嘴喷射出来；如使用的是外置式干粉灭火器，则一只手握住喷嘴，另一只手提起提环，握住提柄，干粉便会从喷嘴喷射出来。

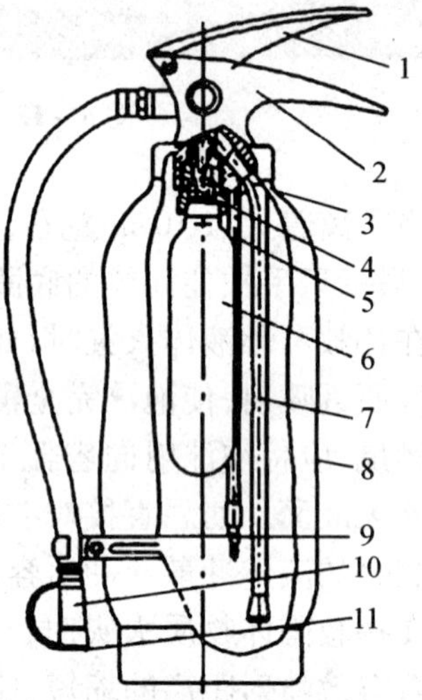

图 6－15　MF 型手提内置式干粉灭火器结构

1—压把；2—提把；3—刺针；4—密封膜片；5—进气管；6—二氧化碳钢瓶；7—出粉管；8—筒体；9—喷粉管固定夹箍；10—喷粉管(带提环)；11—喷嘴

用干粉灭火器扑救流散液体火灾时，应从火焰侧面喷射。对准火焰根部喷射，并由近而远，左右扫射，快速推进，直至把火焰全部扑灭。

用干粉灭火器扑救容器内可燃液体火灾时，亦应从火焰侧面对准火焰根部，左右扫射。当火焰被赶出容器时，应迅速向前，将余火全部扑灭。灭火时应注意不要把喷嘴直接对准液面喷射，以防干粉气流的冲击力使油液飞溅，引起火势扩大，造成灭火困难。

用干粉灭火器扑救固体物质火灾时，应使灭火器嘴对准燃烧最猛烈处，左右扫射，并应尽量使干粉灭火剂均匀地喷洒在燃烧物的表面，直至把火全部扑灭。

使用干粉灭火器应注意灭火过程中应始终保持直立状态，不得横卧或颠倒使用，否则不能喷粉；同时注意干粉灭火器灭火后防止复燃，因为干粉灭火器的冷却作用甚微，在着火点存在着炽热物的条件下，灭火后易产生复燃。

(4)水灭火系统

每船必备,由消防泵、消防管系、消火栓、消防水带、水枪及国际通岸接头等组成。

①消防泵

要求消防泵必须独立动力,其他泵不经常泵油均可作为消防泵。

消防泵的配备:4 000 总吨及以上客船至少三台;4 000 总吨以下客船和 1 000 总吨以上的货船至少两台。

每一消防泵应至少能维持两股所需(12 m)水柱。

②消防管系

一般布置成环形,任何一舷发生故障时,水可以从另一舷通过,也有布置成线形,或两者兼有。消防管系上至少设置一只国际通岸接头。通常位于上甲板两舷,船上还应留一套备用。

③消防栓

数量及安装要求:至少能将两股不是由同一消防栓发出的水柱,射到船上旅客或船员能看到的任一部分,而其中一股仅用一盘消防水带。消防栓之间的间隔为 20 ~ 40 m,位置应便于水带的连接。

④消防水带

消防水带长度一般为 20 m,存于消火栓或供水接头附近,确保只用一根消防水带就能射至需要的任一处所。

每一消防水带应配有一支水枪和必需的接头,消防水带应一直与消火栓保持连接,以备随时可用。

⑤水枪

水枪可分为直流、喷雾、两用水枪三种。直流水枪直径有 12 mm,16 mm,19 mm 三种尺寸。起居舱室一般用 12 mm 的水枪。机舱等可能有溢油危险的处所应配喷雾水枪或两用水枪。

水灭火系统检查保养要求:整个系统每半年检查一次,修船时船检部门要对其进行试验,检查出水情况,出水时间及喷射距离等,并记录在航海日志上;水带每三个月检查一次,并摊开重卷,使折痕处得以变换,使用或受潮后应晾干,不可曝晒烘烤,不得移作它用,保证随时可用;寒冷冬季,消防管及消防栓应防冻包扎,使用后应放尽残水。

第二节 艇上人员急救常识

在艇上遇到人员受伤的时候,首先要学会在力所能及的情况下进行正确的自救方法,才能保证人员的生命安全。

一、创伤的处理

1. 创伤处理原则

对大量出血的患者,宜首先采取止血方法;对切割伤、刺伤等小伤口,若能挤出少量血液反而能排出细菌和尘垢;对伤口宜用清洁的水洗净,对无法彻底清洁的伤口,须用清洁的布覆盖其表面,不可直接用棉花、卫生纸覆盖;严重出血、疼痛或是止血后仍疼痛不已时,须尽早就医治疗。

在处理时,止血、清洁伤口、敷上纱布、包扎绷带为必要处理程序。

安全的止血法:创伤时将干净的纱布或手帕敷在伤口处,以手掌或手指用力压迫,直至血止为止;没有布时,也可以手掌或手指直接压迫,效果一样;手、脚出血时可抬高出血部位高于心脏,止血效果更佳。

直接压迫法仍无法止血时,则在纱布或手帕上切实地(视止血的程度)包扎绷带,继续压迫。这样仍无法止住血时,就表示情况不妙,简易救护后需尽早就医。其间仍应以手掌或手指自绷带上继续压迫。

2. 有效止血方法

常见止血方法,如图 6 – 16 所示,主要有以下几种:

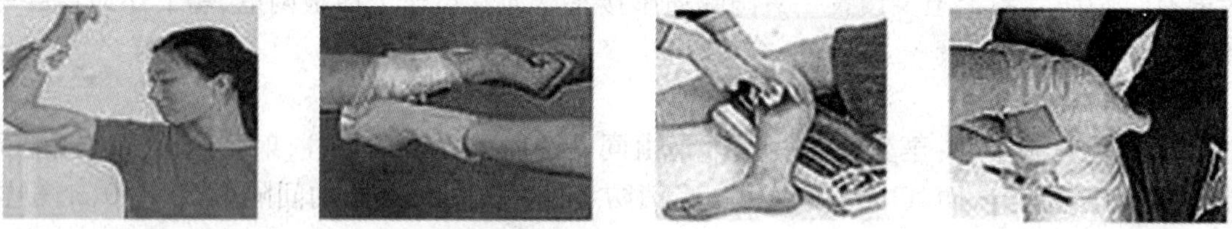

(a) (b) (c) (d)

图 6 – 16 止血方法

(a)指压法;(b)加压包扎止血;(c)填塞止血法;(d)止血带止血法

(1)一般止血法

针对小的创口出血,需用生理盐水冲洗消毒患部,然后覆盖多层消毒纱布用绷带扎紧包扎。注意:如果患部有较多毛发,在处理时应剪、剃去毛发。

(2)指压止血法

只适用于头面颈部及四肢的动脉出血急救,注意压迫时间不能过长。

①头顶部出血。在伤侧耳前,对准下颌耳屏上前方 1.5 cm 处,用拇指压迫颞浅动脉。

②头颈部出血。四个手指并拢对准颈部胸锁乳突肌中段内侧,将颈总动脉压向颈椎。注意不能同时压迫两侧颈总动脉,以免造成脑缺血坏死。压迫时间也不能太久,以免造成危险。

③上臂出血。抬高患肢,另一手四个手指对准上臂中段内侧压迫肱动脉。

④手掌出血。将患肢抬高,用两手拇指分别压迫手腕部的尺、挠动脉。

⑤大腿出血。在腹股沟中稍下方,用双手拇指向后用力压股动脉。

⑥足部出血。用两手拇指分别压迫足背动脉和内踝与跟腱之间的颈后动脉。

(3)屈肢加垫止血法

当前臂或小腿出血时,可在肘窝、膝窝内放以纱布垫、棉花团或毛巾、衣服等物品,屈曲关节,用三角巾做“8”字形固定。但骨折或关节脱位者不能使用。

(4)填塞止血法

将消毒的纱布、棉垫、急救包填。

二、溺水的抢救

溺水的病理发展是非常迅速的,时间就是生命。要求现场抢救者一定要争分夺秒,不要轻易放弃,并迅速通知就近医院即派医护人员赶来抢救。

溺水抢救一般按照以下步骤进行抢救：

1. 清淤

清理与畅通呼吸道，迅速清除鼻、口腔内的泥沙等物，并使口腔处于张开状态，即施行倒水，方式因地因人而异。

（1）倒立法，如图 6－17（a）所示，适宜于溺水者是儿童或者是身高较矮者。提其双足或将腹部放肩上走动以倒出呼吸道的水，同时将其转移到硬的平地，为下一步救助做准备。

（2）伏膝法，如图 6－17（b）所示，半跪体位，溺水者腹部放在大腿上，或放在斜坡（约30°）地面上，头部下垂，轻压其背。

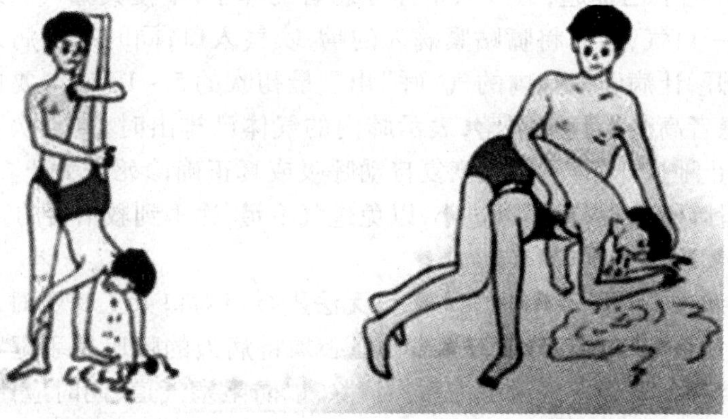

(a) (b)

图 6－17 溺水倒水方法

（a）倒立法；（b）伏膝法

总之，上述过程要求在 5 min 内完成，以免延误心肺复苏的实施。

2. 实施心肺复苏术

对呼吸心跳停止的病人实施复苏术（CPR）。

三、心肺复苏术

1. 人工呼吸

人如触电、溺水、中毒以及心脏病或癫痫发作时，呼吸可能停止，但如及时进行人工呼吸，予以抢救，很可能挽回生命。

人工呼吸就是人为地帮助伤病患者进行被动呼吸活动，达到气体交换，促使患者恢复自动呼吸的救治目的。

（1）做人工呼吸须具备的五个条件

①患者呼吸道畅通，空气容易入出。

②解开患者衣扣，防止胸部受压，使其肺部伸缩自如。

③操作适当，不能造成肋骨损伤。

④每次压挤胸或背时，不能少于 1/2 的正常气体交换量。

⑤必须保持足够时间，只要病人还有一线希望，就不可随意放弃人工呼吸。

（2）进行人工呼吸前应注意事项

①清除病人口、鼻内的泥、痰、呕吐物等，如有假牙亦应取出，以免假牙脱落坠入气管。

②解开病人衣领、内衣、裤带、乳罩,以免胸廓受压。

③仰卧人工呼吸时必须拉出患者舌头,以免舌头后缩阻塞呼吸。

④检查患者胸、背部有无外伤和骨折,女性有无身孕,如有,应选择适当姿势,防止造成新的伤害。

⑤除房屋倒塌或患者处于有毒气体环境外,一般应就地做人工呼吸,尽量少搬动。

(3)人工呼吸的常用方法

①口对口吹气法

如图6-18所示,病人应置于仰卧位,急救者跪在患者身旁(或取合适姿势),先用一手捏住患者的下巴,把下巴提起,另一只手捏住患者的鼻子,不使其漏气。进行人工呼吸者,在进行前先深吸一口气,然后将嘴贴紧病人的嘴,吹气入口;同时观察病人胸部是否高起;吹完气后嘴即离开,让病人把肺内的气“呼”出。最初吹的5~10口气要快些,以后则不必过快,只要看到患者高起的胸部下落,表示肺内的气体已排出时,接着吹下一口气,就可以了。如此往复不止地操作,直到病人恢复自动呼吸或真正确诊死亡为止。每次吹气用力不可过大,以免患者肺泡破裂;也不可过小,以免进气不足,达不到救治目的。

②口对鼻吹气法

如果碰到伤病患者牙关紧闭,张不开口,无法进行口对口人工呼吸时,可采用口对鼻吹气法。口对鼻吹气法与口对口吹气法相同,但必须将病人的嘴巴用手捏紧,防止气从口内排出。在进行此法时,要先将患者鼻内污物清除,以防阻塞气道,同时应比口对口吹气法用力大些,时间长些。无论用口对口还是用口对鼻吹气方法,最好都用纱布或手帕将病人口、鼻隔开(但不能影响通气)。吹气次数每分钟成人不少于14~16次,儿童不少于20次,婴儿不少于30次。

③仰卧压胸法

如图6-19所示,此法不适于牙关紧闭舌向后坠的患者,对溺水、胸部创伤、肋骨骨折患者也不宜采用。此法的优点是便于观察病人表情,气体交换量较俯卧法为大。

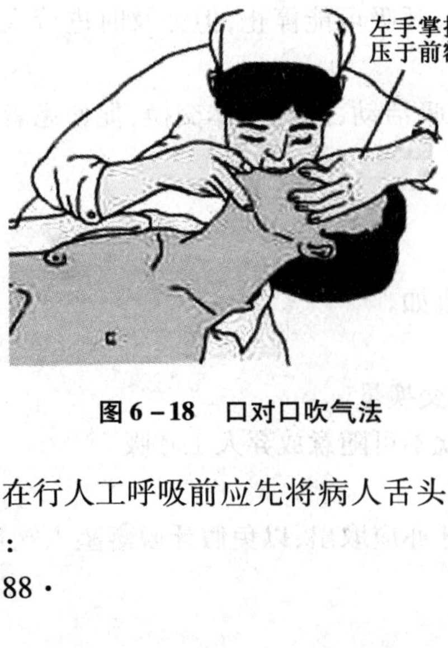

图6-18　口对口吹气法

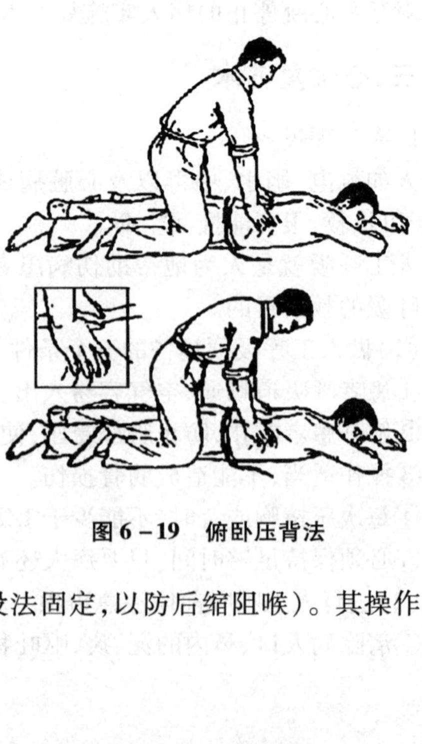

图6-19　俯卧压背法

在行人工呼吸前应先将病人舌头拉出(最好设法固定,以防后缩阻喉)。其操作方法如下:

a. 患者需仰卧，背部稍垫高，使胸部凸起。

b. 救治者双膝跪在患者大腿两旁，将双手平放于患者乳房稍下部位（相当于第六七对肋骨处），双大拇指向内，靠近患者胸骨下端，余四指微弯向外，手掌根贴紧患者胸廓肋骨上，用力压挤其胸。

c. 挤压方向、压挤方法同俯卧压背法。做此法时，救治者两臂伸直，依靠体重和臂力推压患者胸廓，使其胸腔缩小，迫使气体由其肺内排出（即呼气），在此位置停 2 s；然后再将双手松开，身体向后，略停 3 s，使患者胸扩张，空气进入其肺内（即吸气），如此反复压启，每分钟 14～16 次，直到患者恢复正常呼吸为止。

④仰卧伸臂压胸法

如伤员下肢或腰臀部负伤，无法用仰卧压胸法时，可采用此法。此法仍将患者仰卧，救治者双膝跪在患者头顶端，将患者双臂置胸前，握紧患者双腕，将其双臂向上与躯体呈直角，再向外拉与地平，维持 2 s，使其胸廓扩张，引气入肺（即吸气）；接着再将患者两臂收回，使之屈肘放于胸廓的前外侧，对着肋骨施加压力，持续 2 s，使其胸廓缩小，挤气出肺（即呼气）。如此往复，直至患者恢复自动呼吸为止。此法仍为每分钟 14～16 次。

2. 心脏按压术

在病人心跳骤停时，用人工的方法，在病者的胸骨下段有节律地挤压心脏，以代替和激发心脏的自然收缩，达到维持血液循环，使心脏复苏的目的。这种方法称为体外心脏按压法，如图 6－20 所示。

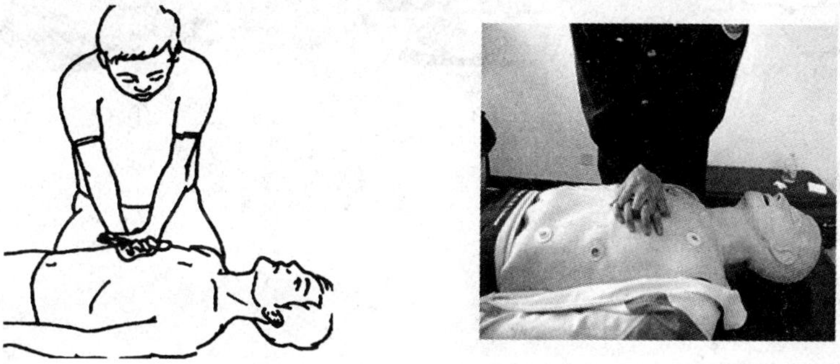

图 6－20　体外心脏按压法

（1）适应症

各种创伤、电击、溺水、窒息、心脏病或药物过敏等引起的心跳骤停。

（2）实施方法

①一拍、二按、三呼叫。将伤员仰卧，立即拍打双肩、按压人中穴，并呼叫其姓名。

②伤员仰卧硬板床或地上。

③如图 6－21 所示，伤者在伤员的一侧，用一只手掌根部按压胸骨正中线的下 1/2 处，另一手压于其上，两手掌重叠，手指交叉，手指离开胸壁，两臂伸直垂直下压。按压应平稳有力且有规律，手掌不能离开胸壁，下压与向上放松时间基本相等，下压力度使胸骨下陷 3～5 cm。小儿有一只手即够，婴儿用 2～3 个手指即可。

④按压次数：成人以每分钟 60～80 次，小儿以每分钟 90～100 次为宜；如能触及脉跳、血压上升到 60 mmHg 以上，证明按压已见效。详细步骤如图 6－22 所示。

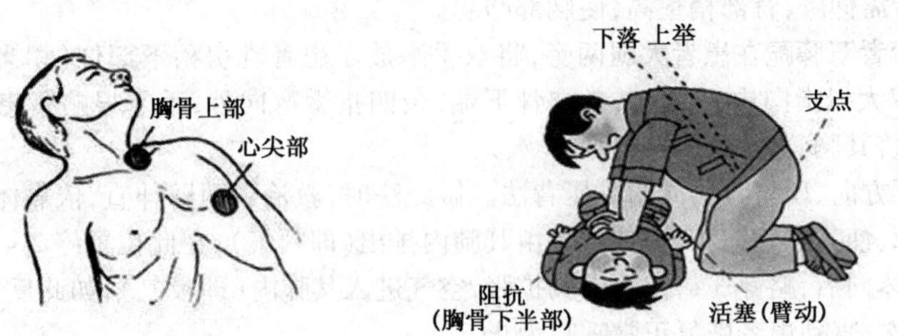

图 6－21　按压位置以及姿势

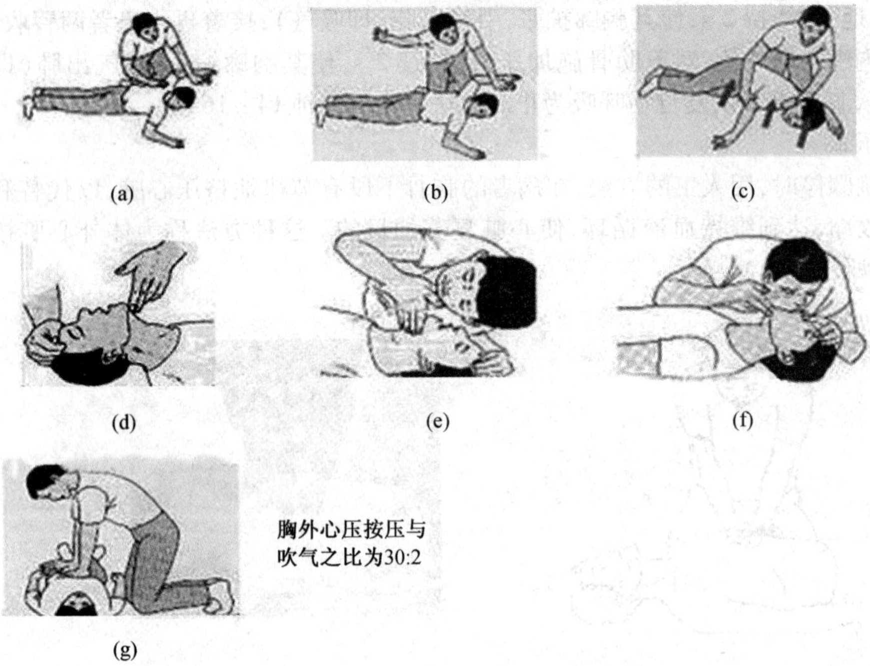

图 6－22　心脏复苏术按压步骤

(a)判断意识;(b)呼救救援;(c)放置仰卧位;(d)开气道;

(e)判断呼吸;(f)人工吹气;(g)胸外心脏按压,频率每分钟 100 次

(3)注意事项

①按压位置和动作要准确,不能在心前区、剑突下或左右胸部。

②按压时用力必须均匀,不可过猛,以免发生肋骨骨折、气胸、血胸、肝脾破裂等。

(4)注意克服的错误动作

①两臂未伸直,肘部弯曲,好像揉面一样。

②两臂未垂直下压,肩与手不是在一条直线上。

③两手掌未重叠、手掌未交叉,而是两手交叉放置于胸壁。

④每次按压手掌都离开胸壁。

四、触电急救

发现触电者,要尽快使触电的人脱离电源,触电者未脱离电源前,施救人员不准直接用手触及伤者。触电者脱离电源后,要做好以下几点:

(1)将脱离电源后的伤者迅速移至较通风、干燥的地方,使其仰卧,将上衣和裤带放松,并观察是否有呼吸和心跳,发现呼吸、心跳停止时,应立即就地抢救。

(2)神志清醒,呼吸心跳均自主者,伤员应就地平卧,严密观察,暂时不要站立或走动,防止继发休克或心衰。

(3)呼吸停止,心搏存在者,应立即进行口对口人工呼吸。

(4)心搏停止,呼吸存在者,应立即做胸外心脏按压。

(5)呼吸心跳均停止者,则应在人工呼吸的同时施行胸外心脏按压。现场抢救最好能两人分别施行口对口人工呼吸及胸外心脏按压,以 1∶5 的比例进行,即人工呼吸 1 次,心脏按压 5 次。如现场抢救仅有 1 人,用 15∶2 的比例进行胸外心脏按压和人工呼吸,即先做胸外心脏按压 15 次,再口对口人工呼吸 2 次,如此交替进行,抢救一定要坚持到底。

(6)现场抢救中,不要随意移动伤员,若确需移动时,抢救中断时间不应超过 30 s。移动伤员或将其送医院,除应使伤员平躺在担架上并在背部垫以平硬阔木板外,应继续抢救,心跳呼吸停止者要继续人工呼吸和胸外心脏按压,在医院医务人员未接替前救治不能中止。

(7)如果触电者有皮肤灼伤,可用净水冲洗拭干,再用纱布或手帕等包扎好,以防感染。

五、骨折的急救处理

人体发生骨折后,主要表现为受伤部位软组织肿胀、皮下淤血以及肢体局部畸形。

1. 骨折的急救要点

(1)处理伤口

对出血伤口或大面积软组织撕裂伤,应立即用急救包、绷带等予以压迫包扎,绝大多数可达到止血的目的。有条件者,在包扎前先用双氧水和凉开水清洗伤口,再用酒精消毒,做初期清创处理。

对伤口处外露的骨折断端、肌肉等组织,切忌把它们送回伤口内,因为已被污染,会将细菌和异物带进伤口深部而引起化脓性感染。如有条件,可用消毒液冲洗伤口后,再用无菌敷料或干净布暂时包扎,送到医院后再做进一步处理。

骨折部位随着时间的推移会越来越肿,即使起初包扎得很好,也会变得不舒服,所以每隔 30 min 要重新包扎一次。

(2)固定断骨

及时正确地固定断骨,可减少伤者的疼痛及周围组织的继发损伤,同时也便于伤者的搬运和转送。固定断骨的工具可就地取材,如棍、树枝、木板、拐杖、硬纸板等都可作为固定器材,但其长短要以固定住骨折处上下两个关节或不使断骨处错动为准。如一时找不到固定的硬物,也可用布带直接将伤肢绑在身上。

(3)适当止痛

骨折会使人疼痛难忍,特别是有多处骨折,容易导致伤者发生疼痛休克,因此,可以给伤者口服止痛片等,做止痛处理。

(4)安全转运

经过现场紧急处理后,应将伤者迅速、安全地转运到医院进一步救治。转运伤者过程中,要注意动作轻稳,防止震动和碰撞伤处,以减少伤者的疼痛。同时还要注意伤者的保暖和适当的体位,昏迷伤者要保持呼吸道畅通。

(5)关键部位为主

多处受伤的伤者,急救应以关键部位为主。

2. 骨折的急救方法

不同部位的骨折所需的急救方式也不一样,一般分为以下几类:

(1)臂或腿骨折

出现臂或腿的骨折,首先要将伤员平卧,尤其是要保持受伤部位及关节的平稳,然后进行进一步的救助,主要包括:

①给伤者服用止痛药,防止搬运过程中的疼痛导致的休克,如果出血,要进行必要的包扎止血,同时,尽量避免搬运中对骨折部位的组织、血管、神经等的损伤。

②固定骨折前,根据骨折部位、伤情等,必要时脱下或撕开受伤部位的衣物,暴露出骨折部位,并做好止血、情节伤口、消毒等工作。

③通常急救的情况下,多取用木板、棍棒甲板做骨折的临时固定。四肢骨折固定时,要连同骨折部位上下邻近的两个关节,使其不能活动。夹板下的肢体凹陷处及骨关节的突出部位,要垫上软东西,使肢体的表面平整,防止固定不牢或者压迫突出部位。

④若一时找不到夹板材料,可以用其他方法。例如手部骨折时,可向躯干弯曲固定,肘关节弯曲90°角,拇指向上,掌心贴在胸部;脚部骨折,可向健康侧并拢包扎。

(2)背、颈部骨折

背、颈部连接着脊柱,其中的脊髓神经是重要的神经系统,一旦处理不当,会对伤者造成不可修复的终生痛苦,因此对此种情况要注意:

①除非伤者面临危险境地,否则应让伤者留在原地,等待携有适当器材的救护人员来搬动。

②给伤者盖上毯子,并予以安慰伤员,使其平静,不得抬起或用物件垫高伤者头部。

③切勿手忙脚乱的搬运、翻动或扶起伤者饮食等,否则会使断骨挤断神经。

④若伤者呼吸停止,即使扶起伤者头部有加重伤势可能,也应立即实施口对口人工呼吸,但要尽量小心,动作要轻一些。

⑤正确搬运方法:救护者(最好是3人)一字排开于病人一侧,平抬平放。若伤者躺卧在地,救护者要单腿跪地,每人伸开双臂,摊开双手,一人双手托住枕部、下颌部,维持颈部伤后位置,另两人分别托起腰背部、臀部及下肢。由一个人喊口令,三人同时缓慢地用力将伤者从地上托起,3人6只手必须保持在同一水平面上,放下亦然。

⑥抬运伤者必须用木板,不能用布担架或绳床。颈椎骨折的伤者头部必须放正,两旁用沙袋夹住,不能使之晃动。

(3)肋骨骨折

①类型

首先判断骨折的类型,一般分为两类:

a. 单纯骨折:只有肋骨骨折,胸部无伤口,局部有疼痛,呼吸急促,皮肤有血肿。

b. 多发性骨折:多发性肋骨骨折,吸气时胸廓下陷。胸部多有创口,剧痛,呼吸困难。

这种骨折常并发血胸和气胸,抢救不及时很快会死亡。

②注意事项

进行急救的时候,要注意:

a. 简单骨折时局部用多层干净布、毯子或无菌纱布盖住,并加压包扎。

b. 多发性骨折用宽布或宽胶布围绕胸腔半径固定住即可。防止再受伤害,并速请医生处理。

c. 遇气胸时,急救处理后速送医院。

肋骨骨折是常见的一种骨折。往往有时候肋骨骨折了,情况严重,不宜搬运,为了避免过度伤害,为运送创造条件,应做好以上几点。

(4)颅骨骨折

头部受伤常常有颅骨骨折的危险,抚摸伤口周围的颅骨,若发现部分似能动,可能有骨折,切勿加压,此时要将伤者轻轻平躺,保持温暖。如果脸色正常或发红,抬高头和肩;若脸色发白,把头轻轻放低。

若伤者必须要移动,需保持水平。不要给伤者刺激,尽量用消毒的敷料和绷带包扎伤口;若有血和黏液滞住,要把头放低,使其流出。

(5)颌骨折裂

颌骨折裂通常只是一侧受伤,而且口腔内往往有伤口。受伤儿童可能说话不便,其唾液中常带有血迹。其急救方法包括:

①必须立即清除口腔中的血液和杂物。

②临时用纱布做个垫托,放在下巴尖,并用窄绷带或者围巾托住。

③将绷带两端在头顶打个平结。绷带结要打得松紧适度,既能承托下巴,使其固定不动,又不致使患儿牙齿咬紧。

④及时去医院救治。

(6)其他骨折救护

①锁骨骨折

用三角巾将手臂吊起,手的高度与肘平行,不要裹上手指;贴身把手臂系在身体一侧,并及时就医。

②手、腕的损伤或断裂

在手的前面由小臂中间到手指尖,包扎一块夹板;用三角巾将手臂吊起,手掌朝外,手比肘高出 10 cm。

③膝盖损伤

把大腿放直,并将大腿系在垫好的木板上,模板长度为臀部到脚跟,包扎时膝盖要露出。在紧急情况下,枕头或毯子都可以用来代替木板。

④鼻骨骨折

用纱布塞住鼻孔,通常可止血,然后去医院救治。

⑤脱臼

脱臼是骨的关节部分因扭伤而移位,常伴有关节周围韧带或肌肉起止点并发撕裂或撕脱,严重的还会骨折。一般伴有以下症状:关节部位发生疼痛、肿胀、瘀伤;关节功能障碍,关节完全不能运动;错位骨的头部形成凸出,而原来的关节部位明显凹陷。

明确是脱臼后,要注意:使用冷敷,减轻伤者疼痛;使伤者舒适地坐下,在脱臼的关节下放一个枕头或卷起的毯子。若手臂脱臼,可用臂悬带把伤臂托起。伤者除食指与中指的关节和下颌外,其他部位脱臼应在原位置上不动,等待医生的救治。

六、中暑

中暑是由于人体在高温环境下,体温调节发生障碍而导致体温过高的急性疾病。

1. 中暑的症状

(1)先兆中暑

人体表现出大量出汗、口渴、头晕、耳鸣、胸闷、心悸、恶心、四肢无力及体温稍高等症状。

(2)轻度中暑

有先兆中暑症状,同时伴有呼吸急促,面色苍白,血压下降,脉搏细弱,体温 38.5 ℃以上。

(3)重度中暑

除有上述症状外,同时伴有昏迷、痉挛、皮肤干燥无汗、体温高达 40 ℃以上或出现休克。

2. 中暑急救方法

(1)物理降温:用冷水或冰块敷头部和颈部、腋窝、腹股沟等大血管处;用冷水、冰水或用体积分数为 30% ~50% 的酒精擦身。

(2)药物降温:用扑热息痛或阿司匹林等药物。

(3)尽快转至医院治疗。

第三节 水上生存技能

在海上遇到紧急情况的时候,首先要保证人员和艇的安全,只有在万不得已的时候(如艇破损下沉时)才能弃艇。无论在什么情况下,都要掌握一定的生存技能。

一、摩托艇减少漂流速度的方法

使用海锚的主要目的是遇恶劣天气而无法安全操纵艇时,投放海锚以使艇首顶风顶浪,以保证艇的安全。

1. 海锚的作用

(1)保持艇首顶风顶浪,减少上浪,防止艇、筏倾覆。

(2)在紧急意外情况下,需要抢滩登陆时,使艇尾先着岸,以保持艇不被浪打横。

(3)减缓艇的漂流速度,以保持艇能在需要地点附近停留 24 h 以上。

2. 海锚施放步骤

(1)施舵,让艇首顶风顶浪。

(2)将海锚放在水中,将海锚索的末端系固在横座上,而海锚索从艇首的导缆钳逐渐松出。

(3)海锚吃力后,海锚索张紧,而收回索应保持松弛,并卸下艇帆和桅。

(4)在海上风浪较大时,可以在海面上撒油能增加海水张力,抑制碎花浪。

(5)收回海锚时只需拉紧海锚收回索,使海锚倒置,顶端朝艇即可省力地拉回艇上,如

图 6－23 所示。

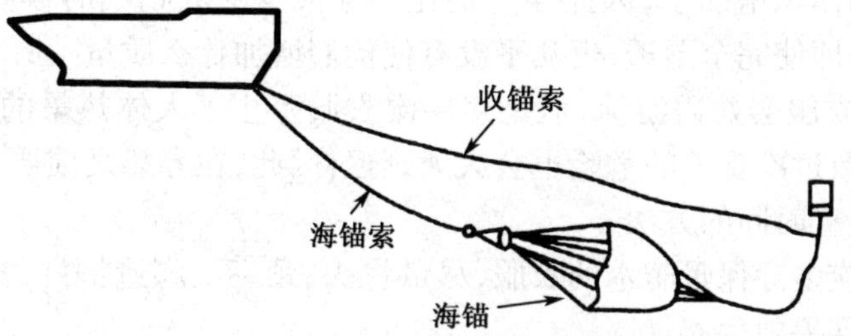

图 6－23 海锚的收回

二、水中保温方法

多年来，普遍认为人员弃船之后丧生的主要原因是由于溺水或者饥饿致死，但是历年来的实例证实，弃船后使求生者丧生的主要原因是身体暴露在寒冷的水中，特别是低温水中，即落水者所遇到的最大危险是通常所说的“过冷现象”。

1. 过冷现象

落水者暴露在寒冷的水中，如果缺乏必要的知识和所采取的措施不当，常可于数分钟之内被冻毙。落水者被迅速冻死主要由两个不为人所左右的因素决定的：人体体表的隔热保温能力很差和水的导热速度很快。

(1)过冷现象

在寒冷水中的落水者身体散失的热量将大于由体内产生的热量，随着体温的不断消耗就会出现不正常的低体温现象称为过冷现象。此时人体最容易受到伤害的器官是脑和心脏，并使血液循环受到干扰。过冷现象在不同阶段的症状表现如下：

①当体温下降到 35 ℃以下时，人就会患“低温昏迷”；

②当体温下降到 31 ℃以下时，人就会失去知觉；

③当体温下降到 28 ℃以下时，就会出现血管硬化；

④当体温下降到 24 ℃到 26 ℃时，人就会死亡。

实践证明，落水者在水中体温下降的速度取决于以下三个方面：

①水温——落水者无法改变当时的水温；

②穿着的衣服——取决于落水者在弃船前的行动；

③自救方法——取决于落水者求生知识和技能水平。

(2)穿着适当衣服的重要性

落水者在弃船之前多穿保暖以及不透水的衣服，尽管这些衣服完全湿透并紧贴在身上，且其导热性与水的导热性相差无几。但是落水者身体表面与所穿的衣服之间可形成一层较暖的水包围全身，而衣服又能阻止这层暖水与周围冷海水的交换和对流，因此能大大延缓体温下降的速度。故此，在寒冷的水中多穿衣服是很有必要的。同时，即使在较温暖的海水中将衣服都脱掉也是完全错误的。

有的人员认为，多穿衣服弃船后，在水中是否因为被这些湿透的衣服大大增加了质量而被拖沉到水底呢？实际上这种观点是错误的，因为：落水者所穿衣物的纤维中存在着无数细小的空气泡，因此会产生一定的浮力，此时湿衣服在海水中不但不会使落水者增加重量反而会给他们增加了浮力；即使一段时间后，衣服中的气泡都散失了，但由于所穿的衣物使落水者在水中的体积增加了，因此浮力仍比不穿或少穿衣物的时候要大。经试验证明，落水者身上的衣服即使完全湿透，也几乎没有使他们增加什么质量。

当然，这些湿衣服会妨碍游泳，但是多层湿衣服阻止了人体热量的散失从而使体温下降的速度减慢，导致过冷现象的危险也会大大延迟，因此，在弃船之前要多穿衣服。

2. 延长水中生存时间的方法

弃船入水前，应多穿保暖防水的衣服，尽量将头、颈、手、脚遮护好，袖口、裤管口和腰带等扎紧；最外面应穿妥救生衣。

尽可能不从5 m以上高度跳入冷水中，不得已时，应按照正确姿势：深吸一口气，右手将鼻和口捂紧；左手紧握右上臂的救生衣；双脚并拢，身体保持垂直，两眼向前平视；入水时保持脚在下，头在上，两腿伸直夹紧，双手不能松开，直至重新浮于水面才可放松不应慌乱。

入水后要做好以下几点：

(1)入水后，应镇静，尽快搜寻并登上救生艇、筏或其他漂浮物以缩短浸水时间。人在不同水温条件下的生存时间见表6－1。

表6－1　人在不同水温条件下的生存时间表

水温	浸于水中预期可能存活时间	水温	浸于水中预期可能存活时间
低于0 ℃	少于1/4 h	低于2 ℃	少于3/4 h
2～4 ℃	少于1.5 h	4～10 ℃	少于3 h
10～15 ℃	少于6 h	15～20 ℃	少于12 h
超过20 ℃	不定(视疲劳程度而定)	—	—

(2)落水者不应做不必要的游泳，在冷水中，可能会猛烈颤动甚至全身感到强烈疼痛，但这是人体遇冷的本能反应，没有死亡危险。最要紧得是在水中静止不动从而使体温下降减缓。

(3)落水者在低温水中为了保持体温，应采取“HELP”(即Heat Escape Lessening Posture：减少热量散失的姿势)姿势，如图6－24所示，两腿弯曲并拢，两肘紧贴身旁，两臂交叉抱在救生衣前面。这样可以最大限度地减少身体表面暴露在冷水中的面积，同时使头部、颈部尽量露出水面。

(4)禁止饮用含有酒精的饮料，因为它不仅不能帮助保持身体温暖，而且还会加速体温的散失。

图6－24　“HELP”姿势

(5)必须有求生获救的坚定信心和积极的思想状态。大量事实证明，有无求生的意志，会产生完全不同的效果。

第四节　摩托艇绳艺

一、平结(图6－25)

用途是将同一条绳的两端绑在一起并不经常解开的地方。适用于连接同样粗细、同样质材的绳索;但不适用在较粗、表面光滑的绳索上。特征:缠绕方法一旦发生错误,结果可能会变成个不完全的活结,用力一拉结目就会散开。其结数如果拉得太紧,就不太容易解开;不过如果双手握住绳头,朝两边用力一拉,就可轻松解开。

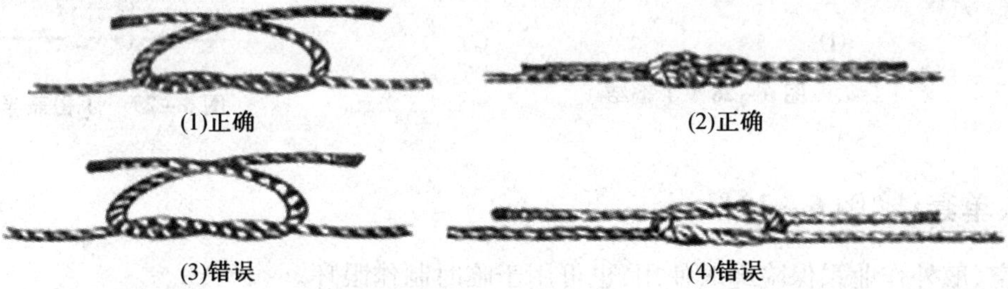

图6－25　平结

二、缩帆结(图6－26)

临时捆扎物品时使用。

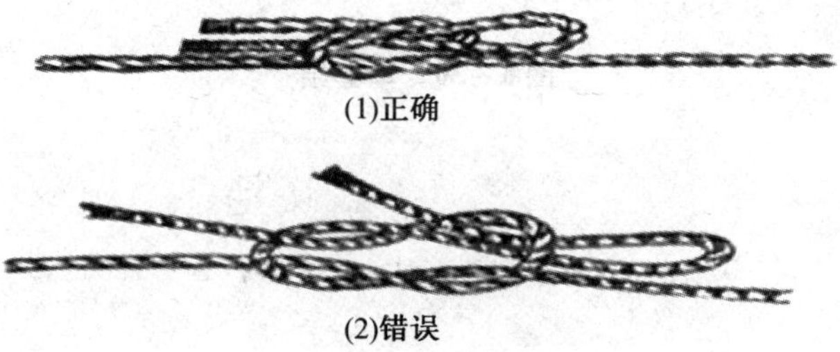

图6－26　缩帆结

三、“8”字结(图6－27)

缆绳局部过度磨损时可临时用此结增加局部强度。打法简单、易记。

用途:可作为一条绳上的一个临时或简单中止,制动点。

特征:即使两端拉得很紧,依然可以轻松解开。

四、丁香结(图6－28、图6－29)

绳索系于圆柱、栏杆、圆环、粗缆时使用。

图 6－27　“8”字结

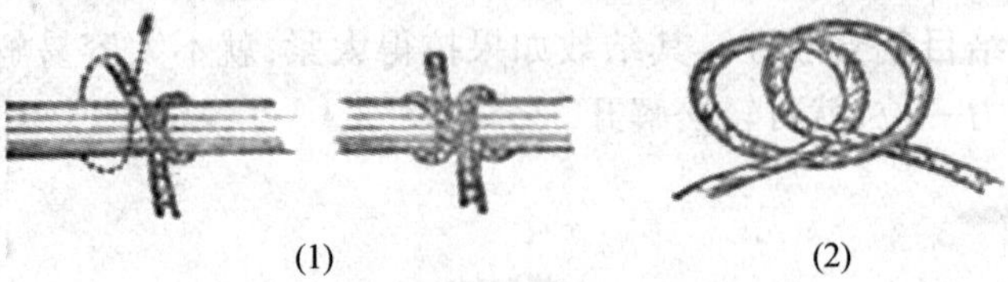

图 6－28　丁香结

图 6－29　丁香兼半结

五、单套结(图 6－30)

高空、舷外作业系保险绳时使用,也可用于临时制作眼环。

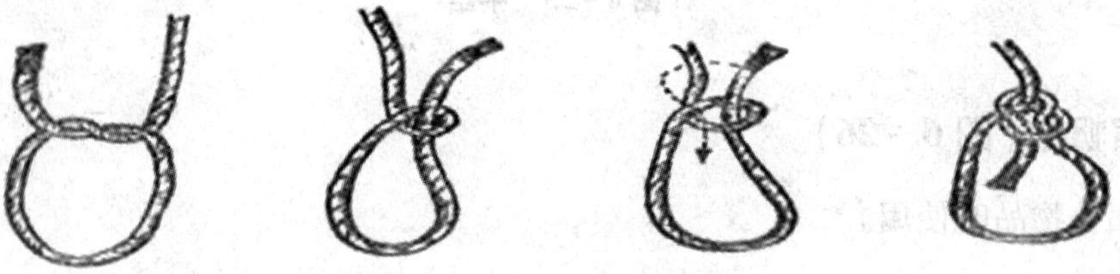

图 6－30　单套结

第七章　中国沿海内河水域航行规则简述

船舶海上事故大多数都与人为因素有关,尤其是在沿海、内河等繁忙水道。究其原因主要是因为船舶操作管理人员安全意识不强,对相关法律规定知识掌握甚少所致。摩托艇主要是在沿海及内河航行,为了确保摩托艇操作人员海上航行安全,保护海洋环境,每一个摩托艇操作人员及培训机构等都应认真学习相关法律法规,并严格遵守。

第一节　内河交通安全管理条例

一、总则

第一条　为了加强内河交通安全管理,维护内河交通秩序,保障人民群众生命、财产安全,制定本条例。

第二条　在中华人民共和国内河通航水域从事航行、停泊和作业以及与内河交通安全有关的活动,必须遵守本条例。

第三条　内河交通安全管理遵循安全第一、预防为主、方便群众、依法管理的原则,保障内河交通安全、有序、畅通。

第四条　国务院交通主管部门主管全国内河交通安全管理工作。国家海事管理机构在国务院交通主管部门的领导下,负责全国内河交通安全监督管理工作。

国务院交通主管部门在中央管理水域设立的海事管理机构和省、自治区、直辖市人民政府在中央管理水域以外的其他水域设立的海事管理机构(以下统称海事管理机构)依据各自的职责权限,对所辖内河通航水域实施水上交通安全监督管理。

第五条　县级以上地方各级人民政府应当加强本行政区域内的内河交通安全管理工作,建立、健全内河交通安全管理责任制。

乡(镇)人民政府对本行政区域内的内河交通安全管理履行下列职责:

(一)建立、健全行政村和船主的船舶安全责任制;

(二)落实渡口船舶、船员、旅客定额的安全管理责任制;

(三)落实船舶水上交通安全管理的专门人员;

(四)督促船舶所有人、经营人和船员遵守有关内河交通安全的法律、法规和规章。

二、船舶、浮动设施和船员

第六条　船舶具备下列条件,方可航行:

(一)经海事管理机构认可的船舶检验机构依法检验并持有合格的船舶检验证书;

(二)经海事管理机构依法登记并持有船舶登记证书;

(三)配备符合国务院交通主管部门规定的船员;

(四)配备必要的航行资料。

第七条　浮动设施具备下列条件,方可从事有关活动:

（一）经海事管理机构认可的船舶检验机构依法检验并持有合格的检验证书；

（二）经海事管理机构依法登记并持有登记证书；

（三）配备符合国务院交通主管部门规定的掌握水上交通安全技能的船员。

第八条　船舶、浮动设施应当保持适于安全航行、停泊或者从事有关活动的状态。

船舶、浮动设施的配载和系固应当符合国家安全技术规范。

第九条　船员经水上交通安全专业培训，其中客船和载运危险货物船舶的船员还应当经相应的特殊培训，并经海事管理机构考试合格，取得相应的适任证书或者其他适任证件，方可担任船员职务。严禁未取得适任证书或者其他适任证件的船员上岗。

船员应当遵守职业道德，提高业务素质，严格依法履行职责。

第十条　船舶、浮动设施的所有人或者经营人，应当加强对船舶、浮动设施的安全管理，建立、健全相应的交通安全管理制度，并对船舶、浮动设施的交通安全负责；不得聘用无适任证书或者其他适任证件的人员担任船员；不得指使、强令船员违章操作。

第十一条　船舶、浮动设施的所有人或者经营人，应当根据船舶、浮动设施的技术性能、船员状况、水域和水文气象条件，合理调度船舶或者使用浮动设施。

第十二条　按照国家规定必须取得船舶污染损害责任、沉船打捞责任的保险文书或者财务保证书的船舶，其所有人或者经营人必须取得相应的保险文书或者财务担保证明，并随船携带其副本。

第十三条　禁止伪造、编造、买卖、租借、冒用船舶检验证书、船舶登记证书、船员适任证书或者其他适任证件。

三、航行、停泊和作业

第十四条　船舶在内河航行，应当悬挂国旗，标明船名、船籍港、载重线。

按照国家规定应当报废的船舶、浮动设施，不得航行或者作业。

第十五条　船舶在内河航行，应当保持瞭望，注意观察，并采用安全航速航行。船舶安全航速应当根据能见度、通航密度、船舶操纵性能和风、浪、水流、航路状况以及周围环境等主要因素决定。使用雷达的船舶，还应当考虑雷达设备的特性、效率和局限性。

船舶在限制航速的区域和汛期高水位期间，应当按照海事管理机构规定的航速航行。

第十六条　船舶在内河航行时，上行船舶应当沿缓流或者航路一侧航行，下行船舶应当沿主流或者航路中间航行；在潮流河段、湖泊、水库、平流区域，应当尽可能沿本船右舷一侧航路航行。

第十七条　船舶在内河航行时，应当谨慎驾驶，保障安全；对来船动态不明、声号不统一或者遇有紧迫情况时，应当减速、停车或者倒车，防止碰撞。

船舶相遇，各方应当注意避让。按照船舶航行规则应当让路的船舶，必须主动避让被让路船舶；被让路船舶应当注意让路船舶的行动，并适时采取措施，协助避让。

船舶避让时，各方避让意图经统一后，任何一方不得擅自改变避让行动。

船舶航行、避让和信号显示的具体规则，由国务院交通主管部门制定。

第十八条　船舶进出内河港口，应当向海事管理机构办理船舶进出港签证手续。

第十九条　下列船舶在内河航行，应当向引航机构申请引航：

（一）—（二）（略）

（三）通航条件受限制的船舶；

（四）国务院交通主管部门规定应当申请引航的客船、载运危险货物的船舶。

第二十条　船舶进出港口和通过交通管制区、通航密集区或者航行条件受限制的区域，应当遵守海事管理机构发布的有关通航规定。

任何船舶不得擅自进入或者穿越海事管理机构公布的禁航区。

第二十一条　从事货物或者旅客运输的船舶，必须符合船舶强度、稳性、吃水、消防和救生等安全技术要求和国务院交通主管部门规定的载货或者载客条件。

任何船舶不得超载运输货物或者旅客。

第二十二条　船舶在内河通航水域载运或者拖带超重、超长、超高、超宽、半潜的物体，必须在装船或者拖带前 24 小时报海事管理机构核定拟航行的航路、时间，并采取必要的安全措施，保障船舶载运或者拖带安全。船舶需要护航的，应当向海事管理机构申请护航。

第二十三条　遇有下列情形之一时，海事管理机构可以根据情况采取限时航行、单航、封航等临时性限制、疏导交通的措施，并予公告：

（一）恶劣天气；

（二）大范围水上施工作业；

（三）影响航行的水上交通事故；

（四）水上大型群众性活动或者体育比赛；

（五）对航行安全影响较大的其他情形。

第二十四条　船舶应当在码头、泊位或者依法公布的锚地、停泊区、作业区停泊；遇有紧急情况，需要在其他水域停泊的，应当向海事管理机构报告。

船舶停泊，应当按照规定显示信号，不得妨碍或者危及其他船舶航行、停泊或者作业的安全。

船舶停泊，应当留有足以保证船舶安全的船员值班。

第二十五条—第三十四条（略）

四、渡口管理

第三十五条—第三十九条（略）

五、通航保障

第四十条　内河通航水域的航道、航标和其他标志的规划、建设、设置、维护，应当符合国家规定的通航安全要求。

第四十一条　内河航道发生变迁，水深、宽度发生变化，或者航标发生位移、损坏、灭失，影响通航安全的，航道、航标主管部门必须及时采取措施，使航道、航标保持正常状态。

第四十二条　内河通航水域内可能影响航行安全的沉没物、漂流物、搁浅物，其所有人和经营人，必须按照国家有关规定设置标志，向海事管理机构报告，并在海事管理机构限定的时间内打捞清除；没有所有人或者经营人的，由海事管理机构打捞清除或者采取其他相应措施，保障通航安全。

第四十三条（略）

第四十四条　任何单位和个人发现下列情况，应当迅速向海事管理机构报告：

（一）航道变迁，航道水深、宽度发生变化；

（二）妨碍通航安全的物体；

(三)航标发生位移、损坏、灭失;

(四)妨碍通航安全的其他情况。

海事管理机构接到报告后,应当根据情况发布航行通告或者航行警告,并通知航道、航标主管部门。

第四十五条　海事管理机构划定或者调整禁航区、交通管制区、港区外锚地、停泊区和安全作业区,以及对进行本条例第二十五条、第二十八条规定的作业或者活动,需要发布航行通告、航行警告的,应当及时发布。

六、救助

第四十六条　船舶、浮动设施遇险,应当采取一切有效措施进行自救。

船舶、浮动设施发生碰撞等事故,任何一方应当在不危及自身安全的情况下,积极救助遇险的他方,不得逃逸。

船舶、浮动设施遇险,必须迅速将遇险的时间、地点、遇险状况、遇险原因、救助要求,向遇险地海事管理机构以及船舶、浮动设施所有人、经营人报告。

第四十七条　船员、浮动设施上的工作人员或者其他人员发现其他船舶、浮动设施遇险,或者收到求救信号后,必须尽力救助遇险人员,并将有关情况及时向遇险地海事管理机构报告。

第四十八条　海事管理机构收到船舶、浮动设施遇险求救信号或者报告后,必须立即组织力量救助遇险人员,同时向遇险地县级以上地方人民政府和上级海事管理机构报告。

遇险地县级以上地方人民政府收到海事管理机构的报告后,应当对救助工作进行领导和协调,动员各方力量积极参与救助。

第四十九条　船舶、浮动设施遇险时,有关部门和人员必须积极协助海事管理机构做好救助工作。

遇险现场和附近的船舶、人员,必须服从海事管理机构的统一调度和指挥。

七、事故调查处理

第五十条　船舶、浮动设施发生交通事故,其所有人或者经营人必须立即向交通事故发生地海事管理机构报告,并做好现场保护工作。

第五十一条　海事管理机构接到内河交通事故报告后,必须立即派员前往现场,进行调查和取证。

海事管理机构进行内河交通事故调查和取证,应当全面、客观、公正。

第五十二条　接受海事管理机构调查、取证的有关人员,应当如实提供有关情况和证据,不得谎报或者隐匿、毁灭证据。

第五十三条　海事管理机构应当在内河交通事故调查、取证结束后30日内,依据调查事实和证据作出调查结论,并书面告知内河交通事故当事人。

第五十四条　海事管理机构在调查处理内河交通事故过程中,应当采取有效措施,保证航路畅通,防止发生其他事故。

第五十五条　地方人民政府应当依照国家有关规定积极做好内河交通事故的善后工作。

第五十六条　特大内河交通事故的报告、调查和处理,按照国务院有关规定执行。

八、监督检查

第五十七条—第六十二条(略)

九、法律责任

第六十三条　违反本条例的规定,应当报废的船舶、浮动设施在内河航行或者作业的,由海事管理机构责令停航或者停止作业,并对船舶、浮动设施予以没收。

第六十四条　违反本条例的规定,船舶、浮动设施未持有合格的检验证书、登记证书或者船舶未持有必要的航行资料,擅自航行或者作业的,由海事管理机构责令停止航行或者作业;拒不停止的,暂扣船舶、浮动设施;情节严重的,予以没收。

第六十五条(略)

第六十六条　违反本条例的规定,未经考试合格并取得适任证书或者其他适任证件的人员擅自从事船舶航行的,由海事管理机构责令其立即离岗,对直接责任人员处2 000元以上2万元以下的罚款,并对聘用单位处1万元以上10万元以下的罚款。

第六十七条(略)

第六十八条　违反本条例的规定,船舶在内河航行时,有下列情形之一的,由海事管理机构责令改正,处5 000元以上5万元以下的罚款;情节严重的,禁止船舶进出港口或者责令停航,并可以对责任船员给予暂扣适任证书或者其他适任证件3个月至6个月的处罚:

(一)未按照规定悬挂国旗,标明船名、船籍港、载重线的;

(二)未向海事管理机构办理船舶进出港签证手续的;

(三)未按照规定申请引航的;

(四)擅自进出内河港口,强行通过交通管制区、通航密集区、航行条件受限制区域或者禁航区的;

(五)载运或者拖带超重、超长、超高、超宽、半潜的物体,未申请或者未按照核定的航路、时间航行的。

第六十九条　违反本条例的规定,船舶未在码头、泊位或者依法公布的锚地、停泊区、作业区停泊的,由海事管理机构责令改正;拒不改正的,予以强行拖离,因拖离发生的费用由船舶所有人或者经营人承担。

第七十条　违反本条例的规定,在内河通航水域或者岸线上进行有关作业或者活动未经批准或者备案,或者未设置标志、显示信号的,由海事管理机构责令改正,处5 000元以上5万元以下的罚款。

第七十一条—第七十二条(略)

第七十三条　违反本条例的规定,渡口船舶未标明识别标志、载客定额、安全注意事项的,由渡口所在地县级人民政府指定的部门责令改正,处2 000元以上1万元以下的罚款;逾期不改正的,责令停航。

第七十四条—第七十五条(略)

第七十六条　违反本条例的规定,船舶、浮动设施遇险后未履行报告义务或者不积极施救的,由海事管理机构给予警告,并可以对责任船员给予暂扣适任证书或者其他适任证件3个月至6个月直至吊销适任证书或者其他适任证件的处罚。

第七十七条　违反本条例的规定,船舶、浮动设施发生内河交通事故的,除依法承担相应的法律责任外，由海事管理机构根据调查结论，对责任船员给予暂扣适任证书或者其他适任证件6个月以上直至吊销适任证书或者其他适任证件的处罚。

第七十八条　违反本条例的规定，遇险现场和附近的船舶、船员不服从海事管理机构的统一调度和指挥的，由海事管理机构给予警告，并可以对责任船员给予暂扣适任证书或者其他适任证件3个月至6个月直至吊销适任证书或者其他适任证件的处罚。

第七十九条　违反本条例的规定，伪造、编造、买卖、转借、冒用船舶检验证书、船舶登记证书、船员适任证书或者其他适任证件的，由海事管理机构没收有关的证书或者证件；有违法所得的，没收违法所得，并处违法所得2倍以上5倍以下的罚款；没有违法所得或者违法所得不足2万元的，处1万元以上5万元以下的罚款；触犯刑律的，依照刑法关于伪造、编造、买卖国家机关公文、证件罪或者其他罪的规定，依法追究刑事责任。

第八十条　违反本条例的规定，船舶、浮动设施的所有人或者经营人指使、强令船员违章操作的，由海事管理机构给予警告，处1万元以上5万元以下的罚款，并可以责令停航或者停止作业；造成重大伤亡事故或者严重后果的，依照刑法关于重大责任事故罪或者其他罪的规定，依法追究刑事责任。

第八十一条　违反本条例的规定，船舶在内河航行、停泊或者作业，不遵守航行、避让和信号显示规则的，由海事管理机构责令改正，处1 000元以上1万元以下的罚款；情节严重的，对责任船员给予暂扣适任证书或者其他适任证件3个月至6个月直至吊销适任证书或者其他适任证件的处罚；造成重大内河交通事故的，依照刑法关于交通肇事罪或者其他罪的规定，依法追究刑事责任。

第八十二条　违反本条例的规定，船舶不具备安全技术条件从事货物、旅客运输，或者超载运输货物、旅客的，由海事管理机构责令改正，处2万元以上10万元以下的罚款，可以对责任船员给予暂扣适任证书或者其他适任证件6个月以上直至吊销适任证书或者其他适任证件的处罚，并对超载运输的船舶强制卸载，因卸载而发生的卸货费、存货费、旅客安置费和船舶监管费由船舶所有人或者经营人承担；发生重大伤亡事故或者造成其他严重后果的，依照刑法关于重大劳动安全事故罪或者其他罪的规定，依法追究刑事责任。

第八十三条　违反本条例的规定，船舶、浮动设施发生内河交通事故后逃逸的，由海事管理机构对责任船员给予吊销适任证书或者其他适任证件的处罚；证书或者证件吊销后，5年内不得重新从业；触犯刑律的，依照刑法关于交通肇事罪或者其他罪的规定，依法追究刑事责任。

第八十四条　违反本条例的规定，阻碍、妨碍内河交通事故调查取证，或者谎报、隐匿、毁灭证据的，由海事管理机构给予警告，并对直接责任人员处1 000元以上1万元以下的罚款；属于船员的，并给予暂扣适任证书或者其他适任证件12个月以上直至吊销适任证书或者其他适任证件的处罚；以暴力、威胁方法阻碍内河交通事故调查取证的，依照刑法关于妨害公务罪的规定，依法追究刑事责任。

第八十五条　违反本条例的规定，海事管理机构不依据法定的安全条件进行审批、许可的，对负有责任的主管人员和其他直接责任人员根据不同情节，给予降级或者撤职的行政处分；造成重大内河交通事故或者致使公共财产、国家和人民利益遭受重大损失的，依照刑法关于滥用职权罪、玩忽职守罪或者其他罪的规定，依法追究刑事责任。

第八十六条　违反本条例的规定，海事管理机构对审批、许可的安全事项不实施监督检查的，对负有责任的主管人员和其他直接责任人员根据不同情节，给予记大过、降级或者撤职的行政处分;造成重大内河交通事故或者致使公共财产、国家和人民利益遭受重大损失的,依照刑法关于滥用职权罪、玩忽职守罪或者其他罪的规定,依法追究刑事责任。

第八十七条　违反本条例的规定,海事管理机构发现船舶、浮动设施不再具备安全航行、停泊、作业条件而不及时撤销批准或者许可并予以处理的,对负有责任的主管人员和其他直接责任人员根据不同情节,给予记大过、降级或者撤职的行政处分;造成重大内河交通事故或者致使公共财产、国家和人民利益遭受重大损失的,依照刑法关于滥用职权罪、玩忽职守罪或者其他罪的规定,依法追究刑事责任。

第八十八条　违反本条例的规定,海事管理机构对未经审批、许可擅自从事旅客、危险货物运输的船舶不实施监督检查,或者发现内河交通安全隐患不及时依法处理,或者对违法行为不依法予以处罚的,对负有责任的主管人员和其他直接责任人员根据不同情节,给予降级或者撤职的行政处分;造成重大内河交通事故或者致使公共财产、国家和人民利益遭受重大损失的,依照刑法关于滥用职权罪、玩忽职守罪或者其他罪的规定,依法追究刑事责任。

第八十九条(略)

第九十条　违反本条例的规定,触犯《中华人民共和国治安管理处罚法》,构成违反治安管理行为的,由公安机关给予治安管理处罚。

十、附则

第九十一条　本条例下列用语的含义:

(一)内河通航水域,是指由海事管理机构认定的可供船舶航行的江、河、湖泊、水库、运河等水域。

(二)船舶,是指各类排水或者非排水的船、艇、筏、水上飞行器、潜水器、移动式平台以及其他水上移动装置。

(三)浮动设施,是指采用缆绳或者锚链等非刚性固定方式系固并漂浮或者潜于水中的建筑、装置。

(四)交通事故,是指船舶、浮动设施在内河通航水域发生的碰撞、触碰、触礁、浪损、搁浅、火灾、爆炸、沉没等引起人身伤亡和财产损失的事件。

第九十二条　军事船舶在内河通航水域航行,应当遵守内河航行、避让和信号显示规则。军事船舶的检验、登记和船员的考试、发证等管理办法,按照国家有关规定执行。

第九十三条　渔船的检验、登记以及进出渔港签证,渔船船员的考试、发证,渔船之间交通事故的调查处理,以及渔港水域内渔船的交通安全管理办法,由国务院渔业行政主管部门依据本条例另行规定。

第九十四条　城市园林水域水上交通安全管理的具体办法,由省、自治区、直辖市人民政府制定;但是,有关船舶检验、登记和船员管理,依照国家有关规定执行。

第九十五条　本条例自2002年8月1日起施行。1986年12月16日国务院发布的《中华人民共和国内河交通安全管理条例》同时废止。

第二节 海上交通安全法

一、总则

第一条　为加强海上交通管理,保障船舶、设施和人命财产的安全,维护国家权益,特制定本法。

第二条　本法适用于在中华人民共和国沿海水域航行、停泊和作业的一切船舶、设施和人员以及船舶、设施的所有人、经营人。

第三条　中华人民共和国港务监督机构,是对沿海水域的交通安全实施统一监督管理的主管机关。

二、船舶检验和登记

第四条　船舶和船上有关航行安全的重要设备必须具有船舶检验部门签发的有效技术证书。

第五条　船舶必须持有船舶国籍证书,或船舶登记证书,或船舶执照。

三、船舶、设施上的人员

第六条　船舶应当按照标准定额配备足以保证船舶安全的合格船员。

第七条　船长、轮机长、驾驶员、轮机员、无线电报务员话务员以及水上飞机、潜水器的相应人员,必须持有合格的职务证书。

其他船员必须经过相应的专业技术训练。

第八条　设施应当按照国家规定,配备掌握避碰、信号、通信、消防、救生等专业技能的人员。

第九条　船舶、设施上的人员必须遵守有关海上交通安全的规章制度和操作规程,保障船舶、设施航行、停泊和作业的安全。

四、航行、停泊和作业

第十条　船舶、设施航行、停泊和作业,必须遵守中华人民共和国的有关法律、行政法规和规章。

第十一条—第十三条(略)

第十四条　船舶进出港口或者通过交通管制区、通航密集区和航行条件受到限制的区域时,必须遵守中华人民共和国政府或主管机关公布的特别规定。

第十五条　除经主管机关特别许可外,禁止船舶进入或穿越禁航区。

第十六条　(略)

第十七条　主管机关发现船舶的实际状况同证书所载不相符合时,有权责成其申请重新检验或者通知其所有人、经营人采取有效的安全措施。

第十八条　主管机关认为船舶对港口安全具有威胁时,有权禁止其进港或令其离港。

第十九条　船舶、设施有下列情况之一的,主管机关有权禁止其离港,或令其停航、改航、停止作业:

一、违反中华人民共和国有关的法律、行政法规或规章；

二、处于不适航或不适拖状态；

三、发生交通事故，手续未清；

四、未向主管机关或有关部门交付应承担的费用，也未提供适当的担保；

五、主管机关认为有其他妨害或者可能妨害海上交通安全的情况。

五、安全保障

第二十条　在沿海水域进行水上水下施工以及划定相应的安全作业区，必须报经主管机关核准公告。无关的船舶不得进入安全作业区。施工单位不得擅自扩大安全作业区的范围。

在港区内使用岸线或者进行水上水下施工包括架空施工，还必须附图报经主管机关审核同意。

第二十一条　在沿海水域划定禁航区，必须经国务院或主管机关批准。但是，为军事需要划定禁航区，可以由国家军事主管部门批准。

禁航区由主管机关公布。

第二十二条　（略）

第二十三条　禁止损坏助航标志和导航设施。损坏助航标志或导航设施的，应当立即向主管机关报告，并承担赔偿责任。

第二十四条　船舶、设施发现下列情况，应当迅速报告主管机关：

一、助航标志或导航设施变异、失常；

二、有妨碍航行安全的障碍物、漂流物；

三、其他有碍航行安全的异常情况。

第二十五条　航标周围不得建造或设置影响其工作效能的障碍物。航标和航道附近有碍航行安全的灯光，应当妥善遮蔽。

第二十六条 设施的搬迁、拆除，沉船沉物的打捞清除，水下工程的善后处理，都不得遗留有碍航行和作业安全的隐患。在未妥善处理前，其所有人或经营人必须负责设置规定的标志，并将碍航物的名称、形状、尺寸、位置和深度准确地报告主管机关。

第二十七条　港口码头、港外系泊点、装卸站和船闸，应当加强安全管理，保持良好状态。

第二十八条　主管机关根据海上交通安全的需要，确定、调整交通管制区和港口锚地。港外锚地的划定，由主管机关报上级机关批准后公告。

第二十九条　主管机关按照国家规定，负责统一发布航行警告和航行通告。

第三十条　为保障航行、停泊和作业的安全，有关部门应当保持通信联络畅通，保持助航标志、导航设施明显有效，及时提供海洋气象预报和必要的航海图书资料。

第三十一条　船舶、设施发生事故，对交通安全造成或者可能造成危害时，主管机关有权采取必要的强制性处置措施。

六、危险货物运输

第三十二条—第三十三条（略）

七、海难救助

第三十四条　船舶、设施或飞机遇难时，除发出呼救信号外，还应当以最迅速的方式将出事时间、地点、受损情况、救助要求以及发生事故的原因，向主管机关报告。

第三十五条　遇难船舶、设施或飞机及其所有人、经营人应当采取一切有效措施组织自救。

第三十六条　事故现场附近的船舶、设施，收到求救信号或发现有人遭遇生命危险时，在不严重危及自身安全的情况下，应当尽力救助遇难人员，并迅速向主管机关报告现场情况和本船舶、设施的名称、呼号和位置。

第三十七条　发生碰撞事故的船舶、设施，应当互通名称、国籍和登记港，并尽一切可能救助遇难人员。在不严重危及自身安全的情况下，当事船舶不得擅自离开事故现场。

第三十八条　主管机关接到求救报告后，应当立即组织救助。有关单位和在事故现场附近的船舶、设施，必须听从主管机关的统一指挥。

第三十九条　外国派遣船舶或飞机进入中华人民共和国领海或领海上空搜寻救助遇难的船舶或人员，必须经主管机关批准。

八、打捞清除

第四十条　对影响安全航行、航道整治以及有潜在爆炸危险的沉没物、漂浮物，其所有人、经营人应当在主管机关限定的时间内打捞清除。否则，主管机关有权采取措施强制打捞清除，其全部费用由沉没物、漂浮物的所有人、经营人承担。

本条规定不影响沉没物、漂浮物的所有人、经营人向第三方索赔的权利。

第四十一条　未经主管机关批准，不得擅自打捞或拆除沿海水域内的沉船沉物。

九、交通事故的调查处理

第四十二条　船舶、设施发生交通事故，应当向主管机关递交事故报告书和有关资料，并接受调查处理。

事故的当事人和有关人员，在接受主管机关调查时，必须如实提供现场情况和与事故有关的情节。

第四十三条　船舶、设施发生的交通事故，由主管机关查明原因，判明责任。

十、法律责任

第四十四条　对违反本法的，主管机关可视情节，给予下列一种或几种处罚：

一、警告；

二、扣留或吊销职务证书；

三、罚款。

第四十五条　当事人对主管机关给予的罚款、吊销职务证书处罚不服的，可以在接到处罚通知之日起十五天内，向人民法院起诉；期满不起诉又不履行的，由主管机关申请人民法院强制执行。

第四十六条　因海上交通事故引起的民事纠纷，可以由主管机关调解处理，不愿意调解或调解不成的，当事人可以向人民法院起诉；涉外案件的当事人，还可以根据书面协议提交仲裁机构仲裁。

第四十七条　对违反本法构成犯罪的人员，由司法机关依法追究刑事责任。

十一、特别规定

第四十八条　国家渔政渔港监督管理机构，在以渔业为主的渔港水域内，行使本法规定的主管机关的职权，负责交通安全的监督管理，并负责沿海水域渔业船舶之间的交通事故的调查处理。具体实施办法由国务院另行规定。

第四十九条　海上军事管辖区和军用船舶、设施的内部管理，为军事目的进行水上水下作业的管理，以及公安船舶的检验登记、人员配备、进出港签证，由国家有关主管部门依据本法另行规定。

十二、附则

第五十条　本法下列用语的含义是：

“沿海水域”是指中华人民共和国沿海的港口、内水和领海以及国家管辖的一切其他海域。

“船舶”是指各类排水或非排水船、筏、水上飞机、潜水器和移动式平台。

“设施”是指水上水下各种固定或浮动建筑、装置和固定平台。

“作业”是指在沿海水域调查、勘探、开采、测量、建筑、疏浚、爆破、救助、打捞、拖带、捕捞、养殖、装卸、科学试验和其他水上水下施工。

第五十一条　国务院主管部门依据本法，制定实施细则，报国务院批准施行。

第五十二条　过去颁布的海上交通安全法规与本法相抵触的，以本法为准。

第五十三条　本法自 1984 年 1 月 1 日起施行。

第三节　船舶污染管理方面的规定

一、内河一般运输船舶在在防污方面应配置的设备和器材

船舶污染水域源主要有油类污染、生活污水污染、垃圾污染，所以船舶应按上述污染源来配置相应的设备和器材。根据《内河船舶法定检验技术规则》(2011)规定：

1. 对油类污染的要求

(1)主、辅机总功率 22 kW 及以上的内河船舶至少装设一套额定处理量不少于 0.04 M3/H 的油水分离设备；

(2)主、辅机总功率 22 kW 以下的内河船舶可采用经同意的其他简易有效设施储存含油舱底水，定期排放给接收设备，严禁将污油水直接排往舷外；

(3)船舶排放的处理水含油量不应超过 15 ppm(g/m^3)；

2. 对生活污水污染的要求

(1)装设生活污水贮存舱(柜)；

(2)装设生活污水处理装置；

(3)装设打包收集设施(免冲)。

航行于内河水域的船舶，其生活污水不应随意向水域排放。船舶生活污水应排至接收

设施或经生活污水处理装置处理达到排放标准才能排往水域。小型船舶应尽可能采用简易的收集设备和措施、避免将未处理的污水直接排往水域。

3. 对垃圾污染的要求

(1)所有船舶垃圾应储存在垃圾收集装置中,定期由船/岸有关部门予以接收,不应排往水域。

(2)垃圾收集装置的结构可为活动式结构,也可为固定式结构并成为船体结构的一部分。

(3)固定式结构的船舶垃圾收集装置应满足下列要求:

①收集装置的开口应设有能紧密关闭的盖子;

②收集装置应以不燃材料制成,并应能防腐;

③收集装置应定期消毒并应便于清洗;

④收集装置应根据航程和船上人数具有足够的容积;

⑤收集装置应与接收设施相适应,装置的底部一般应向垃圾卸除口倾斜至少30°,垃圾卸除口的底部应有开启驱动装置。

(4)活动式结构的垃圾收集装置应有足够强度的内衬,其在船上的放置应能防止船舶摇晃时发生倾覆。

(5)垃圾应分类收集,并应遵守港口主管当局有关规定。

建议船舶垃圾分为以下几类,并加以标识:

①食品类船舶垃圾;②塑料类船舶垃圾;③其他船舶垃圾。

二、沿海一般运输船舶在防污方面应配置的设备和器材

对400总吨以下所有的机动船舶,不要求设置滤油设备,但应该符合下列所述要求:

(1)设有能储存船上全部机舱舱底油污水的存储柜;

(2)应设有对存贮柜进行清洗和将其中的残油或含油污水排入接收设备的适当设施;

(3)泵和管路应为固定式,如认为实际上对该船舶不适当,经同意可用其他有效形式代替;

(4)船舶停靠港或装卸站有足够数量的接收设备;

(5)船上应设有规定的标准排放接头。

三、对内河船舶垃圾告示牌的配置的要求

(1)凡船长为12 m及以上的所有船舶应当设置统一格式的垃圾告示牌。以便船员及乘客知道关于船舶垃圾处理的规定,告示牌的规格、内容及安装位置应符合本局的有关规定。

(2)对于100总吨及以上的所有船舶,以及核准载运船上人员15人及以上的船舶,应备有一份经本局认可的垃圾记录薄,以记录每次排放作业情况。

四、对摩托艇在船舶防污染方面的要求(参照《游艇安全管理规定》)

1. 摩托艇不得违反有关防治船舶污染的法律、法规和规章的规定向水域排放油类物质、生活污水、垃圾和其他有毒有害物质。

2. 摩托艇应当配备必要的污油水回收装置、垃圾储集容器,并正确使用。

3. 摩托艇产生的废弃蓄电池等废弃物、油类物质、生活垃圾应当送交岸上接收处理，并做好记录。

4. 摩托艇所有人应当负责其日常安全管理和维护保养，确保摩托艇处于良好的安全、技术状态，保证航行、停泊以及艇上人员的安全。

摩托艇所有人应当与管理单位签订协议，明确双方在摩托艇航行、停泊安全以及摩托艇的日常维护、保养及安全与防污染管理方面的责任。

第四节 船舶排放标准法规

船舶发动机排气污染物排放限值和测量方法

环境保护部于2015年向社会通报《船舶发动机排放污染物排放限值和测量方法》并两次公开征求相关意见。与第一次征求意见稿相比，二次征求意见稿对标准中船机使用燃油的规定进行了调整，放宽了船舶使用燃油的种类和范围；增加了娱乐用船舶发动机的耐久性要求；增加气体燃料测试方法和计算；增加允许豁免的船机要求；增加了耐久性年限要求等。由此可见相关法规不久将会通过并实施。

众所周知，我国是一个内河航运资源比较丰富的国家，截至2013年底，我国拥有水上运输船舶17.26万艘，净载重量2.44亿吨。全球十大港口，我国占据八席，吞吐量约占全球四分之一。船舶运输所带来的环境污染问题日益突出。据测算，2013年全国船舶二氧化硫排放量约占全国排放总量的8.4%，氮氧化物排放量占11.3%。受船舶污染影响最大的是港口城市，其次是江河沿岸城市。鉴于我国港口和船舶大气污染防治的紧迫形势，为落实《环境保护法》《大气污染防治法》要求，环境保护部制定船舶发动机排放标准即《船舶发动机排放污染物排放限值和测量方法》，加强船舶污染物排放控制，填补船舶大气污染物排放标准空白。

新标准适用于具有中国船籍在我国水域航行或作业的船舶（如：内河船、沿海船、江海直达船、海峡［渡］船和各类渔船）装用的额定净功率大于37 kW的船用发动机。额定净功率不超过37 kW的小型船舶的发动机执行非道路移动机械排放标准（GB 20891）。标准规定了上述船用发动机（包括主机和辅机）的型式核准、生产一致性检查和排放耐久性要求，也规定了船舶和船机实施大修后的排放要求。适用于船机的销售、进口和投入使用环节以及船舶的销售、进口和登记环节。新标准控制范围不包括远洋船舶。远洋运输船舶执行MARPOL公约的规定。另外，该标准不包括游艇等装用的汽油机，环境保护部将适时制订船用汽油机的排放标准。

新标准是我国首次发布船舶大气污染物排放控制国家标准。标准将分为第一阶段和第二阶段两个阶段实施。第一阶段相当于汽车发动机和非道路发动机的第二阶段排放控制水平，与我国船机排放现状相比，PM排放将削减70%左右，NO_x 排放将削减20%以上；第二阶段相当于车机和非道路排放的第三阶段控制水平，PM和 NO_x 将在第一阶段基础上，分别进一步降低40%和20%。和发达国家相比，第一阶段和目前欧洲实施的标准相当，第二阶段和美国第三阶段实施的 标准相当。标准还规定了排放耐久性要求。一般船舶（娱乐船舶除外）均应在10 000 h或10年（以先到者为准）内排放满足标准要求。相信《船机标准》的实施，将降低船舶氮氧化物和颗粒物等一次污染物的排放，对削减二次颗粒物、臭氧等二次污染物，具有重要作用；同时，在推进船用燃料品质升级，促使所有在用船舶全面减排，促进船舶污染防治技术进步，改善沿海、沿江及港口城市环境空气质量等方面，也具有重要意义。

国外排放控制区：排放控制区（Emission Control Area），可分为硫（SO_2）排放控制区和氮（NO_x）排放控制区。1997 年的空气污染防止国际会议通过 MARPOL 公约 1997 年议定书及 8 个决议案，议定书纳入了“防止船舶造成大气污染规则”并使之成为公约附则 VI。MARPOL 附则 VI 对于船舶废气中的 SO_x 排放含量作了限制，规定了燃油中硫含量的全球上限，并规定了硫排放控制区（简称 SECA）。SO_x 主要是燃料中的含硫的燃烧产物，以废气的形成排放于大气，尤其 SO_2 容易氧化形成酸雨危害人类，主要是取决于柴油机所燃用燃料的含硫量。目前已有两个，分别为波罗的海和美国北海，分别于2006 年 5 月和2007 年 11 月开始运作。在硫排放控制区（SECA）内，必须使用含硫量低于 1.5%（质量分数）的低硫燃油，或使用经认可的废气滤清系统或其他技术方法以保证船舶硫氧化物的总排出量不超过 6.0 g/(kW·h)。

国内排放控制区实施方案：为贯彻实施《中华人民共和国大气污染防治法》，推进绿色航运发展和船舶节能减排，减少船舶在我国重点区域的大气污染物排放，制定本实施方案。

一、工作目标

通过设立船舶大气污染物排放控制区（以下简称“排放控制区”），控制我国船舶硫氧化物、氮氧化物和颗粒物排放，改善我国沿海和沿河区域特别是港口城市的环境空气质量，为全面控制船舶大气污染奠定基础。

二、设立原则

（一）突出国家大气污染联防联控重点区域。

（二）维护区域港口公平竞争，鼓励核心港区先行先试。

（三）兼顾区域船舶活动密集程度与经济发展水平。

（四）遵守国际法和国内法律法规要求。

三、适用对象

本方案适用于在排放控制区内航行、停泊、作业的船舶，军用船舶、体育运动船艇和渔业船舶除外。

基于以上目标和原则，设立珠三角、长三角、环渤海（京津冀）水域船舶排放控制区，确定排放控制区内的核心港口。

四、控制要求

（一）自 2016 年 1 月 1 日起，船舶应严格执行现行国际公约和国内法律法规关于硫氧化物、颗粒物和氮氧化物的排放控制要求，排放控制区内有条件的港口可以实施船舶靠岸停泊期间使用硫含量≤0.15% m/m 的燃油等高于现行排放控制要求的措施。

（二）自 2017 年 1 月 1 日起，船舶在排放控制区内的核心港口区域靠岸停泊期间（靠港后的一小时和离港前的一小时除外，下同）应使用硫含量≤0.15% m/m 的燃油。

第五节　船舶航行方面的规定

一、海事相关法律法规对船舶的定义

（一）船舶的定义

《中华人民共和国海上交通安全法》对船舶的定义是指各类排水或者非排水的船、筏、水上飞行器、潜水器和移动式平台。

《内河交通安全管理条例》对船舶的定义是指各类排水或者非排水的船、艇、筏、水上飞行器、潜水器、移动式平台以及其他水上移动装置。

（二）摩托艇的定义

系指乘员定额不超过12人，设计静水时速在沿海水域≥10 n mile/h、在内河通航水域≥18 km/h，长度小于20 m的机动船艇（游艇除外），分为喷水摩托艇和螺旋桨摩托艇两种，主要针对公务船艇和营业性小艇。

二、船舶在航行、停泊时应遵守的规定

（一）船舶航行需具备的条件

1. 船舶和船舶上有关航行安全、防治污染等重要设备必须持有有效的检验证书；
2. 经海事管理机构依法登记并持有船舶登记证书；
3. 船舶应当按照标准定额配备足以保证船舶安全的合格船员；
4. 配备必要的航行资料。

（二）海船船舶在航行、停泊中应遵守的规定

1. 船舶、设施航行、停泊和作业，必须遵守中华人民共和国的有关法律、行政法规和规章。

2. 船舶进出港口或者通过交通管制区、通航密集区和航行条件受到限制的区域时，必须遵守海事管理机构发布的有关通航规定。除经主管机关特别许可外，禁止船舶进入或穿越禁航区。

3. 应当悬挂国旗，标明船名、船籍港、载重线；采用安全航速航行；不得超载运输货物或者旅客。

4. 应当向海事管理机构办理船舶进出港签证手续。

5. 应当在码头、泊位或者依法公布的锚地、停泊区、作业区停泊；遇有紧急情况，需要在其他水域停泊的，应当向海事管理机构报告。船舶停泊，应当按照规定显示信号，不得妨碍或者危及其他船舶航行、停泊或者作业的安全，应当留有足以保证船舶安全的船员值班。

（三）内河船舶航行相关规定

1. 船舶在内河航行，应当保持瞭望，注意观察，并采用安全航速航行。船舶安全航速应

当根据能见度、通航密度、船舶操纵性能和风、浪、水流、航路状况以及周围环境等主要因素决定。使用雷达的船舶，还应当考虑雷达设备的特性、效率和局限性。

2. 船舶在限制航速的区域和汛期高水位期间，应当按照海事管理机构规定的航速航行。

3. 船舶在内河航行时，上行船舶应当沿缓流或者航路一侧航行，下行船舶应当沿主流或者航路中间航行；在潮流河段、湖泊、水库、平流区域，应当尽可能沿本船右舷一侧航路航行。

4. 船舶在内河航行时，应当谨慎驾驶，保障安全；对来船动态不明、声号不统一或者遇有紧迫情况时，应当减速、停车或者倒车，防止碰撞。船舶相遇，各方应当注意避让。

5. 按照船舶航行规则应当让路的船舶，必须主动避让被让路船舶；被让路船舶应当注意让路船舶的行动，并适时采取措施，协助避让。船舶避让时，各方避让意图经统一后，任何一方不得擅自改变避让行动。船舶航行、避让和信号显示的具体规则，由国务院交通主管部门制定。

6. 从事货物或者旅客运输的船舶，必须符合船舶强度、稳性、吃水、消防和救生等安全技术要求和国务院交通主管部门规定的载货或者载客条件。

任何船舶不得超载运输货物或者旅客。

7. 船舶在内河通航水域载运或者拖带超重、超长、超高、超宽、半潜的物体，必须在装船或者拖带前 24 小时报海事管理机构核定拟航行的航路、时间，并采取必要的安全措施，保障船舶载运或者拖带安全。船舶需要护航的，应当向海事管理机构申请护航。

8. 遇有下列情形之一时，海事管理机构可以根据情况采取限时航行、单航、封航等临时性限制、疏导交通的措施，并予公告：

（1）恶劣天气；

（2）大范围水上施工作业；

（3）影响航行的水上交通事故；

（4）水上大型群众性活动或者体育比赛；

（5）对航行安全影响较大的其他情形。

（四）摩托艇在航行、停泊方面的相关要求（参照《游艇安全管理规定》）

1. 摩托艇在开航之前，操作人员应当做好安全检查，确保摩托艇适航。

2. 摩托艇应当随船携带有关船舶证书、文书及必备的航行资料，并做好航行等相关记录。

3. 摩托艇应当随船携带可与当地海事管理机构、摩托艇管理单位进行通信的无线电通信工具，并确保与岸基有效沟通。

4. 摩托艇驾驶员驾驶摩托艇时应当携带摩托艇驾驶员适任证书。

5. 摩托艇应当按照《船舶签证管理规则》的规定，办理为期 12 个月的定期签证。

6. 摩托艇应当在其检验证书所确定的适航范围内航行。

7. 摩托艇所有人或者摩托艇管理单位在第一次出航前，应当将摩托艇的航行水域向当地海事管理机构备案。摩托艇每一次航行时，如果航行水域超出备案范围，摩托艇所有人或者摩托艇管理单位应当在摩托艇出航前向海事管理机构报告船名、航行计划、摩托艇驾驶员或者乘员的名单、应急联系方式。

8. 摩托艇航行时，除应当遵守避碰规则和当地海事管理机构发布的特别航行规定外，还应当遵守下列规定：

(1)摩托艇应当避免在恶劣天气以及其他危及航行安全的情况下航行；

(2)摩托艇应当避免在船舶定线制水域、主航道、锚地、养殖区、渡口附近水域以及交通密集区及其他交通管制水域航行，确需进入上述水域航行的，应当听从海事管理机构的指挥，并遵守限速规定；摩托艇不得在禁航区、安全作业区航行；

(3)不具备号灯及其他夜航条件的摩托艇不得夜航；

(4)摩托艇不得超过核定乘员航行。

9. 摩托艇操作人员不得酒后驾驶、疲劳驾驶。

10. 摩托艇应当在海事管理机构公布的专用停泊水域或者停泊点停泊。

11. 摩托艇的专用停泊水域或者停泊点，应当符合全靠泊、避风以及便利人员安全登离的要求。摩托艇停泊的专用水域属于港口水域的，应当符合有关港口规划。

12. 摩托艇在航行中的临时性停泊，应当选择不妨碍其他船舶航行、停泊、作业的水域。不得在主航道、锚地、禁航区、安全作业区、渡口附近以及海事管理机构公布的禁止停泊的水域内停泊。

13. 在港口水域内建设摩托艇停泊码头、防波堤、系泊设施的，应当按照《港口法》的规定申请办理相应许可手续。

三、能见度不良时船舶航行、停泊和作业管理规定

1. 船舶在能见度不良或其附近水域航行时，应正确鸣放声号，及时开启航行灯，备车备锚，控制船速，并加强值班瞭望，正确使用雷达、VHF、AIS 等助导航设施，及早发现来船并判断是否存在碰撞危险。

2. 船舶发现能见度下降并可能影响船舶航行、停泊或作业安全的情况，应在采取必要安全措施的同时通过 VHF 等各种有效途径立即向海事管理机构报告。

3. 当船舶所处水域能见距离小于 500 m 或海事管理机构发布能见度不良红色预警信息时：①船舶不得进出港；②在港停泊的船舶禁止开航；③港内船舶不得进行靠离泊作业；④港内在航船应立即择地抛锚；⑤采砂船及在通航水域内施工的船舶应立即停止作业。

四、桥梁水域通航安全相关规定

1. 中华人民共和国浙江海事局主管辖区内桥梁水域通航安全监督管理，其下设的各级海事机构依据本规定具体实施所辖区域内桥梁水域的通航安全监督管理。

2. 通过桥梁的船舶，应当保持足够的富余高度，根据本船的吨位和当时水面以上的最大高度，按照桥区航道及通航孔的通航技术标准，选择适合本船安全通过的桥区航道及通航孔，并尽可能选择缓流时段通过桥梁。

3. 除桥梁通航孔及其对应的桥区航道外，其余桥孔禁止船舶通行。

4. 船舶在桥区航道及其通航孔内航行，应按照水上助航标志和桥梁助航标志特别谨慎驾驶，并遵循下列规则：

①在单向通航的桥区航道及其通航孔内航行时，应当尽可能在航道中间行驶；

②在双向通航的桥区航道及其通航孔内航行时，应当尽可能避免船舶交会；无法避免时，应当尽可能靠近其右舷的航道一侧行驶，并与桥墩保持适当的安全距离。

5. 船舶在桥区航道及其通航孔内航行,禁止下列行为:

①追越;

②调头;

③横越;

④逆向行驶;

⑤妨碍其他船舶安全的行为。

五、水上交通管制的概念,水上交通管制有哪些措施?

1. “水上交通管制”(以下简称“交通管制”)是指海事管理机构对特定水域中航行、停泊、作业的船舶采取的限制性通航管理行为。交通管制分为常规交通管制和临时交通管制。

2. 交通管制措施包括:

①划定交通管制区,设置船舶报告线(点),或临时船舶报告线(点);

②禁航、停航、禁止锚(停)泊;

③分道(边)及单向通航;

④限制(时)通过船舶的种类、尺度、吃水、航速;

⑤护航、伴航、安全监护;

⑥其他交通管制措施。

3. 船舶航经交通管制水域时,应遵守海事管理机构发布的有关交通管制规定,服从海事管理机构的统一指挥,并采用良好船艺,保持安全航速航行。

六、主管机关有权禁止船舶离港,或令其停航、改航、停止作业的情况

1. 违反中华人民共和国有关的法律、行政法规或规章。

2. 处于不适航或不适拖状态。

3. 发生交通事故,手续未清。

4. 未向主管机关或有关部门交付应承担的费用,也未提供适当的担保。

5. 主管机关认为有其他妨害或者可能妨害海上交通安全的情况。

第六节　船舶在船员配备方面的规定

一、《海上交通安全法》对船员从事航行作业的规定

1. 船长、轮机长、驾驶员、轮机员、无线电报务员话务员以及水上飞机、潜水器的相应人员,必须持有合格的职务证书。其他船员必须经过相应的专业技术训练。

2. 必须遵守有关海上交通安全的规章制度和操作规程,保障船舶、设施航行、停泊和作业的安全。

二、船舶最低配员

1. 根据《海上交通安全法》第六条:船舶应当按照标准定额配备足以保证船舶安全的合格船员。

2. 为确保船舶的船员配备,足以保证船舶安全航行、停泊和作业,防治船舶污染环境,制定了《中华人民共和国船舶最低安全配员规则》。

3.《中华人民共和国船舶最低安全配员规则》的适用范围:中华人民共和国国籍的机动船舶的船员配备和管理。

军用船舶、渔船、体育运动船艇以及非营业的游艇,不适用本规则。

4. 配员责任:船舶所有人(或者其船舶经营人、船舶管理人,下同)应当按照本规则的要求,为所属船舶配备合格的船员,但是并不免除船舶所有人为保证船舶安全航行和作业增加必要船员的责任。

5.《船舶最低安全配员证书》:海事管理机构应当在依法对船舶国籍登记进行审核时,核定船舶的最低安全配员,并在核发船舶国籍证书时,向当事船舶配发《船舶最低安全配员证书》。

三、《中华人民共和国船舶最低安全配员规则》有关摩托艇配员的规定

沿海:未满 50 总吨且主机功率未满 75 千瓦的载客不超过 12 人的船艇(包括游艇、舷外挂机船舶、摩托艇、快艇、乡镇自用船舶、农用船舶),可只配驾驶员或驾机员 1 名。

内河:《关于修改内河船舶最低安全配员表的通知》(海船舶〔2010〕663 号):未满 50 总吨且主机功率未满 150 kW 的载客不超过 12 人的船艇(包括游艇、摩托艇、快艇、交通艇、舷外挂机船舶),可只配驾驶员 1 名。

第七节　船舶签证相关规定

一、船舶签证的定义

《中华人民共和国船舶签证规则》对船舶签证的定义:是指海事管理机构根据船舶或者其经营人的申请,经依法审查,对符合船舶签证条件的,准予其航行的行政许可行为。

二、船舶签证的分类

航次签证(出港签证、出港签证)、定期签证(年度定期签证、短期定期签证)。

航次签证(出港/进港):由港内驶入/出港外;因作业需要在港内航行驶入/出港内泊位;驶入/出船舶修造(厂)点、港外作业点、海上作业平台。

三、船舶需要办理签证的类型

在中华人民共和国管辖水域内航行的船舶,军事船舶、渔船、体育运动船舶除外,但是这些船舶在从事营业性运输时,应当办理船舶签证。

四、船舶签证对申请人的规定

1. 船舶签证的申请主体可以是船舶,也可以是船舶经营人。

2. 船舶签证的办理人员可以是船长委托的船员,也可以是船舶经营人委托的人员,被拖船还可以是拖船船长委托的船员或拖船经营人委托的人员。

五、摩托艇办理签证的规定

摩托艇应当按照《中华人民共和国船舶签证管理规则》的规定，办理为期 12 个月的定期签证。申请办理定期签证时，应当向海事管理机构提交下列材料：

1. 船舶定期签证申请书；
2. 船舶签证簿；
3. 船舶国籍证书；
4. 船舶检验证书；
5. 驾驶员证；
6. 船舶固定航行水域范围说明（适用于首次办理定期签证）；
7. 授权委托书（所有人委托他人办理的）。

海事管理机构应当在受理之日起 7 个工作日内办结；准予办理的，应在船舶签证簿内注明签证的有效期限和准予航行区域；不予许可的，还应说明理由。

第八节　船舶险情或事故方面的规定

一、《海上交通安全法》对船舶水上遇难时或发生事故的规定

1. 遇难船舶除发出呼救信号外，还应当以最迅速的方式将出事时间、地点、受损情况、救助要求以及发生事故的原因，向主管机关报告。

2. 遇难船舶、设施或飞机及其所有人、经营人应当采取一切有效措施组织自救。

3. 事故现场附近的船舶、设施，收到求救信号或发现有人遭遇生命危险时，在不严重危及自身安全的情况下，应当尽力救助遇难人员，并迅速向主管机关报告现场情况和本船舶、设施的名称、呼号和位置。

4. 发生事故的，应当向主管机关递交事故报告书和有关资料，并接受调查处理。事故的当事人和有关人员，在接受主管机关调查时，必须如实提供现场情况和与事故有关的情节。

5. 发生碰撞事故的船舶，应当互通名称、国籍和登记港，并尽一切可能救助遇难人员。在不严重危及自身安全的情况下，当事船舶不得擅自离开事故现场。

6. 因海上交通事故引起民事纠纷的，可以由主管机关调解处理，不愿意调解或调解不成的，当事人可以向人民法院起诉；涉外案件的当事人，还可以根据书面协议提交仲裁机构仲裁（内河交通事故不适用民事调解）。

二、船舶发生污染水域事故，应采取的措施

1. 报告

船舶发生污染水域事故，应当立即向最近海事管理机构如实报告，在初始报告以后，船舶还应当根据事故的进展情况进一步做出补充报告。同时当事方应当在 24 小时内向事故发生地的海事管理机构提交污染事故报告书。

2. 措施

（1）当事方应按照污染事故应急计划的程序和要求，采取相应措施；

(2)海事部门赶到现场后,事故当事人及有关人员,应当积极配合,如实陈述事故的有关情况,不得谎报、隐匿;

(3)当船舶发生水上交通事故,存在沉没可能时,或者在船员弃船前,应当尽可能地关闭所有液货舱或者油舱(柜)管系的阀门,堵塞相关通气孔,防止溢漏。

三、关于摩托艇在安全和险情事故方面的要求(参照《游艇安全管理规定》)

1. 摩托艇应当随船携带有效的通信工具,配备足够的消防与救生设备。应安装 AIS 或功能类似设备,并在航行过程中保持开启。

2. 摩托艇开航前,持有有效证书的驾驶人员应当对摩托艇关键性设备、天气海况等重要安全环节进行确认并做好记录,确保摩托艇航行安全。

3. 摩托艇遇险或者发生水上交通事故、污染事故应当根据就近原则立即向事故发生地的海事管理机构报告。摩托艇管理单位应当立即启动应急预案。在救援到达之前,摩托艇上的人员应当尽力自救。

4. 摩托艇驾驶员及其他乘员对在航行、停泊时发现的水上交通事故、污染事故、求救信息或者违法行为应当及时向海事管理机构报告。需要施救的,在不严重危及摩托艇自身安全的情况下,摩托艇应当尽力救助水上遇险的人员。

四、水上交通事故调查处理程序

1. 事故调查处理程序包括事故报告受理与处置、调查取证、事故原因和责任分析、事故结案、行政处罚、事故统计及案卷归档等环节。

2. 海上事故结案一般应自事故发生之日起 3 个月内完成,涉及到沉船打捞、损失鉴定等特殊情况可延长 3 个月,但最长不得超过 6 个月。

第九节　中华人民共和国海上海事行政处罚规定

一、总则

第一条　为规范海上海事行政处罚行为,保护当事人的合法权益,保障和监督海上海事行政管理,维护海上交通秩序,防止船舶污染沿海水域,根据《海上交通安全法》《海洋环境保护法》《行政处罚法》及其他有关法律、行政法规,制定本规定。

第二条　在中华人民共和国(简称中国)管辖沿海水域及相关陆域发生的违反海上海事行政管理秩序的行为,适用中国有关法律、行政法规和本规定实施海事行政处罚。

在中国管辖沿海水域及相关陆域外但属于中国籍的海船内发生的违反海上海事行政管理秩序的行为,也适用中国有关法律、行政法规和本规定实施海事行政处罚。

中国籍船员在中国管辖沿海水域及相关陆域外违反海上海事行政管理秩序,并且按照中国有关法律、行政法规应当处以行政处罚的行为,也适用中国有关法律、行政法规和本规定实施海事行政处罚。

第三条　本规定所称沿海水域、船舶、设施、作业,其含义与《海上交通安全法》使用的同一用语的含义相同,但有关法律、行政法规和本规定另有规定的除外。

本规定所称船舶经营人,包括船舶管理人。

本规定所称设施经营人,包括设施管理人。

本规定所称当事人,包括自然人和法人以及其他组织,可以与有海事行政违法行为的船舶所有人、经营人互相替换。

第四条　本规定所称违反海上海事行政管理秩序的行为,简称海事行政违法行为,包括下列行为:

(一)违反船舶所有人、经营人和船舶安全营运管理秩序;

(二)违反船舶、海上设施检验管理秩序;

(三)违反海上船舶登记管理秩序;

(四)违反海上船员管理秩序;

(五)违反海上航行、停泊和作业管理秩序;

(六)违反海上通航安全保障管理秩序;

(七)违反海上危险货物载运安全监督管理秩序;

(八)违反海难救助管理秩序;

(九)违反海上打捞管理秩序;

(十)违反海上船舶污染沿海水域监督管理秩序;

(十一)违反海上交通事故调查处理秩序;

(十二)其他海上海事行政违法行为。

第五条　本规定援引的法律、行政法规如下:

(一)《海上交通安全法》,是指《中华人民共和国海上交通安全法》;

(二)《国旗法》,是指《中华人民共和国国旗法》;

(三)《公民出境入境管理法》,是指《中华人民共和国公民出境入境管理法》;

(四)《船舶登记条例》,是指《中华人民共和国船舶登记条例》;

(五)《船舶和海上设施检验条例》,是指《中华人民共和国船舶和海上设施检验条例》;

(六)《航标条例》,是指《中华人民共和国航标条例》;

(七)《海上航行警告和航行通告管理规定》,是指《中华人民共和国海上航行警告和航行通告管理规定》;

(八)《危险化学品安全管理条例》;

(九)《关于外商参与打捞中国沿海水域沉船沉物管理办法》;

(十)《防止拆船污染环境管理条例》;

(十一)《海洋环境保护法》,是指《中华人民共和国海洋环境保护法》;

(十二)《海上交通事故调查处理条例》,是指《中华人民共和国海上交通事故调查处理条例》;

(十三)《行政处罚法》,是指《中华人民共和国行政处罚法》。

第六条　实施海事行政处罚,应当遵循合法、公开、公正,处罚与教育相结合的原则。

第七条　海事行政处罚,由海事管理机构依法实施。

二、海上海事行政处罚的种类和适用

第八条　海事行政处罚的种类如下:

(一)警告;

(二)罚款;

(三)撤销船舶检验资格;

(四)吊销船舶国籍证书或临时船舶国籍证书;

(五)没收船舶登记证书;

(六)扣留船员职务证书;

(七)吊销船员职务证书;

(八)吊销海员出境入境证件;

(九)没收违法所得;

(十)没收船舶;

(十一)法律、行政法规规定的其他海事行政处罚。

本条前款所称船员职务证书,包括船员培训合格证、船员服务簿、船员适任证书及其他适任证件。

本条第一款所称的船舶登记证书,包括船舶国籍证书、船舶所有权登记证书、船舶抵押权登记证书、光船租赁登记证书。

第九条 海事管理机构实施海事行政处罚时,应当责令当事人改正或限期改正海事行政违法行为。

第十条 对有两个或两个以上海事行政违法行为的同一当事人,应当分别处以海事行政处罚,合并执行。

对有共同海事行政违法行为的当事人,应当分别处以海事行政处罚。

对当事人的同一个海事行政违法行为,不得处以两次以上罚款的海事行政处罚。

第十一条 海事行政处罚的轻重,应当与海事行政违法行为和承担的海事行政法律责任相适应。

海事违法行为轻微并及时纠正,没有造成危害后果的,不予海事行政处罚。

海事行政违法行为的当事人有《行政处罚法》第二十七条所列情形之一的,应当依法从轻处以海事行政处罚或减轻海事行政处罚。

有海事行政违法行为的中国籍船舶和船员在境外已经受到海事行政处罚的,不得重复给予海事行政处罚。

第十二条 海事行政违法行为的当事人有下列情形之一的,应当从重处以海事行政处罚:

(一)造成较为严重后果或情节恶劣;

(二)一年内因同一海事行政违法行为受过海事行政处罚;

(三)胁迫、诱骗他人实施海事行政违法行为;

(四)伪造、隐匿、销毁海事行政违法行为证据;

(五)拒绝接受或阻挠海事管理机构实施监督管理;

(六)法律、行政法规规定应当从重处以海事行政处罚的其他情形。

三、海上海事行政违法行为和行政处罚

1. 违反船舶所有人、经营人和船舶安全营运管理秩序

第十三条 违反船舶所有人、经营人安全营运管理秩序,有下列行为之一的,对船舶所有人或船舶经营人处以罚款:

(一)未取得船舶所有人、经营人安全营运与防污染管理体系符合证明从事航行或其他

有关活动；

（二）提供虚假材料或以其他不正当手段骗取船舶所有人、经营人安全营运与防污染管理体系符合证明；

（三）伪造、编造船舶所有人、经营人安全营运与防污染管理体系审核的符合证明；

（四）转让、买卖、租借、冒用船舶所有人、经营人安全营运与防污染管理体系审核的符合证明；

（五）使用伪造、编造的船舶所有人、经营人安全营运与防污染管理体系符合证明从事航行或其他有关活动。

本条前款规定罚款的数额，依照下列规定确定：

（一）属于非经营活动中的违法行为的，处以 200 元以上 1 000 元以下罚款；

（二）属于经营活动中的违法行为，有违法所得的，处以违法所得的 3 倍以下、最多不超过 3 万元的罚款；

（三）属于经营活动中的违法行为，无违法所得的，处以 300 元以上 1 万元以下罚款。

第十四条　违反船舶安全营运管理秩序，有下列行为之一的，处以罚款、扣留船员职务证书直至吊销船员职务证书：

（一）未取得船舶安全管理证书从事航行或其他有关活动；

（二）提供虚假材料或以其他不正当手段骗取船舶安全管理证书；

（三）伪造、编造船舶安全管理证书；

（四）转让、买卖、租借、冒用船舶安全管理证书；

（五）使用伪造、编造的船舶安全管理证书从事航行或其他有关活动。

本条前款规定罚款的数额、扣留船员职务证书的期限或吊销船员职务证书，依照下列规定确定：

（一）属于非经营活动中的违法行为的，对船舶所有人或船舶经营人处以 200 元以上 1 000 元以下罚款；对船长处以 200 元以上 1 000 元以下的罚款，并扣留船员职务证书 3 个月至 6 个月。

（二）属于经营活动中的违法行为，有违法所得的，对船舶所有人或船舶经营人处以违法所得的 3 倍以下、最多不超过 3 万元的罚款；对船长处以本人违法所得的 3 倍以下、最多不超过 2 万元的罚款，并扣留船员职务证书 12 个月至 24 个月。

（三）属于经营活动中的违法行为，无违法所得的，对船舶所有人或船舶经营人处以 500 元以上 1 万元以下罚款；对船长处以 300 元以上 8 000 元以下的罚款，并扣留船员职务证书 6 个月至 12 个月。

2. 违反船舶、海上设施检验管理秩序

第十五条　本节所称船舶、海上设施，其含义与《船舶和海上设施检验条例》使用的同一用语的含义相同。

第十六条　违反《海上交通安全法》第四条的规定，船舶和船舶上有关航行安全、防治污染等重要设备无相应的有效的检验证书的，依照《海上交通安全法》第四十四条的规定，处以下列行政处罚：

（一）属于非经营活动中的违法行为的，对船舶所有人或船舶经营人处以 300 元以上 1 000 元以下罚款；对船长处以 200 元以上 1 000 元以下的罚款，并扣留船员职务证书 3 个月至 6 个月。

(二)属于经营活动中的违法行为,有违法所得的,对船舶所有人或船舶经营人处以违法所得的3倍以下、最多不超过3万元的罚款;对船长处以本人违法所得的3倍以下、最多不超过3万元的罚款,并扣留船员职务证书12个月至24个月直至吊销船员职务证书。

(三)属于经营活动中的违法行为,无违法所得的,对船舶所有人或船舶经营人处以300元以上1万元以下罚款;对船长处以200元以上1万元以下的罚款,并扣留船员职务证书6个月至12个月。

本条前款所称船舶和船舶上有关重要设备无相应的有效的检验证书,包括下列情形:

(一)无相应的检验证书;

(二)持伪造、编造、转让、买卖或租借的检验证书;

(三)所持检验证书与船舶、船舶上有关重要设备的实际情况不符;

(四)持已经超过有效期限的检验证书;

(五)其他不符合法律、行政法规和规章规定情形的检验证书。

第十七条至第十九条(略)

第二十条　违反《船舶和海上设施检验条例》的规定,伪造船舶检验证书,或擅自更改船舶载重线,依照《船舶和海上设施检验条例》第二十七条的规定,处以通报批评,并可以处以相当于相应的检验费1倍至5倍的罚款。

本条前款所称伪造,包括编造、涂改。

第二十一条(略)

3.违反海上船舶登记管理秩序

第二十二条　本节所称船舶,其含义与《船舶登记条例》使用的同一用语的含义相同。

第二十三条至第二十五条(略)

第二十六条　违反《船舶登记条例》规定,有下列情形之一的,依照《船舶登记条例》第五十一条的规定,可以视情节对船舶处以警告、根据船舶吨位对船舶所有人或船舶经营人处以依照《船舶登记条例》第五十条规定的罚款数额的50%直至没收船舶登记证书:

(一)在办理登记手续时隐瞒真实情况、弄虚作假的;

(二)隐瞒登记事实,造成重复登记的;

(三)伪造、涂改船舶登记证书的。

第二十七条　违反《船舶登记条例》规定,船舶不按照规定办理变更或注销登记的,或使用过期的船舶国籍证书或临时船舶国籍证书的,依照《船舶登记条例》第五十二条的规定,责令其补办有关登记手续;情节严重的,可以根据船舶吨位对船舶所有人或船舶经营人处以《船舶登记条例》第五十条规定的罚款数额的10%。

第二十八条　违反《船舶登记条例》规定,擅自雇用外国籍船员或使用他人已经登记的船舶烟囱标志、公司旗的,依照《船舶登记条例》第五十三条的规定,责令其改正;拒不改正的,可以根据船舶吨位对船舶所有人或船舶经营人处以《船舶登记条例》第五十条规定的罚款数额的10%;情节严重的,并可以吊销其船舶国籍证书或临时船舶国籍证书。

第二十九条　违反《国旗法》和交通部公布的《船舶升挂国旗管理办法》,船舶不按规定悬挂中国国旗,或悬挂的中华人民共和国国旗破损、污损、明显褪色或不合规格,依照《船舶升挂国旗管理办法》第十七条的规定,责令立即改正。

4.违反海上船员管理秩序

第三十条　本节所称船员,包括船长、轮机长、驾驶员、轮机员、无线电人员、引航员和水上飞机、潜水器的相应人员以及其他船员。

第三十一条　违反《海上交通安全法》第七条的规定，未取得合格的船员职务证书或未通过船员培训，擅自上船服务的，依照《海上交通安全法》第四十四条的规定，处以下列数额的罚款：

（一）在非经营性船舶上服务的，处以 200 元以上 1 000 元以下罚款；

（二）在经营性船舶上服务，有违法所得的，处以本人违法所得的 3 倍以下、最多不超过 3 万元的罚款；

（三）在经营性船舶上服务，无违法所得的，处以 300 元以上 1 万元以下罚款。

本条前款所称未取得合格的船员职务证书，包括下列情形：

（一）无船员职务证书；

（二）持采取弄虚作假的方式取得的船员职务证书；

（三）持伪造、编造的船员职务证书；

（四）持转让、买卖或租借的船员职务证书；

（五）所服务的船舶的航区、种类和等级以及所任职务超越所持船员职务证书限定的范围；

（六）持已经超过有效期限的船员职务证书；

（七）其他不符合法律、行政法规和规章规定情形的船员职务证书。

对本条第二款第（二）项、第（四）项规定的违法行为，除处以罚款外，并处吊销船员职务证书。

对本条第二款第（五）项规定的违法行为，除处以罚款外，并处扣留船员职务证书 3 个月至 12 个月。

第三十二条　违反《海上交通安全法》第八条的规定，设施未按照国家规定配备掌握避碰、信号、通信、消防、救生等专业技能的人员，依照《海上交通安全法》第四十四条的规定，处以下列数额的罚款：

（一）属于非经营活动中的违法行为的，对设施所有人或设施经营人处以 200 元以上 1 000 元以下罚款；对设施主要负责人和直接责任人员处以 100 元以上 1 000 元以下罚款。

（二）属于经营活动中的违法行为，有违法所得的，对设施所有人或设施经营人处以违法所得的 3 倍以下、最多不超过 3 万元的罚款；对设施主要负责人和直接责任人员处以本人违法所得的 3 倍以下、最多不超过 2 万元的罚款。

（三）属于经营活动中的违法行为，无违法所得的，对设施所有人或设施经营人处以 300 元以上 1 万元以下罚款；对设施主要负责人和直接责任人员处以 200 元以上 8 000 元以下罚款。

第三十三条（略）

5. 违反海上航行、停泊和作业管理秩序

第三十四条　（略）

第三十五条　违反《海上交通安全法》第九条的规定，船舶、设施上的人员不遵守有关海上交通安全的规章制度和操作规程，影响船舶、设施航行、停泊和作业的安全，依照《海上交通安全法》第四十四条的规定，处以下列数额的罚款：

（一）属于非经营活动中的违法行为的，处以 100 元以上 1 000 元以下罚款；

（二）属于经营活动中的违法行为，有违法所得的，处以本人违法所得的 3 倍以下、最多不超过3万元的罚款；

（三）属于经营活动中的违法行为，无违法所得的，处以100元以上1万元以下罚款。

本条前款所称不遵守有关海上交通安全的规章制度，包括下列情形：

（一）在船上履行船员职务，不携带有效船员职务证书；

（二）在船上履行船员职务，超越船员职务证书所载职务、职能、航区、航线、等级或主机种类；

（三）在船上履行船员职务，未按照船员值班规则实施值班；

（四）未获得必要的休息上岗操作；

（五）在船上值班期间，体内酒精含量超过规定的标准；

（六）在船上履行船员职务，服食可能影响安全操作的违禁药物；

（七）不遵守有关海上交通安全的规章制度的其他情形。

本条第一款所称不遵守有关海上交通安全操作规程，包括下列情形：

（一）不采用安全速度航行；

（二）不按规定的航路航行；

（三）不遵守避碰规则、雾航规则；

（四）不按规定停泊、倒车、调头、追越、抢头；

（五）不按规定显示信号；

（六）不按规定守听航行通信；

（七）不按规定进行试车、试航、测速、辨校方向；

（八）不按规定检修影响船舶适航性能的设备；

（九）不按规定检修通信设备和消防设备；

（十）不按规定保持船舱良好通风或清洁；

（十一）不按规定使用明火；

（十二）不按规定填写航海日志；

（十三）不按规定保障人员上、下船舶、设施的安全；

（十四）不按照有关海上交通安全操作规程进行其他操作。

第三十六条　违反《海上交通安全法》第九条的规定，船舶、设施上的人员不遵守有关海上交通安全的规章制度和操作规程，影响船舶、设施航行、停泊和作业的安全，造成海上交通事故的，还应依照《海上交通安全法》第四十四条的规定，处以下列行政处罚：

（一）造成特别重大事故的，对全部责任者、主要责任者吊销船员职务证书，对次要责任者扣留船员职务证书12个月直至吊销船员职务证书；对相当责任者，扣留船员职务证书24个月或吊销船员职务证书。

（二）造成重大事故的，对全部责任者、主要责任者吊销船员职务证书，对次要责任者扣留船员职务证书12个月至24个月；对相当责任者，扣留船员职务证书18个月或吊销船员职务证书。

（三）造成大事故的，对全部责任者、主要责任者扣留船员职务证书24个月或吊销船员职务证书，对次要责任者扣留船员职务证书6个月；对相当责任者，扣留船员职务证书12个月。

（四）造成一般事故的，对全部责任者、主要责任者扣留船员职务证书12个月至24个月，对次要责任者扣留船员职务证书3个月至6个月；对相当责任者，扣留船员职务证书6

个月至12个月。

(五)造成小事故的,对全部责任者、主要责任者扣留船员职务证书6个月至12月,对次要责任者扣留船员职务证书3个月;对相当责任者,扣留船员职务证书3个月至6个月。

第三十七条　违反《海上交通安全法》第十条的规定,船舶、设施不遵守有关法律、行政法规和规章,影响其他船舶、设施航行、停泊和作业的安全,依照《海上交通安全法》第四十四条的规定,处以下列数额的罚款:

(一)属于非经营活动中的违法行为的,对船舶或设施所有人、经营人处以200元以上1 000元以下罚款;对船长或设施主要负责人和其他直接责任人员处以100元以上1 000元以下罚款。

(二)属于经营活动中的违法行为,有违法所得的,对船舶或设施所有人、经营人处以违法所得的3倍以下、最多不超过3万元的罚款;对船长或设施主要负责人和其他直接责任人员处以本人违法所得的3倍以下、最多不超过3万元的罚款。

(三)属于经营活动中的违法行为,无违法所得的,对船舶或设施所有人、经营人处以300元以上1万元以下罚款;对船长或设施主要负责人和其他直接责任人员处以100元以上1万元以下罚款。

本条前款所称船舶、设施不遵守有关法律、行政法规和规章,影响其他船舶、设施航行、停泊和作业的安全,包括下列情形:

(一)不按规定检修、检测影响船舶适航性能的设备;

(二)不按规定检修、检测通信设备和消防设备;

(三)不按规定载运旅客;

(四)不按规定装载货物、车辆;

(五)不符合安全航行限制条件而开航;

(六)不符合安全作业限制条件而作业;

(七)未经批准从事夜航;

(八)强令船员违规操作;

(九)强令船员疲劳上岗操作;

(十)未按船员值班规则安排船员值班;

(十一)超过核定航区航行;

(十二)未按规定的航路行驶;

(十三)不遵守避碰规则、雾航规则;

(十四)不采用安全速度航行;

(十五)不按规定停泊、倒车、调头、追越、抢头;

(十六)不按规定进行试车、试航、测速、辨校方向;

(十七)不遵守航行、停泊和作业信号规定;

(十八)不遵守强制引航规定;

(十九)不遵守航行通信和无线电通信管理规定;

(二十)不按规定保持船舱良好通风或清洁;

(二十一)不按规定保障人员上、下船舶、设施的安全;

(二十二)不遵守有关明火作业安全操作规程;

(二十三)未按规定拖带,或非拖带船从事拖带作业;

（二十四）违反船舶并靠或过驳有关规定；

（二十五）不按规定填写航海日志；

（二十六）未按规定报告船位、船舶动态；

（二十七）不遵守有关法律、行政法规和规章，影响其他船舶、设施航行、停泊和作业安全的其他情形。

第三十八条至第三十九条　（略）

第四十条　违反《海上交通安全法》第十四条规定，船舶进出港口或通过交通管制区、通航密集区和航行条件受到限制的区域时，不遵守中国政府或海事管理机构公布的特别规定的，依照《海上交通安全法》第四十四条的规定，处以警告或下列行政处罚：

（一）属于非经营活动中的违法行为的，对船舶所有人或船舶经营人处以 500 元以上 1 000 元以下罚款；对船长处以 200 元以上 1 000 元以下罚款，并可扣留船员职务证书 3 个月至 6 个月。

（二）属于经营活动中的违法行为，有违法所得的，对船舶所有人或船舶经营人处以违法所得的 3 倍以下、最多不超过 3 万元的罚款；对船长处以本人违法所得的 3 倍以下、最多不超过 2 万元的罚款，并可扣留船员职务证书 6 个月至 12 个月。

（三）属于经营活动中的违法行为，无违法所得的，对船舶所有人或船舶经营人处以 1 000 元以上 1 万元以下罚款，对船长处以 500 元以上 5 000 元以下罚款，并可扣留船员职务证书 3 个月至 6 个月。

第四十一条　违反《海上交通安全法》第十五条规定，未经海事管理机构特别许可，船舶进入或穿越禁航区，依照《海上交通安全法》第四十四条的规定，处以警告或下列行政处罚：

（一）属于非经营活动中的违法行为的，对船舶所有人或船舶经营人处以 200 元以上 1 000 元以下罚款；对船长处以 100 元以上 1 000 元以下罚款，并扣留船员职务证书 3 个月至 6 个月。

（二）属于经营活动中的违法行为，有违法所得的，对船舶所有人或船舶经营人处以违法所得的 3 倍以下、最多不超过 3 万元的罚款；对船长处以本人违法所得的 3 倍以下、最多不超过 2 万元的罚款，并扣留船员职务证书 6 个月至 12 个月。

（三）属于经营活动中的违法行为，无违法所得的，对船舶所有人或船舶经营人处以 200 元以上 1 万元以下罚款；对船长处以 100 元以上 8 000 元以下罚款，并扣留船员职务证书 3 个月至 6 个月。

第四十二条（略）

第四十三条　违反《海上交通安全法》第十二条的规定，中国籍国内航行船舶进出港口，不办理进出港签证，依照《海上交通安全法》第四十四条的规定，处以下列行政处罚：

（一）属于非经营活动中的违法行为的，对船舶所有人或船舶经营人处以 200 元以上 1 000 元以下罚款；对船长处以 100 元以上 1 000 元以下罚款，并可扣留船员职务证书 3 个月至 6 个月。

（二）属于经营活动中的违法行为，有违法所得的，对船舶所有人或船舶经营人处以违法所得的 3 倍以下、最多不超过 3 万元的罚款；对船长处以本人违法所得的 3 倍以下、最多不超过 2 万元的罚款，并可扣留船员职务证书 12 个月至 24 个月直至吊销船员职务证书。

（三）属于经营活动中的违法行为，无违法所得的，对船舶所有人或船舶经营人处以 200

元以上 1 万元以下罚款;对船长处以 100 元以上 8 000 元以下罚款,并可扣留船员职务证书 6 个月至 12 个月。

本条前款所称不办理进出港签证包括下列情形:

(一)拒绝或阻挠海事管理机构办理进出港签证;

(二)办理进出港签证所提交的船舶法定证书、文书不全或不真实;

(三)在办理进出港签证时弄虚作假;

(四)国际航行船舶未按规定办理进出口岸手续。

6. 违反海上通航安全保障管理秩序

第四十四条至第四十八条 (略)

第四十九条　违反《海上航行警告和航行通告管理规定》第五条第一款的规定,在中华人民共和国沿海水域从事下列活动,未事先向海事管理机构申请发布海上航行警告、航行通告,依照《海上航行警告和航行通告管理规定》第十七条的规定,责令其停止活动,并可以处 2 000 元以下罚款:

(一)改变航道、航槽;

(二)划定、改动或撤销禁航区、抛泥区、水产养殖区、测速区、水上娱乐区;

(三)设置或撤除公用罗经标、消磁场;

(四)打捞沉船、沉物;

(五)铺设、撤除、检修电缆和管道;

(六)设置、撤除系船浮筒及其他建筑物;

(七)设置、撤除用于海上勘探开发的设施和其安全区;

(八)至(十)(略)

(十一)进行其他影响海上航行和作业安全的活动。

第五十条　违反《海上航行警告和航行通告管理规定》第五条第一款、第八条规定,海上航行警告、航行通告发布后,申请人未在国家主管机关或区域主管机关核准的时间和区域内进行活动,或需要变更活动时间或改换活动区域的,未按规定重新申请发布海上航行警告、航行通告,依照《海上航行警告和航行通告管理规定》第十七条的规定,责令其停止活动,并可以处 2 000 元以下罚款。

第五十一条至第五十二条 (略)

第五十三条　违反《海上航行警告和航行通告管理规定》,造成海上交通事故的,依照《海上航行警告和航行通告管理规定》第二十条,除依法承担民事赔偿责任外,根据情节轻重,处以下列行政处罚:

(一)属于非经营活动中的违法行为的,对船舶、设施所有人或经营人处以 300 元以上 1 000 元以下罚款;对船长或设施主要负责人和其他直接责任人员处以 200 元以上 1 000 元以下罚款,并可扣留船员职务证书 3 个月至 12 个月。

(二)属于经营活动中的违法行为,有违法所得的,对船舶、设施处以违法所得的 3 倍以下、最多不超过 3 万元的罚款;对船长或设施主要负责人和其他直接责任人员处以本人违法所得的 3 倍以下、最多不超过 2 万元的罚款,并可扣留船员职务证书 12 个月至 24 个月或吊销船员职务证书。

(三)属于经营活动中的违法行为,无违法所得的,对船舶、设施处以 300 元以上 1 万元以下罚款;对船长或设施主要负责人和其他直接责任人员处以 200 元以上 1 万元以下罚款,并可扣留船员职务证书6个月至24个月。

第五十四条(略)

第五十五条　违反《海上交通安全法》第二十六条规定，搬迁、拆除设施，打捞清除沉船沉物，处理水下工程善后事项，遗留有碍航行和作业安全的隐患，或在搬迁、拆除设施，打捞清除沉船沉物，处理水下工程善后事项前，其所有人或经营人未按规定设置标志，并将碍航物的名称、形状、尺寸、位置和深度准确地向海事管理机构报告，依照《海上交通安全法》第四十四条的规定，处以下列数额的罚款：

(一)属于非经营活动中的违法行为的，处以200元以上1 000元以下罚款；

(二)属于经营活动中的违法行为，有违法所得的，处以违法所得的3倍以下、最多不超过3万元的罚款；

(三)属于经营活动中的违法行为，无违法所得的，处以300元以上1万元以下罚款。

7.违反海上危险货物载运安全监督管理秩序

第五十六条　本节所称危险货物，是指具有爆炸、易燃、毒害、腐蚀、放射性等特性，在运输、装卸和储存过程中，容易造成人身伤亡、财产毁损和环境污染而需要特别防护的货物，包括危险化学品。

第五十七条至第六十一条　(略)

8.违反海难救助管理秩序

第六十二条　违反《海上交通安全法》第三十四条规定，船舶、设施或飞机遇难时，不及时向海事管理机构报告出事时间、地点、受损情况、救助要求以及发生事故的原因的，依照《海上交通安全法》第四十四条规定，处以下列行政处罚：

(一)属于非经营活动中的违法行为的，对船舶、设施处以200元以上1 000元以下罚款；对船长、设施主要负责人处以100元以上1 000元以下罚款，并可扣留船员职务证书3个月至6个月。

(二)属于经营活动中的违法行为的，对船舶、设施处以200元以上1万元以下罚款；对船长、设施主要负责人处以100元以上8 000元以下罚款，并可扣留船员职务证书6个月至12个月。

第六十三条　违反《海上交通安全法》第三十六条规定，事故现场附近的船舶、设施，收到求救信号或发现有人遭遇生命危险时，在不严重危及自身安全的情况下，不救助遇难人员，或不迅速向海事管理机构报告现场情况和本船舶、设施的名称、呼号和位置，依照《海上交通安全法》第四十四条规定，处以下列行政处罚：

(一)属于非经营活动中的违法行为的，对船舶、设施处以200元以上1 000元以下罚款；对船长、设施主要负责人处以100元以上1 000元以下罚款，并可扣留船员职务证书3个月至6个月。

(二)属于经营活动中的违法行为的，对船舶、设施处以200元以上1万元以下罚款；对船长、设施主要负责人处以100元以上8 000元以下罚款，并可扣留船员职务证书6个月至12个月。

第六十四条　违反《海上交通安全法》第三十七条规定，发生海上交通事故的船舶、设施有下列行为之一，依照《海上交通安全法》第四十四条规定，处以警告、罚款，扣留或吊销船员职务证书：

(一)不互通名称、国籍和登记港；

（二）不救助遇难人员；

（三）在不严重危及自身安全的情况下，擅自离开事故现场或逃逸。

本条前款规定罚款的数额、扣留船员职务证书的期限和吊销船员职务证书，依照下列规定确定：

（一）属于非经营活动中的违法行为的，对船舶、设施所有人或经营人处以 200 元以上 1 000 元以下罚款；对船长、设施主要负责人处以 100 元以上 1 000 元以下罚款，并可扣留船员职务证书 3 个月至 6 个月。

（二）属于经营活动中的违法行为的，对船舶、设施所有人或经营人处以 200 元以上 1 万元以下罚款；对船长、设施主要负责人处以 100 元以上 8 000 元以下罚款，并可扣留船员职务证书 6 个月至 12 个月。

第六十五条　违反《海上交通安全法》第三十八条规定，有关单位和在事故现场附近的船舶、设施，不听从海事管理机构统一指挥实施救助，依照《海上交通安全法》第四十四条规定，处以下列行政处罚：

（一）属于非经营活动中的违法行为的，对船舶、设施所有人或经营人处以 200 元以上 1 000 元以下罚款；对船长、设施主要负责人处以 100 元以上 1 000 元以下罚款，并可扣留船员职务证书 3 个月至 6 个月。

（二）属于经营活动中的违法行为的，对船舶、设施所有人或经营人处以 200 元以上 1 万元以下罚款；对船长、设施主要负责人处以 100 元以上 8 000 元以下罚款，并可扣留船员职务证书 6 个月至 12 个月。

第六十六条　（略）

9. 违反海上打捞管理秩序

第六十七条　本节所称外商、沉船沉物、打捞作业，其含义分别与《关于外商参与打捞中国沿海水域沉船沉物管理办法》使用的同一用语的含义相同。

第六十八条（略）

第六十九条　违反《海上交通安全法》第四十一条规定，未经海事管理机构批准，擅自打捞或拆除沿海水域内的沉船沉物，依照《海上交通安全法》第四十四条规定，处以下列行政处罚：

（一）属于非经营活动中的违法行为的，对法人或其他组织处以 200 元以上 1 000 元以下罚款；对自然人处以 100 元以上 1 000 元以下罚款。

（二）属于经营活动中的违法行为，有违法所得的，对法人或其他组织处以违法所得的 3 倍以下、最多不超过 3 万元的罚款；对自然人处以本人违法所得的 3 倍以下、最多不超过 2 万元的罚款。

（三）属于经营活动中的违法行为，无违法所得的，对法人或其他组织处以 300 元以上 1 万元以下罚款；对自然人处以 200 元以上 8 000 元以下罚款。

第七十条（略）

10. 违反海上船舶污染沿海水域环境监督管理秩序

第七十一条至第八十一条　（略）

11. 违反海上交通事故调查处理秩序

第八十二条　本规定所称海上交通事故，其含义与《海上交通事故调查处理条例》使用的同一用语的含义相同。

第八十三条　违反《海上交通事故调查处理条例》规定，有下列行为之一的，依照《海上交通事故调查处理条例》第二十九条的规定，对船员处以警告或200元以下罚款；对船舶所有人或经营人处以警告或5 000元以下罚款：

（一）发生海上交通事故，未按规定的时间向海事管理机构报告或提交《海上交通事故报告书》。

（二）发生海上交通事故，在国外进行诉讼、仲裁或调解，船舶所有人或经营人未按《海上交通事故调查处理条例》第三十二条规定的时间将判决书、裁决书或调解书的副本或影印件报船籍港的海事管理机构备案。

（三）发生海上交通事故，未按海事管理机构的要求驶往指定地点，或在未发现危及船舶安全的情况下未经海事管理机构同意擅自驶离指定地点。

（四）发生海上交通事故，报告或《海上交通事故报告书》的内容不符合《海上交通事故调查处理条例》第五条、第七条规定的要求，或不真实，影响事故调查或给有关部门造成损失。

（五）发生海上交通事故，不按《海上交通事故调查处理条例》第九条的规定，向当地或船舶第一到达港地的船舶检验机构、公安消防监督机关申请检验、鉴定，并将检验报告副本送交海事管理机构备案，影响事故调查。

（六）拒绝接受事故调查或无理阻挠、干扰海事管理机构进行事故调查的。

（七）在接受事故调查时故意隐瞒事实或提供虚假证明。

四、海上海事行政处罚程序

1. 管辖

第八十四条　海事行政处罚案件由海事行政违法行为发生地的海事管理机构管辖，法律、行政法规和本规定另有规定的除外。

本条前款所称海事行政违法行为发生地，包括海事行政违法行为的初始发生地、过程经过地、结果发生地。

第八十五条　各级海事局所属的海事处管辖本辖区内的下列海事行政处罚案件：

（一）对自然人处以警告、1 000元以下罚款、扣留船员职务证书3个月至6个月的海事行政处罚；

（二）对法人或其他组织处以警告、1万元以下罚款的海事行政处罚。

各级海事局管辖本辖区内的所有海事行政处罚案件。

第八十六条　对海事行政处罚案件管辖发生争议的，报请共同的上一级海事管理机构指定管辖。

下级海事管理机构对其管辖的海事行政处罚案件，认为需要由上级海事管理机构办理的，可以报请上级海事管理机构决定。

第八十七条　海事管理机构对不属其管辖的海事行政处罚案件，应当移送有管辖权的海事管理机构；受移送的海事管理机构如果认为移送不当，应当报请共同的上一级海事管理机构指定管辖。

第八十八条　上级海事管理机构自收到解决海事行政处罚案件管辖争议或报请移送海事行政处罚案件管辖的请示之日起7日内做出管辖决定。

2. 简易程序

第八十九条　海事行政违法事实确凿,并有法定依据的,对自然人处以警告或处以 50 元以下罚款,对法人或其他组织处以警告或 1 000 元以下罚款的海事行政处罚的,可以当场做出海事行政处罚决定。

第九十条　海事行政执法人员依法当场做出海事行政处罚决定,应当遵守下列程序:

(一)向当事人出示海事行政执法证件;

(二)告知当事人做出海事行政处罚决定的事实、理由和依据以及当事人依法享有的权利;

(三)听取当事人的意见;

(四)复核当事人提出的事实、理由和证据;

(五)填写预定格式、统一编号的海事行政处罚决定书;

(六)将海事行政处罚决定书当场交付当事人;

(七)当事人在海事行政处罚决定书副本上签字。

第九十一条　海事行政执法人员依法当场做出海事行政处罚决定的,应当在 3 日内将海事行政处罚决定书副本报所属海事管理机构备案。

3. 一般程序

第九十二条　除依法可以当场做出的海事行政处罚外,海事管理机构发现自然人、法人或其他组织有依法应当处以海事行政处罚的海事行政违法行为,应当自发现之日起 7 日内填写海事行政处罚立案呈批表,报本海事管理机构负责人批准,但本规定另有规定的,从其规定。

发生海上交通事故应当处以海事行政处罚的,应当自海上交通事故调查完结之日起 7 日内填写海事行政处罚立案呈批表,报本海事管理机构负责人批准。

第九十三条　海事管理机构对海事行政处罚案件,应当全面、客观、公正地进行调查,收集有关证据;必要时,可以依法进行检查。

第九十四条　能够证明海事行政处罚案件真实情况的事实,都是证据。

海事行政处罚案件的证据种类如下:

(一)书证;

(二)物证;

(三)视听资料;

(四)证人证言;

(五)当事人的陈述;

(六)鉴定结论;

(七)勘验笔录、现场笔录。

第九十五条　进行海事行政处罚案件的调查或检查,由海事管理机构负责人指定 2 名以上海事行政执法人员担任调查人员。

调查人员与本案有直接利害关系的,应当回避。

第九十六条　调查人员询问或检查,应当出示海事行政执法证件,并制作询问笔录或检查笔录。

询问笔录或检查笔录经被询问人、被检查人确认无误后,由被询问人、被检查人签名或盖章。拒绝签名或盖章的,调查人员应在笔录上注明情况。

对涉及国家机密、商业秘密和个人隐私的，海事管理机构和调查人员、检查人员应当为其保守秘密。

第九十七条　收集海事行政处罚案件的书证、物证和视听资料，应当是原件、原物。收集原件、原物确有困难的，可由提交证据的自然人、法人或其他组织在复制品、照片等物件上签名或盖章，并注明"与原件（物）相同"字样。

海事管理机构可以使用照相、录音、录像以及法律允许的其他调查手段。

第九十八条　调查人员、检查人员查阅、调取与海事行政处罚案件有关资料，可以对有关内容进行摘录或复制，并注明来源。

第九十九条　调查人员、检查人员对与案件有关物品或场所进行勘验或检查，应当通知当事人到场，制作勘验笔录或检查笔录。当事人不到场或暂时难以确定当事人的，可以请在场的其他人做证。

勘验笔录或检查笔录应当由当事人或证人签名或盖章；拒绝签名或盖章的，调查人员应当在勘验笔录或检查笔录上注明情况。

第一百条　对需要抽样取证的，应当通知当事人到场，并制作抽样取证清单。当事人不到场或暂时难以确定当事人的，可以请在场的其他人做证。

抽样取证清单，应当由调查人员、当事人或证人签名或盖章。

海事管理机构应当妥善保管抽样取证物品；需要退还的，应当及时退还。

第一百零一条　为查明海事行政处罚案件事实需要进行技术鉴定的专门性问题，海事管理机构应当聘请有关技术鉴定机构或具有专门技术的人员进行鉴定，并制作鉴定结论，由技术鉴定机构和人员签名或盖章。

第一百零二条　海事行政处罚案件的证据可能灭失或以后难以取得的，经海事管理机构负责人批准，可以通知当事人或有关人员到场，先行登记保存证据，并制做证据登记保存清单。当事人或有关人员不到场或暂时难以确定当事人、有关人员的，可以请在场的其他人做证。

证据登记保存清单，应当由调查人员、检查人员、当事人或有关人员、证人签名或盖章。拒绝签名、盖章的，调查人员应当在证据登记保存清单上注明情况。

海事管理机构对登记保存的物品，应当在7日内做出下列处理决定：

（一）需要进行技术鉴定的，依照第一百零一条的规定送交鉴定；

（二）对不应当处以海事行政处罚的，应当解除先行登记保存，并将先行登记保存的物品及时退还；

（三）法律、法规、规章规定应当做其他处理的，依法作其他处理。

第一百零三条　海事行政处罚案件调查结束后，应当制作海事行政处罚案件调查报告，连同海事行政违法案件立案呈批表和证据材料，移送本海事管理机构负责法制工作的内设机构进行预审。

第一百零四条　海事管理机构负责法制工作的内设机构预审海事行政处罚案件采取书面形式进行，主要内容包括：

（一）案件是否属于本海事管理机构管辖；

（二）当事人的基本情况是否清楚；

（三）案件事实是否清楚，证据是否确实、充分；

（四）定性是否准确；

（五）适用法律、法规、规章是否准确；

（六）行政处罚是否适当；

（七）办案程序是否合法。

第一百零五条　海事管理机构负责法制工作的内设机构预审完毕后，应当根据下列规定提出书面意见，报本海事管理机构负责人审查：

（一）违法事实清楚，证据确实、充分，行政处罚适当、办案程序合法，按规定不需要听证或当事人放弃听证的，同意负责行政执法调查的内设机构的意见，建议报批后告知当事人；

（二）违法事实清楚，证据确实、充分，行政处罚适当、办案程序合法，按规定应当听证的，同意调查人员意见，建议报批后举行听证，并告知当事人；

（三）违法事实清楚，证据确实、充分，但定性不准、适用法律不当、行政处罚不当的，建议调查人员修改；

（四）违法事实不清，证据不足的，建议调查人员补正；

（五）办案程序不合法的，建议调查人员纠正；

（六）不属于本海事管理机构管辖的，建议移送其他有管辖权的机关处理。

第一百零六条　海事管理机构负责人审查完毕后，应当根据《行政处罚法》第三十八条的规定做出行政处罚决定、不予行政处罚决定、举行听证、移送其他有关机关处理的决定。

对自然人罚款或没收非法所得数额超过1万元，对法人或其他组织罚款或没收非法所得数额超过3万元，以及撤销船舶检验资格、没收船舶、没收或吊销船舶登记证书、吊销船员职务证书、吊销海员出境入境证件的海事行政处罚，海事管理机构的负责人应当集体讨论决定。

第一百零七条　海事管理机构负责人对海事违法行为调查报告审查后，认为应当处以行政处罚的，海事管理机构应当制作海事违法行为通知书送达当事人，告知拟处以的行政处罚的事实、理由和证据，并告知当事人有权在收到该通知书之日起3日内进行陈述和申辩，有权在收到该通知书之日起3日内提出听证要求。

第一百零八条　当事人提出陈述和申辩的，海事管理机构应当充分听取，并对当事人提出的事实、理由和证据进行复核；当事人提出的事实、理由或证据成立的，海事管理机构应当采纳。

当事人要求组织听证的，海事管理机构应当按本章第四节的规定组织听证。

当事人逾期未提出陈述、申辩或逾期未要求组织听证的，视为放弃有关权利。

第一百零九条　海事管理机构做出海事行政处罚决定，应当制作海事行政处罚决定书，并加盖本海事管理机构的印章。

第一百一十条　海事行政处罚决定书应当在海事管理机构宣告后当场交付当事人，并将告知情况记入送达回证，由当事人在送达回证上签名或盖章；当事人不在场的，应当在7日内依法采取其他方式送达当事人。

第一百一十一条　海事行政处罚案件应当自立案之日起2个月内办理完毕。因特殊需要，经海事管理机构负责人批准可以延长办案期间，但最长不得延长至3个月。如3个月内仍不能办理完毕，经上一级海事管理机构批准可再延长办案期间，但最长不得延长至6个月。

4. 听证程序

第一百一十二条　在做出较大数额罚款、吊销证书的海事行政处罚决定之前，海事管理机构应当告知当事人有要求举行听证的权利；当事人要求听证的，海事管理机构应当组织听证。

本条前款所称“较大数额罚款”，是指对自然人处以1万元以上罚款，对法人或其他组织处以10万元以上罚款。由地方海事管理机构处以罚款的，也可以按照省、自治区、直辖市人民代表大会常务委员会或人民政府规定的标准确定“较大数额罚款”。

第一百一十三条　海事行政处罚听证依照《行政处罚法》第四十二条的规定组织。

第一百一十四条　海事管理机构的听证人员包括听证主持人、听证员和书记员。

听证主持人由海事管理机构负责人指定本海事管理机构负责法制工作的机构的非本案调查人员担任。

听证员由海事管理机构负责人指定1至2名本海事管理机构的非本案调查人员担任，协助听证主持人组织听证。

书记员由海事管理机构负责人指定1名非本案调查人员担任，负责听证笔录的制作和其他事务。

第一百一十五条　当事人委托代理人参加听证会的，应当向海事管理机构提交当事人签署的授权委托书。

第一百一十六条　当事人有正当理由要求延期举行听证的，经海事管理机构批准，可以延期一次。

第一百一十七条　海事行政处罚听证，按以下程序进行：

（一）宣布案由和听证纪律；

（二）核对当事人或其代理人、本案调查人员、证人及其他有关人员是否到场，并核实听证参加人的身份；

（三）宣读并出示海事管理机构负责人签署的听证决定，宣布听证人员名单，告知当事人有申请主持人回避、申辩和质证的权利；

（四）宣布听证开始；

（五）案件调查人员提出当事人违法的事实、证据，说明拟做出行政处罚的建议和法律依据；

（六）当事人或其委托代理人对案件的事实、证据，适用法律，行政处罚裁量等进行申辩和质证；

（七）主持人就案件的有关问题向当事人或其委托代理人、案件调查人员、证人询问；

（八）经主持人允许，当事人、调查人员就案件的有关问题可以向到场的证人发问；

（九）本案调查人员、当事人或其委托代理人按顺序就案件所涉及的事实、各自出示的证据的合法性、真实性及有关的问题进行辩论；

（十）辩论终结，听证主持人可以再就本案的事实、证据及有关问题向当事人或其代理人、本案调查人员征求意见；

（十一）中止听证的，主持人应当时宣布再次进行听证的有关事宜；

（十二）当事人或其委托代理人做最后陈述；

（十三）主持人宣布听证结束，听证笔录交当事人或其委托代理人核对无误后签字或盖章。认为有错误的，有权要求补充或改正。当事人拒绝的，由听证主持人在听证笔录上说明情况。

第一百一十八条　有下列情形之一的，主持人可以决定延期举行听证：

（一）当事人因不可抗拒的事由无法到场的；

（二）当事人临时申请回避的；

（三）其他应当延期的情形。

第一百一十九条　有下列情形之一的，主持人可以宣布中止听证：

（一）证据需要重新鉴定、勘验的；

（二）当事人或其代理人提出新的事实、理由和证据，需要由本案调查人员调查核实的；

（三）作为听证申请人的法人或其他组织突然解散，尚未确定权利、义务承受人的；

（四）当事人因不可抗拒的事由，不能继续参加听证的；

（五）听证过程中，当事人或其代理人违反听证纪律致使听证无法进行的；

（六）其他应当中止听证的情形。

中止听证，应当在听证笔录中写明情况，由主持人签名。

第一百二十条　延期、中止听证的情形消失后，由主持人决定恢复听证并将听证的时间、地点通知听证参加人员。

第一百二十一条　有下列情形之一的，应当终止听证：

（一）当事人或其代理人撤回听证要求的；

（二）当事人或其代理人接到参加听证的通知，无正当理由不参加听证的；

（三）当事人或其代理人未经听证主持人允许，中途退出听证的；

（四）其他应当终止听证的情形。

听证终止，应当在听证笔录中写明情况，由主持人签名。

第一百二十二条　听证结束后，主持人应当依据听证情况制作海事行政处罚听证报告书，连同听证笔录报海事管理机构负责人审查后，依照本规定第一百零六条的规定做出决定。

5. 执行程序

第一百二十三条　有《行政处罚法》第四十七条规定第（一）项、第（二）项规定情形之一，或有《行政处罚法》第四十八条规定的情形的，海事管理机构及其海事行政执法人员可以当场收缴罚款。

罚款以人民币计算，并向当事人出具符合法定要求的罚款收据。

当事人无正当理由逾期不缴纳罚款的，海事管理机构依法每日按罚款数额的3%加处罚款。

第一百二十四条　被处以扣留证书的，当事人应当及时将被扣留证书送交做出处罚决定的海事管理机构。扣留证书期满后，海事管理机构应将所扣证书发还当事人，也可以通知当事人领取被扣证书。

被处以扣留、吊销证书，当事人拒不送交被扣留、被吊销的证书的，海事管理机构应当公告该证书作废。

第一百二十五条　海事管理机构对船员处以海事行政处罚后，应当记入该船员的《船员服务簿》。

第一百二十六条　对当事人处以没收船舶处罚的，海事管理机构应当依法处理所没收的船舶。

第一百二十七条　当事人在法定期限内不申请复议或提起诉讼，又不履行海事行政处罚决定的，海事管理机构依法申请人民法院强制执行。

第一百二十八条　海事行政处罚案件执行完毕后，应当填写海事行政处罚结案表，并将全部案件材料立卷归档，交海事管理机构负责法制工作的内设机构登记并妥善保管。

6. 监督程序

第一百二十九条　自然人、法人或其他组织对海事管理机构做出的行政处罚有权申诉或检举。

自然人、法人或其他组织的申诉或检举，由海事管理机构负责法制工作的内设机构受理和审查，认为海事行政处罚有下列情形之一的，经海事管理机构负责人同意后，予以改正：

（一）主要事实不清、证据不足的；

（二）适用依据错误的；

（三）违反法定程序的；

（四）超越或滥用职权的；

（五）具体行政行为明显不当的。

第一百三十条　海事管理机构负责法制工作的内设机构发现本海事管理机构做出的海事行政处罚有第一百二十九条第二款规定的情形之一的，应当向海事管理机构负责人提出建议，予以改正。

第一百三十一条　上级海事管理机构发现下级海事管理机构作出的海事行政处罚有第一百二十九条第二款规定的情形之一的，应当责令其改正。

第一百三十二条　海事管理机构和海事行政执法人员违法实施行政处罚的，按照《行政处罚法》有关规定追究法律责任。

五、附则

第一百三十三条　本规定所称以上、以下、以内，包括本数，本规定另有规定的除外。

第一百三十四条　本规定所称日，是指工作日。本规定所称月，按30日计算。

第一百三十五条　海事管理机构办理海事行政处罚案件，应当使用交通部制定的统一格式的海事行政处罚文书。

第一百三十六条　本规定自2003年9月1日起施行。1998年9月2日交通部令1998年第7号公布的《中华人民共和国水上安全监督行政处罚规定》同时废止。此前交通部公布的其他有关规章与本规定不一致的，以本规定为准。

第十节　游艇安全管理相关规定

游艇安全管理规定

一、总则

第一条　为了规范游艇安全管理，保障水上人命和财产安全，防治游艇污染水域环境，促进游艇业的健康发展，根据水上交通安全管理和防治船舶污染水域环境的法律、行政法规,制定本规定。

第二条　在中华人民共和国管辖水域内游艇航行、停泊等活动的安全和防治污染管理适用本规定。

本规定所称游艇,是指仅限于游艇所有人自身用于游览观光、休闲娱乐等活动的具备机械推进动力装置的船舶。

本规定所称游艇俱乐部,是指为加入游艇俱乐部的会员提供游艇保管及使用服务的依法成立的组织。

第三条　中华人民共和国海事局统一实施全国游艇水上交通安全和防治污染水域环境的监督管理。

各级海事管理机构依照职责,具体负责辖区内游艇水上交通安全和防治污染水域环境的监督管理。

二、检验、登记

第四条　游艇应当经船舶检验机构按照交通运输部批准或者认可的游艇检验规定和规范进行检验,并取得相应的船舶检验证书后方可使用。

第五条　游艇有下列情形之一的,应当向船舶检验机构申请附加检验:

(一)发生事故,影响游艇适航性能的;

(二)改变游艇检验证书所限定类别的;

(三)船舶检验机构签发的证书失效的;

(四)游艇所有人变更、船名变更或者船籍港变更的;

(五)游艇结构或者重要的安全、防污染设施、设备发生改变的。

第六条　在中华人民共和国管辖水域航行、停泊的游艇,应当取得船舶国籍证书。未持有船舶国籍证书的游艇,不得在中华人民共和国管辖水域航行、停泊。

申请办理船舶国籍登记,游艇所有人应当持有船舶检验证书和所有权证书,由海事管理机构审核后颁发《中华人民共和国船舶国籍证书》。

长度小于5米的游艇的国籍登记,参照前款的规定办理。

三、游艇操作人员培训、考试和发证

第七条　游艇操作人员应当经过专门的培训、考试,具备与驾驶的游艇、航行的水域相适应的专业知识和技能,掌握水上消防、救生和应急反应的基本要求,取得海事管理机构颁发的游艇操作人员适任证书。

未取得游艇操作人员适任证书的人员不得驾驶游艇。

第八条　申请游艇操作人员适任证书,应当符合下列条件:

(一)年满18周岁未满60周岁;

(二)视力、色觉、听力、口头表达、肢体健康等符合航行安全的要求;

(三)通过规定的游艇操作人员培训,并经考试合格。

第九条　申请游艇操作人员适任证书的,应当通过中华人民共和国海事局授权的海事管理机构组织的考试。

申请游艇操作人员适任证书的,应到培训或者考试所在地的海事管理机构办理,并提交申请书以及证明其符合发证条件的有关材料。

经过海事管理机构审核符合发证条件的，发给有效期为5年的相应类别的游艇操作人员适任证书。

第十条　游艇操作人员适任证书的类别分为海上游艇操作人员适任证书和内河游艇操作人员适任证书。

第十一条　持有海船、内河船舶的船长、驾驶员适任证书或者引航员适任证书的人员，按照游艇操作人员考试大纲的规定，通过相应的实际操作培训，可以分别取得海上游艇操作人员适任证书和内河游艇操作人员适任证书。

第十二条　游艇操作人员适任证书的有效期不足6个月时，持证人应当向原发证海事管理机构申请办理换证手续。符合换证条件中有关要求的，海事管理机构应当给予换发同类别的游艇操作人员适任证书。

游艇操作人员适任证书丢失或者损坏的，可以按照规定程序向海事管理机构申请补发。

第十三条　依法设立的从事游艇操作人员培训的机构，应当具备相应的条件，并按照国家有关船员培训管理规定的要求，经过中华人民共和国海事局批准。

四、航行、停泊

第十四条　游艇在开航之前，游艇操作人员应当做好安全检查，确保游艇适航。

第十五条　游艇应当随船携带有关船舶证书、文书及必备的航行资料，并做好航行等相关记录。

游艇应当随船携带可与当地海事管理机构、游艇俱乐部进行通信的无线电通信工具，并确保与岸基有效沟通。

游艇操作人员驾驶游艇时应当携带游艇操作人员适任证书。

第十六条　游艇应当按照《船舶签证管理规则》的规定，办理为期12个月的定期签证。

第十七条　游艇应当在其检验证书所确定的适航范围内航行。

游艇所有人或者游艇俱乐部在第一次出航前，应当将游艇的航行水域向当地海事管理机构备案。游艇每一次航行时，如果航行水域超出备案范围，游艇所有人或者游艇俱乐部应当在游艇出航前向海事管理机构报告船名、航行计划、游艇操作人员或者乘员的名单、应急联系方式。

第十八条　游艇航行时，除应当遵守避碰规则和当地海事管理机构发布的特别航行规定外，还应当遵守下列规定：

(一)游艇应当避免在恶劣天气以及其他危及航行安全的情况下航行；

(二)游艇应当避免在船舶定线制水域、主航道、锚地、养殖区、渡口附近水域以及交通密集区及其他交通管制水域航行，确需进入上述水域航行的，应当听从海事管理机构的指挥，并遵守限速规定；游艇不得在禁航区、安全作业区航行；

(三)不具备号灯及其他夜航条件的游艇不得夜航；

(四)游艇不得超过核定乘员航行。

第十九条　游艇操作人员不得酒后驾驶、疲劳驾驶。

第二十条　游艇应当在海事管理机构公布的专用停泊水域或者停泊点停泊。

游艇的专用停泊水域或者停泊点，应当符合游艇安全靠泊、避风以及便利人员安全登离的要求。

游艇停泊的专用水域属于港口水域的，应当符合有关港口规划。

第二十一条　游艇在航行中的临时性停泊，应当选择不妨碍其他船舶航行、停泊、作业的水域。不得在主航道、锚地、禁航区、安全作业区、渡口附近以及海事管理机构公布的禁止停泊的水域内停泊。

第二十二条　在港口水域内建设游艇停泊码头、防波堤、系泊设施的，应当按照《港口法》的规定申请办理相应许可手续。

第二十三条　航行国际航线的游艇进出中华人民共和国口岸，应当按照国家有关船舶进出口岸的规定办理进出口岸手续。

第二十四条　游艇不得违反有关防治船舶污染的法律、法规和规章的规定向水域排放油类物质、生活污水、垃圾和其他有毒有害物质。

游艇应当配备必要的污油水回收装置、垃圾储集容器，并正确使用。

游艇产生的废弃蓄电池等废弃物、油类物质、生活垃圾应当送交岸上接收处理，并做好记录。

五、安全保障

第二十五条　游艇的安全和防污染由游艇所有人负责。游艇所有人应当负责游艇的日常安全管理和维护保养，确保游艇处于良好的安全、技术状态，保证游艇航行、停泊以及游艇上人员的安全。

委托游艇俱乐部保管的游艇，游艇所有人应当与游艇俱乐部签订协议，明确双方在游艇航行、停泊安全以及游艇的日常维护、保养及安全与防污染管理方面的责任。

游艇俱乐部应当按照海事管理机构的规定及其与游艇所有人的约定，承担游艇的安全和防污染责任。

第二十六条　游艇俱乐部应当具备法人资格，并具备下列安全和防污染能力：

（一）建立游艇安全和防污染管理制度，配备相应的专职管理人员；

（二）具有相应的游艇安全停泊水域，配备保障游艇安全和防治污染的设施，配备水上安全通信设施、设备；

（三）具有为游艇进行日常检修、维护、保养的设施和能力；

（四）具有回收游艇废弃物、残油和垃圾的能力；

（五）具有安全和防污染的措施和应急预案，并具备相应的应急救助能力。

第二十七条　游艇俱乐部依法注册后，应当报所在地直属海事局或者省级地方海事局备案。

交通运输部直属海事局或者省级地方海事局对备案的游艇俱乐部的安全和防污染能力应当进行核查。具备第二十六条规定能力的，予以备案公布。

第二十八条　游艇俱乐部应当对其会员和管理的游艇承担下列安全义务：

（一）对游艇操作人员和乘员开展游艇安全、防治污染环境知识和应急反应的宣传、培训和教育；

（二）督促游艇操作人员和乘员遵守水上交通安全和防治污染管理规定，落实相应的措施；

（三）保障停泊水域或者停泊点的游艇的安全；

（四）核查游艇、游艇操作人员的持证情况，保证出航游艇、游艇操作人员持有相应的有效证书；

（五）向游艇提供航行所需的气象、水文情况和海事管理机构发布的航行通（警）告等信息服务；遇有恶劣气候条件等不适合出航的情况或者海事管理机构禁止出航的警示时，应当制止游艇出航并通知已经出航的游艇返航；

（六）掌握游艇的每次出航、返航以及乘员情况，并做好记录备查；

（七）保持与游艇、海事管理机构之间的通信畅通；

（八）按照向海事管理机构备案的应急预案，定期组织内部管理的应急演练和游艇成员参加的应急演习。

第二十九条　游艇必须在明显位置标明水上搜救专用电话号码、当地海事管理机构公布的水上安全频道和使用须知等内容。

第三十条　游艇遇险或者发生水上交通事故、污染事故，游艇操作人员及其他乘员、游艇俱乐部以及发现险情或者事故的船舶、人员应当立即向海事管理机构报告。游艇俱乐部应当立即启动应急预案。在救援到达之前，游艇上的人员应当尽力自救。

游艇操作人员及其他乘员对在航行、停泊时发现的水上交通事故、污染事故、求救信息或者违法行为应当及时向海事管理机构报告。需要施救的，在不严重危及游艇自身安全的情况下，游艇应当尽力救助水上遇险的人员。

六、监督检查

第三十一条　海事管理机构应当依法对游艇、游艇俱乐部和游艇操作人员培训机构实施监督检查。游艇俱乐部和游艇所有人应当配合，对发现的安全缺陷和隐患，应当及时进行整改、消除。

第三十二条　海事管理机构发现游艇违反水上交通安全管理和防治船舶污染环境管理秩序的行为，应当责令游艇立即纠正；未按照要求纠正或者情节严重的，海事管理机构可以责令游艇临时停航、改航、驶向指定地点、强制拖离、禁止进出港。

第三十三条　海事管理机构发现游艇俱乐部不再具备安全和防治污染能力的，应当责令其限期整改；对未按照要求整改或者情节严重的，可以将其从备案公布的游艇俱乐部名录中删除。

第三十四条　海事管理机构的工作人员依法实施监督检查，应当出示执法证件，表明身份。

七、法律责任

第三十五条　违反本规定，未取得游艇操作人员培训许可擅自从事游艇操作人员培训的，由海事管理机构责令改正，处5万元以上25万元以下罚款；有违法所得的，还应当没收违法所得。

第三十六条　游艇操作人员培训机构有下列行为之一的，由海事管理机构责令改正，可以处2万元以上10万元以下罚款；情节严重的，给予暂扣培训许可证6个月以上2年以下直至吊销的处罚：

（一）不按照本规定要求和游艇操作人员培训纲要进行培训，或者擅自降低培训标准；

（二）培训质量低下，达不到规定要求。

第三十七条　违反本规定，在海上航行的游艇未持有合格的检验证书、登记证书和必备的航行资料的，海事管理机构责令改正，并可处以1 000元以下罚款，情节严重的，海事管理机构有权责令其停止航行；对游艇操作人员，可以处以1 000元以下罚款，并扣留游艇操作人员适任证书3至12个月。

违反本规定，在内河航行的游艇未持有合格的检验证书、登记证书的，由海事管理机构责令其停止航行，拒不停止的，暂扣游艇；情节严重的，予以没收。

第三十八条　违反本规定，游艇操作人员操作游艇时未携带合格的适任证书的，由海事管理机构责令改正，并可处以2 000元以下罚款。

第三十九条　游艇操作人员持有的适任证书是以欺骗、贿赂等不正当手段取得的，海事管理机构应当吊销该适任证书，并处2 000元以上2万元以下的罚款。

第四十条　违反本规定，游艇有下列行为之一的，由海事管理机构责令改正，并可处以1 000元以下罚款：

（一）未在海事管理机构公布的专用停泊水域或者停泊点停泊，或者临时停泊的水域不符合本规定的要求；

（二）游艇的航行水域超出备案范围，而游艇所有人或者游艇俱乐部未在游艇出航前将船名、航行计划、游艇操作人员或者乘员的名单、应急联系方式等向海事管理机构备案。

第四十一条　其他违反本规定的行为，按照有关法律、行政法规、规章进行处罚。

第四十二条　海事管理机构工作人员玩忽职守、徇私舞弊、滥用职权的，应当依法给予行政处分。

八、附则

第四十三条　游艇从事营业性运输，应当按照国家有关营运船舶的管理规定，办理船舶检验、登记和船舶营运许可等手续。

第四十四条　游艇应当按照国家的规定，缴纳相应的船舶税费和规费。

第四十五条　乘员定额12人以上的游艇，按照客船进行安全监督管理。

第四十六条　本规定自2009年1月1日起施行。

中华人民共和国海事局关于加强游艇管理的通知

为了加强对游艇的管理，积极引导公众对航海的关注和热爱，支持游艇业的健康发展，丰富公民的业余水上活动，保障水上交通安全，防治游艇污染水域环境，根据《海上交通安全法》《海洋环境保护法》《水污染防治法》和《内河交通安全管理条例》等法律、法规的规定，现将游艇管理的有关事项通知如下，请遵照执行。

（一）按照游艇业的特点及其规律，依法管理游艇

1. 游艇的航行、停泊属于水上交通活动，应当依照国家有关水上交通安全和防治船舶污染的法律、法规和规章进行管理。同时，游艇活动属于高档次的消费行为，不同于生产经营性船舶，有其自身的特点和规律，不能完全采取对生产经营性船舶的管理理念和方式，要结合游艇在管理中的自身特点和规律，促进游艇业健康、有序发展。

2. 游艇管理应当遵循安全第一、方便有序、健康发展、有效监管的原则，实行业主自主管理、行业自律与交通主管部门（海事管理机构）依法监管相结合的管理制度，共同营造安全、清洁、有序、畅通的水上公共交通环境。

（二）游艇管理的适用范围

1. 游艇是指符合交通部批准或者认可的游艇检验规范，由公民、法人或者其他组织拥有，并从事非营业性游览观光、休闲娱乐等活动的船舶，包括以整船租赁形式从事自娱自乐活动的游艇。

2. 从事经营性运输的旅游船等，适用客船的有关管理规定，须向规定的船舶检验机构、海事管理机构和交通主管部门申请办理检验、登记和营运手续。游艇改为从事经营性活动的，应按规定向海事管理机构申请注销游艇登记，重新办理船舶检验和登记，并按规定向交通主管部门申请办理船舶营运许可手续。

（三）游艇的检验

1. 游艇应当符合交通部批准或者认可的游艇检验技术法规或者规范，经中华人民共和国海事局认可的船舶检验机构检验合格并取得相应的船舶检验证书。对同型号批量生产的游艇，经船舶检验机构的形式认可后签发相应的船舶检验证书。

2. 在境外购入的非营业性自用游艇，应当持有境外有关主管机关认可的游艇检验证书或者认可的组织签发的游艇合格证，并向经中华人民共和国海事局认可的船舶检验机构申请初次检验。

3. 使用中的游艇应当按照规定每 2 年向船舶检验机构申请定期检验，经检验合格方可继续使用。但游艇业主委托游艇俱乐部按照双方合同规定由俱乐部承担日常维护、保养和管理的游艇，可以每 5 年申请定期检验，该游艇俱乐部必须符合本通知的有关规定。

（四）游艇的登记

1. 游艇的所有人应当按照《中华人民共和国船舶登记条例》的规定，向海事管理机构申请办理船舶登记，取得《船舶所有权证书》和《中华人民共和国船舶国籍证书》。未取得中华人民共和国或者其他国家、地区《船舶国籍证书》的游艇，不得在中华人民共和国沿海、内河及其他管辖水域航行、停泊。

2. 在港澳台地区办理了船舶登记的游艇，可以在不注销已办理船舶登记的条件下，向海事管理机构申请办理临时船舶国籍证书。

（五）游艇驾驶人员的培训、考试和发证

1. 游艇驾驶人员应当经过专门的培训、考试，取得海事管理机构颁发的游艇驾驶人员适任证书。

2. 在游艇上服务的专职船员，应当符合交通部有关船员培训、考试、发证的规定，取得船员服务簿和相应的船员适任证书。

3. 从事游艇驾驶人员培训的机构，应当具备下列条件，并经中华人民共和国海事局备案和公布：

（1）具备相应的培训场地和训练水域，有可供实际操作训练的游艇等设施和设备；

（2）有足够数量的符合要求的培训教员；

（3）有相应的法规资料、教材和技术资料等；

（4）具有完整的内部管理规章制度、安全措施和应急预案，并建立培训质量控制体系。

4. 游艇驾驶人员培训机构开展游艇驾驶员培训时，应当将培训的具体时间和学员名单向海事管理机构备案，并统一为学员向海事管理机构办理考试、发证的申请。游艇驾驶人员培训机构应当实行学籍管理和考勤制度，保证每个学员的训练内容和训练时间，并保障培训质量和训练安全，接受海事管理机构的监督检查。

5. 游艇驾驶人员的考试（包括理论考试和实操考试），在其培训期内由海事管理机构负责实施。

6. 经考试合格的人员，符合规定的年龄和交通部发布的船员体检标准中有关视力、色觉、听力、口头表达、肢体健康等要求的，由有关海事管理机构签发中华人民共和国海事局颁发或者认可的游艇驾驶证书。未按照规定持有相应的船员适任证书、游艇驾驶证书的人员，不得驾驶游艇。

（六）游艇的专用水域

1. 游艇航行、停泊的专用水域，由海事管理机构依法批准，专用水域属于港口水域的，应当符合有关港口规划；申请游艇专用的航行、停泊水域，应当按照《海事行政许可条件规定》和《交通行政许可程序规定》，向海事管理机构办理相应的航道（路）、安全作业水域许可。

2. 建立游艇专用码头、防波堤、系泊设施的，应当符合海事管理机构有关船舶安全系泊和防治船舶污染的规定以及方便人员安全登离的条件，并按照《海事行政许可条件规定》和《交通行政许可程序规定》，向海事管理机构申请办理相应的岸线安全使用许可。在港口水域内建立游艇停泊码头、防波堤、系泊设施的，还应当按照《港口法》《港口经营管理规定》，向港口行政管理部门申请办理相应的港口经营许可。

（七）游艇的航行、停泊活动

1. 游艇驾驶员驾驶游艇时，应当携带相应的船员适任证书、游艇驾驶证书。游艇在开航之前，游艇驾驶人员或者游艇俱乐部应当做好安全检查，确保游艇适航。

2. 游艇在航行时，除应当遵守避碰规则和当地海事管理机构发布的航行规定外，还应当遵守下列规定：

（1）避免在船舶定线制水域、主航道、锚地、渡口附近水域、交通密集区及其他交通管制水域航行，确需进入上述水域航行的，应当向海事管理机构报告，听从指挥，并不得超速航行。

（2）游艇应当在其船舶检验证书或者游艇合格证书所确定的适航范围或者海事管理机构核定的活动水域内航行，不得在禁航区、安全作业区航行。

（3）游艇不得超过安全适航抗风等级开航，避免在恶劣天气及危及航行安全的情况下航行，不得超过核定乘员航行。

（4）游艇在航行中的临时性停泊，可以在不妨碍其他船舶航行、停泊、作业的水域停泊，但是不得在船舶定线制区、主航道、锚地、渡口附近水域、交通管制区、禁航区、安全作业区以及海事管理机构公布的禁止停泊的水域内停泊。游艇的非临时性停泊，应当在海事管理机构批准、划定并公布的专用停泊水域或者停泊点停泊；在港口水域的，应当在港口行政管理部门批准的游艇码头停泊。

（5）游艇驾驶人员不得酒后驾驶和疲劳驾驶。

3. 游艇出海远航，游艇驾驶人员或者游艇俱乐部应当将航行计划、船员或者乘员的名单、应急联系方式等向海事管理机构备案。游艇前往其他国家、地区，应当按照国家有关船舶进出口岸的规定办理出入口岸许可手续。

4. 外国籍游艇从水上入境或者出境，应当按照《中华人民共和国船舶进出口岸管理办法》和《中华人民共和国对外国籍船舶管理规定》办理相应的手续。

5. 民间从事具有规模或者影响的游艇航海活动，中国航海学会应当给予相应的技术指导。民间产生的游艇航海记录，应当报经中国航海学会审核并认可。

（八）防治游艇污染水域环境

1. 游艇应当配备必要的污油水、废水回收装置和垃圾储集容器，并正确使用。游艇不得违反有关防治船舶污染的法律、法规和规章的规定向水域排放油类物质、生活污水、船舶垃圾和其他污染性有毒有害物质。

2. 游艇产生的废油、废弃蓄电池、生活垃圾等废弃物应当送交岸上的接收单位接收、处理。

（九）游艇的日常维护和管理

1. 游艇的日常维护保养和安全管理，由游艇的所有人、使用人自主管理，或者委托游艇俱乐部管理。游艇的所有人、使用人或者负责管理的游艇俱乐部应当确保游艇处于适航状态，并自觉遵守交通部有关游艇管理的规定。

2. 接受游艇安全管理的游艇俱乐部应具备以下条件，并向中华人民共和国海事局办理备案、公布：

（1）经合法注册，具备独立法人资格；

（2）建立游艇安全和防污染管理体系，配备相应的专职管理人员；

（3）有相应的游艇停泊水域、保障游艇安全的设施和通信设备；

（4）具有为游艇进行日常检修、维护、保养的设施和能力；

（5）具有回收游艇废弃物、残油和垃圾的设施和能力；

（6）具有安全和防污染的措施和应急预案，并具备相应的应急救助能力。

3. 游艇俱乐部应当按照水上交通安全管理和防治船舶污染环境的法律、法规、规章的规定和海事行政监督管理的要求，建立、健全相应的安全管理制度，加强对游艇的安全和防污染管理，落实游艇的管理责任，具体职责包括：

（1）与会员签订协议，明确双方在游艇安全和防污染方面的权利、义务和责任；

（2）开展游艇安全、防污染知识宣传、培训和教育；

（3）做好游艇的日常检修、维护、保养、管理和游艇出航前的安全检查，发现游艇有安全缺陷时，负责向船舶检验机构报告并申请临时检验；

（4）提供游艇航行所需的气象、水文情况等信息服务；遇有恶劣气候条件等不适合出航的情况或者海事管理机构禁止出航的警示时，应当制止游艇出航；

（5）督促游艇驾驶人员和乘员遵守水上交通安全和防污染管理规定，落实相应的措施；

（6）掌握游艇的每次出航和返航情况以及乘员情况并做好记录，保持与游艇、海事管理机构之间的通信畅通；

（7）定期组织游艇驾驶人员进行消防、搜救等应急反应演习，并做好记录。

4. 游艇的所有人或者其委托的游艇使用人、游艇俱乐部,应当按照国家的规定,交纳相应的船舶税收和规费。

(十)应急管理

1. 游艇的船员、驾驶人员或者乘员,必须牢记国内公众通信水上搜救专用电话 12395;配备或者携带具备水上安全通信设备的,还应当牢记当地海事管理机构公布的水上安全频道及其联系方法。

2. 游艇遇险或者发生水上交通事故、船舶污染事故,游艇上的人员、游艇俱乐部以及附近的船舶、人员应当立即向海事管理机构报告。游艇俱乐部应当立即启动应急预案。在救援到达之前,游艇上的人员应当尽力自救。在不危及游艇自身安全的情况下,游艇应当听从海事管理机构的统一指挥,尽力救助水上遇险的人员。

3. 游艇驾驶人员及其他乘员对在航行、停泊时发现的水上交通和污染事故、求救信息或者违法行为应当及时向海事管理机构报告;对需要救助的,在不严重危及自身安全的情况下给予救助。

4. 发生交通事故、污染事故的游艇,其所有人、使用人、游艇俱乐部应当接受海事管理机构对事故的依法调查、处理。

(十一)游艇的监督管理

1. 海事管理机构应当依法对游艇实施安全和防污染监督管理。海事管理机构对在检查中发现的安全、污染问题或者隐患,应当责令游艇所有人、使用人或者游艇俱乐部立即消除或者限期消除。游艇所有人、使用人、游艇俱乐部应当接受海事管理机构的监督检查,对发现的安全问题、隐患,应当及时进行整改、消除。海事管理机构依法实施检查时,可以视情况采取责令临时停航、改航、驶向指定地点、禁止进出港等强制措施。

2. 海事管理机构应当加强对游艇俱乐部水上交通安全和防治船舶污染环境的指导和监督管理。发现游艇俱乐部不再具备条件的,海事管理机构应当责令其限期整改。对未按照要求整改或者情节严重的游艇俱乐部,海事管理机构可以将其从备案公布的游艇俱乐部名录中予以注销。

3. 海事管理机构应当对游艇驾驶人员培训机构的培训质量进行监督检查。发现存在培训质量问题的,海事管理机构应当责令培训机构限期整改;情节严重的,可以宣布培训无效,并可以将其从备案公布的游艇驾驶人员培训机构名录中予以注销。

4. 对违反海事行政管理秩序的游艇、游艇所有人或者使用人、游艇驾驶人员、游艇俱乐部,海事管理机构应当按照交通部发布的海事行政处罚规定中对船舶、船舶所有人(或者经营人、管理人)、船员的有关处罚规定予以处罚。

各级海事管理机构接到本通知后,应当对辖区内的游艇检验、登记、游艇驾驶人员的资格、游艇俱乐部的安全和防污染管理以及游艇航行、停泊等情况进行清理,并将情况逐级上报。同时,应当向游艇业主和游艇俱乐部宣传水上交通安全、防治船舶污染的政策和法规,逐步规范游艇业的行为,防治游艇业发展和相关活动中的违法现象,杜绝游艇活动中的“三无”船舶和无证驾驶行为。

附录 A 三亚市摩托艇驾驶员培训、考试和发证实施细则

（征求意见稿）

第一章 总 则

第一条 为规范摩托艇驾驶员的管理，提高摩托艇驾驶员的技术水平，保障水上人命和财产安全，根据《中华人民共和国海上交通安全法》《中华人民共和国内河交通安全管理条例》和《中华人民共和国船员培训管理规则》《三亚市水上旅游管理办法》等有关规定，制定本细则。

第二条 本细则适用于摩托艇驾驶员的培训、考试和发证。

第三条 三亚海事局是实施本细则的主管机关（以下简称"主管机关"），负责具体实施摩托艇驾驶员培训、考试和发证的管理工作。

第四条 摩托艇驾驶员在三亚市管辖水域内驾驶摩托艇，应持有海事管理机构签发的"摩托艇驾驶员适任证书"（以下简称"摩托艇驾驶证"）；摩托艇驾驶员应在"摩托艇驾驶证"签注的适用范围内操作摩托艇。

第五条 摩托艇分为螺旋桨式摩托艇和喷水式摩托艇两种。

第二章 培训考试和发证

第六条 "摩托艇驾驶证"包括以下基本内容：

（一）持证人信息：姓名、性别、出生日期、国籍，证书编号、照片。

（二）发证机关签注内容：签发日期、截止日期、适用艇型、适用航区、签发机关及其印章。

"摩托艇驾驶证"有效期最长不超过 5 年。

第七条 申请"摩托艇驾驶证"应满足以下条件：

（一）初次申请摩托艇驾驶证者，年龄不得小于 18 周岁，最大不超过 50 周岁；

（二）符合体检标准，特别是关于视力、色觉、听力、口头表达、肢体健康等方面的要求；

（三）完成规定的培训并通过海事管理机构举行的考试。

第八条 摩托艇驾驶员的培训

从事摩托艇驾驶员培训的机构应按照《中华人民共和国船员培训管理规则》规定，取得相应的《中华人民共和国船员培训许可证》。

摩托艇驾驶员的培训应按《摩托艇驾驶员理论培训与考试大纲》（见附件 4）和《摩托艇驾驶员实际操作培训与评估大纲》的要求进行（见附件 5）。

第九条 摩托艇驾驶员的考试

摩托艇驾驶员的考试分理论考试和实际操作评估两部分，理论考试总分为 100 分，60 分及以上为合格，实际操作评估分合格和不合格。

理论考试和实际操作评估均合格后视为考试合格。理论考试和(或)实际操作评估不合格者,海事管理机构允许其在2年内补考3次,仍然不合格者,必须重新参加培训和考试。考试成绩在理论考试和实际操作考试均合格后3年内有效。

理论考试和实际操作评估应按照《摩托艇驾驶员理论培训与考试大纲》和《摩托艇驾驶员实际操作培训与评估大纲》的要求进行。

第十条　申请"摩托艇驾驶证"者应提交以下材料:

(一)摩托艇驾驶证申请表(见附件2);

(二)身份证明文件;

(三)身体条件证明(见附件3);

(四)近期直边正面一寸免冠白底彩色照片2张;

(五)培训证明;

(六)有效的海船或内河船舶船长、操作人员或引航员适任证书(如适用)。

第十一条　对符合条件者,海事管理机关签发相应的摩托艇驾驶证。

第十二条　持有其他船员适任证书人员申请摩托艇驾驶证。

持有有效海船或内河船舶船长、驾驶员或引航员适任证书的人员,通过《摩托艇驾驶员实际操作培训与评估大纲》规定的实际操作培训和评估后,可申请相应适用范围的摩托艇驾驶证。

第三章　证书再有效

第十三条　摩托艇驾驶证有效期届满之日前6个月内,持证人可向证书签发机关申请办理摩托艇驾驶证的再有效。

第十四条　申请摩托艇驾驶证的再有效,应提交以下材料:

(一) 本细则第十条(一)至(四)项规定的材料;

(二) 有效的摩托艇驾驶证及其复印件。

第十五条　摩托艇驾驶证失效,需通过《摩托艇驾驶员实际操作培训与评估大纲》规定的实际操作评估,方可申请摩托艇驾驶证再有效。

第十六条　摩托艇驾驶证损坏或者遗失时,持证人除应当向原证书签发的海事管理机构提交补发申请及本细则第十条第(一)(二)(四)项要求的材料外,还应当满足下列要求:

(一)适任证书损坏的,应当缴回被损坏的证书原件;

(二)适任证书遗失的,应当在发行范围覆盖三亚的报纸上登载证书遗失公告,或者提交原证书签发海事管理机构所在地公证机关出具的公证书。

补发的适任证书有效期截至日期与原适任证书的有效期截至日期相同。

第四章　监 督 管 理

第十七条　海事管理机构应当按照《船员培训管理规则》的规定,对摩托艇驾驶员培训机构实施监督检查。

第十八条　摩托艇驾驶员驾驶摩托艇,应携带有效的摩托艇驾驶证,并接受海事管理机构的监督检查。

第十九条　摩托艇驾驶员培训机构、摩托艇驾驶员有违反本办法规定行为的,按照相关法律、法规、规章进行处罚。

第二十条　因违反本细则或者其他相关法律法规的规定,被海事管理机构吊销适任证书的,自被吊销之日起2年内,不得申请适任证书。

第五章　附　　则

第二十一条　本细则所指身份证明文件包括:有效的居民身份证、暂住证明、居留证明、护照、台湾同胞往来大陆通行证等。

第二十二条　摩托艇驾驶员只准在发证机关核定的航区内驾驶摩托艇。

第二十三条　摩托艇驾驶证由三亚海事局统一印制。

第二十四条　本办法由三亚海事局负责解释。

第二十五条　本办法自颁布之日起实施。

附件:1. 摩托艇驾驶证证书编号规则;

2. 摩托艇驾驶员适任证书申请表;

3. 摩托艇驾驶员身体条件证明;

4. 摩托艇驾驶员理论培训与考试大纲;

5. 摩托艇驾驶员实际操作培训与评估大纲;

6. 摩托艇驾驶员培训机构师资、场地、设施和设备标准。

附件 1　摩托车驾驶证证书编号规则

证书编号的组成:摩托艇驾驶证适用的类别(一位)+(摩托艇驾驶证适用的艇型(一位))+发证年份(四位)+序号(四位),共 10 位。

其中,摩托艇驾驶证适用的艇型分为螺旋桨式摩托艇、喷水式摩托艇,分别用 E 和 P 表示。

附件2　摩托艇驾驶员适任证书申请表

以下内容由申请人填写(请以正楷字用黑色水笔或签字笔填写)						
姓名		姓名拼音		性别	男□　女□	照片 (近期直边正面一寸免冠白底彩色照片)
出生日期	年　月　日	国籍				
身份证明号码						
身份证明签发机关						
通信地址						
联系电话						

现持适任证书	种类	类别	等级	职务	证书编号	发证日期

申请形式	□考试发证　□到期/再有效换证　□证书转换 □证书范围变更　□污损、遗失补发　□其他
申请证书的适用范围	□螺旋桨式摩托艇 □喷水式摩托艇

申请人保证以上各栏所填内容及所提交的身份证明、有关证件和照片真实。申请人明白,若不如实填报或提交虚假资料属违法行为,将会被取消申请资格或被追究相关责任。

申请人签名:　　　　年　月　日

以下内容由考试发证机关填写

以下内容由考试发证机关填写

考试记录		理论成绩	实操成绩	登录人	核对人
	初次考试				
	补考				

发证审核	一审意见	年　月　日	二审意见	年　月　日	批准人意见	年　月　日

发证记录				
	初次/上次发证证书号码		签发日期	年　月　日
	到期/再有效换证证书号码		签发日期	年　月　日
	转换/变更范围证书号码		签发日期	年　月　日
	污损、遗失补发证书号码		签发日期	年　月　日

附件3　摩托艇驾驶员身体条件证明

<table>
<tr><td rowspan="3">申请人填报事项</td><td rowspan="2">申请人信息</td><td>姓　名</td><td></td><td>性别</td><td></td><td>出生日期</td><td></td><td>国　籍</td><td></td></tr>
<tr><td>身份证明名称</td><td colspan="2"></td><td>号码</td><td colspan="4"></td></tr>
<tr><td>申告事项</td><td colspan="7">本人如实申告　具有“√”下列疾病或者情况，如有隐瞒，责任自负
□器质性心脏病　□癫痫　□美尼尔氏症　□眩晕　□癔病
□震颤麻痹　□精神病　□痴呆
□影响肢体活动的神经系统疾病等妨碍安全驾驶疾病
□吸食、注射毒品、长期服用依赖性精神药品成瘾尚未戒除
签名：</td><td>照片</td></tr>
<tr><td rowspan="7">医疗机构填写事项</td><td colspan="2">辨色力</td><td colspan="6"></td><td rowspan="3">（医疗机构盖章）
年　月　日</td></tr>
<tr><td colspan="2" rowspan="2">视力</td><td colspan="2">左眼：</td><td rowspan="2">是否矫正</td><td colspan="3">□是　□否</td></tr>
<tr><td colspan="2">右眼：</td><td colspan="3">□是　□否</td></tr>
<tr><td colspan="2" rowspan="2">听力</td><td colspan="2">左耳：</td><td rowspan="2">上　肢</td><td colspan="4">左上肢：</td></tr>
<tr><td colspan="2">右耳：</td><td colspan="4">右上肢：</td></tr>
<tr><td colspan="2" rowspan="2">口头表达能力</td><td colspan="2" rowspan="2"></td><td rowspan="2">下　肢</td><td colspan="4">左下肢：</td></tr>
<tr><td colspan="4">右下肢：</td></tr>
<tr><td>医师结论</td><td colspan="4"></td><td>医师签名</td><td colspan="4"></td></tr>
</table>

备注：摩托艇驾驶员身体条件要求：

1. 两眼矫正视力达到对数视力表4.9以上；
2. 无色盲、色弱；
3. 两耳分别距音叉50厘米能辨别声源方向；
4. 口头表达无障碍；
5. 四肢无运动功能性障碍。

附件 4　摩托艇驾驶员理论培训与考试大纲

一、航行规则及相关法律法规(3 学时)

1. 中华人民共和国内河交通安全管理条例
2. 中华人民共和国海上交通安全法
3. 防止船舶污染水域有关规定
4. 其他相关法律、法规、规章等
5. 中国沿海、内河水域航行规则概述

二、摩托艇航行基本知识(4 学时)

1. 航道概述
2. 潮汐基本知识
3. 助航标志
4. 航用海图及航行图
5. 气象常识

三、摩托艇操纵基本知识(3 学时)

1. 摩托艇动力装置的运行原理
2. 摩托艇操纵性能、操纵特性、局限性等基本知识
3. 外界因素对摩托艇操纵的影响
4. 摩托艇应急操纵方法

四、摩托艇避碰技术(4 学时)

1. 内河避碰规则
2. 国际海上避碰规则

五、基本技能(3 学时)

1. 遇险处置
2. 救生设备的性能和使用方法
3. 摩托艇防火与灭火
4. 人员急救常识

附件5　摩托艇驾驶员实际操作培训与评估大纲

1. 机械推进动力装置的启动与关闭(1 学时)
2. 靠、离码头(4 学时)
3. 航行(加速、变向、高速定向航行)(2 学时)
4. 蛇航绕标(5 个标)(2 学时)
5. 救助落水人员(2 学时)
6. 基本急救(2 学时)
7. 救生与消防设备的使用(2 学时)

附件6　摩托艇驾驶员培训机构师资、场地、设施和设备标准

一、师资

教员须满足下列条件之一：

（一）具有不少于1年的甲类大副及以上的海上服务资历，并具有航海专业大专及以上学历；

（二）具有不少于1年海上服务资历的航海类专业教师。

注：1.教员须自有；2.理论教员至少1名；3.实训教员按照师生比1:20配备。

二、场地、设施、设备

序号	场地、设施、设备	要求	备注
1	多媒体教室	1间，能容纳40人	
2	码头（泊位）	供摩托艇安全靠离	
3	安全航行水域	供摩托艇实操训练	
4	陆上训练场所	供陆上训练	
5	燃烧池或油槽	1个（直径1米）	
6	摩托艇	1艘	
7	对讲机	2部	
8	舷外机	1部	
9	救生衣	12件	
10	救生圈	2只	
11	红光降落伞火箭、烟雾信号、手持红色火焰信号	各2只	
12	二氧化碳和干粉灭火器	各2只	
13	医药箱	1只，按照救生艇标准配备急救药品及器具	
14	心肺复苏操作模拟人	1个	
15	海图作业用具	5套	
16	港口及附近海域海图	5套	
17	中国海区及内河助航标志示意图	各1套	
18	潮汐表及港口相关水文资料	1套	
19	港口规章、规定及相关要求	1套	
20	摩托艇培训教材	符合摩托艇培训大纲要求	

注：1.同时开课的每个班（40人）应当各配备一间教室。

2.设施、设备的数量满足1个班开课。考虑到设备利用率，该配备最多可供2个班交叉使用。

附录 B　三亚市水上旅游管理暂行办法

第一条　为了维护水上旅游秩序，保障旅游者的生命财产安全，保护旅游者和旅游项目经营者的合法权益，根据《中华人民共和国安全生产法》《中华人民共和国海上交通安全法》《中华人民共和国海洋环境保护法》《中华人民共和国水路运输管理条例》等相关法律、法规，结合我市实际，制定本办法。

第二条　本办法所称的"水上旅游"是指在我市行政区域内，依托水资源开展的游览观光、休闲娱乐等旅游经营性活动。包括水上游览观光、潜水、水上降落伞（拖伞、滑伞）、冲浪、赛艇（摩托艇、皮划艇、快艇）、帆船以及其他各类水上旅游经营项目。

本办法所称的"船舶"，是指各类排水或非排水船、筏、水上飞机、潜水器和移动式平台。

第三条　经营水上游览观光和渡轮运输旅客项目的企业，应当同时具备以下条件：

（一）取得市交通主管部门的航线许可、水路运输许可、船舶营业运输许可；

（二）取得工商部门颁发的企业营业执照；

（三）具有与经营范围相适应的适航船舶，并持有船舶检验部门签发的有效《船舶技术检验证书》、海事部门签发的有效的《船舶国籍证书》《船员适任证书》等有关证件；

（四）有从事经营活动必须的场所，有航线（区）、停靠港（站、点）、游客上下所必需的安全业务设施；

（五）有健全的安全规章制度，并有安全管理机构和专、兼职船舶安全管理人员；

（六）参加船舶和旅客意外伤害保险，持有有效的保险证件或证明文件；

（七）公安边防部门核发船舶簿或船舶登记簿；

（八）法律、法规规定的其他条件。

第四条　从事航运的水上旅游经营企业应严格遵守下列事项：

（一）确保船舶和船上有关航行安全的重要设备必须具有船舶检验部门签发的有效技术证书，船舶处于适航状态；

（二）船舶上的工作人员须经过相应的专业技术训练，参加航行值班的人员应持有合格的职务证书；

（三）船舶的结构应当符合国家有关防治船舶污染海洋环境的技术规范；

（四）制定防治船舶及其有关活动污染海洋环境的应急预案，并报海事管理机构批准或备案。

第五条　经营潜水、水上降落伞（拖伞、滑伞）、冲浪、漂流、赛艇（摩托艇、皮划艇、快艇）等水上旅游项目的企业，应当依照《海南经济特区安全生产条例》第 30 条第 2 款之规定，委托具有相应资质的机构对该项目进行安全评价，安全条件发生变化的，应当重新进行安全评价。未经安全评价或者经安全评价不符合安全生产条件的，不得开业或者运营。

企业依照前款通过安全评价后报市安监部门备案，市安监部门应在 3 个工作日内出具书面备案意见，逾期不出具意见的，视为已备案。

在本办法实施前已生产经营的企业，尚未进行安全评价的，应在本办法实施后三个月内依照前两款完成安全评价备案，否则不得继续经营。

第六条　经营水上旅游项目的企业，应严格遵守《三亚市水上娱乐活动安全管理规定》；经营潜水项目的，还应严格遵守《三亚市潜水旅游行业规范管理暂行办法》。

第七条　市旅游主管部门要根据我市实际，负责编制我市水上旅游总体规划；依照《旅行社条例》《旅行社条例实施细则》《导游人员管理条例》，加强我市旅行社和导游人员的管理。

第八条　市海洋主管部门负责我市水上旅游经营企业的海域使用审批工作；对违反本办法第五条规定，未能提供安全评价报告的企业，市海洋主管部门不得审批。禁止任何企业或个人违法使用海域从事经营性水上旅游项目。

第九条　三亚海事部门负责我市各类船舶的登记工作、船员适任书的考试、评估、发证和跟踪管理以及船舶的防污染管理工作，维护我市船舶航行安全。对违反《中华人民共和国海上交通安全法》《中华人民共和国海洋环境保护法》《防治船舶污染海洋环境管理条例》等法律、法规有关规定的，依法予以处罚。船舶检验部门负责对海上旅游运输船舶实施检验，核发有关船舶技术证书。

第十条　市交通主管部门负责我市海域航线的规划和审批工作；船舶的运输许可证和运输服务许可证的审批工作；营业性港口的管理工作以及监督落实营业性船舶按照国家有关规定办理保险；根据执法工作的需要，制定暂扣、扣押和没收违法经营船舶的停泊方案，报市政府批准后执行。

第十一条　市物价部门负责监管各类水上旅游项目价格。合理制定并向社会公布实行政府指导价管理的海上特殊旅游服务项目的收费价格，实行明码标价，严禁抬高收费价格。

第十二条　三亚工商部门负责对海上旅游企业的主体资格进行审核，依法核发企业营业执照，配合相关职能部门取缔无证经营。

第十三条　市公安边防部门负责沿海船舶边防治安管理，并依照《沿海船舶边防治安管理规定》《国务院对清理、取缔“三无”船舶通告的批复》第三条规定，对船舶的负责人及有关责任人员的违法行为予以处罚；对海上航行、停泊的“三无”船舶，一经查获，一律没收。

第十四条　水上旅游企业需要新建设水上码头（站、点）应严格按程序报批，擅自建设的，由市综合行政执法部门强制予以拆除。

第十五条　对未经批准或者骗取批准，非法占用海域的，由市海洋行政主管部门依据《中华人民共和国海域使用管理办法》第四十二条规定，予以处罚。

第十六条　对非法营运、违法收取运费和服务费、未按规定缴纳国家规定的规费的，由市交通主管部门依照《水路运输管理条例》第二十六条规定，予以处罚。

第十七条　对水上旅游经营单位的主要负责人未依法履行安全生产管理职责，导致生产安全事故发生的，或者有其他违反安全生产规定的违法行为，由市安监部门依照《中华人民共和国安全生产法》《生产安全事故报告和调查处理条例》的规定，予以处罚；对违反本办法第三条规定的，市安监部门应依照《海南经济特区安全生产条例》第六十二条规定，予以处罚。

第十八条　对旅行社为旅游者选择不具有合法经营资格或者接待服务能力的水上旅游企业的，由市旅游部门依据《旅行社条例实施细则》第五十三条规定，予以处罚。

第十九条　对经营者不执行政府指导价、政府定价以及法定的价格干预措施、紧急措施以及不实行明码标价的，由市物价部门依照《中华人民共和国价格法》等有关规定，予以处罚。

第二十条　水上旅游管理实行常态监管和定期综合整治的执法模式。综合整治工作由市交通主管部门牵头,海洋、文体、安监、旅游、公安边防、综合执法、海事和工商等部门共同配合,每季度以及节假日期间开展联合执法活动,打击和取缔非法旅游、三无船舶,维护水上旅游的良好秩序。

在联合执法工作中,各责任单位如有工作推诿,配合不力的,市交通主管部门可上报给市政府予以处理。

第二十一条　三亚市水上旅游投诉电话为12345。水上旅游投诉事项处理程序依照《三亚市城市管理举报投诉奖惩办法(试行)》执行。

第二十二条　各职能部门在日常执法工作中,不履行或不认真履行职责、违法履行职责,尚未构成行政处分的,依照《海南省行政执法过错责任追究暂行办法》予以查处;情节严重,足以构成行政处分的,依照《三亚市行政过错责任追究办法》依法查处;构成犯罪的,依法追究刑事责任。

第二十三条　本办法具体应用问题由市人民政府负责解释。

第二十四条　本办法自2012年8月10日起施行。

参 考 文 献

[1] 滕宪斌. 游艇设备维护与管理[M]. 哈尔滨:哈尔滨工程大学出版社,2014.

[2] 滕宪斌. 游艇操作人员培训教程[M]. 天津:天津教育出版社, 2012.

[3] 龚雪根. 船舶管理[M]. 北京:人民交通出版社,2008.

[4] 孙永明. 海洋与港口船舶防污染技术[M]. 北京:人民交通出版社,2010.

[5] 朱珉虎. 游艇概论[M]. 上海:上海交通大学出版社,2012.

[6] 刘毅. 游艇操作实务[M]. 上海:上海交通大学出版社,2013.

[7] 杨新发. 世界游艇产业发展报告[M]. 上海:上海交通大学出版社,2011.

[8] 丁勇. 航海学[M]. 北京:人民交通出版社,2001.

[9] 吴宛青. 船舶防污染技术[M]. 大连:大连海运学院出版社,2010.

[10] 黄少竹. 船舶柴油机[M]. 大连:大连海事大学出版社,2005.

[11] 周在青. 船舶防污染法规与实务[M]. 大连:大连海事大学出版社, 2006.

黑龙江省精品图书出版工程

海上星光导航

HAISHANG XINGGUANG DAOHANG

编著 季必达 冯惠兰
主审 陈福胜

HEUP 哈尔滨工程大学出版社

内容简介

本书主要阐述星光导航原理及其系统设计，内容共分五章，主要介绍星体特征、视坐标计算、星光导航原理、海上星光导航设备组成及系统设计有关的基础知识。

本书适合于天文导航科研、教学人员使用，也适合天文导航爱好者阅读参考。

图书在版编目(CIP)数据

海上星光导航/季必达，冯惠兰编著.—哈尔滨：哈尔滨工程大学出版社，2014.11

ISBN 978-7-5661-0938-5

Ⅰ.①海… Ⅱ.①季… ②冯… Ⅲ.①航海导航 ②天文导航 Ⅳ.①U675.7 ②TN966.7

中国版本图书馆 CIP 数据核字(2014)第 267401 号

出版发行 哈尔滨工程大学出版社
社　　址 哈尔滨市南岗区东大直街 124 号
邮政编码 150001
发行电话 0451-82519328
传　　真 0451-82519699
经　　销 新华书店
印　　刷 哈尔滨工业大学印刷厂
开　　本 787mm×1 092mm 1/16
印　　张 12.75
字　　数 325 千字
版　　次 2014 年 11 月第 1 版
印　　次 2014 年 11 月第 1 次印刷
定　　价 49.00 元
http://www.hrbeupress.com
E-mail:heupress@hrbeu.edu.cn

前　　言

白天,灿烂的太阳给人们送来温暖和阳光,哺育万物生长;夜晚,明媚的月亮把洁白的月光洒向大地,无数闪烁的星体带给人们的是一线星光。正是由于太阳、月亮和星体有了这些光线——星光,人类才能较早地发现它们,研究它们,探索其运动和变化规律,使之较早地造福于人类,从而产生了天文科学。因为星体距离我们地球十分遥远,所以可以把星体射向地球的光线(入射光线)看作平行光线。比如在地球上用1 m口径的光学望远镜接收太阳(这颗离我们最近的恒星)表面上某一点射出的两束光线,如果这两束光线夹角等于零,则说明两束光线是平行光线。太阳到地球的距离约为一个天文单位(实际是1.000 000 023 6天文单位),即1.5×10^8 km[《中国大百科全书(天文卷)》402页,1980年],这两束光线在1 m口径的光学望远镜处的夹角为

$$\gamma = 2\alpha\tan^{-1}\frac{1}{2\times1.5\times10^8\times10^3} = 0''.000\ 001\ 374 \approx 0''.0$$

这样就可以把太阳的入射光线看作是平行光线,而把太阳的入射光线方向看作是太阳的实际视位置方向。根据观测星体的视方向对大地真水平面的张角来确定地球上某点的地理位置和对真北的方位,这就是星光导航和星光导航的使命。远在两千多年前,我国劳动人民就知道星光导航的原理,《淮南子》曾记载"夫乘舟而惑者不知东西见斗极则悟矣"。可见,星光导航是依据对星体星光的观测来确定位置和航向的一门科学。现在,由于光电子技术的飞速发展,依靠光电传感器观测的星光导航已经成为高、精、尖导航的一种专门学科。

从原理上分析,星光导航的研究内容大致可以分成三个部分,即星体、星光导航设备和水平基准平台,见图0-1。

星光导航虽然也属于天文学研究范畴,但两者的研究方向和内容是有区别的。天文学在于探索、发现新的天体,研究观测已发现天体的物理特性、运动变化规律、时间坐标及其给人们生活带来的影响等,这是最基础的研究。而星光导航则是在天文学基础上的一种应用研究。星光导航研究的主要内容包括:星体星光具有哪些特征;如何在明亮的天空背景中捕获、跟踪和检测星体;如何精确测出星光与大地真水平基准面之间的夹角;如何定位和定向。

星光导航是用星体作为测量基准的,它不受外界电磁波的干扰破坏,在地球上任何地方、任何高度都可以导航,一次定位能同时给出较高精度位置信息和最高精度的航向修正信息,一直受到人们的关注。

本书作者多年从事天文导航工程设备研制与技术项目预先研究工作,书中所推导的公式和所列数据,很有实用价值。本书适合于天文导航科研、教学人员使用,也适合于天文导航爱好者阅读。

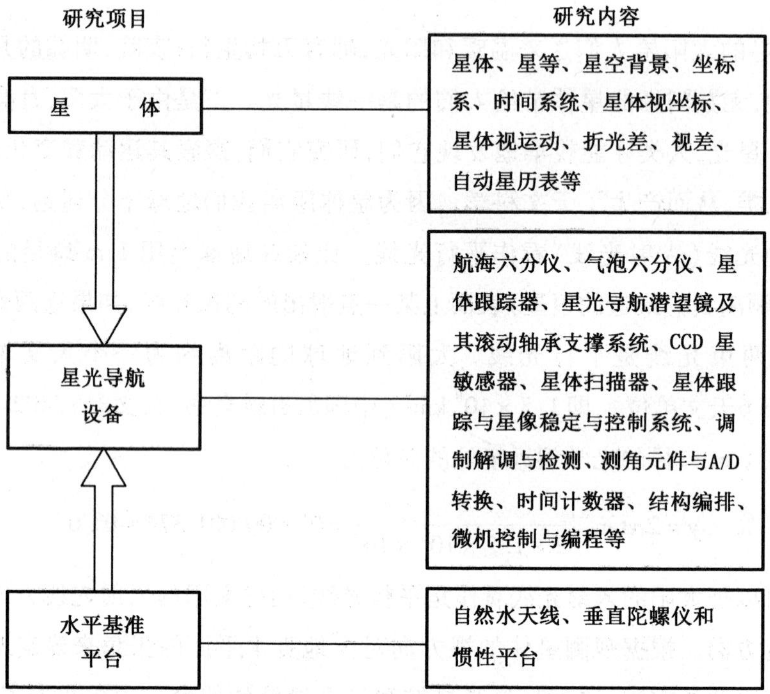

图0－1　星光导航原理流程图

本书主要阐述星光导航原理及其系统设计：第一章为星体;第二章为星光导航定位原理;第三章为航海六分仪;第四章为潜用星光导航仪;第五章为船用星体跟踪器。

本书由季必达、冯惠兰编著,陈福胜主审,季禀喃校核。本书在编写过程中参考或引用了国内外一些专家学者的论著,在此一并表示衷心的感谢。

书中难免存在不足和欠妥之处,恳请广大读者批评指正。

编著者

2014 年 1 月

目　　录

第一章　星　　体

星体是星光导航系统的基准观测目标,它在有暗星星云、极光以及太阳光在大气中闪烁的环境里能被检测到。以前,人们用目视方法通过望远镜观察星体,用人眼进行瞄准,即人眼看见的星体才能用来导航。但是现在随着光电技术快速发展,人眼看不见的星体也能被用来导航。因此,星体视坐标、星体视运动、星体运动规律、星体和天空背景的辐射特性等都是星光导航研究的重要内容。当然,影响星光导航系统设计的还有:望远镜孔径、光学材料、视场角、光电传感器(星敏感器)的选取、搜索与扫描方式、信号处理线路等。本章重点讨论作为基准星体的特征。第一节为星体光谱、星等及常用导航星体的星历表;第二节为星座;第三节为星体视坐标;第四节为实用机选星历表。

第一节　星体光谱、星等及常用的导航星历表

1. 星体光谱

为什么星光导航采用星体作为观测的基准目标呢?主要考虑三方面因素:第一,星体是永恒的、可见的,不管在地球的什么地方、什么高度上,只要能看见星体就可以进行导航;不但夜间能测星导航,而且白天借助仪器也可以测星导航。不管是谁,只要你能看见星,就可以用它来导航,因此应用不受限制。第二,经过天文学特别是天文台(如我国紫金山天文台等)的多年观测与研究,现在人们已经能精确地知道星体的视坐标,而且精确度很高,赤经精度为 $\pm 0.001^{s}$,赤纬精度为 $\pm 0.01''$。如果取地球赤道半径为 $R_{地}=6\ 378\ 140$ m,地球自转一周是 24 h(或 360°),对应赤道上某一点走过的线距离是 $2\pi R_{地}=40\ 075\ 036$ m,则 $1^{s}=40\ 075\ 036/(24\times 3\ 600)=463.83$(m),$1''=40\ 075\ 036/(360\times 3\ 600)=30.922$(m)。即星体视坐标精度优于 ±0.56 m。这样的目标精度对于一般的导航系统来说是足够用了。第三,经过天文学的多年观测研究,对多数星体的特征,如峰值波长、辐射强度、星等、大气折射等,有比较清楚的认识,并能进行量化。因此在应用星体导航时,心里是有数的。

我们认识星体的第一感觉是它的星光人眼可见,而且能辨别出哪颗星亮、哪颗星暗。若采用光电转换器件也是一样。由于大多数天文观测仪器都和人眼配合使用,因此先介绍一下标准人眼的结构和光谱特性是有必要的。

(1)人眼的光谱

人眼本身类似一个光学仪器,人眼结构是这样的:外壳是一个不透明的白色硬质球,把整个眼球包起来的叫巩膜,见图 1－1。角膜是由角质组成的透明球面,厚度约为0.55 mm,折射率为 1.377 1,外界光线是先通过角膜才进入眼睛的。前室是角膜后面的一部分空间,充满折射率为1.377 4的透明液体,深度为 3.05 mm。后面紧挨前室的是虹彩,它中央有一个圆孔,控制进入眼睛的光束口径,这个口径称为瞳孔,它视被观察物体的亮度不同,来改变瞳孔直径的大小,以调节进入眼睛的光通量。后面挨着瞳孔的是水晶体,它是由多层薄膜组成的一个双凸透镜,而且各层折射率不同,中间为 1.42,最外层为 1.373。水晶体周边

肌肉的作用,使前表面的半径发生变化,以改变眼睛的焦距,使不同的物体成像在网膜上。在水晶体后面充满的是一种和蛋白质相似的玻璃体,它的折射率为 1.336,叫后室。后室的内壁是由神经细胞和神经纤维组成的网膜,网膜是眼睛的感光部分。网膜外面是脉络膜,它呈现黑色,吸收光线,这样后室就变成了一个暗室。在视轴线上,网膜有一个最灵敏的感光区,叫黄斑。黄斑的边缘是一个没有感光细胞的盲点,它是神经纤维的出口。

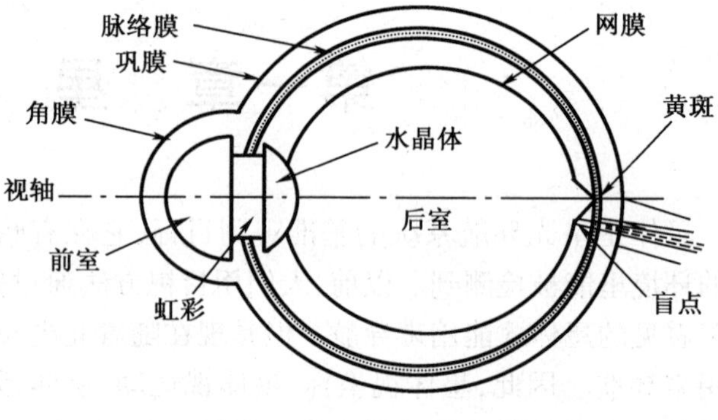

图 1-1　人眼结构示意图

入射星光经过角膜和水晶体折射后,成像在网膜上,并靠外边肌肉的牵动,能自动地使星体像落在黄斑上。眼睛的视场约为150°,但是只在视轴周围 6°~8°的范围内才能清晰成像,其他部分比较模糊。白天人眼瞳孔直径大约为 2 mm,夜间可以达到 8 mm。若直接用人眼观察天文望远镜时,它们的像都成在无穷远处,以使眼睛处于无调节的自然状态。

人眼视网膜对入射光线的照度表达式为

$$E_{眼}=\frac{\tau_{眼} L D_{瞳}^{2}}{4 f_{眼}^{2}} \tag{1-1}$$

式中　$E_{眼}$——人眼视网膜上像的照度,lx;

L——物体表面的亮度,cd/m²;

$f_{眼}$——人眼前焦距,mm,当人眼肌肉松弛时,$f_{眼}=17.06$ mm;

$D_{瞳}$——瞳孔直径,cm;

$\tau_{眼}$——人眼的透过率,它与波长有关,见表 1-1。

表 1-1　不同波长下的人眼透过率

波长/μm	0.40	0.42	0.46	0.52	0.56	0.60	0.66	0.70
$\tau_{眼}$	0.09	0.16	0.43	0.53	0.57	0.61	0.66	0.70

日间视觉用单色光见度 $K(\lambda)$表示,即在同一波长下测定的光通量与辐射通量之比。

$$K(\lambda)=\frac{\phi_{测入}}{\phi_{辐入}}\quad \text{lm/W}$$

如在波长 $\lambda=0.555$ μm 处,$K(\lambda)$出现最大值,$K_{最大}(\lambda)=673$ lm/W。但是,日间视觉采用相对光见度,见表 1-2。

$$U_{相对}(\lambda)=K(\lambda)/673$$

夜间视觉采用 $U'_{相对}(\lambda)=K'_{相对}(\lambda)/1\,725$ 表示,$K'_{相对}(\lambda)$出现在 $\lambda=0.510$ μm 处。

表 1-2 相对光见度数值

波长/nm	日间视觉 $U_{相对}(\lambda)$ $L \geqslant 3\ cd/m^2$	夜间视觉 $U'_{相对}(\lambda)$ $L \geqslant 3 \times 10^{-5}\ cd/m^2$
350	—	0.000 3
360	—	0.000 8
370	—	0.002 2
380	0.000 04	0.005 5
390	0.000 12	0.012 7
400	0.000 40	0.027 0
410	0.001 20	0.053 0
420	0.004 00	0.095 0
430	0.011 60	0.157 0
440	0.023 00	0.239 0
450	0.038 00	0.339 0
460	0.060 00	0.456 0
470	0.091 00	0.576 0
480	0.139 00	0.713 0
490	0.208 00	0.840 0
500	0.323 00	0.948 0
510	0.503 00	0.999 0
520	0.710 00	0.953 0
530	0.862 00	0.849 0
540	0.954 00	0.697 0
550	0.995 00	0.531 0
560	0.995 00	0.365 0
570	0.952 00	0.243 0
580	0.870 00	0.155 0
590	0.757 00	0.094 2
600	0.631 00	0.056 1
610	0.503 00	0.032 4
620	0.381 00	0.018 8
630	0.265 00	0.010 5
640	0.175 00	0.005 8
650	0.107 00	0.003 2
660	0.061 00	0.001 7
670	0.032 00	0.000 9
680	0.017 00	0.000 5
690	0.008 00	0.000 2
700	0.004 00	0.000 1

表 1－2(续)

波长/nm	日间视觉 $U_{相对}(\lambda)$ $L \geqslant 3\ cd/m^2$	夜间视觉 $U'_{相对}(\lambda)$ $L \geqslant 3 \times 10^{-5}\ cd/m^2$
710	0.002 10	—
720	0.001 05	—
730	0.000 52	—
740	0.000 25	—
750	0.000 12	—
760	0.000 06	—
770	0.000 03	—

图 1－2 所示为日间视觉和夜间视觉的相对光见度曲线。

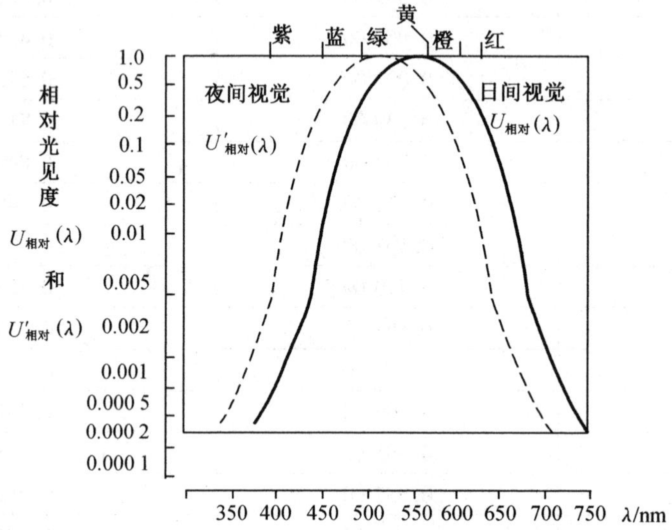

图 1－2　日间视觉和夜间视觉的相对光见度曲线

由此可见，人眼视觉的光谱范围为 0.38 μm 到 0.77 μm。

(2)星体的光谱

恒星光谱是由它们的物理性质、化学成分和运动状态等决定的，一般根据光谱就可以判断它们的温度，这是天文学光谱的研究内容。美国哈佛大学天文台在 19 世纪末提出恒星光谱分类的哈佛系统，用拉丁字母表示恒星光谱分类为

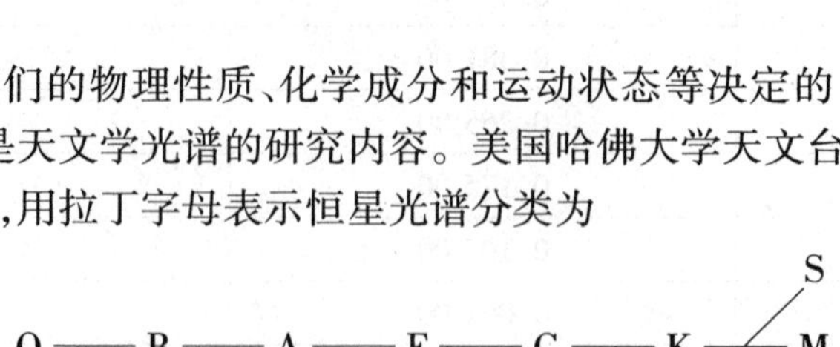

恒星光谱共分十个类型，从左到右温度是逐渐降低的，而且各型之间的过渡是连续的。每种类型又分为十个小型，如 O 型分为 $O_0, O_1, O_2, O_3, O_4, O_5, O_6, O_7, O_8, O_9$。O 型最热，为 40 000 K，M 型最冷，为 3 000 K。其中，O 型呈蓝白色，如猎户座 ι(伐三)；B 型呈蓝白色，如

大熊座 η(摇光);A 型呈白色,如天琴座 α(织女一);F 型呈黄白色,如仙后座 β(王良一);G 型呈黄色,如太阳和天龙座 β(天棓三);K 型呈橙色,如金牛座 α(毕宿五);M 型呈红色,如猎户座 α(参宿四);另外,R ~ N 型呈橙到红色,S 型呈红色。

哈佛大学天文台在 1918—1924 年发表了"亨利 · 德雷伯星表"(HD 星表),里面载有二十多万颗星的光谱及各种参数(如位置、运动、星等、峰值光谱等)。其中,99% 的星体光谱属于 B ~ M 型。

公元前 4 世纪,战国时代魏国天文学家石申著有《天文》八卷,照样载有 121 颗恒星的位置,这是世界上最古老的星表。1969 年起,中国紫金山天文台相继出版了《中国天文年历》《天文测星简历》和《航海天文历》以供科研、测绘和航海等部门使用。《中国天文年历》载有 1 217 颗恒星($|\delta| < 80°$)的视位置、星等、峰值光谱等数据。同时载有太阳、月亮、金星、木星、水星、火星、土星等的视位置、星等、峰值光谱等数据。

人类最早发现的星体是人眼能够看见的星体。人眼对可见光敏感。根据美国无线电公司编的《电光学手册》,可见光的波长 λ 为 0.38 ~ 0.77 μm,见图 1 - 3。

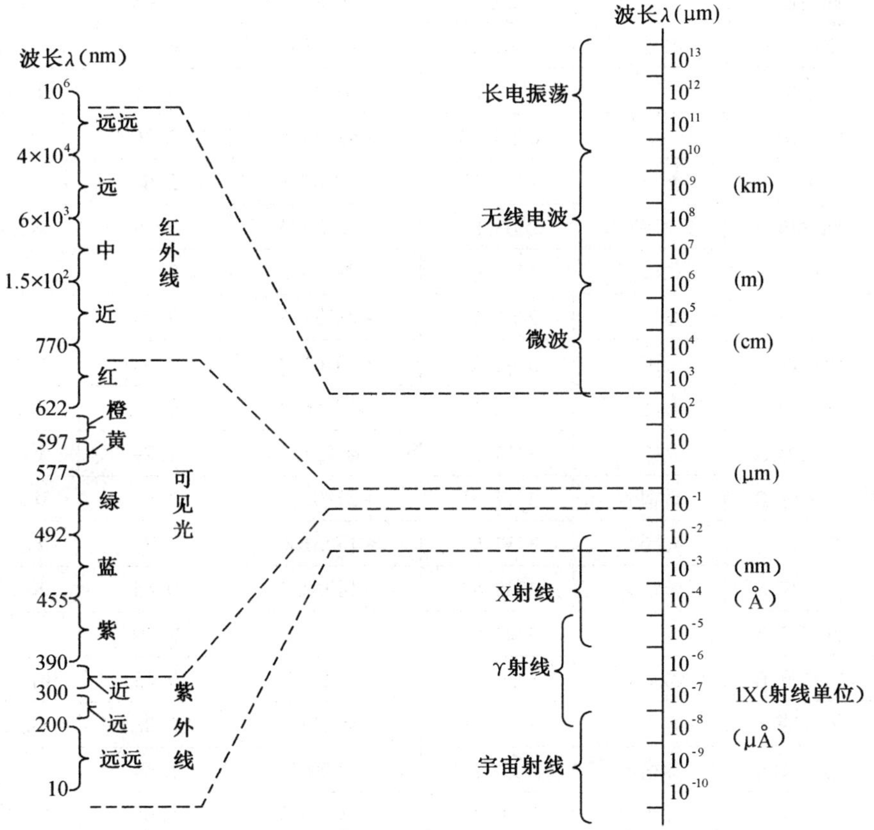

图 1 - 3　电磁波谱

(1 Å = 10^{-10} m)

人眼按照可见光光谱能够看见的星体可以排列成一个表,见表 1 - 3(《1998 年中国天文年历》)。

表 1–3 常见星体星表

序号	星座星名	星 名（中文）	视坐标(1998 年)		目视星等/(^{m})	光 谱
			视赤经 α	视赤纬 δ		
1	仙女座 α	壁宿二	$0^h08.2^m$	$+29°05'$	2.06	A_{0P},10 000 K
2	仙后座 β	王良一	$0^h09.1^m$	$+59°09'$	3.27	F_5,6 800 K
3	飞马座 γ	壁宿一	$0^h12.4^m$	$+15°10.5'$	2.83	B_2, 26 000 K
4	水蛇座 β		$0^h25.6^m$	$-77°15.6'$	2.80	G_0,6 000 K
5	凤凰座 α	火鸟六	$0^h26.2^m$	$-42°18.8'$	2.39	K_0,4 500 K
6	仙女座 δ		$0^h39.3^m$	$+20°51.0'$	3.27	K_2,4 300 K
7	仙后座 α	王良四	$0^h40.5^m$	$+56°31.6'$	2.23	K_0,4 500 K
8	鲸鱼座 β	土司空	$6^h43.5^m$	$-17°50.6'$	2.04	K_0,4 500 K
9	鲸鱼座 η		$1^h08.5^m$	$-10°11.7'$	3.45	K_0,4 500 K
10	仙女座 β	奎宿九	$1^h09.6^m$	$+35°36.6'$	2.06	M_0,3 800 K
11	仙后座 δ	阁道三	$1^h25.7^m$	$+60°13.6'$	2.68	A_5,8 700 K*
12	波江座 α	水委三	$1^h36.6^m$	$-57°23'$	0.51	B_5^*
13	三角座 α		$1^h53.0^m$	$+20°34.0'$	3.41	F_5,6 800 K
14	仙后座 ε		$1^h54.3^m$	$+63°39.6'$	2.36	B_3
15	白羊座 β	娄委一	$1^h54.5^m$	$+20°47.8'$	2.64	A_5
16	仙女座 γ	天大将军	$2^h03.8^m$	$+72°24.3'$	2.26	K_0,4 500 K
17	小熊座 α	北极星	$2^h31.0^m$	$+89°15.5'$	2.12	F_8
18	白羊座 α	娄宿三	$2^h07.1^m$	$+23°27.2'$	2.00	K_2
19	鲸鱼座 α	天囷一	$3^h02.2^m$	$+40°04.7'$	2.53	M_0,3 800 K
20	英仙座 β	大陵五	$3^h08.1^m$	$+40°56.9'$	2.1 ~ 3	B_8,12 000 K
21	英仙座 α	天船三	$3^h24.2^m$	$+49°51.3'$	1.79	F_5,6 800 K
22	金牛座 β	昴宿六	$3^h47.4^m$	$+24°05.7'$	2.87	B_{5P},6 800 K
23	波江座 γ	天园六	$3^h57.9^m$	$-13°31.0'$	2.95	K_5,4 000 K
24	金牛座 α	毕宿五	$3^h35.8^m$	$+16°30.2'$	0.85	K_5,4 000 K
25	波江座 β		$5^h07.8^m$	$-50°05.5'$	2.79	A_3
26	猎户座 β	参宿七	$5^h14.4^m$	$-8°12.5'$	0.12	B_{8P}, 12 000 K
27	御夫座 α	五车二	$5^h16.6^m$	$+45°59.7'$	0.08	G_0,6 000 K
28	猎户座 γ	参宿五	$5^h25.1^m$	$+6°20.7'$	1.64	B_2
29	金牛座 β	五车五	$5^h26.2^m$	$+28°36.2'$	1.65	B_8,12 000 K
30	天兔座 α		$5^h32.6^m$	$-17°49.6'$	2.58	F_0,7 500 K
31	猎户座 ε	参宿二	$5^h36.1^m$	$-1°12.3'$	1.70	B_0,30 000 K
32	天鸽座 α	丈人一	$5^h39.6^m$	$-34°04.8'$	2.64	B_{5P}
33	猎户座 ξ	参宿一	$5^h40.7^m$	$-1°56.8'$	2.05	B_0,30 000 K
34	猎户座 α	参宿四	$5^h55.1^m$	$+70°24.2'$	0.4 ~ 1.3	M_0,3 800 K

表1-3(续)

序号	星座星名	星 名(中文)	视坐标(1998年)		目视星等/(^{m})	光谱
			视赤经 α	视赤纬 δ		
35	御夫座β	五车二	$5^{h}59.4^{m}$	+44°56.7′	1.90	A_{0P}, 10 000 K
36	大犬座β	军市一	$6^{h}22.6^{m}$	−17°07.4′	1.98	B_1,
37	船底座α	老人	$6^{h}23.3^{m}$	−52°41.0′	−0.72	F_0, (0.42)*
38	双子座γ	井宿三	$6^{h}37.6^{m}$	+16°23.9′	1.93	A_0
39	大犬座α	天狼	$6^{h}45.1^{m}$	−16°42.9′	−1.46	A_0(0.279)
40	大犬座ε	弧矢七	$6^{h}57.4^{m}$	−28°56.0′	1.48	B_2
41	大犬座δ	弧矢一	$7^{h}08.3^{m}$	−26°23.6′	1.86	F_{8P},
42	大犬座η		$7^{h}24.6^{m}$	−29°18.0′	2.45	B_{5P}
43	双子座α	北河二	$7^{h}34.5^{m}$	+31°53.5′	1.95	A_0
44	小犬座α	南河三	$7^{h}39.2^{m}$	+5°13.6′	0.38	F_5
45	双子座β	北河三	$7^{h}45.2^{m}$	+28°01.7′	1.14	K_0(0.75)
46	船底座ε	海矢一	$8^{h}21.9^{m}$	−59°24.0′	1.97	K_0
47	船帆座λ	天记	$9^{h}07.9^{m}$	−43°25.8′	2.21	K_5
48	船底座β	南船五	$9^{h}12.9^{m}$	−69°36.0′	1.67	A_0
49	长蛇座	星宿一	$9^{h}27.5^{m}$	−8°39.2′	1.98	K_2(0.31)
50	狮子座α	轩辕十四	$10^{h}08.3^{m}$	+11°58.4′	1.35	B_8
51	狮子座γ	轩辕十二	$10^{h}19.9^{m}$	+19°50.9′	2.61	K_0
52	大熊座μ		$10^{h}22.2^{m}$	+41°30.3′	3.05	K_5
53	大熊座β	天璇	$11^{h}01.7^{m}$	+56°23.4′	2.37	A_0
54	大熊座δ	天枢	$11^{h}03.6^{m}$	+61°45.4′	1.79	K_0
55	狮子座δ		$11^{h}14.0^{m}$	+20°31.9′	2.56	A_3
56	狮子座β	五帝座一	$11^{h}48.9^{m}$	+14°34.9′	2.14	A_2
57	大熊座γ	天玑	$11^{h}15.7^{m}$	+53°42.1′	2.44	A_0
58	乌鸦座γ	轸宿一	$12^{h}15.7^{m}$	−17°31.7′	2.59	B_8
59	南十字架座α	十字架二	$12^{h}24.9^{m}$	−62°56.0′	1.39	B_1
60	南十字架座γ	十字架一	$12^{h}29.5^{m}$	−56°57.0′	1.69	M_3
61	半人马座ζ	库楼七	$13^{h}55.0^{m}$	−47°16.4′	2.55	B_{2P}
62	南十字架座β	十字架三	$12^{h}46.0^{m}$	−59°32.0′	1.28	B_0
63	大熊座ε	玉衡	$12^{h}53.9^{m}$	+55°58.1′	1.77	A_{0P}
64	猎犬座α	常陈一	$12^{h}55.9^{m}$	+38°19.5′	2.90	A_{0P}
65	大熊座ζ	开阳	$13^{h}23.8^{m}$	+54°55.9′	2.27	A_{2P}
66	室女座α	角宿一	$13^{h}25.1^{m}$	−11°08.9′	0.98	B_2
67	大熊座η	摇光	$13^{h}47.4^{m}$	+49°19.2′	1.86	B_3
68	半人马座β	马腹一	$14^{h}01.7^{m}$	−60°13.0′	0.63	B_7(0.157)

表 1-3(续)

序号	星座星名	星 名(中文)	视 坐 标(1998 年)		目视星等/(^{m})	光 谱
			视赤经 α	视赤纬 δ		
69	半人马座 θ	库楼三	$14^h04.9^m$	$-36°14.0'$	2.04	K_0
70	牧夫座 α	大角	$14^h15.5^m$	$+19°11.6'$	-0.04	K_0(0.75)
71	半人马座 α	南门二	$14^h37.6^m$	$-60°43.0'$	0.01	G_2
72	天秤座 α	氐宿一	$14^h50.7^m$	$-16°01.9'$	2.75	A_3
73	小熊座 β	帝	$14^h50.6^m$	$+74°09.7'$	2.08	K_5
74	小熊座 α	北极星	$2^h30.9^m$	$+89°15.5'$	2.12	F_8
75	牧夫座 β		$15^h01.9^m$	$+40°23.8'$	3.50	G_5
76	北冕座 α	贯索四	$15^h34.6^m$	$+26°43.1'$	2.23	A_0
77	天蝎座 δ	房宿三	$16^h00.2^m$	$-22°36.7'$	2.32	B_0
78	天蝎座 α	心宿二	$16^h29.3^m$	$-26°25.4'$	0.9～1.8	M_0(0.94)
79	武仙座 β		$16^h30.1^m$	$+21°29.7'$	2.77	K_0
80	南三角座 α	三角形三	$16^h45.5^m$	$-68°59.0'$	1.93	K_2
81	天蝎座 ε		$16^h50.0^m$	$-34°17.1'$	2.29	K_0
82	蛇夫座 η	宋	$17^h10.2^m$	$-15°43.2'$	2.63	A_2
83	武仙座 α		$17^h14.9^m$	$+14°23.6'$	3.48	M_3
84	武仙座 δ		$17^h14.9^m$	$+24°50.6'$	3.14	A_2
85	天蝎座 λ	尾宿八	$17^h31.6^m$	$-37°05.0'$	1.60	B_1
86	蛇夫座 α	侯	$17^h34.8^m$	$+12°33.8'$	2.08	A_5
87	天蝎座 θ		$17^h37.1^m$	$-42°50.6'$	1.87	F_0
88	天龙座 γ	天培四	$17^h56.5^m$	$+51°29.5'$	2.23	K_5
89	人马座 ε	萁宿三	$18^h24.1^m$	$+39°30.5'$	1.85	A_0
90	天琴座 α	织女	$18^h36.8^m$	$+38°47.1'$	0.03	A_0
91	人马座 σ	斗宿四	$18^h55.1^m$	$-26°17.8'$	2.02	B_3
92	天鹰座 δ		$19^h25.4^m$	$+3°06.8'$	3.36	F_0
93	天鹅座 β		$19^h30.6^m$	$+27°57.3'$	3.08	K_0A_0
94	天鹰座 α	牛郎	$19^h50.6^m$	$+8°51.9'$	0.77	A_5(0.358)
95	天鹅座 γ		$20^h22.1^m$	$+40°15.2'$	2.20	F_{8P}
96	摩羯座 β		$20^h20.9^m$	$-14°47.3'$	3.08	G_0A_0
97	孔雀座 α		$20^h23.3^m$	$-56°50.0'$	1.95	B_3
98	天鹅座 α	天津四	$20^h41.3^m$	$+45°16.6'$	1.25	A_{2P}
99	天鹅座 ε		$20^h46.1^m$	$+33°57.9'$	2.46	K_0
100	天鹅座 ζ		$21^h12.8^m$	$+30°13.3'$	3.20	K_0
101	仙王座 α	天钩五	$21^h18.5^m$	$+62°24.8'$	2.44	A_5
102	仙王座 β		$21^h28.6^m$	$+70°33.4'$	3.23	B_1

表 1-3(续)

序号	星座星名	星 名（中文）	视坐标(1998 年)		目视星等/(^{m})	光谱
			视赤经 α	视赤纬 δ		
103	宝瓶座 β		$21^h31.4^m$	$-5°34.8'$	2.91	G_0
104	飞马座 ε	危宿三	$21^h44.1^m$	$+9°52.1'$	0.7～3.5	K_0
105	摩羯座 δ		$21^h46.9^m$	$-16°08.1'$	2.87	A_5
106	宝瓶座 α		$22^h05.6^m$	$-0°19.7'$	2.96	G_0
107	天鹤座 α	鹤一	$22^h06.3^m$	$-47°07.0'$	1.76	B_5
108	天鹤座 β		$22^h42.31^m$	$-46°53.9'$	2.11	M_3(0.95)
109	南鱼座 α	北落狮门	$22^h57.5^m$	$-29°38.3'$	1.16	A_3
110	飞马座 β	室宿三	$23^h03.7^m$	$+28°04.5'$	2.72	M_0
111	飞马座 α	室宿一	$23^h04.7^m$	$+15°11.7'$	2.49	A_0
112	仙王座 γ		$23^h39.3^m$	$+77°37.6'$	3.21	K_0

* 选自《普及天文年历》紫金山天文台，北京天文台，科学出版社，1987 年。

其中，B 型（蓝白色）28 颗，占 28/112 = 25%；A 型（蓝白色）30 颗，占 30/112 = 26.8%；F 型 9 颗，占 9/112 = 8%；G 型（黄色）5 颗，占 5/112 = 4.5%；K 型（橙色）24 颗，占 24/112 = 21.4%；M 型（红色）8 颗，占 8/112 = 7.1%。

恒星光谱类型与对应的有效温度和计算的最大辐射波长的关系见表 1-4。

表 1-4 恒星光谱及计算波长

恒星光谱类型*	对应的有效温度/K	最大辐射计算波长**/μm
O_5	50 000	
B_0	30 000	0.148
B_1	27 750	0.157
B_2	25 500	0.166
B_3	23 250	0.174
B_4	21 000	0.183
B_5	18 750	0.192
B_6	16 500	0.201
B_7	14 250	0.209
B_8	12 000	0.218
B_9	10 200	0.227
A_0	10 000	0.279
A_1	9 740	0.295
A_2	9 480	0.311
A_3	9 220	0.326

表 1-4(续)

恒星光谱类型*	对应的有效温度/K	最大辐射计算波长**/μm
A_4	8 960	0. 342
A_5	8 700	0. 358
A_6	8 450	0. 373
A_7	8 200	0. 388
A_8	7 950	0. 403
A_9	7 700	0. 418
F_0	7 500	0. 420
F_1	7 360	0. 443
F_2	7 220	0. 466
F_3	7 080	0. 490
F_4	6 940	0. 513
F_5	6 800	0. 536
F_6	6 660	0. 560
F_7	6 520	0. 582
F_8	6 380	0. 606
F_9	6 240	0. 629
G_0	6 000	0. 643
G_1	5 850	0. 654
G_2	5 710	0. 664
G_3	5 550	0. 675
G_4	5 400	0. 686
G_5	5 250	0. 697
G_6	5 100	0. 707
G_7	4 950	0. 718
G_8	4 800	0. 729
G_9	4 650	0. 739
K_0	4 500	0. 750
K_1	4 400	0. 769
K_2	4 300	0. 788
K_3	4 200	0. 807
K_4	4 100	0. 826
K_5	4 000	0. 845
K_6	3 960	0. 864
K_7	3 920	0. 883
K_8	3 880	0. 902

表 1－4(续)

恒星光谱类型*	对应的有效温度/K	最大辐射计算波长**/μm
K_9	3 840	0.921
M_0	3 800	0.940
M_1	3 640	0.945
M_2	3 480	0.950
M_3	3 320	0.955
M_4	3 160	0.960
M_5	3 000	0.965
M_6	2 840	0.970
M_7	2 680	0.975
M_8	2 520	0.980
M_9	2 360	0.985

*《中国大百科全书——天文学》,中国大百科全书出版社,1980 年。

**参见《电光学手册》(美),无线电公司编,史斯伍琐译校。

表 1－4 所列有效温度定义为在整个光谱区内从星体辐射的黑体温度。它与在可见光范围内从星体辐射的黑体温度(即有色温度)是有区别的。通过测量星体峰值辐射的光谱,就可以估算出星体的辐射温度。

2. 星等及常用的导航星历表

星等是表示星体相对亮度的数值。它是用在地球大气层外接收到的星体辅照度来衡量的,是以相差五等的两颗星体的照度刚好差 100 倍为基准的。由代数知道,$-1<0<+1$。星体越亮,星等代数值越小;星体越暗,星等代数值越大。后来,J. F. 赫歇尔发现,+1 等星比 +6 等星亮度差 100 倍。于是,普森就用公式(1－2)表示两颗星体的星等和它们的亮度关系:

$$m_1-m_2=-2.5\lg\frac{I_2}{I_1} \tag{1-2}$$

式中　m_1,m_2——星体星等;

I_1,I_2——星体的亮度。

星体亮度随着星等的代数值增加而降低,星等代数值越大,星体越暗,比零等星亮的星体其星等是负的。也就是说,相邻等级两颗星体照度比为 $\sqrt[5]{100}=2.512$。若 m 等星比 n 等星亮,则两颗星的照度比为

$$\frac{E_m}{E_n}=2.512^{n-m} \tag{1-3}$$

这个星等标度定义一直运用至今。同时,星体亮度与星体的距离有关。一颗实际很亮的星体由于距离远而显得很暗(星等代数值大);反之,一颗实际很暗的星体由于距离近而显得很亮(星等代数值小)。

星等标度有如下五种(参见《中国大百科全书——天文学》,第 457 页):

(1)目视星等 m_v

目视星等是用人眼来测定的星等。例如美国哈佛大学天文台规定小熊座的 λ 星是 +6.55等,以此作为目视星等的零点。再比如,太阳的目视星等是 -26.73 等。天狼星是 -1.43等。目视 +1 等星在地面的照度约等于 1.05×10^{-6} lx。

(2)照相星等 m_p

照相星等是用蓝敏感照相底片来测定的星等。国际照相星等 I_{Pg}的零点规定:令目视星等介于 +5.5 ~ +6.5 等间的 A_0 型星体的平均 I_{Pg} 为 m_v。

(3)仿视星等 m_{pv}

仿视星等 m_{pv}是用正色底片加黄色滤光片来测的。实际上它取代了目视星等。

(4)光电星等是用光电倍增管测定的星等

目前常用的是 UBV 测光系统,U 为紫外线星等,B 为蓝光星等,V 为黄光星等(和目视星等相似)。

(5)热星等 m_{bol}

它是表征星体在整个电磁波波段内辐射总量的星等,它不能直接观测测定,只能用多色测光的星等结合理论计算求得。

对于人眼(峰值光谱 =0.556 μm),从星体接收到的有效辅照度为

$$E=\int_0^{\infty}H_{\lambda}\sigma(\lambda)\mathrm{d}\lambda \tag{1-4}$$

式中 H_{λ}——在波长区间 dλ 内的光谱分布,W/(cm² · μm);

$\sigma(\lambda)$——归化到峰值灵敏度上接收的光谱响应。

查到几个文献记载目视零等星的有效照度值列表如下:

《电光学手册》,(美)无线电公司编,史斯伍琐译校,1978 年,国防工业出版社,第 47 页:

名称	目视星等/(^{m})	地面照度计算值/lx
太阳	-26.73	1.30×10^5
天狼星	-1.42	9.80×10^{-6}
零等星	0	2.65×10^{-6}
一等星	+1	1.05×10^{-6}
六等星	+6	1.05×10^{-8}

在《天文普及年历》(紫金山天文台、北京天文台编,1987 年,科学出版社)中有:

名称	目视星等/(^{m})	地面照度计算值/lx
太阳	-26.74	1.27×10^5
零等星	0	2.55×10^{-6}

在《Star Trackers and Systems Design》(美)(Glen Quasius and Floyd McCanless 1966)中有:

名称	目视星等/(m)	地面照度计算值/lx
目视零等星	0	(1)3.5×10^{-6} (大气层外黑体辅照) (2)2.11×10^{-6} (3)2.67×10^{-6} (4)2.43×10^{-6}

因此,参照上面列出的数据,可以取目视零等星在地面有效辅照度为 $E_0=2.63\times10^{-6}$ lx。知道零等星的有效辅照度,根据公式 $E_m=E_0\times2.512^{-m}$,就可以求出 m 等星的有效辅照度,其中 m 是星体的目视星等。

太阳系是由太阳、八大行星及其卫星、彗星、小行星等星际物质构成的天体系统。作为中心天体的太阳是颗恒星。太阳的质量占太阳系总质量的99.8%,其他天体的质量总和只为太阳的0.2%。在太阳引力的作用下,其他天体都围绕太阳公转。除太阳之外的主要成员是八大行星,按到太阳的距离 a_0(天文单位)排列依次是:

行星	a_0 观测单位	a_0 计算值*	视半径**
水星	0.387	0.4	3″.36
金星	0.723	0.7	8″.34
地球	1.000	1.0	—
火星	1.520	1.6	4″.68
木星	5.200	5.2	98″.44
土星	9.500	10.0	82″.73
(天王星)	19.200	19.6	35″.02
(海王星)	30.100	39.6	33″.5

*:《中国大百科全书——天文学》,中国大百科全书出版社,1980:375。

**:《中国天文年历》,紫金山天文台,1998。

其中,一个天文单位 $a_0=1.496\times10^8$ km(《中国大百科全书——天文学》,第402页)。

太阳是有热核能源辐射的发光恒星,其他天体则没有,主要被太阳光照射而发光。八大行星都在接近同一平面的近圆形轨道上,朝着同一方向由西向东绕太阳公转。其中,水星、金星、火星、土星、木星、月亮(这是个地球卫星)与太阳是我们星光导航经常用到的天体。在空间导航中,根据行星和卫星的三角测量,能给出空间飞行器的位置信息和姿态信息,因此介绍一下作为观测目标的行星是必要的。

(1)水星　目视星等随位相的变化为

$$m_v=0.21+5\lg dr+(2.82\times10^{-2}\alpha)-(3.37\times10^{-4}\alpha^2)+(2.0\times10^{-6}\alpha^3)$$

式中　r——太阳到水星的距离(天文单位);

d——地球到水星的距离(天文单位);

α——从水星看到的太阳与地球间的夹角。

当最大伸展时,水星对太阳-地球连线的夹角在18°~28°间变化。水星的实际直径大约为4 960 km。水星反射7%的太阳光。最亮的目视星等是-1.9等。至今没有发现它的卫星。

(2)金星　金星的目视星等表达式为

$$m_v = -4.3 + 5\lg dr + (0.09\times10^{-2}\alpha) + (2.39\times10^{-4}\alpha) - (0.65\times10^{-6}\alpha^3)$$

中国民间称之为“太白金星”,它是除了太阳和月亮外,天空中最亮的星体。它最亮时的目视星等为-4.4等。金星是地内行星,因此它有时为晨星,称为“启明星”;有时为昏星,称为“长庚星”。它很像地球,有大气层,但是它没有天然卫星。金星到地球的距离变化大,“上合”时,金星距地球2.57×10^8 km;“下合”时,金星距地球仅4×10^7 km。

(3)地球　地球的返照率是0.29。从太阳看时,地球目视星等是-3.8等。它有一颗天然卫星——月亮。由于大气层的吸收和散射,被反射的光线比太阳光中蓝光的百分比低。由于云层和大地表面的反射率不同,给质心星体跟踪器带来较大的误差。地球自转周期为23时56分4秒平太阳时。地球公转轨道是椭圆的,公转周期为一恒星年,公转轨道(即黄道)和地球赤道交角是23°27′。地球自转与公转使地球上昼夜交替,春夏秋冬四季变化。1976年国际天文学会给出地球赤道半径$R=6\ 378\ 140$ m。地球是个扁球体,极半径比赤道半径短约21 km。

(4)火星　火星的轨道位于地球的轨道外边,它到地球的距离不断变化,离地球最近时,火星最亮的目视星等为-2.9等,最暗时的目视星等为+1.5等。其星等表达式为

$$m_v = -1.41 + 5\lg rd + 0.014\ 2\alpha \qquad (0° < \alpha < 47°)$$

火星的视直径在3.5″~25.1″变化。火星比地球小,但火星的自转周期与地球十分相近,为24小时37分22.6秒平太阳时,也就是说火星上一昼夜比地球的稍长。火星黄道与赤道交角为23°59′。所以火星上也有四季变化。它也有大气层和冰极冠。由于有亮暗图形的交替变化,产生15%的亮度调制,位相照明产生最大误差约为6″。火星有两颗天然卫星,即火卫一和火卫二。

(5)木星　木星是太阳系八大行星中最大的一颗,是夜空中最亮的几颗星体之一,仅次于金星,比天狼星还亮。它的目视星等从合时的-1.4等变到冲时的-2.5等。从地球上看,木星的视直径为32″~50″。木星的赤道半径为71 400 km,是地球的11.2倍。木星绕太阳的运行轨道比地球的大很多。木星轨道与黄道面交角只有1.3°。木星的公转周期为11.86年,木星的自转周期是9小时50分30秒。木星有大气层,它的亮度变化只为照明相的12%,所以对星体跟踪器误差影响较小。它有13颗天然卫星,其中四颗(木卫一、木卫二、木卫三、木卫四)星等是5等和6等,对空间导航有用。

(6)土星　土星呈黄色,有美丽的光环,是人眼能看到的最远的行星,目视星等为+0.8等。它的体积是地球的745倍,赤道半径为60 000 km。它有大气层,有10颗天然卫星,星等范围为+8.3~+14.5等。土星的视直径在14″~20″间变化。星体跟踪器可以十分精确地跟踪它,因为它的光环是对称的,所以不会引起照明相误差。

(7)天王星　天王星的赤道半径约为25.900 km,体积为地球的65倍。它绕太阳公转的轨道半径约为2.9×10^9 km,公转周期为84年,自转周期为24±3 h。从地球上看,天王星的视角直径很小,在大冲时也只有4″,它的目视星等为+5.8等。星体跟踪器辨认天王星有些困难。天王星有五颗天然卫星。

(8)海王星 海王星是太阳系中的第八颗行星，它的轨道半径大约为30天文单位，目视星等为+7.85等，必须借助望远镜才能看到。它有两颗天然卫星。绕太阳公转一周大约需164.8年。它的自转周期为22小时。它的赤道面和黄道面交角是28.48′。它的盘面张角仅为2.28″，星体跟踪器很难捕获跟踪它。

第二节 星体与星座

天空中分布有无数星体，有亮的，也有暗的；有红色的，有白色的，还有蓝色的。为了观测它们，研究它们，人们把天空分成若干个区域，把这些区域称作星座。每个星座都包括很多不同光谱、不同亮度等级的星体。我国古代把天空化为三垣二十八宿；而巴比伦人则以亮星为主划分星座。1841年J.F.赫歇耳提出以赤经线和赤纬线划分星座的方法。1928年国际天文学会公布88个星座方案，规定以1875年的春分点和赤道为基准的赤经线与赤纬线作为星座界线。88个星座的拉丁文、符号、中文名、面积和星体个数见表1-5(见《中国天文年历》，紫金山天文台出版，1998年)。

表1-5 星座表

序号	拉丁文	符号	中文名	面积/(°)^2	星数	常用亮星*
1	Andromeda	And	仙女	722	199	仙女α(壁宿二)β(奎宿九)
2	Antlie	Ant	唧筒	239	20	
3	Apus	Aps	天燕	206	20	
4	Aquarius	Aqr	宝瓶	980	90	宝瓶αβ
5	Aquila	Aql	天鹰	652	70	天鹰α(河鼓二)γ
6	Ara	Ara	天坛	237	30	天坛αβ
7	Aries	Ari	白羊	441	50	白羊α(楼宿三)β(楼宿一)
8	Auriga	Aur	御夫	657	90	御夫α(五车二)β(五车三)θιε
9	Bootes	Boo	牧夫	907	90	牧夫α(大角)ε
10	Caelum	Cae	雕具	125	10	
11	Camelopardalis	Cam	鹿豹	757	50	
12	Cancer	Cnc	巨蟹	506	60	
13	Canes Venatici	CVn	猎犬	465	30	
14	Canis Major	CMa	大犬	380	80	大犬α(天狼)β(军市一)δ(弧矢一)ηε
15	Canis Minor	CMi	小犬	183	20	小犬α(南河三)β
16	Capricornus	Cap	摩羯	414	50	摩羯δ
17	Carina	Car	舱底	494	110	船底α(老人)βειθ
18	Cassiopeia	Cas	仙后	598	90	仙后α(王良四)β(王良一)δ(阁道三)γ
19	Centaurus	Cen	半人马	1 060	150	半人马α(南门二)βθ(库楼三)ειγξ(库楼七)

表 1-5(续)

序号	拉丁文	符号	中文名	面积/(°)^2	星数	常用亮星*
20	Cepheus	Cep	仙王	588	60	仙王 α(天钩五)
21	Cetus	Cet	鲸鱼	1 230	100	鲸鱼 α(天园一)β(土司空)o
22	Chamaeleon	Cha	堰蜓	132	20	
23	Circinus	Cir	圆规	93	20	
24	Columba	Col	天鸽	270	40	天鸽 α
25	Coma Berenices	Com	后发	386	53	
26	Colona Austrina	CrA	南冕	128	25	
27	Corona Borealis	CrB	北冕	179	20	北冕 α(贯索四)
28	Corvus	Crv	乌鸦	184	15	乌鸦 βδγ
29	Crater	Crt	巨爵	282	20	巨爵 α
30	Crus	Cru	南十字	68	30	南十字 αβ(十字架三)γδ
31	Cygnus	Cyg	天鹅	804	150	天鹅 α(天津四)γδε
32	Delphinus	Del	海豚	189	30	
33	Dorado	Dor	剑鱼	179	20	
34	Draco	Dra	天龙	1 083	80	天龙 βγ(天四)η
35	Equuleus	Equ	小马	72	10	
36	Eridanus	Eri	波江	1 138	100	波江 αθβ
37	Fornax	For	天炉	398	35	
38	Gemini	Gem	双子	514	70	双子 μγ(井宿三)εα(北河二)β(北河三)
39	Grus	Gru	天鹤	366	30	天鹤 αβ
40	Hercules	Her	武仙	1 225	140	武仙 βζ
41	Horologium	Hor	时钟	249	20	
42	Hydra	Hya	长蛇	1 300	130	长蛇 α(星宿一)
43	Hydrus	Hyi	水蛇	243	20	水蛇 α
44	Indus	Ind	印第安	294	20	
45	Lacerta	Lac	蝎虎	201	35	
46	Leo	Leo	狮子	947	70	狮子 εα(轩辕十四)γ(轩辕十二)δβ(五帝座一)
47	Leo Minor	LMi	小狮	232	20	
48	Lepus	Lep	天兔	290	40	天兔 αβ
49	Libra	Lib	天秤	538	50	天秤 α(氐宿一)β
50	Lupus	Lup	豺狼	334	70	豺狼 αβγ
51	Lynx	Lyn	天猫	545	60	
52	Lyra	Lyr	天琴	286	45	天琴 α(织女一)
53	Mensa	Men	山案	153	15	
54	Microscopium	Mic	显微镜	210	20	
55	Monoceros	Mon	麒麟	482	85	
56	Musca	Mus	苍蝇	138	30	苍蝇 α

表 1－5(续)

序号	拉丁文	符号	中文名	面积/(°)^2	星数	常用亮星*
57	Norma	Nor	矩尺	165	20	
58	Octans	Oct	南极	291	35	
59	Ophiuchus	Oph	蛇夫	948	100	蛇夫 α(候)βη(宋)δ
60	Orion	Ori	猎户	594	120	猎户 α(参宿四)β(参宿七)γ(参宿二)διεζ(参宿一)κ
61	Pavo	Pav	孔雀	378	45	孔雀 α
62	Pegasus	Peg	飞马	1 121	100	飞马 α(室宿一)β(室宿二)ηε(危宿三)
63	Perseus	Per	英仙	615	90	英仙 α(天船三)β(大陵五)δζγ
64	Phoenix	Phe	凤凰	469	40	凤凰 α(火鸟六)
65	Pictor	Pic	绘架	247	30	
66	Pisces	Psc	双鱼	889	75	
67	Piscis Austrinus	PSA	南鱼	245	25	南鱼 α(北落师门)
68	Puppis	Pup	船尾	673	140	船尾 τπζργτ
69	Pyxis	Pyx	罗盘	221	25	
70	Reticulum	Ret	网罟	114	15	
71	Sagitta	Sge	天箭	80	20	
72	Sagittarius	Sgr	人马	867	115	人马 α(斗宿四)γδε(箕宿三)λσζπ
73	Scorpius	Sco	天蝎	497	100	天蝎 α(心宿二)πστεπυλθ(尾宿八)δ(房宿三)
74	Sculptor	Scl	玉夫	475	30	
75	Scutum	Sct	盾牌	109	20	
76	Serpens	Ser	巨蛇	637	60	
77	Sextans	Sex	六分仪	314	25	
78	Taurus	Tau	金牛	793	125	金牛 α(毕宿五)β(五车五)η(昴宿六)
79	Telescopium	Tel	望远镜	252	30	
80	Triangulum	Tri	三角	132	15	
81	Triangulum Australe	TrA	南三角	110	20	南三角 α(三角形三)
82	Tucana	Tuc	杜鹃	295	25	杜鹃 α
83	Ursa Major	Uma	大熊	1 280	125	大熊 α(天枢)β(天璇)γ(天玑)ε(玉衡)ζ(开阳)η(摇光)
84	Ursa Minor	Umi	小熊	256	20	小熊 α(北极星)β(帝)
85	Vela	Vel	船帆	500	110	
86	Virgo	Vir	室女	1 290	95	室女 α(角宿一)εγ
87	Volans	Vol	飞鱼	141	20	
88	Vulpecula	Vul	狐狸	268	45	

*:目视星等为小于 +3 等的亮星。

测星定位时必须知道所测恒星的名字,也就是星座的名字。如何辨认天空中的星座和恒星则是研究星光导航的人必备的本领。下面介绍一下各季星空的主要星座与常用恒星,以供从事星光导航工作的人员参考。

一、春季星空(图1-4)

在地平圈上的天球是一个半球,在某一确定的观测时间,星体就分布在这个半球上。要在观测者处,沿东西方向作一个垂面,就把这个半球分成两半,一个是北半天球,另一个是南半天球。若观测者面向北方直视或仰视(则左手为西,右手为东,背向为南),此时可以看到的是北半天球;若观测者面向南方直视或仰视(则左手为东,右手为西,背向为北)时,这时看到的是南半天球。在北半天球,这时最醒目的是大熊星座和小熊星座。大熊星座在上,小熊星座在下。大熊星座和小熊星座都由七颗星组成,都像一把勺子,四颗星组成勺口,三颗星组成勺柄。大熊星座俗称北斗七星。连接大熊星座勺口的α星(天枢)、β星(天璇),由β向α方向延长两星距离的五倍,有一个和α星、β星同样亮的星,它就是北极星(小熊星座的α星)。北极星非常接近天北极,它到天北极的角距离约为1°,并且对真天北极的周日视运动轨迹是一个小圆。因此北极星对辨别真北方向很有用。小熊星座和大熊星座很相似,只是它比大熊星座小一些,暗一些,而且勺口和勺柄弯曲方向正好与大熊星座的相反。

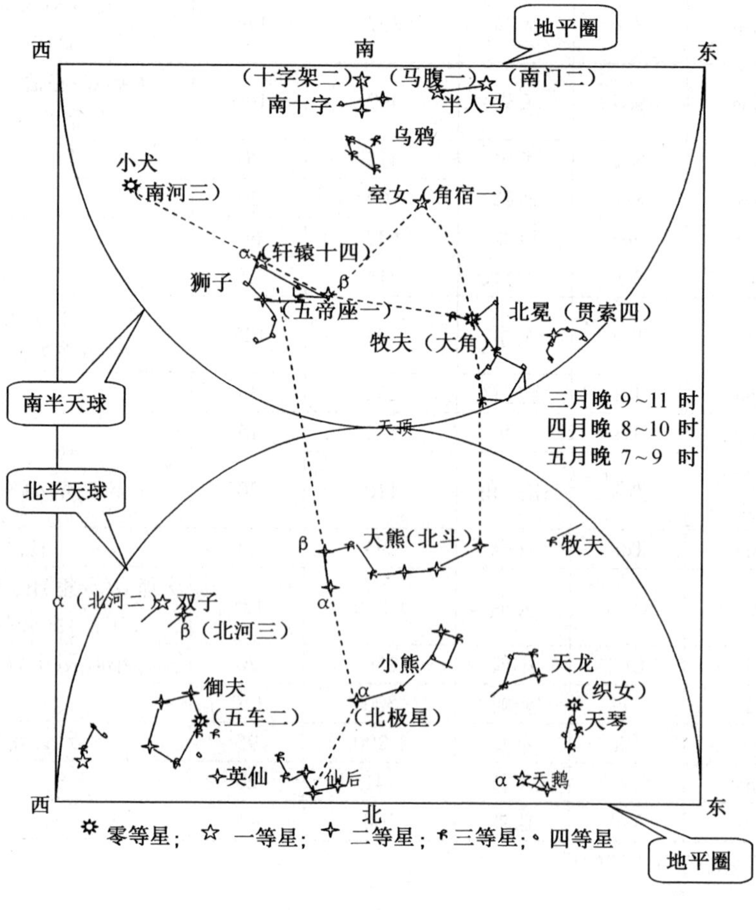

图1-4 春季星空

沿大熊星座勺柄的弯曲方向延伸，在东南方向可以找到大角（牧夫 α）和角宿一（室女 α）。若将大熊星座的天枢（大熊 α）和天璇（大熊 β）连起来，并且向着背离北极星的方向延伸，就可以找到像镰刀一样的星群，这就是著名的狮子星座。镰刀柄顶的亮星是轩辕十四（狮子 α），小三角形顶端呈淡橙黄色的二等星叫五帝座一（狮子 β）。大角、角宿一和五帝座一形成一个等边三角形。

将狮子 β 和狮子 α 连线并向西延伸大约一倍半的距离，就找到亮星南河三（小犬 α）；而向东延伸大约同样距离，就可以找到大角（牧夫 α）。

牧夫座的东部有一个半环形星座叫北冕，它的亮星是一等星贯索四（北冕 α）。

位于黄道上的双子座有两颗亮星北河二（双子 α）和北河三（双子 β）。

天空的东边，夏夜星空的一些主要星座已经开始露头了，如天琴座（织女一）、武仙座、天鹅座（天津四）。

总之，春季星空是丰富多彩的，找到大熊星座和北极星是最重要的。因为找到了北极星就知道了真北方向，则东西方向清晰可见，进而可以找到其他星座，所以从事星光导航工作的人员必须熟练掌握。

二、夏季星空（图 1－5）

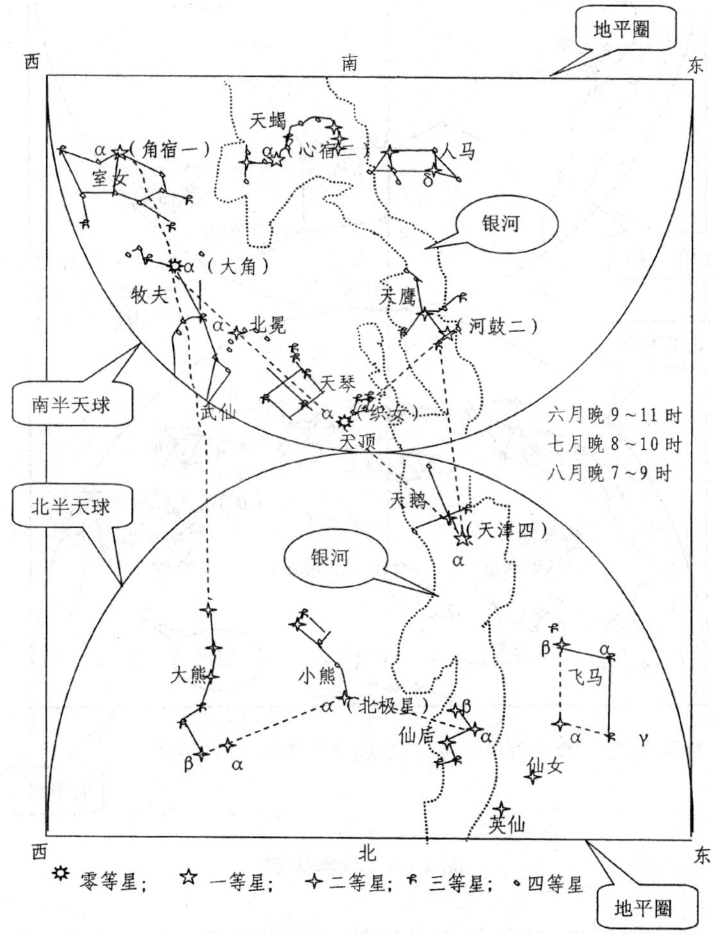

图 1－5 夏季星空

夏夜星空最惹眼的算是银河，它横贯南北，气势磅礴。而围绕银河的星座最为抢眼，首先是隔河相望的牛郎（天鹰 α）和织女（天琴 α），故事相传已久。位于银河东边的天鹰座有一个一等星名叫河鼓二（天鹰 α，即牛郎星），它的前后各有一个小星，形似牛郎挑着两个小孩过河去找织女。而天琴座位于银河的西岸，它也有一个一等星名叫织女一（天琴 α，即织女星），在它的东南方有一个由四个小星组成的菱形星群，形似织女抛出的织布梭子来帮着牛郎他们过河。在它们附近的银河里有一个由五颗星组成的天鹅座，它的最北端有一颗一等亮星叫天津四（天鹅 α）。河鼓二、织女一和天津四形成一个大三角形。

织女星的西边是武仙座。武仙座的西边是半圆形的北冕座。沿着织女一（天琴 α）和贯索四（北冕 α）连线向西延伸，不难找到大角星（牧夫 α）和角宿一（室女 α）。

三、秋季星空（图 1－6）

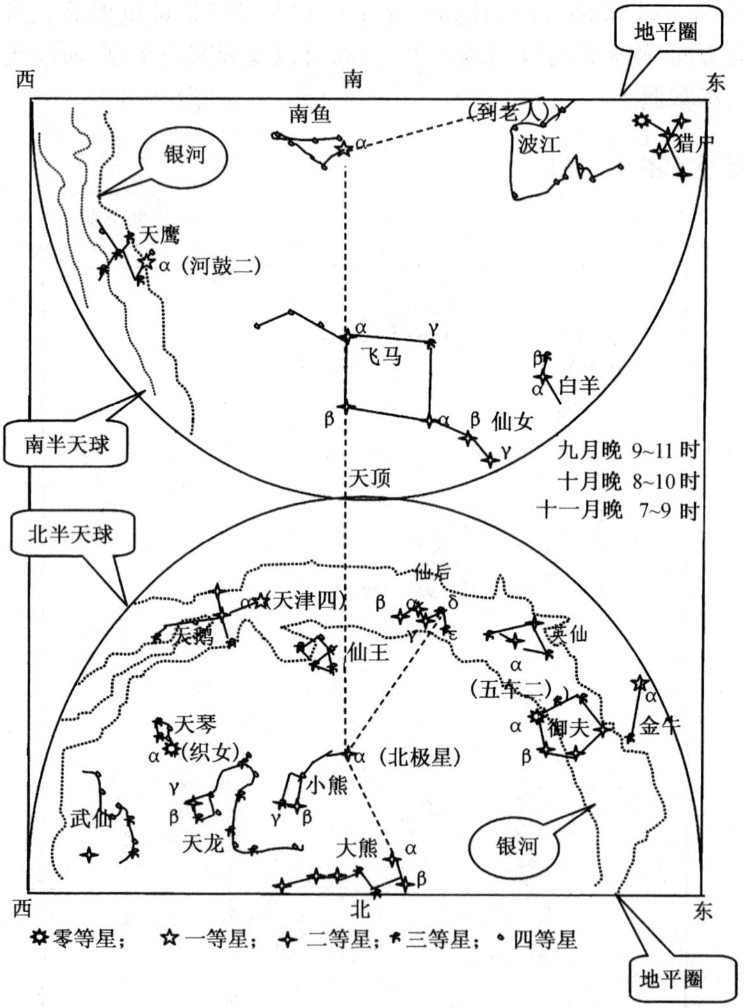

图 1－6 秋季星空

飞马座当空，银河系斜挂，这是秋夜星空的最主要特点。北斗七星（大熊星座）临近地平线，斗柄指向西，很难见到。秋夜星空最引人注意的当是出现在高空中由飞马座 α 星、β

星、γ 星和仙女座 α 星组成的大四边形。将飞马座 α 星、飞马座 β 星连线并向北延伸，则直指北极星（小熊星座 α）；将飞马座 α 星、飞马座 β 星连线向反方向延伸，则向南直指南鱼座 α 星（北落师门），这是一颗零等星。

在东北地平线上，有一颗零等亮的星叫五车二（御夫座 α）。顺着银河往上看，可以找到英仙、仙后和仙王等星座。用仙后座的 ε 星、δ 星、γ 星三颗星体夹角的角平分线也可以找到北极星。西边的牧夫座、蛇夫座正在西沉，西南方的人马座正在没入地平线。夏夜明亮的天琴、天鹰和天鹅等星座仍在秋夜天空中闪耀。

四、冬季星空（图 1－7）

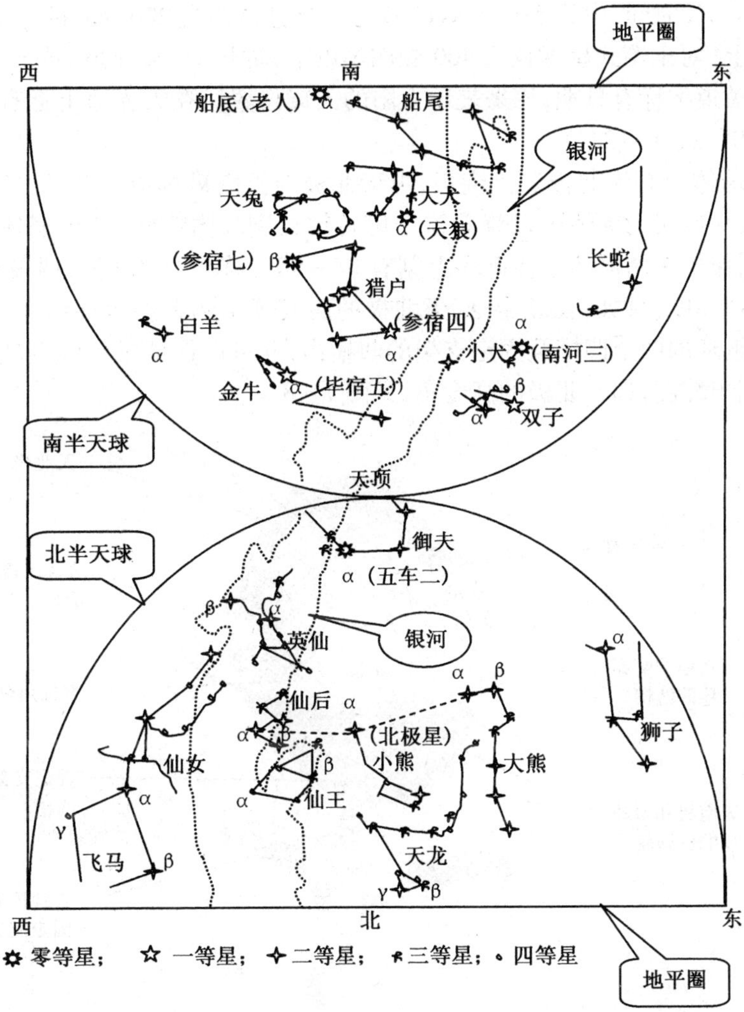

图 1－7 冬季星空

冬夜星空有四个特点：（1）冬夜星空银河的位置和秋夜星空的正好相反，是由东南到西北斜挂天穹，从南到北沿着银河分布有著名的大犬、猎户、双子、金牛、御夫、英仙、仙后等星座。（2）著名的猎户座是冬夜星空最显著的标志，其中，α，γ，β，κ 四星组成一个长方形，特别是猎户座中间排列整齐的 δ，ε，ζ 三颗星体（民间叫作三星）整夜伴随着北方的人们，晚上从东边升起，天明前在西边落下，用它在天空的视位置告诉人们夜里的大概时间。(3)冬夜星空可以看到天空最亮的星星——天狼星(大犬 α)，它在三星向下延长线上。在三星的正下方还有一颗零等星——参宿七(猎户 β)。在三星的正上方是一等星——参宿四(猎户 α)。参宿四(猎户 α)、天狼星(大犬 α)和南河三(小犬 α)组成一个等边三角形。在三星向上延长线上有一个一等星——毕宿五(金牛 α)。与毕宿五(金牛 α)隔河相望的是双子座及御夫座。(4)大熊星座正在升起，斗柄指向北方，正所谓"斗柄北指，天下皆冬"。

五、星球仪

星球仪是一个能很直观地选星与确定星名的天球模型，利用它可以计算其他天文问题，比如求天体出没时间、中天等。天球模型是一个直径约为 200 mm 的空心球体，在它上面标有三等以上(对于箱式星球仪有 400 颗四等以上)的恒星、天赤道、黄道、等纬度线和等经度线等。在黄道上标有日期，用来表示太阳的天球位置。在天赤道上标有从春分点起算的赤经 0° ~360°(或 0^h ~24^h)。

星球仪的球体上有天北极和天南极，由天北极与天南极构成旋转轴，这个旋转轴固定在一个铜环上，星球仪的球体可以绕着这个旋转轴在铜环内旋转，这个铜环表示测者子午圈，所以把它叫作子午圈铜环。在铜环上刻有 0° ~90°(赤道处为 90°，两极处为 0°)，用来表示测者的地理纬度(譬如，在北半球，天北极的高度等于测者的地理纬度)。子午圈铜环嵌在真地平圈铜环的两个凹槽及固定支架的凹槽内，并可以保证子午圈铜环在子午平面内随意转动，以定出纬度，即天北极的高度角，见图 1 -8。

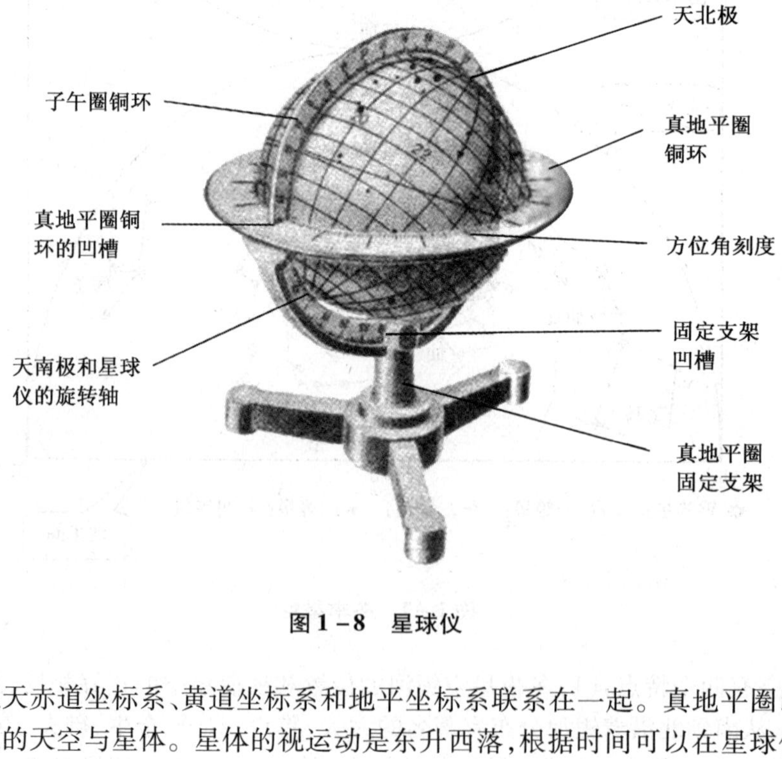

图 1 -8 星球仪

星球仪把天赤道坐标系、黄道坐标系和地平坐标系联系在一起。真地平圈以上部分是我们可以看见的天空与星体。星体的视运动是东升西落，根据时间可以在星球仪上查出星体的高度与方位。对于箱式星球仪，在天球上罩着一个互相垂直的半圆环组成的高度方位架,架的下端用铜圆环连接并和真地平圈相吻合,可以沿着真地平圈自由转动。在高度方位架上刻有0°~90°的高度刻度,架的顶点是测者天顶,在真地平圈处高度刻度为0°,测者天顶处高度刻度为90°。同时,架上配有高度指标,转动高度方位架把高度对准预测的星体,则可以从高度刻度上读出星体高度,从真地平圈的方位刻度上读出星体的方位。

使用星球仪选星比使用星卡方便。首先把天北极的高度定在当地的地理纬度数字上,然后根据当地的日期在黄道上定出太阳的天球位置。转动星球仪球体,使太阳的天体位置位于子午圈铜环下,这时真地平圈以上部分天空即为太阳中天时的星空。如果把太阳的天体位置置于-12^h下,则这时真地平圈以上部分就是子夜时的星空。以此类推,可以定出不同时间的星空。

当手持航海六分仪进行天文观测作业时,为了看清水天线,都在晨光、昏影下进行,则需要把太阳的天体位置置于真地平圈下$-12°\sim-6°$。如在晨光下进行天文观测,则要把太阳的天体位置在东边置于真地平圈下$-12°\sim-6°$;如在昏影下进行天文观测,则要把太阳的天体位置在西边置于真地平圈下$-12°\sim-6°$。

为了用星球仪确定测者的星空,还有一种定时办法。假如船上的时钟按北京时间$T_{船}$指示,同时知道格林尼治零时的真恒星时S_G^0,则按下式不难求出船所在位置的地方时T_M:

$$T_M = T_{船} + S_G^0 + \lambda_{北京}^{E} - 8^h = T_{船} + S_G^0 - 34^m$$

把星球仪的天北极高度置于等于推算地理纬度的角度数值,按时圈转动星球仪的球体,使子午圈铜环下的时圈值等于T_M,则在真地平圈以上部分的星空就是我们要观测的星空。

第三节 星体视坐标

地球绕太阳公转的轨道叫黄道,它是一个椭圆。轨道的长半径为149 597 870 km,扁率为0.016 7。地球公转一周称为一恒星年。地球除了绕太阳公转外,还有由西向东的绕本身极轴的自转,自转一周叫一恒星日。但是,地球自转速度是不均匀的,有长期变化、季节性变化和不规则变化,即岁差、章动、极移和黄道与赤道交角变化。地球的赤道和黄道交角(黄赤交角)为23°27′。当地球转动到向着太阳的一面时,由于大气层受太阳光照射、散射以及大气辉光的影响,形成气象万千、光芒四射的景象,称为白昼;当地球转动到背向太阳的一面时,由于没有太阳光的照射,天空呈现一片黑暗,称为黑夜。白天由于太阳光的照射及其在大气层中的闪射,靠近地面的天空亮度为10^4 cd/m^2(晴天)或10^2 cd/m^2(阴天)。假设地面上有一观测者,对距离为R的天空面积A_R进行观测,则观测立体角$\omega_{立} = A_R/R^2$。如果天空亮度为$L_{天}$尼特,则在垂直视线的平面内,观测者处的天空照度为

$$E_{天} = A_R L_{天}/R^2 = L_{天}\ \omega_{立瞳} \qquad (1-5)$$

按公式(1-1),取白天人眼的瞳孔直径$D_{瞳}=2$ mm,人眼的前焦距$f_{前}=17.06$ mm,人眼的视锥角$\omega_{立瞳} = D_{瞳}^2/(4f_{眼}^2) = 2^2/(4\times17.06^2) = 3.44\times10^3$立体角;如果光的波长为$\lambda=0.55$ μm,则人眼透射率$\tau_{眼}=0.57$。根据公式(1-5),亮度为$L_{天}$(cd/m^2)的天空背景在人眼视网膜上的照度为

$$E_{视网膜} = \omega_{立瞳}\times\tau_{瞳}\times L_{天} = 3.44\times10^{-3}\times0.57\times L_{天} = 1.96\times10^{-3}\times L_{天}\,(\text{lx})$$

于是,晴天天空亮度$L_{天}=10^4$ cd/m^2,人眼视网膜上的照度$E_{瞳}=19.6$ lx。

线是地球经度的起算点，而赤道是地球纬度的起算点。天球上星体 σ 与球心 O 的连线在地球表面的交点 σ_1 叫作星体的星下点。所有星体（不管到地球远近）都被投影在天球上，按星体实际投影位置绘制在天球上的图就叫作星图。

2. 地理坐标系

地球是一个扁球体，1976 年国际天文学联合会天文常数系统中提出，地球赤道半径 $a=6\ 378\ 140$ m。地球扁率因子 $1/f=298.257$。由于地球自转产生的惯性离心力使地球的形状从两极向赤道逐渐膨胀，形成目前的略扁的旋转椭球体形状，即极半径比赤道半径短 21 km。地理坐标系用于表示观测者的地理位置。它有建立在同地球大小和形状无关的天球上的天文坐标系和建立在参考椭球体上的大地坐标系两种表示方法。天文坐标系是以地球自转轴作为极轴，极轴延长线和天球的交点称为天极，与极轴垂直并通过地心的平面称为赤道面，它在天球上的交线称为天赤道，见图 1－10。观测者的当地铅垂线指向天顶方向，它是天文坐标系的基本方向。天顶方向和天球赤道面的夹角 $\angle zOz'$ 叫作天文纬度 φ，赤道以北为北纬 $+(0°\sim90°)$，赤道以南为南纬 $-(0°\sim90°)$。经过天极和天顶的平面叫作天文子午面；通过英国格林尼治天文台基准点的天文子午面称为零天文子午面；而观测者的天文子午面与零天文子午面的夹角 $\angle GOz'$ 叫作天文经度 λ。在零天文子午面以东的称为东经，$+(0°\sim180°)$；而在零天文子午面以西的称为西经，$-(0°\sim180°)$。但在天文学里常用 $0^h\sim24^h$ 表示地理经度。在大地坐标系里是把参考椭球体的法线作为基本方向。地面上某一点的法线与参考椭球体赤道面之间的夹角叫作大地纬度 B；同样，地面上某一点的法线与参考椭球体自转轴构成的平面称为本初子午面，本初子午面与零子午面的夹角叫作大地经度 L。由于地面上某点的垂线同法线方向不一致才引起天文坐标和大地坐标之间的差异，因此这种差异叫作垂线偏差，一般是几个角秒，极端情况是几十角秒。造成出现垂线偏差的原因有很多，包括地球自转轴与参考椭球体短轴不重合以及质心不重合等。

天文学上采用的地理坐标系是天文坐标系和地理直角坐标系 $O-xyP_S$，如图 1－10 所示。

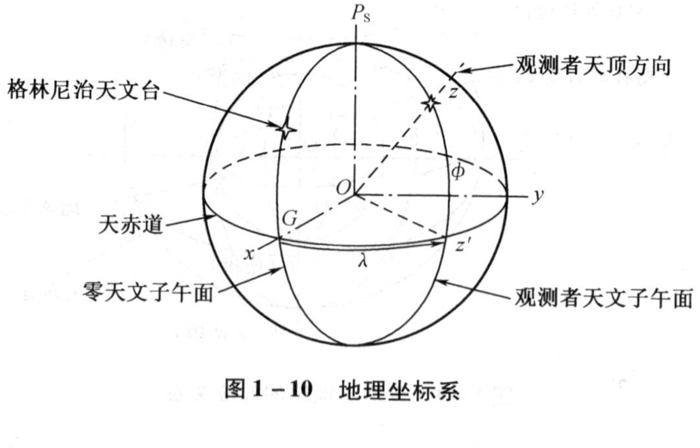

图 1－10　地理坐标系

3. 地平坐标系

通过观测者 O（地球中心）的铅垂线与天球交于两点 z 和 z'，上面一点叫作天顶，下面一点 z' 叫作天底（见图 1－11）。过 O 点并与铅垂线 zz' 相垂直的平面 $ENDWS$ 叫作地平面，地平面和天球相交的大圆 $ENDWS$ 称为地平圈。

所有通过天顶 z 的大圆（例如大圆弧 zNz'，$z\sigma Dz'$）都叫作地平经圈。通过天北极 P_N 的地平经圈（例如 $P_NzSP_Sz'N$）叫作子午圈。子午圈与地平圈相交于 N 点（北点）和 S 点（南点）。与子午圈相垂直的地平经圈称为卯酉圈，卯酉圈与地平圈交于 E 点（东点）和 W 点（西点）。通过天顶 z 和星体 σ 作一个垂直圈，与地平圈交于 D 点（垂足），其中大圆弧 σD 是地平坐标系的第一个坐标，称为地平高度，记为 h，而星体到天顶的圆弧 $z\sigma = z$ 称为星体的天顶距，$z = 90° - h$。地平高度 h 也可以用平面角 $\angle \sigma OD$ 来度量。天球上与地平圈相平行的小圆称为地平纬圈，也叫等高圈。因为在等高圈上任何一点，其地平高度 h 都相等。

从地平北点 N 到垂足 D 的大圆弧 $NSD = A$（按天顶 z 顺时针取值为正）称为天文方位角，有时也叫地平经度或方位角。以地平圈 NDS 为基圈，子午圈 ZP_SN 为主圈，地平南点为主点的坐标系称为地平坐标系。在地平坐标系里，地平高度 h 和方位角 A 是星体的两大坐标度量单元。由于周日视运动，星体的地平高度 h 和方位角 A 将不断发生变化。同时，由于观测者的铅垂线不同，也有不同的地平坐标系，同一星体也有不同的地平坐标 h 和 A。

当地平坐标用直角坐标系表示时，坐标原点在地心 O，轴（x，y，z）按北、东、天方向取向，即 x 轴正方向从地心 O 按当地子午线在地平圈上的交点（北点）取正向，再顺时针转 90°取为 y 轴正方向（东），z 轴指向天顶。天文方位角 A 在地平直角坐标系中，从 x 轴开始沿地平圈按顺时针计算 0°～360°。星体地平高度 h 从地平圈向上取值为正，为 +（0°～90°）。因此地平直角坐标系属于左旋坐标系（见图 1－12）。

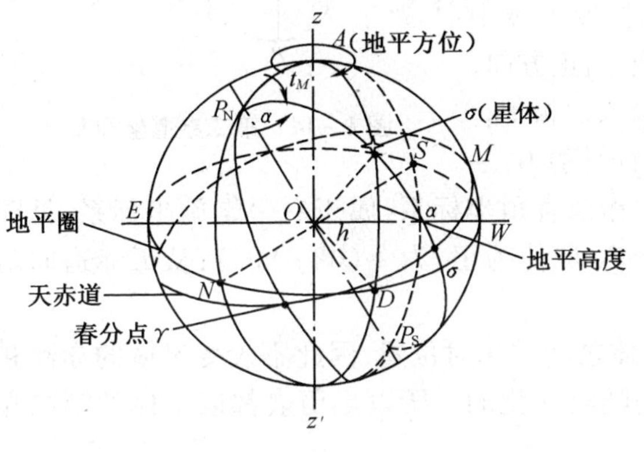

图 1－11　地平坐标系

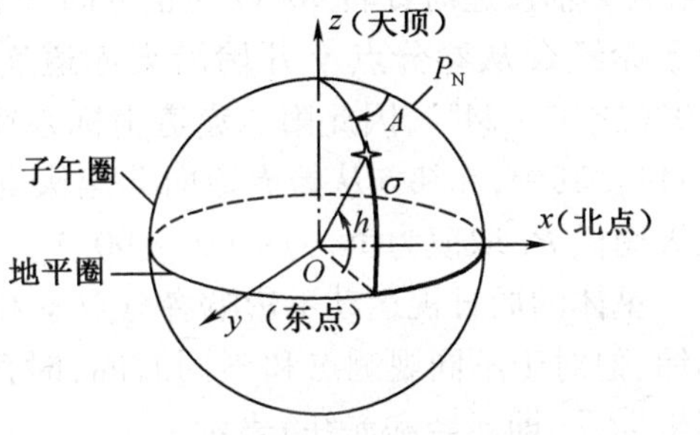

图 1－12　地平直角坐标系

4. 赤道坐标系

以天赤道为基圈，以天北极 P_N 为基点的坐标系称为赤道坐标系（见图1－13）。过天北极 P_N 的大圆（如 $P_N\sigma M$）称为赤经圈或时圈，任何一个赤经圈都和天赤道垂直。天球上和天赤道平行的小圆（如 $\sigma'\sigma\sigma''$）称为等赤纬圈。星体 σ 的赤经圈 $P_N\sigma M$ 与天赤道 γMyx 交于 M 点，大圆弧 $\sigma M = \delta$，称为星体 σ 的赤纬，这是赤道坐标系的第一个坐标。

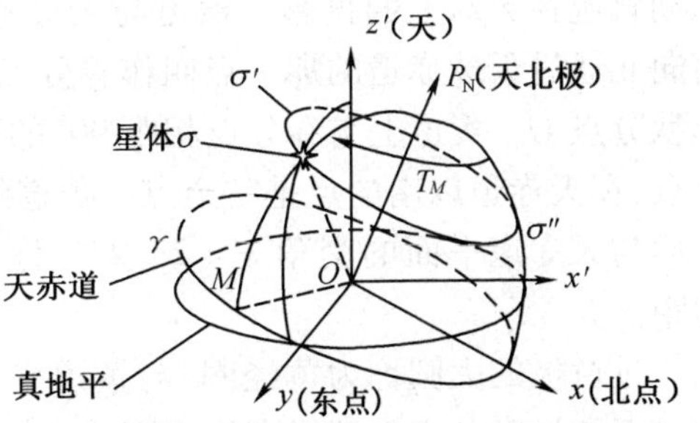

图 1－13　第一赤道坐标系

赤纬也可以用平面角 $\angle \sigma OM$ 度量。天赤道上赤纬为 0°，向天北极 P_N 方向计算的赤纬为正值，为 +（0° ~90°）；向天南极 P_S 方向计算的赤纬为负值，为 -（0° ~90°）。赤纬的余角$P_N\sigma = 90° - \delta$，称为星体的极距 p。显然赤纬和极距有关系：$\delta + p = 90°$。

赤道坐标系的第二个坐标，因所取的主圈和点的不同而不同，因此又有第一赤道坐标系和第二赤道坐标系之分。第一赤道坐标系是以测者子午圈 $ZP_N\sigma''\gamma$ 为主圈，以子午圈和天赤道的另一个交点 M 为主点。星体的第二个坐标为大圆弧 $MOx = t_M$ 或球面角 $O - MP_Nx$，称为星体的地方时角，按顺时针计算 0° ~360°。周日视运动也改变地方时角 t_M，见图 1 - 13。

第一赤道坐标系（即时角坐标系）如果用直角坐标系表示时，取天球中心 O 为坐标系原点，x，y，z 按北、东、天北极取向，z 轴从坐标原点 O 按当地子午圈与天赤道的交点（北点）取正方向，y 轴按 x 轴顺时针转 90°取为正方向（东），z 轴按天北极取向。在时角直角坐标系里，取时角 t_M 是从 x 轴按顺时针计算 0° ~360°。因此时角直角坐标系也属于左旋坐标系，见图 1 - 13。

第二赤道坐标系则采用黄道与天赤道的交点之一 γ（春分点）作为主点。过春分点的时圈与星体时圈之间的球面角 $\gamma P_N\sigma'$或大圆弧 $\gamma\sigma' = \alpha$，是第二赤道坐标系的第二个坐标，称为星体的赤经。赤经从春分点 γ 至星体赤经圈在天赤道上交点 σ'按逆时针计算 0° ~360°或者 0^h ~ 24^h，见图 1 - 14。而星体的赤纬 δ 则是第二赤道坐标系的第一个坐标，定义同上。

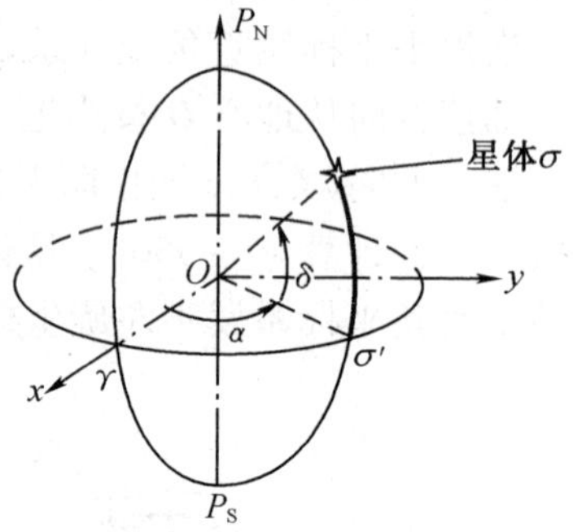

图 1 - 14　第二赤道坐标系

第二赤道坐标系若用直角坐标系表示时，取天球中心 O 为坐标原点，x 轴从原点 O 到春分点 γ 取为正方向，y 轴为 x 轴按逆时针转 90°取为正方向，z 轴取天北极 P_N。由于赤经 α 从春分点 γ 开始沿天赤道逆时针计算 0° ~360°（或 0^h ~ 24^h），因此第二赤道坐标系简称赤道直角坐标系，属于右手螺旋坐标系，见图 1 - 14。其中，赤纬 δ 从天赤道向北至天北极 P_N 取值为正，为 +（0° ~90°）；从天赤道向南至天南极 P_S 取值为负，为 -（0° ~90°）。

星体的周日视运动不影响春分点 γ 和星体之间的相对位置，因此不改变星体的赤经和赤纬，但对于不同观测点和不同时间，时角是随时变化的。所以星历表都以星体的第二赤道坐标系（即赤经和赤纬）表示。

5. 黄道坐标系

地球绕太阳公转的轨道平面与天球的交线是个大圆，称为黄道，它是假想的太阳周年运动轨迹在天球上的投影。黄道与天球赤道相交两点，叫作二分点。其中，太阳沿黄道从南向北通过天球赤道的那一点叫作春分点 γ；另一点是太阳从北向南通过天球赤道的点，叫作秋分点 Ω。黄道上与春分点相距 90°的两点叫作二至点，其中在天赤道以北的一点是夏至点，在天赤道以南的点是冬至点。黄道的两个极分别称作黄北极 P_{NH}和黄南极 P_{SH}。黄道平面与天赤道平面的交角 $\varepsilon = 23°27'$，称为黄赤交角，它也是天北极 P_N 与黄北极 P_{NH} 的角距。

过黄极的大圆称为黄经圈，与黄道平行的小圆称为黄纬圈。以黄道为基本圈、春分点为主点和过春分点的黄经圈为主圈的坐标系，叫作黄道坐标系。它用以研究太阳系内各种星体的运动情况，见图 1 - 15。

过星体的黄经圈 $P_{NH}\sigma\sigma' P_{SH}$与黄道相交于 σ'点（图 1 - 15），大圆弧 $\sigma\sigma' = \delta_H$ 或平面角

$\sigma O\sigma'$，称为黄纬，它是黄道坐标系的第一个坐标。从黄道向北 0°~90°取值为正，向南取值 0°~90°为负。黄道坐标系的第二个坐标叫黄经 α_H，它是过春分点 γ 的黄经圈与过星体 σ 的黄经圈所夹球面角 $O-\gamma P_{NH}\sigma$，或者黄道上的大圆弧 $\gamma\sigma'=\alpha_H$。黄经是从春分点起逆时针 0°~360°，也就是从春分点到夏至点计算。和第二赤道坐标系相同，黄道坐标系的基圈与主圈连同天球一起做周日运动，它因时间和观测点的变化而变化，这和第一赤道坐标系完全一样。

如果黄道坐标系用直角坐标系表示时（图 1-16），坐标原点取天球中心 O，x 轴按从原点 O 到春分点（黄赤交点）取为正方向；y 轴为 x 轴在黄道上逆时针转 90°取为正方向；z 轴取黄北极。由于黄经 α_H 从春分点沿黄道按逆时针取为正方向 0°~360°（或 0^h~24^h），因此黄道直角坐标系也属于右旋坐标系。其中，黄纬 δ_H 从黄道向黄北极取值为正，为 +(0°~90°)。

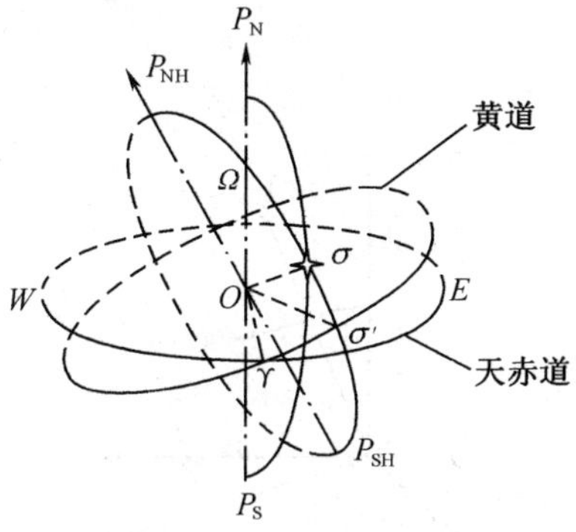

图 1-15 黄道坐标系

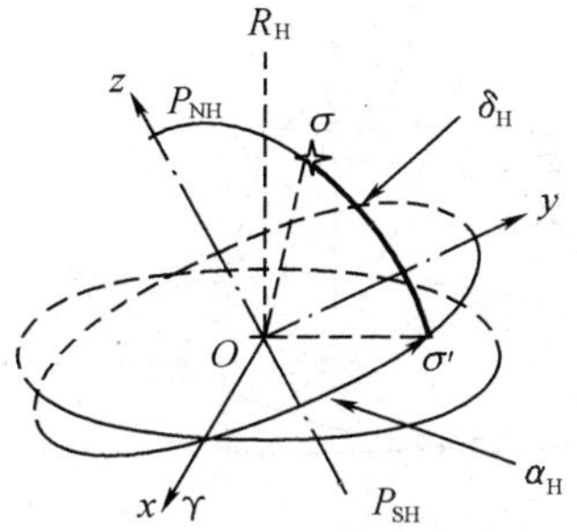

图 1-16 黄道直角坐标系

二、天球坐标系的相互转换

一颗星体在某一个坐标系里都有一对坐标值相对应，如地平坐标系用 (h,A)，赤道坐标系用 (t_M,δ) 或 (α,δ)，黄道坐标系用 (α_H,δ_H)。这样，就可以利用观测或者计算星体在某一个坐标系里的坐标值求出它在另一个坐标系里的坐标值，进而达到星光导航的目的。因此，讨论一下天球坐标系的相互转换是非常必要的。

下面讲述地平坐标系和时角坐标系之间的变换。

(1) 在一个已经知道地理经度 λ 和地理纬度 φ 的观测点 O，并且已经知道一个星体的坐标如地方时角坐标 t_M 与赤纬 δ，需要计算这个星体在地平坐标系里的坐标如地平高度 h 和地平方位 A 时，要采用时角坐标系向地平坐标的变换，见图 1-17。

在图 1-17 中，z 是测者（坐标为 λ,φ）的天顶，$P_N(z')$ 是天北极，σ 是星体，NWS 是真地平圈，$N'\sigma''S'$ 是天赤道，圆弧 $zz'=90°-\varphi$，是测者地理纬度 φ 的余角。$O-xyz$ 是地平坐标系（按南、西、天指向），星体 σ 在地平坐标系里的坐标有地平高度 $\sigma\sigma'=h$ 和方位角 $\angle\sigma zS=A$。设天球半径 $O\sigma=1$，则星体 σ 在地平直角坐标系里的三轴坐标为

$$\begin{cases}x=\cos h\cos A\\ y=\cos h\sin A\\ z=\sin h\end{cases} \tag{1-8}$$

$OP_N N'\sigma''S'$是时角坐标系，星体 σ 在时角坐标系里的坐标有时角 $t_M = \angle\sigma''z'S'$和赤纬 $\delta = \sigma\sigma''$。$O-x'y'z'$是时角直角坐标系，星体 σ 在时角直角坐标系里的三轴坐标为

$$\begin{cases} x' = \cos\delta\cos t_M \\ y' = \cos\delta\sin t_M \\ z' = \sin\delta \end{cases} \tag{1-9}$$

若将 $Ox'P_N$ 平面绕 Oy'轴顺时针转过 $90°-\varphi$ 角，将得到地平直角坐标系 $O-xyz$，其坐标求法如下，见图 1-18。其转值矩阵为

$$\begin{cases} x = x'\cos(90°-\varphi) - z'\sin(90°-\varphi) \\ y = y' \\ z = x'\sin(90°-\varphi) + z'\cos(90°-\varphi) \end{cases} \tag{1-10}$$

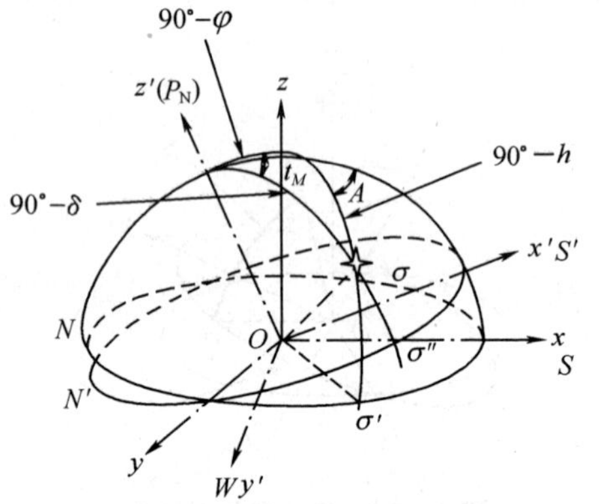

图 1-17 时角坐标系和地平坐标系

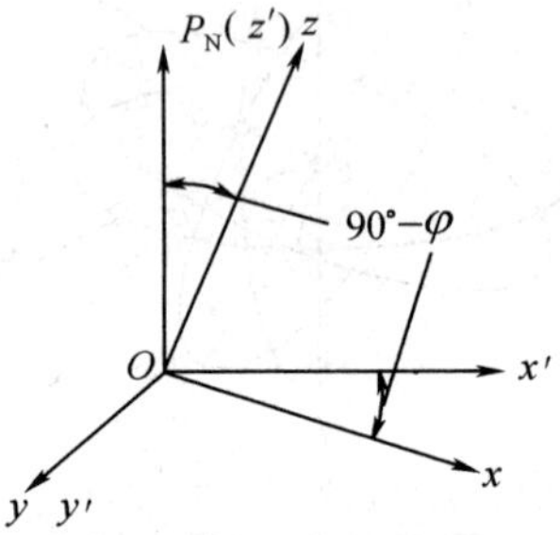

图 1-18 时角坐标系与地平直角坐标系的转换

或者将式(1-10)写成转值矩阵形式，有

$$\begin{pmatrix} x \\ y \\ z \end{pmatrix} = \begin{pmatrix} \cos(90°-\varphi) & 0 & -\sin(90°-\varphi) \\ 0 & 1 & 0 \\ \sin(90°-\varphi) & 0 & \cos(90°-\varphi) \end{pmatrix} \begin{pmatrix} x' \\ y' \\ z'(P_N) \end{pmatrix}$$

$$\begin{pmatrix} x \\ y \\ z \end{pmatrix} = \begin{pmatrix} \sin\varphi & 0 & -\cos\varphi \\ 0 & 1 & 0 \\ \cos\varphi & 0 & \sin\varphi \end{pmatrix} \begin{pmatrix} x' \\ y' \\ z' \end{pmatrix} \tag{1-11}$$

代入公式(1-8)和(1-9)，有

$$\begin{pmatrix} \cos h\cos A \\ \cos h\sin A \\ \sin h \end{pmatrix} = \begin{pmatrix} \sin\varphi & 0 & -\cos\varphi \\ 0 & 1 & 0 \\ \cos\varphi & 0 & \sin\varphi \end{pmatrix} \begin{pmatrix} \cos\delta\cos t_M \\ \cos\delta\sin t_M \\ \sin\delta \end{pmatrix} \tag{1-12}$$

将式(1-12)展开，有

$$\begin{cases} \cos h\cos A = \sin\varphi\cos\delta\cos t_M - \cos\varphi\sin\delta \\ \cos h\sin A = \cos\delta\sin t_M \\ \sin h = \cos\varphi\cos\delta\cos t_M + \sin\varphi\sin\delta \end{cases}$$

则方位角和高度角为

$$\begin{cases} \tan A = \dfrac{-\cos\delta\sin t_M}{\cos\varphi\sin\delta - \sin\varphi\cos\delta\cos t_M} \\ \sin h = \sin\varphi\sin\delta + \cos\varphi\cos\delta\cos t_M \end{cases} \quad (1-13)$$

公式(1－13)是我们的实用公式。

(2)如果观测到一个星体的方位角 A 和地平高度 h,需要求出星体的地方时角和赤纬,进而判断是什么星体名称时,经常采用地平坐标系向时角坐标系变换。在图1－19中,z 是测者(地理经度 λ,地理纬度 φ)天顶,P_N 是天北极,$O-NWS$ 是真地平圈,$O-NWSz$ 是地平坐标系,$O-xyz$ 是地平直角坐标系(按南、西、天指向)。如果一个星体 σ 在地平直角坐标系里的坐标方位角 $A=\angle\sigma''zS$ 与地平高度 $h=$ 圆弧 $\sigma\sigma'$ 是已知的,并且假使天球半径为 $O\sigma=1$,则在地平直角坐标系里的坐标为

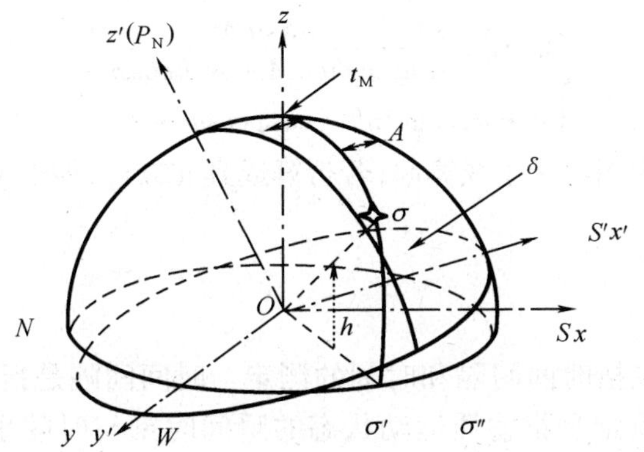

图1－19　时角坐标系和地平坐标系

$$\begin{cases} x = \cos h\cos A \\ y = \cos h\sin A \\ z = \sin h \end{cases} \quad (1-14)$$

$O-P_N N'\sigma''S'$ 是时角坐标系,一个星体的地方时角 $t_M=\angle\sigma''P_N S'$,赤纬 $\delta=\sigma\sigma''$。$O-x'y'z'$ 是时角直角坐标系。则该星体在时角直角坐标系里的坐标为

$$\begin{cases} x' = \cos\delta\cos t_M \\ y' = \cos\delta\sin t_M \\ z' = \sin\delta \end{cases} \quad (1-15)$$

将 Oxz 平面绕 Oy 轴逆时针转过 $90°-\varphi$,见图1－18,则可以得到星体 σ 在时角坐标系里的转值坐标为

$$\begin{cases} x' = x\cos(90°-\varphi) + z\sin(90°-\varphi) \\ y' = y \\ z' = -x\sin(90°-\varphi) + z\cos(90°-\varphi) \end{cases} \quad (1-16)$$

将式(1－16)写成转值矩阵形式

$$\begin{pmatrix} x' \\ y' \\ z' \end{pmatrix} = \begin{pmatrix} \sin\varphi & 0 & \cos\varphi \\ 0 & 1 & 0 \\ -\cos\varphi & 0 & \sin\varphi \end{pmatrix} \begin{pmatrix} x \\ y \\ z \end{pmatrix} \tag{1-17}$$

代入式(1－14)和(1－15),有

$$\begin{pmatrix} \cos\delta\cos t_M \\ \cos\delta\sin t_M \\ \sin\delta \end{pmatrix} = \begin{pmatrix} \sin\varphi & 0 & \cos\varphi \\ 0 & 1 & 0 \\ -\cos\varphi & 0 & \sin\varphi \end{pmatrix} \begin{pmatrix} \cos h\cos A \\ \cos h\sin A \\ \sin h \end{pmatrix} \tag{1-18}$$

将式(1－18)展开,有

$$\begin{cases} \cos\delta\cos t_M = \sin\varphi\cos h\cos A + \sin h\cos\varphi \\ \cos\delta\sin t_M = \cos h\sin A \\ \sin\delta = -\cos\varphi\cos h\cos A + \sin\varphi\sin h \end{cases} \tag{1-19}$$

则星体在时角坐标系里的坐标为

$$\begin{cases} \tan t_M = \dfrac{\cos h\sin A}{\sin\varphi\cos h\cos A + \sin h\cos\varphi} \\ \sin\delta = \sin\varphi\sin h - \cos\varphi\cos h\cos A \end{cases} \tag{1-20}$$

此处天文方位角 A 为当地子午线算起,若折算成真北方位,加上 180°即可。

三、时间计量系统

1. 时间系统

时间及其计量系统包括时间间隔和时刻的测定。时间间隔是指物质两种运动状态所经历的时间历程。时刻测定是指物质运动状态的瞬间时刻与时间坐标原点的时间间隔。人们用到的日、月、年和世纪是以地球自转运动作为基础的。以地球自转运动来计时的时间计量系统称为世界时。由于采用春分点和平太阳作为基本参考点,因此又分为恒星时和平太阳时。恒星时是春分点连续两次通过某一地方子午线的时间间隔,称为一个恒星日。一个恒星日等于 24 个恒星小时,一个恒星小时等于 60 个恒星分,一个恒星分等于 60 个恒星秒。由于岁差和章动的影响,春分点在天球上是缓慢变动的,因此恒星时对人们生活和科学应用是不方便的。在 19 世纪末纽康引进假想的平太阳,它在天球上的运动是匀速的,并和真太阳的平均速度相一致,这就是平太阳时。平太阳的赤经表达式为

$$\alpha_{太} = 18^h38^m45^s.836 + 8\,640\,184^s.524T + 0.092\,9T^2 \tag{1-21}$$

其中,T 是从 1 900.0 起算的儒略世纪数(一个儒略世纪等于 36 525 平太阳日)。

平太阳日是以平太阳中心连续两次通过某一地方子午线的时间间隔。一个平太阳日等于 24 个平太阳时(86 400 平太阳秒),一个平太阳时等于 60 个平太阳分,一个平太阳分等于 60 个平太阳秒。确切地说,世界时(UT)是以平子夜作为 0 时起算的格林尼治平太阳时(地方平时)。它是用中天法或者等高法观测恒星,由恒星时推算的。由于地球运动和它自转的不均匀性,因此需在世界时初始值 UT_0 引进极轴移动改正 $\Delta\lambda$ 和自转速度季节性变化改正 ΔT_S,得到相应的世界时 UT_1 和 UT_2:

$$\begin{cases} UT_1 = UT_0 + \Delta\lambda \\ UT_2 = UT_1 + \Delta T_S = UT_0 + \Delta\lambda + \Delta T_S \end{cases} \tag{1-22}$$

式中,$\Delta\lambda = x(\sin\lambda - y\cos\lambda)\tan\varphi$,而 ΔT_S 从 1962 年起被国际时间局采用。

$$\Delta T_S = 0^s.022\sin 2\pi t - 0^s.012\cos 2\pi t - 0^s.006\sin 4\pi t + 0^s.007\cos 4\pi t$$

式中,t 是以年为单位,从贝塞耳岁首起算。

2. 地方时与区时

地方时是以观测者子午线为基准的时间。地球上处在不同经度的观测者,在同一瞬间测定同一颗星体的时角是不同的;或者同一颗星体通过不同经度观测者的子午线不在同一瞬间,因此形成各自的时间计量系统称为地方时。为了协调时间计量和测量地理经度,1884 年在华盛顿举行的国际子午线会议决定,采用英国伦敦格林尼治天文台(旧址)埃里中星仪所在的子午线作为时间和经度计量的标准参考子午线,称为零子午线。从零子午线向东、向西计量地理经度各为 0°到 ±180°。国际天文联合会 1922 年决定,从 1925 年 1 月 1 日起,各国的天文和航海年历都采用由平子夜起算的格林尼治平太阳时(即格林尼治地方时),统称世界时。后来各国根据本国首都所在子午线的地方时作为标准时,称为区时。区时就是分区计时,把地球表面划分为 24 个时区,东西半球各 12 个时区,每个时区包含 15°地理经度,每个时区以其中央子午线计时。例如格林尼治零子午线两侧各 7°.5 地理经度范围内都属于 0 时区,见图 1-20。时区界线原则上按照地理经度划分,但各国为了使用便利,往往采用行政区界线或者自然界线确定。北京的地理经度是东经 116°21′30″或 $7^h45^m26^sE$。中华人民共和国成立后规定采用东经 120°的地方平太阳时为北京时间。北京时间属于东 8 区区时,它比格林尼治时间(即世界时)早 8 个小时。

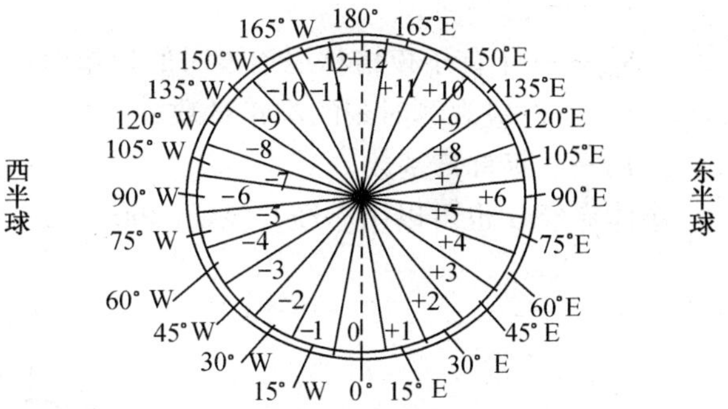

图 1-20 区时划分图

180° ±7°.5 范围为日界线。伞形条内带正负号的数字是时区号。对于东半球,时区号每增加一个,时间提前 1 小时;对于西半球,时区号每增加一个,时间就晚 1 小时。

恒星时与平太阳时的对应关系。在天球上,平太阳沿天赤道连续两次通过春分点的时间间隔叫一回归年,这是平太阳的周年运动,回归年的长度为 365.242 2 平太阳日。平太阳有周年视运动,而春分点没有。因此,平太阳在天赤道上以与周日视运动相反方向移动,每一个平太阳日移动 24 h/365°.242 2 = 360°/365°.242 2。也就是说,平太阳连续两次通过某地子午线的时间比春分点连续两次通过该地子午线的时间长 1/365.242 2 个恒星日,即约 4^s 时间。因此

$$\text{北京时间} = \text{世界时} + 8\text{ 小时}$$

$$1\text{ 平太阳日} = \left(1 + \frac{1}{365.242\ 2}\right)\text{恒星日} = (1 + \mu)\text{恒星日} \tag{1-23}$$

式中,$\mu = 1/365.242\ 2 = 0.002\ 737\ 9$,是平太阳时与恒星时的换算系数。依此类推有

$$1\text{ 平太阳时} = (1 + \mu)\text{恒星时}$$

$$1\text{ 平太阳时分} = (1 + \mu)\text{恒星时分}$$

$$1\text{ 平太阳时秒} = (1 + \mu)\text{恒星时秒}$$

总之,1 平太阳时单位 = (1 + μ)恒星时单位。恒星时考虑春分点缓慢地移动,或者说地球轴线发生的进动,每个恒星年时间约短 50″。

3. 时角与世界时、恒星时、地理经度和赤经的对应关系

星光导航用到的天文计算都用恒星时,因此需要把世界时按照公式(1－23)换算成恒星时。同时,了解时角与世界时、恒星时、地理经度和赤经的对应关系是必要的,见图1－21。该图把地球表面投影在天球上。

在图1－21中,P_N 是天北极,z 是观测者的天顶,$OP_N\gamma$ 是春分点时圈,OP_NG 是格林尼治子午线,OP_NzM 是观测者子午线,$OP_N\sigma$ 是星体时圈。格林尼治时角 $S_G=\angle\gamma OG$,地理经度 $\lambda=\angle GOM$,星体赤经 $\alpha=\angle\gamma O\sigma$,星体地方时角 $t_M=\angle MO\sigma$,有

$$t_M=S_G\pm\lambda_W^E-\alpha$$

式中,λ_W^E 为地理经度;格林尼治时角 S_G 可写成

$$S_G=S_G^0+1.002\,737\,909T_G=S_{G\gamma}^0+2\pi\times0.002\,737\,909\times(X-Y_\gamma)+1.002\,737\,909T_G$$

式中　S_G^0——每天格林尼治零时的恒星时;

T_G——世界时;

$S_{G\gamma}^0$——年首子夜格林尼治零时的恒星时;

Y——对应观测时刻的本年日数;

Y_γ——年首日基数。

星体赤经 α 也可以用赤经共轭量($360°-\alpha$)表示。

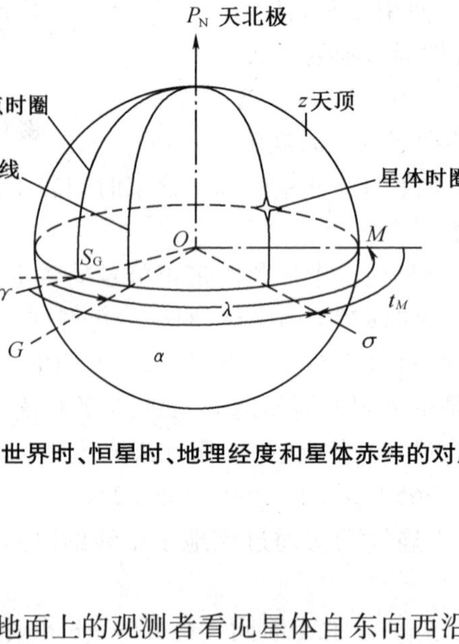

图1－21　时角与世界时、恒星时、地理经度和星体赤纬的对应关系

四、星体视运动

1. 星体周日视运动

一天之内地球自转一周,而地面上的观测者看见星体自东向西沿着平行赤道的小圆也转过一周,这种直观运动称作星体的周日视运动。在地球上不同纬度地方的观测者看见星体视运动的情况是不一样的。

(1)观测者在地球赤道上($\varphi=0$),此时南北天极落在地平圈上,星体周日视运动平行圈与地平圈垂直,自东向西升落,见图1－22(a),星体赤纬 $-90°\leqslant\delta\leqslant90°$,可以看见全天星体的周日视运动。

(2)观测者在地球的两极($\varphi=\pm90°$),此时天极和观测者天顶重合,天赤道和地平圈重合,所有星体周日视运动平行圈都和地平圈平行,即星体地平高度不变,不升也不落,见图1－22(b)。

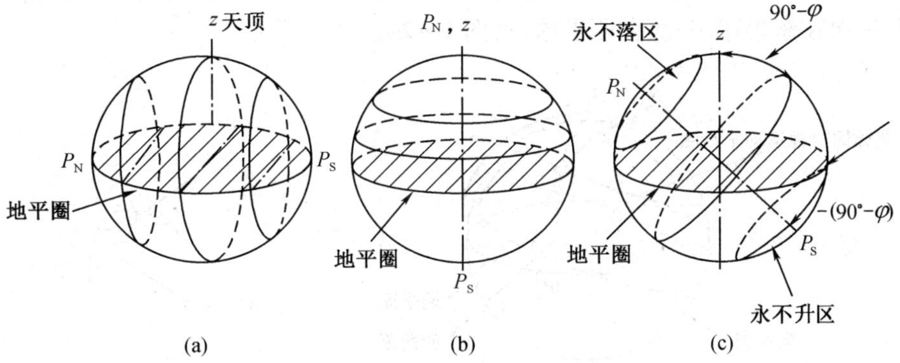

图 1-22　星体的周日视运动

(3)观测者位于两极和赤道之间($0° < \varphi < 90°$),出现三种情况,见图 1-22(c):

①当 $\delta > 90° - \varphi$ 时,星体周日视运动平行圈全部在地平圈之上,星体永不落下;

②当 $\delta < -(90° - \varphi)$ 时,星体周日视运动平行圈全部在地平圈之下,星体永不升起;

③ $-(90° - \varphi) \leqslant \delta \leqslant 90° - \varphi$,星体视运动平行圈一部分在地平圈之上,一部分在地平圈之下,星体有升有落。

(4)中天

星体从观测者的子午圈经过时叫作星体的中天。对于北半球,星体经过北天极和天顶的那半个子午圈叫作上中天。在天顶以南的星体上中天时,星体天顶距 $z = \varphi - \delta$,而方位角 $A = 180°$。当在天顶以北上中天时,天顶距 $z = \delta - \varphi$,$A = 0$。上中天时,$S_G = \alpha$。星体通过天北极、天底和南天极的子圈时刻叫作下中天。下中天时,$S_G = \alpha \pm 12^h$。

(5)星体的出没

星体通过地平圈叫作星体的出(升)没(落),见图 1-23。星体出没时天顶距 $z = 90°$。球面三角形 $P_N\sigma z$ 是星体出没时的天文三角形。其中,三条边 $P_N\sigma = 90° - \delta$,$P_Nz = 90° - \varphi$,$z\sigma = z = 90°$。地方时角 $\angle zP_N\sigma = t_M$,方位角 $P_Nz\sigma = 360° - A$。

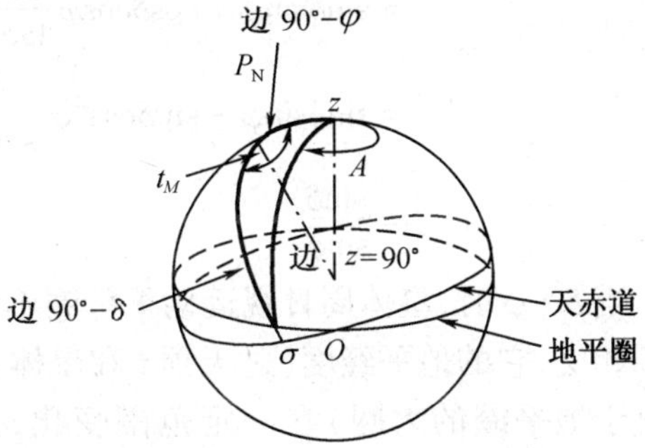

图 1-23　星体的出没

由余弦公式

$$\cos z = \cos(90° - \varphi)\cos(90° - \delta) + \sin(90° - \varphi)\sin(90° - \delta)\cos t_M$$

因为 $z = 90°$,所以

$$\cos t_M = -\tan\varphi\tan\delta \tag{1-24}$$

由式(1-24)可以求得 $-t_M$ 和 $24^h - t_M$,而 $-t_M$ 是星体出(升)的时间,$24^h - t_M$ 是星体没(落)的时间。

(6)星体过卯酉圈与星体大距

通过地平圈的东点 E、西点 W 和天顶 z 的大圆叫作卯酉圈,它垂直于地平圈。星体在东半球过卯酉圈时,其方位角 $A = 90°$;在西半球过卯酉圈时,$A = 270°$。当 $\delta > \varphi$ 时,星体周日视运动小圆轨迹不和卯酉圈相交，即不过卯酉圈。当 $0<\delta<\varphi$ 时，星体在一天之内两次通过卯酉圈，一次在东半球，一次在西半球，见图 1－24。

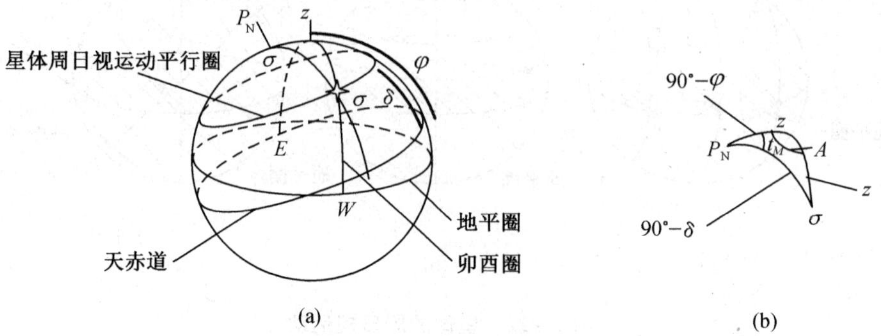

图 1－24 星体过卯酉圈

星体过卯酉圈时，天文三角形 $\triangle P_N\sigma z$ 为球面直角三角形，见图 1－24（b）。此时有

$$\cos t_M=\cot(90^\circ-\delta)\tan(90^\circ-\varphi)=\tan\delta/\tan\varphi \tag{1-25}$$

由此式可求得

$$t_{MN}=t_M,t_{MS}=24^h-t_M$$

星体经过卯酉圈时的天顶距为

$$\begin{aligned}\cos z&=\cos(90^\circ-\delta)\cos(90^\circ-\varphi)+\sin(90^\circ-\delta)\sin(90^\circ-\varphi)\cos t_M\\&=\sin\delta\sin\varphi+\cos\delta\cos\varphi\cos t_M\\&=\sin\delta\sin\varphi+\cos\delta\cos\varphi\frac{\tan\delta}{\tan\varphi}\\&=\sin\delta\sin\varphi+\sin\delta\cos^2\varphi\frac{1}{\sin\varphi}\\&=\frac{\sin\delta}{\sin\varphi}\end{aligned} \tag{1-26}$$

当 $\delta>\varphi$ 时，星体周日视运动平行圈不和卯酉圈相交，它的地平经度（过天顶 z 和星体 σ 并垂直于地平圈的大圆）在一定范围变化，见图 1－25。

zKP_NK' 是当地子午线，EzW 是卯酉圈，$\sigma'K\sigma K'$ 为星体周日视运动平行圈。当星体从 K 点运动到 σ 点时，地平经度线 $z\sigma L$ 和星体周日视运动平行圈相切，星位角 $\angle z\sigma P_N=90^\circ$，星体此时位置称为西大距。在 σ' 相切时，星位角 $\angle z\sigma' P_N=90^\circ$，称为东大距。星体大距时的方位角为

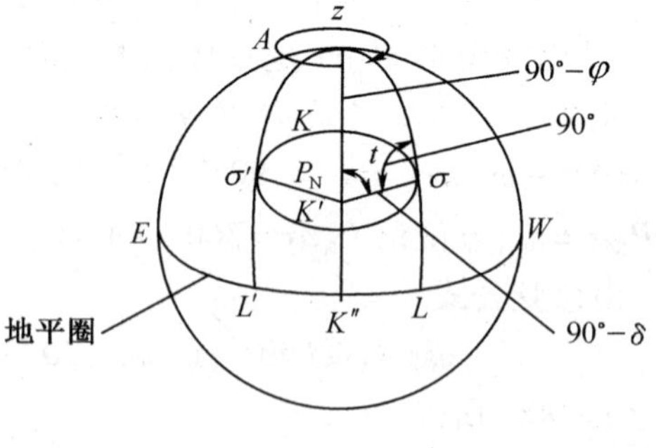

图 1－25 星体大距

$$\frac{\sin(360^\circ-A)}{\sin(90^\circ-\delta)}=\frac{\sin90^\circ}{\sin(90^\circ-\varphi)}$$

$$\sin A=\frac{\cos\delta}{\cos\varphi} \tag{1-27}$$

2. 星体高度变化率和方位变化率

星体的高度角(天顶距的余角)和方位角随着时间不断地变化着,其变化率推导如下。天文导航三角形见图 1-26。

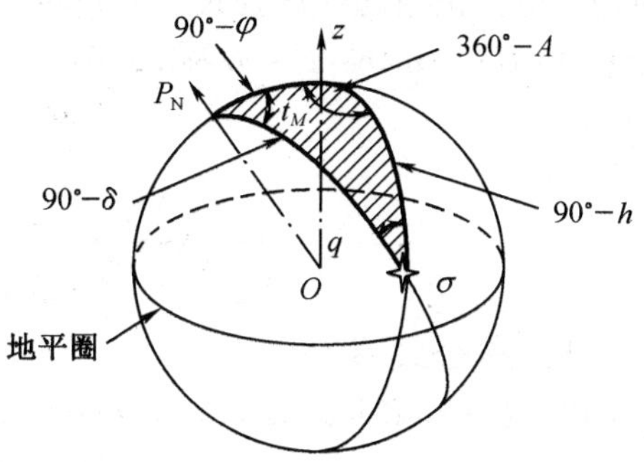

图 1-26　天文导航三角形

在图中,P_N 为天北极,z 为观测者天顶,σ 为星体,t_M 是星体的地方时角,A 是星体的方位角(绕天顶 z 从 P_N 到星体方向按顺时针取值为正),边 $P_Nz = 90° - \varphi$,边 $P_N\sigma = 90° - \delta$,边 $\sigma z = 90° - h$,而 h 是星体地平高度,q 是星体星位角。根据余弦公式有

$$\cos(90° - h) = \cos(90° - \varphi)\cos(90° - \delta) + \sin(90° - \varphi)\sin(90° - \delta)\cos t_M$$

$$\sin h = \sin\varphi\sin\delta + \cos\varphi\cos\delta\cos t_M \qquad (1-28)$$

这就是星体高度角的计算公式。

对 h 和 t_M 求导,有

$$\mathrm{d}h\cos h = -\cos\varphi\cos\delta\sin t_M\mathrm{d}t_M$$

而星体地方时角为

$$t_M = S_G^0 + 1.002\ 738T \pm \lambda_W^E - \alpha \qquad (1-29)$$

式中　S_G^0——世界时零时的格林尼治恒星时;

T——世界时;

λ_W^E——地理经度,东经为正,西经为负;

α——星体赤经。

因此,$\mathrm{d}t_M = \mathrm{d}t$,则高度变化率为

$$\frac{\mathrm{d}h}{\mathrm{d}t} = -\cos\varphi\cos\delta\frac{\sin t_M}{\cos h} \qquad (1-30)$$

而由正弦公式

$$\frac{\sin(360° - A)}{\sin(90° - \delta)} = \frac{\sin t_M}{\sin(90° - h)}$$

$$\sin A\cos h = \cos\delta\sin t_M \qquad (1-31)$$

将公式(1-31)代入公式(1-30)有

$$\mathrm{d}h/\mathrm{d}t = -\cos\varphi\sin A \qquad (1-32)$$

由公式(1-32)可见,星体高度角变化率 $\mathrm{d}h/\mathrm{d}t$ 主要取决于星体方位角。当 $A=0$ 时,或者 $A=180°$时,$\mathrm{d}h/\mathrm{d}t=0$,即星体中天时,星体高度角变化率为零。当 $A=90°$或者 270°时,$\mathrm{d}h/\mathrm{d}t = \pm\cos\varphi$,即星体穿过卯酉圈时,高度角变化率绝对值大。若 $\varphi=0$,即在赤道上,星体高度角变化率达到最大值。

根据五元素公式,有

$$\sin(90° - h)\cos(360° - A) = \cos(90° - \delta)\sin(90° - \varphi) - \sin(90° - \delta)\cos(90° - \varphi)\cos t_M$$

$$-\cos h\cos A = \sin\delta\sin\varphi - \cos\delta\sin\varphi\cos t_M \qquad (1-33)$$

将公式(1-31)除以公式(1-33),得

$$\tan A = \frac{-\cos\delta\sin t_M}{\sin\delta\cos\varphi - \cos\delta\sin\varphi\cos t_M} \qquad (1-34)$$

这便是星体方位角的计算公式。分别对 A 和 t_M 求导，有

$$\frac{dA}{\cos^2 A}=\frac{dt_M[(\sin\delta\cos\varphi-\cos\delta\sin\varphi\cos t_M)(-\cos\delta\cos t_M)-(-\cos\delta\sin t_M)(\cos\delta\sin\varphi\sin t_M)]}{(\sin\delta\cos\varphi-\cos\delta\sin\varphi\cos t_M)^2}$$

于是

$$\frac{dA}{dt_M}=\frac{\cos^2 A\cos\delta(\cos\delta\sin\varphi-\sin\delta\cos\varphi\cos t_M)}{(\sin\delta\cos\varphi-\cos\delta\sin\varphi\cos t_M)^2}$$

由五元素公式，有

$$\begin{aligned}\sin\delta\cos\varphi-\cos\delta\sin\varphi\cos t_M&=\cos(90°-\delta)\sin(90°-\varphi)-\sin(90°-\delta)\cos(90°-\varphi)\cos t_M\\&=\sin(90°-h)\cos(360°-A)\\&=\cos h\cos A(\cos\delta\sin\varphi-\sin\delta\cos\varphi\cos t_M)\\&=\sin(90°-\delta)\cos(90°-\varphi)-\cos(90°-\delta)\sin(90°-\varphi)\cos t_M\\&=\sin(90°-h)\cos q\\&=\cos h\cos q\end{aligned}$$

因此

$$\frac{dA}{dt}=\frac{\cos^2 A\cos\delta\cos h\ \cos q}{\cos^2 h\ \cos^2 A}=\frac{\cos\delta\cos q}{\cos h} \quad (1-35)$$

由公式(1－35)可见，$q=90°$或者 $270°$时，$dA/dt=0$，即星体大距时，方位变化率等于零。随着星体高度角增加，即 h 变大，星体方位变化率 dA/dt 加快。星体中天时，$q=0$，$\cos q=1$，$h=90°$，$\cos h=0$，此时 dA/dt 最大，星体方位角变化最快。

五、计算恒星视位置坐标

恒星视位置坐标是位于地心的观测者在假设没有大气的情况下看到的星体真位置（即已经进行了周日光行差和周日视差以及在有大气层时大气蒙气差改正）。但在天文年历中，各个恒星的视位置都由该年白塞耳年首的平位置换算而得。所以，对于恒星来说，周日视差可以忽略。周日光行差决定于观测者的纬度。而周年光行差、周年视差、岁差和章动却与观测者位置无关。

1. 恒星视位置坐标＝年首平位置坐标＋周年光行差＋周年视差＋自行＋岁差＋章动

(1)周日视差

视差就是一个观测者处在不同位置时观看同一目标时的方向之差。测量太阳系星体时是以地球半径作为基线，它所测量的视差称为周日视差，如图1－27所示。图中，M 是观测者，z_M 是观测者 M 的天顶，σ 是星体，P 是周日视差，z 是星体的天顶距，R 是地球半径，D 是地心到星体的距离。则由视差的定义，星体 σ 在地平时视差最大，叫作周日地平视差，其值为

$$\sin P_0=\frac{R}{D} \quad (1-36)$$

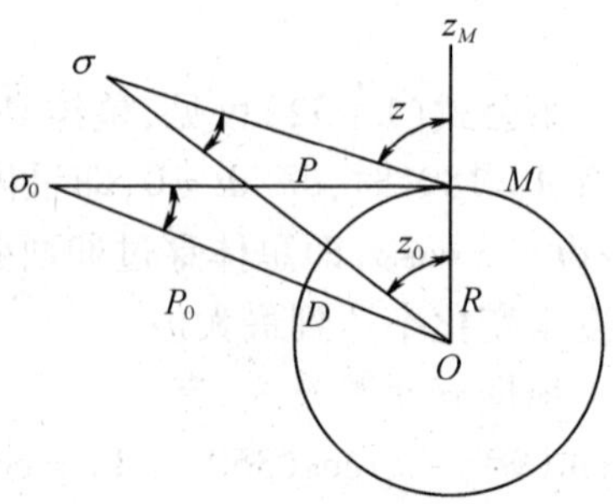

图1－27 周日视差示意图

随着星体高度的增加（即天顶距减小），周日视差也减小；在天顶时，周日视差为零。星体在地平以外时周日视差为

$$\sin P = \frac{R\sin(z-P)}{D-R\cos(z-P)} = \frac{R\sin z\cos P - R\cos z\sin P}{D - R\cos z\cos P + R\sin z\sin P}$$

因为 P 是小量,则可以认为 $\sin P = 0$,$\cos P = 1$,$D - R\cos z \approx D$,所以有

$$\sin P = R\sin z/D = \sin P_0 \sin z \quad (1-37)$$

(2)周年视差

地球围绕太阳转动一周所产生的视差称为周年视差。实际上它是以地球到太阳的距离作为基线测量恒星的张角。恒星距离非常遥远,所以一般恒星视差小于1″,多数在0″.01,因此可以忽略不计。恒星的周年视差 π 表示为

$$\sin\pi = a/L \quad (1-38)$$

式中 a——地球到太阳的平均距离,地球绕太阳运行轨迹是一个椭圆,地球位于椭圆的一个焦点上;

L——太阳到恒星的距离。

(3)周年光行差

雨天,若没有风,人们看到雨点是垂直落下的;如果坐在快速行驶的车里,看见雨点是迎面斜着扑来,车速越快,雨点倾斜越大,这种由于观测者行进速度(与静止时比较)引起星体方向的变化叫作光行差,如图1-28所示。观测者静止在 O 点和以速度 V 沿着 OA 方向行进,$O\sigma$ 是静止时看到的星体方向;$O\sigma'$ 是观测者以速度 V 行进时看到的星体方向。$O\sigma$ 和 $O\sigma'$ 方向线夹角为 $\alpha_{光}$ 就是光行差。若 θ 为观测者行进方向与星体 σ' 视方向 $O\sigma'$ 之夹角,则光行差计算式为

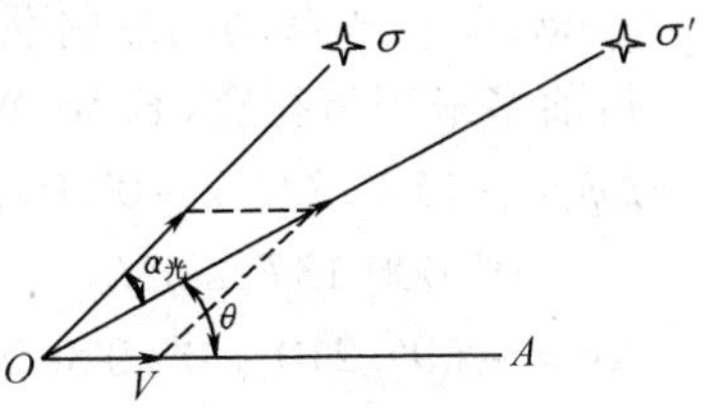

图1-28 光行差示意图

$$\sin\alpha_{光} = \frac{V}{C}\sin\theta \quad (1-39)$$

式中,C 为光速。光行差有周年光行差和周日光行差之分。由地球绕太阳运动引起的光行差叫作周年光行差;由地球自转运动引起的光行差叫作周日光行差。

(4)恒星的自行

恒星在一年内走过的距离在垂直于观测者视线方向的分量所张的角称为自行,单位是角秒/年。一般自行很小,小于0″.1/年。所以它一般与岁差、章动合并起来考虑。

(5)岁差和章动

在地球外力(如太阳和月亮引力)作用下,其自转轴在空间中不是保持固定方向不变的,而是在不断变化,我们把地球自转轴的长期移动称为岁差,把地球自转轴的周期性运动称为章动。实际上,在太阳和月亮引力作用下,地球自转轴绕黄极旋转,在空间画出一个圆锥面,它绕行一周需要2 600年,即春分点沿黄道移动一周要2 600年。这种由于太阳和月亮引起的地球自转轴的长期运动又称为日月岁差,其值为5 025″.64。地球自转轴在空间绕黄极旋转的同时,还有短期运动,即章动。岁差和章动引起天球天极和春分点的变化和运动,它对恒星视位置有影响,因此必须引入相关项目的改正。

2. 根据恒星年首平位置坐标来计算其视位置坐标

符合规定:α_0,δ_0 是恒星年首平位置的坐标;α_0',δ_0'是已加了岁差和自行改正后恒星在观测瞬间 t 的平位置坐标;$\alpha_{真}$,$\delta_{真}$ 是已加了章动改正后在观测瞬间恒星真位置坐标;α,δ 是已加了周年光行差和周年视差改正后恒星视位置坐标。t_0 是当年年首;t 是观测瞬间时间。

$\tau = t - t_0$是半年时间间隔。当 t 在下半年时,t_0取下一年年首。

由年首平位置坐标计算观测瞬间平位置坐标(岁差改正取第一项)

$$\begin{cases}\alpha' = \alpha_0 + (m + n\sin\alpha_0\tan\delta_0)\tau + \mu_\alpha\tau \\ \delta' = \delta_0 + n\cos\alpha_0\tau + \mu_\delta\tau\end{cases} \tag{1-40}$$

式中,$m = \varphi'\cos\varepsilon - \lambda'$,$n = \varphi'\sin\varepsilon$。而 ε 是黄赤交角;φ'是日月岁差使星体黄经增加速度;λ'是行星岁差使星体赤经减小速度;μ_α,μ_δ 是恒星赤经周年自行和赤纬周年自行;τ 是天文年历载白塞耳日数。

对观测瞬间平位置坐标加章动改正,求观测瞬间真位置坐标

$$\begin{cases}\alpha_{真} = \alpha' + (\Delta\psi + \mathrm{d}\psi)(\cos\varepsilon + \sin\varepsilon\sin\alpha_0\tan\delta_0) - (\Delta\varepsilon + \mathrm{d}\varepsilon)\cos\alpha_0\tan\delta_0 \\ \delta_{真} = \delta' + (\Delta\psi + \mathrm{d}\psi)\sin\varepsilon\cos\alpha_0 + (\Delta\varepsilon + \mathrm{d}\varepsilon)\sin\alpha_0\end{cases} \tag{1-41}$$

式中 $\Delta\varepsilon$——真黄赤交角对平黄赤交角变量,叫作交角章动,$\Delta\varepsilon = \varepsilon - \varepsilon_0$;

$\Delta\psi$——黄经章动;

$\Delta\varphi$,$\Delta\varepsilon$——章动的长周期项;

$\mathrm{d}\varphi$,$\mathrm{d}\varepsilon$——章动的短周期项。

目前多采用伍拉德(E. W. Woolard)给出的 $\Delta\psi$,$\Delta\varepsilon$ 表达式:

$$\Delta\psi = -(17''.232\,7 + 0''.017\,37T)\sin\Omega + (0''.208\,8 + 0''.000\,02T)\sin^2\Omega - (1''.272\,9 + 0''.000\,13T)\sin 2L$$

$$\Delta\varepsilon = -(9''.210 + 0''.000\,91T)\cos\Omega - (0''.090\,4 - 0''.000\,04T)\cos^2\Omega + (0''.552\,2 - 0''.000\,29T)\cos 2L \tag{1-42}$$

式中 Ω——白道升交点的平黄经,从瞬时平春分点起算;

L——太阳几何平黄经;

T——自 2000 年 1 月 0.5 日历书时起算的儒略世纪数。

加上光行差改正,就得到恒星的瞬时视位置坐标

$$\begin{cases}\alpha = \alpha_{真} + Cc + Dd \\ \delta = \delta_{真} + Cc' + Dd'\end{cases} \tag{1-43}$$

式中 $c = \frac{1}{15}\cos\alpha_{真}\sec\delta_{真}$

$c' = \tan\varepsilon\cos\delta_{真} - \sin\alpha_{真}\sin\delta_{真}$

$d = \frac{1}{15}\sin\alpha_{真}\sec\delta_{真}$

$d' = \cos\alpha_{真}\sin\delta_{真}$

$C = -(k\cos\theta\cos\varepsilon + ke\cos\pi\cos\varepsilon)$

$D = -(k\sin\theta + ke\sin\pi)$

其中 $k = \dfrac{na}{c\sqrt{1 - e^2}\sin 1''}$是光行差长数,为 $20''.495\,5$,e 和 π 为太阳轨道的偏心率和近地点黄经,n 为平均运动,a 为轨道半长轴。

第四节 一种机选自动星历表

自动星历表能够自动给出某年某月某日世界时 0^h 的真恒星时 S_G^0,要观测星体的预先编号(星号)恒星的视赤经 α 和视赤纬 δ。对于自动星体跟踪器使用非常有用。

1. 格林尼治 0^h 的平恒星时 S_G^0

1984 年前,世界时与恒星时的关系式是根据纽康给出的假平太阳赤经的表达式,而世界时定义为假平太阳的格林尼治时角加 12^h。1982 年国际天文会议决议:1984 年 1 月 1 日开始,由于采用了新天文常数系统和 *FK*5 春分点,必须修改世界时 0^h 的格林尼治平恒星时的表达式以使由观测所测定的 *UT*1 在采用了 *FK*5 春分点以后,在数值上和速率上保持连续性。新的 $0^h UT$ 的格林尼治平恒星时的表达式如下(1998 年中国天文年历):

$$S_{GP}^{P} = 6^h 41^m 50^s.548\,41 + 8\,640\,184^s.812\,866 \times T_U + 0^s.093\,104 \times T_U^2 - 6^s.2 \times 10^{-4} \times T_U^3 \tag{1-44}$$

式中,$T_U = D_U/36\,525$,D_U 是从 2000 年 1 月 1 日 $12^h UT1(JD = 2\,451\,545.0)$ 算起的日数。平年一年共有 365 天,闰年 2 月 29 天,一年共有 366 天。2000 年是一个闰年。闰年是每四年一个循环。例如 2000 年是闰年,2001 年、2002 年、2003 年是平年,2004 年又是一个闰年,依此类推。计算机计算当天世界时 0^h 的儒略日数时:

$$(Y - 2\,000) \div 4 \rightarrow Y_1 \tag{1-45}$$

$$\Delta Y = Y_1 - \text{整数}[(Y - 2\,000) \div 4] > 0?$$

(1)如果 $\Delta Y > 0$,则闰年个数是整数$[(Y - 2\,000) \div 4]$,计算儒略日数时加上整数$[(Y - 2\,000) \div 4]$,即为下面几项之和:

① $$(Y - 2\,000) \times 365 \tag{1-46}$$

②当年对应平年第几月前的累计日数($(X-1)$下面数据表的首地址):

1 月	2 月	3 月	4 月	5 月	6 月	7 月	8 月	9 月	10 月	11 月	12 月
31 天	28 天	31 天	30 天	31 天	30 天	31 天	31 天	30 天	31 天	30 天	31 天

③当年当月当日对应的日数,同时世界时是从子夜 0^h 起算,儒略日是从 2000 年 1 月 1 日 $12^h(JD = 2\,451\,545.0)$ 算起的日数,相差 0.5 日,因此应从世界时的日数减去 0.5 日;

④ $$\text{整数}[(Y - 2\,000) \div 4] \times 1 \tag{1-47}$$

(2)如果 $\Delta Y = 0$,说明该年是一个闰年,则计算儒略日数为下面几项之和:

① $$(Y - 2\,000) \times 365 \tag{1-48}$$

②当年对应闰年第几月前的累计日数($(X-1)$下面数据表的首地址):

1 月	2 月	3 月	4 月	5 月	6 月	7 月	8 月	9 月	10 月	11 月	12 月
31 天	29 天	31 天	30 天	31 天	30 天	31 天	31 天	30 天	31 天	30 天	31 天

③当年当月当日对应的日数，同时世界时是从子夜0^h起算，儒略日是从2000年1月1日12^h($JD=2\ 451\ 545.0$)算起的日数，相差0.5日，因此应从世界时的日数减去0.5日；

④ 整数$[(Y-2\ 000)\div 4]\times 1$

例如求2005年1月1日的S_{GP}^{P}：

$$(2\ 005-2\ 000)\div 4=1.25\rightarrow Y_1$$

$\Delta Y=1.25-$整数$[(2\ 005-2\ 000)\div 4]=0.25>0$，则闰年个数是整数$[(2\ 005-2\ 000)\div 4]=1$，计算儒略日数时应加上一个整数$[(Y-2\ 000)\div 4]=1$，同时世界时是从子夜$0^h$起算，儒略日是从2000年1月1日$12^h$($JD=2\ 451\ 545.0$)算起的日数，相差0.5日，因此应从世界时的日数减去0.5日，即：

(a)$(2\ 005-2\ 000)\times 365=1\ 825$；

(b)当年对应第几月前的累计日数($(1-1)=0$，下面数据表的首地址)：

1月	2月	3月	4月	5月	6月	7月	8月	9月	10月	11月	12月
31天	28天	31天	30天	31天	30天	31天	31天	30天	31天	30天	31天

1月1日即是取为0月；

(c)1日变为儒略日是$1-0.5=0.5$(日)；

(d)计算儒略日数为$1\ 825+0.5+\{$整数$[(2\ 005-2\ 000)\div 4]=1\}=1\ 826.5$，即$D_U=1\ 826.5$；

$$T_U=D_U/36\ 525=1\ 826.5/365\ 25=0.050\ 006\ 844 \qquad (1-49)$$

$$\begin{aligned}S_{GP}^{P}&=6^h41^m50^s.548\ 41+8\ 640\ 184.812\ 866\times(0.050\ 006\ 844)+0^s.093\ 104\times\\&\quad(0.050\ 006\ 84)^2-6^s.2\times10^{-6}\times(0.050\ 006\ 844)^3\\&=24\ 110^s.548\ 41+432\ 068^s.374+0^s.000\ 232\ 823+0^s.000\ 000\ 000\ 39\\&=456\ 178^s.922\\&=6^h\ 42^m58^s.92\end{aligned} \qquad (1-50)$$

如果求1998年1月1日的平恒星时，有：

(a)$(1\ 998-2\ 000)\times 365=-730$；

(b)当年对应第几月前的累计日数($(1-1)=0$，下面数据表的首地址)：

1月	2月	3月	4月	5月	6月	7月	8月	9月	10月	11月	12月
31天	28天	31天	30天	31天	30天	31天	31天	30天	31天	30天	31天

1月1日即是取为0月；

(c)1日变为儒略日是$1-0.5=0.5$(日)；

(d)计算儒略日数为$-[730+(1-0.5)+$整数$[(2\ 000-1\ 998)\div 4]$为$0]=-730.5$，即$D_U=-730.5$(即儒略日＝年累计日数＋月累计日数＋当日累计日数)，取用$(Y-2\ 000)$的符号，$1\ 998<2\ 000$，所以取负号。

$$T_U=D_U/36\ 525=-730.5/36\ 525=-0.02$$

$S_{GP}^{P}=6^{h}41^{m}50^{s}.54841+8640184^{s}.812866\times(-0.02)+0^{s}.093104\times(-0.02)^{2}-$
$6^{s}.2\times10^{-6}\times(-0.02)^{3}$
$=6^{s}.697374558-0.001026733+0.00000001+D$
$=6^{s}.696347835$
$=6^{h}41^{m}46^{s}.85$

此计算结果与 1998 年中国天文年历给出的平恒星时一样。

2. 格林尼治 0^{h} 的真恒星时 S_{G}^{0}

恒星时是春分点距离子午圈的时角，对于地球上每一个地方子午圈存在一个地方恒星时，它同格林尼治恒星时存在关系式：

$$\text{地方恒星时 } S=\text{格林尼治恒星时 } S_{G}+\text{经度 }\lambda$$

真恒星时是真春分点的时角，世界时 0^{h} 的真恒星时（对于格林尼治子午线）按下式计算：

$$\text{世界时 }0^{h}\text{ 的真恒星时}=12^{h}+R_{G}+\text{赤经章动}$$

设世界时 0^{h} 的格林尼治恒星时为 S_{G}^{0}，则世界时 M 的格林尼治恒星时为

$$S=S_{G}^{0}+M+\mu M \tag{1-51}$$

式中，$\mu=0.0027379093$；μM 为平太阳时间间隔化为恒星时时间间隔加的改正。

章动在本质上是地球自转轴岁差运动的一部分，是真赤极绕平均极周期性的运动。章动可以分解为黄经章动和倾角章动（见 1998 年中国天文年历）。实用上把章动分为长周期项和短周期项，周期小于 35 天的称为短周期项。1984 年以前天文年历中章动计算根据伍拉德章动理论，它以地球的刚体模型为基础，章动常数取的是经验值，与其他天文常数不一致，1984 年起章动根据沃尔（J. Wahr）和木下宙（H. Kinoshita）得出（1980IAU 章动理论），其展开式共包括 106 项，如表 1－6 所示。

基本引数：

$l=134°57'46''.733+(1325'+198°52'02''.633)T+31''.310T^{2}+0''.064T^{3}$

$l'=357°31'39''.804+(99'+359°03'01''.224)T-0''.577T^{2}-0''.012T^{3}$

$F=93°16'18''.877+(1342'+82°01'03''.137)T-13''.257T^{2}+0''.011T^{3}$

$D=297°51'01''.307+(1236'+307°06'41''.328)T-6''.891T^{2}+0''.019T^{3}$

$\Omega=125°02'40''.280-(5'+134°08'10''.539)T+7''.455T^{2}+0''.008T^{3}$

式中　T——基本历元（$J2000.0=2000$ 年 1 月 1.5 日）即 $TDB=JD2\,451\,545.0TDB$ 算起的儒略世纪；$T=T_{U}=D_{U}/36\,525$，D_{U} 是从 2000 年 1 月 1 日 $12^{h}UT1$（$JD=2\,451\,545.0$）算起的日数；

l——月亮平近点角；

l'——太阳平近点角；

F——月亮平升交角距；

D——日月平角距；

Ω——月亮轨道对黄道平均升交点的黄经；

r——周数，即 1 $r=360°$。

表 1-6 黄经章动和倾角章动

序数	引数					周期/日	黄经章动 正弦项系数(0″. 000 1)		倾角章动 余弦项系数(0″. 000 1)	
	l	l'	F	D	Ω					
1	0	0	0	0	1	6 798. 4	-171 996	-174. 2T	92 025	8. 9T
2	0	0	0	0	2	3 399. 2	2 062	0. 2T	-895	0. 5T
3	-2	0	2	0	1	1 305. 5	46	0. 0T	-24	0. 0T
4	2	0	-2	0	0	1 095. 2	11	0. 0T	0	0. 0T
5	-2	0	2	0	2	1 615. 7	-3	0. 0T	1	0. 0T
6	1	-1	0	-1	0	3 232. 9	-3	0. 0T	0	0. 0T
7	0	-2	2	-2	1	6 786. 3	-2	0. 0T	1	0. 0T
8	2	0	-2	0	1	943. 2	1	0. 0T	5 736	-3. 1T
9	0	0	2	-2	2	182. 6	-13 187	-1. 6T	54	-0. 1T
10										
11										
12										
13										
14										
15										
16										
17										
18										
19										
⋮										
104	2	0	0	2	0	7. 1	1	0. 0T	0	0. 0T
105	0	0	2	4	2	4. 8	-1	0. 0T	0	0. 0T
106	0	1	0	1	0	27. 3	1	0. 0T	0	0. 0T

根据引数求自变量 X：

$X_1 = 0 \times l + 0 \times l' + 0 \times F + 0 \times D + 1 \times \Omega$

$X_2 = 0 \times l + 0 \times l' + 0 \times F + 0 \times D + 2 \times \Omega$

$X_3 = (-2) \times l + 0 \times l' + 2 \times F + 0 \times D + 1 \times \Omega$

$X_4 = 2 \times l + 0 \times l' + (-2) \times F + 0 \times D + 0 \times \Omega$

$X_5 = (-2) \times l + 0 \times l' + 2 \times F + 0 \times D + 2 \times \Omega$

$X_6 = 1 \times l + (-1) \times l' + 0 \times F + (-1) \times D + 0 \times \Omega$

⋮

$X_{144} = 2 \times l + 0 \times l' + 0 \times F + 2 \times D + 0 \times \Omega$

$X_{145} = 0 \times l + 0 \times l' + 2 \times F + 4 \times D + 2 \times \Omega$

$X_{146}=0\times l+1\times l'+0\times F+1\times D+0\times \Omega$

计算黄经章动正弦项系数(与 X_i 等对应):

$A_1=(-171\ 996)+(-174.2T)$

$A_2=2\ 062+0.2T$

$A_3=46+0.0T$

$A_4=11+0.0T$

$A_5=(-3)+0.0T$

$A_6=(-3)+0.0T$

$A_7=(-2)+0.0T$

$A_8=1+0.0T$

$A_9=(-13\ 187)+(-1.6T)$

$A_{10}=1\ 426+(-3.4T)$

⋮

$A_{144}=1+0.0T$

$A_{145}=(-1)+0.0T$

$A_{146}=1+0.0T$

黄经章动等于引数的正弦乘以黄经章动正弦项系数并求和:

$$M_{黄经}=\sum_{i=1}^{106}A_i\sin X_i\times 0''.000\ 1 \tag{1-52}$$

当 A_i 为0时,用 $\sin X_i$ 项内容,即加 $\sin X_i$。

倾角章动余弦项系数(与 X_i 等对应):

$B_1=92\ 025+8.9T$

$B_2=(-895)+0.5T$

$B_3=(-24)+0.0T$

⋮

$B_{144}=0+0.0T$

$B_{145}=0+0.0T$

$B_{146}=0+0.0T$

倾角章动等于引数的余弦乘以倾角章动余弦项系数并求和:

$$M_{倾角}=\sum_{i=1}^{106}B_i\cos X_i\times 0''.000\ 1 \tag{1-53}$$

当 B_i 为0时,用 $\cos X_i$ 项内容,即加 $\cos X_i$。

计算黄赤交角(即黄道和赤道的交角)。天文年历表中所列的为每天 $0^h TDT$ 的真黄赤交角 ε($=$ 平黄赤交角 $\varepsilon_{平}$ + 倾角章动 $M_{倾角}=\Delta\varepsilon+\mathrm{d}\varepsilon$)。计算黄赤交角新的公式:

$$\varepsilon=23°26'21''.448-46''.815\ 0T-0''.000\ 59T^2+0''.001\ 813T^3+M_{倾角} \tag{1-54}$$

式中,T 为自 $J2\ 000.0$ 算起的儒略世纪数。

则格林尼治 0^h 的真恒星时 S_G^0 为

$$S_G^0=(6^h41^m50^s.548\ 41+8\ 640\ 184^s.812\ 866T_U+0^s.093\ 104T^2-6^s.2\times10^{-6}T^3)+M_{黄经}\times\cos\varepsilon\div 15 \tag{1-55}$$

3. 星体平位置表

恒星平位置是某一儒略年首或年中对于平春分点和平赤道的日心位置。恒星视位置是某一时刻对于真春分点和真赤道的地心位置。恒星由年首(或年中)平位置归算到某一时刻的视位置要加年首(或年中)到给定时刻的岁差、章动、恒星光行差、周年视差订正和自行。

每天世界时 0^h 的贝塞尔日数 $A+A'(M_{黄经})$,$B+B'(M_{倾角})$,光行差改正 $C,D,\cdots$ 计算使用的光行差常数 $K=20''.495\ 52$。

从 1988 年开始,计算恒星视位置使用的平位置是对于儒略年年中的平位置,而不是年首平位置,因此贝塞尔日数以及二阶项订正也是对于当年年中的平春分点和平赤道的,岁差计算也应该相应采用年中至给定时刻的数值。

1998 年中国天文年历查(1998 年 5 月)恒星平位置、年变和年自行,见表 1-7。

表 1-7 1998 年中国天文年历查(1998 年 5 月)恒星平位置、年变和年自行

序号	平赤经、年变和自行			平赤纬、年变和自行			星名	目视星等
	平赤经 $\alpha_{年中}$	年变 $\alpha_{年变}$	自行 μ_α	平赤纬 $\delta_{年中}$	年变 $\delta_{年变}$	自行 μ_δ		
1	$0^h08^m18^s.596$	$3^s.112$	$0^s.010\ 4$	$29°04'55''.78$	$19''.87$	$-0''.163$	仙女 α	$2^m.06$
2	$0^h09^m05^s.846$	$3^s.231$	$0^s.068\ 3$	$59°08'29''.41$	$19''.85$	$-0''.181$	仙女 β	$2^m.27$
3	$0^h13^m09^s.510$	$3^s.096$	$0^s.000\ 2$	$15°10'30''.80$	$20''.00$	$-0''.012$	飞马 γ	$2^m.83$
4	$0^h26^m12^s.599$	$2^s.955$	$0^s.018\ 3$	$-42°18'51''.08$	$19''.53$	$-0''.396$	凤凰 α	$2^m.39$
5	$0^h40^m25^s.295$	$3^s.435$	$0^s.006\ 4$	$56°31'44''.91$	$19''.72$	$-0''.032$	仙后 α	$2^m.23$
6	$0^h43^m30^s.858$	$3^s.009$	$0^s.016\ 4$	$-17°59'41''.39$	$19''.73$	$0''.033$	鲸鱼 β	$2^m.04$
7	$1^h09^m38^s.867$	$3^s.375$	$0^s.014\ 6$	$35°36'45''.43$	$19''.04$	$-0''.113$	仙女 β	$2^m.06$
8	$1^h25^m43^s.006$	$3^s.968$	$0^s.039\ 9$	$60°13'39''.05$	$18''.61$	$-0''.051$	仙后 δ	$2^m.68$
9	$5^h07^m46^s.543$	2^s953	$-0^s.006\ 3$	$-5°05'17''.90$	$4''.45$	$-0''.081$	波江 β	$2^m.79$
10	$1^h54^m33^s.413$	$3^s.325$	$0^s.006\ 8$	$20°47'62''.60$	$17''.48$	$-0''.111$	白羊 β	$2^m.64$
11	$2^h03^m48^s.406$	$3^s.704$	$0^s.004$	$42°19'21''.29$	$17''.14$	$-0''.052$	仙女 γ	$2^m.26$
12	$2^h07^m05^s.312$	$3^s.394$	$0^s.013\ 8$	$23°27'19''.33$	$16''.90$	$-0''.148$	白羊 α	$2^m.00$
13	$3^h57^m57^s.559$	$2^s.982$	$0^s.004\ 2$	$-13°30'45''.80$	$10''.07$	$-0''.111$	波江 γ	$2^m.95$
14	$3^h04^m12^s.059$	$3^s.142$	$-0^s.000\ 6$	$4°04'62''.00$	$13''.97$	$-0''.078$	鲸鱼 α	$2^m.53$
15	$3^h08^m04^s.245$	$3^s.923$	$0^s.000\ 3$	$40°56'59''.94$	$13''.67$	$-0''.001$	英仙 β	$2^m.1$(变)
16	$3^h24^m12^s.904$	$4^s.309$	$0^s.002\ 5$	$49°51'21''.48$	$12''.58$	$-0''.025$	英仙 α	$1^m.79$
17	$3^h47^m23^s.705$	$3^s.577$	$0^s.001\ 4$	$24°05'62''.01$	$10''.92$	$-0''.046$	金牛 β	$2^m.87$
18	$4^h35^m50^s.064$	$3^s.449$	$0^s.004\ 4$	$16°30'22''.89$	$7''.02$	$-0^s.19$	金牛 α	$0^m.85$
19	$5^h14^m27^s.939$	$2^s.886$	$0^s.0$	$-8°12'11''.91$	$3''.96$	$-0''.001$	猎户 β	$0^m.12$
20	$5^h16^m34^s.691$	$4^s.441$	$0^s.007\ 3$	$45°59'47''.88$	$3''.36$	$-0''.425$	御夫 α	$0^m.88$
21	$5^h25^m03^s.025$	$3^s.221$	$-0^s.000\ 6$	$6°20'54''.20$	$3''.04$	$-0''.014$	猎户 γ	$1^m.64$
22	$5^h26^m11^s.815$	$3^s.789$	$0^s.001\ 7$	$28°36'22.52$	$2''.78$	$-0''.175$	金牛 β	$1^m.65$

表 1-7(续)

序号	平赤经、年变和自行			平赤纬、年变和自行			星名	目视星等
	平赤经 $\alpha_{年中}$	年变 $\alpha_{年变}$	自行 μ_α	平赤纬 $\delta_{年中}$	年变 $\delta_{年变}$	自行 μ_δ		
23	$5^h36^m08^s.238$	$3^s.047$	$0^s.000\,1$	−1°12′10″.14	2″.09	−0″.002	猎户 ε	$1^m.70$
24	$5^h39^m35^s.684$	$2^s.175$	$0^s.000\,5$	−34°04′29″.64	1″.76	−0″.026	天鸽 α	$2^m.64$
25	$5^h40^m40^s.971$	$3^s.029$	$0^s.000\,1$	−1°56′35″.97	1″.70	−0″.001	猎户 ζ	$2^m.05$
26	$5^h55^m05^s.431$	$3^s.250$	$0^s.001\,7$	7°24′24″.70	0″.45	0″.09	猎户 α	$0^m.4$(变)
27	$5^h59^m25^s.115$	$4^s.403$	$-0^s.005\,4$	44°56′50″.71	0″.05	0″.0	御夫 β	$1^m.90$
28	$6^h22^m38^s.004$	$2^s.644$	$-0^s.000\,4$	−17°57′18″.40	−1″.97	0″.0	大犬 β	$1^m.98$
29	$22^h41^m23^s$	$2^s.994$	$0^s.005\,5$	10°49′24″.55	18″.86	−0″.013	飞马 ζ	$3^m.40$
30	$6^h37^m37^s.526$	$3^s.466$	$0^s.002\,9$	16°23′62″.41	−3″.32	−0″.042	双子 γ	$1^m.93$
31	$6^h45^m04^s.907$	$2^s.643$	−0″.038 5	−16°42′50″.30	−5″.12	−1″.205	大犬 α	$-1^m.46$
32	$7^h24^m02^s.137$	$2^s.374$	$-0^s.000\,3$	−20°17′60″.46	−7″.18	0″.005	大犬 η	$2^m.45$
33	$7^h08^m19^s.819$	$3^s.253$	$-0^s.003\,5$	−26°23′26″.72	−7″.47	−0″.038	大犬 δ	$1^m.86$
34	$7^h34^m30^s.262$	$3^s.823$	$-0^s.013\,5$	31°53′30″.73	−8″.13	−0″.099	双子 α	$1^m.95$
35	$7^h39^m13^s.405$	$3^s.138$	$-0^s.047\,5$	5°13′44″.21	−9″43	−1″.023	小犬 α	$0^m.38$
36	$7^h45^m13^s.448$	$3^s.665$	$-0^s.047\,4$	28°01′47″.66	−8″.93	−0″.046	双子 β	$1^m.14$
37	$6^h23^m34^s.00$	$3^s.251$	$-0^s.003$	−52°41′24″.02	−11″.29	−0″.049	船底 α	$-0^m.72$
38	$9^h07^m56^s.460$	$2^s.210$	$-0^s.001\,7$	−43°25′35.41	−15″.36	0″.013	船帆 λ	$2^m.21$
39	$2^h30^m08^s.70$	$3^s.643$	$-0^s.017\,9$	89°15′26″.97	−14″.62	0″.019	小熊 α	$2^m.12$
40	$9^h27^m30^s.824$	$2^s.949$	$-0^s.000\,9$	−8°39′07″.54	−15″.73	0″.033	长蛇 α	$1^m.98$
41	$10^h08^m17^s.529$	$3^s.191$	$-0^s.016\,9$	11°58′28″.45	−17″.66	0″.006	狮子 α	$1^m.35$
42	$10^h19^m53^s.392$	$3^s.301$	$0^s.021\,7$	19°50′57″.00	−18″.31	−0″.15	狮子 γ	$2^m.61$
43	$11^h01^m45^s.097$	$3^s.591$	$0^s.009\,9$	56°23′25″.70	−19″.37	0″.034	大熊 β	$2^m.37$
44	$11^h03^m38^s.171$	$3^s.665$	$-0^s.016\,8$	61°45′32″.48	−19″.51	−0″.067	大熊 α	$1^m.79$
45	$11^h48^m58^s.994$	$3^s.058$	$-0^s.034\,2$	14°34′49″.55	−20″.14	−0″.114	狮子 β	$2^m.14$
46	$11^h53^m45^s.134$	$3^s.136$	$0^s.010\,7$	53°41′71″.17	−20″.02	0′.012	大熊 γ	$2^m.44$
47	$12^h15^m43^s.727$	$3^s.093$	$-0^s.011\,2$	−17°31′61″.01	−19″.97	0″.023	乌鸭 γ	$2^m.59$
48	$17^h30^m23^s.917$	$3^s.025$	$-0^s.031\,3$	52°17′68″.97	−19″.51	0″.054	天龙 β	$2^m.79$
49	$17^h53^m30^s.166$	$2^s.154$	$0^s.000\,3$	56°52′22″.29	11″.65	0″.0	天龙 ζ	$3^m.75$
50	$13^h55^m26^s.736$	$3^s.767$	$-0^s.005\,6$	−47°16′51″.73	−17″.65	−0″.042	半人马 ξ	$2^m.55$
51	$12^h46^m48^s.400$	$3^s.126$	$0^s.049\,5$	−59°36′18″.00	−20″.30	−0″.271	南十字 β	$1^m.28$
52	$12^h53^m57^s.808$	$2^s.627$	$0^s.013\,3$	55°57′64″.71	−19″.50	−0″.006	大熊 ε	$1^m.77$
53	$12^h55^m57^s.465$	$2^s.802$	$-0^s.019\,9$	38°19′35″.30	−19″.39	0″.057	猎犬 α	$2^m.90$
54	$13^h23^m51^s.927$	$2^s.408$	$0^s.014\,1$	54°55′59″.48	−18″.74	−0″.02	大熊 ζ	$2^m.27$
55	$13^h25^m06^s.835$	$3^s.167$	$-0^s.002\,8$	−11°08′72″.65	−18″.71	−0″.028	室女 α	$0^m.98$

表 1－7(续)

序号	平赤经、年变和自行			平赤纬、年变和自行			星名	目视星等
	平赤经 $\alpha_{年中}$	年变 $\alpha_{年变}$	自行 μ_α	平赤纬 $\delta_{年中}$	年变 $\delta_{年变}$	自行 μ_δ		
56	$13^h47^m28^s.894$	$2^s.360$	$-0^s.012\,5$	49°18′74″.78	－17″.90	－0″.011	大熊 η	$1^m.86$
57	$18^h13^m53^s.284$	$2^s.857$	$-0^s.004\,4$	64°23′48″.32	－17″.95	－0″.358	人马 β	$5^m.03$
58	$14^h05^m45^s.600$	$2^s.612$	$0^s.014\,5$	－36°17′42″.00	－15″.52	0″.132	半人马 θ	$-0^m.04$
59	$14^h15^m35^s.569$	$2^s.738$	$-0^s.077\,2$	19°11′24″.66	－18″.64	－1″.998	牧夫 α	$-0^m.04$
60	$14^h38^m32^s.800$	$2^s.627$	$-0^s.003\,7$	－60°46′24″.00	－15″.06	0″.021	半人马 α	$0^m.01$(变)
61	$14^h50^m47^s.721$	$3^s.328$	$-0^s.007\,3$	－16°01′68″.23	－14″.86	－0″.067	天秤 α	$2^m.75$
62	$14^h50^m42^s.533$	$2^s.769$	$0^s.009\,1$	74°09′41″.86	－14″.79	－0″.094	小熊 β	$2^m.08$
63	$15^h34^m37^s.463$	$2^s.542$	$0^s.009\,1$	26°42′70″.89	－11″.97	－0″.089	北冕 α	$2^m.23$
64	$16^h00^m14^s.673$	$3^s.556$	$-0^s.000\,9$	－22°36′63″.01	－10″.03	－0″.022	天蝎 δ	$2^m.32$
65	$16^h29^m18^s.908$	$3^s.687$	$-0^s.000\,7$	－26°25′43″.54	－7″.75	－0″.02	天蝎 α	$0^m.9$(变)
66	$16^h47^m00^s.730$	$3^s.309$	$0^s.000\,9$	－68°60′00″.00	－7″.07	0″.026	南三角 α	$1^m.93$
67	$17^h10^m17^s.517$	$3^s.444$	$0^s.002\,7$	－15°43′23″.22	－4″.22	0″.097	蛇夫 η	$2^m.63$
68	$17^h37^m12^s.677$	$3^s.964$	$0^s.001\,4$	－42°59′49″.23	2″.61	－0″.002	天蝎 θ	$1^m.87$
69	$17^h34^m51^s.895$	$2^s.786$	$0^s.008\,2$	12°33′39″.77	－2″.42	－0″.226	蛇夫 α	$2^m.08$
70	$17^h56^m34^s.274$	$1^s.394$	$-0^s.000\,8$	51°29′20″.69	－0″.32	－0″.019	天龙 γ	$2^m.23$
71	$18^h24^m04^s.355$	$3^s.981$	$-0^s.003\,1$	－34°22′67″.70	1″.98	－0″.124	人马 ε	$1^m.85$
72	$18^h36^m53^s.283$	$2^s.031$	$0^s.017\,3$	38°46′55″.92	3″.49	0″.286	天琴 α	$0^m.03$
73	$18^h55^m10^s.348$	$3^s.718$	$0^s.001$	－26°17′55″.32	4″.72	－0″.054	人马 σ	$2^m.02$
74	$19^h50^m42^s.612$	$2^s.926$	$0^s.036\,3$	8°51′51″.48	9″69	0″.386	天鹰 α	$0^m.77$
75	$20^h22^m10^s.472$	$2^s.787$	$0^s.004\,5$	40°14′66″.66	12″.79	－0″.002	天鹅 γ	$2^m.20$
76	$20^h41^m22^s.847$	$2^s.046$	$0^s.000\,3$	45°16′29″.84	12″.97	0″.002	天鹅 α	$1^m.25$
77	$21^h18^m32^s.626$	$1^s.43$	$0^s.021\,8$	62°34′45″.10	15″.32	0″.049	仙王 α	$2^m.44$
78	$21^h44^m06^s.743$	$2^s.946$	$0^s.002\,1$	9°51′64″.99	16″.62	－0″.001	飞马 ε	$0^m.7$(变)
79	$22^h42^m34^s.721$	$3^s.567$	$0^s.013\,4$	－46°53′33″.05	18″.87	－0″.008	天鹅 β	$2^m.11$
80	$22^h57^m34^s.098$	$3^s.305$	$0^s.025\,5$	－29°37′48″.81	19″.12	－0″.165	南鱼 α	$1^m.16$
81	$23^h03^m42^s.090$	$2^s.916$	$0^s.014\,3$	28°04′28″.73	19″.56	0″.137	飞马 β	$2^m.42$
82	$23^h04^m41^s.169$	$2^s.991$	$0^s.004\,4$	15°11′49″.77	19″.40	－0″.043	飞马 α	$2^m.49$

表 1－7 是 1998 年 5 月的平位置，如果不是 1998 年而是其他年份，则加年变修正。当年年中的恒星平位置：

$$\alpha_{平} = \alpha_{年中} + \alpha_{年变} \times (Y - 1\,998) \tag{1-56}$$

$$\delta_{平} = \delta_{年中} + \delta_{年变} \times (Y - 1\,998) \tag{1-57}$$

4. 世界时 0^h 的恒星视位置

用贝塞尔日数恒星由年中平位置求视位置的公式如下：

$$\alpha = \alpha_{平} + (A + A')a + (B + B')b + Cc + Dd + E + \mu_\alpha \tau + J_\alpha \tan^2\delta_{平} \quad (1-58)$$

$$\delta = \delta_{平} + (A + A')a' + (B + B')b' + Cc' + Dd' + \mu_\delta \tau + J_\delta \tan^2\delta_{平} \quad (1-59)$$

其中：

(1) τ 表示儒略年年中与当天相距的时间间隔，以儒略年为单位，在上半年 τ 为负值；具体求法是：太阳系力学时记为 *TDB*。1976 年国际天文学会决议，天文年历从 1984 年起采用新的标准历元 2000 年 1 月 1.5 日 *TDB*，记作 J2 000.0。此时儒略日 $JD = 2\ 451\ 545.0$，这正是纽康基本历元 1900 年 1 月 0.5 日（$JD = 2\ 415\ 020.0$）之后一个儒略世纪（100 儒略年 = 365 25 儒略日）。新标准历元用太阳系力学时表示，以代替过去的世界时。某年的儒略年首与标准历元的间隔为儒略年 365.25 儒略日的倍数，例如 1998 年儒略年首在 1 月 1.0 日 *TDB*，记作 J1 998.0；而 1999 年儒略年首在 1 月 1.25 日 *TDB*，记作 *J*1 999.0 等。因此已知儒略日 *JD*，儒略历元为

$$J2\ 000.0 + (JD - 2\ 451\ 545.0)/365.25 \quad (1-60)$$

对于 τ（上半年取"－"号，下半年取"＋"号），有

$$\tau = (t - t_{中})/365.25 \quad (1-61)$$

这里，平年（365 日）的儒略日数为 365.25，$t_{中} = 182.625$，月累计日数 t 为 31，59，90，120，151，181，212，243，273，304，334，365；而闰年（366 日）的儒略日数为 366.25，$t_{中} = 183.125$，月累计日数 t 为 31，60，91，121，152，182，213，244，274，305，335，366。编制软件包时注意技巧。

(2) 赤经岁差 m，赤纬岁差 n

$$m = (3^s.074\ 957\ 5 + 0^s.001\ 862\ 08T - 0.000\ 000\ 185T^2) \times 15'' \quad (1-62)$$

$$n = 20''.041\ 09 - 0''.008\ 533\ 0T - 0''.000\ 002\ 1T^2 \quad (1-63)$$

这里，T 是从 2000 年 1 月 1 日 $12^h UT1$（$JD = 2\ 451\ 545.0$）算起的日数除以 36 525 得到的儒略世纪数，则求出 m/n。

(3) 每天 $0^h TDT$ 的真黄赤交角 ε（＝平黄赤交角 $\varepsilon_{平}$ ＋倾角章动 $M_{倾角} = \Delta\varepsilon + d\varepsilon$）公式：

$$\varepsilon = 23°26'21''.448 - 46''.815\ 0T - 0''.000\ 59T^2 + 0''.001\ 813T^3 + M_{倾角} \quad (1-64)$$

其中，T 为自 *J*2 000.0 算起的儒略世纪数，如上，则 $\tan\varepsilon$ 即可求出。

(4) 太阳平均轨道根数

对于当天平春分点的几何平黄经

$$L = 280°27'59''.21 + 129\ 602\ 771''.36T + 1''.093T^2$$

对于当天平春分点的近地点平黄经

$$\Gamma = 282°56'14''.45 + 6\ 190''.32T + 1''.655T^2 + 0''.012T^3$$

对于平近点角 $L - \Gamma$

$$g = 357°31'44''.76 + 129\ 596\ 581''.04T - 0''.562T^2 - 0''.012T^2$$

太阳轨道的偏心率

$$e = 0.016\ 708\ 62 - 0.000\ 042\ 04T - 0.000\ 000\ 124T^2$$

(5) 求 $$A + A' = n\tau + M_{黄经}\sin\varepsilon = n\tau + \left(\sum_{i=1}^{106} A_i \sin X_i \times 0''.000\ 1\right) \times \sin\varepsilon \quad (1-65)$$

(6) 求 $$B + B' = -M_{倾角} = -\sum_{i=1}^{106} B_i \cos X_i \times 0''.000\ 1 \quad (1-66)$$

(7)求 $$C = -(k_{光}\cos L\cos\varepsilon - k_{光}\, e\cos g\cos\varepsilon) \tag{1-67}$$

$$D = -(k_{光}\sin L + k_{光}\, e\sin g) \tag{1-68}$$

式中 $k_{光}$——光行差常数,$k_{光} = 20''.4955$;

e——太阳轨道的偏心率,L,g,ε 同前。

(8)求 $$E = \lambda' M_{黄经}/\psi' \tag{1-69}$$

式中 $M_{黄经}$——当天春分点的黄经章动,$M_{黄经} = \left(\sum_{i=1}^{106} A_i \sin X_i \times 0''.0001\right)$;

λ'——行星岁差的周年速率;

ψ'——日月岁差的周年速率;

$\lambda'/\psi' = 0.002094 - 0.000944T$。

以上 m,n,λ',ψ' 取对于当年年中的数值。

(9)求当年恒星年中的平赤经和平赤纬及其年自行 $\alpha_{平},\delta_{平},\mu_\alpha,\mu_\delta$。

(10)求系数:

$$\begin{aligned} A &= \frac{1}{15}(m/n + \tan\delta_{平}\sin\alpha_{平}), & a' &= \cos\alpha_{平} \\ B &= \frac{1}{15}\tan\delta_{平}\cos\alpha_{平}, & b' &= -\sin\alpha_{平} \\ C &= \frac{1}{15}\sec\delta_{平}\cos\alpha_{平}, & c' &= \tan\varepsilon\cos\delta_{平} - \sin\delta_{平}\sin\alpha_{平} \\ D &= \frac{1}{15}\sec\delta_{平}\sin\alpha_{平}, & d' &= \sin\delta_{平}\cos\alpha_{平} \end{aligned} \tag{1-70}$$

(11)修正二阶项影响所用的系数 J_α, J_δ:

$$J_\alpha = \frac{1}{15}PQ\sin 1'', J_\delta = \frac{1}{15}P^2\sin 1'' \tag{1-71}$$

式中 $P = (A + A' \pm D)\sin\alpha + (B + B' \pm C)\cos\alpha$;

$Q = (A + A' \pm D)\cos\alpha - (B + B' \pm C)\sin\alpha$。

对北纬恒星($\delta > 0$)取“+”号,对南纬恒星($\delta < 0$)取“-”号。$A + A' = M_{黄经}, B + B' = M_{倾角}$。$C,D$ 如式(1-43)定义。

参考文献

[1] 中国科学院紫荆山天文台. 中国天文年历(1998 年)[K]. 北京:科学出版社,1997.

[2] 苗永宽. 球面天文学[M]. 北京:科学出版社,1983.

[3] С. Н. Блажко. Курс практичесхой астрономин[M]. 苏联国立技术理论书籍出版社,1951.

[4] К. А. 茨维特考夫. 实用天文学[M]. 卢光巨,朱裕栋,张先觉,译. 北京:测绘出版社,1956.

[5] 荆工与史尔. 应用光学[M]. 北京:国防工业出版社,1973.

[6] 美国无线电公司. 电光学手册[K]. 史树斯伍琐,译,1974.

第二章　星光导航定位原理

本章介绍星光导航的定位定向原理，实用的双星、三星及多星定位公式，天文定向和星光导航的有关修正和误差分析。

第一节　天文导航三角形

要进行星光导航就必须熟知天文导航三角形以及由此导出的球面三角形公式。把地球以其中心 O 为球心向外扩展成一个假想的球就叫天球。天球和地球一样有天北极、天南极和天赤道，它们是地球北极、南极和赤道面的延伸。星体分布在天球上。同地球上表示测者位置的有地理经度与地理纬度一样，天球上表示星体位置的也有赤经和赤纬。通过测者与地球中心的直线在天球上的交点分别叫作天顶和天底。和通过天顶与天底的直线相垂直的平面在天球上的交线叫作地平圈。在地平圈以上由天顶、天北极和星体为顶点形成的球面三角形 $P_N\sigma z$ 称作天文导航三角形，如图 2－1 所示。

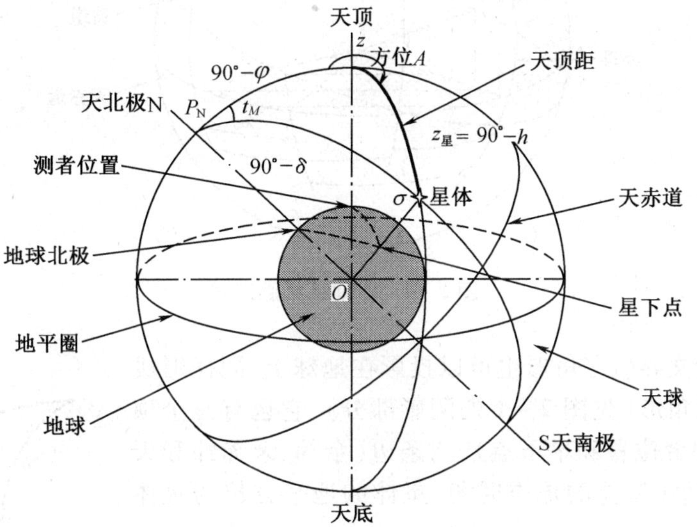

图 2－1　天文导航三角形

天文导航三角形是个球面三角形，它把表示船舶地理位置 (λ,φ) 的地理坐标系、表示星体位置 (α,δ) 的第二赤道坐标系、表示星体测量值 (h,A) 的地平坐标系与时间系统 (t_M) 有机地结合在一起，见图 2－1。里面带阴影的是地球，它和天球是对应的。

天文导航三角形的三个顶点分别是：

P_N——天北极（是地球北极的延伸）；

z——天顶（在地平坐标系中它是地平圈的法线，在地理坐标系中它代表船舶的位置）；

σ——星体视位置（在地理坐标系与第二赤道坐标系和时间系统中，它表示星体视位置)。

天文导航三角形的三条边是:

$P_N z$——余纬(地理纬度的余角$(90° - \varphi)$);

$z\sigma$——星体的天顶距(星体地平高度的余角$(90° - h)$);

$P_N\sigma$——余赤纬(星体赤纬的余角$(90° - \delta)$)。

天文导航三角形的三个球面内角是:

$\angle zP_N\sigma = t_M$,为星体的地方时角,参见图 1-20,$t_M = S_G \pm \lambda_W^E - \alpha$,其中,$S_G$ 为格林尼治恒星时,λ_W^E 为地理经度(东经 E 取正号,西经 W 取负号),α 为星体的赤经(站在天北极看,从春分点逆时针取值为正);

$\angle P_N z\sigma = 360° - A$,为星体地平方位 A 的补角(星体的地平方位 A 顺时针取值为正);

$\angle P_N\sigma z$,星体视角。

为了更清楚理解地方时角 t_M 的含义,请参见图 2-2 时间系统原理图。

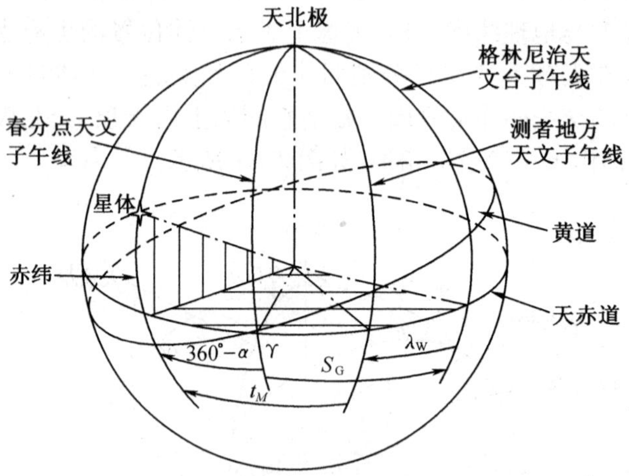

图 2-2 时间系统原理图

天球上的天文导航三角形也可以投影在地球上,同样形成一个球面导航三角形(见图 2-1 的阴影部分),它也有三个顶点(地球北极、测者位置和星下点)、三条边(余纬、余赤纬和天顶距)和三个内角(星体的地方时角、星体的地平方位与星体视角)。

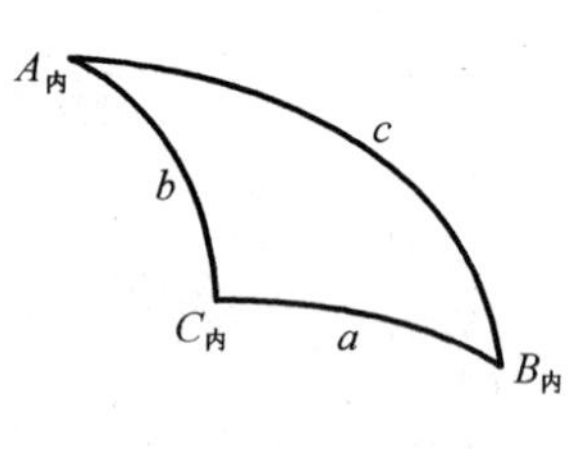

图 2-3 球面三角形

因为天文导航三角形是一个球面三角形,则由图 2-3 所示球面三角形有:

边的余弦定理:

$$\cos a = \cos b\cos c + \sin b\sin c\cos A_{内}$$

边的正弦与其邻角余弦的乘积定理(即五元素公式):

$$\sin a\cos B_{内} = \cos b\sin c - \sin b\cos c\cos A_{内}$$

边角的正弦定理:

$$\frac{\sin a}{\sin A_{内}} = \frac{\sin b}{\sin B_{内}}$$

这里，与图 2－2 的天文导航三角形相对应有以下关系式：

内角 $A_{内}=t_M$，t_M 为星体的地方时角

$$t_M=S_G^0+1.002\,738\times(T_0+U)\pm\lambda_W^E-\alpha \tag{2-1}$$

内角 $B_{内}=360°-A$，A 为星体的方位角。

边 $a=z=90°-h$，为星体的天顶距。

边 $b=90°-\delta$，为星体的余赤纬。

边 $c=90°-\varphi$，为测者的余纬。

将边和角的表达式带入上面的边的余弦公式，不难求得星体的天顶距。

星体的天顶距（或者星体的地平高度）：

$$\cos(90°-h)=\cos(90°-\delta)\cos(90°-\varphi)+\sin(90°-\delta)\sin(90°-\varphi)\cos t_M$$

$$\sin h=\sin\delta\sin\varphi+\cos\delta\cos\varphi\cos t_M \tag{2-2}$$

星体的地平高度是从真地平面向上取值为正，0°～90°。

同样，按球面三角形的正弦公式有

$$\sin(90°-h)\sin(360°-A)=\sin t_M\sin(90°-\delta)$$

$$-\cos h\sin A=\sin t_M\cos\delta \tag{2-3}$$

以及边的正弦与其邻角余弦的乘积定理（即五元素公式）有

$$\sin(90°-h)\cos(360°-A)=\cos(90°-\delta)\sin(90°-\varphi)-\sin(90°-\delta)\cos(90°-\varphi)\cos t_M$$

$$\cos h\cos A=\sin\delta\cos\varphi-\cos\delta\sin\varphi\cos t_M \tag{2-4}$$

式（2－3）除以式（2－4），便得到星体的方位角（地平方位角）：

$$\tan A=\frac{-\cos\delta\sin t_M}{\sin\delta\cos\varphi-\cos\delta\sin\varphi\cos t_M} \tag{2-5}$$

星体的方位角是以测者为中心，以真北方向为起点，顺时针取值为正，为 0°～360°。公式（2－1）、（2－2）和（2－5）是计算星体视坐标的常用公式。

第二节　天测船位线

船位线是表示船舶位置的直线或曲线。下面以陆标定位为例说明船位线的含义。

陆标定位是事前已经精确测定了岸上陆标的地理位置，船舶需要定位时，同时测出船到两个陆标的距离和方位。船舶在近岸航行需要确定船位时，通常都用陆标定位。陆标定位分为方位定位法、方位距离定位法和距离定位法三种，见图 2－4。

在方位定位法中（图 2－4（a）），船位 M 是在船上测定的陆标方位线 AM，BM 的交点；在方位距离定位法中（图 2－4（b）），船位 M 是在船上测定的陆标方位线 AM 和距离线 NP 的交点；在距离定位法中（图 2－4（c）），船位 M 是在船上测定的船到陆标 A，B 距离线 $A'A''$，$B'B''$的交点。其中，距离船位线 $A'A''$，$B'B''$是分别以陆标 A，B 为圆心，以距离 R_A，R_B 为半径所画的圆弧 $A'MA''$，$B'MB''$。

天测船位线是用观测星体方法表示船舶位置的直线或曲线。它类似于陆标定位中的距离定位法，只是用星体（或星下点）代替了岸上的陆标，用星体的天顶距（角度量）代替了船到陆标的直线距离。但是，天顶距和星下点又是什么呢？

1. 天顶距

星体的天顶距就是测者铅垂线和星体瞄准线间的夹角。

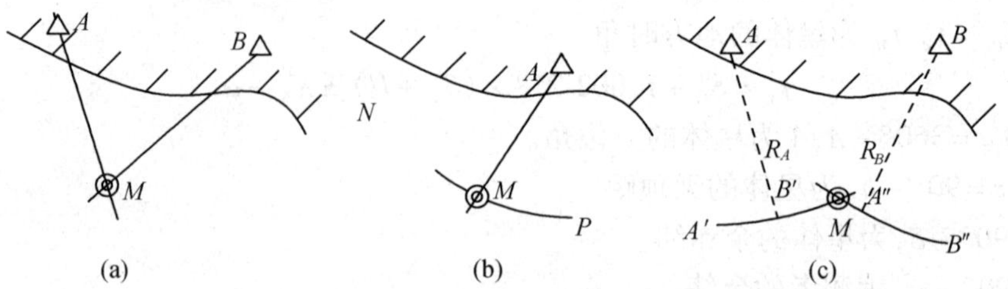

图 2－4　陆标定位

(a)方位定位法;(b)方位距离定位法;(c)距离定位法

图 2－5 是以测者为中心,以地平圈为基本圈,以指向天顶的铅垂线为地平圈的法线的天文坐标系。其中,指向星体 σ 的连线称为星体的瞄准线(LOS),铅垂线和瞄准线所在的平面 $zO\sigma_{星}\sigma$ 叫作星体的瞄准面。在瞄准面 $zO\sigma_{星}\sigma$ 内,铅垂线 zO 和瞄准线 $O\sigma$ 之间的夹角 $\angle zO\sigma$ 就是星体的天顶距 $z\sigma(=90°-h)$。

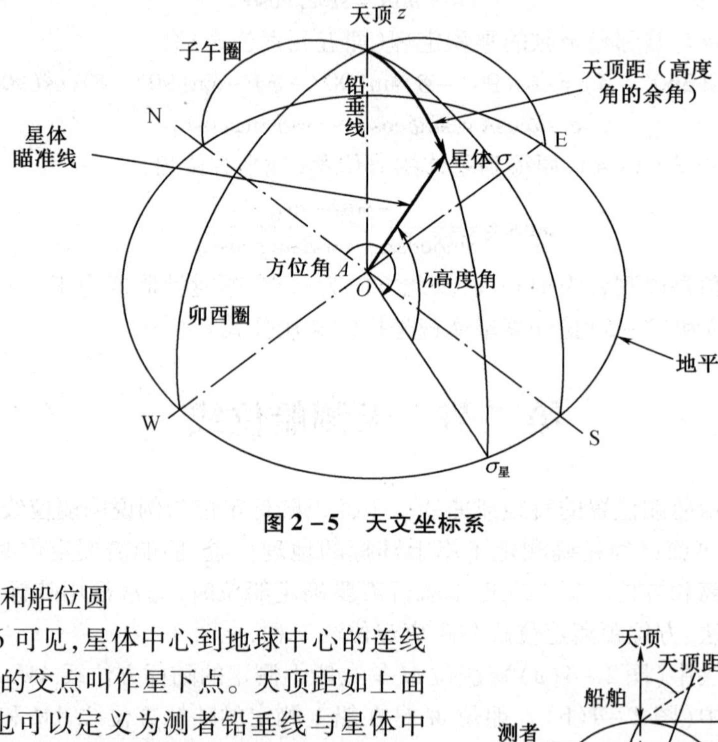

图 2－5　天文坐标系

2. 星下点和船位圆

由图 2－6 可见,星体中心到地球中心的连线在地球表面上的交点叫作星下点。天顶距如上面定义的,这里也可以定义为测者铅垂线与星体中心(星下点)到地球中心连线的夹角。这样,就把天顶距和地球表面的线距离联系在一起了,虽然天顶距是个角度量,但是它代表地球表面的线距离。在赤道上,1′约等于 1 n mile,即 1′≈1.852 km,1°≈60 n mile,依此类推。假如,在地球表面上,以星下点 σ 为中心、以天顶距 z 为半径画圆,就得到一个等高度圈。尽管这个等高度圈很大,有时大到几百海里,甚至几千海里。但

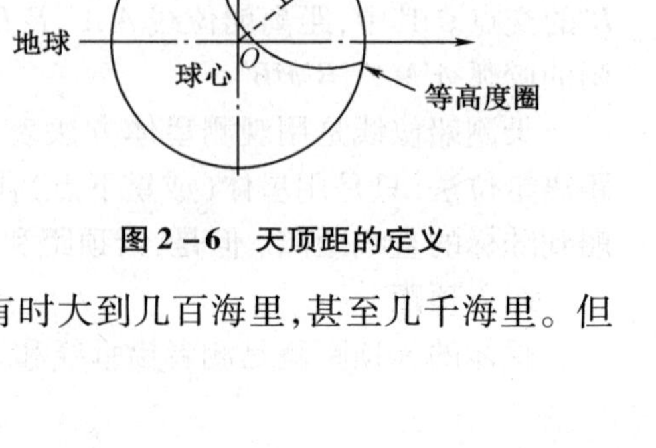

图 2－6　天顶距的定义

毕竟把测量星体活动与确定地球表面的位置联系起来了。因为在地球表面等高度圈上的任何一点于同一时刻观测同一个星体，其天顶距（或高度角）都相等。所以，有时又把星体的等高度圈叫作星体的船位圆（线）。即不管船在船位圆上的哪一点，同时观测该星体，其星体高度都相等。但是，船到底在什么位置呢？用一个圆是难以确定的。这样，联想到几何学，如果两个圆相交，可能有两种情况：一种情况是相切于一点；另一种情况是相交于两点。这样就可以判断船到底在什么位置了。就是说，观测一颗星体得到一个等高度圈（船位圆）；再观测一颗星体，又得到一个等高度圈（船位圆）。两个等高度圈（船位圆）相交，靠近推测船位 C 的那个交点 M 就是天测船位，如图2－7所示。

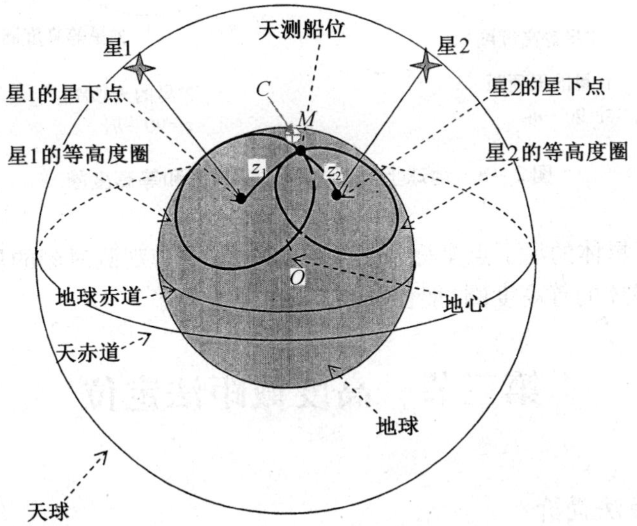

图2－7　星光导航定位原理图

因此，星体的等高度圈（船位圆）也可以和投影在地球表面上的球面导航三角形（和天文导航三角形相对应）一并画出，见图 2－8。其中，边 $P_N M$ 是余纬$(90°-\varphi)$，边 $P_N\sigma_1$ 和边 $P_N\sigma_2$ 是星 1 和星 2 的余赤纬$(90°-\delta_1)$，$(90°-\delta_2)$，边 $\sigma_1 M$ 和边 $\sigma_2 M$ 是星 1 和星 2 的天顶距。顶点分别是北极 P_N、船位 M 以及星$_1$和星$_2$的星下点 σ_1，σ_2。而 h_1 和 h_2 分别是星 1 和星 2 的地平高度。这种表示法的核心也是求星体的星下点和天顶距。

星 1 的等高度圈（船位圆）是以观测星 1 的天顶距 z_1 为半径，以星 1 的星下点为圆心画出的。同样，星 2 的等高度圈（船位圆）是以观测星 2 的天顶距 z_2 为半径，以星 2 的星下点为圆心画出的。两个等高度圈（船位圆）的交点 M 便是天测船位。这就是星光导航定位的基本原理。由上面讨论可见，星光导航定位的核心是画出星体的等高度圈（船位圆），而画出等高度圈（船位圆）的核心是确定星体的星下点和求出星体的天顶距。由图 2－8 可见，如果知道观测星体的时间(T_0+U)和格林尼治天文台子午线零时到春分点天文子午线的夹角（叫作世界时零时的恒星时）S_G^0（天文年历上每天载有 S_G^0），则不难求出观测时刻的格林尼治恒星时 $S_G=S_G^0+1.002\,738\times(T_0+U)$。而依据天文年历或自动星历表，对应观测时刻星体的视坐标(α,δ)是知道的，则星体在地球上的星下点坐标：

地理经度　　$\lambda'=S_G+360°-\alpha$

地理纬度　　$\varphi'=\delta$

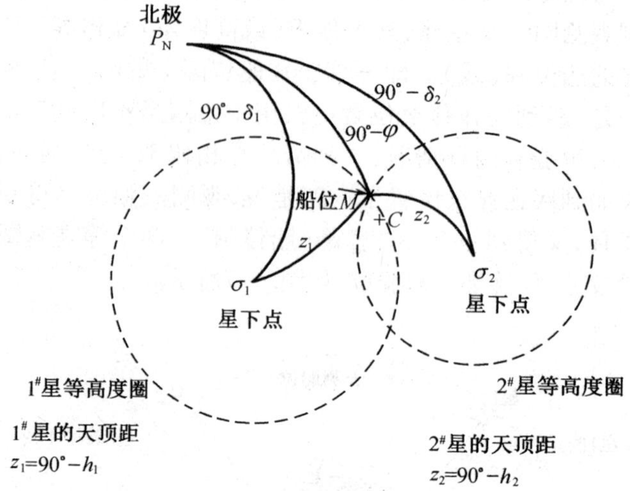

图 2-8 地球上的天文导航三角形和等高度圈

就确定了。知道了星体的星下点坐标（即船位圆的圆心）和观测时刻的星体真天顶距（即船位圆的半径），则星体的等高度圈（船位圆）就可以画出来了。

第三节 高度截距法定位

一、高度截距法简介

在过去人工计算的情况下，天文观测作业是在海图上进行的，并最终要在海图上标出船舶的具体位置。也就是说，天文观测作业必须在海图上完成。但是，天文船位圆的半径很大，例如星体高度为 35°，对应星体的天顶距为 $90°-35°=55°$，则星体船位圆的半径就是 $55\times60=3\ 300$（n mile）。要把这样大的船位圆画在海图上，不仅作业困难，而且准确性也不能满足天文航海的要求。于是，人们寻找出一种简单易行的天文解算法。1837 年萨姆纳船长无意中发现星体等高度线，并提出利用星体等高度线同时解算船位经纬度的方法，该方法一直沿用至今。它的基本原理是，把相交的船位圆在交点处的一段圆弧用一条直线段（即天文船位线）代替，把难于求解的求两个船位圆交点的方法简化成了易于海图作业的求两条直线段交点的方法，并且可以在平面直角坐标系里进行计算。这就是高度截距法的由来。

高度截距就是星体的计算高度与观测真高度之差；或者说是以推算船位坐标（$\lambda_0\cos\varphi_0$，φ_0）计算得到的星体计算天顶距与观测星体的真天顶距之差。因为所有的天文观测都是把推算船位 $C(\lambda_0\cos\varphi_0,\varphi_0)$ 作为已知的参考基准的情况下进行的，在地球表面上，把推算船位 C 作为坐标原点 O，纵坐标是从推算船位 C 沿当地子午线向北取向（即纬度截距 $\Delta\varphi$），横坐标是从推算船位 C 沿当地等经度线向东取向（即东西距截距 $\Delta\lambda\cos\varphi$），构成一个平面直角坐标系，见图 2-9。

以推算船位 C 坐标（$\lambda_0\cos\varphi_0$，φ_0）为参考值计算得到星体的计算天顶距 z_C，而

$z_C=90°-h_C$（h_C 是星体的计算高度），z_C 就是从星下点 σ 到坐标原点 O（即推算船位点 C）的连线 $O\sigma$。$O\sigma$ 与纵坐标的夹角就是星体的计算方位角 A_C。而以星下点 σ 为圆心，以星体的真天顶距 z'（或者真高度 h'，$z'=90°-h'$）为半径画圆，与 $O\sigma$ 相交于 P 点，则线段 $OP=z_C-z'=(90°-h_C)-(90°-h')=h'-h_C=\Delta h$，这就是星体的高度截距。在 P 点引 $O\sigma$ 的垂线 L，叫作天文船位线，它实际上是以星下点 σ 为圆心，以星体的真天顶距 z' 为半径画出的船位圆 $P'PP''$ 的切线。不难看出，星体的高度截距 Δh 可以用纬度截距 $\Delta\varphi$ 和东西距截距 $\Delta\lambda\cos\varphi$ 表示，并能近似地在平面直角坐标系里进行解算。

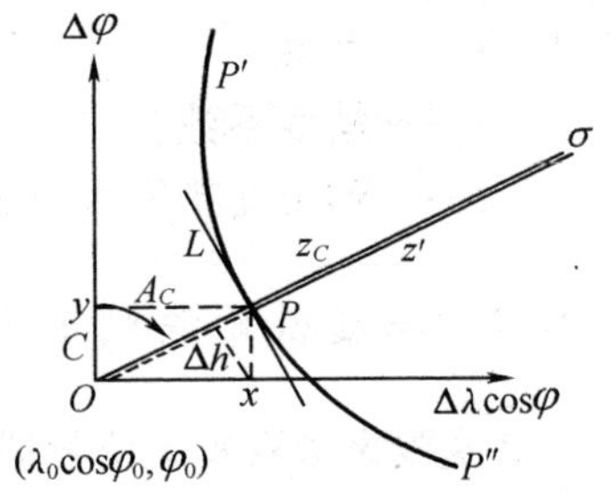

图 2－9　星体的高度截距原理图

令 $x=\Delta\lambda\cos\varphi_0$，$y=\Delta\varphi$，$OP=\Delta h$，则在直角三角形 OPx 中有

$$OP=x\cdot\sin A_C+y\cdot\cos A_C$$

亦即

$$\Delta h=(\Delta\lambda\cos\varphi_0)\sin A_C+(\Delta\varphi)\cos A_C \tag{2-6}$$

式中，Δh 是由天文观测得到的，是已知量。纬度截距 $\Delta\varphi$ 和东西距截距 $\Delta\lambda\cos\varphi$ 是我们要求的量。显然，只有一个式(2－6)或者说只观测一个星体是不够的。因为一个已知数不能同时确定两个未知数。因此，至少要观测两颗星体或者一个星体要观测两次才能得到一个有效的天文定位。

高度截距 $\Delta h=h'-h_C$，可能为正，可能为负，也可能等于零。当 $\Delta h>0$ 时，表示推算船位 C 在船位圆的外面，见图 2－9；当 $\Delta h<0$ 时，表示推算船位 C 在船位圆的里面；当 $\Delta h=0$ 时，表示推算船位 C 刚好在船位圆上。高度截距 Δh 的大小和符号只反映推算船位 C 的位置情况，与定位的准确性无关。因为推算船位 C 是不准确的，所以由它得到的计算高度 h_C 含有误差。而观测真高度 h' 被认为是准确的（设备的观测精度是已知的），是高度截距法计算和星光导航定位计算的参考基准。

每条天文船位线里都含有误差（或然误差），如惯性平台的陀螺漂移引起的推算船位误差与水平误差、天文仪器的测量误差、观测误差、蒙气差修正残差、高度截距法的方法误差等，这些误差属于服从正态分布的随机变量。如图2－10所示，其正态分布函数为

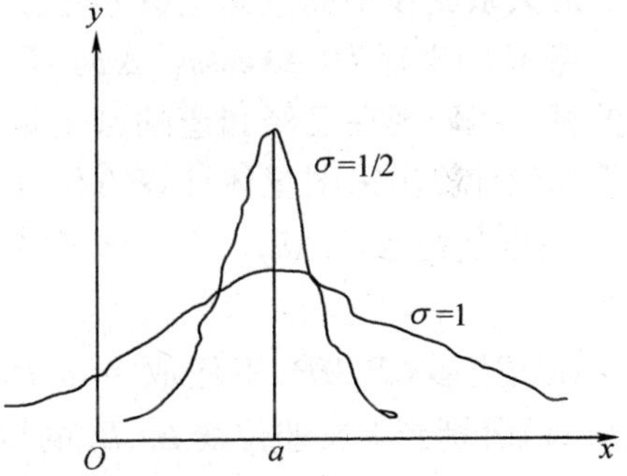

图 2－10　正态分布函数

$$f(x)=\frac{1}{\sqrt{2\pi}\sigma}e^{-\frac{(x-a)^2}{2\sigma^2}} \tag{2-7}$$

式中　σ——观测精度；

　　a——常值偏差。

这个公式告诉我们：

(1) 靠近 a 的测量值出现的概率最大；

(2) 对称于 a 的测量值出现的概率相同；

(3) 远离 a 的测量值出现极少。

则其密度函数为（做置换，令 $t=x-a$）

$$P(x)=f'(x)=k\mathrm{e}^{-r^2t^2} \tag{2-8}$$

式中 k——系数；

r——精度系数；

t——到天文船位线的距离；

二、高度截距法双星定位

高度截距法双星定位习惯上又叫高度差法双星定位。由公式(2-6)知道只观测一个星体一次是不能完成天文定位的，要完成有效的天文定位至少要观测两个星体。以推算船位 C 作为原点(图2-11)，向观测的两颗星体引两条计算方位线，它们对纵坐标(即真北方向)的夹角分别是 A_{C1}，A_{C2}。这两条计算方位线与星体1的等高度圈和星体2的等高度圈分别相交于点 P_1 和点 P_2，则线段 CP_1 与线段 CP_2 是相应星体的高度截距 Δh_1，Δh_2。

在相应星体的高度截距处(点 P_1 和点 P_2)引相应星体方位线 CP_1 和 CP_2 的垂线 L_1 和 L_2。垂线 L_1 和 L_2 就是星体1和星体2的天文船位线，这两条天文船位线的交点 M 称作天测船位。

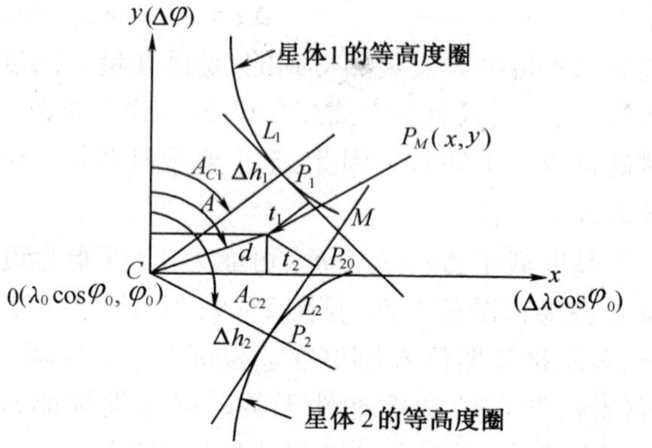

图2-11 高度截距法双星定位原理图

现在的任务是求出天测船位 M 的坐标和对推算船位 C 的船位修正量 OM。在地球表面上，可以把推算船位 C 和天测船位 M 的关系看成一个平面，可以把它们的关系放在平面直角坐标系里来解决。点 M 的坐标为($\Delta\lambda\cos\varphi_0$，$\Delta\varphi$)，是待求的量。我们现在已经知道的量是根据推算船位计算出来的星体计算方位 A_{C1}，A_{C2} 及高度截距 Δh_1，Δh_2。由星体计算方位 A_{C1}，A_{C2} 和高度截距 Δh_1，Δh_2 得到了星体天文船位线 L_1，L_2。

在四边形 CP_1MP_2 里任取一点 $P_M(x,y)$，引到天文位置线 L_1，L_2 的垂线 t_1，t_2，则点 $P_M(x,y)$ 分别到天文船位线 L_1，L_2 的概率密度为

$$P_1(t)=k_1\mathrm{e}^{-r^2t_1^2}$$

$$P_2(t)=k_2\mathrm{e}^{-r^2t_2^2}$$

则点 $P_M(x,y)$ 对天文船位线 L_1，L_2 的概率密度为

$$P_M(t)=P_1(t)\cdot P_2(t)=k_1k_2\mathrm{e}^{-r^2(t_1^2+t_2^2)} \tag{2-9}$$

令 $M=t_1^2+t_2^2$，显然，当 $\dfrac{\partial M}{\partial x}=0$，$\dfrac{\partial M}{\partial y}=0$ 时，$P_M(t)$ 有最大值和最小值，称为最佳船位。

连接点 C，P_M，其距离为 d，其方位角为 A。于是，得到 $P_M(x,y)$ 点的坐标表达式为

$$x=d\cos(90°-A)=d\sin A$$

$$y=d\sin(90°-A)=d\cos A \tag{2-10}$$

由四边形 CP_1MP_2 可以看出：

$$t_1=\Delta h_1-d\cos(A-A_{C1})=\Delta h_1-d\cos A\cos A_{C1}-d\sin A\sin A_{C1}=\Delta h_1-y\cos A_{C1}-x\sin A_{C1}$$

由四边形 $CP_MP_{20}P_2$ 可以看出：

$$t_2=\Delta h_2-d\cos(A_{C2}-A)=\Delta h_2-d\cos A_{C2}\cos A-d\sin A_{C2}\sin A=\Delta h_2-y\cos A_{C2}-x\sin A_{C2}$$

于是

$$\begin{aligned}\frac{\partial M}{\partial x}&=2(\Delta h_1-y\cos A_{C1}-x\sin A_{C2})(-\sin A_{C1})+2(\Delta h_2-y\cos A_{C2}-x\sin A_{C2})(-\sin A_{C2})\\&=2[-(\Delta h_1\sin A_{C1}+\Delta h_2\sin A_{C2})+x(\sin^2A_{C2}+\sin^2A_{C2})+y(\sin A_{C1}\cos A_{C1}+\sin A_{C2}\cos A_{C2})]\\&=0\end{aligned}$$

$$\begin{aligned}\frac{\partial M}{\partial y}&=2(\Delta h_1-y\cos A_{C1}-x\sin A_{C2})(-\cos A_{C1})+2(\Delta h_2-y\cos A_{C2}-x\sin A_{C2})(-\cos A_{C2})\\&=2[-(\Delta h_1\cos A_{C1}+\Delta h_2\cos A_{C2})+x(\sin A_{C1}\cos A_{C1}+\sin A_{C2}\cos A_{C2})+y(\cos^2A_{C1}+\cos^2A_{C2})]\\&=0\end{aligned}\tag{2-11}$$

之后得到联立方程：

$$\begin{cases}x(\sin^2A_{C1}+\sin A_{C2}^2)+y(\sin A_{C1}\cos A_{C1}+\sin A_{C2}\cos A_{C2})=\Delta h_1\sin A_{C1}+\Delta h_2\sin A_{C2}\\x(\sin A_{C1}\cos A_{C1}+\sin A_{C2}\cos A_{C2})+y(\cos^2A_{C1}+\cos^2A_{C2})=\Delta h_1\cos A_{C1}+\Delta h_2\cos A_{C2}\end{cases}\tag{2-12}$$

令

$$G=\sin^2A_{C1}+\sin^2A_{C2}$$

$$J=\cos^2A_{C1}+\cos^2A_{C2}$$

$$E=\sin A_{C1}\cos A_{C1}+\sin A_{C2}\cos A_{C2}$$

$$SH=\Delta h_1\sin A_{C1}+\Delta h_2\sin A_{C2}$$

$$CH=\Delta h_1\cos A_{C1}+\Delta h_2\cos A_{C2}$$

则式(2－12)变为

$$\begin{cases}G\cdot X+E\cdot Y=SH\\E\cdot X+J\cdot Y=CH\end{cases}\tag{2-13}$$

由此不难求出 $P_M(x,y)$ 的坐标，得到

$$x=\frac{\begin{vmatrix}SH&E\\CH&J\end{vmatrix}}{\begin{vmatrix}G&E\\E&J\end{vmatrix}}\tag{2-14a}$$

$$y=\frac{\begin{vmatrix}G&SH\\E&CH\end{vmatrix}}{\begin{vmatrix}G&E\\E&J\end{vmatrix}}\tag{2-15a}$$

进一步展开有

$$\begin{aligned}\begin{vmatrix}G&E\\E&J\end{vmatrix}&=(\sin^2A_{C1}+\sin^2A_{C2})(\cos^2A_{C1}+\cos^2A_{C2})-(\sin A_{C1}\cos A_{C1}+\sin A_{C2}\cos A_{C2})^2\\&=\sin^2A_{C1}\cos^2A_{C1}+\sin^2A_{C2}\cos^2A_{C1}+\sin^2A_{C1}\cos^2A_{C2}+\sin^2A_{C2}\cos^2A_{C2}-\sin^2A_{C1}\cos^2A_{C1}-\\&\quad\sin A_{C1}\cos A_{C1}\sin A_{C2}\cos A_{C2}-\sin A_{C1}\cos A_{C1}\sin A_{C2}\cos A_{C2}-\sin^2A_{C2}\cos^2A_{C2}\\&=(\sin A_{C2}\cos A_{C1}-\cos A_{C2}\sin A_{C1})^2\\&=\sin^2(A_{C2}-A_{C1})\end{aligned}$$

$$\begin{vmatrix}SH&E\\CH&J\end{vmatrix}=(\Delta h_1\sin A_{C1}+\Delta h_2\sin A_{C2})(\cos^2A_{C1}+\cos^2A_{C2})-(\Delta h_1\cos A_{C1}+\Delta h_2\cos A_{C2})\times$$

$$
\begin{aligned}
&(\sin A_{C1}\times\cos A_{C1}+\sin A_{C2}\cos A_{C2})\\
&=\Delta h_1\sin A_{C1}\cos^2 A_{C1}+\Delta h_2\sin A_{C2}\cos^2 A_{C1}+\Delta h_1\sin A_{C1}\cos^2 A_{C2}+\Delta h_2\sin A_{C2}\cos^2 A_{C2}-\\
&\quad\Delta h_1\sin A_{C1}\cos^2 A_{C1}-\Delta h_2\sin A_{C1}\cos A_{C1}\cos A_{C2}-\Delta h_1\sin A_{C2}\cos A_{C1}\cos A_{C2}-\Delta h_2\sin A_{C2}\cos^2 A_{C2}\\
&=\Delta h_2\cos A_{C1}(\sin A_{C2}\cos A_{C1}-\cos A_{C2}\sin A_{C1})+\Delta h_1\cos A_{C2}(\sin A_{C2}\cos A_{C1}-\cos A_{C2}\sin A_{C1})\\
&=\Delta h_2\cos A_{C1}\sin(A_{C2}-A_{C1})-\Delta h_1\cos A_{C2}\sin(A_{C2}-A_{C1})\\
&=(\Delta h_2\cos A_{C1}-\Delta h_1\cos A_{C2})\sin(A_{C2}-A_{C1})
\end{aligned}
$$

于是有

$$
x=\Delta\lambda\cos\varphi_0=\frac{\Delta h_2\cos A_{C1}-\Delta h_1\cos A_{C2}}{\sin(A_{C2}-A_{C1})} \tag{2-14b}
$$

同理

$$
\begin{aligned}
\begin{vmatrix} G & SH\\ E & CH\end{vmatrix}&=(\sin^2 A_{C1}+\sin^2 A_{C2})(\Delta h_1\cos A_{C2}+\Delta h_2\cos A_{C2})-(\sin A_{C1}\cos A_{C1}+\sin A_{C2}\cos A_{C2})\times\\
&\quad(\Delta h_1\sin A_{C1}+\Delta h_2\cos A_{C2})\\
&=\Delta h_1\sin^2 A_{C1}\cos A_{C1}+\Delta h_1\sin^2 A_{C2}\cos A_{c1}+\Delta h_2\sin^2 A_{C1}\cos A_{C2}+\Delta h_2\sin^2 A_{C2}\cos A_{C2}-\\
&\quad\Delta h_1\sin^2 A_{C1}\cos A_{C1}-\Delta h_1\sin A_{C1}\sin A_{C2}\cos A_{C2}-\Delta h_2\sin A_{C1}\sin A_{C2}\cos A_{C1}-\Delta h_2\sin^2 A_{C2}\cos A_{C2}\\
&=\Delta h_1\sin A_{C2}(\sin A_{C2}\cos A_{c1}-\cos A_{C2}\sin A_{C1})+\Delta h_2\sin A_{C1}(\sin A_{C1}\cos A_{C2}-\sin A_{C2}\cos A_{C1})\\
&=\Delta h_1\sin A_{C2}\sin(A_{C2}-A_{C1})-\Delta h_2\sin A_{C1}\sin(A_{C2}-A_{C1})\\
&=(\Delta h_1\sin A_{C2}-\Delta h_2\sin A_{C1})\sin(A_{C2}-A_{C1})
\end{aligned}
$$

因此

$$
y=\Delta\varphi=\frac{\Delta h_1\sin A_{C2}-\Delta h_2\sin A_{C1}}{\sin(A_{C2}-A_{C1})} \tag{2-15b}
$$

用求天文船位线的概率密度方法得到船位坐标与用平面解析法求得的船位坐标是一样的。下面的证明说明用求天文船位线的概率密度方法得到的船位坐标是正确的。

证明：对于等精度 σ_h 观测，得到两颗星体的高度截距 Δh_1，Δh_2 和计算方位 A_{C1}，A_{C2}，进而得到两条船位线 L_1，L_2，它们的交点是 M。它对推算船位 C 的坐标修正量分别为 $(\Delta\lambda\cos\varphi_0, \Delta\varphi)$，现在我们就来求它们。

令 $x=\Delta\lambda\cos\varphi_0$，$y=\Delta\varphi$，则由式(2-6)有

$$
\begin{cases}\Delta h_1=x\sin A_{C1}+y\cos A_{C1}\\ \Delta h_2=x\sin A_{C2}+y\cos A_{C2}\end{cases} \tag{2-16}
$$

联立求解式(2-16)，得

$$
\begin{cases}
x=\dfrac{\begin{vmatrix}\Delta h_1 & \cos A_{C1}\\ \Delta h_2 & \cos A_{C2}\end{vmatrix}}{\begin{vmatrix}\sin A_{C1} & \cos A_{C1}\\ \sin A_{C2} & \cos A_{C2}\end{vmatrix}}\\[2ex]
y=\dfrac{\begin{vmatrix}\sin A_{C1} & \Delta h_1\\ \sin A_{C2} & \Delta h_2\end{vmatrix}}{\begin{vmatrix}\sin A_{C1} & \cos A_{C1}\\ \sin A_{C2} & \cos A_{C2}\end{vmatrix}}
\end{cases} \tag{2-17}
$$

而$\begin{vmatrix} \sin A_{C1} & \cos A_{C1} \\ \sin A_{C2} & \cos A_{C2} \end{vmatrix} = (-\sin A_{C2}\cos A_{C1} - \sin A_{C1}\cos A_{C2}) = -\sin(A_{C2} - A_{C1})$，则

$$x = \Delta\lambda\cos\varphi_0 = \frac{\Delta h_2\cos A_{C1} - \Delta h_1\cos A_{C2}}{\sin(A_{C2} - A_{C1})} \tag{2-18}$$

$$y = \Delta\varphi = \frac{\Delta h_1\sin A_{C2} - \Delta h_2\sin A_{C1}}{\sin(A_{C2} - A_{C1})} \tag{2-19}$$

公式(2-18)和(2-19)是天测船位 M 对推算船位 C 的地理坐标修正量表达式。因此，天测船位 M 的地理坐标为

$$\begin{cases} \varphi = \varphi_0 + \Delta\varphi = \varphi_0 + \dfrac{\Delta h_1\sin A_{C2} - \Delta h_2\sin A_{C1}}{\sin(A_{C2} - A_{C1})} \\ \lambda = \lambda_0 + \Delta\lambda = \lambda_0 + \dfrac{\Delta h_2\cos A_{C1} - \Delta h_1\cos A_{C2}}{\cos\varphi_0\sin(A_{C2} - A_{C1})} \end{cases} \tag{2-20}$$

由式(2-14a)、(2-15b)以及式(2-18)、(2-19)可以看到，若对两颗星体由同一个人、用同一台仪器、于同一环境下进行观测，则可以认为在这列观测数据中观测误差是相同的，即为等精度观测。对于等精度观测，有 $\sigma_{h1} = \sigma_{h2} = \sigma_h$。按照误差传播定律，得到高度截距法(或称作高度差法)双星定位的船位误差：

$$\begin{aligned} \sigma_M &= \pm\sqrt{(\Delta\lambda\cos\varphi_0)^2 + (\Delta\varphi)^2} \\ &= \pm\sqrt{\frac{\sigma_h^2(\cos^2 A_{C1} + \cos^2 A_{C2} + \sin^2 A_{C1} + \sin^2 A_{C2})}{\sin^2(A_{C2} - A_{C1})}} \\ &= \pm\frac{\sqrt{2}\sigma_h}{\sin(A_{C2} - A_{C1})} \end{aligned} \tag{2-21}$$

分析式(2-21)，不难发现，船位误差除了和观测星体的高度误差 σ_h 有关外，还与两个星体的方位夹角有关。当两个星体的方位夹角 $A_{C2} - A_{C1} = 90°$时，$\sin(A_{C2} - A_{C1}) = 1$，双星定位精度最高。一般选取两个星体的方位夹角 $A_{C2} - A_{C1} \geqslant 60°$。

三、高度截距法三星定位

若在推算船位 $C(\Delta\lambda\cos\varphi_0, \Delta\varphi)$ 等精度观测三颗星体时，根据高度截距法得到三条天文船位线 $L_1(\Delta h_1, A_{C1})$，$L_2(\Delta h_2, A_{C2})$，$L_3(\Delta h_3, A_{C3})$，形成一个误差三角形，如图 2-12 所示。

在这个误差三角形内任意取一点 $P_M(x,y)$，它到 C 点的距离为 d，它对真北方向的方位为 A。$P_M(x,y)$ 点到三条船位线 L_1, L_2, L_3 距离分别为 t_1, t_2, t_3 时的概率密度为

$$P_1 = k_1 e^{-r^2 t_1^2}$$
$$P_2 = k_2 e^{-r^2 t_2^2}$$
$$P_3 = k_3 e^{-r^2 t_3^2}$$

式中　k_1, k_2, k_3——系数；

r——观测星体高度时的精度系数。

同时满足上面三个船位线概率密度分布的位置概率密度为

$$P = P_1 P_2 P_3 = k_1 e^{-r^2 t_1^2} \times k_2 e^{-r^2 t_2^2} \times k_3 e^{-r^2 t_3^2} = k e^{-r^2(t_1^2 + t_2^2 + t_3^2)} \tag{2-22}$$

由图 2-12 可见

$$t_1 = \Delta h_1 - d\cos(A - A_{C1}) = \Delta h_1 - d\cos(A_{C1} - A)$$

$t_2 = \Delta h_2 + d\sin(A_{C2} - A - 90°)$

$= \Delta h_2 - d\cos(A_{C2} - A)$

$t_3 = \Delta h_3 + d\sin(360° - A_{C3} + A - 90°)$

$= \Delta h_3 - d\cos(A_{C3} - A)$

而 $P_M(x,y)$ 点坐标为

$x = d\sin A$

$y = d\sin(90° - A) = d\cos A$

则有

$t_1 = \Delta h_1 - d\cos A_{C1}\cos A - d\sin A_{C1}\sin A$

$= \Delta h_1 - y\cos A_{C1} - x\sin A_{C1}$

$t_2 = \Delta h_2 - d\cos A_{C2}\cos A - d\sin A_{C2}\sin A$

$= \Delta h_1 - y\cos A_{C2} - x\sin A_{C2}$

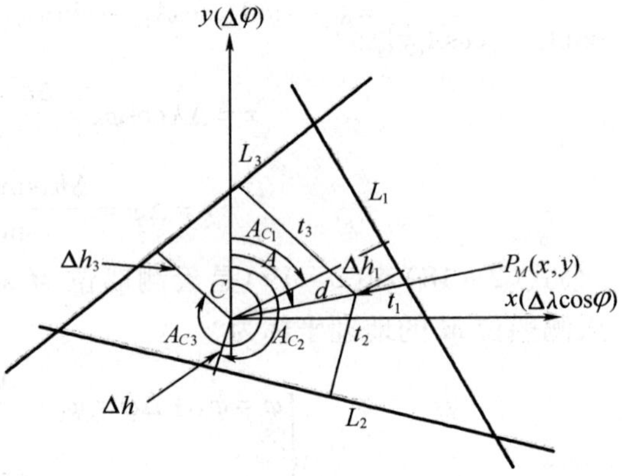

图 2-12 高度截距法三星定位原理图

$t_3 = \Delta h_3 - d\cos A_{C3}\cos A - d\sin A_{C3}\sin A = \Delta h_3 - y\cos A_{C3} - x\sin A_{C3}$

令 $M = t_1^2 + t_2^2 + t_3^2$，显然，若$\frac{\partial M}{\partial x} = 0$，$\frac{\partial M}{\partial y} = 0$ 时，则 $P_M(x,y)$ 点的概率密度最大，为最佳船位点。因此有

$$\frac{\partial M}{\partial x} = 2(\Delta h_1 - y\cos A_{C1} - x\sin A_{C1})(-\sin A_{C1}) + 2(\Delta h_2 - y\cos A_{C2} - x\sin A_{C2})(-\sin A_{C2}) + 2(\Delta h_3 - Y\cos A_{C3} - x\sin A_{C3})(-\sin A_{C3}) = 0$$

$$\frac{\partial M}{\partial y} = 2(\Delta h_1 - y\cos A_{C1} - x\sin A_{C1})(-\cos A_{C1}) + 2(\Delta h_2 - y\cos A_{C2} - x\sin A_{C2})(-\cos A_{C2}) + 2(\Delta h_3 - y\cos A_{C3} - x\sin A_{C3})(-\cos A_{C3}) = 0$$

整理后有

$$\begin{cases} x(\sin^2 A_{C1} + \sin^2 A_{C2} + \sin^2 A_{C3}) + y(\sin A_{C1}\cos A_{C1} + \sin A_{C2}\cos A_{C2} + \sin A_{C3}\cos A_{C3}) \\ \quad = \Delta h_1 \sin A_{C1} + \Delta h_2 \sin A_{C2} + \Delta h_3 \sin A_{C3} \\ x(\sin A_{C1}\cos A_{C1} + \sin A_{C2}\cos A_{C2} + \sin A_{C3}\cos A_{C3}) + y(\cos^2 A_{C1} + \cos^2 A_{C2} + \cos^2 A_{C3}) \\ \quad = \Delta h_1 \cos A_{C1} + \Delta h_2 \cos A_{C2} + \Delta h_3 \cos A_{C3} \end{cases} \tag{2-23}$$

令 $G = \sin^2 A_{C1} + \sin^2 A_{C2} + \sin^2 A_{C3}$

$J = \cos^2 A_{C1} + \cos^2 A_{C2} + \cos^2 A_{C3}$

$E = \sin A_{C1}\cos A_{C1} + \sin A_{C2}\cos A_{C2} + \sin A_{C3}\cos A_{C3}$

$SH = \Delta h_1 \sin A_{C1} + \Delta h_2 \sin A_{C2} + \Delta h_3 \sin A_{C3}$

$CH = \Delta h_1 \cos A_{C1} + \Delta h_2 \cos A_{C2} + \Delta h_3 \cos A_{C3}$

则有

$$\begin{cases} G \cdot x + E \cdot y = SH \\ E \cdot x + J \cdot y = CH \end{cases} \tag{2-24}$$

请注意

$$x = \Delta\lambda\cos\varphi$$

$$y = \Delta\varphi$$

则联立解这个方程组，得到最佳船位点 P_M 到推算船位点 C 的坐标修正值为

$$x=\frac{\begin{vmatrix} SH & E \\ CH & J \end{vmatrix}}{\begin{vmatrix} G & E \\ E & J \end{vmatrix}} \tag{2-25a}$$

$$y=\frac{\begin{vmatrix} G & SH \\ E & CH \end{vmatrix}}{\begin{vmatrix} G & E \\ E & J \end{vmatrix}} \tag{2-26a}$$

其中

$$\begin{aligned}
\begin{vmatrix} G & E \\ E & J \end{vmatrix} &= G\cdot J-E^2 \\
&=(\sin^2A_{C1}+\sin^2A_{C2}+\sin^2A_{C3})(\cos^2A_{C1}+\cos^2A_{C2}+\cos^2A_{C3})-(\sin A_{C1}\cos A_{C1}+\sin A_{C2}\times \\
&\quad \cos A_{C2}+\sin A_{C3}\cos A_{C3})^2 \\
&=\sin^2A_{C1}\cos^2A_{C1}+\sin^2A_{C1}\cos^2A_{C2}+\sin^2A_{C1}\cos^2A_{C3}+\sin^2A_{C2}\cos^2A_{C1}+\sin^2A_{C2}\cos^2A_{C2}+ \\
&\quad \sin^2A_{C2}\cos^2A_{C3}+\sin^2A_{C3}\cos^2A_{C1}+\sin^2A_{C3}\cos^2A_{C2}+\sin^2A_{C3}\cos^2A_{C3}-\sin^2A_{C1}\cos^2A_{C1}- \\
&\quad \sin^2A_{C2}\cos^2A_{C2}-\sin^2A_{C3}\cos^2A_{C3}-2\sin A_{C1}\cos A_{C1}\sin A_{C2}\cos A_{C2}-2\sin A_{C1}\cos A_{C1}\sin A_{C3}\times \\
&\quad \cos A_{C3}-2\sin A_{C2}\cos A_{C2}\sin A_{C3}\cos A_{C3} \\
&=\sin A_{C1}\cos A_{C2}(\sin A_{C1}\cos A_{C2}-\cos A_{C1}\sin A_{C2})+\sin A_{C1}\cos A_{C3}(\sin A_{C1}\cos A_{C3}-\cos A_{C1}\times \\
&\quad \sin A_{C3})+\sin A_{C2}\cos A_{C1}(\sin A_{C2}\cos A_{C1}-\cos A_{C2}\sin A_{C1})+\sin A_{C2}\cos A_{C3}(\sin A_{C2}\cos A_{C3}- \\
&\quad \cos A_{C2}\sin A_{C3})+\sin A_{C3}\cos A_{C1}(\sin A_{C3}\cos A_{C1}-\cos A_{C3}\sin A_{C1})+\sin A_{C3}\cos A_{C2}(\sin A_{C3}\times \\
&\quad \cos A_{C2}-\cos A_{C3}\sin A_{C2}) \\
&=\sin A_{C1}\cos A_{C2}\sin(A_{C1}-A_{C2})+\sin A_{C1}\cos A_{C3}\sin(A_{C1}-A_{C3})+\sin A_{C2}\cos A_{C1}\sin(A_{C2}- \\
&\quad A_{C1})+\sin A_{C2}\cos A_{C3}\sin(A_{C2}-A_{C3})+\sin A_{C3}\cos A_{C1}\sin(A_{C3}-A_{C1})+\sin A_{C3}\cos A_{C2}\times \\
&\quad \sin(A_{C3}-A_{C2}) \\
&=\sin(A_{C1}-A_{C2})(\sin A_{C1}\cos A_{C2}-\cos A_{C1}\sin A_{C2})+\sin(A_{C1}-A_{C3})(\sin A_{C1}\cos A_{C3}- \\
&\quad \cos A_{C1}\sin A_{C3})+\sin(A_{C2}-A_{C3})(\sin A_{C2}\cos A_{C3}-\cos A_{C2}\sin A_{C3}) \\
&=\sin^2(A_{C1}-A_{C2})+\sin^2(A_{C1}-A_{C3})+\sin^2(A_{C2}-A_{C3})
\end{aligned}$$

$$\begin{aligned}
\begin{vmatrix} SH & E \\ CH & J \end{vmatrix} &= SH\cdot J-CH\cdot E \\
&=(\Delta h_1\sin A_{C1}+\Delta h_2\sin A_{C2}+\Delta h_3\sin A_{C3})(\cos^2A_{C1}+\cos^2A_{C2}+\cos^2A_{C3})-(\Delta h_1\cos A_{C1}+ \\
&\quad \Delta h_2\cos A_{C2}+\Delta h_3\cos A_{C3})(\sin A_{C1}\cos A_{C1}+\sin A_{C2}\cos A_{C2}+\sin A_{C3}\cos A_{C3}) \\
&=\Delta h_1\sin A_{C1}(\cos^2A_{C1}+\cos^2A_{C2}+\cos^2A_{C3})+\Delta h_2\sin A_{C2}(\cos^2A_{C1}+\cos^2A_{C2}+\cos^2A_{C3})+ \\
&\quad \Delta h_3\sin A_{C3}(\cos^2A_{C1}+\cos^2A_{C2}+\cos^2A_{C3})-\Delta h_1\cos A_{C1}(\sin A_{C1}\cos A_{C1}+\sin A_{C2}\cos A_{C2}+ \\
&\quad \sin A_{C3}\cos A_{C3})-\Delta h_2\cos A_{C2}(\sin A_{C1}\cos A_{C1}+\sin A_{C2}\cos A_{C2}+\sin A_{C3}\cos A_{C3})- \\
&\quad \Delta h_3\cos A_{C3}(\sin A_{C1}\cos A_{C1}+\sin A_{C2}\cos A_{C2}+\sin A_{C3}\cos A_{C3}) \\
&=\Delta h_1\sin A_{C1}(\cos^2A_{C2}-\cos^2A_{C3})+\Delta h_2\sin A_{C2}(\cos^2A_{C1}-\cos^2A_{C3})+\Delta h_3\sin A_{C3}(\cos^2A_{C1}- \\
&\quad \cos^2A_{C2})-\Delta h_1\cos A_{C1}(\sin A_{C2}\cos A_{C2}+\sin A_{C3}\cos A_{C3})-\Delta h_2\cos A_{C2}(\sin A_{C1}\cos A_{C1}+ \\
&\quad \sin A_{C3}\cos A_{C3})-\Delta h_3\cos A_{C3}(\sin A_{C1}\cos A_{C1}+\sin A_{C2}\cos A_{C2}) \\
&=\Delta h_1\cos A_{C2}(\sin A_{C1}\cos A_{C2}-\cos A_{C1}\sin A_{C2})+\Delta h_1\cos A_{C3}(\sin A_{C1}\cos A_{C3}-\cos A_{C1}\sin A_{C3})+
\end{aligned}$$

$$\Delta h_2\cos A_{C1}(\sin A_{C2}\cos A_{C1}-\cos A_{C2}\sin A_{C1})+\Delta h_2\cos A_{C3}(\sin A_{C2}\cos A_{C3}-\cos A_{C2}\sin A_{C3})+$$
$$\Delta h_3\cos A_{C1}(\sin A_{C3}\cos A_{C1}-\cos A_{C3}\sin A_{C1})+\Delta h_3\cos A_{C2}(\sin A_{C3}\cos A_{C2}-\cos A_{C3}\sin A_{C2})$$
$$=\Delta h_1\cos A_{C2}\sin(A_{C1}-A_{C2})+\Delta h_1\cos A_{C3}\sin(A_{C1}-A_{C3})+\Delta h_2\cos A_{C1}\sin(A_{C2}-A_{C1})+$$
$$\Delta h_2\cos A_{C3}\sin(A_{C2}-A_{C3})+\Delta h_3\cos A_{C1}\sin(A_{C3}-A_{C1})+\Delta h_3\cos A_{C2}\sin(A_{C3}-A_{C2})$$
$$=(\Delta h_1\cos A_{C2}-\Delta h_2\cos A_{C1})\sin(A_{C1}-A_{C2})+(\Delta h_1\cos A_{C3}-\Delta h_3\cos A_{C1})\sin(A_{C1}-A_{C3})+$$
$$(\Delta h_2\cos A_{C3}-\Delta h_3\cos A_{C2})\sin(A_{C2}-A_{C3})$$

$$\begin{vmatrix} G & SH \\ E & CH \end{vmatrix}=CH\cdot G-SH\cdot E$$
$$=(\Delta h_1\cos A_{C1}+\Delta h_2\cos A_{C2}+\Delta h_3\cos A_{C3})(\sin^2A_{C1}+\sin^2A_{C2}+\sin^2A_{C3})-(\Delta h_1\sin A_{C1}+$$
$$\Delta h_2\sin A_{C2}+\Delta h_3\sin A_{C3})(\sin A_{C1}\cos A_{C1}+\sin A_{C2}\cos A_{C2}+\sin A_{C3}\cos A_{C3})$$
$$=\Delta h_1\cos A_{C1}(\sin^2A_{C1}+\sin^2A_{C2}+\sin^2A_{C3})+\Delta h_2\cos A_{C2}(\sin^2A_{C1}+\sin^2A_{C2}+\sin^2A_{C3})+$$
$$\Delta h_3\cos A_{C3}(\sin^2A_{C1}+\sin^2A_{C2}+\sin^2A_{C3})-\Delta h_1\sin A_{C1}(\sin A_{C1}\cos A_{C1}+\sin A_{C2}\cos A_{C2}+$$
$$\sin A_{C3}\cos A_{C3})-\Delta h_2\sin A_{C2}(\sin A_{C1}\cos A_{C1}+\sin A_{C2}\cos A_{C2}+\sin A_{C3}\cos A_{C3})-$$
$$\Delta h_3\sin A_{C3}(\sin A_{C1}\cos A_{C1}+\sin A_{C2}\cos A_{C2}+\sin A_{C3}\cos A_{C3})$$
$$=\Delta h_1\cos A_{C1}(\sin^2A_{C2}+\sin^2A_{C3})-\Delta h_1\sin A_{C1}(\sin A_{C2}\cos A_{C2}+\sin A_{C3}\cos A_{C3})+$$
$$\Delta h_2\cos A_{C2}(\sin^2A_{C1}+\sin^2A_{C3})-\Delta h_2\sin A_{C2}(\sin A_{C1}\cos A_{C1}+\sin A_{C3}\cos A_{C3})+$$
$$\Delta h_3\cos A_{C3}(\sin^2A_{C1}+\sin^2A_{C2})-\Delta h_3\sin A_{C3}(\sin A_{C1}\cos A_{C1}+\sin A_{C2}\cos A_{C2})$$
$$=\Delta h_1\sin A_{C2}(\sin A_{C2}\cos A_{C1}-\cos A_{C2}\sin A_{C1})+\Delta h_1\sin A_{C3}(\sin A_{C3}\cos A_{C1}-\cos A_{C3}\sin A_{C1})+$$
$$\Delta h_2\sin A_{C1}(\sin A_{C1}\cos A_{C2}-\cos A_{C1}\sin A_{C2})+\Delta h_2\sin A_{C3}(\sin A_{C3}\cos A_{C2}-\cos A_{C3}\sin A_{C2})+$$
$$\Delta h_3\sin A_{C1}(\sin A_{C1}\cos A_{C3}-\cos A_{C1}\sin A_{C3})+\Delta h_3\sin A_{C2}(\sin A_{C2}\cos A_{C3}-\cos A_{C2}\sin A_{C3})$$
$$=\Delta h_1\sin A_{C2}\sin(A_{C2}-A_{C1})+\Delta h_1\sin A_{C3}\sin(A_{C3}-A_{C1})+\Delta h_2\sin A_{C1}\sin(A_{C1}-A_{C2})+$$
$$\Delta h_2\sin A_{C3}\sin(A_{C3}-A_{C2})+\Delta h_3\sin A_{C1}\sin(A_{C1}-A_{C3})+\Delta h_3\sin A_{C2}\sin(A_{C2}-A_{C3})$$
$$=(\Delta h_2\sin A_{C1}-\Delta h_1\sin A_{C2})\sin(A_{C1}-A_{C2})+(\Delta h_3\sin A_{C2}-\Delta h_2\sin A_{C3})\sin(A_{C2}-A_{C3})+$$
$$(\Delta h_1\sin A_{C3}-\Delta h_3\sin A_{C1})\sin(A_{C3}-A_{C1})$$

因此,在推算船位 $C(\Delta\lambda\cos\varphi_0,\Delta\varphi)$ 等精度观测三颗星体时,根据高度截距法三星定位得到船位坐标修正量为

$$x=\Delta\lambda\cos\varphi_0$$
$$=\frac{(\Delta h_1\cos A_{C2}-\Delta h_2\cos A_{C1})\sin(A_{C1}-A_{C2})+(\Delta h_1\cos A_{C3}-\Delta h_3\cos A_{C1})\sin(A_{C1}-A_{C3})}{\sin^2(A_{C1}-A_{C2})+\sin^2(A_{C1}-A_{C3})+\sin^2(A_{C2}-A_{C3})}+$$
$$\frac{(\Delta h_2\cos A_{C3}-\Delta h_2\cos A_{C2})\sin(A_{C2}-A_{C3})}{\sin^2(A_{C1}-A_{C2})+\sin^2(A_{C1}-A_{C3})+\sin^2(A_{C2}-A_{C3})} \tag{2-25b}$$

$$y=\Delta\varphi$$
$$=\frac{(\Delta h_2\sin A_{C1}-\Delta h_1\sin A_{C2})\sin(A_{C1}-A_{C2})+(\Delta h_3\sin A_{C2}-\Delta h_2\sin A_{C3})\sin(A_{C2}-A_{C3})}{\sin^2(A_{C1}-A_{C2})+\sin^2(A_{C1}-A_{C3})+\sin^2(A_{C2}-A_{C3})}+$$
$$\frac{(\Delta h_1\sin A_{C3}-\Delta h_3\sin A_{C1})\sin(A_{C3}-A_{C1})}{\sin^2(A_{C1}-A_{C2})+\sin^2(A_{C1}-A_{C3})+\sin^2(A_{C2}-A_{C3})} \tag{2-26b}$$

对于等精度观测,高度截距法三星定位的天测船位均方根误差为

$$\sigma_M=\pm\sqrt{(\Delta\lambda\cos\varphi_0)^2+(\Delta\varphi)^2}$$

$$= \pm\sigma_h \frac{\sqrt{\begin{bmatrix}(\cos A_{C2}-\cos A_{C1})\sin(A_{C1}-A_{C2})+(\cos A_{C3}-\cos A_{C1})+\\ \sin(A_{C1}-A_{C3})+(\cos A_{C3}-\cos A_{C2})\sin(A_{C2}-A_{C3})\end{bmatrix}^2+\begin{bmatrix}(\sin A_{C3}-\cos A_{C2})\sin(A_{C1}-A_{C2})+(\sin A_{C2}-\sin A_{C3})+\\ \sin(A_{C2}-A_{C3})+(\sin A_{C3}-\sin A_{C1})\sin(A_{C3}-A_{C1})\end{bmatrix}^2}}{\sin^2(A_{C1}-A_{C2})+\sin^2(A_{C1}-A_{C3})+\sin^2(A_{C2}-A_{C3})} \tag{2-27}$$

比较式(2-21)和式(2-27)不难看出,在等精度观测条件下,若三个星体的方位角按120°均匀分布,则三星定位精度要比两星定位精度高。

四、高度截距法多星定位

作为天文导航确定船位一般采用双星定位就够了。为了提高定位精度,减少粗大误差的影响,在条件允许的情况下,应用多星定位是合适的。特别是对于采用大面阵星敏感器又同时观测多颗星体的情况,使用多星定位法有利于提高星体跟踪器的定位定向精度和自动化程度。本节推导的高度截距法多星定位公式是基于船位的最或然概率理论基础上的,是实用公式。

我们都知道,如果在推算船位点 $C(\lambda_0\cos\varphi_0,\varphi_0)$ 等精度观测 N 颗星体,获得 N 条船位线 $L_1(\Delta h_1,A_{C1}),L_2(\Delta h_2,A_{C2}),\cdots,L_N(\Delta h_N,A_{CN})$。由于每一条船位线里都含有误差,如惯性导航陀螺漂移引起的船位误差、人工水平基准误差、测高仪器误差、折光差修正残差、方法误差等,这些误差属于偶然误差,它们服从正态分布定律,正态分布概率密度函数是 $P=ke^{-f^2t^2}$。所以,N 条船位线不交于一点,而形成一个误差 N 边形,如图2-13所示。天文真船位点就在这个误差 N 边形内。对于误差 N 边形内一点 $P_M(x,y)$ 来说,它到各边距离分别为 $t_1,t_2,\cdots,t_N$ 的概率密度为

$$\begin{gathered}P_1=k_1e^{-f^2t_1^2}\\ P_2=k_2e^{-f^2t_2^2}\\ \vdots\\ p_N=k_Ne^{-f^2t_N^2}\end{gathered} \tag{2-28}$$

式中　f——等精度系数;

$k_1,k_2,\cdots,k_N$——常数。

同时满足式(2-28)的船位概率密度为

$$P=P_1\times P_2\times\cdots\times P_N=k_1k_2\cdots k_Ne^{-f^2(t_1^2+t_2^2+\cdots+t_N^2)}=ke^{-f^2(t_1^2+t_2^2+\cdots+t_N^2)} \tag{2-29}$$

由图2-13可知

$$t_1=\Delta h-d\cos(A_{C1}-A)=\Delta h_1-d\cos A_{C1}\cos A-d\sin A_{C1}\sin A=\Delta h_1-y\cos A_{C1}-x\sin A_{C1}$$

同理

$$\begin{gathered}t_2=\Delta h_2-y\cos A_{C2}-\sin A_{C2}\\ \vdots\\ t_N=\Delta h_N-y\cos A_{CN}-x\sin A_{CN}\end{gathered} \tag{2-30}$$

式中　d——$P_M(x,y)$ 点到推算船位 $C(\lambda_0\cos\varphi_0,\varphi_0)$ 点的距离;

A——$P_M(x,y)$ 点的方位。

根据公式(2-29),令 $M=t_1{}^2+t_2{}^2+\cdots+t_N{}^2$,则当 $\frac{\partial M}{\partial x}=0,\frac{\partial M}{\partial y}=0$ 时,M 有极小值,船位落在 $P_M(x,y)$ 点的概率密度最大,叫作最佳船位。亦即

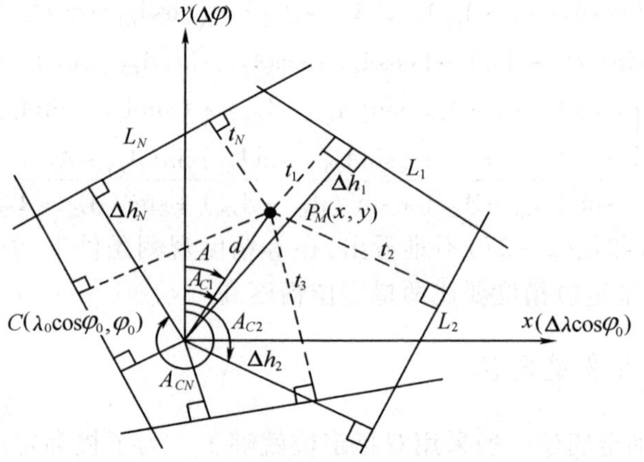

图 2-13　高度截距法多星定位原理图

$$\begin{cases}\dfrac{\partial M}{\partial x}=(\Delta h_1-y\cos A_{C1}-x\sin A_{C1})(-\sin A_{C1})+(\Delta h_2-y\cos A_{C2}-x\sin A_{C2})\times\\ \quad(-\sin A_{C2})+\cdots+(\Delta h_N-y\cos A_{CN}-x\sin A_{CN})(-\sin A_{CN})=0\\ \dfrac{\partial M}{\partial y}=(\Delta h_1-y\cos A_{C1}-x\sin A_{C1})(-\cos A_{C1})+(\Delta h_2-y\cos A_{C2}-x\sin A_{C2})\times\\ \quad(-\cos A_{C2})+\cdots+(\Delta h_N-y\cos A_{CN}-x\sin A_{CN})(-\cos A_{CN})=0\end{cases}\tag{2-31}$$

$$\begin{cases}(-\Delta h_1\sin A_{C1}-\Delta h_2\sin A_{C2}-\cdots-\Delta h_N\sin A_{CN})+x(\sin^2A_{C1}+\sin^2A_{C2}+\cdots+\\ \sin^2A_{CN})+y(\sin A_{C1}\cos A_{C1}+\sin A_{C2}\cos A_{C2}+\cdots+\sin A_{CN}\cos A_{CN})=0\\ (-\Delta h_1\cos A_{C1}-\Delta h_2\cos A_{C2}-\cdots-\Delta h_N\cos A_{CN})+x(\sin A_{C1}\cos A_{C1}+\sin A_{C2}\times\\ \cos A_{C2}+\cdots+\sin A_{CN}\cos A_{CN})+y(\cos^2A_{C1}+\cos^2A_{C2}+\cdots+\cos^2A_{CN})=0\end{cases}\tag{2-32}$$

令

$$HS=\Delta h_1\sin A_{C1}+\Delta h_2\sin A_{C2}+\cdots+\Delta h_N\sin A_{CN}$$
$$HC=\Delta h_1\cos A_{C1}+\Delta h_2\cos A_{C2}+\cdots+\Delta h_N\cos A_{CN}$$
$$G=\sin^2A_{C1}+\sin^2A_{C2}+\cdots+\sin^2A_{CN}$$
$$E=\sin A_{C1}\cos A_{C1}+\sin A_{C2}\cos A_{C2}+\cdots+\sin A_{CN}\cos A_{CN}$$
$$J=\cos^2A_{C1}+\cos^2A_{C2}+\cdots+\cos^2A_{CN}$$

则式(2-32)变为

$$\begin{cases}Gx+Ey=HS\\ Ex+Jy=HC\end{cases}\tag{2-33}$$

因此可以得到高度截距法多星定位的解析表达式：

$$\begin{cases}x=\Delta\lambda\cos\varphi_0=\dfrac{\begin{vmatrix}HS & E\\ HC & J\end{vmatrix}}{\begin{vmatrix}G & E\\ E & J\end{vmatrix}}=\dfrac{HS\cdot J-HC\cdot E}{G\cdot J-E^2}\\ y=\Delta\varphi=\dfrac{\begin{vmatrix}G & HS\\ E & HC\end{vmatrix}}{\begin{vmatrix}G & E\\ E & J\end{vmatrix}}=\dfrac{HC\cdot G-HS\cdot E}{G\cdot J-E^2}\end{cases}\tag{2-34}$$

把分母展开

$$G \cdot J - E^2 = \sum_{i=1}^{N} \sin^2 A_{Ci} \sum_{i=1}^{N} \cos^2 A_{Ci} - \sum_{i=1}^{N} (\sin A_{Ci} \cos A_{Ci})^2$$

把分子展开

$$HS \cdot J - HC \cdot E = \sum_{i=1}^{N} \Delta h_i \sin A_{Ci} \sum_{i=1}^{N} \cos^2 A_{Ci} - \sum_{i=1}^{N} \Delta h_i \cos A_{Ci} \sum_{i=1}^{N} \sin A_{Ci} \cos A_{Ci}$$

$$HC \cdot G - HS \cdot E = \sum_{i=1}^{N} \Delta h_i \cos A_{Ci} \sum_{i=1}^{N} \sin^2 A_{Ci} - \sum_{i=1}^{N} \Delta h_i \sin A_{Ci} \sum_{i=1}^{N} \sin A_{Ci} \cos A_{Ci}$$

则得

$$\Delta\lambda = \frac{\sum_{i=1}^{N} \Delta h_i \sin A_{Ci} \sum_{i=1}^{N} \cos^2 A_{Ci} - \sum_{i=1}^{N} \Delta h_i \cos A_{Ci} \sum_{i=1}^{N} \sin A_{Ci} \cos A_{Ci}}{\left[\sum_{i=1}^{N} \sin^2 A_{Ci} \sum_{i=1}^{N} \cos^2 A_{Ci} - \sum_{i=1}^{N} (\sin A_{Ci} \cos A_{Ci})^2\right] \cos\varphi_0} \tag{2-35}$$

同理

$$\Delta\varphi = \frac{\sum_{i=1}^{N} \Delta h_i \cos A_{Ci} \sum_{i=1}^{N} \sin^2 A_{Ci} - \sum_{i=1}^{N} \Delta h_i \sin A_{Ci} \sum_{i=1}^{N} \sin A_{Ci} \cos A_{Ci}}{\sum_{i=1}^{N} \sin^2 A_{Ci} \sum_{i=1}^{N} \cos^2 A_{Ci} - \sum_{i=1}^{N} (\sin A_{Ci} \cos A_{Ci})^2} \tag{2-36}$$

高度截距法多星定位的真船位坐标为

$$\begin{cases} \lambda = \lambda_0 + \Delta\lambda \\ \varphi = \varphi_0 + \Delta\varphi \end{cases} \tag{2-37}$$

由公式(2－35)和(2－36)可以看出,若从误差分析角度来看,分数分母值越大,则误差越小,而确定的船位精确越高。也就是说,星体方位按等角距分布时,分数分母值最大。这就是为什么在采用多星定位时一定要选择方位均布的星体的原因。根据等精度观测原则和误差传播定律,即 $\sigma_h = \sigma_{h1} = \sigma_{h2} = \cdots = \sigma_{hN}$,高度截距法多星定位的天测船位误差为

$$\sigma_M = \pm\sqrt{\sigma^2_{\Delta\lambda\cos\varphi_0} + \sigma^2_{\Delta\varphi}}$$

$$= \pm\sigma_h \frac{\sqrt{\begin{gathered}\left(\sum_{i=1}^{N} \sin A_{Ci} \sum_{i=1}^{N} \cos^2 A_{Ci}\right)^2 + \left(\sum_{i=1}^{N} \cos A_{Ci} \sum_{i=1}^{N} \sin A_{Ci} \cos A_{Ci}\right)^2 + \\ \left(\sum_{i=1}^{N} \sin A_{Ci} \sum_{i=1}^{N} \sin A_{Ci} \cos A_{Ci}\right)^2 + \left(\sum_{i=1}^{N} \cos A_{Ci} \sum_{i=1}^{N} \sin^2 A_{Ci}\right)^2\end{gathered}}}{\sum_{i=1}^{N} \sin^2 A_{Ci} \sum_{i=1}^{N} \cos^2 A_{Ci} - \sum_{i=1}^{N} (\sin A_{Ci} \cos A_{Ci})^2} \tag{2-38}$$

可以看出,增加观测的星体个数,能够提高天文定位精度,并且船位误差按照观测星体个数的平方根递减。

五、高度截距法的理论误差分析

高度截距法是把星体等高度圈交点处的一段圆弧用一段直线来代替,进而求得天测船位的一种近似方法,因此这种定位方法存在理论误差。由图 2－1 的天文导航三角形 $P_N z\sigma$ 可见,星体的计算高度为

$$\begin{aligned} \sin h &= \sin\varphi \sin\delta + \cos\varphi \cos\delta \cos t_M \\ t_M &= S^0_{\mathrm{G}} + 1.002\,738 \times (T + U) \pm \lambda^{\mathrm{E}}_{\mathrm{W}} - \alpha \end{aligned} \tag{2-39}$$

式中　t_M——星体的地方时角;

T,U——世界时和表差；

λ_{W}^{E},φ——测者处的地理经度和地理纬度，而 E 代表东，W 代表西；

α,δ——星体的赤经和赤纬。

从式(2－39)可以看出，星体高度是位置点坐标的二元函数，有

$$f(\varphi,t_M)=\sin^{-1}(\sin\varphi\sin\delta+\cos\varphi\cos\delta\cos t_M) \tag{2-40}$$

若在推算船位点 $C(\lambda,\varphi)$ 按代劳级数展开式(2－40)，则得

$$f(\varphi,t_M)=f(\varphi_0,t_{M0})+\left(\Delta\varphi\frac{\partial}{\partial\varphi}+\Delta t_M\frac{\partial}{\partial t_M}\right)f(\varphi,t_M)\Bigg|_{\varphi_0,t_{M0}}+$$
$$\frac{1}{2}\left[\left(\Delta\varphi\frac{\partial}{\partial\varphi}+\Delta t_M\frac{\partial}{\partial t_M}\right)^2 f(\varphi,t_M)\right]\Bigg|_{\varphi_0,t_{M0}}+\cdots \tag{2-41a}$$

因为根据三角函数偏导数公式 $(\arcsin v)'=\frac{v'}{\sqrt{1-v^2}}$，$(\arccos v)'=-\frac{v'}{\sqrt{1-v^2}}$，不难求出上述各偏导数的表达式及高度截距的最后表达式：

$$\frac{\partial}{\partial\varphi}f(\varphi,t_M)=\frac{\partial}{\partial\varphi}[\arcsin(\sin\varphi\sin\delta+\cos\varphi\cos\delta\cos t_M)]=\frac{\cos\varphi\sin\delta-\sin\varphi\cos\delta\cos t_M}{\cos h} \tag{2-41b}$$

$$\frac{\partial}{\partial t_M}f(\varphi,t_M)=\frac{\partial}{\partial t_M}[\arcsin(\sin\varphi\sin\delta+\cos\varphi\cos\delta\cos t_M)]=-\frac{\cos\varphi\cos\delta\sin t_M}{\cos h} \tag{2-41c}$$

$$\left(\Delta\varphi\frac{\partial}{\partial\varphi}+\Delta t_M\frac{\partial}{\partial t_M}\right)^2 f(\varphi,t_M)=(\Delta\varphi)^2\frac{\partial^2}{\Delta\varphi^2}f(\varphi,t_M)+2\Delta\varphi\Delta t_M\frac{\partial f(\varphi,t_M)}{\partial\varphi\partial t_M}f(\varphi,t_M)+$$
$$(\Delta t_M)^2\frac{\partial^2}{\partial t_M}f(\varphi,t_M)$$
$$=(\Delta\varphi)^2(-\tan h)+(\Delta t_M)^2(\sin\varphi\sin\delta\sec h-\tan h)+$$
$$2(\Delta\varphi)(\Delta t_M)(-\sin A_C\sin\varphi)+\cdots \tag{2-41d}$$

因此，高度截距 Δh 是高度的二元函数 $f(\varphi,t_M)$ 在点 $C(\varphi_0,t_{M0})$ 的代劳级数展开式与 $f(\varphi_0,t_{M0})$ 之差，有

$$\Delta h=f(\varphi,t_M)\big|_{\varphi_0,t_{M0}}-h_0^C$$
$$=\Delta\varphi\cos A_C+\Delta\lambda\cos\varphi_0\sin A_C+\frac{1}{2}(\Delta\varphi)^2(-\tan h_0^C)+\frac{1}{2}(\Delta t_M)^2(\sin\varphi_0\sin\delta\sec h_0^C-$$
$$\tan h_0^C)+\Delta t_M\Delta\varphi\cos\varphi_0\sin A_C+\cdots \tag{2-42}$$

式中　h_0^C——按推算船位 $C(\varphi_0,t_{M0})$ 点计算的星体高度；

A_C——按推算船位 $C(\varphi_0,t_{M0})$ 点计算的星体方位；

$\Delta\varphi$——天测船位 $M(\varphi_0,\lambda_0)$ 地理纬度对推算船位 $C(\varphi_0,t_{M0})$ 地理纬度之差，$\Delta\varphi=\varphi-\varphi_0$；

Δt_M——天测船位 $M(\varphi_0,\lambda_0)$ 地理经度对推算船位 $C(\varphi_0,t_{M0})$ 地理经度之差，$\Delta t_M=\Delta\lambda=\lambda-\lambda_0$。

由式(2－42)可见，高度截距法定位计算只取二元函数 $f(\varphi,t_M)$ 在点 $C(\varphi_0,t_{M0})$ 的代劳级数展开式的一次项 $\Delta\varphi$ 和 $\Delta\lambda$，而忽略掉了二次以上的各项，这样就产生了计算的方法误差。这个方法误差到底有多大呢？现在我们来做一个估算，若 $\Delta\varphi=\Delta\lambda=20'$，$\varphi_0=30°$，$\delta=50°$，$A_C=60°$，$h_0^C=75°$，$\tan h_0^C\approx\sec h_0^C$，则运用高度截距法定位时，它的方法误差可能为

$$\delta(\Delta h)=\frac{1}{2}(\Delta\varphi)^2(-\tan h_0^C)+\frac{1}{2}(\Delta t_M)^2(\sin\varphi_0\sin\delta\sec h_0^C-\tan h_0^C)+$$

$$(\Delta\varphi)(\Delta t_M)\cos\varphi_0\sin A_C$$

$$=\frac{1}{2}\times(20')^2\times(-\tan75°)+\frac{1}{2}\times(20')^2\times(\sin30°\times\sin50°\times\sec75°-\tan75°)+$$

$$(20')\times(20')\times\cos30°\times\sin60°$$

$$\approx -1.69\times10^{-5}\times3.73+1.69\times10^{-5}\times(14.79-3.72)+3.38\times10^{-5}\times0.86\times$$

$$0.86$$

$$=0.5'$$

即高度截距法的方法误差大约为 0.5′(30″)，是不容小视的。

第四节　天文定位的直接解算法

高度截距法定位是有误差的，在精确天文定位测量中，这种方法误差是应该避免的。为此探讨出天文定位的直接解算法，它的基本原理就是直接求解星体的等高度圈交点或者等高度圈形成的误差三角形中心。天文定位直接解算法可用在有精确的人工水平基准和原先不知道推算船位点地理坐标的情况下，只要观测两颗星体或者三颗星体的高度和方位，就可以求得真船位。从原理上讲，直接解算法是用解析法直接解两个以上等高度圈交点方程来求船位的新方法，因此它可以消除理论方法所带来的误差。

若测得两颗星体的地平高度 h_1, h_2（对应天顶距 z_1, z_2）和对真北的方位 A_1, A_2，以及观测时刻 T_1, T_2，则以这两颗星体的星下点 σ_1, σ_2 为圆心，天顶距 $z_1(90°-h_1), z_2(90°-h_2)$ 为半径，画两个等高度圈相交于 M 点，这就是天测船位，见图 2－14。因此，本节的目的就是用直接解算法求出船位 M 点的地理坐标。

把两颗星体的星下点 σ_1, σ_2，天测船位 M，连同地球北极 P_N 联系起来，在地面上形成两个天文导航三角形 $\triangle P_N\sigma_1M$ 和 $\triangle P_NM\sigma_2$。两颗星体的地方时角分别是

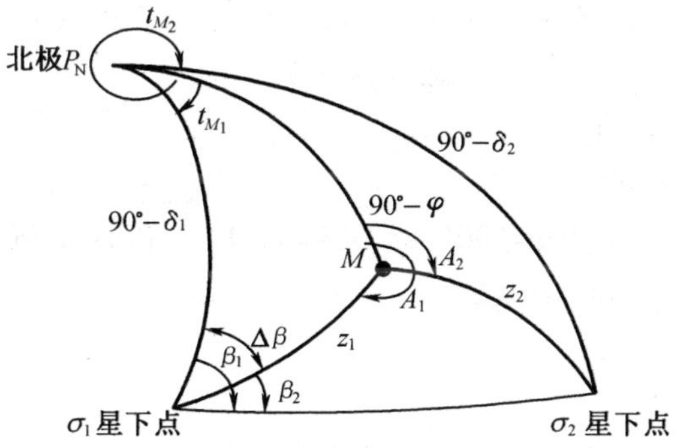

图 2－14　直接解算法双星定位原理图

$$t_{M1}=S_G^0+1.002\,738\times(T_1+U)\pm\lambda_W^E-\alpha_1=t_1\pm\lambda_W^E$$

$$t_{M2}=S_G^0+1.002\,738\times(T_2+U)\pm\lambda_W^E-\alpha_2=t_2\pm\lambda_W^E$$

若

$$T_1=T_2，则\ \Delta t_M=t_{M1}-t_{M2}=\alpha_2-\alpha_1 \tag{2-43}$$

式中，U 是表差。

在球面三角形 $P_N\sigma_1\sigma_2$ 中，按照边的余弦定理有

$$\cos\widehat{\sigma_1\sigma_2} = \cos(90° - \delta_1)\cos(90° - \delta_2) + \sin(90° - \delta_1)\sin(90° - \delta_2)\cos(t_{M1} + 360° - t_{M2})$$
$$= \sin\delta_1\sin\delta_2 + \cos\delta_1\cos\delta_2\cos(\alpha_2 - \alpha_1) \tag{2-44}$$

因此
$$\sin\widehat{\sigma_1\sigma_2} = \sqrt{1 - (\cos\widehat{\sigma_1\sigma_2})^2} \tag{2-45}$$

在球面$\triangle M\sigma_1\sigma_2$中，有

$$\cos\beta_2 = \frac{\cos(90° - h_2) - \cos(90° - h_1)\cos\widehat{\sigma_1\sigma_2}}{\sin(90° - h_1)\sin\widehat{\sigma_1\sigma_2}}$$

因此
$$\cos\beta_2 = \frac{\sin h_2 - \sin h_1\cos\widehat{\sigma_1\sigma_2}}{\cos h_1\sin\widehat{\sigma_1\sigma_2}} \tag{2-46}$$

（用 $\sin\beta_2 = \dfrac{\cos h_2\sin(A_1 - A_2)}{\sin\widehat{\sigma_1\sigma_2}}$ 来判断 β_2的象限。）

由球面三角形$\triangle P_N\sigma_1\sigma_2$，按角的正弦定理和五元素公式有

$$\sin\beta_1 = \frac{\sin(90° - \delta_2)\sin(t_{M1} + 360° - t_{M2})}{\sin\widehat{\sigma_1\sigma_2}}$$

$$\cos\beta_1 = \frac{\cos(90° - \delta_2) - \cos(90° - \delta_1)\cos\widehat{\sigma_1\sigma_2}}{\sin(90° - \delta_1)\sin\widehat{\sigma_1\sigma_2}}$$

于是
$$\tan\beta_1 = \frac{\cos\delta_1\cos\delta_2\sin(t_{M1} - t_{M2})}{\sin\delta_2 - \sin\delta_1\cos\widehat{\sigma_1\sigma_2}} \tag{2-47}$$

则
$$\Delta\beta = \beta_1 - \beta_2 \tag{2-48}$$

在球面三角形$\triangle\sigma_1P_NM$ 中，根据边的余弦定理和角的正弦定理有

$$\frac{\sin\beta_1}{\sin(90° - \delta_2)} = \frac{\sin(t_{M1} + 360° - t_{M2})}{\sin\widehat{\sigma_1\sigma_2}}\cos\beta_1\sin\widehat{\sigma_1\sigma_2}$$
$$= \cos(90° - \delta_2)\sin(90° - \delta_1) - \sin(90° - \delta_2)\cos(90° - \delta_1)\cos(t_{M1} + 360° - t_{M2})$$

所以
$$\tan\beta_1 = \frac{\cos\delta_2\sin(t_{M1} + 360° - t_{M2})}{\sin\delta_2\cos\delta_1 - \cos\delta_2\sin\delta_1\cos(t_{M1} + 360° - t_{M2})} \tag{2-49}$$

于是
$$\Delta\beta = \beta_1 - \beta_2 \tag{2-50}$$

（如果 $\Delta\beta \leqslant 0$，则 $\Delta\beta = \beta_1 + \beta_2$。）

在球面三角形$\triangle\sigma_1P_NM$ 中，有

$$\cos(90° - \varphi) = \cos(90° - \delta_1)\cos(90° - h_1) + \sin(90° - \delta_1)\sin(90° - h_1)\cos\Delta\beta$$

$$\sin\varphi = \sin\delta_1\sin h_1 + \cos\delta_1\cos h_1\cos\Delta\beta \tag{2-51}$$

$$\sin t_{M1} = \frac{\sin(90° - h_1)\sin\Delta\beta}{\sin(90° - \varphi)}$$

$$\cos t_{M1} = \frac{\cos(90° - h_1) - \cos(90° - \delta_1)\cos(90° - \varphi)}{\sin(90° - \delta_1)\sin(90° - \varphi)}$$

$$\tan t_{M1} = \frac{\cos\delta_1}{\sin h_1}\cdot\frac{\cos h_1\sin\Delta\beta}{-\sin\delta_1\sin\varphi} \tag{2-52}$$

而
$$\pm\lambda_{\mathrm{W}}^{\mathrm{E}} = t_{M1} - S_{\mathrm{G}}^{0} - 1.002\,738\times(T_1 + U) + \alpha_1 \tag{2-53}$$

船位误差分析：

将公(2－51)式变化一下，有

$$\varphi = \arcsin(\sin\delta_1\sin h_1 + \cos\delta_1\cos h_1\cos\Delta\beta) \tag{2-54}$$

对式(2－54)求微分,有

$$
\begin{aligned}
d\varphi &= \frac{d(\sin\delta_1\ \sin h_1+\cos\delta_1\cos h_1\cos\Delta\beta)}{\sqrt{1-(\sin\delta_1\sin h_1+\cos\delta_1\cos h_1\cos\Delta\beta)^2}}\\
&= \frac{\sin\delta_1(\cos h_1)\,dh_1-(\cos\delta_1\ \sin h_1\cos\Delta\beta)\,dh_1}{\cos\varphi}\\
&= \frac{\cos\varphi\cos(180°-t_{M1}-\Delta\beta)\,dh_1}{\cos\varphi}\\
&= -\cos(t_{M1}+\Delta\beta)\,dh_1
\end{aligned}
\tag{2-55}
$$

对公式(2－52)求导,有

$$
\begin{aligned}
d\lambda &= dt_{M1}=\mathrm{dartand}\,\frac{\cos\delta_1}{\sin h_1}\cdot\frac{\cos h_1\sin\Delta\beta}{-\sin\delta_1\sin\varphi}\\
&= \frac{\dfrac{(\sin h_1-\sin\delta_1\sin\varphi)(-\cos\delta_1\sin h_1\sin\Delta\beta)\,dh_1-(\cos\delta_1\cos h_1\sin\Delta\beta)\cos h_1\,dh_1}{(\sin h_1-\sin\delta_1\sin\varphi)^2}}{1+\left(\dfrac{\cos\delta_1}{\sin h_1}\cdot\dfrac{\cos h_1\sin\Delta\beta}{-\sin\delta_1\sin\varphi}\right)^2}\\
&= \frac{dh_1[\cos\delta_1\sin\Delta\beta(\sin\delta_1\sin\varphi\sin h_1-1)]}{(\sin h_1-\sin\delta_1\sin\varphi)^2+(\cos\delta_1\cos h_1\sin\Delta\beta)^2}\\
&= \frac{dh_1[\cos\delta_1\sin\Delta\beta(\sin\delta_1\sin\varphi\sin h_1-1)]}{(\cos\delta_1\cos\varphi\cos t_{M1})^2+(\cos\delta_1\cos h_1\sin\Delta\beta)^2}\\
&= \frac{dh_1[\sin\Delta\beta(\sin\delta_1\sin\varphi\ \sin h_1-1)]}{(\cos\varphi\cos t_{M1})^2+(\cos h_1\sin\Delta\beta)^2}
\end{aligned}
\tag{2-56}
$$

对于等精度观测 $\sigma_h=\sigma_{h1}=\sigma_{h2}$,船位误差 σ_M 为

$$
\begin{aligned}
\sigma_M &= \pm\sqrt{\sigma_\varphi^2+\sigma_{\lambda\cos\varphi}^2}\\
&= \pm\sigma_h\sqrt{\cos^2(t_{M1}+\Delta\beta)+\left\{\frac{(\sin\delta_1\sin\varphi\ \sin h_1-1)\sin\Delta\beta}{\cos\varphi[(\cos\varphi\cos t_{M1})^2+(\cos h_1\sin\Delta\beta)^2]}\right\}^2}
\end{aligned}
\tag{2-57}
$$

本方法适用于单观测通道的顺序观测、双观测通道以及大面阵 CCD 的同时观测。为了提高观测船位精度,两颗星体的方位夹角(A_2-A_1)为90°最好,此时两颗星体的等高度圈正交。一般选取两颗星体的方位夹角为 60°～120°为宜。两个等高度圈相交可能有两个交点,在高度截距法中是靠推算船位来判断的,而在直接解算法双星定位中,是由两颗星体的测量方位值来决定的。它没有高度截距法中的用线段代替曲线的方法误差,也有利于消除观测列中的系统误差。而且,在不知道载体的初始位置坐标的情况下,也能进行星光导航的精确定位。

第五节　天 文 定 向

天文导航的最大优点就是在确定船位的同时能够给出船舶的真航向或航向修正量,或者根据已知精确的船位进行测星来确定船舶的真航向或航向修正量。天文定向的基本原理是方位计时法,即在测量低高度星体的真北方位的同时计下观测时间。根据公式(2－21)可以知道船舶的地理坐标($\lambda_0+\Delta\lambda,\varphi_0+\Delta\varphi$),同时计下星体的观测时间 T,则能够计算星体的计算方位:

$$\tan A_j = \frac{-\cos\delta_j \sin t_M}{\sin\delta_j \cos(\varphi_0+\Delta\varphi) - \cos\delta_j \sin(\varphi_0+\Delta\varphi)\cos t_M} \tag{2-58}$$

式中，t_M 为星体的地方时角，$t_M = S_G^0 + 1.002\ 738\times(T+U) - \alpha_j \pm (\lambda_0+\Delta\lambda)$。

从 A_j 中减去在惯性平台人工水平基准上测到的该星体测量方位 A'，便得到天文导航对惯性导航的航向修正量：

$$\Delta K = A' - A_j \tag{2-59}$$

根据误差传播定律，天文定向误差由两项组成：

$$\sigma_k = \sqrt{\sigma_{A测}^2 + \sigma_{A计}^2} \tag{2-60}$$

式中 $\sigma_{A测}$——天文定向仪器测量星体方位误差；

$\sigma_{A计}$——方位计算误差。

天文定向仪器测量星体方位误差 $\sigma_{A测}$ 又由许多误差组成，比如星光导航潜望镜有高度棱镜准直误差 $\Delta\varphi_k$、高度棱镜水平轴倾斜误差 $\Delta\varphi_L$、潜望镜竖轴倾斜误差 $\Delta\varphi_m$、方位测角系统误差 δq_0、方位零位标定误差 $\delta q_标$ 等，它们引起测量星体方位误差：

$$\sigma_{A测} = \sqrt{(\Delta\varphi_k)^2 + (\Delta\varphi_L)^2 + (\Delta\varphi_m)^2 + (\delta q_0)^2 + (\delta q_标)^2} \tag{2-61}$$

式中 $\Delta\varphi_k = \dfrac{-\sqrt{2}k(\cos h_{gi} - \cos\frac{1}{2}h_{gi} + \sin\frac{1}{2}h_{gi})}{\cos h_{gi}}$；

$\Delta\varphi_L = \dfrac{L(1-\cos h_{gi})}{\cos h_{gi}}$；

$\Delta\varphi_m = m\sin(q-q_m)\tan h_{gi}$。

显然，星体的甲板高度 h_{gi} 不能太大，为了保证测量方位精度，一般测量航向的星体甲板高度 h_{gi} 取 30 ~ 40 为宜。

方位计算误差 $\sigma_{A计}$ 主要取决于天文定位的船位误差。将式(2-58)变化成另外一种形式：

$$\cot A_j = \sin\varphi\cot t_m - \cos\varphi\tan\delta\csc t_m \tag{2-62}$$

微分式(2-62)，有

$$-\csc^2 A_j \mathrm{d}A_j = \cos\varphi\cot t_M \mathrm{d}\varphi - \sin\varphi\csc^2 t_M \mathrm{d}\lambda + \sin\varphi\tan\delta_j\csc t_M \mathrm{d}\varphi + \cos\varphi\tan\delta_1\csc t_M\cot t_M \mathrm{d}\lambda$$

$$\mathrm{d}A_j = \frac{(\sin\varphi\tan\delta_j\csc t_M + \cos\varphi\cot t_M)\mathrm{d}\varphi + (\cos\varphi\tan\delta_j\csc t_M\cot t_M - \sin\varphi\csc^2 t_M)\mathrm{d}\lambda}{-\csc^2 A_j}$$

则

$$\begin{aligned}
\mathrm{d}A_{j\varphi} &= -\sin^2 A_j(\sin\varphi\tan\delta_j\csc t_M + \cos\varphi\cot t_M)\mathrm{d}\varphi \\
&= -\sin^2 A_j\left(\frac{\sin\varphi\sin\delta_j}{\cos\delta_j\sin t_M} + \frac{\cos\varphi\cos t_M}{\sin t_M}\right)\mathrm{d}\varphi \\
&= \left(\frac{\sin t_M\cos\delta_j}{\cos h_j}\right)^2\left(\frac{\sin\varphi\sin\delta_j + \cos\varphi\cos\delta_j\cos t_M}{\cos\delta_j\sin t_M}\right)\mathrm{d}\varphi \\
&= \frac{\sin t_M\cos\delta_j\ \sin h_j}{\cos^2 h_j}\mathrm{d}\varphi \\
&= -\tan h_j\sin A_j\mathrm{d}\varphi
\end{aligned}$$

$$\begin{aligned}
\mathrm{d}A_{j\lambda} &= \frac{(\cos\varphi\tan\delta_j\csc t_M\cot t_M - \sin\varphi\csc^2 t_M)\mathrm{d}\lambda}{-\csc^2 A_j} \\
&= \frac{\sin^2 A_j(\cos\varphi\sin\delta_j\cos t_M - \cos\delta_j\sin\varphi)\mathrm{d}\lambda}{\cos\delta_j\sin^2 t_M} \\
&= \frac{-\cos h_j\cos q\sin^2 A_j\mathrm{d}\lambda}{\cos\delta_j\sin^2 t_M} \\
&= \frac{-\cos h_j\cos q\cos^2\delta_j\mathrm{d}\lambda}{\cos\delta_j\cos^2 h_j} \\
&= -\sec h_j\cos\delta_j\cos q\mathrm{d}\lambda
\end{aligned}$$

因此,由船位误差产生的方位计算误差为

$$\begin{aligned}
\sigma_{AC} &= \sqrt{\sigma^2_{\mathrm{d}_{Aj\lambda}} + \sigma^2_{\mathrm{d}_{Aj\varphi}}} \\
&= \sqrt{(\sec h_j\cos\delta_j\cos q\sigma_\lambda)^2 + (\tan h_j\sin A_j\sigma_\varphi)^2}
\end{aligned} \tag{2-63}$$

由式(2-63)可知,观测星体高度越高(h_j 大),方位误差越大。所以,测量方位的星体一般高度都选择较低。另外,船位精度越高(σ_λ,σ_φ 越小),计算方位误差越小,天文定向精度越高。这就是天文/GPS/无线电组合的基本原理,即用 GPS 的高精度定位信息加上星光导航的高精度测航向信息,可以完成对惯性导航系统的精确校准。

第六节　星光导航的误差修正

前面,我们讨论了星光导航的定位原理和定向原理,其中都用到星体的观测真高度,但是要得到星体的观测真高度是件很不容易的事情,主要原因是:(1)大气层上面稀少、下面稠密,星光通过大气时产生折射,所以我们观察到的星体视方向与其真实方向不一致;(2)自动星历表或天文年历所刊载的星体视坐标(即第二赤道坐标系)的原点是在地球中心,而观测者却是处在地球表面,需要进行星体视坐标原点改正,特别是对行星、太阳和月亮的视差改正;(3)由于观测时测者载体(船舶、飞机等)在运动,所以发生前后两次观测时星体的天顶移动,因此要引进异顶改正;(4)在观测时由于地球转动造成星体的周日视运动,星体的天顶距(或高度)和方位在时刻变化,因此要进行星体视运动改正。只有通过上述各项修正,才能得到星体的观测真高度。

1. 大气折光差修正

地球周围是由大气层包围着,大气层的密度是不均匀的,靠近地面密度大,离地面越远密度越小。我们知道,当光从一种密度小的介质进入一种密度大的介质时,光线向界面的法线方向靠近。所以,星体射来的光线通过地球大气层时受到大气的折射,使得星体的视位置和真位置不一致,由此引起的折射修正量称为大气折光差修正或者蒙气差修正。在上疏下密的地球大气层里,星体 σ 发出的光线因大气层折射率的变化而逐渐发生弯曲,以致在地面上 M 点的观测者看不到真实星体 σ 方向而只是看到假象星体 σ' 的方向(在 M 点是弯曲折射光线的切线),见图 2-15。在垂直平面 $zM\sigma$ 内,真实星体 σ 和铅垂线 zM 的夹角 z_0 叫作真天顶距,假象星体 σ' 和铅垂线 zM 的夹角 z' 叫作视天顶距。

角 $\rho = z_0 - z'$ 叫作大气折光差。大气折射使星体视线向靠近天顶方向偏转 ρ 角,使观测天顶距减小(观测高度增大),因此必须进行大气折光差修正,而且大气折光差永远是负值,即在观测高度上减去ρ。在公元前2世纪,人们就开始注意研究大气折射问题,并建立大气折射理论。

这个理论是把密度不同的大气层假设为一层层与地球同心的均质球壳,在不考虑实际大气层中存在的局部不均匀性和不对称性情况下,考虑地球半径很大,可以把天顶附近的各层大气近似地作为平行平面层处理,这就是均匀大气模型。根据这个模型和对大气物理性质随高度而变化的规律做了一些假设后,人们导演了许多计算大气折光差的方法。其中,按照均匀大气模型,可以把大气折射ρ看成若干平行平面层大气折射$\Delta\rho$之和,即

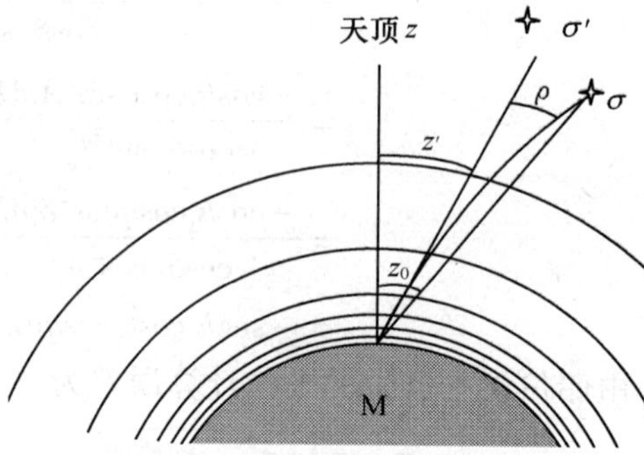

图2-15 大气折光差修正

$$\rho = \Delta\rho_1 + \Delta\rho_2 + \Delta\rho_3 + \cdots$$

如果平行平面层数为N个,则

$$\rho = \sum_{i=1}^{N} \Delta\rho_i$$

当N为∞时,ρ为积分:

$$\rho = \int_i^N \mathrm{d}\rho_i \tag{2-64}$$

根据均匀大气模型,大气折射ρ可以表示为

$$\rho = A\tan z' + B\tan^3 z' + C\tan^5 z' + \cdots$$

式中 z'——观测天顶距;

$A,B,C,\cdots$——与观测处的大气温度、大气压力等有关的大气折射常数。

当气温为0 ℃、气压为760 mmHg(101 325 Pa)时的大气折射ρ_0近似为

$$\rho_0 = 60.29''\tan z' - 0.0669''\tan z'$$

当观测处的气温(t)不是0 ℃、气压为760 mmHg (101 325 Pa)时大气折射ρ为

$$\rho = \frac{p}{760} \cdot \frac{273}{273+t}\rho_0 \approx 1.0465\times10^{-4}\frac{p}{273+t}\coth' \tag{2-65}$$

公式(2-65)中的$h' = (90° - z')$是星体的观测高度。ρ的单位是弧度。气压p的单位是mmHg,范围为0~800 mmHg(0~106 658 Pa)。气温t的单位是℃,范围为0~±55 ℃。

公式(2-65)是个经验公式。对于观测高度$h' \geqslant 20°$时,计算的大气折射与实际测定的还能符合。但由于观测处的大气温度和气压以及水气压、光波长等参数在随时变化,计算得到的大气折射含有误差。特别是接近地平,大气折射的精确计算至今仍是个问题。

远在公元前2世纪,希腊的波西东尼乌斯发现大气折射对测量的影响。在中国,晋代的姜岌(约公元3世纪)最先提出大气折射理论。20世纪初,哈泽(P. Harzer)根据气象观测得到的大量资料建立新的大气折射理论。

2. 异顶差修正

在测天定位时,一般都要观测两颗以上星体,而且船要以一定速度航行,对于单通道观测,从测量第一颗星体到整个星光导航测天定位完成,要发生测者天顶的变化或移动,导致

各个星体测量天顶距的基准不一致，造成测量天顶距变化，因此必须把前面的星体的天顶修正到最后一个星体的天顶，这个过程叫作异顶差修正。但对于双通道同时观测两颗星体或者采用大面阵、大视场同时测量几颗星体定位时，可以不必进行异顶差修正。

如图2-16所示，σ代表星体，z_1和z_2是代表两次测星时的天顶。船从天顶z_1以匀速V直航向K航行到天顶z_2。星体σ在天顶z_1时的天顶距为$z_1\sigma = j_1$，对应天顶z_2的天顶距为$z_2\sigma = j_2$。弧线$z_1z_2 = S$代表船的航程。以σ为圆心，以j_2为半径画圆，交天顶距$z_1\sigma = j_1$于D点。则弧$z_1D = j_1 - j_2 = \Delta j$。三角形$z_1Dz_2$是一个小直角三角形，可近似地看作一个平面直角三角形。其中锐角$\angle Dz_1z_2 = A - K$，边$z_1z_2 = S - V(T_2 - T_1)$，则异顶差修正为

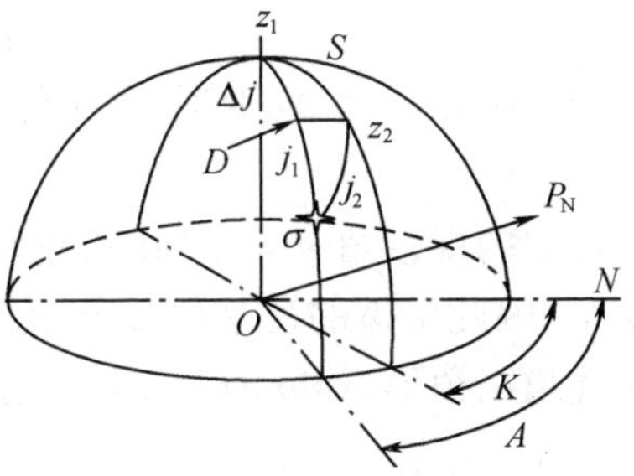

图2-16　异顶差修正原理图

$$e_{12} = z_1z_2\cos\angle Dz_1z_2 = V(T_2 - T_1)\cos(A - K) \tag{2-66}$$

这就是由于天顶发生移动引起星体天顶距变化量。$A - K = q$是星体的地平舷角。图2-16中，P_N是天北极，N为真北方向。

由公式(2-66)可见：

(1)船速V越快，两次观测间隔时间$(T_2 - T_1)$越长，异顶差修正量越大；反之，则越小。当船速$V=0$时，无异顶差修正。

(2)星体位于船首或者船尾时，即$A - K = q$为0°或180°时，异顶差修正最大；当$q = 90°$或270°时，异顶差修正为零。

一般都把前面星体的天顶修正到最后一次观测的星体的天顶。当船向着星体方向航行时，异顶差修正是正的；如果船背着星体方向航行时，异顶差修正是负的。当船速V用节(海里/小时)表示，时间T_1，T_2用小时表示时，则异顶差修正e_{12}是角分。

3. 视差修正

自动星历表或天文年历上的星体视坐标都是以地球中心作为原点O给出的。因此，在地球表面上的观测者观测星体的高度时，就存在一个因地球半径和不同方向观测星体时引起的误差，这个误差叫作观测高度的视差修正。当星体距离地球非常遥远时(如恒星)，可以把星体投射到地球表面的光线和投射到地球中心的光线看作是平行的，在两处观测的天顶距是相等的。但是，当星体距离地球较近时(如太阳、月亮、行星)，星体投射到地球表面的光线和投射地球中心的光线是不平行的，而存在一个小的夹角，这个小的夹角就叫作视差角π，如图2-17所示。

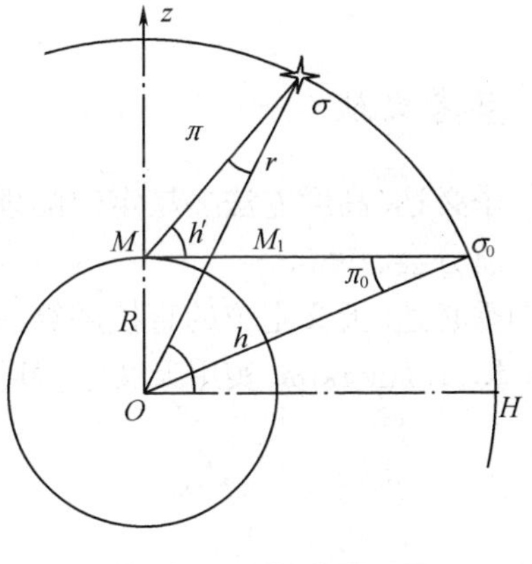

图2-17　视差原理图

其中，O是地球球心，R是地球半径，r是地球球心到星体的距离，σ_0是星体在地平面的位置，σ是星体在地平面以上的位置。$M\sigma_0$是真地平面，OH和$M\sigma_0$是平行的，代表真地平线。

$$h' = \angle\sigma M\sigma_0$$

为观测高度，而

$$h = \angle\sigma OH$$

为观测真高度。

由于 $M\sigma_0 /\!/ OH$，所以

$$\angle\sigma M_1\sigma_0 = \angle\sigma OH = h$$

由于 $\angle\sigma M_1\sigma_0$ 是 $\Delta\sigma MM_1$ 的外角，所以有

$$h = h' + \pi$$

上式中的视差角 $\pi = \angle M\sigma O$，它是星体对地球半径的张角。因为观测真高度 h 大于观测高度 h'，因此星体的视差角 π 永远取正值。

在直角三角形 $\triangle M\sigma_0 O$ 中，π_0 是星体位于真地平面时的视差角，而且

$$\sin\pi_0 = \frac{R}{r}$$

在三角形 $\triangle M\sigma O$ 中，按照正弦定理有

$$\frac{\sin\pi}{\sin(90° + h')} = \frac{R}{r}$$

所以
$$\sin\pi = \frac{R}{r}\cos h' = \sin\pi_0\cos h'$$

由于 π 和 π_0 都是小角度，因此有

$$\pi = \pi_0\cos h' \tag{2-67}$$

当星体的地平高度为零($h' = 0$)时，视差最大；当星体的地平高度为 90°时，视差为零。地平视差 π_0 是视差的最大值，而且随着星体到地球的远近而不同，月亮离地球最近，它的地平视差 π_0 最大，$\pi_0 \approx 1°$；其次是金星，$\pi_0 = 0'.55$；火星 $\pi_0 = 0'.4$；太阳 $\pi_0 = 9''$。对于恒星 π_0 极小，可以忽略不计。

这样，从观测高度 h' 做了大气折光差、视差和异顶差修正后，就得到星体的观测真高度 h_j'(或观测真天顶距 z_j')，它是星光导航定位的基础，即

$$h_j' = h' - \rho + e_{12} + \pi \tag{2-68}$$

参考文献

[1] 季必达. 高度差法多星定位的理论与实践[C]. 导航年会论文集. 西安：中国电子学会导航分会，1986.

[2] 季必达. 天文定位的直接解算法[J]. 舰船光学，2008(4).

[3] K. A. Цветков. 实用天文学[M]. 卢光巨，等，译，北京：测绘出版社 1956.

第三章　航海六分仪

星光导航的主要任务是决定船舶的地理位置坐标和确定船舶的真北航向。在陆上，当地铅垂线静止不动时，用 T_3 经纬仪和棱镜等高仪等仪器可以精确测出所在地的天文点坐标；但在海上，由于波浪的作用，船舶处于连续的摆动状态，观测员的位置在不断地变动，测定船舶地理坐标时所需的条件与陆地上是完全不同的，加上对测天定位速度和定位精度的要求又不一样，因此在海上船舶定位所使用的仪器和数据处理方法是另有特色的。最初，航海天文学所用的主要测角仪器是六分仪，它的精度要比 T_3 经纬仪低，游标读数精度可达 0.2′，实际观测精度为 1′。若按此精度，则测定海船地理位置误差为 ±(3′～4′)，即约为 7 km。这样的定位精度只有在远岸航行时或者在小比例尺海图上计算航线比天文定位精度低时才使用。当然，现在定位手段多了，如惯性导航、无线电导航、GPS 导航等，很少使用六分仪定位，但也不排除其他导航手段故障或者受到干扰无法工作时，依靠航海六分仪定位，用于船员逃生或者救生。本章重点介绍六分仪的原理、结构、误差修正与操作方法。

第一节　六分仪的构造原理

六分仪顾名思义就是采用圆周刻度的六分之一作为观测角度读数。它是手持反射型天体测量仪器，其构造原理是在 18 世纪 30 年代由牛顿提出来的。它在海上使用时的最大优点是照准两个目标测定其夹角时，同时使被观测的两个目标影像在望远镜中重合就行了。当仪器绕着垂直于观测角度平面转动时，也不会破坏这种重合。并且在仪器出现其他震动时，被观测的两个目标影像只在垂直于观测角度平面的方向移动。这两种情况可以使我们在船上使用六分仪时不用固定支架，握在手中即可在动荡的船甲板上自由地进行观测。

下面介绍六分仪的构造原理。要想在望远镜中同时看到成为观测角的两个目标影像，必须特别调整六分仪反射镜的位置。

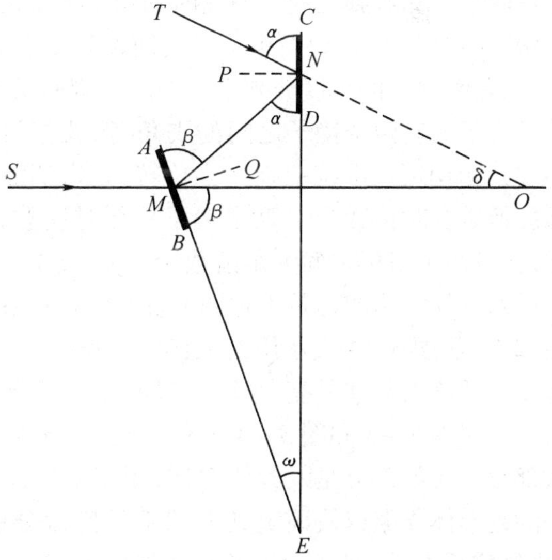

图 3－1　六分仪的构造原理图

假如固定镜 AB 的法线 MQ、可动反射镜 CD 的法线 PN 及望远镜光轴 SO 都在观测平面内，则目标方向线 S 与目标方向线 T 在 O 点的夹角 δ 是我们要求观测的。固定镜反射面朝向 O 点，而目标 S 的光线与固定镜交于点 M，并和固定镜 AB 成角度 β；可动反射镜 CD 则置于模拟目标线 TO 与 MN 的交点上；MN 线是由 M 点作出并与固定镜反射面成角度β,且在固定镜反射面法线MQ的另一边。

假如可动反射镜CD可以绕着垂直于观测平面的轴转动,用以使其反射面朝向目标T方向。此时自目标T射向O点光线被可动反射镜CD挡住,并沿法线PN的另一边反射出去。转动可动反射镜CD,使反射光线沿着NM方向射出。当反射光线NM达到固定反射镜AB时,由它的反射面反射并且沿着MO方向。因为由图3-1可以看出

$$\angle AMN = \angle OME = \beta$$

所以,转动可动反射镜CD可以在同一瞬间在O点同时看到沿着SMO重合的两个目标S和T。而固定反射镜有一边透射和一边反射,因此叫作半透半反镜,它能透过前方目标S的光线,也能反射可动反射镜反射的上方目标T的光线。

现在我们来证明目标S和目标T在O点的夹角(即SO与TO之间的角度)为固定反射镜平面与可动反射镜平面之间夹角的两倍。在$\triangle MNO$中,外角为

$$\angle SMN = \angle SMA + \angle AMN = \beta + \beta = 2\beta$$

而

$$\angle MNO = \angle MND + \angle DNO = \alpha + \alpha = 2\alpha$$

这样

$$2\beta = 2\alpha + \delta$$

因此

$$\delta = 2\beta - 2\alpha \tag{3-1}$$

在$\triangle MNE$中,$\angle AMN = \beta$为外角,所以

$$\beta = \alpha + \omega$$

故

$$\omega = \beta - \alpha \tag{3-2}$$

将式(3-2)代入式(3-1),由此得出

$$\delta = 2\omega \tag{3-3}$$

就是说,观测角δ的数值等于把两个目标看成在同一个方向时(一个为通过固定反射镜透视部分直接看到;另一个为通过可动反射镜反射、经过固定反射镜反射部分,即反射两次后才看到)两个镜面之间夹角的两倍。因此,当借助上面两个镜子组合来测量某一角度时,就是把两个目标看到在同一方向时的两个镜子之间夹角。假如对天体高度观测,一般情况在$-10° \sim 90°$之间,所以两个镜子之间夹角允许范围为50°,也就是利用圆周的六分之一就够了,只是圆周上的刻度分划不是一度一刻而是半度一刻(代表1°)。

为了测量两个镜子之间的夹角,需要把可动反射镜CD固定在一个指柄NR上(见图3-2),指柄可以围绕中心N点旋转,则指柄沿着刻有半度分划的圆弧LL'移动。当两个目标影像重合时读数为k,两个镜子平行时读数为k_0,则两个镜子之间夹角ω等于$k - k_0$;这样,测量两个目标之间夹角读数为$2(k - k_0)$。对于理想的六分仪,k_0应该等于零。

六分仪结构图是基本相同的,因为六分仪配有两种望远镜,图3-3表示用小视场望远镜(2°),而图3-4表示用大视场望远镜(5°),但观测效果是一样的。大视场望远镜习惯上多用于观测太阳和月亮,小视场望远镜多用于观测星体。

对照图3-3和图3-4可以看出,六分仪大致分为三个部分:支架部分、观察部分和读数部分。支架部分是六分仪主体,用于安装固定观察部分和读数部分,它包括圆周六分之一的扇形体支架以及固定其上用于手持六分仪的手柄;指标镜(即可动反射镜)与地平镜(即固定反射镜)被垂直安装在支架的基准面上,望远镜被平行装在支架的基准面内;支架的边缘是读数刻度盘、读数鼓轮、游标和松紧夹,它们由指柄带动(指标镜就固定在指柄另一端的圆心处)可沿刻度盘移动。观察部分则包括指标镜(即可动反射镜)、地平镜(即固定反射镜)、望远镜和观测太阳用的黑色与彩色滤光镜(图3-3中的T与S)组成,它主要用于

人眼对太阳、星体与目标的观察和瞄准。读数部分则主要完成对目标的测量读数，它包括在其上面装有指标镜（可动反射镜）的指柄、刻度盘、读数鼓轮、游标和松紧夹。松紧卡是锁定读数用的。图 3-5 所示为六分仪读数示意图。

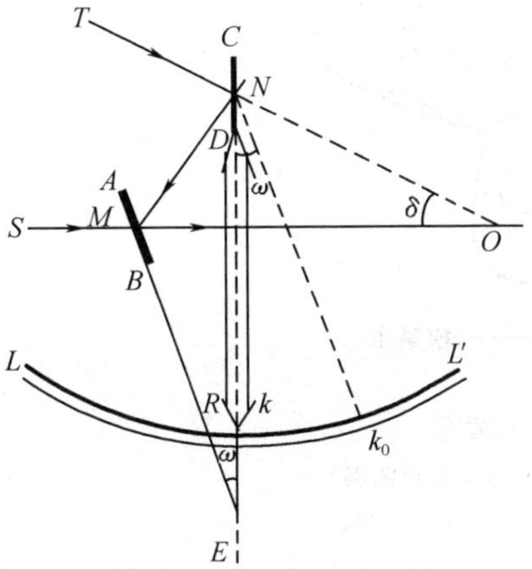

图 3-2　六分仪读数原理图

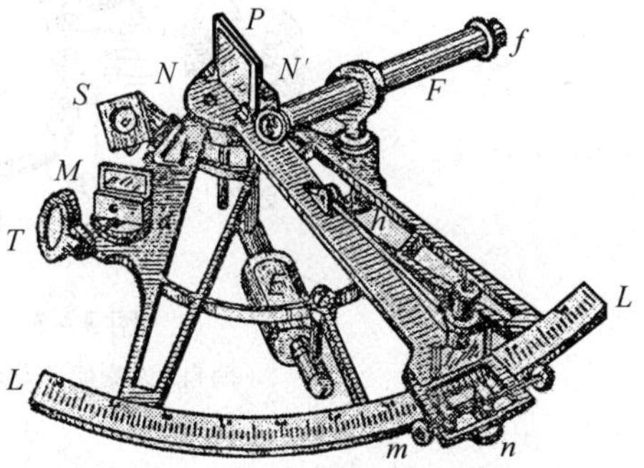

图 3-3　六分仪结构图之一

（摘自苏联《实用天文学》，K. A. Цветков 著）

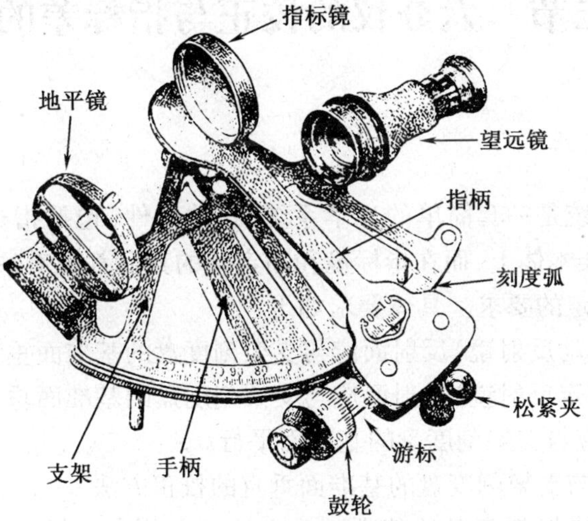

图 3-4　六分仪结构图之二

（摘自《天测船位与罗经差》上海海运局教导队编）

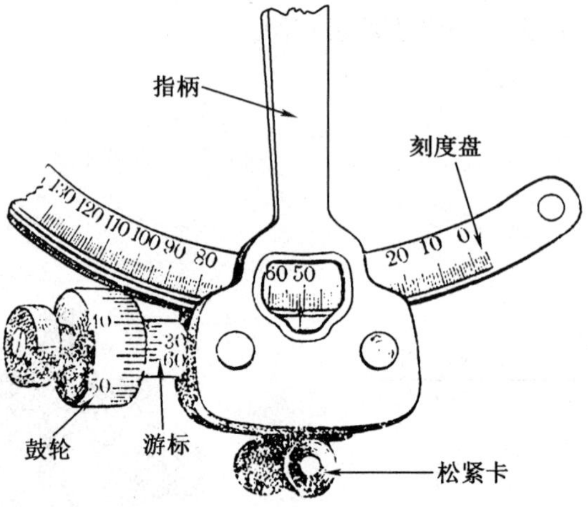

图 3-5　六分仪读数示意图

（摘自《天测船位与罗经差》上海海运局教导队编）

由图 3-5 可以看出，这次测量太阳高度的读数为 50°40′40″。读数方法是：由于指柄指在 50°和 51°之间，因此度的读数为 50°；由于游标的零线处在鼓轮的 40′和 41′之间，因此分的读数为 40′；能够同鼓轮上面的分刻度线成一条直线状态的秒刻度线是 40″，因此秒的读数为 40″。

第二节　六分仪的校正与指标差的测定

一、六分仪的校正

六分仪的观察系统是一套简单的光学系统，它的部件（包括指标镜、固定镜、望远镜及滤光镜）都安装在支架本体上，而在指标镜和固定镜的背后都设有调整螺丝，使它们在支架上的安装必须满足确定的要求。具体要求如下：

（1）指标镜（即可动反射镜）反射面应与支架刻度盘的基准面垂直；

（2）固定镜（即固定反射镜）反射面应与支架刻度盘的基准面垂直；

（3）望远镜光轴应与支架刻度盘的基准面平行。

1. 指标镜反射面与支架刻度盘的基准面垂直的校正方法

指标镜反射面与支架刻度盘的基准面垂直校正必须先进行。可以用刻度盘弧面来检测。具体方法：检查时手平握六分仪，将指柄 b 大约放在刻度盘 LL' 的中间（图 3-6(a)），眼睛靠近刻度盘平面与指标镜 a 成微小角度观察刻度盘。如果指标镜与刻度盘平面垂直，反射镜中的刻度盘将是另一只眼睛从镜子上方看到的这个刻度盘的延续（图 3-6(b)）；如果指标镜与刻度盘平面不垂直，反射镜中的刻度盘将与另一只眼睛从镜子上方看到的这个刻度盘岔开（图 3-6(c)）。这时需要将指标镜背面的螺旋 c（图 3-6(a)）进行调整，达到校正的目的。调整指标镜垂直的精度允差 3′就可以了。

2. 固定镜反射面与支架刻度盘的基准面垂直的校正方法

指标镜垂直度调整好之后，才进行固定镜与刻度盘的垂直度调整。检查指标镜垂直度通常用太阳或者星体来进行。检查时右手垂直拿着六分仪，把指柄置于0°附近，如果观测太阳则必须加入滤光镜片。这时在望远镜里可以看到太阳的真像和太阳经反射镜反射的影像，若用左手反复转动鼓轮，能看到太阳的影像上下移动。如果固定镜与刻度盘垂直，则太阳的反射影像做上下移动时与太阳的真像完全重合(图3－7(a))；如果固定镜与刻度盘不垂直，则太阳的反射影像做上下移动时与太阳的真像岔开，无论怎么转动鼓轮，两个影像也不重合(图3－7(b))。这时调整固定反射镜 e 背后的螺旋 d(图3－6(a))，使两个影像完全重合就行了。这个垂直度的调整要求在1′的十分之几就可以了。

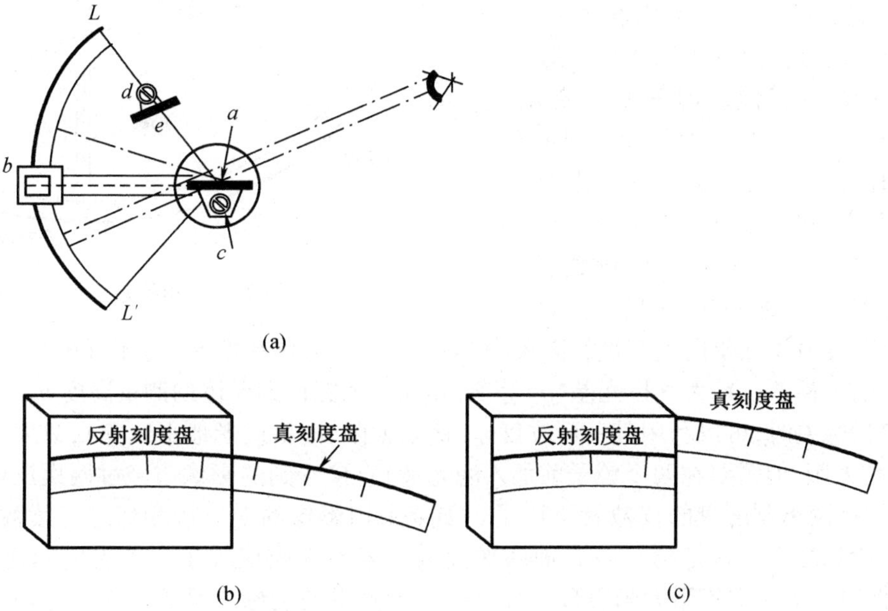

图3－6　指标镜反射面与支架刻度盘的基准面垂直的校正方法

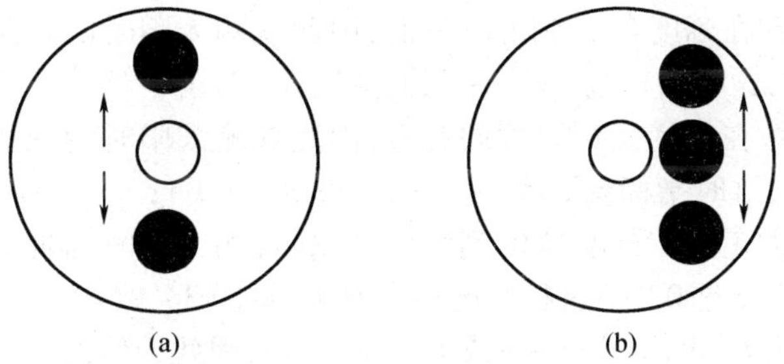

图3－7　固定镜反射面与支架刻度盘的基准面垂直的校正方法

3. 望远镜光轴与刻度盘平面平行性检查

水平放置六分仪，沿刻度盘平面观察，找到一个轮廓清晰并且有一定亮度的目标。转动六分仪，并且保证六分仪水平，将望远镜照准这个目标。若望远镜光轴与刻度盘平面平行，则目标像正好在望远镜视场中心；若望远镜光轴与刻度盘平面不平行，则目标像不正好在望远镜视场中心，这时需要用专门的校正螺旋把望远镜光轴调整到与刻度盘平面平行。

同时还要调整垫来调整望远镜与刻度盘平面的距离。由光学计算知道，当望远镜光轴与刻度盘平面倾斜5′时，引进的误差不超过1″。

二、关于指标差的测定

观测者在测天作业前必须检查指标差。那么什么叫作指标差？怎样测定指标差？如何在天体观测时修正指标差？这是本节要介绍的内容。

六分仪的指标镜和固定镜由于存放环境温度变化或受到震动等条件影响，它们平行时的零位读数和刻度盘上的0°刻度不一致，并且随着时间发生变化。但是六分仪刻度盘上的0°刻度是固定不变的，这样在每次测天前只好测出在指标镜和固定镜相互平行时指柄对于刻度盘0°刻度的刻度盘读数，这个读数通常称为指标差(i)。如图3－8所示。显然测量天体高度时指柄指向刻度盘的读数(称为天体的六分仪高度h_L)是不准确的，它包括有必须修正的指标差(i)、大气折光差(ρ)等项，扣除后才能得到天体的测量高度h。

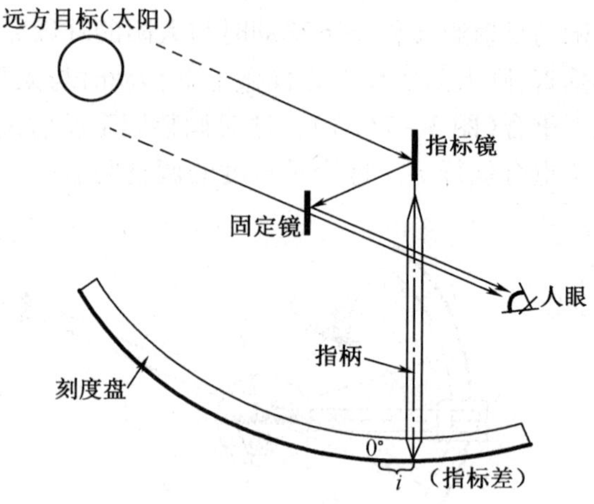

图3－8 指标差

测定指标差时，可以利用某一远方目标(例如太阳、恒星或者地平线等)，只要使远方目标(通常是太阳，但需要在两个镜子前加入滤光镜)直接看到的影像与经过两次反射后的影像重合，并且读出刻度盘的读数就可以了。如果采用影像的上下边相切进行读数，则此时所得两次读数之半和就是指标差i，而两次读数之半差就应该等于太阳表面的视直径(约32′)，根据当天的天文年历太阳表数据可以检查所测得的指标差是否有误。在观测前都要测定指标差2～3次。

当指标镜和固定镜相互平行时，修正指标差的方法可能有三种情况(图3－9)：

(1)指柄指示读数在刻度盘0°刻度的左面，因此观测太阳时的观测高度h等于六分仪高度h_L减去指标差i，这时指标差i是"－"的，见图3－9(a)；

(2)指柄指示读数在刻度盘0°刻度的右面，因此观测太阳时的观测高度h等于六分仪高度h_L加上指标差i，这时指标差i是"＋"的，见图3－9(b)；

(3)指柄指示读数正好在刻度盘0°刻度处，因此观测太阳时的观测高度h就等于六分仪高度h_L，这时指标差i是0°，但这种情况很少发生，见图3－9(c)。

通常，指标差都用C_i表示，$C_i=-i$或$C_i=360°-i$，因此天体的观测高度：

$$h=h_L+C_i+S \tag{3-4}$$

式中，S为六分仪的共同改正数。

指标差的测定有三种方法：

(1)星体重合法

右手握住六分仪，对准某一颗不太亮的星体，并且把指柄放在0°附近，左手转动六分仪的鼓轮，使星体的真像与其反射像重合，见图3－10。此时指柄所指刻度盘的读数就是指标差i，i的符号判断见图3－9。

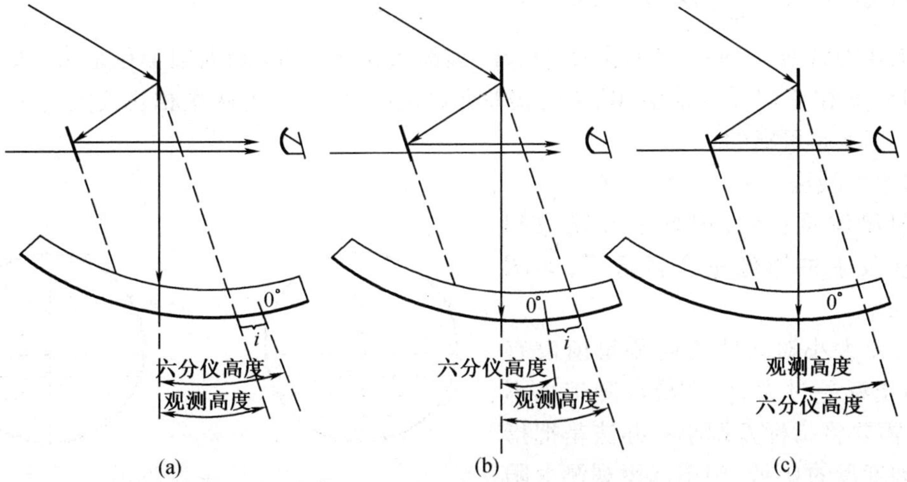

图 3－9 指标差的符号规定

(a) $-i$;(b) $+i$;(c) $i=0$

(2)太阳直径法

右手握住六分仪,在指标镜和固定镜前面加入滤光镜,对准太阳,且把指柄放在0°附近,左手转动六分仪的鼓轮,使太阳的真像与其反射像上下边缘各相切一次,如图3－11所示。

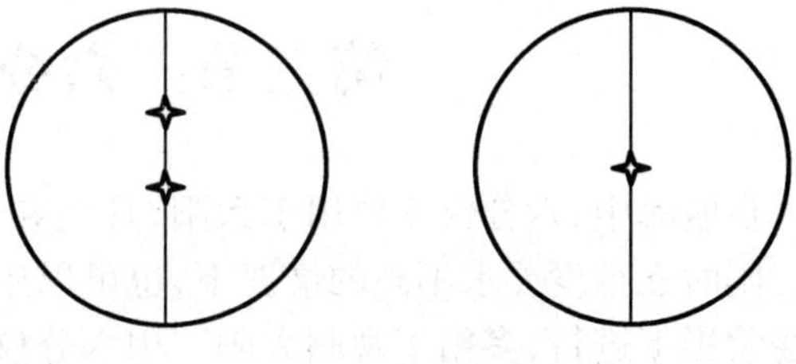

图 3－10 星体重合法

第一次相切时指柄的读数在0°刻度左边,读数为－34′.3;第二次相切时指柄的读数在0°刻度右边,读数为＋28′.9;则指标差

$$i=\frac{1}{2}(-34'.3+28'.9)=-2'.7$$

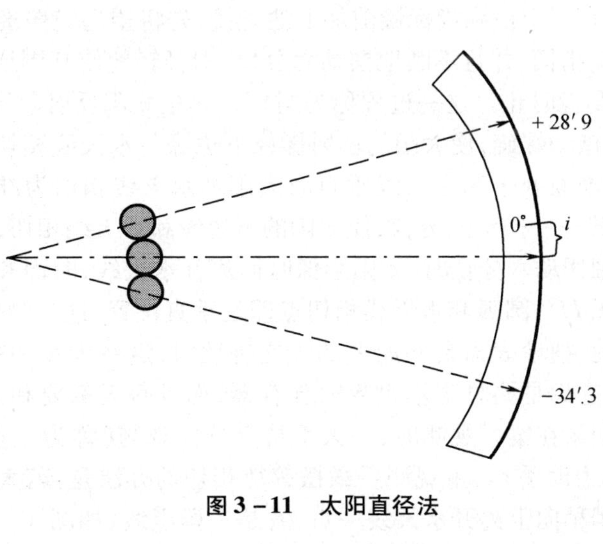

图 3－11 太阳直径法

$$太阳观测半径 = \frac{1}{4}(34'.3 + 28'.9) = 15'.8$$

如果观测日期是 1970 年 4 月 15 日，在《航海天文历》中查到太阳半径是 15′.9，它和观测半径 15′.8 相差 0′.1，没超出 0′.2 的误差允许范围，所以认为两次相切读数是精确的，所测得的指标差是可靠的。

(3) 水天线法

类似星体重合法，把真水天线像和经过两次反射的影像重合就行了，如图 3－12所示。

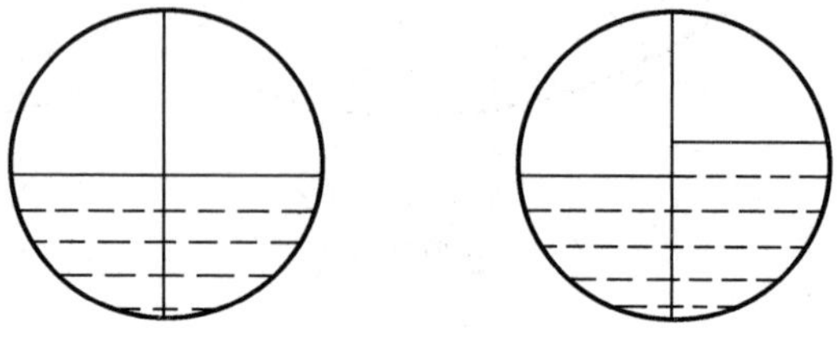

图 3－12　水天线重合法

指标差大小对天体高度测量值没有影响，但指标差过大时，会给观测带来不便，这时需要将指标差调小。办法是把指柄放在刻度盘的 0°处，用望远镜观测太阳（需加滤光镜），此时太阳的真像和太阳的反射影像间隔较大，用小扳手调整固定镜背后的螺丝，直至太阳的真像与其反射影像重合为止。不过固定镜的垂直度会发生变化，要重新调整和测定指标差。

第三节　六分仪的观测方法

在航海中，六分仪主要用于太阳、月亮和星体视高度（即天体高出地平线的角度）的观测。同时在精度要求不高的情况下，也可以用于水平角度测量。但航海的天文观测大多在晨昏蒙影下进行，多用于观测太阳。用六分仪观测太阳高度时，如果观测中有 1′误差，那么船位线就会产生 1 n mile 的误差，因此一定要提高观测太阳高度的准确性。

先用眼睛概略地估算太阳视高度，把指柄指向刻度盘的视高度值，然后用大摆动找到太阳和哪一段水天线相切，再用小摆动找到相切点的位置，最后用微摆动等待太阳下边缘和水天线相切。即大摆找切线，小摆找切点，微摆等待相切。

右手直握六分仪，在固定镜和指标镜前加上滤光镜，先将望远镜照准水天线（直接看到的影像），再慢慢地转动指柄，并且不断地摆动六分仪，即轻轻地使其围绕望远镜视轴旋转，直至"找到"太阳反射影像时止。这一过程称为"拉"——把太阳反射影像拉到水天线附近。固定指柄，转动指柄的微动螺旋，使太阳的反射影像下边缘与水天线相切，并且不断微微摆动六分仪，使六分仪瞄准面处于和水天线垂直时太阳和水天线相切为准；同时记下观测时间。这一过程称为"切"——摆动六分仪，使太阳的下边缘和水天线相切，见图3－13。

当围绕望远镜视轴摆动六分仪时，太阳影像时而离开水天线，时而和水天线相交，太阳影像中心画出一道圆弧 LL'，圆弧和水天线相切点即是垂直位置，这时测出的才是垂直圈上的太阳视高度。观测前，袖珍表需要和船上的天文钟比对，这些天文钟被放置在导航舱里专用表箱的平衡环内，它们是格林尼治世界时保存器，而且每天都要和天文台的无线电时号比对，测出表差，并记录在案。观测时，一人手持六分仪观测（称为主观测手），一人手持袖珍表和秒表计时（称为助手）。主观测手微摆等待相切的办法是：若太阳在下降，就把太阳反射影像的下边缘稍稍向上离开水天线一点，看是一段黑线，如图 3－14(a) 所示。同时发出"预备"口令，当看到太阳反射影像下边缘正好和水天线相切时，主观测手发出"零"或者“好”的口令，这时助手要看清秒表的位置，并记下袖珍表的表面时；若太阳在升起，就把太阳反射影像的下边缘稍稍向下侵入水天线一点，看是一个白点，如图 3－14(b)，同时发出“预备”口令，当看到太阳反射影像下边缘正好和水天线相切时，主观测手发出“零”或者“好”的口令，这时助手要看清秒表的位置，并记下袖珍表的表面时。

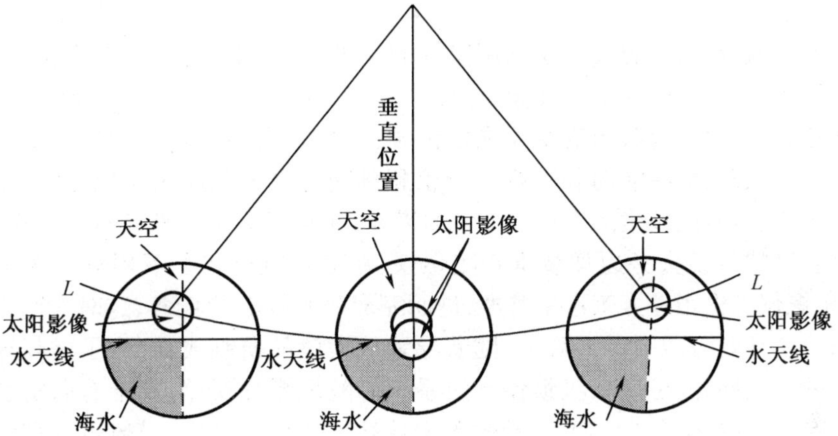

图 3－13　六分仪摇摆和太阳反射影像与水天线相切示意图

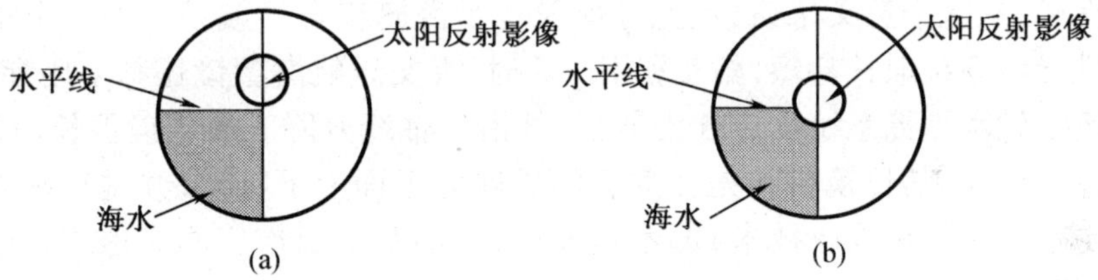

图 3－14　微摆等待相切示意图

观测月亮的方法和观测太阳一样。观测星体要慎重，因为星体很多，这个星体和那个星体很容易混淆，产生错误，最好的解决办法是在观测前几分钟算好预测星体的高度，并将指柄指向星体计算高度的读数，然后按此读数寻找星体与测量，过程同太阳观测过程。

为了减小偶然观测误差的影响，发现读数错误时，一般要在最短时间内做几次天体高度观测(通常 3～5 次)，并在相切瞬间发出“零”的口令。若观测时间很短，则把所有观测高度取平均值，并把它作为所有记录的平均时间之高度；若观测时间很长，则需要做异顶差修正。

参考文献

[1] K. A. Цветков. 实用天文学[M]. 卢光巨，朱裕栋，张先觉，译. 北京：测绘出版社，1956.

[2] 上海海运局教导队. 天测船位与罗经差[M]. 北京：人民交通出版社，1974.

[3] Beaver Paul, Brooke Geoffrey, Lake Julian. IS THE SEX TANT DEAD [J]. NAVAL NAVIGATION, 1987, 9:531.

[4] 中国大百科全书(天文学)－六分仪[K]. 北京：中国大百科全书出版社，1980.

第四章　潜用星光导航仪

潜用星光导航仪,顾名思义就是利用星体的星光(可见光)进行导航定位的一种仪器。一般都装在潜艇上,是一种水下天文导航设备。那么,先来回顾一下水下天文导航。最初,常规潜艇都备有航海六分仪,当需要天文定位时(一般在晨昏蒙影时候),就把潜艇上浮到水面或者呈半潜状态,然后航海长手提六分仪爬到舰桥上进行测星定位,测完星后潜艇马上下潜。后来,随着潜艇技术的发展和战争的需要,在常规潜艇上都装有光学潜望镜,人们就在对空潜望镜的目镜头旁边加装垂直陀螺仪,在潜望航行状态下用对空潜望镜观测星体,用垂直陀螺仪提供当地人工水平基准,进而完成星光导航的任务,这时人们就把对空潜望镜改称为对空导航潜望镜。再后来,随着导弹核潜艇的研制成功,为了提高导弹的命中精度和潜艇的隐蔽性,能定期校正惯性导航系统的陀螺漂移误差,要求有高精度的天文定位定向,因此各国都在研制专用的精密的天文导航潜望镜。这样,潜艇可以在潜望镜深度(4.5 m)、至少6 kn航速时进行测星导航了。于是,星光导航仪便应运而生了。星光导航仪一般都装在潜艇上,主要用于艇在水下潜望航行时的测星定位定向,以便为战略导弹的水下发射提供准确的位置和航向,同时校正惯性导航系统的常值陀螺漂移误差,为潜艇的航行安全提供保障,从这个意义来讲,星光导航仪也是潜艇综合导航系统的一个重要组成部分。它和惯性导航系统取长补短,相互利用。此时,天文导航潜望镜还都采用穿透式,靠滑动轴承或者滚动轴承支撑系统固定在潜艇上,并沿其轴线升降。潜望镜很长(12 ~ 14 m),穿过潜艇的耐压壳体,其目镜头只是在潜艇的导航舱里面上下移动,并进行观测。随着科学技术(特别是CCD和热成像技术)的不断发展,人们在不断推广非穿透式光电桅杆。这时,曾有人设想在光电桅杆的头部里面装高精度专用星体敏感头,在光电桅杆升起时快速扫描天空,并把星空和艇的各种信息记录下来,之后和计算机里面的星图进行比对,从而完成一次天文定位。

星光导航仪美中不足的是,在大气层内工作时易受气候条件(阴天下雨)限制。下面我们重点介绍作为水下潜用的星光导航仪。

潜用星光导航仪是一种定位定向精度较高的、自动化程度较好的大型天文导航系统。它的主体观测仪器是细而长、里面装有复杂光机电部件的星光导航潜望镜,主要用于解决水下观测星体问题;星光导航潜望镜采用穿透式结构。观测时需要在舱内升起潜望镜,它的目镜头和方位装置部分从潜艇舱底升到上部的导航舱,但还留在舱内;而潜望镜头部从指挥台围壳内向上升起5 m,露出水面0.5 m左右,这样潜望镜才可以测量星体。要支撑长约5 m的潜望镜悬臂,承受水流和波浪的冲击力,还要支撑潜望镜回转,这就需要有一个支撑装置,这个装置就是精密而又粗大的滚动轴承支撑系统。这个滚动轴承支撑系统还要使其回转的公共轴线和艇的甲板基准面保持严格的垂直,以便建立星光导航潜望镜的甲板测量坐标系。整个星光导航仪除了采用人工瞄准之外,其他全部是自动进行的,如:对星体的跟踪控制、时间和星体的选择记录、星体测量数据的采集、定位定向的解算以及对惯性导航的校正等。其具体原理如图4-1所示。跟踪系统主回路包括控制潜望镜方位回转和高度棱镜俯仰的两套跟踪控制系统主回路，主要是指数字模拟转换、功率放大、正反转向控制、镜管弯曲测量驱动、观测手手动修正控制、镜管照明灯控制等，并与计算机构成高精度、快速的数字跟踪系统。模拟数字转换（简称模数转换）是将潜望镜的七个模拟测量信号（即高度粗、高度精、方位粗、方位精、镜管弯曲测量、高度手动修正和方位手动修正）实时转换为计算机可以接收的数字信息。时间基准是两套精确的铷原子钟，按格林尼治世界时行走，运行90昼夜误差小于0.01 s，并通过时间计数器把时间变成数字信号送给计算机。计算机（即计算控制中心）是星光导航仪的核心部分，它是一个按并联25位快速运行的专用机，设有专为星光导航仪实时控制用的专用接口，整个潜用星光导航仪的数字模型（即计算控制等）都在这里实现，它实现了对惯性导航系统的初始经纬度和潜艇姿态角的实时接收，实时控制星光导航潜望镜方位高度回转，捕获、跟踪与更换星体，人工瞄准后自动测量星体，自动进行天文计算，给出天文船位和航向以及对惯性导航系统的经纬度与航向的精确校正。

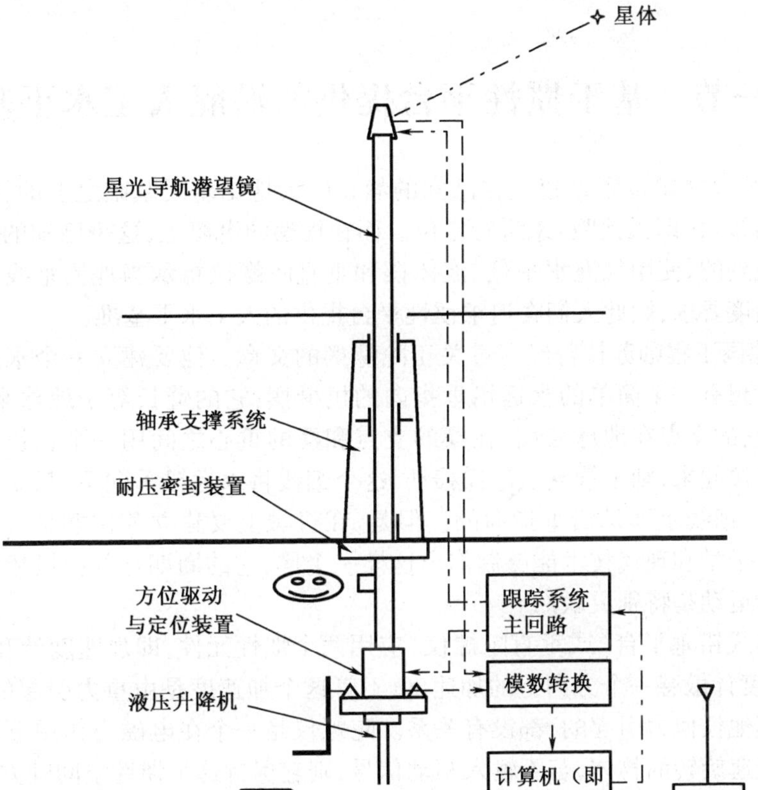

图4-1 星光导航仪系统原理图

在潜望镜下部装有方位装置和方位定位销。方位装置里面装有方位电机、方位测角元件与齿轮减速器，以完成潜望镜的方位驱动。方位定位销保证潜望镜的方位测量是按潜艇艏艉线基准进行的，在潜望镜升降时是靠导向杆完成粗定位的，而精定位由安装在耐压壳体上的销套来完成。液压升降机保证潜望镜 5 m 升程内的平稳升降。星体的赤经、赤纬数据是由机存自动星历表完成的。潜用星光导航仪测量星体采用甲板坐标系,星体甲板高度测量是以潜艇的甲板基准面为准的,星体的甲板方位是以潜艇的艏艉线为准测量的;而天文定位运用的大地水平基准则采用惯性平台的人工水平基准(称为地平坐标系);星体从地平坐标系向甲板坐标系的变换(称为坐标正变换)以及星体从甲板坐标系向地平坐标系的变换(称为坐标逆变换)都是在计算机里面实时进行的。计算机还实时控制两套数字式随动系统,以保持潜望镜视场中的星体像稳定。所有这些操作都是由计算机程序自动完成的。整个星光导航仪的控制程序在调试完成后,都固化在计算机可擦写的内存芯片(eprom)里面,使用时通上电就可以正常运行了。这里需要介绍一下坐标正变换和坐标逆变换的公式推导过程,见附录一。

本章主要阐述潜用星光导航仪的系统组成、工作原理、功能特点、系统数学模型、系统控制程序,以及与惯性平台系统的信息匹配、在潜望航行测星时所遇到的光学结构和流体力学等问题。

第一节　基于惯性平台提供的潜艇人工水平基准

目前,传统天文定位还是建立在已知的静止的大地铅垂线基础之上的,即测出星体对大地铅垂线的张角(即天顶距)来进行定位。而在摇摆的潜艇上,这个已知的静止的大地铅垂线是无法找到的,使用气泡水平仪、液体摆和垂直陀螺仪指示当地铅垂线又不能满足星光导航仪的精度要求,因此人们在追求惯性平台提供的人工水平基准。

1923 年德国工程师苏拉曾经写过关于陀螺摆的文章。他要建立一个永远铅垂指向的复合摆。他设想有一个简单的永远铅垂指向的机械摆:它的臂长等于地球半径,它的重心在地球中心,它的支点在地球表面,在摆的支点和摆的重心之间用一个长长的、刚性的、无质量的细线连接起来,则不管支点怎样移动,这个细线将永远铅垂向下,只要没有人去碰细线末端的重锤,细线永远是铅垂指向的。但是,在机械上要建立苏拉摆是非常困难的。可是人们运用电子学和现代技术能够制作出这样一个摆,它的周期与苏拉摆相同,即 84 min。这个苏拉摆对运动是特别灵敏的。

现代单轴式铅垂平台(或垂直陀螺仪)应用两个惯性元件,即加速度计和陀螺仪(短期陀螺)。加速度计敏感一个方向上的加速度,不管这个加速度是由重力引起的,还是由可以造成加速的其他任何力引起的,都没有关系。陀螺仪是一个在电磁力作用下可以绕某一个惯性空间轴高速旋转的物体,若不输入驱动信号,则它保持这个惯性空间轴方向不变。

输入轴线在水平面成正交的两个单轴陀螺,敏感围绕铅垂方向两个轴线的转动,构成一个陀螺稳定平台,如图 4-2 所示。

陀螺稳定平台由常平架、陀螺仪、稳定回路、水平控制回路、补偿回路和减振装置等组成。其中,常平架采用万向环结构,外环轴沿着舰船首尾线方向,视为横摇轴;和外环轴正交的内环即为平台台体,其轴视为纵摇轴。陀螺仪(G_R,G_P)和加速度计(即摆)(A_R,A_P)装在平台台体上。稳定回路是由陀螺仪、陀螺信号检测器、放大器、稳定电机和常平架等部件组成的闭环系统。当舰船运动时,陀螺仪将绕进动轴进动,由陀螺信号检测器检测出,并输出信号;当陀螺仪进动的输出信号被适当放大和分解时,就可以通过稳定电机驱动同轴的常平架,借以用稳定回路卸除外力矩,保持平台在惯性空间稳定。水平控制回路控制横向水平回路和纵向水平回路，每个水平回路都由加速度计（摆）、放大器、力矩器和陀螺仪组成，它们跟踪当地垂线，保持平台水平。补偿回路主要补偿因陀螺漂移、地球自转角速度、潜艇速度和加速度等引起的平台水平误差，见图4－2。

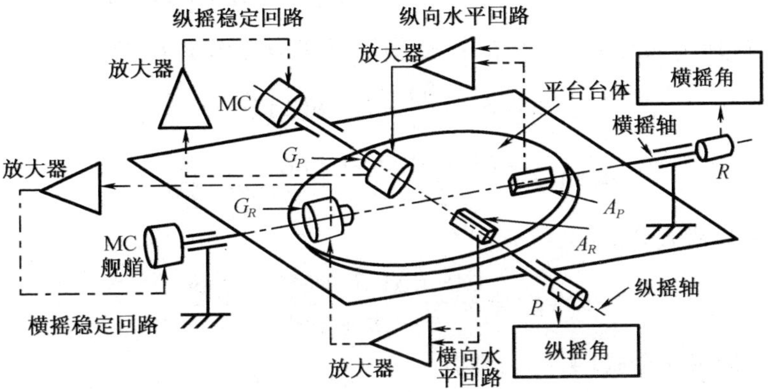

图4－2 陀螺稳定平台示意图

通常，陀螺仪（G_R，G_P）可用单自由度陀螺仪或两自由度陀螺仪，陀螺稳定平台可采用双陀螺式或四陀螺式，电机采用力矩电机，内环平台台体可做成承载式。如果输入轴线是成正交的三个单轴陀螺（陀螺仪加速度计连同平台台体都放在方位环的里面，构成常用的四环结构），则敏感围绕所有轴线的转动，就形成三轴正交的惯性平台了。它的单个轴的铅垂线回路如图4－3所示。

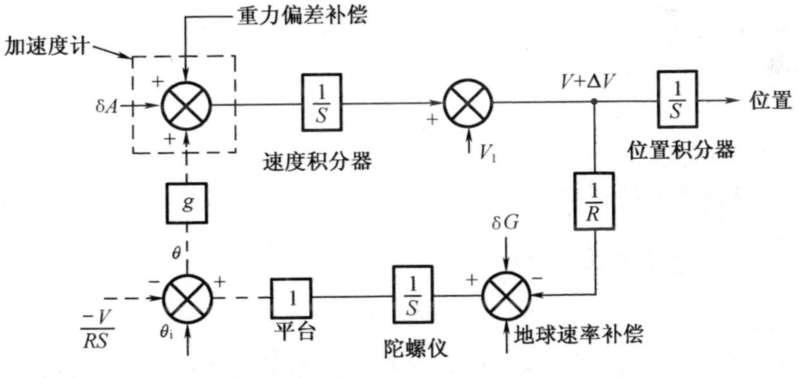

图4－3 单轴铅垂线回路示意图

如果输入是与惯性平台成正交的三个单轴陀螺仪，则它敏感所有轴线的转动。当外部速率在（0.1°～100°）/h范围内时（输入速率很少超过30°/h），这个三轴正交的惯性平台就与外部速率隔绝了，它给出的人工水平基准是精度最高的，这正是星光导航仪所要求的。

由图4－3可以看出，为了求出速度，应将内常平架上的加速度计输出进行积分。如果加速度计是水平的，则积分出来的速度是由系统本身的运动引起的。该速度除以到地球中心的距离（地球半径R），就得到地球表面上运动物体的速率，这个速率就控制陀螺仪把常平架的姿态调整到铅垂线方向。加速度计对重力加速度是不敏感的，因为不存在铅垂线误差。用这样两个一样的回路就构成如图 4－2 所示的陀螺稳定平台。

在图 4－3 单轴铅垂线回路中，加速度计的输出被积分成速度，而这个速度又被地球半径 R 除，去驱动陀螺平台为水平。如果存在一个水平误差 θ_i，则加速度计就通过重力加速度 g 的耦合来敏感它。在水平点处有一个相减项 $\frac{V}{RS}$ 表明地球表面上铅垂线的实际运动。

由图 4－3 得到无阻尼摆的拉普拉斯方程（见第五章参考文献 22）：

$$\Delta V(S) = \frac{\delta A}{S} + V_i + \theta(S)\frac{g}{S} \tag{4-1}$$

$$\theta(S) = \frac{-(V+\Delta V)(S)}{RS} + \frac{\delta G}{S} + \theta_i + \frac{V}{RS} \tag{4-2}$$

把公式（4－2）代入公式（4－1），则有

$$\Delta V(S) = \frac{\delta AS + \Delta V_i S^2 + \delta Gg + \theta_i gS}{S^2 + g/R} \tag{4-3}$$

把公式（4－1）代入公式（4－2），则有

$$\theta(S) = \frac{-\delta A/R - V_i S/R + \delta GS + \theta_i S^2}{S^2 + g/R} \tag{4-4}$$

而摆的自然周期是

$$p = \frac{2\pi}{60}\sqrt{\frac{R}{g}} \approx 84\ (\text{min})$$

式中 δA——加速度误差，m/s^2；

δG——陀螺仪漂移误差，rad/s；

V_i——初始速度误差，m/s；

θ_i——初始水平误差，rad；

ΔV——速度误差，m/s；

θ——水平误差，rad；

ΔP——位置误差，m；

g——重力加速度，m/s^2；

R——到地球中心的距离，m；

$\sqrt{\frac{g}{R}} = \omega$——角速率，1/s；

t——时间，s。

上面所描绘的方程，很明显，这个回路是缺少阻尼的。因此，当回路闭合时，误差是持久的，容易发生振荡。启动这个系统要在静止或有准备的条件下进行。在初调平台时，要用到阻尼，但是一旦平台水平了，系统进入工作状态了，就不要阻尼了，并且保持 84 min 的理想自然周期。

对公式（4－3）进行拉普拉斯逆变换得到时间范畴的公式（4－5），对公式（4－5）积分得到公式（4－6）：

$$\Delta V = V_i\cos\omega t + \frac{\delta A}{\omega}\sin\omega t + \theta_i R\omega\sin\omega t + \delta GR(1-\cos\omega t) \tag{4-5}$$

$$\Delta P = \frac{V_i}{\omega}\sin\omega t + \frac{\delta A}{\omega^2}(1-\cos\omega t) + \theta_i R(1-\cos\omega t) + \delta GR\left(t - \frac{\sin\omega t}{\omega}\right) \tag{4-6}$$

同时，对式(4-4)进行拉普拉斯逆变换，得

$$\theta = \frac{V_i}{R\omega}\sin\omega t - \frac{\delta A}{g}(1-\cos\omega t) + \theta_i\cos\omega t + \frac{\delta G}{\omega}\sin\omega t \tag{4-7}$$

由此可见，位置误差对初始速度误差、加速度计误差以及平台水平误差是收敛的，而对陀螺漂移误差是发散的。这就是采用星光导航仪或者 GPS、无线电导航等手段对惯性导航进行定期重调的原因。速度误差和水平误差对所有的初始误差都是收敛的。平台的水平误差是按正余弦函数规律变化的，它的误差峰值振幅取决于部件精度和初始条件，并可以把平台精确调到水平，同时用陀螺进行稳定和锁定。如果加速度计误差为 $\delta A = 10^{-4}g$，陀螺漂移误差为 $\delta G = 0.052°/\mathrm{h}$，初始速度误差为 $V_i = 1.85\ \mathrm{m/s}$，则水平误差的峰值灵敏度为

$$\frac{\theta}{\delta A} = \frac{40''}{10^{-4}g}$$

$$\frac{\theta}{\delta G} = \frac{40''}{0.052°/\mathrm{h}}$$

$$\frac{\theta}{V_i} = \frac{40''}{1.85\ \mathrm{m/s}}$$

而当加速度计误差为 $\delta A = 5\times 10^{-5}g$，陀螺漂移误差为 $\delta G = 0.01°/\mathrm{h}$、初始速度误差为 $V_i = 1.0\ \mathrm{m/s}$ 时，水平误差的峰值灵敏度将提高一个数量级，即进入 $1\sigma \leqslant 20''$。因此惯性平台是星光导航仪在船上或者运动载体上最可以信赖的人工水平基准。

第二节　星光导航潜望镜

星光导航潜望镜是潜用星光导航仪的主体观测仪器，它是星光导航仪的一个重要组成部分。它主要完成以下任务：

(1)观测星相对于甲板基准面的高度角；

(2)观测星体在甲板基准面内对船首尾线的舷角；

(3)在潜望观测时稳定光学瞄准线，以便减小潜望航行时海浪对观测的影响。

星光导航潜望镜观测到的角度信息通过电气耦合由模拟数字转换装置自动传给电子计算机进行定位定向计算。

一、星光导航潜望镜的光机结构原理

星光导航潜望镜对星体的甲板高度和甲板舷角测量是在潜艇处于不断的摇摆情况下进行的，为了使星体像不跑出主观测视场，必须运用电子计算机控制的两套数字式伺服系统来稳定潜望镜的光学瞄准线，达到自动寻星、自动跟踪、把星体的像拉入视场中心并进行人工瞄准和自动采样测量的目的。但是，能不能做到对星体的高度角与方位角进行精确测量，除了计算机控制的伺服系统能否做到实时稳定潜望镜的光学瞄准线之外，还和潜望镜的光学结构是否合理有关。

1. 星光导航潜望镜的发展趋势

根据总体对星光导航潜望镜的战术要求，在设计星光导航潜望镜时主要考虑定位定向精度、潜望力、视场、头部尺寸、总长度与质量、航速、海上环境适应性、技术先进性和成本等。据此分析，星光导航潜望镜的发展趋势如下：

(1)潜艇专用星光导航潜望镜在向高精度、小头部尺寸、自动化组合导航方向发展。

(2)水下星光导航系统发展有两种不同的途径:一个是继续研制使用专用星光导航潜望镜,其用途单一,容易制成高精度系统,但不足之处是用途少;再一个是向多用途潜望镜发展,其中含有潜望镜六分仪。多用途潜望镜可以有多种用途(如对空观察、对海观察、测距以及星光导航),但做到高精度星光导航却很困难。

(3)以后发展非穿透式光电桅杆,专用星光导航潜望镜应怎样发展?如果光电器件非常可靠,则可以采用专用非穿透式星光桅杆。但考虑到观察的直观可靠性,还应继续采用专用星光导航潜望镜(光学观测)。因为专用非穿透式星光桅杆和专用星光导航潜望镜都需要把头部伸出水面,具有相同的可暴露性。

(4)潜艇专用星光导航潜望镜应发展为自动、高精度、昼夜、全天候导航系统。

(5)要向自主导航方向发展,主要解决人工水平基准问题。

2. 星光导航潜望镜光机结构形式

对于专用星光导航潜望镜,为了能克服在潜艇潜望航行时波浪冲击下减小潜望镜弯曲与振动对星光导航测量影响,目前有三种光机结构形式:

第一,在潜望镜头部安装陀螺稳定平台(如ПР-12星光导航潜望镜),把测量头装在陀螺稳定复示平台上,平台用液体摆进行粗稳定(10′),而用光学测量办法复示惯性平台的人工水平,精度可以达到1′。这时测星采用地平坐标系,便于瞄准和测量。由于采用陀螺稳定复示平台和精密光学测量,则可以克服波浪对潜望镜的弯曲与振动影响,它采用双通道测星,这是这种潜望镜光机结构的一大优点,但是这种潜望镜头部尺寸较大(有时直径达到650 mm),影响潜艇的隐蔽性,如图4-4所示。

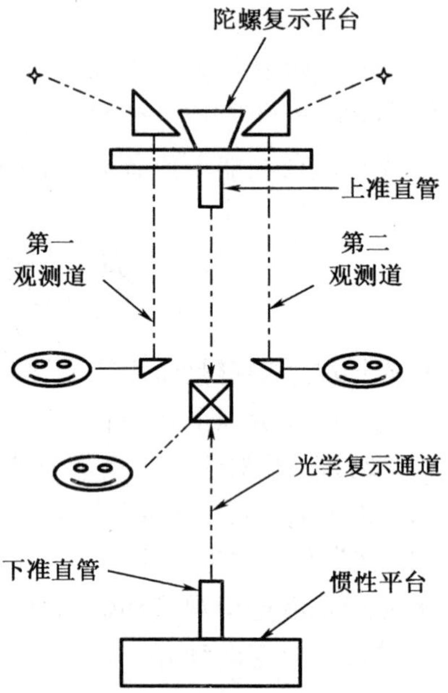

图4-4 采用复示平台的星光导航潜望镜原理图

第二,头部不用陀螺稳定平台,而是单通道光学测量系统,靠光学偶次反射和不变机架结构来克服因波浪撞击潜望镜引起弯曲和振动对测量的影响。用计算机控制的高精度快速伺服系统实现光学瞄准线稳定,用精密测角系统来实现对星体的高度角和方位角的测量。这种潜望镜用途单一、头部尺寸小、测量精度高、自动化程度高。但是对潜望镜在潜艇上的安装要求也高。这种类型潜望镜(如11型星光导航潜望镜)如图4-5所示。这种潜望镜在子午面内采用光学偶次反射原理来消除镜管弯曲振动对测量的影响;而在弧矢面内,采用变形系数很小的殷钢带做成四连杆结构,以保持俯仰反射镜的转轴与潜望镜的甲板基准面平行,就克服了镜管沿弧矢面弯曲振动时对星体方位测量的影响。

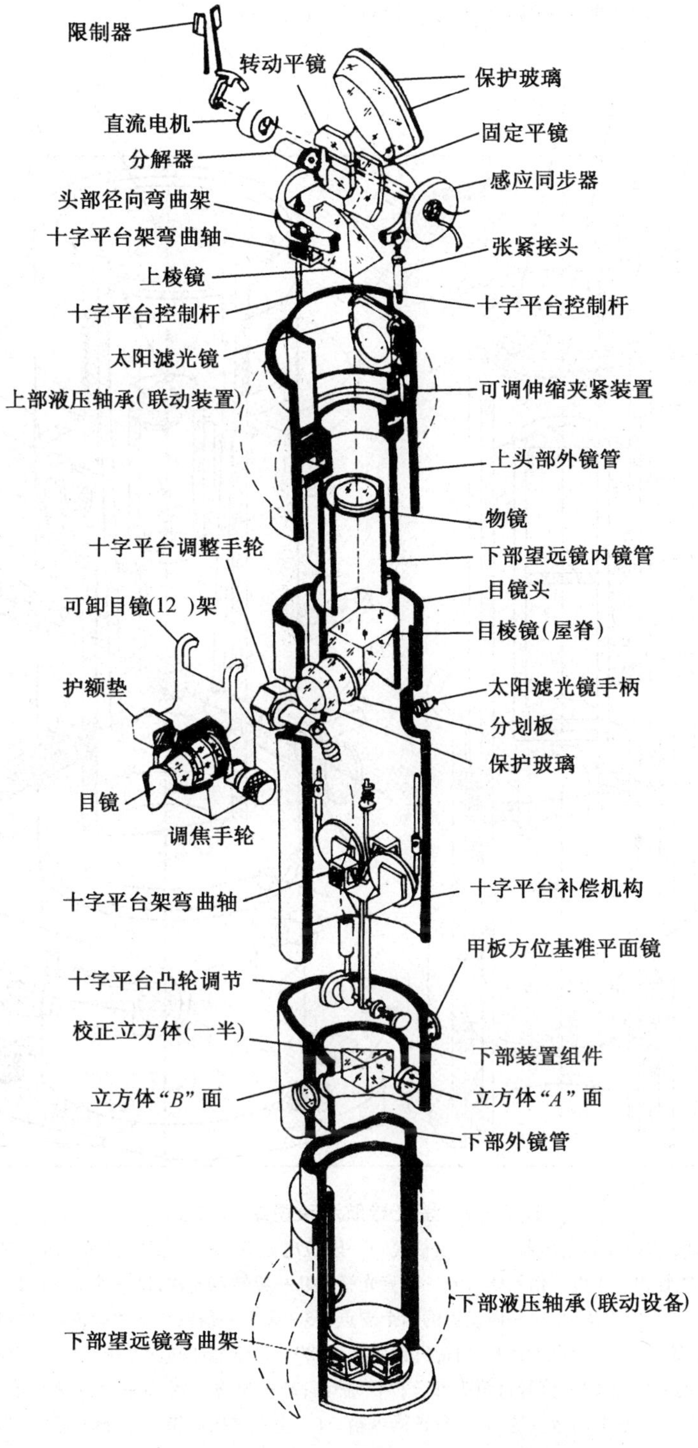

图 4－5　单通道观测 11 型星光导航潜望镜

第三，还有一种头部不用陀螺稳定复示平台，而是用单通道光学测量系统，靠光学不变原理和结构上采用内镜管对外镜管成悬臂梁状态来克服因波浪撞击潜望镜引起弯曲和振动对测量的影响。这种潜望镜结构原理如图 4 -6 所示。

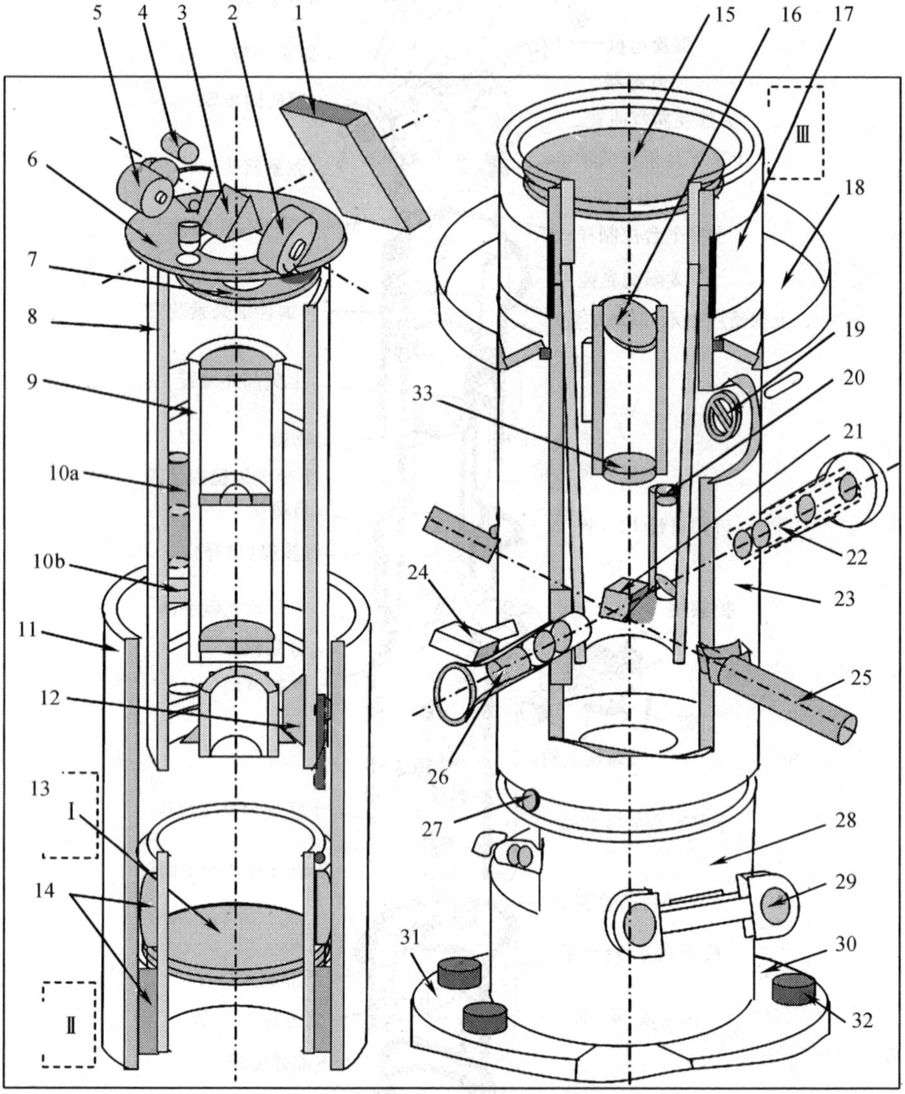

图 4 -6 星光导航潜望镜结构原理图

1—保护玻璃；2—多极旋转变压器；3—高度棱镜；4—限位电磁铁；5—高度电机；6—潜望镜测量头；7—滤光镜组；8—内镜管；9—小负一倍系统；10a—准直光管；10b—旋转双光楔；11—外镜管；12—内镜管锁紧装置；13—大负一倍系统上透镜；14—内镜管的两个支点；15—大负一倍系统下透镜；16—主观测分划板反射镜；17—左右螺纹环；18—接水盘；19—内镜管锁紧手柄；20—镜管弯曲转向系统；21—屋脊棱镜；22—镜管弯曲的校正望远镜目镜；23—镜管目镜头部分；24—护额；25—观测手柄；26—主观测目镜；27—方位基准镜；28—接长轴；29—翘曲测量系统；30—校正操纵箱；31—主观测操纵箱；32—修正手柄；33—物镜

这种潜望镜在子午面内。为了克服镜管弯曲和振动对测量的影响，在潜望镜光学系统设计上，采用了“正一倍”系统和“负一倍”系统设计。“正一倍”系统组成是由高度棱镜(3)

和小负一倍系统(9)构成的；“大负一倍”系统则由两块大负一倍透镜(13,15)构成，大负一倍系统的两块透镜(13,15)分别固定在滚动轴承支撑系统的Ⅰ、Ⅱ号轴承组与Ⅲ号轴承组内，由于轴承支撑系统的刚度非常大，所以大负一倍系统的两块透镜(13,15)光轴保持平行，构成所谓“大负一倍”不变系统，如图4-7所示。

当镜管没有发生弯曲时，星体的入射光线是$\alpha+\gamma$，经过高度棱镜反射后，星体光线与光轴的夹角是$\alpha+\gamma$。经过“小负一倍”系统后，其出射光线与光轴的夹角还是$\alpha+\gamma$，称为光学“正一倍”系统的偶次反射。如果镜管弯曲一个角度γ，则星体的入射光线高度角为α，经过高度棱镜反射以及“小负一倍”系统后，星体光线与光轴夹角还为α。但是由几何原理可知，在镜管弯曲前后在“小负一倍”系统的出射光线是平行的，也就是说对于星光导航潜望镜镜管弯曲前和弯曲后，其出射光线与主光轴之夹角保持不变，都是$\alpha+\gamma$。这就是说在主截面内自动地补偿了镜管弯曲的影响。

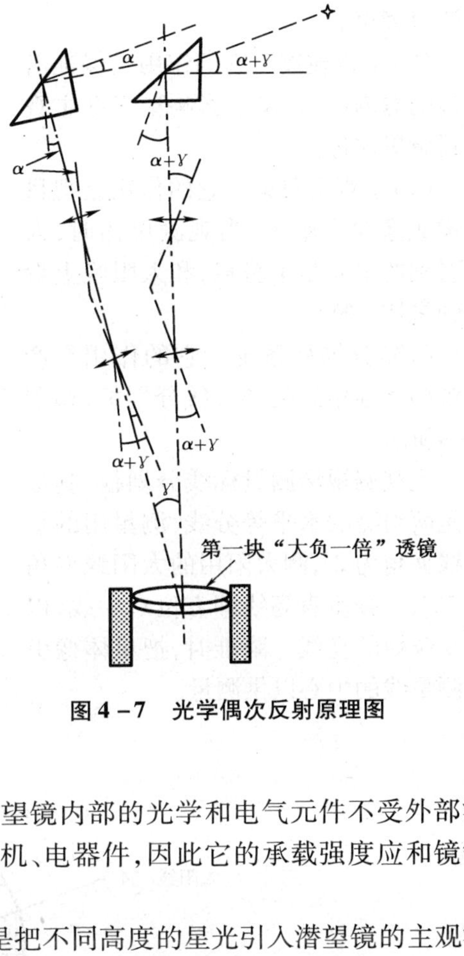

图4-7　光学偶次反射原理图

另外，对于多用途潜望镜具有星光导航能力，是指在对空测量通道引入测星功能(从略)。

3. 星光导航潜望镜的主观测光学系统组成原理

星光导航潜望镜的主观测光学系统组成原理大体相同，如图4-8所示。其中：

(1)保护玻璃　它的作用是导入星光、保护潜望镜内部的光学和电气元件不受外部海水侵害，能在潜艇下潜深度不伤害潜望镜内部光、机、电器件，因此它的承载强度应和镜管强度一样。

(2)高度棱镜(或者可动反射镜)　它的作用是把不同高度的星光引入潜望镜的主观测通道，并靠和高度棱镜(或者可动反射镜)同轴安装的电机和旋转变压器(受计算机控制)实现对星体的跟踪和测量，所以这是影响潜望镜测量精度的一个关键部件。

(3)滤光镜组　它的作用是在白天观测太阳与晚上观测星体与月亮时，保护观测手的眼睛或者光电器件不被伤害，提高观测的舒适度。一般都设有空窗，滤光镜浓、中、淡四种配置。

(4)小负一倍光学稳定系统　它的作用主要是克服镜管弯曲振动对观测的影响。在图4-5中，它是由可动反射镜、固定反射镜与上棱镜组成；而在图4-6中，它则是由高度棱镜、小负一倍系统组成的不变系统。

(5)上、下透镜组　它的作用是延长光学成像距离，以保证长的潜望镜在潜艇水下10~12 m处能够观测到水上目标。这里，保证上、下透镜组成像面平行是很关键的。为此，高的潜望镜镜管刚度以及支撑轴承系统的合理配置是非常重要的。为了保证成像质量，减小测量误差，优良的光学系统设计也是非常重要的。

(6)物镜　把星体的入射光线成像在主观测目镜的视场里,便于人眼和星光敏感器测量。

(7)屋脊棱镜　它的作用是把沿潜望镜轴线传输的星光折转 90°,引入主观测目镜里。

(8)平板玻璃　它的作用是保证潜望镜的舱内密封,又不影响星光在主观测目镜里成像。

(9)主观测目镜　它的作用是把目标像成像在人眼上,当观测星体时,人眼看到的星光是个星点,和人眼晚上看到的星体一样。

(10)分划板系统　它的作用是产生观测瞄准用的视场标线分划板,如图 4-9所示。

主观测视场测量标线分划板,其形式是两组亮的水平等分线,测星用的星像线夹角为 2′,测太阳用的太阳线夹角为 32′,一条垂直亮线即方位对中线,以及 8 条短的亮线。瞄准时,把星体像引至测量线的中心以供测量。

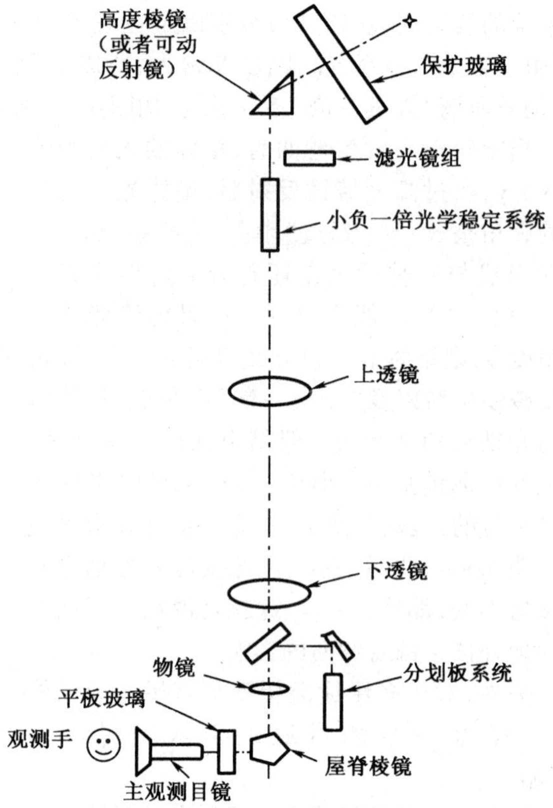

图 4-8　星光导航潜望镜主观测光学系统组成原理图

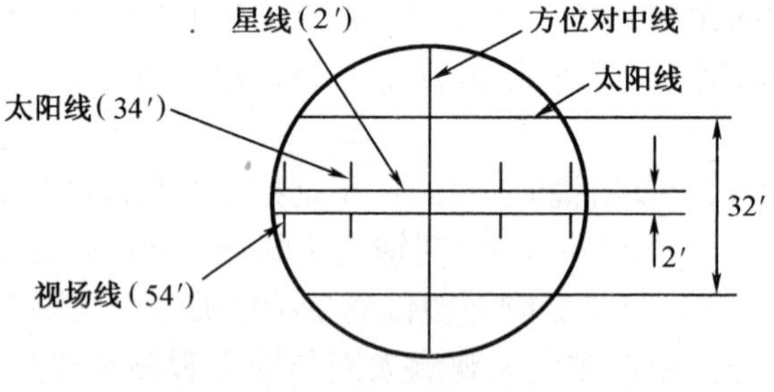

图 4-9　主视场分划线示意图

4. 星光导航潜望镜的操作控制

各种型号潜望镜是不一样的。如图 4-6 所示的星光导航潜望镜采用如下的传动控制:高度棱镜俯仰机构、潜望镜方位回转机构、滤光镜转换机构、双光楔旋转机构、瞄准棱镜制动机构、内外镜管锁紧机构、目镜的视度调节机构和自准直测微望远镜分划板移动机构。

(1)高度棱镜俯仰机构

高度棱镜装在潜望镜头部里面,它的高低俯仰瞄准是靠高度棱镜俯仰机构通过计算机控制的高度随动系统来实现的,运动形式是绕高度棱镜轴俯仰,如图 4-10 所示。

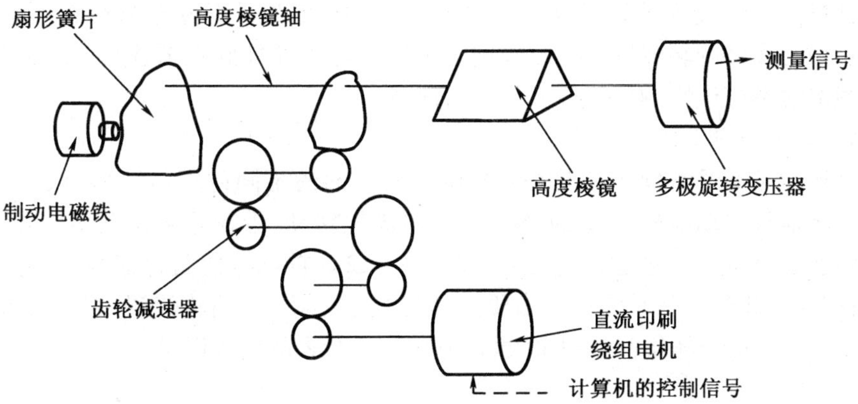

图 4-10　高度棱镜俯仰机构示意图

高度轴俯仰驱动是直流印刷绕组电机，计算机的控制信号（已通过高度随动系统功率放大）使电机转动，它带动小模数齿轮减速器转动，后者的扇形带动高度棱镜轴转动，从而驱动高度棱镜俯仰，达到星体高度的捕获与瞄准目的。而与高度棱镜轴同轴连接的多极旋转变压器则输出高度棱镜轴的转角信号，经模数转换装置又反馈给计算机，达到高度控制系统闭环的目的。

（2）潜望镜方位回转机构

潜望镜方位回转是通过计算机控制方位随动系统驱动潜望镜方位回转机构来实现的，并和高度棱镜俯仰机构一起来实现对星体的捕获、跟踪与瞄准。

潜望镜方位回转机构是通过潜望镜接长轴装在潜望镜下端的方位装置里面，如图 4-11所示。

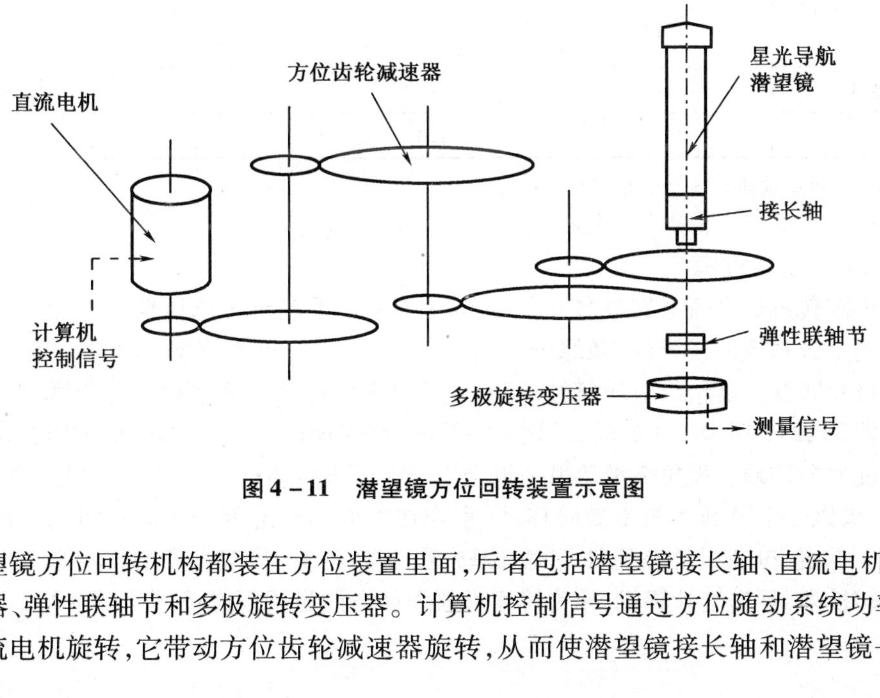

图 4-11　潜望镜方位回转装置示意图

潜望镜方位回转机构都装在方位装置里面，后者包括潜望镜接长轴、直流电机、方位齿轮减速器、弹性联轴节和多极旋转变压器。计算机控制信号通过方位随动系统功率放大器驱动直流电机旋转，它带动方位齿轮减速器旋转，从而使潜望镜接长轴和潜望镜一起绕其轴线在轴承支撑系统里回转,同时和接长轴同轴连接的多极旋转变压器也跟着转动,旋转变压器的测量信号经过模数转换装置反馈给计算机,实现潜望镜方位跟踪系统的闭环跟踪。在接长轴与多极旋转变压器之间采用十字形簧片式弹性联轴节连接,主要考虑到当潜望镜发生翘曲时不应该影响潜望镜方位转角测量。

(3)滤光镜转换机构

滤光镜转换是通过主操作箱上的滤光镜转换手柄的不同位置(浓、中、淡、空窗)切换,给出控制电压信号驱动电机转动,从而使减速器齿轮转动,带动滤光镜框架旋转,同时和滤光镜框架固连在一起的凸轮也跟着旋转,见图 4-12。它可以使凸轮上两个触点 3,4 闭合或者断开;图 4-12 的位置是空窗。当要求是"浓、中、淡"时,凸轮旋转,直至凸轮上的触点 3 与 4 的接通或者断开符合表 4-1 的滤光镜触点开断表的要求即可。

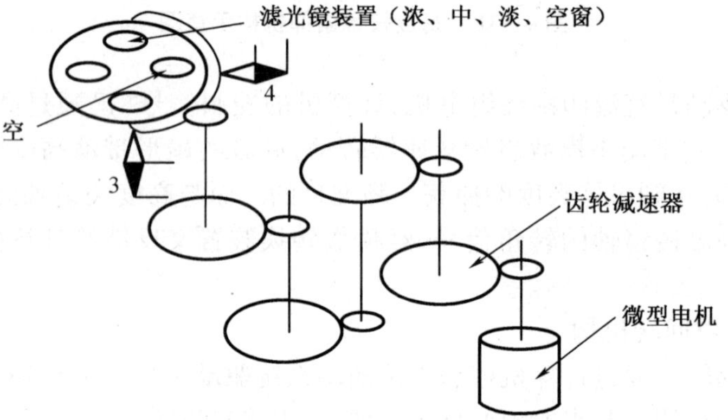

图 4-12 滤光镜传动机构示意图

表 4-1 滤光镜触点开断表

触点 / 窗口	空窗	浓	中	淡
触点 3	+	-	-	+
触点 4	+	+	-	-

注:"+"—触点接通;"-"—触点断开。

(4)双光楔旋转机构

双光楔旋转机构是通过转动校正操纵箱上的校正手轮给予电压信号控制的。当校正观测手看到上分划板的竖线(一条绿分划线)不在下分划板两条竖线中间时,就转动校正手轮带动单极旋转变压器给以电压信号,经放大器放大后传给微型电机。这个微型电机带动齿轮减速器 21,24,…,28,13 旋转,齿轮 13 带动一组光楔向一个方向转动,同时带动一个中间齿轮 7 反方向转动。齿轮 7 带动另一组光楔向相反方向转动,以达到两组光楔等速、反向同步旋转,借以使上分划线产生横向移动,直到在下面两个分划线中间的目的。同时转动齿轮 28,29,齿轮 29 带动测角元件(单极旋转变压器)旋转,将双光楔的转动角度电压信号送给模数转换器,再送给计算机,作为镜管沿弧矢面弯曲量予以修正,见图 4-13。

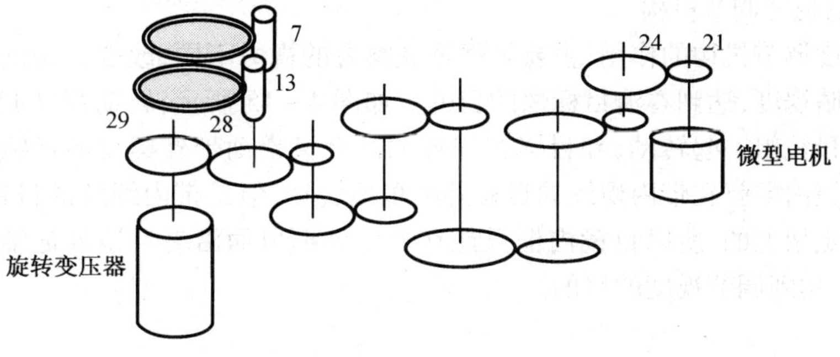

图 4－13　双光楔传动原理图

(5)瞄准棱镜制动机构

瞄准棱镜制动机构由制动电磁铁和扇形簧片(固定在瞄准棱镜轴上)组成,见图 4－10。当潜望镜工作时,就给制动电磁铁通电,克服弹簧力而将衔铁收回,这时解除制动,瞄准棱镜可以自由转动;在潜望镜不工作时,将第一操纵箱上的瞄准棱镜制动开关打在“制动”位置,这时电磁铁被断电,弹簧力将衔铁推出,从而把扇形簧片牢牢地制动住。

(6)内外镜管锁紧机构

当潜望镜在存放、运输和不工作状态下,应将内外镜管锁紧。而在潜望镜处于工作状态时,应将内外镜管解脱。见图 4－14,当需要将内镜管解脱时,需要将“预紧手轮”上的“手柄”扳至“解脱”位置,此时通过“曲柄轴”带动“下滑轮”转动,又通过“钢丝”带动“上滑轮”转动;这时,与“上滑轮”用销钉固连的“小锥形齿轮”带动“大锥形齿轮”转动,则和“大锥形齿轮”固连的“锁紧凸轮”也跟着转动,此时固定在内镜管上的“弹簧”使“支柱”收回,直到“锁紧凸轮”转过 60°,“支柱”全部收回到内镜管中,内外镜管就完全解脱了。如果需要锁紧内外镜管,则将“预紧手轮”上的 “手柄”扳到“锁紧”位置,则“锁紧凸轮”反方向转动 60°,“锁紧凸轮”压缩“弹簧”顶着三个“支柱”向外伸出,顶住外镜管壁,达到内外镜管锁紧目的。

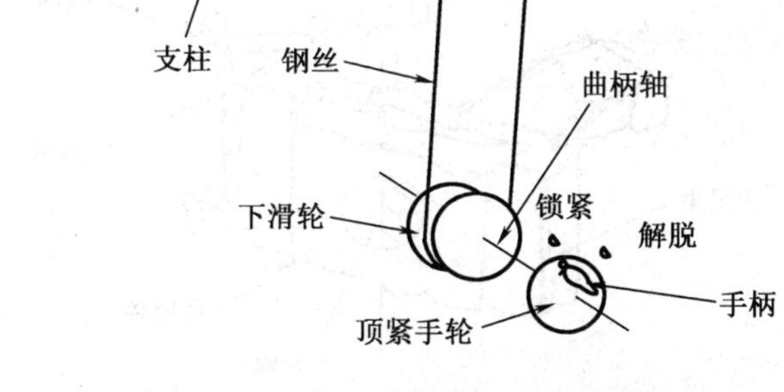

图 4－14　内外镜管锁紧机构示意图

(7)目镜的视度调节机构

目镜的视度调节机构的作用,主要是根据观察者的视力不同,改变目镜的焦距,以便适应观察者的眼睛视度,达到看清目标像的目的。如图4－15所示,转动视度调节套,使与其用螺钉连接的目镜组一起转动,和目镜组固连的凸台又带动带外螺纹的目镜内框转动,而带外螺纹的目镜内框就在带内螺纹的目镜外框里面转动,但是带内螺纹的目镜外框是固定在目镜外框固定架上的,所以目镜内框只能在目镜外框里面沿着目镜外框轴线移动,即改变目镜的焦距,达到调节视度的目的。

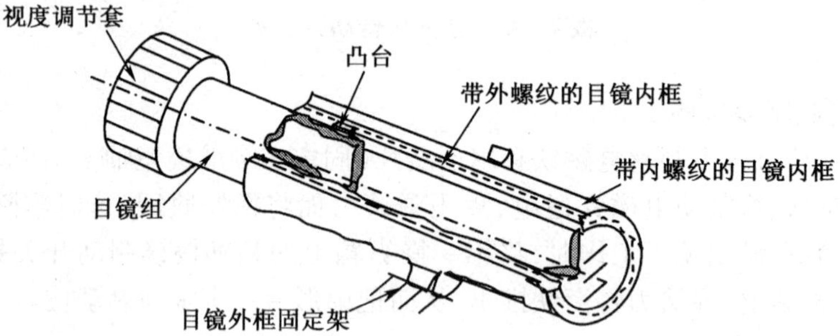

图4－15 目镜的视度调节机构示意图

(8)自准直测微望远镜分划板移动机构

这个机构是为测量潜望镜翘曲时的精确读数而设置的。它的原理如图4－16所示,当转动印花滚轮时,测微螺杆和读数轮跟着一起转动,因为螺杆套和望远镜壳体固定,所以测微螺杆和印花滚轮一起转动,并且沿着测微螺杆的轴线移动,测微螺杆的端头顶着燕尾块(分划板的框)克服弹簧的阻力移动,在测微目镜中看到分划线与镜管翘曲的测量线(A',B')重合时止,这时在读数轮上的读数(分秒值)就是镜管翘曲量。当机构归零时,需要反向转动印花滚轮,通过弹簧的拉力把分划板的燕尾块复位。

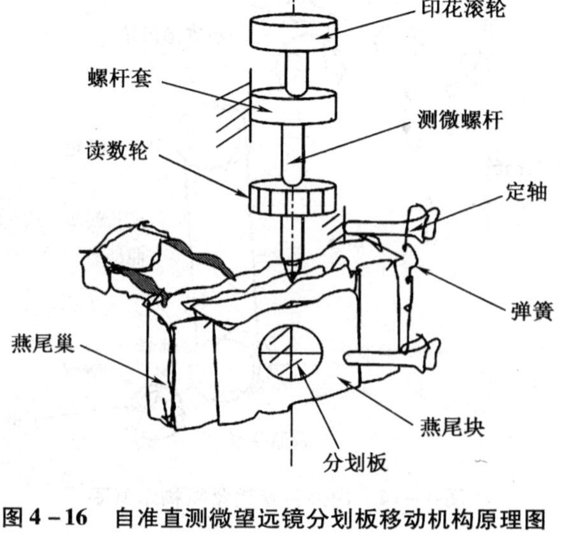

图4－16 自准直测微望远镜分划板移动机构原理图

5. 星光导航潜望镜的修正操作控制

星光导航潜望镜的修正操作控制包括星体高度测量修正系统、星体方位测量修正系统、潜望镜弯曲修正系统、更换滤光镜控制系统和其他控制与调节系统。控制箱示意图见图4－17。

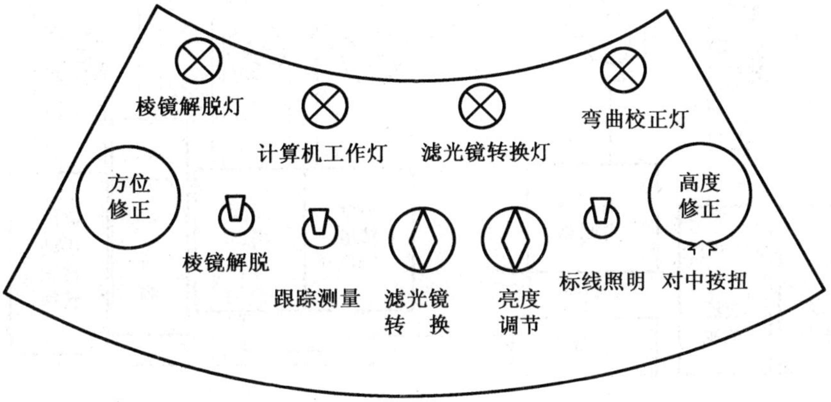

图 4－17　潜望镜主操作箱示意图

(1)星体高度测量的手动修正系统

本潜望镜自身不能独自测量星体的高度和方位,它必须借助计算机、模数转换装置和数字随动系统的控制来捕获、跟踪并靠人工瞄准来测量星体,它在星光导航仪里的作用相当于潜望镜式星体瞄准器,但又是必不可少的设备。图4－1所示为潜用星光导航仪系统原理图。

其工作过程如下:由惯性导航系统把潜艇的初始舰位自动传给星光导航仪计算机,星光导航仪计算机根据初始舰位和预选的星体坐标以及观测时间,计算出星体的高度和方位,并自动从惯性平台索取潜艇的横摇角、纵摇角与偏航角,适时计算出预测星体的甲板高度和甲板舷角,实时控制两套数字式随动系统动作。其中,数字式高度随动系统经过数值模拟转换后控制数字式高度随动系统的主回路工作,主回路功放管驱动高度棱镜轴上的直流电机 DI－6 转动,从而使高度棱镜转动,同时与高度棱镜同轴安装的测角元件 BT_2(32 对极粗精组合旋转变压器)转子也转过同样的角度。这个角度由 BT_2 定子绕组感应出的电模拟信号经过潜望镜的接插件输出给模数转换装置进行模拟数字转换,再通过接口线路传给计算机,与预算的星体甲板高度角进行比较,如果存在差值,继续上述程序操作,直流电机继续转动,高度棱镜继续转动,并继续完成高度数字式随动系统的闭环控制,直到差值为零时,直流电机停止转动,高度棱镜才停止转动,这时星体像被稳定在主观测手的目镜视场里。

由于初始舰位不准确,所以被稳定的星像不在主观测视场的中心,这时需要用高度手动修正系统进行修正,把星像拉到主观测视场的中心(见图4－9)。在潜望镜主观测目镜下面设有主操作箱,如图4－18所示,转动高度手动修正手轮,则带动与高度手动修正手轮同轴安装的旋转变压器 BT_1 转动(见图4－18右半部分),BT_1 就把高度修正信号经过潜望镜输出插座传输给模数转换装置进行模拟数字信息转换,再送给计算机与计算的甲板高度和 BT_2 高度精、粗通道测角信号叠加,得到新的甲板高度控制量,控制高度数字式随动系统主回路,驱使高度棱镜轴转动,直到把星像拉到主观测手视场中心(沿垂直方向)止,这时高度手动修正就完成了。

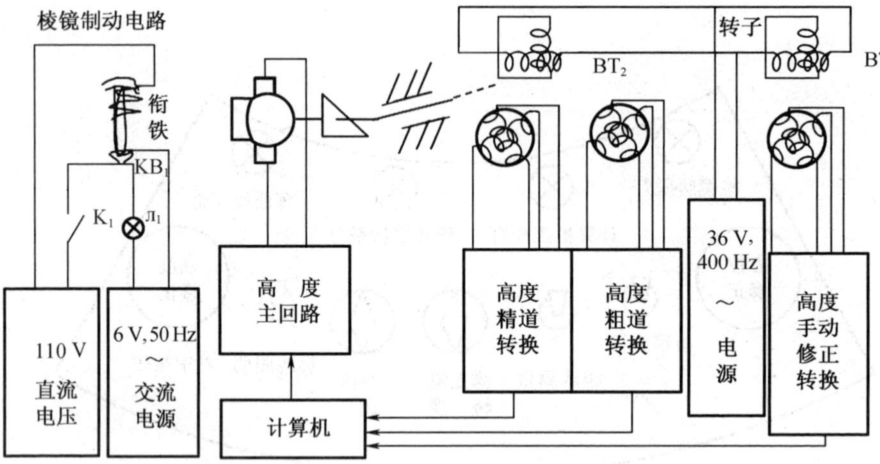

图 4-18 星体高度测量控制原理图

下面介绍一下高度棱镜制动和限位保护装置。

①高度棱镜制动装置线路。当潜望镜不工作时,要把棱镜锁住,不使其来回摆动,以免损坏器件;当潜望镜工作时才把棱镜解脱。如图 4-18 左图所示的棱镜制动线路,当把棱镜解脱开关 K_1 合上时,就把 110 V 直流电源加入,衔铁被吸入,制动簧片被释放,棱镜可以转动,则棱镜解脱;同时 KB_1 触点接通,“棱镜解脱”指示灯 $л_1$ 亮起。当潜望镜工作完毕时,就把棱镜解脱开关 K_1 断开,此时 110 V 直流电压被断开,衔铁被弹簧弹回,把棱镜锁住;同时触点 KB_1 断开,“棱镜解脱”指示灯 $л_1$ 熄灭。所以必须在高度数字式跟踪系统工作前完成棱镜解脱,否则会伤害器件。

②高度棱镜限位保护装置。该装置用途是指在一旦随动系统因为计算机等故障失控时,高度棱镜转动角度超过了正常机械转角($-5°\sim42°$)范围,就动作起作用,将高度棱镜立即停止,保护棱镜、齿轮减速器、测角元件和电机等不被损坏。该保护线路如图 4-19 所示。该装置由上限位开关 B_1、下限位开关 B_2、弹簧摆锤、继电器 J 和指示灯等组成,见图 4-19。工作过程如下:

(a)正常工作情况。当接通电源后,继电器 J 不通电,高度主回路控制电压通过继电器常闭触头使棱镜电机旋转,上下限位指示灯都亮,表明系统工作正常。

(b)若接通电源,指示灯 $л_1$,$л_2$ 有一个不亮,说明系统存在故障。这时电机不能运转,高度棱镜已经超出正常工作范围,卡在限位开关上,需接通主回路控制电压并同时按下复位开关 K,驱使电机反向转动,回到正常工作范围。

举个例子,如果发生下限位,则和棱镜同轴连接的弹性摆锤触及下限位开关 B_2,B_2 的常开触头闭合,因而下限位指示灯 $л_2$ 熄灭,同时串联在下限位常开触头上的继电器 J 接通直流 24 V 电压,于是继电器 J 的触点 J_1J_2 状态改变,使得电机的控制电压反向,即电机反转,弹性摆锤脱离下限位位置而进入正常工作范围。如果电机轴上的弹性摆锤离开下限位后又触及下限位开关 B_2,指示灯 $л_2$ 亮灭反复进行,应立即断电,检查故障原因并且排除之,再行上电。

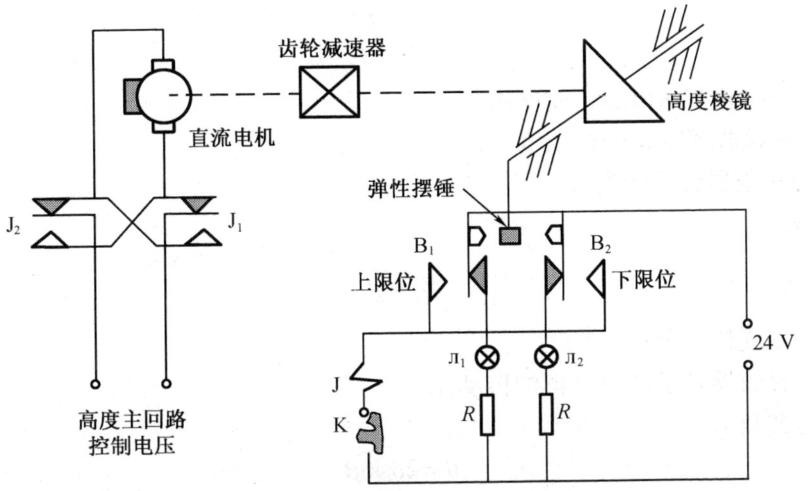

图 4-19 高度棱镜限位保护线路

如果发生上限位,处理办法相同。每次开机后,上下限位指示灯应该都亮,否则就是存在故障。

(2)星体方位测量的手动修正系统

如果发现星像沿方位方向发生偏离,则需要使用主操作箱上的方位手动修正系统,它的工作原理和高度手动修正系统类似。

(3)潜望镜镜管弯曲校正测量的手动修正系统

潜望镜镜管弯曲测量的手动修正系统的作用是利用旋转双光楔的光学瞄准和单极旋转变压器的发送与接收,对潜望镜在弧矢面内的弯曲影响进行校正,如图 4-20 所示。

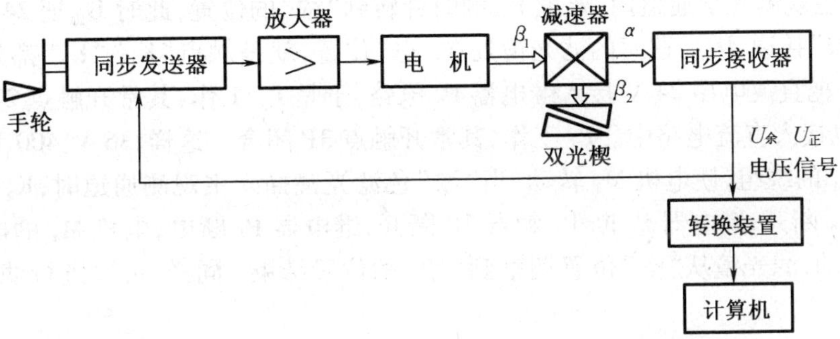

图 4-20 潜望镜镜管弯曲校正测量的手动修正系统原理图

基本原理如下:校正操作手在校正目镜里看到上准直管的一条竖分划线(绿),不在校正望远镜两道竖线中间,校正手转动校正手轮到某个角度,这时发送器(旋转变压器)转子也转过一个角度,其转子的正弦绕组发送一个电压信号给放大器,再控制执行电机转过 β_1 角,经齿轮减速器减速后带动双光楔转过 β_2 角,带动同步接收器(旋转变压器)转子转过 α 角,此时接收器定子输出对应转角的正弦、余弦电压,一方面经模拟数字转换装置送给计算机;另一方面又送给发送器的正交绕组中进行比较,其角度差为零时执行电机就停止转动,

系统处于平衡状态。其计算关系式为

$$\tan\alpha = \frac{U_{正}}{U_{余}} \tag{4-8a}$$

式中 $U_{正}$——接收器输出的正弦电压；

$U_{余}$——接收器输出的余弦电压；

α——接收器转子转角。

双光楔转角

$$\beta = \frac{\alpha}{n} \tag{4-8b}$$

式中 β——双光楔转角；

n——接收器转子和双光楔的传动比。

于是，镜管弯曲角为

$$\theta = 2\delta\sin\beta \tag{4-9}$$

式中 δ——光楔的偏向角；

θ——光线偏向角（即镜管弯曲角）。

由于在接收器与双光楔之间采用齿轮升速，速度比例为 n，因此能提高接收器的测角精度。

（4）更换滤光镜

更换滤光镜系统的用途是由主观测手根据观测不同天体（太阳、月亮与星体等），把需要的滤光镜片切入主观测通道内，供观测时使用，防止灼伤眼睛。它由驱动电机 M_4，触点组 K_1，K_2，滤光镜凸轮，继电器 P_1，P_2，P_3，转换开关 B_{10} 和辅助元件（信号灯、制动电容等）组成。

更换滤光镜的工作过程见图 4-21。当需要更换滤光镜时，在潜望镜主操作箱上扳动“滤光镜转换”开关。转换开关 B_{10} 有四个位置，就是空、浓、中、淡。在系统投入工作前，B_{10} 处在“空”的位置，滤光镜处在空窗位置，这时测量星体是可以的。若需观测太阳，则应把浓滤光镜置入主观测光学通道内，要把 B_{10} 顺时针转到“浓”的位置，此时 B_{10} 把 24 V 直流电压的负极同“浓”接通，因为这时的滤光镜处在“空”位置，就是触点“K_1”“K_2”都是常闭状态，“K_2”的闭合把直流电压 24 V 接入继电器 P_2 电路，于是 P_2 工作，其常开触点 2P 闭合，就把继电器 P_3 也接入直流电路中。P_3 工作，其常开触点 3P 闭合。这样，36 V，400 Hz 电源被接入到电机 M_4 的绕组，使电机 M_4 转动，当“浓”色滤光镜插入主观测通道时，K_2 触点从凸轮上滑下来，K_2 断开，继电器 P_2 断电，触点 2P 断开，继电器 P_3 断电，电机 M_4 的电源被断开，电机停止转动，滤光镜从“空”位置调整到“浓”的位置结束。同样，可以进行滤光镜其他窗口转换。

6. 关于星光导航潜望镜的技术、战术指标说明

（1）技术指标

高度测量精度：精确测量星体高度是星光导航潜望镜定位的主要指标要求，星体高度误差和定位精度是一一对应关系，一般要求均方根误差不大于 1′。

方位测量精度：精确测量星体方位是星光导航潜望镜定向的又一主要指标要求，它涉及战略武器的命中精度，一般要求其最大误差不大于 5′。

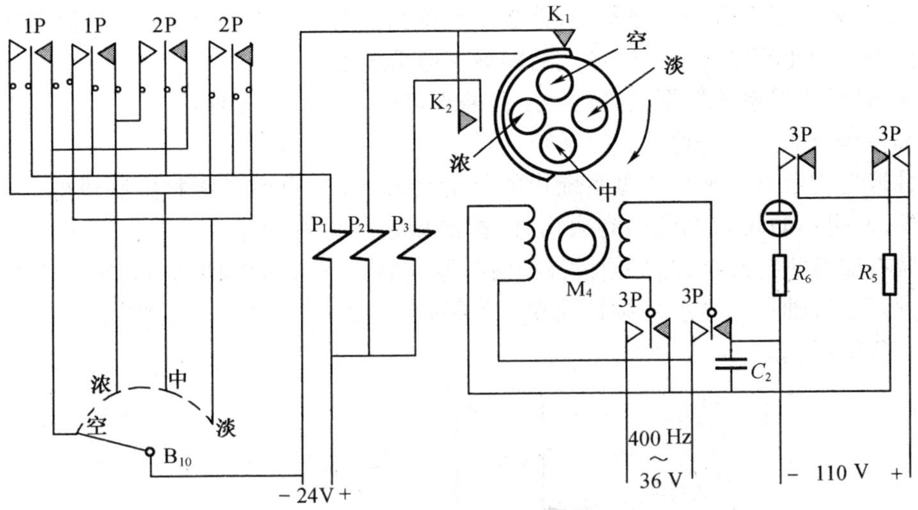

图 4-21　更换滤光镜原理图

(2)战术指标

潜望力(目镜中心到高度棱镜中心的距离):潜望力是个战术指标,是根据潜艇总体的要求确定的,一般为 9 ~ 12 m。

伸距(潜艇潜望航行时潜望镜头部瞄准线露出水面的距离):伸距也是个战术指标,也是根据潜艇总体要求确定的,目前一般取为 3.5 ~ 5 m;

镜管外径(即潜望镜管的最大外径):这取决于潜望镜的光学机械结构设计,并和潜艇的航行速度有关,很多国家都取为 ϕ220 ~ 300 mm。

上头部最大直径:这涉及潜艇的隐蔽性,如果头部尺寸大了,很容易被对方发现,也是设计时要加以限制的,目前很多国家都控制在 ϕ220 mm 左右。

潜望镜总长:根据潜艇结构形式来选用总长,各个国家设计标准不同,选择潜望镜总长也不一样,但目前一般都在 10 ~ 13 m 内选取。

潜望镜总质量:潜望镜总质量和潜艇重心、稳定性与浮力有关,是潜艇总体严格控制的指标,一般都在 1.4 t 以内。

(3)使用环境要求

潜望镜的使用环境要求包括高度角测量范围(+15° ~ +75°)、舷角测量范围(0° ~ 360°)、使用航速、潜艇摆摇角度和海情等项。

第三节　轴承支撑系统

一、概述

轴承支撑系统在潜艇上的作用主要有三个:

(1)保证潜望镜升降伸距距离和回转操作控制;

(2)帮助潜望镜建立潜艇的甲板坐标系的 z 轴(即潜望镜的回转基准轴);

(3)保证潜望镜对潜艇的受力支撑与对外部海水的密封。

所以,只要潜艇上采用了潜望镜,就必须配置相应的轴承支撑系统,只是根据潜望镜的功能特点和自动化程度配置不同形式的轴承支撑系统罢了。

目前,轴承支撑系统根据其结构与工作原理可以分为以下几种:

1. 圆柱形自润滑滑动轴承支撑系统

圆柱形自润滑滑动轴承支撑系统指的是滑套轴承,是由铝青铜材料制成的(与潜望镜管材料不同,可以防咬),两端装有去污环,按潜望镜的设计要求设立支撑点的位置。在潜艇舱内装有应急密封装置,当潜望镜破损时拧紧应急密封装置手柄则可以使外部海水不倒灌到舱内。这种轴承支撑系统维护简单,只要在潜望镜管上涂上一层船用黑油就可以了,如图 4 – 22 所示。

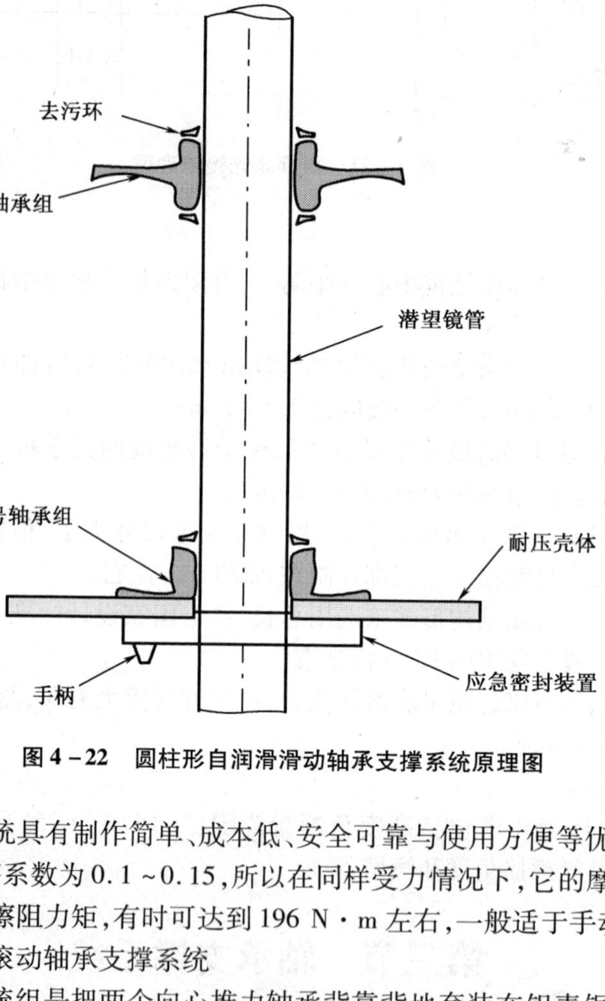

图 4 – 22 圆柱形自润滑滑动轴承支撑系统原理图

这种轴承支撑系统具有制作简单、成本低、安全可靠与使用方便等优点,但是这种轴承是滑动摩擦,滑动摩擦系数为 0.1 ~0.15,所以在同样受力情况下,它的摩擦阻力矩较大,加上应急密封装置的摩擦阻力矩,有时可达到 196 N · m 左右,一般适于手动操作。

2. 圆柱形自润滑滚动轴承支撑系统

滚动轴承支撑系统组是把两个向心推力轴承背靠背地套装在铝青铜衬套上,再把它装入轴承壳体里,两端安装去污环。潜望镜管可以在滚动轴承组里升降或者转动,受力大时潜望镜管连同铝青铜衬套一起在滚动轴承里转动。再把轴承组安装在套柱上同时进行同轴度调整。滚动摩擦系数为 0.001 ~0.001 5,比滑动摩擦系数小,因此,它既适于手动操作也适于自动化要求比较高的潜望镜使用,如图 4 – 23 所示。

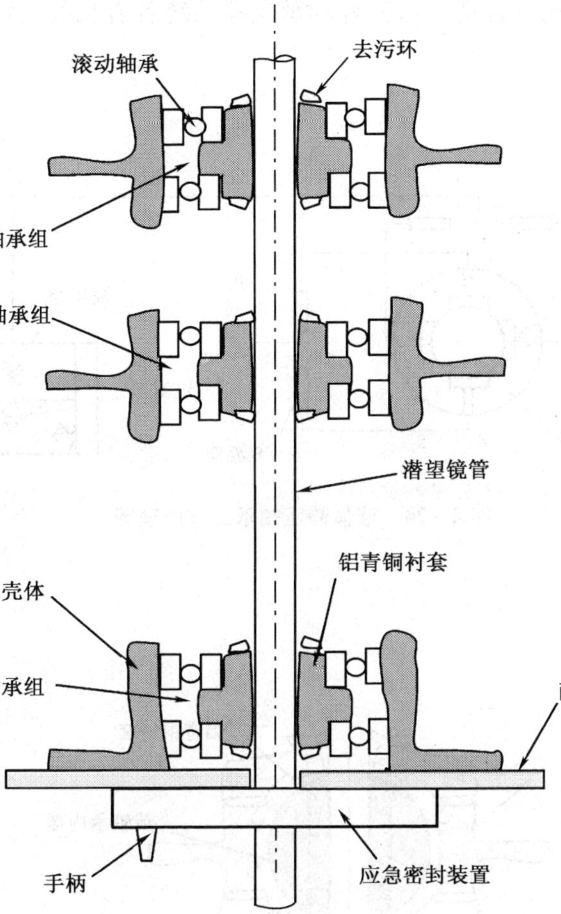

图 4 – 23　滚动轴承支撑系统组成原理图

这种轴承支撑系统具有操作简单、安全可靠、便于维护、使用阻力矩较小、适于潜艇使用条件等优点，平时在镜管涂上一次船用黑油即可，用于自动化程度要求较高的场合。

3. 球形与圆柱形液体静压轴承支撑系统

液体静压轴承是利用高压水泵把液体介质（油或者海水）打入轴承与镜管之间的间隙并强制形成高强度油膜或者水膜，靠液体的高强度静压膜来平衡镜管上外部载荷。如图 4 – 24所示。当镜管在液体静压轴承转动时，它的摩擦系数很小，为 0.000 1 ~ 0.002。另外，它还具有磨损小、精度高、寿命长、耐冲击振动、运行平稳、可在较低速度下运行等优点，特别适于自动化要求高的场合使用。

液体静压轴承又分为球形结构和圆柱形结构两种。但是为了不咬死潜望镜镜管，它和镜管配合部分的材料必须采用铝青铜，如图 4 – 25 所示。

从对潜望镜的自动化操作上来讲，特别是在受力频繁、低速下启动，选用液压轴承支撑系统和滚动轴承支撑系统较为合适；从对潜艇工作环境的适应性来讲，选用滑动轴承支撑系统和滚动轴承支撑系统比较合适。对于潜艇的应用来说，潜望镜升降距离长、使用航速高、承受载荷大、要求启动力矩小、转动摩擦阻力矩小、经常处于低速自动化控制并且频繁启动、要求旋转精度高、要求工作可靠性与环境适应性也高，用球轴承内球有铝青铜衬套的球形液压轴承支撑系统比较合适。这三种轴承支撑系统各有长处，也各有短处，其优缺点见表4－2。

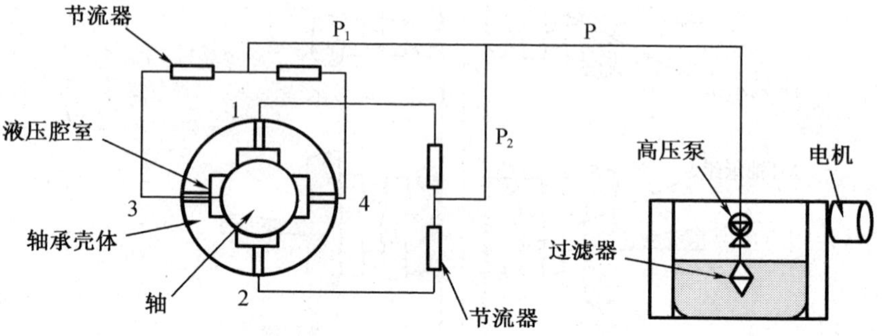

图4－24 液体静压轴承工作原理图

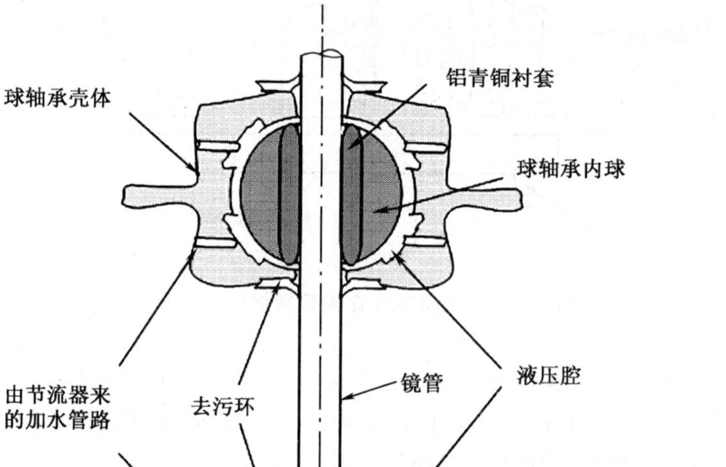

图4－25 球形与圆柱形液体静压轴承支撑系统组成原理图

表 4-2　三种轴承支撑系统的优缺点比较

比较＼形式	滑动轴承支撑系统	滚动轴承支撑系统	液压轴承支撑系统
工作原理	镜管处在圆柱形铝青铜滑套内，借助填充的黑油润滑，保证镜管升降和回转	镜管处在两端装有大型滚动轴承的衬套里（也是用黑油润滑）进行升降，而靠滚动轴承进行回转	镜管处在液体静压轴承内，靠专用供压设备，把具有一定压力的液体导入液体静压轴承腔内形成润滑膜，从而保证镜管的升降与回转
结构简易程度	简单	较简单	复杂
摩擦阻力矩	较大	较小	小
启动力矩	较大	较小	小
工作可靠性	较好	较好	（因海水过滤精度高）较差
使用维护	较简单	较简单	较复杂
适合潜艇工作情况	较适合	较适合	不太适合
对潜艇的密封性	较好	较好	差些

圆柱形液体静压轴承的缺点是防咬性能差一些，又太不适合潜艇上的工作环境，因此后来装艇时就改成了滚动轴承支撑系统。

二、潜望镜受力分析

当潜艇在潜望镜深度航速航行时，迎面来的海水作用在潜望镜镜管的伸出部分（称之为迎面海水阻力 $f_y = C_x \dfrac{\rho}{2}V^2S$），使之发生弯曲；绕流镜管的海水（称之为涡流海水阻力 $f_y = C_y \dfrac{\rho}{2}V^2S$）迫使潜望镜镜管伸出部分产生垂直于航行方向的震动；而波浪撞击潜望镜头部（称之为波浪撞击力 $f_w = C_W \dfrac{\rho}{2}V^2S$）使镜管发生弯震；同时潜艇摇摆（称之为摇摆惯性力 $f_G = \dfrac{mV^2}{t}G$）增加潜望镜镜管的弯曲和震动等。因此，潜望镜镜管受力分析是件比较复杂的事情，到目前为止，计算潜望镜镜管受力还没有完整精确的公式，主要困难是海水雷诺系数的选取与镜管涡流速度的确定，工程上的分析计算多半采用模拟实验数据和经验公式，而且对计算数据的实验验证需要在海里进行也是很困难的事情。这里，C_x，C_y，C_W 是阻力系数；V 是航速；S 是镜管正面受力面积；ρ 是海水密度。

星光导航潜望镜在潜艇上的布置见图 4-26。

这里假设星光导航仪在潜艇 6 kn 航速和 5 级海情下使用，浪高 $H=2$ m，波长 $\lambda=50$ m，海水密度 $\rho=104.6\ \mathrm{kg\cdot s^2/m^4}$（$t=0$ ℃），运动黏性系数 $r=1.75\times10^{-6}\mathrm{m^2/s^2}$；横摇 $R=\pm8°$，$T_R=8\sim12$ s；纵摇 $P=\pm(5°\sim8°)$，$T_P=5\sim7$ s；波浪冲击镜管高度 $h=0.5$ m。在这个条件之下计算潜望镜镜管受力，并且把各种受力都转化成镜管的均布载荷。

潜望镜相对海水的运动速度为

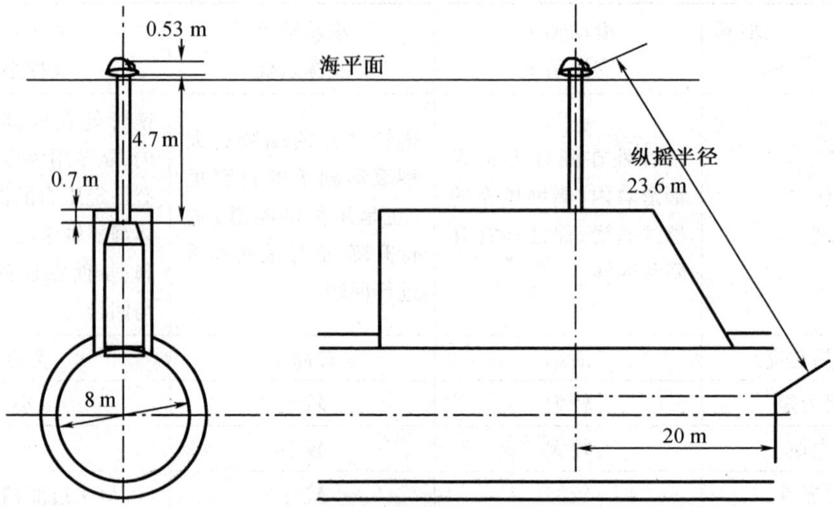

图 4－26 星光导航潜望镜在潜艇上的布置示意图

$$V_{潜艇}=V_{艇}+\frac{1}{2}V_{液}\quad (\mathrm{m/s})$$

海水绕流潜望镜的最大轨道速度为

$$V_{流}=V_{艇}+V_{液}\quad (\mathrm{m/s})$$

其中,液体质点的最大轨道速度为

$$V_{液}=\frac{\pi}{0.8}\cdot\frac{H}{\sqrt{\lambda}}=\frac{3.14}{0.8}\cdot\frac{2}{\sqrt{50}}=1.11\ (\mathrm{m/s})$$

对于不同航速时,潜望镜相对海水的速度 $V_{潜艇}$ 和海水绕流潜望镜的最大轨道速度 $V_{流}$,都列于表 4－3。

表 4－3 速度计算表(对应 5 级海情)

航速/kn	5	6	7	8	9	10	11
$V_{艇}$/(m/s)	2.57	3.00	3.60	4.12	4.63	5.14	5.66
$V_{潜艇}$/(m/s)	3.13	3.65	4.16	4.68	5.19	5.70	6.22
$R_{e潜艇}=\frac{V_{潜艇}\cdot D}{r}$	3.9×10^5	4.6×10^5	5.2×10^5	5.9×10^5	6.5×10^5	7.2×10^5	7.8×10^5
C_{x1}	0.52	0.50	0.30	0.31	0.32	0.33	0.35
$V_{流}$/(m/s)	3.68	4.20	4.71	5.23	5.74	6.25	6.77
$R_{e流}=\frac{V_{流}\cdot D}{r}$	4.6×10^5	5.3×10^5	5.9×10^5	6.6×10^5	7.2×10^5	7.9×10^5	8.5×10^5
$C_{x流}$	0.50	0.30	0.31	0.32	0.34	0.36	0.38

由于潜望镜受力分析和计算多系经验公式,则实验系数取法上的差异会导致计算结果稍有不同。为了计算方便,可以把迎面水阻力和绕流水阻力折算成潜望镜伸距上的均布

载荷 q_{x1}：

$$q_{x1}=\frac{1}{2}C_{x1}\rho D(V_{艇}^2+V_{流}^2) \tag{4-10}$$

式中　C_{x1}——系数，根据流速计算雷诺数，然后查表就可以得到 $C_{x1}=0.5$；

D——潜望镜直径（0.22 m）；

$V_{艇}$——艇在静水中的航速，m/s；

$V_{液}$——波浪液体质点的最大轨道速度，m/s。

把波浪撞击力折算成潜望镜伸距上的均布载荷 q_{x2}：

$$q_{x2}=k_2D\rho h_0^2\left\{(e^{\frac{-4\pi L}{\lambda}}-1)+\frac{\lambda}{2\pi L}\left[e^{\frac{-4\pi L}{\lambda}}\left(\frac{4\pi L}{\lambda}+1\right)-1\right]\right\} \tag{4-11}$$

式中　λ——波浪波长，为 50 m；

L——潜望镜伸距；

k_2——潜望镜形状系数，$k_2=0.707$；

h_0——波浪海水质点的轨道半径，m，$h_0=H/2$；

H——波浪浪高，为 2 m。

在潜艇摇摆时，可以把潜望镜摇摆水阻力折算成潜望镜伸距部分的均布载荷 q_{x3}：

$$q_{x3}=\frac{C_{x3}\rho D}{L^2}\left[\frac{(2\pi)^2\alpha_0}{360°T}\right]\left[\frac{R_2^4}{4}-\frac{R_1R_2^3}{3}+\frac{R_1^4}{12}\right] \tag{4-12}$$

其中　C_{x3}——摇摆水阻力系数，根据摇摆速度计算出雷诺数再查表，得 $C_{x3}=0.7$；

α_0——潜艇摇摆角度，(°)，$\alpha_0=\pm 8°$；

T——潜艇摇摆周期，s，$T=5\sim 12$ s；

R_1，R_2——潜望镜头部和第一支点到摇摆中心的距离，m，$R_1=20.1$ m，$R_2=23.4$ m。

潜望镜摇摆惯性力也可以折算成伸距部分的均布载荷 q_{x4}：

$$q_{x4}=\frac{5r_0}{gL^2}\times\frac{\pi}{4}(D^2-d^2)\left[\frac{(2\pi)^2\alpha_0}{360°T}\right]^2\left[\frac{R_2^3}{3}-\frac{R_1R_2^2}{2}+\frac{R_1^3}{6}\right] \tag{4-13}$$

式中　r_0——潜望镜的材料密度，$r_0=8\ 000\ \mathrm{kg/m^3}$；

g——重力加速度，$g=9.81\ \mathrm{m/s^2}$。

按照实际的潜望镜位置尺寸，可以计算出在不同航速下的潜望镜伸出部分的总均布载荷 $q_{x总}$：

$$q_{x总}=q_{x1}+q_{x2}+q_{x3}+q_{x4} \tag{4-14}$$

该潜望镜采用4点支撑系统（图4-27(a)），镜管在轴承里无弯曲变形，只有微小位移，而且这个位移与负荷成正比，弯矩只引起轴承法兰盘发生挠曲变形。因此，可以把镜管在轴承支撑系统中的受力情况看作连续梁计算，并把轴承支座当作一点（轴承中间点）来处理。由于该潜望镜支点数大于2，所以是超静定梁，应采用三弯矩方程式求解。

这个连续梁具有长为4.7 m的外伸部分，而在4 m部分作用均布载荷 $q_{x总}$，因此在支点Ⅰ处的弯矩 M_{qx} 是已知的。

$$M_{qx}=2.7\times 4q_{x总}=M_1 \tag{4-15}$$

对于支点Ⅱ的三弯矩方程有

$$4.91M_3'+2M_2(4.91+1.2)+1.2M_1=0 \tag{4-16}$$

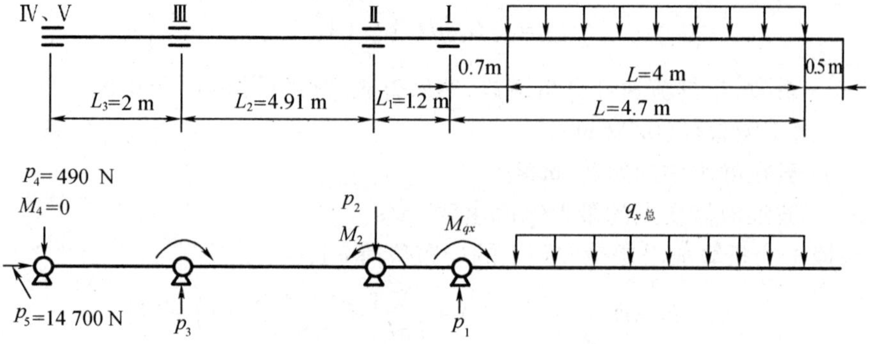

图 4-27(a) 潜望镜支点尺寸及受力图

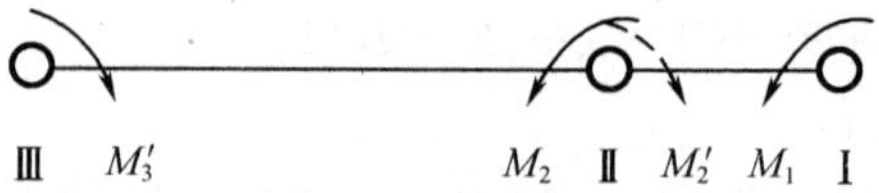

图 4-27(b) 支点Ⅱ的弯矩

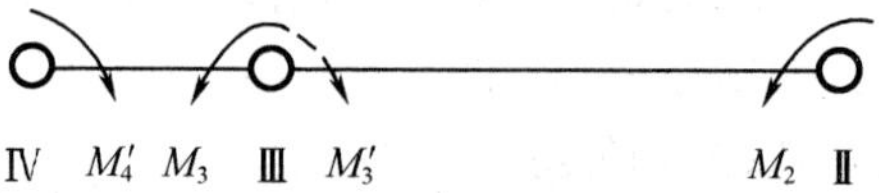

图 4-27(c) 支点Ⅲ的弯矩

对于支点Ⅲ的三弯矩方程有

$$2M_4+2M_3(2+4.91)+4.91M_2=0$$

因为 $M_4=0$，所以有

$$2M_3(2+4.91)+4.91M_2=0 \tag{4-17}$$

由于弯矩 M_1 是已知的，则用方程(4-16)和(4-17)联立求解，就能求出 M_2 和 M_3 ($M_3=M_3'$)，见式(4-18)：

$$\begin{cases}4.91M_3+12.22M_2=-1.2M_1\\13.82M_3+4.91M_2=0\end{cases} \tag{4-18}$$

同时根据弯矩就可以求出各支点反力，见图4-28。

对于支点Ⅰ的支反力 p_1 有

$$p_1=\frac{4q_{x总}(2.7+1.2)}{1.2}+\frac{M_2}{1.2} \tag{4-19}$$

对于支点Ⅱ的支反力 p_2 有

$$p_2=p_2'+p_2''=\left(\frac{-4q_{x总}\times2.7}{1.2}-\frac{M_2}{1.2}\right)+\left(\frac{-M_2}{4.91}+\frac{M_3}{4.91}\right) \tag{4-20}$$

对于支点Ⅲ的支反力 p_3 有

$$p_3=p_3'+p_3''=\left(\frac{M_2}{4.91}-\frac{M_3}{4.91}\right)+\left(\frac{-M_3}{2}\right) \tag{4-21}$$

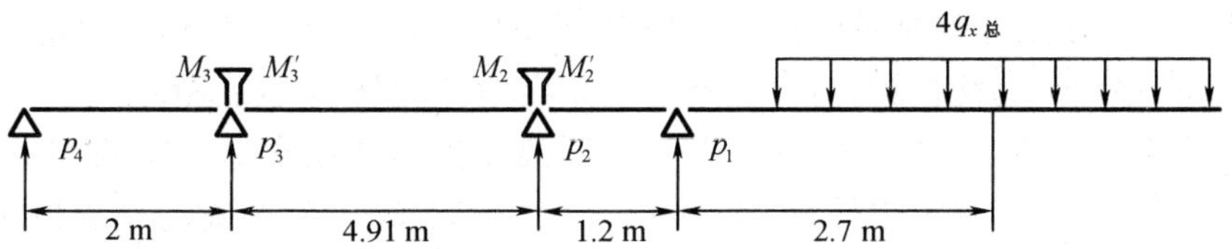

图 4-28　根据弯矩求支点反力

对于支点Ⅳ的支反力 p_4 有

$$p_4 = \frac{M_3}{2} \tag{4-22}$$

在不同航速下，各个支点的弯矩和支反力计算见表 4-4。

表 4-4　航速与支点弯矩和支反力的关系

潜艇航速/kn	5	6	7	8
潜望镜伸距部分的均布载荷 $q_{x总}$/(N/m)	1 938.4	2 210.9	2 516.6	2 870.4
Ⅰ支点弯矩 M_1/(N·m)	20 934.8	23 877.7	27 180.3	31 000.3
Ⅱ支点弯矩 M_2/(N·m)	-2 403.9	-2 741.1	-3 120.3	-3 559.4
Ⅲ支点弯矩 M_3/(N·m)	853.6	973.1	1 107.4	1 263.2
Ⅳ支点弯矩 M_4/(N·m)	0	0	0	0
Ⅰ支点支反力 p_1/N	-27 332.2	-31 173.8	-35 485.8	-40 474.0
Ⅱ支点支反力 p_2/N	20 158.6	22 990.8	26 175.8	29 850.8
Ⅲ支点支反力 p_3/N	-1 087.8	-1 234.8	-1 411.2	-1 607.2
Ⅳ支点支反力 p_4/N	431.2	490.0	558.6	627.2

三、滚动轴承支撑系统的组成与工作原理

滚动轴承支撑系统由三个轴承轴承组和上下套柱等组成，其组成原理见图 4-23。其中，1 号、2 号、3 号轴承组分别由两个大型单列向心推力球轴承背靠背地套装在一个带肩的铝青铜衬套上，在铝青铜衬套的上边设有防尘罩，再将它们整体插入轴承组壳体里，两端用轴承压盖进行轴向固定。1 号和 2 号轴承组通过上套柱连接在一起，又将上套柱组件通过下套柱和3 号轴承组连接在一起，在连接时需要仔细调整三个轴承组的同轴度；用上套柱下法兰和下套柱下法兰与潜艇耐压壳体的杯型座以及指挥台围壳固定在一起；在上、下套柱侧面都设有平时进行保养用的首孔；在 1 号轴承组上边装有去冰环、去污环和上 V 型密封圈；在 3 号轴承组的下边装有座板，在座板上装有下 V 型密封圈和通气管路；在杯型座的下边(即舱内)装有应急密封装置。在轴承组与套柱和下套柱与杯型座之间都有 O 型密封圈进行耐压密封。轴承组与套柱、套柱与套柱、套柱与杯型座之间都用绞孔螺栓连接。

1. 保证潜望镜的自由回转

把潜望镜插入1,2,3号轴承组的铝青铜衬套里,并通过上、下V型密封圈和应急密封装置,和4,5号轴承组的接长轴连接后,便构成了潜望镜的新型支撑系统。

当潜艇作潜望镜航行时,迎面海水阻力和波浪撞击力作用在潜望镜的伸距部分,使之发生弯曲与振动,在每个轴承组处都产生静座支反力和弯矩。方位随动系统控制潜望镜进行方位跟踪时,需要克服滚动轴承支撑系统因静座支反力和弯矩引起的摩擦阻力矩,即潜望镜与铝青铜衬套之间的滑动摩擦阻力矩和大型滚动轴承产生的滚动摩擦阻力矩之和。一般情况下,铝青铜衬套和潜望镜之间的滑动摩擦系数不大于0.01,而滚动轴承的滚动摩擦系数(在额定负载情况下)为0.000 1~0.001。正常情况下,潜望镜连同铝青铜衬套一起在滚动轴承中间回转。

2. 保证潜望镜升降

为了把潜望镜头部伸出水面,潜望镜管在滚动轴承系统中的升降行程约为5 m。在潜望镜深度下,潜艇以6~10 kn速度航行,伸出的潜望镜管直接受到迎面水阻力的作用,产生沿航行方向的弯曲和垂直于航行方向的振动,迫使潜望镜在铝青铜衬套中间产生反向的滑动摩擦力,阻挠潜望镜升降。当液压升降机顶着潜望镜向上升起时,固定在铝青铜衬套上边的向心推力轴承和轴承壳体一起产生轴向止推力作用,阻止铝青铜衬套随着潜望镜一起向上的轴向位移,这时潜望镜只能沿着铝青铜衬套内壁向上滑动升起。当潜望镜依靠自身的力量下降时,固定在铝青铜衬套下边的向心推力轴承与轴承压盖会产生轴向止推力,阻止铝青铜衬套随着潜望镜向下的轴向位移,这样潜望镜只能沿着铝青铜衬套内壁向下滑动。在铝青铜衬套的内壁油腔内和潜望镜管上都涂有铝基润滑脂,使潜望镜在升降回转时,不会发生咬死现象,从而保证了潜望镜升降过程的安全。

3. 滚动轴承支撑系统的密封

对于直径约1 m,总长7 m的滚动轴承支撑系统来说,既要保证潜艇在潜望镜航行时升起和回转潜望镜的密封,同时又要保证潜艇在下潜300 m时的耐压密封,是非常不容易的。而且为了提高系统工作的可靠性和安全性,必须保证滚动轴承体不直接接触海水,预防生锈,破坏其正常工作。因此,滚动轴承支撑系统设计成全封闭式耐压结构。在沿潜望镜管设有三道密封:1号轴承组上边有上去污环、上V型密封圈;3号轴承组下边座板设有下去污环、下V型密封圈;在杯型座下边设有应急密封装置,在出现破损故障时,靠挤压两道O型密封圈来强制潜望镜管轴向密封;在上、下套柱之间,上轴承盖与上套柱之间,在下套柱与杯型座之间,应急密封装置与潜艇耐压壳体之间均设有能耐压441 N/cm^2 的O型密封圈。对于潜望镜升降过程中渗漏的微量海水,由排水系统导入污水舱。

四、滚动轴承支撑系统的阻力矩计算

按星光导航系统总体及跟踪系统的要求,滚动轴承支撑系统在潜望镜深度以6 kn速度航行时,总启动力矩应不大于39.2 N·m,运转力矩应不大于29.4 N·m。下面我们计算滚动轴承支撑系统的阻力矩。

1. 1,2,3号轴承组的滚动摩擦阻力矩计算

根据瑞典SKF公司给出的经验公式有

$$M = M_0 + M_1 \quad (\text{N}\cdot\text{m}) \tag{4-23}$$

其中 M——滚动轴承的滚动摩擦力矩,N·m;

M_0——滚动轴承的黏滞摩擦力矩，N·m；

M_1——滚动轴承的负荷摩擦力矩，N·m。

式(4-23)中 M_0 与所使用的润滑剂黏度、润滑方式和轴的转速有关：

$$M_0 = f_0 \times 10^{-8} \times (\nu n)^{\frac{2}{3}} \times d_m^2 \quad (\mathrm{N \cdot m}) \tag{4-24}$$

这里 f_0——与轴承结构和润滑方式有关的系数，对于单列向心推力球轴承及其润滑脂，取值为2；

n——轴的转速，r/min，$n \leqslant 10$ r/min；

ν——润滑脂基油在运转条件下的运动黏度，如果采用钠基脂，$\nu_{-40^0c} \leqslant 51$ 厘沲，则 $(\nu n)^{\frac{2}{3}} \leqslant 2\ 000$，取 $(\nu n)^{\frac{2}{3}} = 160$；

d_m——滚动轴承的平均直径，mm，$d_m = \dfrac{D+d}{2}$。

对于单列向心球轴承 D7036152XQM，有 $D = 400$ mm，$d = 260$ mm，$d_m = 330$ mm，因此可以求出1,2,3号轴承组的黏滞摩擦力矩：

$$M_0 = 3 \times 2 \times 2 \times 10^{-8} \times 160 \times 330^3 = 6.76\ (\mathrm{N \cdot m}) \tag{4-25}$$

滚动轴承的负荷力矩：

$$M_1 = f_1 g_1 d_m$$

式中 f_1——相对负荷系数，对于 $\alpha = 12°$ 的单列向心球轴承，有 $f_1 = 0.000\ 8 \times \left(\dfrac{p_0}{C_0}\right)^{0.43}$；

C_0——单个轴承的额定负荷，对于所选单列向心推力球轴承，取 $C_0 = 156\ 800$ N；

p_0——单个轴承的当量静负荷，取 $p_{0\max} = 19\ 600$ N。

则 $f_1 = 0.000\ 8 \times \left(\dfrac{2\ 000}{16\ 000}\right)^{0.43} = 0.000\ 313\ 8$；

$$g_1 = p_{\sum} = p_1 + p_2 + p_3 \quad (\mathrm{N})$$

因而

$$M_1 = 0.000\ 313\ 8 \times 0.33 \times p_{\sum} = 0.000\ 104 p_{\sum} \quad (\mathrm{N \cdot m}) \tag{4-26}$$

这样，1,2和3号轴承组的滚动摩擦力矩为

$$M_{1\sim3} = 0.69 + 0.000\ 104 p_{\sum} \quad (\mathrm{N \cdot m}) \tag{4-27}$$

2. 4,5号轴承组的滚动摩擦力矩

4,5号滚动轴承是托着星光导航潜望镜升降和回转，它的摩擦系数为 $f = 0.002$，则

4号轴承组 $d_m = 9.4 \times 10^{-2}$ m

$$M_4 = \frac{1}{2} p_4 d_m f = 9.4 \times 10^{-5} p_4 \quad (\mathrm{N \cdot m}) \tag{4-28}$$

5号轴承组 $d_m = 13.2 \times 10^{-2}$ m

$$M_5 = \frac{1}{2} p_5 d_m f = 13.2 \times 10^{-5} p_5 \quad (\mathrm{N \cdot m}) \text{。} \tag{4-29}$$

将式(4-27)、(4-28)与(4-29)相加，得到轴承支撑系统的滚动摩擦力矩：

$$M = M_{1\sim3} + M_4 + M_5 \quad (\mathrm{N \cdot m}) \tag{4-30}$$

3. V型密封圈的滑动摩擦力矩

舷外海水作用在V型密封圈上，将产生侧向静压力，迫使V型密封圈工作面与潜望镜管表面贴合，阻止海水渗入，当潜望镜回转时，在V型密封圈与潜望镜的配合间隙之间产生滑动摩擦阻力矩。V型密封圈受力面尺寸：$h_1 = 1$ cm，$h_2 = 3.5$ cm，$h_3 = 0.8$ cm，

$D_1=22$ cm，$D_2=26$ cm。

当潜艇在潜望镜深度航行时，舷外海水（压力为 $p_0=3.92$ N·m）作用在V型密封圈上，它的径向力为

$$Q=\pi D_1(h_2-h_1)p_0=731.1\ (\mathrm{N})$$

试验证明，去污环的摩擦阻力矩是V型密封圈的三分之一，则V型密封圈与去污环的摩擦阻力矩为

$$M_{\mathrm{V}}=(1+0.33)\mu\frac{D_1}{2}Q\ (\mathrm{N\cdot m}) \qquad (4-31)$$

式中，μ 为V型密封圈对潜望镜的摩擦系数，对于氟橡胶与钢有 $\mu=0.08$。因此，有 $M_{\mathrm{V}}=1.33\times0.68\times0.11\times74.6=8.43(\mathrm{N\cdot m})$。

这样，滚动轴承支撑系统的总启动力矩为

$$M=M_{1\sim3}+M_4+M_5+M_{\mathrm{V}}\quad(\mathrm{N\cdot m}) \qquad (4-32)$$

根据表4-4给出的数据，按照公式（4-32），计算不同航速时的滚动轴承支撑系统启动力矩，见表4-5。

表4-5 不同航速时滚动轴承支撑系统的总启动力矩

潜艇航速/kn	5	6	7	8
$M_{1\sim3}$/(N·m)	11.86	12.54	13.33	14.21
M_4/(N·m)	0.059			
M_5/(N·m)	1.940			
M_{V}/(N·m)	8.43			
总启动力矩 M_n/(N·m)	22.25	22.93	23.72	24.60

考虑到1,2和3号轴承组的不同轴度和潜望镜管弯曲的影响，潜艇在6 kn航速与5级海情下，滚动轴承支撑系统的总启动力矩为

$$M_n\leqslant1.3M\approx29.4\ (\mathrm{N\cdot m}) \qquad (4-33)$$

这个阻力矩能满足潜用星光导航仪的使用要求。

第四节 电子数字计算机与接口线路

一、电子数字计算机

星光导航仪在最初审定总体方案时就确定选用数字式电子计算机作为系统的计算和控制中心，在当时是比较先进的。第一代用的是K-5型数字式电子计算机，它是星光导航仪的重要配套设备，它最开始采用二进制、定点、补码、串并行运算，是一台小型专用电子数字计算机。它是星光导航仪的控制中心，它把各个分设备通过电信号连接成一个统一的整体即可以形成自动运行的专用星光导航系统，实现了导航自动化，大大地减轻了导航员的劳动强度，提高了定位定向精度以及工作可靠性。它有以下几个主要任务：

1. 控制系统自动寻星

数字计算机根据惯性导航系统提供的初始舰位和铷原子频标时间基准提供的标准时间以及所选星体坐标数据，按照星光导航仪主控程序自动计算出星体在天球上的坐标位置，并完成有关的误差修正，指控高度和方位随动系统控制潜望镜指向被测星体方向，使星体像在主观测视窗内，这就实现了自动寻星。

2. 控制系统自动跟星

数字计算机根据惯性平台提供的潜艇实时横摇角、纵摇角与航向角，按照星光导航仪主控程序自动计算出星体的甲板高度和甲板方位，随动系统控制潜望镜始终对准星体，把被测星体像始终稳定在潜望镜的主观测视窗内。

3. 对观测数据进行自动录取

当主观测手用高度和方位手动修正系统把星体像拉入主观测视窗中的十字分划中心时，按下"对中"按钮，此时，数字计算机便自动录取相关数据：$\lambda,\varphi,\nu,R,P,K,h_g,q_g,\beta,t$ 等。

4. 进行自动定位定向计算，并把天文船位和天文航向传给综合导航中心

根据星光导航仪的总体数学模型的公式（见附录二），按照主控程序的编排，在数字计算机里进行自动的定位计算，并将定位结果：地理经度修正量 $\Delta\lambda$、地理纬度修正量 $\Delta\varphi$、航向修正量 Δk，加上识别标志，自动传给惯性导航系统，完成一次导航校准。

5. 自动打印定位定向计算结果

数字计算机自动将定位结果（$\Delta\lambda,\Delta\varphi,\Delta k,\lambda,\varphi,k$）打印出来，供观测手检查与分析。

电子数字计算机和其他计算机一样，由存储器、运算器、控制器、控制台、输入与输出设备组成，原理如图 4－29 所示。

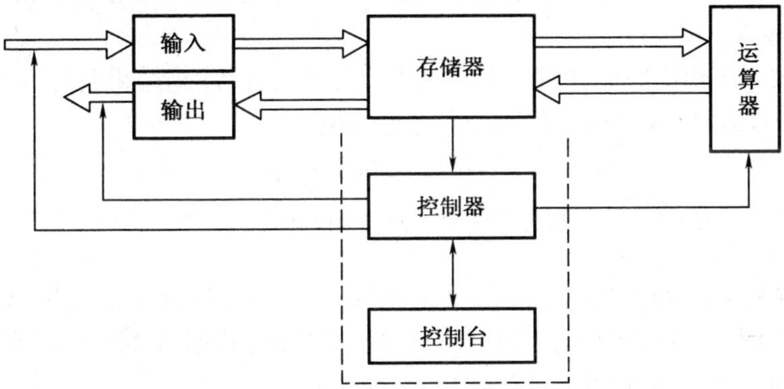

图 4－29　电子数字计算机原理图

（1）存储器　它类似仓库，把整个程序、原始数据、运算结果（中间）等信息保存起来。它是个记忆器，和人的大脑差不多。起初它是由磁性材料与一些控制放大部件组成，并做成分离部件，利用磁性材料的磁化原理"记住"存放的一切信息，根据需要还可以把它取出来，而且可以长期保存信息。把存储器存放信息的地方叫作存储单元，并且编成号，叫作地址。数字计算机有 4 096 个存储单元，字长是 25 位。现代计算机被做成大面阵存储器（存储量大于几百吉比特）。

（2）运算器　它是对数据进行运算的部件，它能快速地进行数学运算，如加（＋）、减（－）、乘（×）、除（÷）等，同时还能进行逻辑加（∨）、逻辑乘（∧）、大于比较（＞）、小于比

较(<)、全同比较(≡)等十五种逻辑运算。在运算时,它不断从存储器取出数据,又不断把运算结果送回存储器保存。它的整个运算过程是由控制器控制的,是按照程序编排有规律进行的。现代计算机的 CPU 速度可以达到亿次,一般计算机也可以做到几吉赫兹。

(3)控制器(含控制台)　它是使整个计算机自动执行程序的部件。它是整个计算机的中枢,是能指挥整个计算机进行协调工作的部件。控制器不断地向各个部件发出命令(指令),指示计算机从存储器的那个单元取出数据,进行怎样计算,把计算结果送到存储器的那个单元等。总之,控制器的功能有:自动地把运算程序和原始数据输给存储器;控制存储器和各个部件进行信息交换;控制运算器与存储器及各个部件自动协调执行程序中规定的各种运算;把运算结果输给输出设备来显示或者打印出来。一般把运算器和控制器合起来称作运控部分。

(4)输入输出设备　它是计算机与外界进行信息交换和联系的桥梁。当我们要进行运算时,需要把程序和数据通过输入设备送到计算机的存储器里;在计算完成时又需要把计算结果输出给操作员使用与查看,这时需要通过显示屏和打印机这些输出设备来执行。对于一台性能优良的计算机,需要配备良好的输入输出设备。

二、接口线路

接口线路工作原理见图 4-30。数字计算机对外接口线路主要完成数据采集、系统控制、自动输出数据和显示打印运算结果,是整个星光导航系统自动化运转的关键。它们包括:

(1)光电输入机通道,1 个,55 位。主要进行主控程序、星体数据等输入。后来采用加固机以后,取消了光电输入机。主控程序和星历表都固化在 ROM 芯片里,其他数据则由控制台和显示器输入。

(2)光电输出打印机通道,1 个,并行 25 位。主要进行计算结果打印,有时也进行程序和其他计算的打印。后来改用加固宽行激光打印机。

(3)从惯性导航系统自动取潜艇初始舰位和航速(λ,φ,ν)通道,串并行 1 个,25 位。其中第 25 位是符号位,数据位 20 位,还有末 3 位是标志位。在后来用加固机时这个通道没有改变。

(4)星光导航系统天文定位后,送给惯性导航系统的舰位修正量($\Delta\lambda,\Delta\varphi$)和航向修正量 ΔK 通道,串并行 1 个,25 位。其中第 25 位是符号位,数据位 20 位,还有末 3 位是标志位。在后来用加固机时这个通道没有改变。

(5)从惯性平台取潜艇姿态角(K,P,R)通道 1 个,串并行 25 位。

(6)模数(MS)通道一个,13 位。

(7)数模(h,q)两个,并行 11 位。

(8)频标(1 kHz,1 Hz)两个,各 1 位。

(9)主控台 1 个,25 位(后改为加固键盘输入输出)。

接口线路是电子数字计算机对整个星光导航系统进行控制和采集数据的纽带与桥梁,是信息传递的重要通道,是人对系统控制并实现人机对话的中枢,所以要重视接口线路的设计与调试。

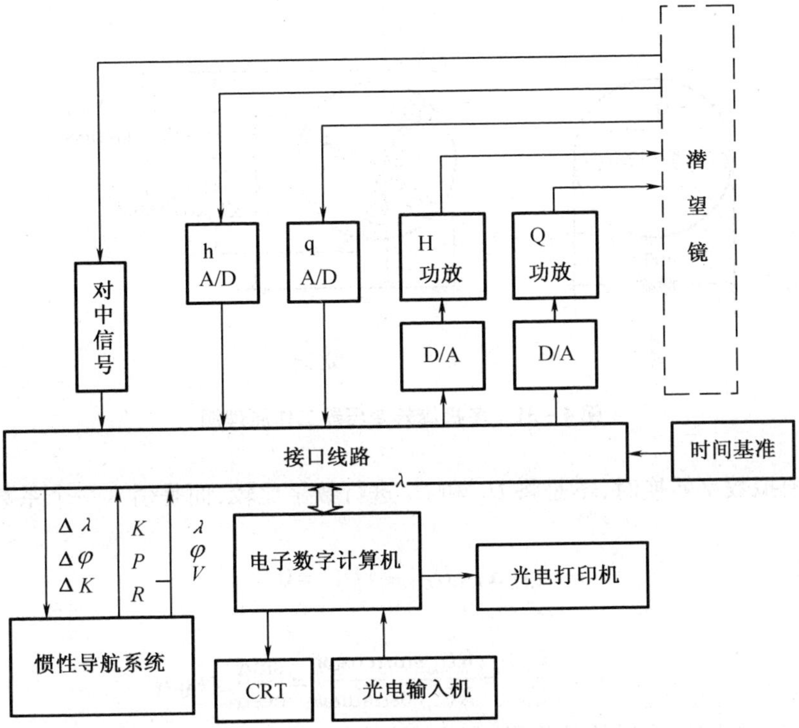

图 4-30 接口线路工作原理图

第五节 模拟数字转换装置(A/D)

一、角度-数字转换原理

在潜用星光导航仪中采用多极旋转变压器作为高度、方位、镜管弯曲、高度手动修正和方位手动修正系统的测角元件,它相当于一个由定子和转子组成的小型交流变压器电机。转子为变压器原边加以 400 Hz,36 V 基准电压;定子为变压器副边有相互垂直的正弦绕组和余弦绕组输出,而且分别设有粗道的与精道的两种正弦绕组和余弦绕组输出。假设转子的激磁绕组磁轴和定子的粗道正弦绕组磁轴垂直时,粗道正弦绕组输出电压为零($U_S=0$),同时精道正弦绕组输出电压也为零($U_S^J=0$)时,就把这个位置作为多极旋转变压器的起始0位。而由于余弦绕组磁轴平行于定子绕组磁轴,所以它的输出电压最大。当转子相对定子转过一个 α 机械角度时,正弦、余弦绕组分别产生正弦和余弦电压(见图 4-31):

$$
\begin{aligned}
U_S &= KU_m \sin\alpha \sin\omega t \\
U_C &= KU_m \cos\alpha \sin\omega t
\end{aligned}
\tag{4-34}
$$

式中 w——激磁电源频率;

U_m——激磁电压振幅;

α——转子对定子的机械转角;

K——变比。

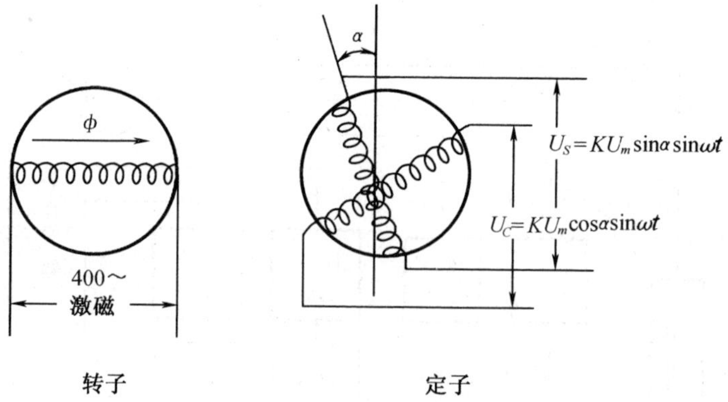

图4-31 多极旋转变压器工作原理图

在进行模拟数字转换时，不是将 U_C 和 U_S 进行数字比较，而是引入一个系数 $f(\alpha)$，使下式成立：

$$f(\alpha)|U_C|-|U_S|=0$$

也就是

$$f(\alpha)=\frac{|U_S|}{|U_C|}=\frac{KU_m\sin\alpha\cos\omega t}{KU_m\cos\alpha\sin\omega t}=\frac{\sin\alpha}{\cos\alpha}=\tan\alpha \tag{4-35}$$

$f(\alpha)$ 是模拟数字转换后的数字量，但它不是机械转角 α 的数值，而是 α 的正切函数值。要求得机械转角 α 的数值，需要求出正切函数的反函数。由式(4-35)可见：

当 $0°\leqslant\alpha\leqslant45°$ 时，有 $0\leqslant f(\alpha)\leqslant1$；

当 $45°\leqslant\alpha\leqslant90°$ 时，有 $1\leqslant f(\alpha)\leqslant\infty$。

可见用一个实际的物理装置同时满足 $0\sim\infty$ 的模数转换是不可能的，一个切实可行的解决办法，就是适时地将 $f(\alpha)=|U_S|/|U_C|$ 的分子和分母进行调换，即：

当 $|U_C|>|U_S|$ 时，用 $f(\alpha)=\dfrac{|U_S|}{|U_C|}$ 进行计算；

当 $|U_C|<|U_S|$ 时，用 $f'(\alpha)=\dfrac{|U_C|}{|U_S|}$ 进行计算，

则

$$f'(\alpha)=\cot\alpha=\tan(90°-\alpha) \tag{4-36}$$

也就是说，当 $|U_C|>|U_S|$ 时，$f(\alpha)$ 代表的是机械转角 α 的正切函数值；而当 $|U_C|<|U_S|$ 时，$f'(\alpha)$ 代表的是机械转角 α 互余的正切函数值，即 $90°-\alpha$。

这是多极旋转变压器交流编码方案的基本原理。使用这个方案可以求出多极旋转变压器的轴实际转角。这个方案的最大优点是，其转换精度不受激磁电压幅度变化和频率波动的影响。

由机械转角的转换原理看出，$f(\alpha)=\tan\alpha$ 是一个多值函数，它只表示 $0°\sim45°$ 转角，而 $360°$ 有 8 个 $0°\sim45°$ 转角，至于是哪个 $0°\sim45°$ 转角，就必须进行组合、纠错判断。同时正弦和余弦函数也是一个多值函数，在一个周期(360°)，绝对值相同的有 4 个不同的角度，分布在 4 个象限。我们考虑用正弦与余弦函数的绝对值进行相减，得到一个新的函数：

$$y(\alpha)=|\cos\alpha|-|\sin\alpha| \tag{4-37}$$

这样就可以把 360°度区间折算成 45°的 8 个区间，如图 4-32 所示。

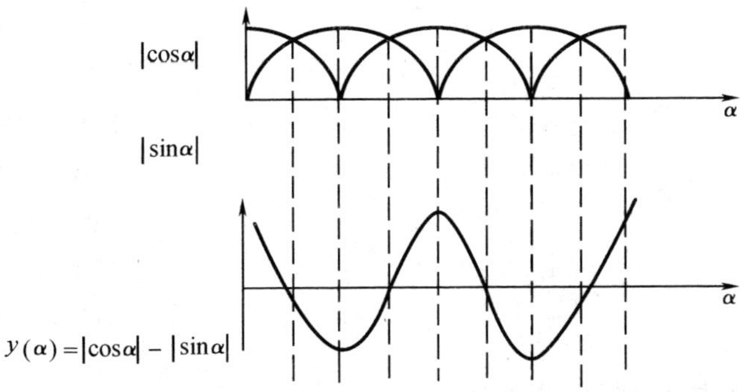

图 4－32　函数绝对值比较曲线

如果把 sinα，cosα，y(α)这三个函数值为正时记为“1”，为负时记为“0”，这样把三个函数符号组合起来，组成三位的符号位。由于三个函数的正负变化，又组成表示 8 个不同区间的 8 个循环码，如图 4－33 所示。

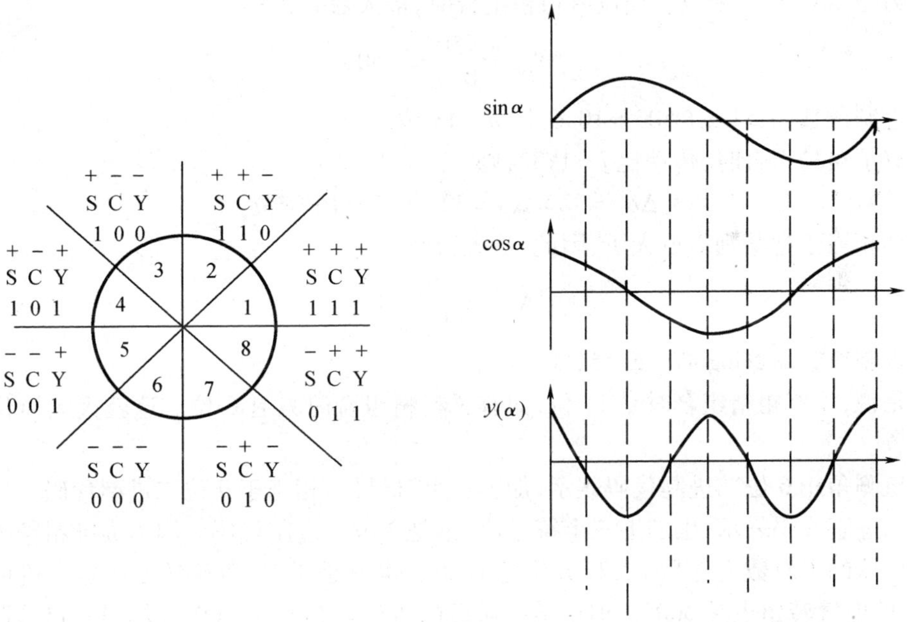

图 4－33　三个符号位循环图

因此就把 360°分成 8 个区间，由对 360°的编码改变为对 45°的轴角编码，就可以求出实际轴角位置。由 S，C，Y 组成的三个符号位循环码，可分别用 FH1，FH2，FH3 表示，则它们的不同状态组成代表 8 个不同的角度区间。

FH1	FH2	FH3	角度区间
+	+	+	0°~45°
+	+	−	45°~90°
+	−	−	90°~135°
+	−	+	135°~180°
−	−	+	180°~225°
−	−	−	225°~270°
−	+	−	270°~315°
−	+	+	315°~360°

二、粗精组合与编码纠错原理

粗精组合法在人们的日常生活中被广泛应用,如用游标卡尺测量长度,主尺测量长度的整数部分,而游标尺测量长度的小数(余数)部分。在星光导航仪中,测角元件是粗精组合多极旋转变压器,例如高度多极旋转变压器,粗道为一对极,精道是32对极。当粗道转一圈电气角度时,精道则转32圈电气角度。即用增速传动办法来提高测量精度。例如现在把360°分成8个区间,即用45°进行转换。45°相当750密位(因为360°=6 000密位),假如要求鉴别力是$\Delta\alpha=0.5$密位。当没有粗精组合时,最大数码为

$$N_{\max}=\frac{750}{0.5}=1\ 500$$

二进制位数:$n\geqslant\log_2 1\ 500\approx10.6$,即$n=11$位。

当有了粗精组合时,传动比$i=1/32$,则

$$\Delta\alpha'=32\times\Delta\alpha=32\times0.5=16\text{ 密位。}$$

这样相当于把鉴别力放大了,因此,最大数码为

$$N_{\max}=\frac{750}{16}=47$$

二进制位数:$n\geqslant\log_2 47\approx5.55$,即6位。

就是说,没有粗精组合时是11位,而有了粗精组合时只有6位。这就大大简化了模数转换装置。

粗道测角用6位二进制代码表示,加上三个符号位,相当于9位二进制代码。精道测角用6位二进制代码表示,也加上三个符号位,也是9位二进制代码。因为高度粗精组合多极旋转变压器的极对数之比是1:32(方位是1:30),也就是说,粗道旋转变压器的机械转角是360°,它的电气转角也是360°。但精道一对极的机械转角只有360°/32 = 11°15′,它对应的电气转角为360°,也就是说粗道转一圈(对应机械转角是360°,电气转角也是360°),而精道的电气转角转了32圈,是32×360°;反之,精道一对极的电气转角是360°,粗道机械转角和电气转角均为360°/32 = 11°15′。

在星光导航仪中,粗道测角和精道测角都采用10位二进制编码,加上3位符号位,都是13位。精道测角最高位是11°15′,与粗道测角的第6位相同。将粗道与精道测角相同的位合起来,就得到18位二进制编码,见图4-34。

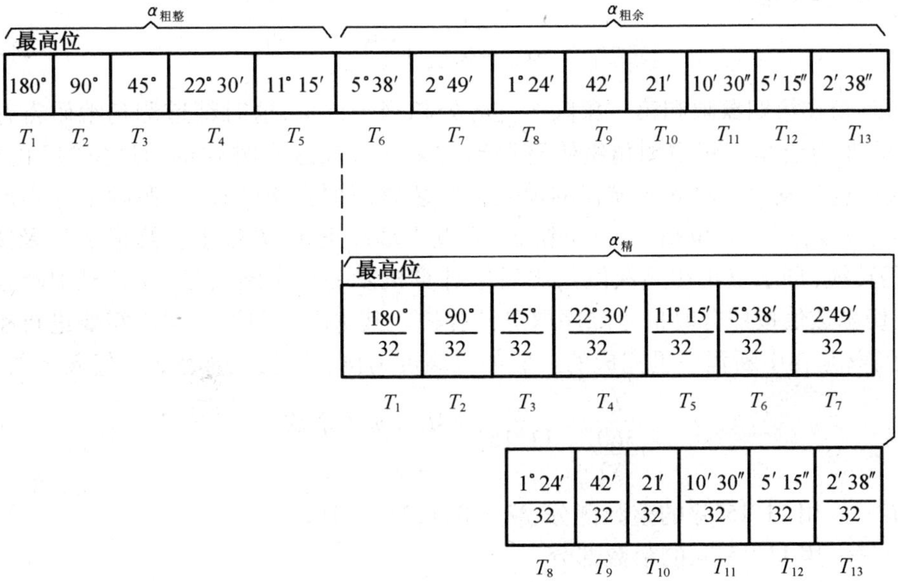

图 4-34　粗道与精道编码组合纠错示意图

粗道测角最高三位是 180°,90°,45°用于判断区间,第 4 位是 22°30′,第 5 位是 11°15′,前 5 位是粗道测角的整数部分,从第 6 位到第 13 位是粗道测角的余数部分。而精道测角第 1 位到第 13 位正好对应粗道测角的余数部分,所以用它代替粗道测角的余数部分,能够提高测量精度。

现在的问题是多极旋转变压器的制作误差、比较器线路开关的损耗误差以及运算方法误差等,可能使粗道测角的最低位(第 5 位)和精道测角的最高位(第 1 位)不能对应,即精道旋转变压器转过 360°电气转角(精道测角第 1 位到第 13 位均已计满)时,而粗道测角不向第 5 位进"1"(或者提前进"1",或者晚些时候进"1"),这叫作粗道、精道编码组合不匹配,必须进行纠错。纠错方法是将粗道测角的余数乘以 32 再与精道测角进行比较看是否对应。我们的纠错原则是以精道测角为基准纠正粗道测角。

纠错可能有以下三种情况:

(1)如果精道测角在第一象限(即在 2°49′机械转角内),当粗道测角($\alpha_{粗余}\times 32$)还在第四象限时,说明精道测角刚刚转过 360°电气角度已经向粗道第 5 位晚进 1 了,现在又重新开始计数了,但粗道测角第 5 位没有进"1",即少记一个"1",应该在粗道第 5 位上加"1"。即精道测角总圈数为

$$\alpha_{总}=(\alpha_{粗余}+1)+\frac{\alpha_{精}}{32} \tag{4-38a}$$

(2)如果精道测角在第四象限(即在 8°27′~11°15′范围,表示精道测角快转动一圈但还没有转到一圈),这时如果粗道测角($\alpha_{粗余}\times 32$)在第一象限,说明粗道测角第 5 位多计了一个"1",需要进行纠错,即减一个"1"。则精道测角总圈数为

$$\alpha_{总}=(\alpha_{粗余}-1)+\frac{\alpha_{精}}{32} \tag{4-38b}$$

(3)如果精道测角在其他象限(即第二、三象限),粗道测角既没有多计,也没有少计。则精道测角的总圈数为

$$\alpha_{总} = \alpha_{粗余} + \frac{\alpha_{精}}{32} \tag{4-38c}$$

精道测角在第四象限和第一象限的交界处相当于进位,这时精道测角编码寄存器的数码由全“1”变为全“0”,粗道测角编码寄存器的第5位在这个时候得到进位“1”的信号,因此纠错就在这时发生。星光导航仪的模数转换装置需要在400 Hz电源频率的半周内完成高度精 h^{j}、高度粗 h^{c}、方位精 q^{j}、方位粗 q^{c}、高度手动修正 h_{f}、方位手动修正 q_{f} 以及镜管弯曲 θ_{w} 的编码转换(即求反正切函数值),之后给计算机发一个中断信号,计算机中断程序将这7个反正切函数值按照分时信号顺序取进计算机。其中高度和方位编码需要进行粗精组合与纠错运算,是在中断程序里完成的。假如以高度为例,M_h 代表整数,m_h 代表余数。则有

$$\frac{h^{c}}{\frac{360°}{32}} = \frac{h^{c}}{11°15'} = M_h + m_h(余数) \tag{4-39}$$

式中 M_h——用11°15′除的整数部分,$M_h = 0,1,2,\cdots,31$;

m_h——用11°15′除的余数部分。

因此

$$h^{c} = M_h \times 11°15' + m_h$$

$$m_h = h^{j}/32$$

高度组合编码纠错完整表达式:

第一种情况:

如果 h^{j} 在第一象限,而且余数满足判断式 $8°26'15'' < m_h < 11°15'$,则 $M_h' = M_h + 1$;

第二种情况:

如果 h^{j} 在第四象限,而且余数满足判断式 $0 < m_h < 2°48'15''$,则 $M_h' = M_h - 1$;

第三种情况:

如果 h^{j} 在其他象限,则 $M_h' = M_h$。

对于方位编码粗精组合纠错原理同上,只是它的旋转变压器是30对极,粗道测角转过12°对应精道测角电气角度是360°。

过去对于分离元件编码线路,实际上组合纠错是在计算机里用控制程序实时完成的。但在后来的改装中,测角元件的模数转换与纠错是由大型芯片RDC来完成的。还是以高度为例说明其编码原理,见图4-35。激磁电压是30 V(或者36 V),400 Hz。

模数转换编码最终输出数据是19位(高度与方位)或者10位(高度手动修正、方位手动修正和镜管弯曲)的代表转子转角的二进制原码数字量,计算机可以直接启用,因此这种编码方法给控制程序节省了时间,而且转换精度是能满足导航系统要求的,已经被广泛使用。

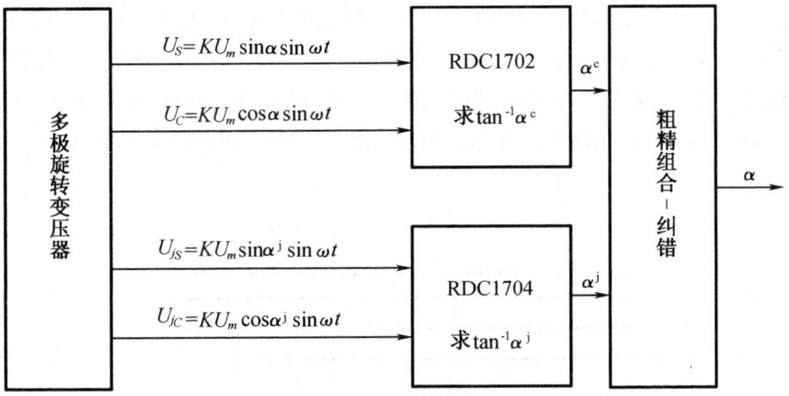

图 4－35　大型芯片粗精组合编码纠错原理图

第六节　铷原子时间频率标准

铷原子时间频率标准又叫作频标，或者叫铷钟，它是潜用星光导航仪的时间基准。由于要进行星光导航、测星定位，就必须要有准确的时间。特别在潜艇于水下航行超过 100 天时，铷钟的时间差不要超过 0.001 s。因为潜用星光导航仪是一种水下天文导航仪器，选择星体、计算星体和测量星体都要用到非常精确的格林尼治世界时 T_G 与格林尼治恒星 S_G^0 时，还有，用来给计算机里的时间计数器复零并计算表差 U 的时间基准，一般的石英晶体振荡器是不能满足要求的，因此使用物理守时的铷钟。

一、铷钟的量子力学原理

铷钟是利用铷原子（Rb^{87}）的基态超精细分裂线共振跃迁（0－0 跃迁），具有很窄的谱线和高的频率稳定度等特性，去锁定晶体振荡器，从而获得高稳定度的频率输出。这涉及量子力学，下面做以简单介绍。根据量子力学原理，原子的能量不是连续的而是分立的数值，就是能级。铷是一种碱金属，有两种同位素，Rb^{85} 是稳定的；Rb^{87} 是有放射性的，它的第 5 壳层有一个电子，见图 4－36。

在图中，5S1/2 是第 5 壳层电子的基态，5P1/2 和 5P3/2 是它的激发态。5S1/2，F＝1 是低基态；5S1/2，$F=2$ 是高基态，当低基态原子获得了能量（如吸收光能）就跃迁到高基态，这时高基态原子受到一种激励又可以跃迁回低基态。量子数 F 标志原子超精细能级，它由核角动量和电子自旋的矢量和决定，当有磁场 H 存在时，每个超精细能级分裂成一定数量的子能级即瑟曼子能级 m_f。5S1/2，$F=2$，$m_f=0$ 和 5S1/2，$F=1$，$m_f=0$ 的超精细能级之差为 6 835 MHz。如果要实现铷原子基态 $F=2$ 到 $F=1$ 的 0－0 跃迁，就必须使 $F=2$ 基态的原子数多于 $F=1$ 基态的原子数，这可以用“光抽运”办法产生。Rb^{87} 蒸汽被适当波长的光照射，有一部分原子吸收光子能量，从基态抽运到激发态，原子在激发态停留时间很短，然后衰变到基态，把能量放出来。图 4－37 表示，Rb^{87} 无极放电灯含有两种主要谱线：D_1 谱线为 7 940 Å；D_2 谱线为 7 800 Å。原子吸收 D_1 谱线的一个光子，从基态 5S1/2 跃迁到激发态

5P1/2；原子吸收 D_2 谱线的一个光子，从5S1/2跃迁到5P3/2。每条 D 谱线都包含超精细分量 a 和 b，a 分量由5S1/2的 $F=2$ 能级抽运，b 分量由5S1/2的 $F=1$ 能级抽运。为了得到所需的5S1/2的 $F=2$ 态比 $F=1$ 态多的原子数，要把 D 谱线的 a 分量去掉（即不使 $F=2$ 态的原子抽运到激发态上去）。由于 a 和 b 的波长差数很小，很难把 a 分量过滤掉，同位素 Rb^{85} 提供了一种滤光的办法可把 a 分量过滤。Rb^{85} 与 Rb^{87} 的谱线很相似，但在超精细结构上有些差别，见图4－37。

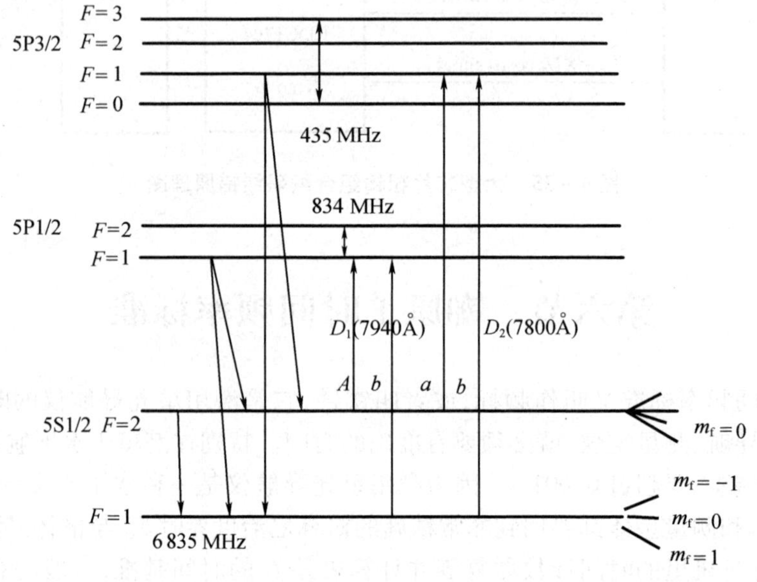

图4－36　铷 Rb^{87} 能级图

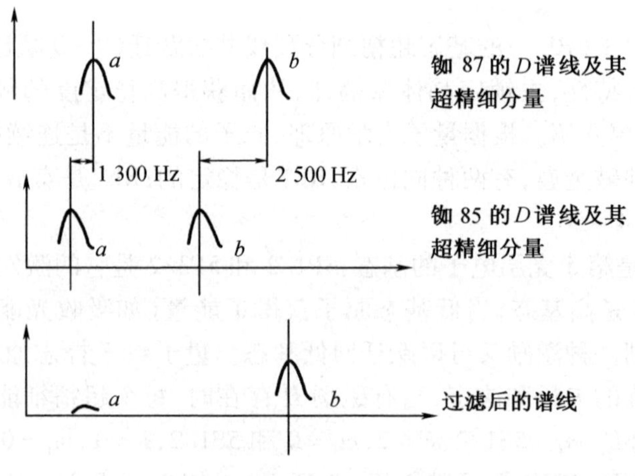

图4－37　用 Rb^{85} 过滤 Rb^{87} 的过程

Rb^{87} 的 D 谱线 a 分量和 Rb^{85} 的 D 线 a 分量部分重叠，可以用调解 Rb^{85} 的温度、压力和充裕气体使其 a 谱线加宽，从而过滤掉 Rb^{87} 的 D 谱线 a 分量的目的。Rb^{87} 的 D 谱线 b 分量与 Rb^{85} 的 D 谱线 b 分量有明显的波长差，所以 Rb^{87} 灯通过 Rb^{85} 蒸气后，Rb^{87} 的 a 分量完全被

滤除，而 b 分量在吸收泡中产生由 5S1/2，$F=1$ 基态抽运到激发态上去，同时又衰变回到 5S1/2，$F=2$ 与 $F=1$ 两个基态，这个过程一直进行下去，之后几乎所有的 5S1/2，$F=1$ 基态上的 Rb^{87} 原子都被抽运到 $F=2$ 的基态上了。

如果在吸收泡中的 Rb^{87} 蒸气上加入磁偏场（C 场）和合适的频率微波场，就激励从过剩的原子数的 5S1/2，$F=2$ 态到被抽运空了的 5S1/2，$F=1$ 态的跃迁，然后，每个到达 5S1/2，$F=1$ 态的原子相当于吸收一个抽运光的光子，这样可以探测抽运光的吸收情况，即通过的最小光强（最大吸收），指出合适的频率，当每一个 6 835 MHz（$\lambda=4\times10^{-5}$ cm）的射频光子引起 D_1 线的一个光（$\lambda=8\times10^{-5}$ cm）被吸收，这种探测所实现的光强变化被用来调解射频源的频率。6 835 MHz 跃迁能量是 $Rb^{87}D_1$ 线 b 分量的能量从 5P1/2，$F=1$ 态激发到 5S1/2，$F=2$ 基态之间衰变能量之差，或者差不多接近 D_1 线两个超精细分量之间的能量之差，这个衰变能量（5P1/2～5S1/2）由于和缓冲气体原子碰触而被吸收，就防止了光再辐射。

二、铷钟的组成与工作原理

铷原子（Rb^{87}）0－0 跃迁具有谱线窄和频率稳定度高的特性，通过铷原子光抽运系统和电子线路的作用，对石英晶体振荡器（又叫晶振）的振荡频率进行自动控制。因此，它的组成有光抽运和伺服线路部分、晶振部分、分频部分、校时部分、时间控制部分以及电源等，如图 4－38 所示。

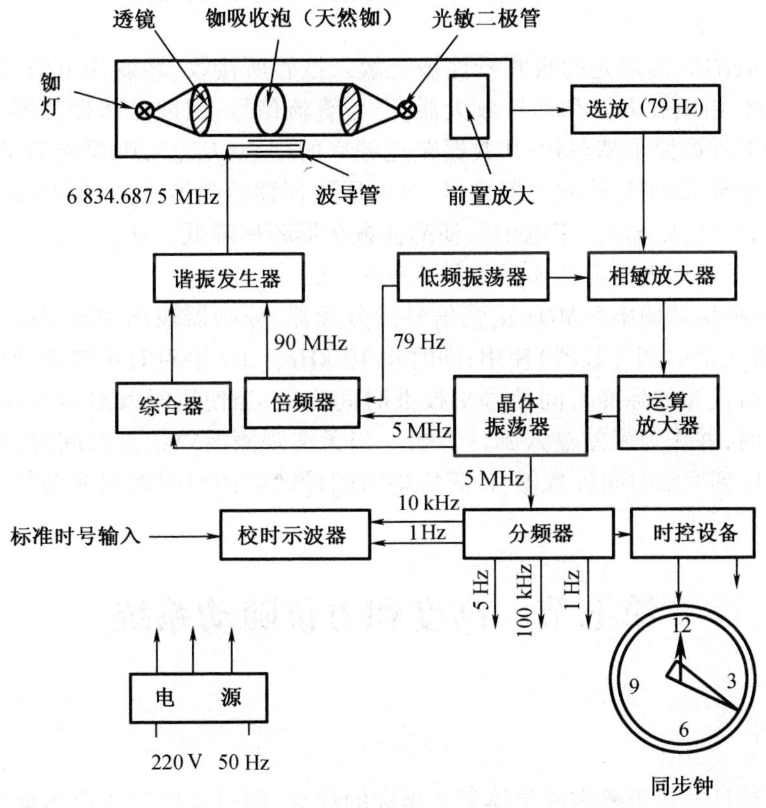

图 4－38　铷钟组成工作原理图

铷钟的工作原理如下：由铷灯辐射的抽运光输入铷吸收泡，使吸收泡内的铷原子基态二能级的原子聚集数发生反转，即使高基态（5S1/2，$F=2$）的原子聚集数多于低基态（5S1/2，$F=1$）的原子聚集数。另外，由晶振输出 5 MHz 正弦信号，经过倍频器、综合器、谐波发生器产生受 79 Hz 调频的 6 834.687 5 MHz 微波激励信号，它通过矩形波导辐射口耦合到铷吸收泡附近，产生微波场。如果激励信号频率在铷原子基态 0－0 共振跃迁线宽（约几百赫兹）范围内时，就使吸收泡内处于高基态的铷原子产生受激跃迁，从而引起吸收泡对抽运光的重新吸收。若激励信号频率和 0－0 共振跃迁频率相同时，则参与 $F=2, m_f=0$；$F=1, m_f=0$ 跃迁的原子数最多，也就是回到 $F=1$ 态的原子数最多，吸收的光子也最多，则透过铷吸收泡的抽运光最小；如果激励信号频率偏了 0－0 跃迁频率时，则透过铷吸收泡的抽运光增强，如图 4－39 所示。

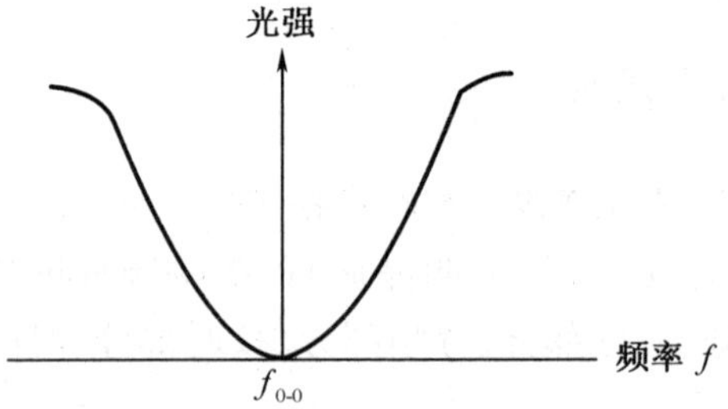

图 4－39　铷吸收泡对抽运光的吸收特性曲线

这种铷吸收泡对抽运光的吸收特性被光敏二极管所接收，转变为电信号输出，经过前置放大器、选放、相敏放大器和运算放大器，产生直流信号，回馈晶体振荡器。如果晶体振荡器频率准确对准铷原子基态 0－0 共振跃迁频率的中心（f_{0-0}），则误差信号为零；如果晶体振荡器的频率降低，则运算放大器输出“负电压”，回馈给晶体振荡器调谐回路，使晶体振荡器频率变高；反之，则输出“正电压”，使晶体振荡器频率降低。从而实现了用稳定的铷原子基态 0－0 跃迁频率来稳定晶体振荡器频率的目的。

这时，晶体振荡器输出 5 MHz 正弦信号给分频器，分频器输出 100 kHz，1 kHz 给用户（包括导航计算机的时间计数器）使用；同时将 10 kHz，1 Hz 给对时示波器使用。用短波收信机接收天文台发布的标准时间信号来校准时间输出，当使用时就给时间计数器复零，记下此时的世界时，并作为表差输入到计算机。当天文观测需要记录时间时，则用铷原子频标输入的 1 kHz 频率给时间计数器，计算机将时间计数器的时间数据变为数字信号参与天文观测计时。

第七节　高度和方位随动系统

一、用途

在星光导航计算机里要完成星体天文坐标的计算，同时又要完成星体地平坐标向甲板坐标的转换，还要进行牛顿后插计算，求出星体的实时甲板坐标值；但是这只能说完成了星体瞄准线稳定任务的一小部分，要真正把星光导航潜望镜的光学瞄准线指向被测星体，必须靠由计算机闭环的高度和方位数字式随动系统来完成。在潜用星光导航仪里面，高度和方位随动系统就像人的手和脚，不停地转动星光导航潜望镜的高度棱镜和潜望镜镜管，保证把星光导航潜望镜的光学瞄准线始终对准被测星体，以便于主观测手对星体进行瞄准与记录采样。

二、组成及工作原理

高度和方位随动系统的组成形式是一样的，都包括星光导航计算机、随动系统主回路（包括数模转换、功率放大等）、执行电机（高度是小功率直流电机，方位也是直流电机）、齿轮减速器、被控负载（高度是高度棱镜，方位是潜望镜管）、测角元件（高度是32对极粗精组合旋转变压器，方位是多极旋转变压器）以及模拟数字转换器。图4－40是两套由计算机控制的数字式随动系统。所谓数字式随动系统就是输出转角α'（模拟量）是随着输入的数字量$\Delta\alpha$而变化的，即星光导航计算机把计算出来的数字控制流由数模转换装置转换为模拟量（控制电压信号），经过功率放大，去驱动执行电机转动。在计算机里，实现位置与速度反馈闭环、输入信号与输出信号比较和校正计算。速度反馈量是把位置信号对时间的一次求导得到的，而没有用测速机。两套随动系统的组成形式是一样的，见图4－40。

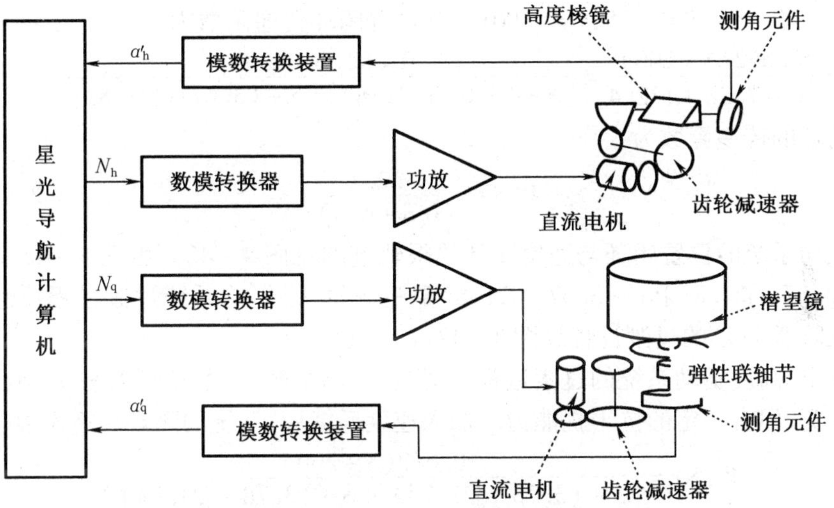

图4－40　数字随动系统组成方框图

同样，两套随动系统的工作原理框图形式也是一样的，如图4－41所示。在图4－41中，$\dfrac{K_m}{S(TS+1)}$代表执行电机、齿轮减速器和拖动负载的传递函数，T是机电时间常数。$e^{-\tau_2 S}$是模拟数字转换器的传递函数，τ_2为数字开关的传递函数。因为$\tau_2 \ll T$，$\tau_2 \ll \tau_1$，$\tau_2 \ll \tau$，所以τ_2常被忽略。这两项传递是在星光导航计算机外边进行传递的，而其他传递都是在星光导航计算机里面完成的。其中，K是机控放大系数；$(\tau_1 S+1)$是微分校正；τS是速度反馈。

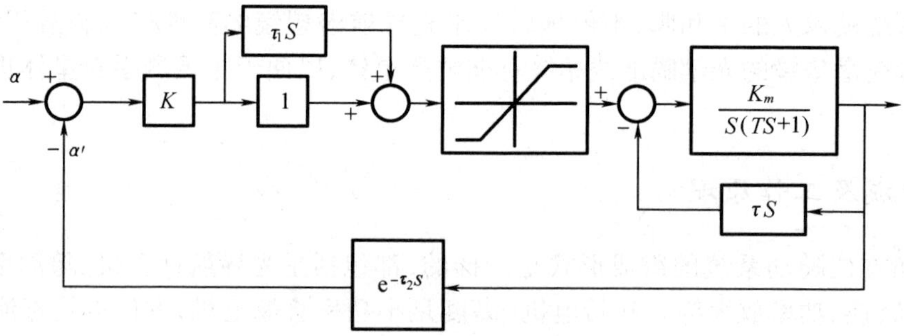

图 4－41 随动系统的工作原理框图

两个系统的位置闭环传递函数形式是一样的：

$$W(S)=\frac{K(S+b)}{S^2+2\zeta w_0 S+w_0^2} \tag{4-40}$$

式中，$K=\frac{KK_m\tau_1}{T}$；$b=\frac{1}{\tau_1}$；$w_0=\frac{KK_m}{T}$；$\zeta=\frac{1}{2w_0}\left(\frac{1}{T}+\frac{KK_m\tau_1}{T}\right)$。

现在以高度随动系统为例，分析一下其在所选参数时的动态特性。所选参数：$K=6$，$K_m=3.31$，$\tau_1=0.005$，$T=0.15$，$\tau=0.001$。其位置闭环传递函数为

$$W(S)=\frac{0.662(S+200)}{S^2+7.3S+132.4}=\frac{0.662(S+200)}{[S+(3.67+j21.8)][S+(3.67-j21.8)]}$$

速度闭环的传递函数为

$$V(S)=\frac{22.1}{S(S+6.89)}$$

高度随动系统的位置闭环与速度闭环的根轨迹图见图 4－42。由图 4－42(a)可见，共轭极点(－3.67＋j21.8)和(－3.67－j21.8)靠近虚轴，是影响系统过渡过程特性的决定因素。对单位阶跃 1(t)的过渡过程如图 4－42(c)所示。

可以看出，高度随动系统的过渡过程时间短、超调量较小、品质因数较大、响应速度快、通频带不够宽，但有一定的抗干扰能力。加入速度反馈后，系统的闭环传递函数变为

$$W(S)=\frac{0.662(S+200)}{[S+(3.78+j21.74)][S+(3.78-j21.74)]}$$

由这个表达式可以看出，加入速度负反馈后，使得系统位置环的复数极点稍微向左移动，这能够减小系统的过渡过程时间与超调量，有利于系统动态跟踪特性的改善。但因为加入的速度反馈深度不够，距离原来想要的目标还有一定差距。

方位随动系统的分析与之类似，这里就不介绍了。

三、随动系统主回路

由于计算机输出的控制流是数字量，功率很小，不能直接驱动执行电机转动，因此必须通过随动系统主回路把计算机计算出来的控制流进行数模转换、解码整形(包括符号)、功率放大等工作，才能控制执行电机转动。为此，随动系统主回路由反向器(F)、电平转换(V/V)、数字开关(AS)、电阻梯形解码网络(JM)、脉冲形成(MD)、符号开关(AS_0)以及可控硅整流电路等组成。

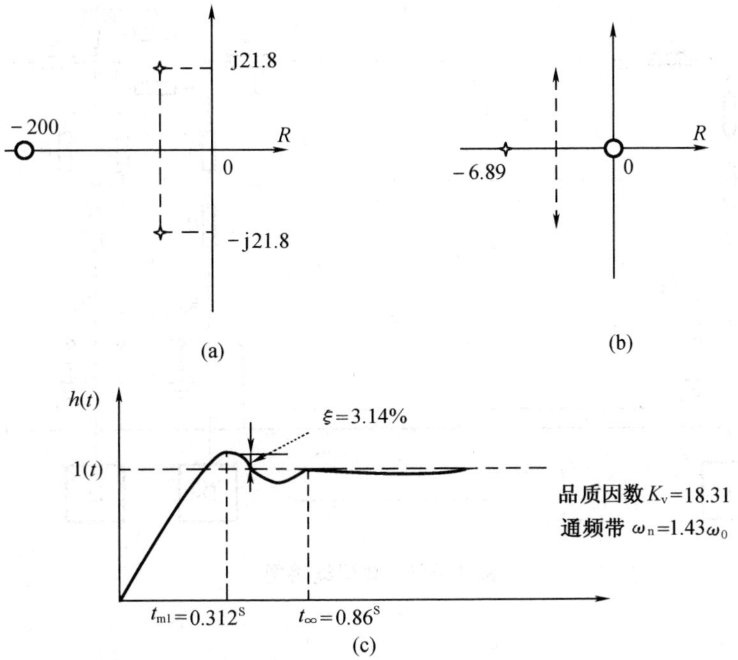

图 4-42　高度随动系统位置环和速度环的根轨迹图

其中,反向器是作为脉冲反向用的,在逻辑线路中称为非门。导航计算机向随动系统主回路控制流输出是一端输出,而解码网络要求两端输入,所以在电平转换之前加一级反向器。

电平转换是一个两级处于开关工作状态的差动放大器。第一级由硅管组成,它把导航计算机输出的 0.3~3.9 V 电压扩为 0~12 V;第二级由锗管组成,将 0~12 V 扩为 -12~12 V,然后输出给解码网络前的数字开关。

数字开关是用于控制解码网络的输入是接参考电压还是接地的(见图 4-43)。

解码网络是把导航计算机输入的数字量转换为电压模拟量,它是一个 T 形解码网络,共 10 位,由 5.97 kΩ 电阻组成,这个线路简单可靠。下面介绍一下它是如何将计算机的数字量转换为电压模拟量的。

图中 $K_1, K_2, \cdots, K_{10}$ 代表数字开关,$D_1, D_2, \cdots, D_{10}$ 代表计算机的数字输出的数码寄存器,当数字为"1"时数字开关接参考电压 $V_{参}$,数字为"0"时则接地。R_L 是解码器的负载电阻,它上面的电压代表解码器的模拟量输出。这个解码器的工作过程如下:当数码寄存器的某位输出为"1"(有控制信号)时,则该位数字开关将其接参考电压 $V_{参}$;反之,当这位数码寄存器输出为"0"时,则该位数字开关将其接地。

第一位输出的分压比为

$$\frac{V_{输出}}{V_{参}} = \left(\frac{1}{2}\right)^1 D_1$$

第二位输出的分压比为

$$\frac{V_{输出}}{V_{参}} = \left(\frac{1}{2}\right)^2 D_2$$

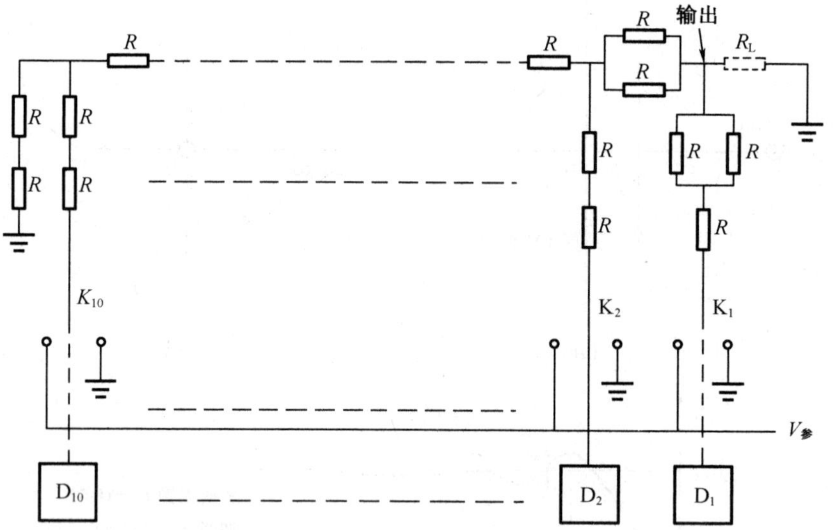

图 4-43 解码线路图

……

第十位输出的分压比为

$$\frac{V_{输出}}{V_{参}}=\left(\frac{1}{2}\right)^{10}D_{10}$$

根据叠加原理,解码网络总的输出电压与参考电压之比为

$$\frac{V_{输出}}{V_{参}}=\frac{\sum\limits_{i=1}^{10}V_{i输出}}{V_{参}}=\sum_{i=1}^{10}\left(\frac{1}{2}\right)^{i}D_i$$

将上式展开得到输出电压的形式:

$$V_{输出}=\left(\frac{1}{2}D_1+\frac{1}{2^2}D_2+\cdots+\frac{1}{2^9}D_9+\frac{1}{2^{10}}D_{10}\right)V_{参} \tag{4-41}$$

式中,$i=1,2,\cdots,10$ 表示第 i 位数码寄存器的状态,当有控制信号时,$D_i=1$,有输出分压比;当没有信号时,$D_i=0$,没有输出分压比。如果 10 位数码寄存器全有控制信号时(即全“1”输出),这时输出分压比最大,有

$$\frac{V_{输出最大}}{V_{参}}=\sum_{i=1}^{10}\left(\frac{1}{2}\right)^{i}=\frac{2^{10}-1}{2^{10}}\approx 1 \tag{4-42}$$

上面的讨论没有考虑负载电阻,如果考虑负载电阻时,则 T 形解码网络的输出电压为

$$V_{实际输出}=\left(\frac{1}{2}D_1+\frac{1}{4}D_2+\frac{1}{8}D_3+\cdots+\frac{1}{1\ 024}D_{10}\right)\frac{2R_LV_{参}}{2R_L+\frac{3}{2}R} \tag{4-43}$$

式中 D_i——数码寄存器的状态(1 与 0),$i=1\sim10$;

R_L——负载电阻($R_L=430\ \text{k}\Omega$);

R——解码网路的电阻($R=5.97\ \text{k}\Omega$);

$V_{参}$——标准电压(-6 V)。

我们从输出端往里面看，可以看出解码网路的输出电阻为

$$R_0=\frac{\frac{3}{2}R\left(\frac{1}{2}R+R\right)}{\frac{3}{2}R+\frac{1}{2}R+R}=\frac{3}{4}R \tag{4-44}$$

因此，解码网路的输出电阻是个常数，说明在负载电阻恒定的情况下，负载只能引起输出电压比例系数的变化，而不会造成转换误差，这是这种解码网路的优越性。

脉冲形成电路(MD)。它是根据解码网路输出的直流电压 $V_{实际输出}$ 的大小，变成具有不同相位的触发脉冲，去触发可控硅整流电路，借以改变电压电流的大小，从而改变驱动电机的转速。它由整流稳压、直流放大和脉冲形成三个部分组成，如图 4-44 所示。

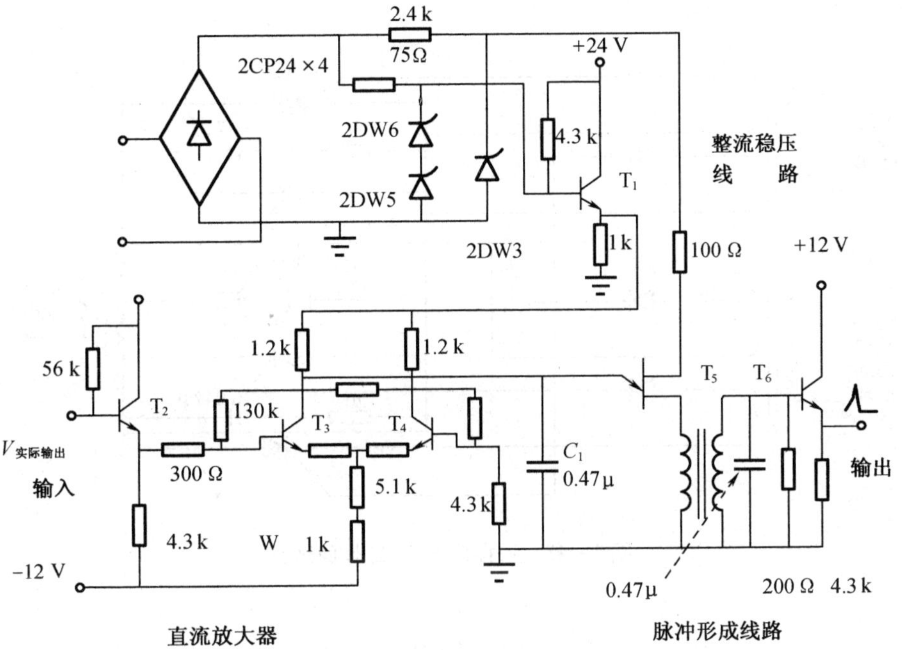

图 4-44　脉冲形成线路图

其中，整流稳压线路把 80 V，400 Hz 的交流电变换成 +12 V 和 +9 V 的梯形波，又分别送给直流放大器和脉冲形成线路的单结晶体管电源使用；直流放大器是一个单端输入单端输出差分放大器，它接收解码网路输出的直流电压 $V_{实际输出}$，但中间有一个射极跟随器把解码网路与差分放大器进行隔离，以减小解码网路对差分放大器的影响。解码网路的输出 $V_{实际输出}$ 经过放大，由 T_3 的集电极输出给脉冲形成线路的单结晶体管 T_5 的发射极，由于解码网路输出 $V_{实际输出}$ 的大小不同，给单结晶体管 T_5 发射极充电电容 C_1(0.47 μF)的充电时间不同，形成相位范围为 0°～120°的差别，从而控制可控硅不同导通角的位置，借以改变送给控制电机的平均直流大小，进而改变电机转速和承载能力。

符号开关控制可控硅的不同桥臂，使电机正转或者反转。它是由计算机直接控制的。我们都了解潜望镜高度俯仰和镜管回转都有正转与反转，但是计算机给出的控制量是信息数字量，经过解码、放大、脉冲形成等处理后，只是表示转角大小而不表示方向的控制可控

硅的触发脉冲，为了解决回转方向问题，必须引入符号开关控制。当转角误差是正值时，代表正转，控制触发脉冲走正向回路，触发可控硅正转桥臂回路，使执行电机正向转动；反之，当转角误差是负值时，表示是反转，它控制触发脉冲走反向回路，触发可控硅反转桥臂回路，使执行电机反向转动。可控硅桥式线路 SCR 如图 4－45 所示。

当正向转动脉冲到来时，触发一组桥式可控硅 SCR 整流线路导通，此时执行电机正转；如果来的是反向转动脉冲，则触发另外一组桥式可控硅 SCR 整流线路导通，这时执行电机反转。触发脉冲的宽度（位相 0°～120°）是由计算机送来的误差信号大小决定的，而这个触发脉冲又受符号开关控制，这样，可控硅 SCR 的导通时间（代表输出平均电流大小或者平均电压大小）是由触发脉冲宽度决定的。可控硅导通角的大小可由控制面板的控制开关预置。

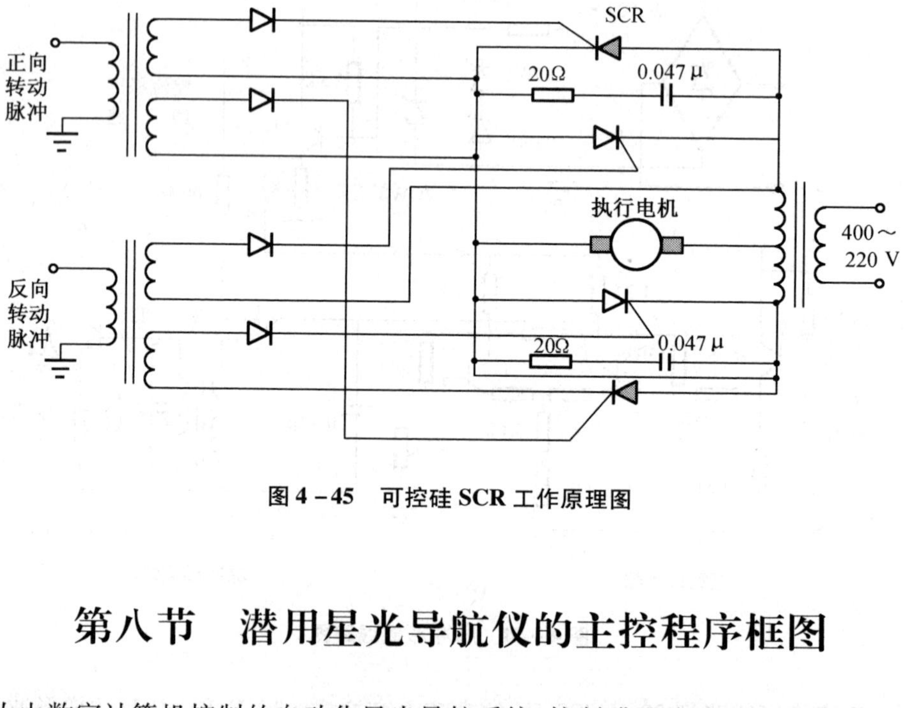

图 4－45　可控硅 SCR 工作原理图

第八节　潜用星光导航仪的主控程序框图

作为由数字计算机控制的自动化星光导航系统，控制瞄准线稳定是非常重要的，这就需要合理编排它的控制程序。潜用星光导航系统的程序编排分为主程序和控制程序两种。主程序主要完成处理外部信息、选星、计算星体的地平坐标及其变化率、地平坐标向甲板坐标的变换、外插预测、判断每个星体的采样个数和定位用的星体个数、进行观测数据处理并定位与定向计算。控制程序则主要完成高度随动系统和方位随动系统的位置闭环和速度闭环以及相关的校正计算，指挥星光导航潜望镜对被测星体进行跟踪瞄准。根据上述意思来编辑程序，即潜用星光导航仪的主控程序框图，如图 4－46 所示。

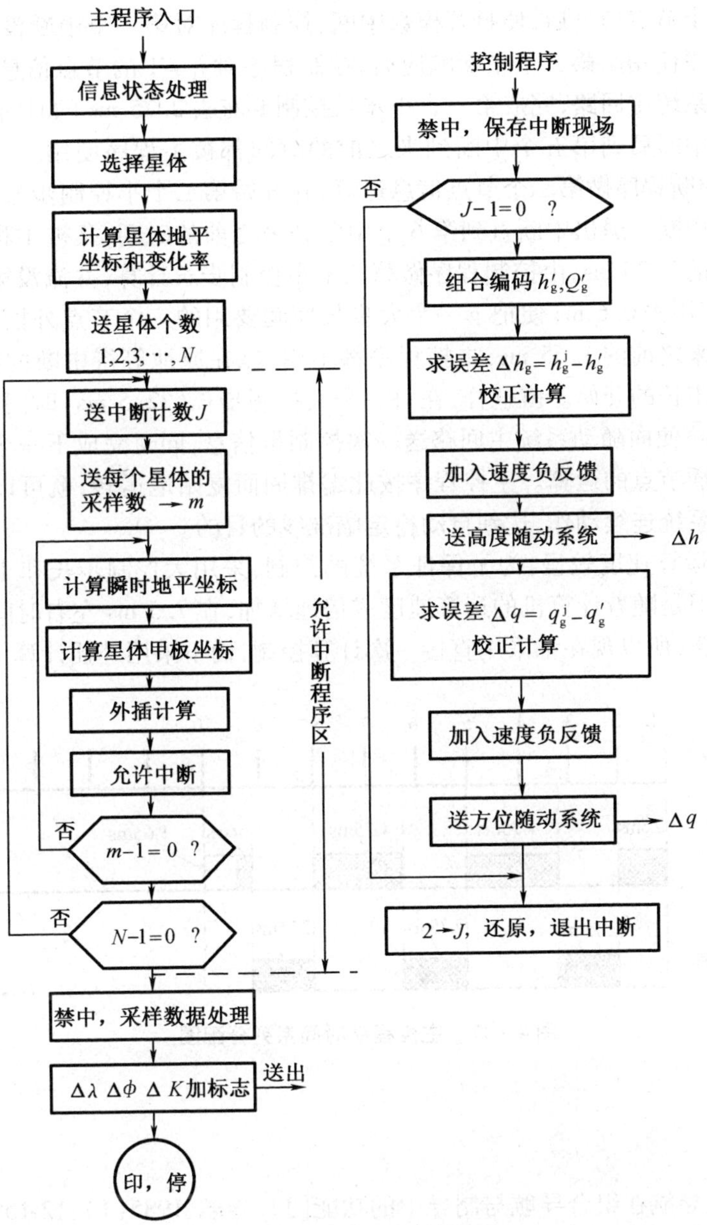

图 4－46　主控程序框图

把计算机作为随动系统的一个比较器和校正计算器，其主要优点是调解方便，使用时灵活性大，系统外部设备简单。但是，一旦计算机选定以后，调整系统控制步长便受到计算机运算速度的限制。在星光导航仪计算机中，主程序主要计算瞬时地平坐标、坐标变换、外插计算和从惯性导航系统录取数据，共需要 12.6 ms；而控制程序完成一次控制计算需要 2.75 ms。这样，在大控制步长$\Delta T=22.5$ ms 的时间内，要使计算机完成这些计算任务的同时，还要把外插出来的三个节点信息送给随动系统主回路，控制潜望镜瞄准线动作，需要很好地安排主程序和控制程序的时间匹配问题（见图 4－47），才能使主程序连续运转，使控制程序也能连续运转，从而达到稳定潜望镜瞄准线的目的。

两个模数中断的时间间隔为 2.5 ms。在前一个大步长已经外插出为本次大控制步长时间内要用的三个节点信息后，便打开模数中断，控制程序对第一个中断没有使用，退出中断后还是由主程序使用。第二个中断响应后，控制程序对 $j_1=1$ 的节点信息进行处理，并把控制量送给随动系统主回路，完成第一个小步长控制要花去 2.75 ms 的时间，而且将第三个中断淹没。退出中断后到第五个中断到来之前的时间都被主程序使用。当第五个中断响应后，控制程序中断程序做第二个节点信息运算，并开始第二个小控制步长的实时控制，区间淹没了第六个中断。退出中断直到第八个中断到来之前的时间，又被主程序占用。从第八个中断响应后的 2.75 ms，由控制程序做第三个小控制步长计算，并淹没第九个中断。退出中断后，主程序用去 0.6 ms 便把下一个大步长期间要用的三个节点外插信息计算完成，在第十个中断到来之前的 1.65 ms，主控程序都不用，靠在原地等待中断的办法，专门用于等下一个大控制步长的开始。就这样，在每一个大控制步长(22.5 ms)时间内，每隔一个小控制步长(7.5 ms)便向随动系统主回路送一次控制量信息，同时完成下一个大控制步长期间要用的三个外插节点的运算。主控程序按此编排周而复始地运转，就可以驱动高度随动系统和方位随动系统连续动作，达到自动稳定瞄准线的目的。

当时计算机运算速度较慢，为了保证系统的控制，采用大控制步长和小控制步长以及三点外插技术。但是随着计算机的运算速度成倍地增加，在 7.5 ms 左右时间内可以一次完成上述的计算任务，所以现在都采用直接一次计算控制，而不采用外插计算了。

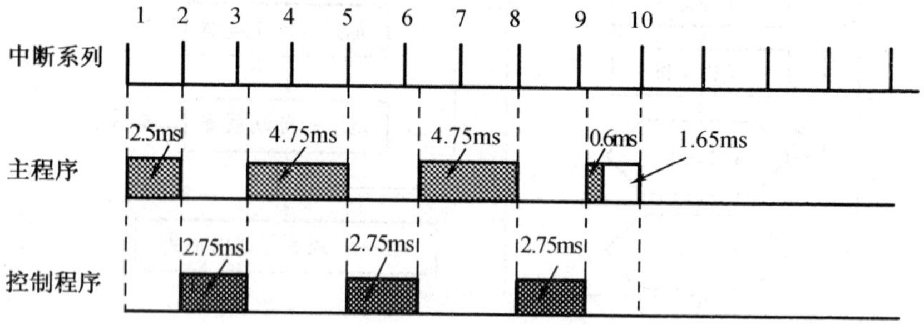

图 4-47 主控程序时间系列分配图

参考文献

[1] 季必达. 天文导航在组合导航与制导中的功能[J]. 导航，1985(1):12-15.
[2] 季必达. 潜艇潜望镜滚动轴承支撑系统[J]. 舰船科学技术，1988(1):43-61.
[3] 李龙森. 自动控制理论[M]. 天津:天津科学技术出版社，1980.
[4] 徐泽善. 传感器与压电器件——信息装备的特种元件[M]. 北京:国防工业出版社，1999.
[5] 张琛. 精密定位技术[M]. 上海:上海交通大学出版社，1991.
[6] Robert W Mayer. Servomechanisms and regulating system design. New York，1960.
[7] r. o. 弗里德连杰尔. 惯性导航系统[M]. 胡良骏，译. 北京:国防工业出版社，1965.
[8] 胡佑德，张富有. 反馈控制系统设计[M]. 北京:北京理工大学出版社，1987.
[9] Finck J，Lance N. An investigation of sight-line wstabilization，:US，DAAP03-69-C-004[P]. 1972-12.

第五章　船用星体跟踪器

能自动跟踪和测量星体进行自动定位定向的装置称为星体跟踪器。船用星体跟踪器是一种光、机、电组合，涉及天文、数学、光学、精密机械、光电子学、电子线路、微机与自动控制等多种学科综合应用的导航设备。它以惯性平台为基础，由星体跟踪头、座架、控制箱（包括高度和方位主回路等）、测角装置、星体检测装置、星光导航计算机、时间基准、自动星历表和水平基准（惯性平台）等组成。船用星体跟踪器的组合工作原理如图 5-1(a)所示。

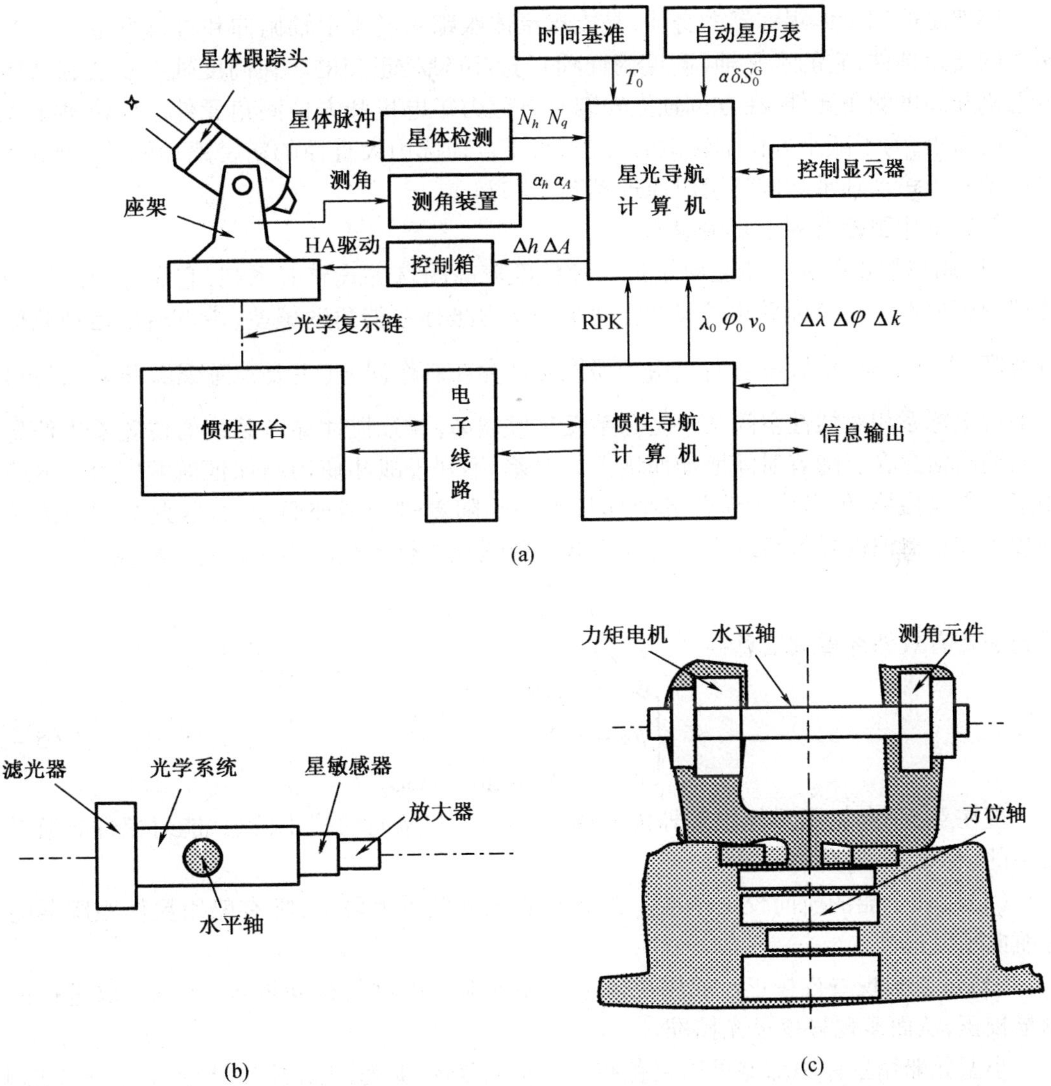

图 5-1　船用星体跟踪器

(a)星光-惯性导航系统组合工作原理图；(b)星体跟踪头的构成图；(c)座架组成原理图

1. 星体跟踪头

星体跟踪头是船用星体跟踪器的眼睛，用于观察测量星体，并把测量信号传给星体检测装置。它由滤光器、光学系统、星敏感器和放大器等组成，见图5－1(b)。

滤光器：通过机械结构的合理设计，消除视场里面的杂散光，保证星光通过光学系统。

光学系统：收集星光并成像在星敏感器上，尽量缩小星像直径，减小像差，提高星像的会聚能力。光学系统设计是星体跟踪头的重要部分。

星敏感器：把星像的光学信号变为电信号，实现星体的光能向电能的转换，实时传给放大器。

放大器：把检测到的微弱星体信号放大到星体检测装置可以分辨的水平，再传给星体检测装置。

2. 座架

座架是船用星体跟踪器的身体，是支撑星体跟踪头沿水平轴俯仰和进行方位0°～360°转动的支持部件，它的水平轴(高度俯仰轴)与方位轴是正交的。在高度轴上安装有高度力矩电机和高度测角元件，在方位轴上安装有方位力矩电机和方位测角元件。方位轴坐落在方位底盘里，为了减小方位轴转动时的摆动，要合理选用大直径的精密滚动轴承，而高度轴采用精密小滚动轴承。座架组成原理见图5－1(c)。

船用星体跟踪器的主要用途如下：

(1)用作校正基准。惯性导航是一种精度较高的自主式导航系统，它靠加速度计和陀螺仪敏感惯性平台坐标系相对惯性空间某一参考坐标系的角度偏差，借以给出运动载体瞬时速度、水平姿态、位置和航向。由于惯性元件存在制作误差(主要是陀螺漂移$\vec{\varepsilon}$)，使得惯性平台坐标系相对惯性空间某一坐标系发生倾斜$\vec{\psi}$，导致惯性导航系统的位置输出信息和航向输出信息含有随着时间增加而增大的误差，不利于战斗使用与保证航渡安全。尽管使用了陀螺监控器，但是位置误差和航向误差还是随着时间增加而增大，因此必须引进外部的校正信息对惯性导航系统进行定期重调。由惯性导航系统的统一误差方程式

$$\dot{\vec{\psi}} + \vec{\omega} \times \vec{\psi} = \vec{\varepsilon} \tag{5-1}$$

得到需要有效外部重调信息：

$$\begin{cases} \psi_E = -\Delta\lambda\cos\varphi_0 \\ \psi_N = -\Delta\varphi \\ \psi_Z = -\Delta k - \Delta\varphi \cdot \tan\varphi_0 \end{cases} \tag{5-2}$$

现在看，只有船用星体跟踪器能同时给出位置和航向的校正信息，能对惯性导航进行完整的、有效的、定期的校正。

(2)用作全船的航向校正基准。在现有的几种校正手段中，唯有船用星体跟踪器的动态航向精度最高。

(3)可以实现昼夜校正。船用星体跟踪器不但可以进行夜间校正，而且可以进行白天测星校正，从而实现昼夜星光校准。

小型化船用星体跟踪器可以装备在大型水面舰船、远程飞机、洲际导弹和航天飞机上，用于跟踪测量星体进行实时定位定向，同时能跟踪特殊星体进行星光制导。那么，船用星体跟踪器是如何进行工作的？它的构造原理是什么？它的光学结构、星敏感器与调制等又有什么特点？它在白天较亮的天空背景下怎样才能检测出星体信号呢？这些是本章所要

介绍的内容。

第一节　船用星体跟踪器的安装结构形式

对于船用星体跟踪器的安装结构形式大致有如下三种：

1. 整体式

小型化的船用星体跟踪器可以直接安装在惯性平台上，构成整体式星光－惯性导航系统，如图 5－2 所示。其优点是一体式，星体跟踪器测星需要的人工水平就是惯性平台，不需要另外电气连接或者光学复示链；缺点是受到麻烦的滑环引出线问题、星体跟踪器与惯性平台机具相互干扰问题以及高的工作温度问题等的影响，这些问题必须在总体设计时考虑解决。

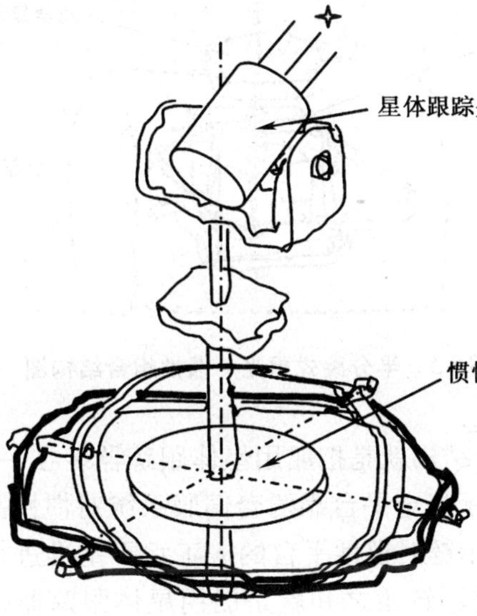

图 5－2　整体式星光－惯性组合结构原理图

2. 半分离式

半分离式星光－惯性组合结构是将船用星体跟踪器和惯性平台分开，把船用星体跟踪器装在一个分开的复示平台上，而把四轴惯性平台构成独立的惯性导航系统。复示平台靠内外环轴上的同步随动系统以及装在船用星体跟踪器下面的光学复示链保持与惯性平台的人工水平基准同步，方位角是星体跟踪器和惯性平台的方位角之和。如果复示平台和惯性平台偏差角在 5°以内，则主要靠光学复示链来保证水平精度；如果复示平台与惯性平台偏差角高于 5°时，则主要靠同步随动系统来保证，叫作粗复示，而用光学复示链进行水平的精确测量。半分离式星光－惯性组合结构见图 5－3。

这种结构的好处是船用星体跟踪器与惯性平台分开安装，能保证惯性平台的精度和船用星体跟踪器的精度，减少相互之间的干扰。为了保证光学复示链的水平复示精度，光学口径不宜做得太大，而且复示平台与惯性平台之间的距离不宜太远。如果空间允许，采用这种组合方式，既能保证船用星体跟踪器的测量精度，又能保证惯性导航系统的测量精度，因此它是个优先选用的方案。

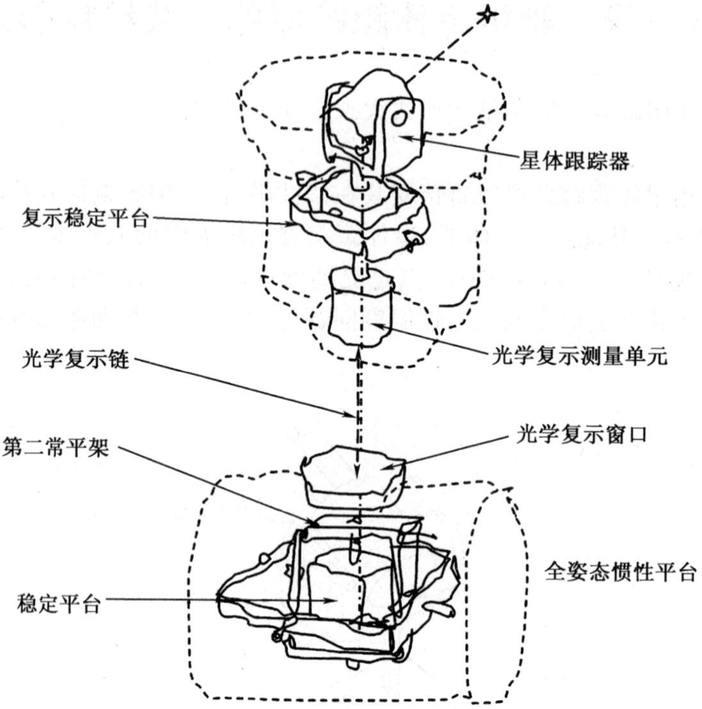

图5-3 半分离式星光-惯性组合结构图

半分离式星光-惯性组合结构就是把船用星体跟踪器装在一个复示稳定平台上(见图5-3),而与惯性平台分开,复示稳定平台靠两套伺服系统对惯性平台的外面两个常平架进行粗跟踪,再靠双坐标光学复示链对惯性平台的人工水平基准进行精跟踪。船用星体跟踪器的方位轴角和惯性平台方位轴转角之和就是船用星体跟踪器的定向角。光学复示链的光学复示测量单元可用CCD测量头,而惯性平台第二常平架上的反射镜尺寸和壳体上的光学复示窗口尺寸要求运动载体在小于5°机动时可以使用,当运动角度大于5°时应限制使用船用星体跟踪器。

这种结构在保证惯性导航系统精度的前提下,又能保证船用星体跟踪器的测量精度,而且相互影响较小,但是当运动载体做大角度(大于5°)机动时需要将船用星体跟踪器提前锁定制动,只有在运动载体做水平运动(小于5°)时才可以打开船用星体跟踪器的锁定装置进行跟踪测星。

3. 捷联式

捷联式星光-惯性导航组合结构就是将船用星体跟踪器和惯性平台人工水平基准分开,它们都做成与运动载体甲板基准相互独立的单元,而它们之间的联系是通过角度测量设备和伺服系统完成的。其结构见图5-4。

船用星体跟踪器和惯性平台都按照统一的甲板基准安装,没有直接的机械联系,而又互相依赖,它是通过电的信息来连接的。船用星体跟踪器的稳定计算机接收惯性平台来的初始位置信息和航向、三个轴的姿态信息,经过稳定计算(即把星体的地平坐标实时变换为甲板坐标),控制指令把船用星体跟踪器指向星体,并跟踪星体;星体进入观测视场后,自动测量星体的坐标,之后又把实时的测量信息用于天文定位计算,再转换为位置和航向修正量,送给惯性导航系统,完成惯性导航系统的常值陀螺漂移修正。

这种安装方式的优点是安装和使用都很简单,精度也较高,但它的不足之处是船用星体跟踪器和惯性平台的基座甲板变形必须进行测量和修正,否则可能要影响测量精度。

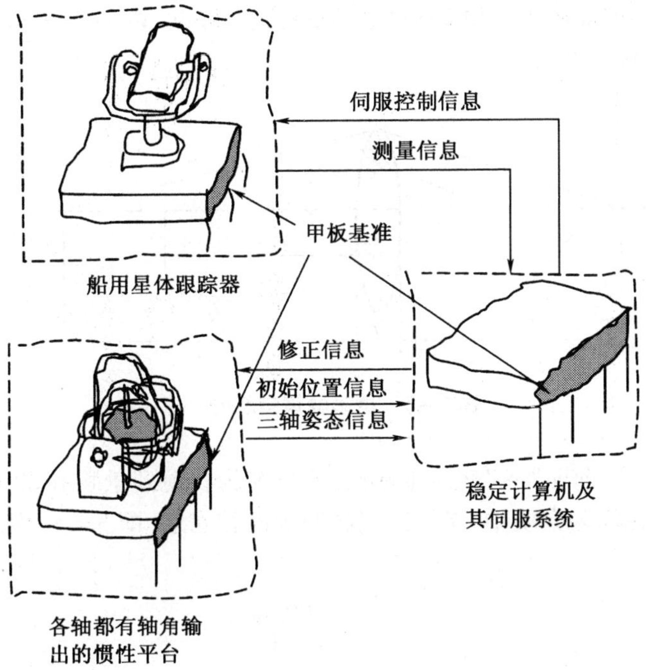

图 5－4　捷联式组成结构示意图

以上三种安装方式表明,在运动载体上,船用星体跟踪器在进行天文测量时都以惯性平台的人工水平(即当地垂线)为测量基准,这是传统的、行之有效的天文导航方法。目前,在新的天文导航(即不依靠当地垂线而进行定位)方法生效之前,我们主要介绍传统的天文导航方法及其设备组成。

第二节　船用星体跟踪器的光学系统

船用星体跟踪器光学系统比较简单,没有潜望镜那么复杂,它的基本单元是物镜。物镜的主要作用是收集星光并把它聚焦成像在星体传感器的靶面上,同时借助滤光器减少天空背景光的噪声干扰。它在光电发射器中是一个独立单元。它的特征参数有聚光透过能量、光谱范围、口径、焦距、像差与角分辨率等。

光学系统的物镜分为透射式、折－反射式和反射式几种。在技术上,透射式物镜是最简单的,而且像差较小,能保证较大的视场角(20°～50°);但是,透射式物镜对光能吸收较多,并在长焦距情况下色差较大,造成整个光学系统的尺寸也较大。反射式物镜则消除了上述缺点,尽管它的制造与调整较为复杂。折－反射式物镜是将透射式物镜和反射式物镜组合起来，它有较大的聚光能力，有较小的外形尺寸，这对于安装在惯性平台上的船用星体跟踪器来说是十分重要的。下面介绍一下设计船用星体跟踪器光学系统时必须考虑的物镜主要特性，如物镜的入瞳尺寸、焦距长度、视场、中心与边缘的鉴别率、光的透过系数、光的散射系数、透射光的光谱特性以及像差的校正情况等。为了能在白天取得最佳的测星效果，合理选用滤光器是非常必要的。

透射式物镜如图 5－5 所示。对于透射式物镜，进入光学系统的光通量大小是与入瞳直径的平方成正比的，但靠增大入瞳的有效光通量是不够的，因为光学系统的动力特性取决于进行坐标测量的像空间特性。

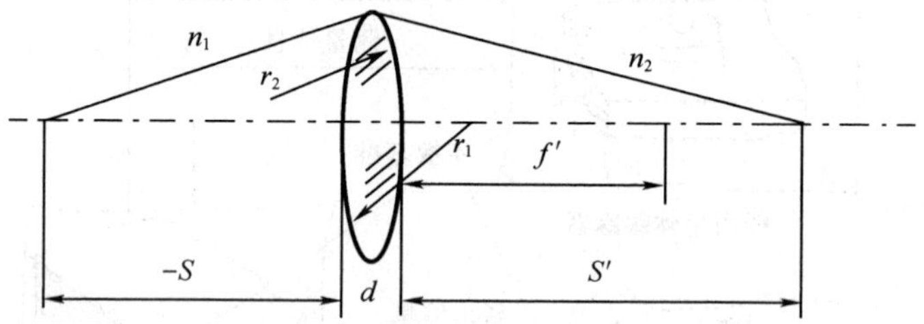

图 5－5 透镜物镜焦距的计算

在图 5－5 中，(其前面“－”表示前焦距) S 与 S' 为物镜到景物和星敏感器的距离，假设物镜的厚度 $d\approx 0$，在均匀介质中，星体距离物镜表面相当远，即 $S=\infty$，则物镜的第一表面后焦距为

$$f_1' = \frac{nr_1}{n-1} \tag{5-3a}$$

式中 r_1——第一表面的曲率半径；

n——光在介质中的折射率。

第二表面的前焦距为

$$f_2 = \frac{nr_2}{n-1} \tag{5-3b}$$

式中 r_2——第二表面的曲率半径。

对于按放置间隔为 d 的复杂光学系统，它的光学间隔为 Δ，其焦距为

$$f' = \frac{f_1' f_2}{\Delta} = \frac{nr_1 r_2}{(n-1)[n(r_2-r_1)+(n-1)d]} \tag{5-3c}$$

实际上，一个光学系统的光聚力 A 和相对孔径 Q 取决于物镜的有效入瞳直径 D_0 与焦距长度 f'。其计算公式为

$$A = \frac{1}{f'} \tag{5-4a}$$

$$Q = \frac{D_0}{f'} \tag{5-4b}$$

视场 -2β 是光学系统在像面范围(如星敏感器所占用的)的那部分空间，而像面范围是由视场光阑直径 D_L 决定的，计算如下：

$$\tan\beta = \frac{D_L}{2f'} \tag{5-5}$$

物镜最重要的特性是鉴别率,它按最好对比度在焦平面上能够区分每毫米的线数(线数/毫米)来表示。在观察远距离目标时,透镜的鉴别率用刚好能分辨的两点间的角间隔来表示。假如焦面上能鉴别的距离是 l,则把它转换为角度等于

$$\tan\varphi = \frac{l}{2f'} \tag{5-6}$$

式中,2φ 是鉴别角。

所有光学系统物镜都有一个缺点,那就是鉴别率从物镜中心到边缘是逐渐变差的,因此在进行星体跟踪器光学系统设计时必须考虑到这一点。在理论上,光学系统的鉴别率是由星像衍射环确定的。在焦平面上,星像成散布的衍射环形状,它由许多亮暗同心环组成(图 5-6),这些同心环的能量包含了总能量的 83.8%,其分布如图 5-7 所示。

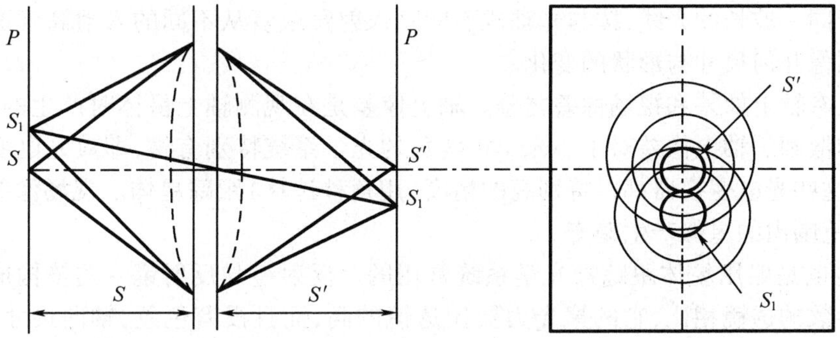

图 5-6　两个点像的衍射图

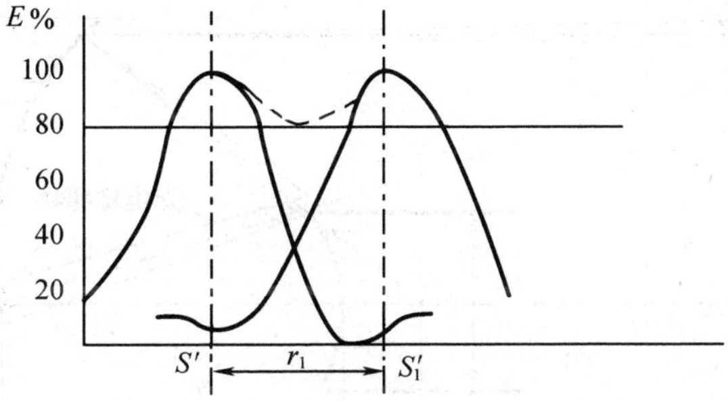

图 5-7　两个点像的光能分布图

这时,环的中心能量最大。第一暗环的半径为

$$r_1 = \frac{3.83\lambda}{\pi} \times \frac{1}{4} \tag{5-7}$$

其中,λ 是用来确定鉴别率的辐射波长,3.83 是第一暗环系数。理论上,鉴别角为

$$\varepsilon = \frac{r_1}{f} = \frac{3.83\lambda}{\pi D_{入瞳}} = \frac{1.22\lambda}{D_{入瞳}} \tag{5-8}$$

对于可见光有

$$\varepsilon = \frac{1\ 140}{D_{入瞳}} \cdot \frac{\pi}{648\ 000}\ (\text{rad}) \tag{5-9}$$

鉴别角与鉴别力之间的关系：

$$v=\frac{1}{\varepsilon}\cdot\frac{\pi}{648\ 000}\quad(\mathrm{rad})\tag{5-10}$$

加给物镜的杂散光的增加可以加快物镜鉴别力下降。当像偏离光轴时，像的照度按下面公式递减：

$$E_{\alpha}=E_0\xi(\alpha)\cos^4\alpha\tag{5-11}$$

式中　E_0——中心点的照度；

E_{α}——与光轴成 α 角轴上点的照度；

$\xi(\alpha)$——渐晕系数。

评定光学系统品质好坏的另一个指标是像差。像差分为色差与单色差。色差是由于波长不同的光线在光学材料中的色散射引起的，从而使图像带色，清晰度下降。而单色像差则是由于同一波长的光线，按与光轴成不同的入射角或者从不同的入射高度通过光学系统引起的图像几何尺寸与形状的变化。

像差又有轴上像差和视场像差之分。轴上像差是在观测轴上星体时产生的，它引起像面上出现弥散圆。轴上像差对于小光学视场角的光学系统特别有害，即对光电变换器特别有害，因为这些光电变换器都以特别高的精度（用角秒计算）跟踪星体。视场像差使在轴外的而在 2β 范围内的星像产生畸变。

反射镜也是船用星体跟踪器光学系统常用的。反射镜与反射镜－透镜构成的物镜和具有同样参数的透镜相比，它的聚光力要比透镜的高，而且没有色差，轴向尺寸小，因此多被船用星体跟踪器采用。这里反射镜是光学系统的主要光学零件。反射镜由两个反射镜组成，即主反射镜和次反射镜，见图 5－8。

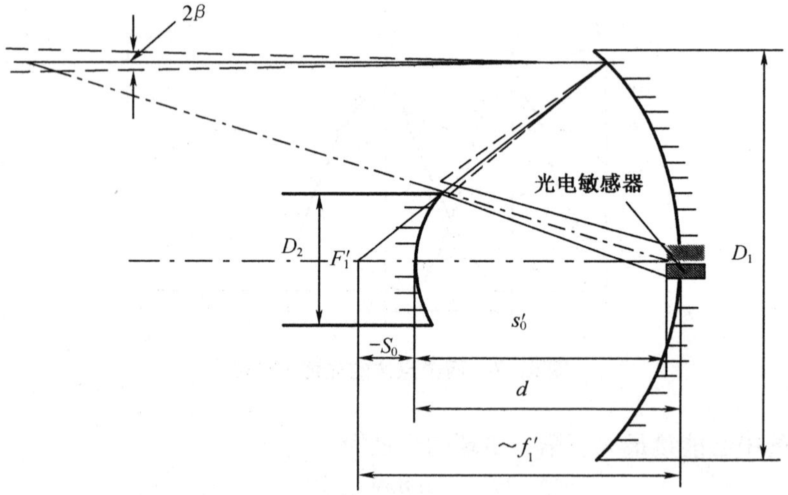

图 5－8　反射镜物镜参量示意图

主反射镜的通光孔径决定物镜的相对孔径。次反射镜用于改变由主反射镜反射的光束的汇聚情况。次反射镜后背挡住了主反射镜的部分通光孔径面，因此，物镜的实际孔径应按下式计算：

$$D_k^2=\frac{\pi}{4}(D_1^2-D_2^2) \tag{5-12}$$

其中　D_1, D_2——主反射镜和次反射镜的直径；

D_k——物镜的等效直径。

反射镜的聚光力等于

$$A=\frac{\tau_{反}^2}{f_1'^2}(D_1^2-D_2^2) \tag{5-13}$$

式中，$\tau_{反}$ 为反射镜表面的反射系数。

焦距大小取决于反射镜表面的形状与两个反射镜顶点间的距离，即

$$f_1'=d+(-S_0) \tag{5-14}$$

在计算反射镜物镜的光学系统时，要尽量不使次反射镜遮住通过主反射镜的孔径光。如果没有附加光栏，应尽量使入瞳面与主反射镜边缘重合，即 $D_{入瞳}=D_1$。这时，视场角 2β 仅与焦距和视场光栏的横向尺寸 D_1, D_2 有关。当光电接收器放置在焦平面时，光电接收器的敏感层直径若等于 $d_{光电}$，则物镜的视场角为

$$\tan\beta=\frac{d_{光电}}{2f_1'} \tag{5-15}$$

当然，次反射镜对主反射镜也可以做成凸面形，并可以粘在平板保护玻璃后面，见图 5-9。

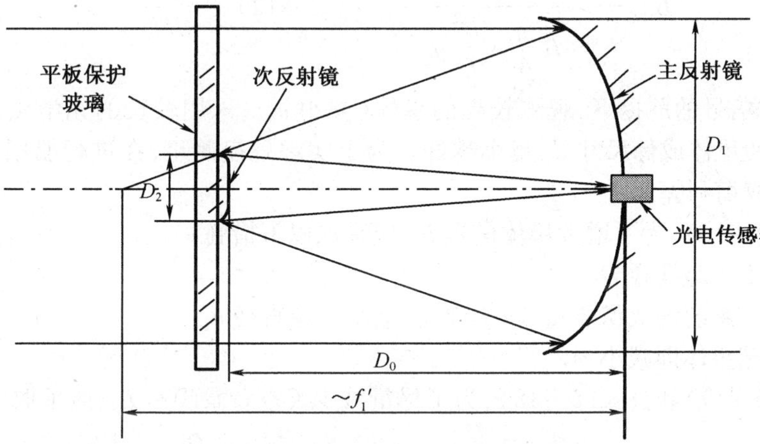

图 5-9　折反射光学系统原理示意图

对于点状天体（如恒星），焦面上光电传感器的星像的总能量与实际孔径 D_k 成正比。假如星像直径为 d_s，星像照度为 L_s，则星像的总能量为

$$L_s\times\frac{\pi}{4}d_s^2=E_0(2.512)^{-m}\times\frac{\pi}{4}D_k^2\eta$$

焦面上星像的照度 L_s 为

$$L_s=E_0(2.512)^{-m}\left(\frac{D_k}{d_s}\right)^2\eta \tag{5-16}$$

式中　E_0——零等星在地面的照度；

m——目视星等；

η——光学透过率。

而天空背景在焦面上光电传感器的平均照度 L_B 为

$$L_B = B\Omega\eta \tag{5-17}$$

式中 B——天空背景亮度；

Ω——光学系统在光电传感器上形成的立体锥角(球面角)。

夜晚天空一片黑暗，L_B 趋于零照度，因此只要($L_s - L_B$)大于星敏感器的阈值，由公式(5-16)可知，就可以检测到星体，而且检测的星体等级能力与光学系统的有效通光口径、成像质量、像差和星体传感器的灵敏度成正比。但是在白天就不一样了，因为白天太阳光通过大气层时发生折射和反射，然后才照射地面，而地面物体对太阳光的折射和反射，使得天空背景变得异常明亮，星光被淹没在强的背景光中，肉眼很难分辨，所以夜晚观测星体的光学系统和星体传感器是不够的。必须对光学系统与滤光器进行特殊的设计，才能使焦面上的星像照度 L_s 大于天空背景照度 L_B，这样才能在检测电路上滤除天空背景噪声，检测到星体的脉冲信号。

为了扩大天文导航的有效工作效率，必须实现白天和夜晚都能对星体进行观测。为此，在进行船用星体跟踪器系统设计时应该尽量增大星体信号 L_s 值，而尽量减少天空背景噪声 L_B；应必须使星体信号 L_s 与天空背景噪声 L_B 之比(称为信噪比)大于1。由公式(5-16)和公式(5-17)可得，光学信噪比的表达式为

$$B_{s/n} = \frac{E_0(2.512)^{-m}\dfrac{D_k^2}{d_s^2}\eta}{B\dfrac{\pi}{4}\cdot\dfrac{D_k^2}{f^2}\eta} = E_0(2.512)^{-m}\frac{4f^2}{\pi B d_s^2} \tag{5-18}$$

在保证星体信号的前提下，观测较亮的星体(减小 m)、采用较长的光学焦距 f、减少像差优质成像，即使星体成像尺寸 d_s 越小越好。为了实现昼夜测星，在进行船用星体跟踪器总体设计时，要权衡利弊。

根据公式(5-16)，为了增大星体信号 L_s，应采取以下措施：

(1)增大光学入瞳孔径 D_k；

(2)改善光学系统的成像质量，减少像差，缩小星像直径 d_s；

(3)观测较亮星体即减小 m。

根据公式(5-17)和公式(5-18)，为了尽量减少天空背景噪声 L_B，应采取以下措施：

(1)减少星体传感器的立体锥角 Ω(球面角)，而 $\Omega = \dfrac{\pi}{4}\cdot\dfrac{D_k^2}{f^2}$，由此可见，在保证星体信号的前提下，应尽量增大光学系统的焦距 f，但为了使光学系统的长度尺寸不大于总体要求，一般都采用折反射系统；

(2)观测与太阳方位成 ±90°的星体，与太阳方位成 ±90°的天空比沿太阳方向上的天空背景亮度要小；

(3)采用合适的光学滤光器或者调制器，以减小天空背景光的干扰。

第三节 星体传感器

星体传感器就是能够敏感星体的热辐射或者星光照射的传感器。按原理分有敏感星体的热辐射变化(吸收与损失)的热探测器与敏感星体的光激射(光激发电子流或者空穴

对)的光电探测器。星体传感器也可以是非成像的单元传感器(如光电倍增管)和视频成像的传感器(成像传感器包括光导摄像管、大面阵 CCD 成像传感器等)。选择星体传感器的基本原则有:光电灵敏度(或者积分灵敏度)、门限通量(或者暗电流)、量子效率、时间常数、频率特性、噪声电平。

光电灵敏度(或者积分灵敏度)S_λ 是指随着光谱量的变化($d\phi_\lambda$)而改变的输出参数变化的能力(即响应)。实际上都用电流或者电压的变化来表示积分(光谱)灵敏度。仪器的响应是根据电流或者电压的变化值 dI_t,dU_λ 来鉴定,即

$$S_\lambda = \frac{dU_\lambda}{d\phi_\lambda} \tag{5-19}$$

$$\text{I} = \int_0^\infty \phi(\lambda)d\lambda \qquad \text{II} = \int_0^\infty \phi(\lambda)S(\lambda)dt$$

很多情况下,星体传感器的积分灵敏度都是随着光辐射的频谱变化,并且在不同的波长 λ_{max} 达到最大值 $S_{\lambda max}$,因此在比较时都用其相对灵敏度:$S(\lambda) = \frac{S_\lambda}{S_{\lambda max}}$。图 5-10 表示星体传感器的光谱特性。

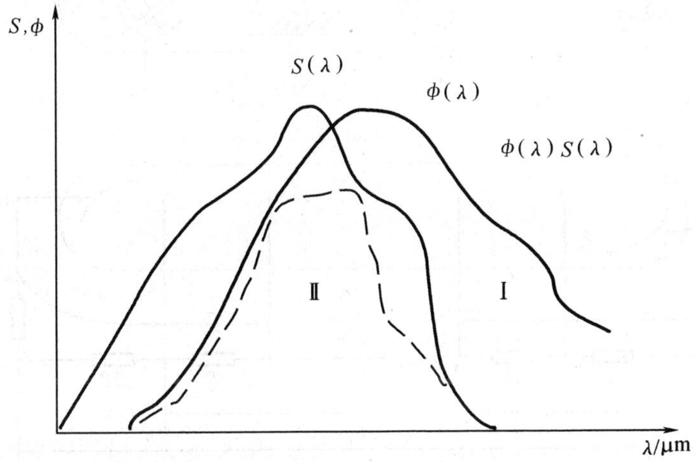

图 5-10　星体传感器的光谱特性

星体传感器的积分灵敏度既取决于它本身的光谱特性,同时又取决于星体的光谱特性。因为星体传感器的特性主要由光电阴极的特性决定,而其积分灵敏度是在所接收光通量的整个光谱内的响应,即

$$S = \frac{U}{\phi}$$

$$S = S_{\lambda max}\frac{\int_0^\infty \phi(\lambda)S(\lambda)d\lambda}{\int_0^\infty \phi(\lambda)d\lambda} \tag{5-20}$$

所以,我们不仅要研究星体传感器的光谱特性,而且还要研究星体的光谱。根据资料介绍,光电倍增管、析像管、光导摄像管以及后来发展的成像面阵 CCD 等星体传感器的光电积分灵敏度都是很高的。

一、单元传感器

能够在船用星体跟踪器中应用的单元传感器可分为三个类型:光电发射型、光电导型和光致电压型。光电发射型又有真空光电二极管、充气光电二极管和光电倍增管之分。真空光电二极管需要配备一个低噪声放大器,以便产生有用信号。放大器的噪声能把有用信号降低到噪声标准。充气光电二极管则用气体进行放大,从而增强信号电平。充气光电二极管能减少频率响应并且产生信号电平的非线性。光电倍增管则采用电子的二次发射来进行信号放大,由二次发射引起的噪声电平是阴极噪声电平的一小部分。

二、光电倍增管

光电倍增管是以外光电效应工作的真空光电接收器件,原理见图 5 - 11。

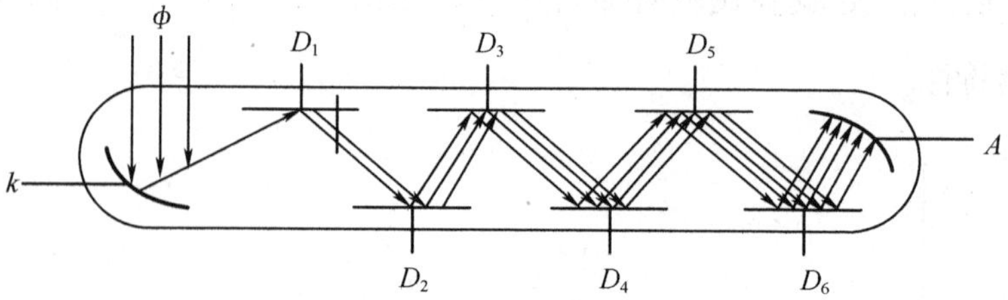

(a)

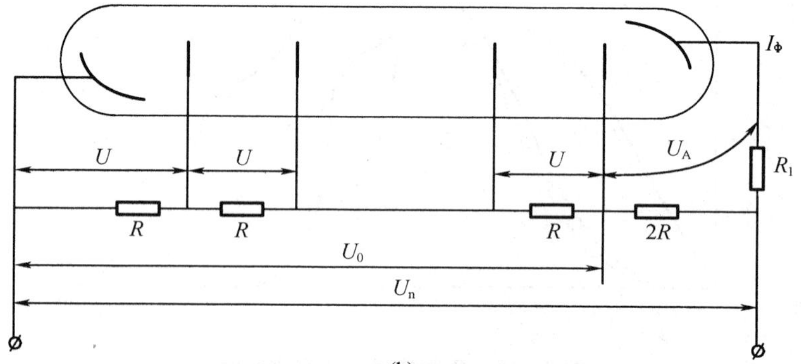

(b)

图 5 - 11 光电倍增管原理图

(a)光电倍增管结构原理图;(b)光电倍增管电路图

现有光电倍增管具有不同的放大级和不同的结构。在内电场的作用下,受星光照射的光电阴极发射的光电子到达在管中间的有加速电场的打拿极上,由打拿极逸出电子数 n_2 与落在打拿极上的电子数 n_1 之比为 $m_n=\dfrac{n_2}{n_1}$,称为二次发射系数。这个系数与打拿极材料有关,一般为 1.2 ~ 4.6。这样,在 $n=10\sim14$ 个打拿极的光电倍增管里,电流放大系数 $M(M=m_n^N)=10^6\sim10^8$。但是在没有光照射阴极时,光电倍增管还有很小的方向不规则电流输出,这个电流称为暗电流。这个暗电流是由于极间电压较高和光学反馈产生场致发射效应造成的。暗电流(即泄漏电流)决定了光电倍增管的门限灵敏度。总泄漏电流取决于光电阴极的面积,降低它的办法有:(1)减小光电阴极的面积;(2)冷却光电倍增管的外壳;

(3)增加阴极和阳极间的距离;(4)调制辐射通量。

表 5 - 1 列出了光电倍增管光电阴极的特性(摘自《Star Trackers and Systems Design》第 161 页)。

表 5 - 1　光电倍增管的光电阴极特性列表

阴极名称	辐射灵敏度 /μA · μW	峰值响应 /μm	10% 响应 /μm	安培热电子发射 /(A/cm²)	表面组成	窗口材料	衬底,T 透明,O 不透明
S - 1,df	0.001 8	0.8	0.5 - 1.07	$10^{-12} \sim 10^{-11}$	Cs - Ag - O	玻璃	O 或 T
S - 3	0.001 8	0.42	0.35 ~ 0.85	10^{-1}	Rb - Ag - O	玻璃	O
S - 4,d	0.04	0.4	0.3 ~ 0.6	10^{-14}	Cs - Sb - O	玻璃	O
S - 5	0.05	0.34	0.2 ~ 0.6	10^{-14}	Cs - Sb	9741 粒状	O
S - 8	0.002 3	0.365	0.3 ~ 0.66	$10^{-15} \sim 10^{-14}$	Cs - Bi	玻璃	O
S - 9	0.02	0.48	0.31 ~ 0.62	10^{-14}	Cs - Sb	玻璃	T
S - 10	0.016	0.45	0.32 ~ 0.69	$10^{-14} \sim 10^{-13}$	Cs - Bi - Ag - O	玻璃	T
S - 11,d	0.05	0.44	0.32 ~ 0.62	$10^{-15} \sim 10^{-14}$	Cs - Sb - O	玻璃	T
S - 13,a	0.047	0.44	0.27 ~ 0.62 0.20 ~ 0.62	$10^{-16} \sim 10^{-14}$	Cs - Sb	石英玻璃	T
S - 17,g	0.085	0.50	0.30 ~ 0.62	10^{-14}	Cs - Sb	玻璃	反射衬底
S - 19	0.065	0.33	0.18 ~ 0.60	10^{-14}	Cs - Sb	石英玻璃	O
S - 20,bce	0.064	0.42	0.30 ~ 0.75	$10^{-16} \sim 10^{-15}$	NaKCSSb	玻璃	T
S - 21	0.023	0.44	0.23 ~ 0.62	10^{-14}	CS - Sb	9741 粒状	T
S - 23	0.004	0.24	0.18 ~ 0.29		Rb - Te	石英玻璃	T

注:(a)通常 S - 11 光电阴极有一个石英玻璃窗口和在 0.20 μm 处的 50% 响应。

(b)采用 EMI9558B(改进)的熔凝石英玻璃窗口,这样可以增加紫外线的响应。

(c)EMI9558B 能在 - 180 ℃下工作。

(d)S - 1,S - 4 和 S - 11 光电阴极,已经证明是最普通的光电阴极表面,并且大多数装置都适宜这个响应。

(e)S - 20 碱金属表面有一个宽的波长响应和一个比大多数光电阴极表面高的量子效率。热电子发射低,能产生非常高的信噪比。这种表面由于商业原因作为一种标准产品,现在已经能随便买到。

(f)S - 1 光电阴极的响应曲线有两个峰值,一个在 0.8 μm ,第二个在 0.37 μm。红外响应光电倍增管好像全部都有改进的 S - 1 光电阴极。

(g)采用 S - 17 表面的 RCA7029 光电倍增管的特点是阳极电流非常低,为 $10^{-3} \sim 10^{-2}$,比大多数光电倍增管都低。

光电倍增管打拿极结构各不一样,级数一般为 5 ~ 16 级,放大量最高可达 10^7,所要求的放大量必须超过噪声标准。光电倍增管所要求的电压范围为 900 ~ 3 000 V 不等。个别光电倍增管的特性可以在制造厂的数据中查到。

光电倍增管的门限灵敏度由内部噪声(即外电磁感应和振动等引起)和外部噪声(包括散粒噪声、闪烁噪声、输出电阻与放大器的热噪声)决定。

1. 散粒噪声

由肖特基公式有

$$\sqrt{\overline{i_s^2}} = \sqrt{2ei_0\Delta f}$$

式中 e——电子电荷；

i_0——总波动电流，$i_0 = i_\tau + i_{\varphi\tau}$（$i_\tau$ 是暗电流，$i_{\varphi\tau}$是波动电流的恒定分量）。

2. 闪烁噪声

闪烁噪声是由光电阴极灵敏度不稳定所造成的光电流跳动。这个噪声电流计算如下：

$$\overline{\Delta i_M^2} = 2ei\left(1 + \frac{B_i}{A_{\varphi\tau}f_M}\right)$$

式中 B_τ——光电阴极性质的常数；

$A_{\varphi\tau}$——光电阴极面积；

f_M——闪烁频率。

3. 输出电阻的热噪声（由电阻中的电子无规则运动引起）

表达式为

$$\sqrt{\overline{U_\tau^2}} = \sqrt{4kTR\Delta f}$$

相应的电流为

$$\sqrt{\overline{i_\tau^2}} = \sqrt{\frac{4kT\Delta f}{R}}$$

式中 k——玻耳兹曼常数；

T——环境温度。

4. 放大器噪声

计算公式：

$$\overline{i_{gq}^2} = \frac{4kT\Delta f}{R + R_{gd}}$$

式中 R_{gd}——光电倍增管输出电路的等效电阻。

在放大器输入端总噪声均方值为

$$\sqrt{\overline{i_m^2}} = \sqrt{\overline{i_\tau^2} + \overline{i_s^2} + \overline{i_M^2} + \overline{i_{gq}^2}}$$

当用较高频率调制小辐射通量时，输出电阻的热噪声$\overline{i_\tau^2}$和闪烁噪声$\overline{i_M^2}$可以忽略不计。则放大器总噪声的均方值经简化有

$$\sqrt{\overline{i_m^2}} = \sqrt{\overline{i_\tau^2} + \overline{i_{gq}^2}} = \sqrt{2ei_0\Delta f + \frac{4kT\Delta f}{R + R_{gd}}} \approx \sqrt{\left(2ei_0 + \frac{4kT}{R}\right)\Delta f} \qquad (5-21)$$

由此可见，光电倍增管工作时的主要噪声源由散粒噪声与负载的热噪声决定，而其他可以忽略。以 B 表示光电倍增管被放大的散粒噪声效应系数，有 $1 + B = 1.5 \sim 3.0$。于是，光电倍增管噪声电流的均方值之和等于

$$\overline{I_m^2} = 2ei\Delta f M^2(1 + B) + 4\frac{kT}{R_n}\Delta f$$

则光电倍增管光度门限值为（$S_{光电管}^{积}$为光电倍增管的积分灵敏度）：

$$\phi_n = \frac{\sqrt{\overline{I_m^2}}}{S_{光电管}^{积}}$$

将上式代入，有

$$\phi_n=\frac{\sqrt{2[eiM^2(1+B)+2kTR_n^{-1}]\Delta f}}{S_{光电管}^{积}}$$

如果忽略光电倍增管负载电阻的热噪声，则有

$$\phi_n=\frac{\sqrt{2ei\Delta fM^2(1+B)}}{S_{光电管}^{积}}$$

光通量很小的探测与测量主要受到暗电流的限制，因此可以忽略光电流的恒定分量，于是有

$$\phi_n=\frac{\sqrt{2ei_T\Delta fM^2(1+B)}}{S_{光电管}^{积}}$$

在光电倍增管的使用说明书中，通常提供阴极的暗电流 I_T（带宽 $\Delta f=1.0$ Hz），则可以计算出 $i_T=\frac{I_T}{M}$。

与此相似，借助 M 就可以把阴极积分灵敏度和光电倍增管的整个积分灵敏度联系起来：

$$S_{光电管}^{积}=MS_{阴极}^{积}$$

因此

$$\phi_n=\sqrt{\frac{2eI_T(1+B)\Delta f}{S_{阴极}^{积\ 2}M}}$$

对于船用星体跟踪器的实际工作情况，在恒定分量背景光下受到调制的光通量按下式计算：

$$\phi_n=\sqrt{\frac{2(I_T+I_{\phi T})e(1+B)\Delta f}{S_{光电管}^{积}S_{阴极}^{积}}}\tag{5-22}$$

三、成像传感器

成像传感器是单元像素传感器的发展，电子光学被用来扫描扩展的像，而这个像可能是电容放电型静电成像形式，也可能是一层薄膜光电导体电阻的成像形式。比如析像管、超正析像管和光导摄像管。

四、析像管

景物被成像在光阴极上，这时光电发射阴极发射电子，其局部电子密度随入射量子数目与能量而变化。在电子奔向倍增器时，存在于光阴极和阳极之间的电位差使电子加速，外面的聚焦线圈使电子束盘旋，并且使之返回到倍增器的小孔平面聚焦。倍增器小孔只接收电子束的一小部分。倍增器结构靠二次发射放大信号。

五、超正析像管

超正析像管可以执行析像管一样的扫描功能，但是内部结构不同。与像的强度分布对应的电荷分布是在帧幅期间被积累的。对于400线分辨率的图形，在采样每个帧幅时，有

160 000 个单元，则积累时间是采样时间的 160 000 倍。根据帧幅周期与单元采样周期之比相同的原理，积累过程能改善最小信号的检测。

六、光导摄像管

光导摄像管是基于光电导原理进行工作的一种小型电视摄像管。在玻璃面板的内侧沉积一种透明的导电薄膜，在导电薄膜上再沉积一种光电导材料薄层。这种光电导电阻的局部变化与面板上像的强度分布相对应。电子束扫描光电导体，并存储电荷，使通过光电导体上的瞬时电压等于阴极信号板的电压。通过光电导体的电荷泄漏，在速率上，它与该点的光敏电阻成比例。之后的电子扫描使电荷存储，从而代替电荷泄漏。负载电阻连接到导电膜上，它上面的信号电压和存储电荷成正比，如图 5－12 所示。

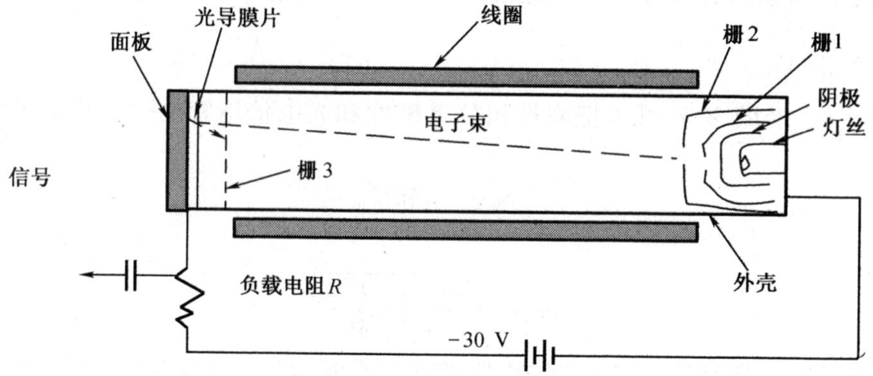

图 5－12　光导摄像管

由阴极、栅 1 和栅 2 组成的电子枪形成电子束并加速它；通过聚焦线圈使电子束在面板上产生聚焦，偏转线圈进行水平和垂直扫描。栅 3 是一个网状栅极，它使电子束减速，使它以慢速垂直地打在光电导体表面上。带有静电偏转和静电聚焦装置的光导摄像管是通用的。光导摄像管用于可见光和近红外光，在这些光谱区，可以使用不加冷却的光电导层。从具有长波响应的冷却光电导层的利用率来看，一个具有适当光电导膜的冷却面板，对于长波系统是非常有用的。

光导摄像管像一个横流发生器。负载电阻值通常由和它组合在一起的视频放大器的特征决定。信号电流不随照度做线性地增长。信号电流通常小于 1 μA，因此主要噪声源是视频放大器。可见光光导摄像管的最小靶面照度为 0. 01 ~ 0. 1 lm/ft^2。一个 0. 3 in (7. 62 mm) 直径面板、分辨率为 400 线，每个单元上最小信号功率是 $10^{-13} \sim 10^{-12}$ W。照度范围，由只有噪声标准变化为整个靶面饱合，照度变化 30 倍。由于光电导体的时间常数通常比一般的帧幅速率 1/30 s 长，所以快速的像运动会模糊电子像。

负载电阻要求比预期的大一些，是为了增加小信号电流产生的电压。信号在高频段的衰减用增加高频段的视频增益的办法来补偿。光导摄像管的信噪比 (S/N) 为

$$\frac{S}{N}=\frac{I_S}{\left[4KTF+\frac{1}{R_1}+\frac{R_t}{R_1}+\frac{4\pi^2C^2F^2R_t}{3}+20I_{S+d}\right]^{\frac{1}{2}}} \tag{5-23}$$

式中　I_S——光导摄像管的信号电流；

K——波尔兹曼系数；

T——绝对温度；

I_d——光导摄像管的暗电流；

R_t——输入放大器的散粒噪声等效电阻；

R_1——视频负载电阻；

C——全部输入并联电容；

F——频率带通。

I_{S+d}——信号电流和暗电流之和。

七、电荷耦合装置(CCD,Chang-Collpled Device)

CCD 电荷耦合装置是一种新型的光电成像器件,是把入射的光信号转换为电子信号的实时光电转换装置。它是 1970 年由贝尔实验室的贝埃尔和史密斯首先提出来的。由于 CCD 成像技术已有了突飞猛进的发展,现在 CCD 电荷耦合装置已由刚开始的单元器件、线阵、小面积 CCD 成像发展到 CCD 大面阵成像,由可见光扩展为紫外光、红外光与远红外光波段。

因为 CCD 电荷耦合装置具有其他成像器件无可比拟的优点,如高灵敏度、高分辨率、高可靠性、寿命长、固态、小尺寸、质量轻、宽的光谱敏感区、大的动态范围、低工作电压、耐振动、抗冲击、抗灼伤、适宜大范围使用温度和使用起来方便等,所以 CCD 成像视频系统被广泛用于天文观测、高空遥感摄影、军事侦察、导弹制导、医用窥视、X 光探测、广播电视、数码相机、机器人视觉、工业过程控制、传真机、保安监视等领域。

我们知道在半导体中,由于晶格的热振动,把能量传给价电子;当价电子能量足够大时,就使其价键断裂离开价带而被激发到导带中去,这样就在导带中产生一个电子,在价带中留下一个空的能级叫空穴,导带中的电子与价带中的空穴各自带有一个 $-q$ 和 $+q$,这就是电子空穴对。如图 5－13 所示。

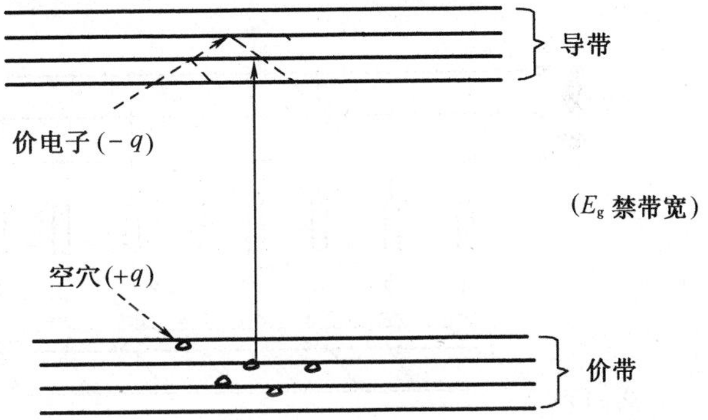

图 5－13　电子、空穴形成原理图

在热平衡条件下,导带中的电子又可以和价带中的空穴相遇而复合,把得到的能量放出来成为晶体的动能。如果有外界的光线照射和载流子注入等影响,温度不保持恒定,就会使导带中的价电子数目与价带中的空穴数目增多,对于 MOS(金属－氧化物－半导体)的 CCD 来说,一般都以硅(Si)作为衬底,在衬底上生成一层二氧化硅(SiO_2),再在它的上面沉积一层金属极(M),如图 5－14 所示。

对掺有杂质的 P 型硅结构,外接一个电源。若发生光注入(入射光线照射在半导体衬底或者氧化硅上),电离和施主杂质(带正电荷的空穴)被二氧化硅和半导体硅衬底界面所排斥,远离此界面,即在金属极(M)下面的硅衬底里形成空穴耗尽层——势阱,电子则超过此界面并被收集在势阱里,产生电荷包 q,这个电荷包与入射的光照强度成正比,并随着金属极(M)和硅衬底间外接电压的变化而变化。

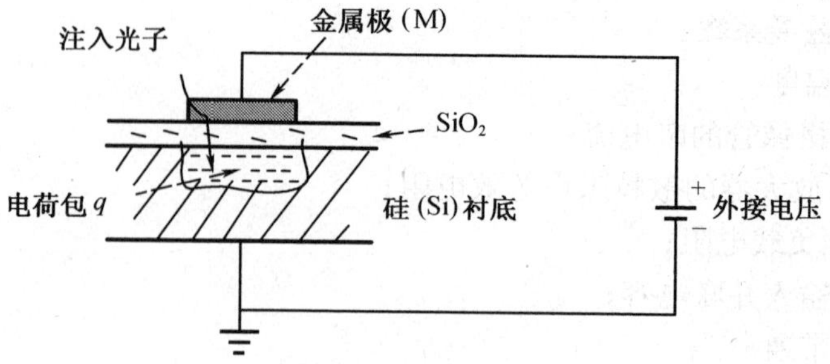

图 5-14　CCD 工作原理图

概括起来,CCD 成像过程可以分四个步骤:

当有光照时:

(1)把入射光变为与之成正比的电荷包(光敏元件);

(2)把电荷包存储在 MOS 电容器里(即势阱)。

当光照后:

(1)在金属极(M)和硅衬底之间外接一个电压时,CCD 把积累的电荷包按照规定的顺序沿着 MOS 电容器传给输出扩散极(即把 CCD 看作模拟移位寄存器);

(2)在输出扩散极,每个电荷包就变为与之成比例的电压信号,经附加采样与放大,就给出低阻抗的视频输出信号。

人们可以把 CCD 看作是一个“黑匣子”,把光学像(入射光的空间分布)转换为按时间序列分布的电压信号。比如,对 N 道阵列 CCD 的三相驱动,如图 5-15 所示。

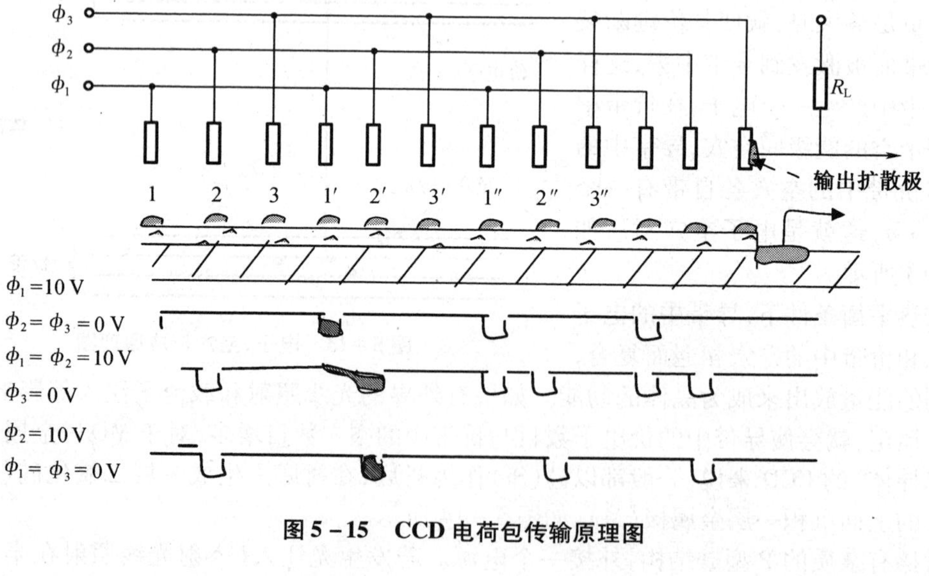

图 5-15　CCD 电荷包传输原理图

开始时,某一组电极(与 ϕ_1 相连的各极),加一个外接电压 10 V,其他各极(与 ϕ_2,ϕ_3 相连的各极)电压为 0 V。由于注入光子的作用,在电极 1′下面的势阱里产生电子-空穴对,形成电荷包,而这个电荷包的电子数与星像的光照强度成比例。如果加在金属极(M)和硅衬底之间的电压发生变化(即读寄存器的时钟驱动电压发生变化),如在 ϕ_2 相的各极上加上 10 V 电压,ϕ_1 相各极电压由 10 V 变为 0 V 的过程,在 ϕ_3 相上各极的电压为 0 V,则驱动 1′下面的电荷包好像倾倒水一样流入 2′相下面的势阱里;同样,若在 ϕ_3 相上各极加一个 10 V 电压,而在 ϕ_1,ϕ_2 相各极上加 0 V 电压,则电荷包又被传输到 3′相下面各极。因此,ϕ_1,ϕ_2,ϕ_3 交替加 10 V 电压,则电荷包就被传送到输出扩散极上,这样就可以通过负载电阻 R_L 输出星像脉冲电压信号了。帧传输面阵 CCD 的集成电路如图 5-16 所示。

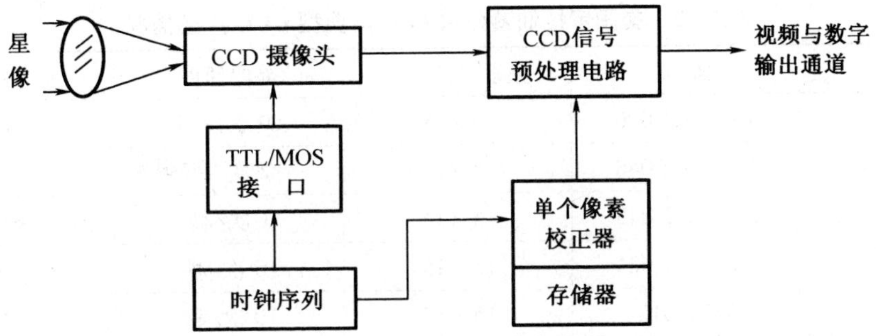

图 5-16 帧传输面阵 CCD 的集成电路组成框图

星像光照从物镜透过后成像在 CCD 靶面上,通过三相电压驱动,受到光照的电荷包依次被传递到输出扩散极上,从输出负载电阻 R_L 输出星体脉冲信号,经过 CCD 预处理电路,将视频或者数字信号由输出通道输出。其中,时钟序列同步控制 CCD 面阵驱动与单个像素校正器进行 γ 校正,并把星体信号放在存储器里,从而完成星像采样过程。根据不同电视制式 PAL,CCIR 等,摄像机输出的信号形式是不一样的。

按照法国汤姆森公司(THOMSON COMPOSATS)对 CCD 评定标准,判断一个 CCD 成像器件好坏,应考虑以下条件:

(1)灵敏度(指收集到的光子电荷数/入射到像素面上的光子数);

(2)光谱响应;

(3)电荷转移效率;

(4)饱和电压;

(5)线性度;

(6)噪声(光子噪声和电路的随机噪声等);

(7)动态范围;

(8)分辨率;

(9)最大输出速率;

(10)抗晕和抗灼伤;

(11)滞后等。

CCD 成像传感器的分类方法是:

(1)按阵列结构分为线阵和面阵两种;

(2)按光谱分为 X 射线 CCD(<0.4 μm)、可见光 CCD(0.35~0.9 μm)和红外线 CCD(1.1~1.4 μm);

(3)按光学敏感度分为昼光 CCD 和微光 CCD 两种;

(4)按照射光的方向分有前面照射和背面照射两种；

(5)按冷却方式分有不制冷、热电制冷和液氮制冷三种；

(6)按光敏传送方式分有带帧存储器的 CCD 和不带帧存储器的 CCD 两种；

(7)为了降低暗电流多采用掩埋沟道技术，为了提高光照灵敏度采用 MPP 技术。

下面列举美国罗拉仙童公司 1991 年的 CCD 数据手册《LORAL FAIRCHILD 1991 CCD DATABOOK》。

表 5-2　美国罗拉仙童公司 1991 年典型 CCD 产品情况

应用	阵列	像素尺寸/μm	摄像速度	噪声
天文观测	4 096×4 096	15×15	<0.5 次/秒	<10 电子
光谱仪	2 048×2 048	7.5×7.5	2 次/秒	<10 电子
	2 048×2 048	15×15	1 次/秒	<6 电子
	1 024×1 024	15×15	10 次/秒	<10 电子
	512×512	15×15	10 次/秒	<6 电子
胃镜摄像	321×256	7.5×7.5	6 次/秒	<100 电子
	192×165	8×10	25 次/秒	<100 电子
X 射线摄像	2 048×2 048	15×15	1 次/秒	<6 电子
大地天文	4 096×4 096	15×15	1 次/秒	<电子
	2 048×2 048	7.5×7.5	2 次/秒	<10 电子
	2 048×2 048	15×15	1 次/秒	<6 电子
	1 024×1 024	15×15	10 次/秒	<10 电子
宇宙天文	1 024×1 024	15×15	10 次/秒	<10 电子
	800×800	15×15	10 次/秒	<6 电子
卫星	345×1	7×7	50MC	<30 电子
	2 048×1	13×13	2.5MC	<30 电子
传真复印	15 232×64	11×11	6 000 行/秒	<100 电子

法国汤姆森公司 1988 年发布的 CCD 数据手册《CCD DATA BOOK》，也列举了他们公司生产的线阵和面阵 CCD 产品。

第四节　船用星体跟踪器的星体检测和坐标转换

船用星体跟踪器都装在甲板坐标系内，望远镜垂直地装在水平轴上，水平轴和垂直轴呈十字形安装，垂直轴通过方位轴座垂直地装在甲板坐标系的甲板平面上，并可以绕垂直轴在 360°范围内回转，它的方位零位是按照甲板坐标的舰艏方向标定的，并且规定绕垂直轴（方位轴）顺时针转时方位取值为正；望远镜垂直地安装在水平轴中央，望远镜光轴和甲板坐标系的甲板基准平面平行或者重合时，规定甲板高度为零，望远镜光轴向上仰时规定甲板高度取值为正。测量星体的甲板高度角和甲板方位角都是自动进行的。如果采用光学对中原理进行星体检测，则需要把星像拉到视场的十字分划中心予以测量，这时星体的甲板高度角和甲板方位角由高度轴测角元件与方位轴测角元件给出，对星像在观测视场中的坐标就不需要进行修正；否则，不采用十字线对中原理测星，则当星像进入观测视场时，通过星体检测系统对星体进行自动检测（即无须把星像拉入视场中心就进行测星和采样），这时测定星体的甲板高度角与甲板方位角除了要由高度轴测角元件与方位轴测角元件提供外，还要加上星像在观测视场中的偏移量，以减小测量方法误差。但这种检测偏移量的方法需要进行视场坐标系向甲板坐标系坐标转换，这对于视频大面阵 CCD 成像传感器检测星像来说，是极为重要的。

一、星体的检测

由于面阵 CCD 视频成像传感器具有其他成像器件无可比拟的优点，如固态小尺寸、高灵敏度、高分辨率、抗饱和与灼伤、宽的动态范围和温度范围、低电压操作等，它已成为天文观测、导弹制导、航空摄像、医疗诊治、机械人视觉与工业控制等必不可少的组成部分，所以我们这里主要介绍用大面阵 CCD 检测星体的情况。

CCD 在船用星体跟踪器中的主要用途是把入射的星光与天空背景光变为相应的电信号（该信号和入射的光强成正比），当采用星脉冲幅度检测法时，只有当星像脉冲幅度大于设定的门限值时，才被证实是星体信号，才通过处理线路给出星像在视场中的位置坐标。由于在读出星像信号期间，星光依然照在 CCD 靶面上，就给正在传递的电荷包带来虚假干扰，会产生成像模糊，减小星脉冲幅度。根据 CCD 势阱残余信号计算公式：

$$\Delta q = \frac{nm}{Tf_0} \tag{5-24}$$

式中　n——受星体成像光点照射的 CCD 像素数；

m——在积分周期 T 以后给出的信号饱和次数；

T——面阵 CCD 的光电积分周期；

f_0——读出时钟频率。

可以看出，为了减少成像模糊，提高星脉冲幅度，应使受星体成像光点照射的像素数减少（即选择优质的光学系统），并增加光电积分时间 T（减少时钟驱动频率，降低扫描帧数）。

船用星体跟踪器对星体的瞄准主要有三种方式：

（1）目视瞄准　人们用眼睛瞄准时，如发现星像不在观测视场十字线中心时，就同时转动高度手动修正手轮和方位手动修正手轮，改变计算机的控制量和伺服跟踪系统的驱动量，把星体跟踪器的光学瞄准线拉到对准星体方向，即星像位于观测视场十字线中心，及时测量，见图 5-17（a）。

（2）点阵式光电瞄准　采用光电倍增管作为星体敏感元件时，视场很小，是一个圆孔或者狭缝，由此通过的星光刚好落在光电倍增管的阴极上。为了使星像过圆孔或狭缝，应使星体跟踪器的光学瞄准线按照预先编排好的搜索图案进行扫描，见图 5-17（b）。这种瞄准方法能适当地减少天空背景光的干扰。

（3）面阵式光电瞄准　这里大都采用面阵 CCD，而且观测视场较大，一旦星体落入视场，就由面阵 CCD 给出星像的高度偏离量 Δh 和方位偏离量 ΔA，见图 5-17（c）。

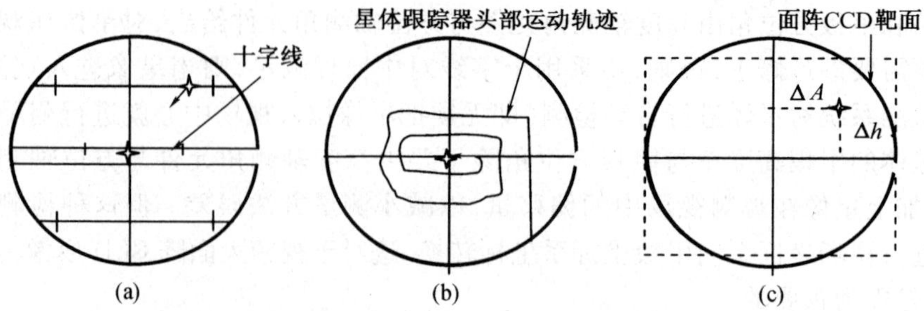

图 5－17　星体跟踪器的三种瞄准方式

(a)十字线对中瞄准;(b)点阵式瞄准;(c)面阵式瞄准

船用星体跟踪器光学望远镜把星体入射星光聚焦在 CCD 靶面上,形成圆形点状的光斑。但是,由于受到望远镜小孔衍射的影响,星像中的光子能量分布遵循一阶贝塞尔函数规律。在 CCD 饱和之前,输出的星像脉冲幅度与其入射的光能成正比。则星像中的光能分布函数为

$$E_S(a)=\left[\frac{J_1(Z_1)}{Z_1}-\varepsilon^2\frac{2J_2(Z_2)}{Z_2}\right]^2 \tag{5-25}$$

式中　Z_1——主反射镜变量,$Z_1=\frac{2\pi}{\lambda}\times\frac{D_1}{2}\times\alpha$;

Z_2——次反射镜变量,$Z_2=\frac{2\pi}{\lambda}\times\frac{D_2}{2}\times\alpha$;

D_1,D_2——主反射镜和次反射镜的直径;

α——星像中的某一点对星像中心的张角;

λ——入射星光的波长;

$\varepsilon=\frac{D_2}{D_1}$——遮拦比;

$J_1(Z_1),J_2(Z_2)$——一阶贝赛尔函数。

天空背景亮度属于杂散光照射,它在 CCD 靶面上的分布是均匀的,其能量分布函数 $E_T(\alpha)$ 近似一条直线,见图 5－18。

星像中的爱里斑直径为 $d_1\approx d_{星}$。因此,只有当 $E_S(\alpha)\geqslant E_T(\alpha)$ 时,在 CCD 输出端才有星体脉冲信号输出。星像和天空背景的光学对比度定义为

$$D_{比}=\frac{E_S(\alpha)}{E_T(\alpha)} \tag{5-26}$$

显然,使 $D_{比}>1$ 是检测星体的必要条件。

一般,CCD 摄像都采用视频输出,对星像脉冲采用幅度法识别,即按照星脉冲中心(对应星像中心)所在一场中的行数 N 和在某一行中距行起点的距离 t 进行检测,如图5－19所示。其中,在一场中,$N_{前}$ 是对应星脉冲前沿的记录行数,$N_{后}$ 是对应星脉冲后沿的记录行数,则星像中心所占行数为

$$N=\frac{1}{2}(N_{前}+N_{后}) \tag{5-27}$$

星像中心在光学视场中沿高度轴的偏离量为

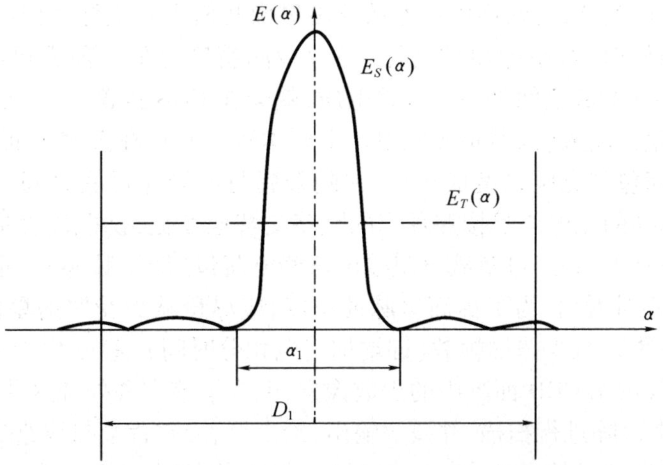

图 5－18　星像和天空背景能量分布图

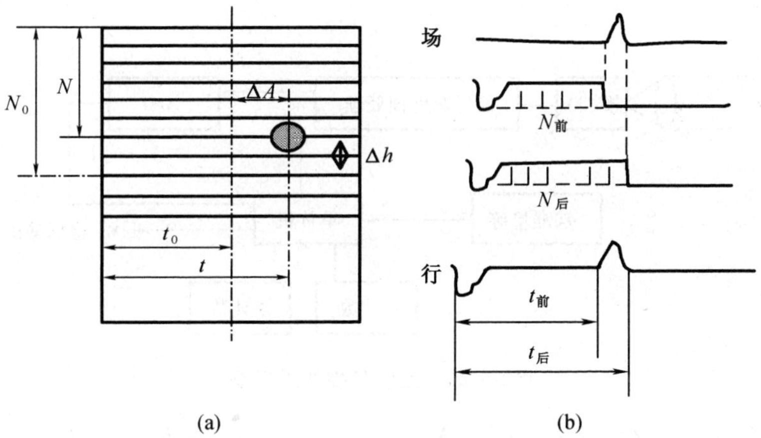

图 5－19　CCD 对星像检测原理的示意图

(a) CCD 靶面上的星像；(b) 星脉冲位置检测示意图

$$\Delta h = \frac{1}{2}(N_0 - N) \times \omega_0 \tag{5-28}$$

式中　N_0——光学瞄准线处于高度零位时所占的行数，由安装时标定给出；

ω_0——天文望远镜的视场角。

星像中心距行起点的距离为

$$t = \frac{1}{2}(t_{前} + t_{后}) \tag{5-29}$$

星像中心在光学视场中沿方位轴的偏离量为

$$\Delta A = \frac{1}{2}(t_0 - t) \times \omega_0 \tag{5-30}$$

式中　t_0——光学瞄准线处于方位零位时距行起点的距离，由安装时标定给出。

再一个是星像几何形状中心检测法。采用专门的光学设计技术，故意把星像弄模糊，使星像边缘光能梯度变陡，用切边内插办法给出星像几何中心坐标。但是这种办法在 CCD 电荷传输效率不很好时，会引起星像拖尾，导致检测精度降低。前面已经介绍过，如果在 CCD 的金属与半导体衬底之间加一个外接电压，就会在 CCD 内部产生电场，引起各层能带发生变化；假如发生光注入（入射星光照射在半导体衬底上），在金属下面形成势阱，收集电荷包，而且这个电荷包与光照强度成正比，并随金属与半导体衬底之间外接电压的变化而变化。由于时钟驱动的相电压是按照预定的顺序交替地变化，就把代表星像的电荷包顺序地输送到输出扩散极上，并经过负载电阻输出这些电荷包（即星脉冲）。根据势阱残余信号计算公式（5－24）不难看出，为了提高星脉冲幅度，应尽量减少受照射星像的像素数（这需要选择优质光学系统），减少扫描帧数（即增加光电积分时间），避免 CCD 饱和。

实际上，星像仅占用 CCD 面阵中的少数像素，但为了鉴别和处理这些像素上的星像，不得不对 CCD 的整个面阵进行扫描，并按照输出，给出星、天空背景与线路噪声已经混在一起的信号。星信号提取的目的有两个：一是把星从背景噪声（包括线路噪声）中分离出来；二是保证提取的星信号之外信息所占用的时间最少。在数字读出的情况下，可以根据信息的灰度等级、位置和相对尺寸变化，采用逐行扫描、隔行扫描或者围绕星像位置的子阵列扫描，见图 5－20。

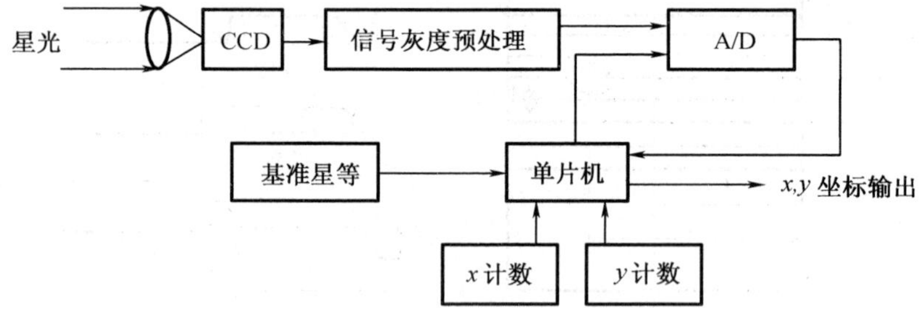

图 5－20 星信号提取原理图

在速率一定的情况下，把 CCD 面阵的每个像素的信号先预处理和灰度（8 bit）等级编码，靠帧存储办法整个送入单片机，做灰度临界辨别（用于证明拾取信号是视场中最亮的目标），再和基准星等比较，证实该星是所选择的星体后，则按 x，y 计数给出星像的位置坐标。

在子阵列扫描的情况下，单片机只对子阵列内的星像像素进行判断和内插处理，同时给出观测视场内星像中心的位置坐标：

$$x = x_{i+\frac{N}{2}} + K_x \times \left| \frac{x_{i+N} - x_i}{\sum\limits_{j=1}^{N} x_{i+j}} \right| - x_0 \tag{5－31}$$

$$y = y_{i+\frac{N}{2}} + K_y \times \left| \frac{y_{i+N} - y_i}{\sum\limits_{j=1}^{N} y_{i+j}} \right| - y_0 \tag{5－32}$$

式中 x_0，y_0——视场坐标系中星体检测系统标定的零位；

x_i，y_i——视场中第 i 像素坐标；

$x_{i+\frac{N}{2}}$，$y_{i+\frac{N}{2}}$——视场中子阵列 $N \times N$ 的中心坐标；

x_{i+j}, y_{i+j}——视场中子阵列第$(i+j)$像素坐标；

K_x, K_y——内插因子。

该内插公式只在数字扫描时使用，当子阵列像素的灰度等级高过星等基准时，就存储相应的像素坐标，并且按照上式计算星像中心坐标。其中，$N=1\sim8$。而K_x, K_y用于修正星像拖尾和像崎变。为了提高检测精度，有时人为地将星像散焦，使其像做线性扩展。星体跟踪器造成内插非线性的主要原因是光学系统像差（慧差和像散）与CCD拖尾。慧差引起轴偏，像散和拖尾改变切向和径向的扩展像尺寸，使内插产生非线性。在大观测视场下，CCD面积较大，搜索时可以按照上述办法进行搜索，对于星体检测可以分别用子阵列方法进行，公式不变。

二、星像的视场坐标与甲板坐标转换

下面介绍一下在甲板坐标系内用视频大面阵CCD成像传感器进行视场检测星像时的角度修正问题。假设船用星体跟踪器望远镜对十字支架成水平安装，支架的水平轴是望远镜俯仰轴y轴（绕右舷方向旋转为正），支架的垂直轴是望远镜的方位轴z轴（绕垂直向上旋转为正），望远镜光轴成水平状态时为x轴（代表高度零位）。

先是望远镜光轴x和甲板坐标系的x_0轴（舰艏）重合，方位轴z和甲板坐标系的z_0轴（甲板主桅轴）重合，望远镜的俯仰轴y和舰船的纵摇轴y_0轴重合，而且三个轴按右手螺旋定则布置，如图5-21(a)所示。

船用星体跟踪器在O_0状态时，x_0和x轴重合，z_0和z轴重合或平行，y_0和y轴重合或平行。此时做的第一步是把O_0-xyz坐标系绕z轴逆时针转星体方位角A，得到$O_1-x_1y_1z_1$坐标系，在$O-xy$平面内，如图5-22(a)所示，有

$$\begin{cases} x_1 = x\cos A + y\sin A \\ y_1 = -x\sin A + y\cos A \\ z_1 = z \end{cases}$$

再将$O_1-x_1y_1z_1$坐标系绕y_1轴向上转过星体高度角h，得到$O_3-x_2y_2z_2$坐标系，如图5-22(b)所示，在$O_1-x_1z_1$平面内，有

$$\begin{cases} x_2 = x_1\cosh + z_1\sinh = x\cos A\cosh + y\sin A\cosh + z\sinh \\ y_2 = y_1 = -x\sin A + y\cos A \\ z_2 = -x_1\sinh + z_1\cosh = -x\cos A\sinh - y\sin A\sinh + z\cosh \end{cases} \tag{5-33}$$

此时x_2轴（即望远镜光轴）指向星体方向，方程(5-33)称为瞄准线方程，如果采用视场十字线对中瞄准，则采用方程(5-33)就够了。但现在是采用大面阵大视场测星，无须把星像拉入视场十字线中心就能采样。习惯上，船用星体跟踪器望远镜视场坐标系是把光轴当作z轴（Oz_3）；把y轴（Oy_3）当作观测视场中星像的高度，星像沿Oy_3轴的变量是高度偏离量δh；把x轴（Ox_3）当作观测视场中星像的方位，星像沿Ox_3轴的变量是方位偏离量δA。因此需要把$O_3-x_2y_2z_2$坐标系变换为$O_3-x_3y_3z_3$坐标系，即进行坐标轴命名更正，由图5-21(a)所示，就是把O_3-x_2命名为z_3，把O_3-z_2命名为y_3，把O_3-y_2命名为x_3。即

$$\begin{cases} x_3 = y_2 = -x\sin A + y\cos A \\ y_3 = z_2 = -x\cos A\sinh - y\sin A\sinh + z\cosh \\ z_3 = x_2 = x\cos A\cosh + y\sin A\cosh + z\sinh \end{cases} \tag{5-34}$$

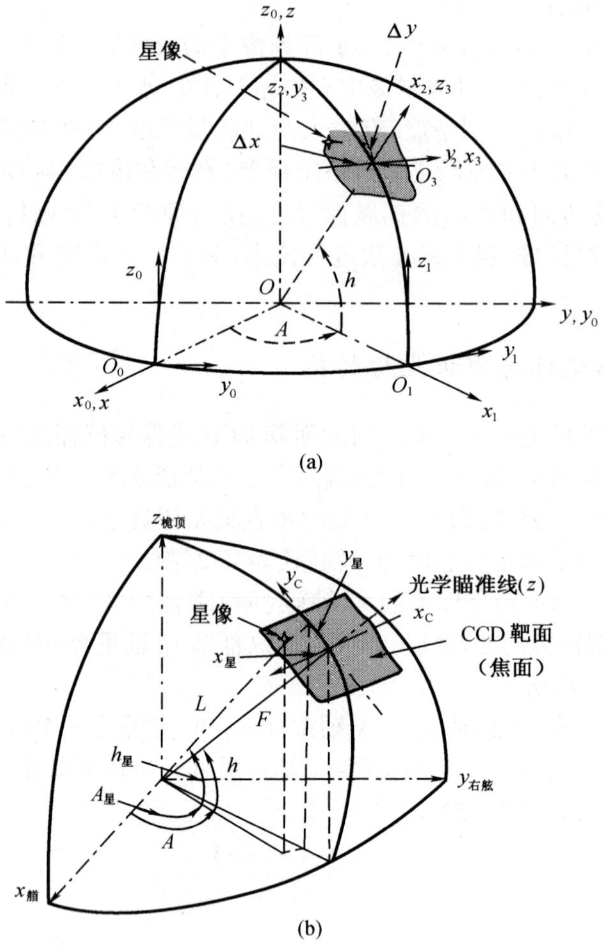

图 5－21　星体坐标从甲板坐标系向星体跟踪器视场坐标系的转换

(a)坐标从甲板坐标系向望远镜视场坐标系转换步骤示意图；

(b)视场中的星体坐标转换为甲板坐标示意图

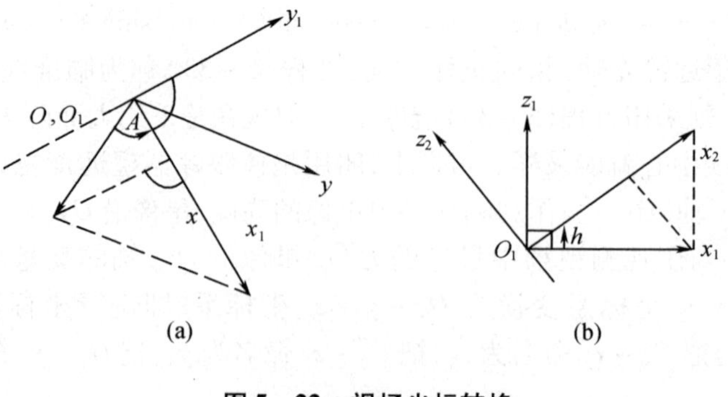

图 5－22　视场坐标转换

由图 5－21(b)可知,星像在视场坐标系中的线位移为 $\Delta x,\Delta y,\Delta z$。但在船用星体跟踪器望远镜视场里,成像传感器(如 CCD)给出的星像偏离量是代表角度量,它是以望远镜焦距 f 基准的。因此

$$\begin{cases}\delta h=\delta y=\dfrac{\Delta y}{\sqrt{f^2+(\Delta x)^2+(\Delta y)^2}}\\ \delta A=-\delta x=\dfrac{-\Delta x}{\sqrt{f^2+(\Delta x)^2+(\Delta y)^2}}\\ \delta z=\dfrac{1}{\sqrt{1+(\dfrac{\Delta x}{f})^2+(\dfrac{\Delta y}{f})^2}}\end{cases}\tag{5-35}$$

这样,把方程(5－35)代入方程(5－34),得到望远镜视场中星体的甲板坐标:

$$\begin{cases}-x\sin A+y\cos A=\dfrac{-\Delta x}{\sqrt{f^2+(\Delta x)^2+(\Delta y)^2}}\\ -x\cos A\sin h-y\sin A\sin h+z\cos h=\dfrac{\Delta y}{\sqrt{f^2+(\Delta x)^2+(\Delta y)^2}}\\ x\cos A\cos h+y\sin A\cos h+z\sin h=\dfrac{f}{\sqrt{f^2+(\Delta x)^2+(\Delta y)^2}}\end{cases}\tag{5-36}$$

今后采用视频技术直观地测量星体是发展方向。如果采用十字线对中方法测星,即用高度手动修正系统和方位手动修正系统把星像拉入视场十字线中心,则 $\Delta x,\Delta y$ 都为零,此时方程(5－36)变为

$$\begin{cases}-x\sin A+y\cos A=0\\ -x\cos A\sin h-y\sin A\sin h+z\cos h=0\\ x\cos A\cos h+y\sin A\cos h+z\sin h=1\end{cases}\tag{5-37}$$

联立求解方程(5－37),得到采用十字线对中测星时的星体甲板坐标。其中,x,y,z 的分母表达式为

$$\begin{aligned}\begin{vmatrix}-\sin A & \cos A & 0\\ -\cos A\sin h & -\sin A\sin h & \cos h\\ \cos A\cos h & \sin A\cos h & \sin h\end{vmatrix}&=\sin^2A\sin^2h+\cos^2A\cos^2h+\cos^2A\sin^2h+\sin^2A\cos^2h\\ &=\sin^2h+\cos^2h\\ &=1\end{aligned}$$

$$x_j=\begin{vmatrix}0 & \cos A & 0\\ 0 & -\sin A\sin h & \cos h\\ 1 & \sin A\cos h & \sin h\end{vmatrix}=\cos A\cos h$$

$$y_j=\begin{vmatrix}-\sin A & 0 & 0\\ -\cos A\sin h & 0 & \cos h\\ \cos A\cos h & 1 & \sin h\end{vmatrix}=-\sin A\cos h$$

$$z_j=\begin{vmatrix}-\sin A & \cos A & 0\\ -\cos A\sin h & -\sin A\sin h & 0\\ \cos A\cos h & \sin A\cos h & 1\end{vmatrix}=\sin^2A\sin h+\cos^2A\sin h=\sin h$$

于是,采用十字线对中测星时的甲板高度为

$$\tan h_j=\frac{z_j}{\sqrt{x_j^2+y_j^2}}=\frac{\sin h}{\sqrt{(\cos A\cos h)^2+(-\sin A\cos h)^2}}=\frac{\sin h}{\cos h}\tag{5-38}$$

甲板方位为

$$\tan A_j=\frac{y_j}{x_j}=\frac{-\sin A\cos h}{\cos A\cos h}=\frac{-\sin A}{\cos A}\tag{5-39}$$

由此可见,如果采用十字线对中测量星体,所得计算结果和预期的一致。

但采用大面阵成像传感器(如CCD)测星时,只要把星体拉入视场就可以给出星像对中心偏离量 Δx 和 Δy,则联立求解方程(5-37)就能求出星体的甲板测量坐标为

$$\begin{aligned}x_j&=\begin{vmatrix}\frac{-\Delta x}{\sqrt{f^2+(\Delta x)^2+(\Delta y)^2}} & \cos A & 0\\ \frac{\Delta y}{\sqrt{f^2+(\Delta x)^2+(\Delta y)^2}} & -\sin A\sin h & \cos h\\ \frac{f}{\sqrt{f^2+(\Delta x)^2+(\Delta y)^2}} & \sin A\cos h & \sin h\end{vmatrix}\\
&=\frac{\Delta x\sin^2 h\sin A}{\sqrt{f^2+(\Delta x)^2+(\Delta y)^2}}+\frac{f\cos A\cos h}{\sqrt{f^2+(\Delta x)^2+(\Delta y)^2}}+\frac{\Delta x\sin A\cos^2 h}{\sqrt{f^2+(\Delta x)^2+(\Delta y)^2}}+\\
&\quad\frac{\Delta y\cos A\sin h}{\sqrt{f^2+(\Delta x)^2+(\Delta y)^2}}\\
&=\frac{\Delta x\sin A+\Delta y\cos A\sin h+f\cos A\cos h}{\sqrt{f^2+(\Delta x)^2+(\Delta y)^2}}\end{aligned}\tag{5-40a}$$

$$\begin{aligned}y_j&=\begin{vmatrix}-\sin A & \frac{-\Delta x}{\sqrt{f^2+(\Delta x)^2+(\Delta y)^2}} & 0\\ -\cos A\sin h & \frac{\Delta y}{\sqrt{f^2+(\Delta x)^2+(\Delta y)^2}} & \cos h\\ \cos A\cos h & \frac{f}{\sqrt{f^2+(\Delta x)^2+(\Delta y)^2}} & \sin h\end{vmatrix}\\
&=\frac{-\Delta y\sin A\sin h-\Delta x\cos^2 h\cos A-\Delta x\cos A-\Delta x\cos A\sin^2 h+f\sin A\cos h}{\sqrt{f^2+(\Delta x)^2+(\Delta y)^2}}\\
&=\frac{-\Delta x\cos A-\Delta y\sin A\sin h+f\sin A\cos h}{\sqrt{f^2+(\Delta x)^2+(\Delta y)^2}}\end{aligned}\tag{5-40b}$$

$$\begin{aligned}z_j&=\begin{vmatrix}-\sin A & \cos A & \frac{-\Delta x}{\sqrt{f^2+(\Delta x)^2+(\Delta y)^2}}\\ -\cos A\sin h & -\sin A\sin h & \frac{\Delta y}{\sqrt{f^2+(\Delta x)^2+(\Delta y)^2}}\\ \cos A\cos h & \sin A\cos h & \frac{f}{\sqrt{f^2+(\Delta x)^2+(\Delta y)^2}}\end{vmatrix}\\
&=\frac{f\sin^2 A\sin h+\Delta y\cos^2 A\cos h+\Delta x\cos A\sin A\sin h\cos h-\Delta x\sin A\cos A\sin h\cos h+f\cos^2 A\cos h}{\sqrt{f^2+(\Delta x)^2+(\Delta y)^2}}+\\
&\quad\frac{\Delta y\sin^2 A\cos h}{\sqrt{f^2+(\Delta x)^2+(\Delta y)^2}}\end{aligned}$$

$$= \frac{\Delta y\cosh + f(\sin^2 A\sinh + \cos^2 A\cosh)}{\sqrt{f^2 + (\Delta x)^2 + (\Delta y)^2}} \tag{5-40c}$$

根据公式(5－40a)、(5－40b)和(5－40c),这里 h 和 A 是按照星体计算给出的指向角(即高度轴角与方位轴角),于是就可以求出用大面阵成像检测系统(如CCD)测定的星体甲板观测高度 h_j 和星体甲板观测方位 A_j:

$$\tan h_j = \frac{z_j}{\sqrt{x_j{}^2 + y_j{}^2}} \tag{5-41}$$

$$\tan A_j = \frac{y_j}{x_j} \tag{5-42}$$

但是根据规定,正号的甲板方位角是绕 z 轴顺时针计算的。

三、大面阵CCD观测与观测星等

夜间或者航天飞机进入天空后,天空呈现一片黑暗,天空背景在CCD靶面上的照度很小,和线路噪声相似,因此,星体在CCD靶面上的照度为

$$L_S = E_0 \times (2.512)^{-m_v} \times \frac{D^2\eta}{d_S^2} \times \beta \tag{5-43}$$

式中 E_0——在地面上零等星的照度,$E_0 = 2.65 \times 10^{-6}\mathrm{lm/m^2}$;

D——光学系统口径,m;

d_S——星像直径,m;

η——光学系统透光率;

β——天空背景亮度系数;

m_v——星体的目视星等。

如果面阵CCD光电灵敏度是 L_{CCD},则夜间观测星等为

$$m_v = -2.5\lg\left(\frac{L_S - L_{CCD}}{\beta} \times \frac{d_S^2}{\eta E_0 D^2}\right) \tag{5-44}$$

用公式(5－44)可以估算采用大面阵CCD星体跟踪器系统夜间能观测到的星等。

对于大面阵CCD昼夜星体跟踪器,除了按照公式(5－44)估算夜间测星能力外,还要计算它在白天亮背景条件下观测较暗星体的能力和定位定向效果。白天天空背景亮度较亮,星体亮度较小,被淹没在背景噪声中。但是星光是平行光,通过光学系统后被聚焦成一点,其照度正比于$\left(\frac{D}{d_S}\right)^2$。而天空背景光是散射光,属于白噪声类,因此它通过透镜后不被聚焦成像,而构成均匀分布的背景光噪声,产生均匀电平输出,它的估算值为

$$V_{天} = KL_{天} = K \times \frac{\pi}{4}\eta B_{天}\left(\frac{D}{f}\right)^2 \tag{5-45}$$

式中 $V_{天}$——CCD输出的背景噪声电平;

K——CCD光电转换系数;

$B_{天}$——天空背景亮度;

f——焦距;

η——光学系统透光率。

由此可见,减小光学系统的汇聚角或者增大 F/数,能够降低天空背景噪声电平。在不

改变焦距时增大通光口径,背景噪声电平也要上升。从收集星光能力看,应该增大通光口径,减小星像直径,或者采用慢扫描制式,增大光电积分时间,都可以观测到较暗星体。由公式(5-43)可以估算出星信号脉冲幅度

$$V_S = KL_S = KE_0 (2.512)^{-m_v} \times \frac{D^2 \eta}{d_S^2} \tag{5-46}$$

CCD 星敏感器的起始电平为

$$V_{\mathrm{CCD}} = KL_{\mathrm{CCD}} \tag{5-47}$$

为了能在白天观测到星体,应该满足下列不等式:

$$V_S - V_{天} \geqslant V_{\mathrm{CCD}} \tag{5-48}$$

将公式(5-45)、(5-46)、(5-47)代入公式(5-48),可估算在白天天空背景条件下能观测到的星等为

$$m_v = -2.5 \lg \left[\frac{L_{\mathrm{CCD}} + \frac{\pi}{4} \eta B_{天} \left(\frac{D}{f}\right)^2}{E_0 \frac{D^2 \eta}{d_S^2}} \right] = -2.5 \lg(0.8635 \times d_S^2 B_{天} / f^2 E_0) \tag{5-49}$$

船用星体跟踪器夜间测星经过实践证明是毫无问题了,为了发挥星光导航的优越性,扩大它的使用时间,希望在白天也能测星进行定位定向。白天和夜间的主要区别是由太阳光引起的,为了能在白天测星,要么增大光学系统通光口径,增加星脉冲幅度;要么增大 F/数,降低天空背景噪声干扰电平;要么采用特殊的采样方式,既增加星脉冲幅度,又减小背景噪声干扰电平。在保证精度的情况下,提高观测星等能力是昼夜星体跟踪器设计的主要任务。

实际上,在公式(5-49)中,如何取星像直径 d_S 是至关重要的,有时估算测量星等与实际测量星等不太一致,主要原因是 d_S 取大或者取小了,影响计算结果。一般的都取衍射环的第一环直径,这对测量暗星可能有效,但对较亮星体,因为存在 CCD 饱和问题,计算与实际使用可能有些出入,需要反复试验来校正公式系数。

第五节　船用星体跟踪器的光学瞄准线稳定控制

光学瞄准线是指由光学系统十字分划线中心(或星敏感器中心)通过光轴指向物空间一点(星体)的一条射线。

光学瞄准线稳定控制是指在舰船运动(摇摆和航行)的情况下,使船用星体跟踪器系统的光学瞄准线始终对准要测目标(星体)的运动过程。

光学瞄准线稳定跟踪与控制是海上星体跟踪器跟踪系统实现对星体跟踪的基础和重要环节。因为,舰用星体跟踪器是装在舰船上,舰船的摇摆运动、航行运动以及星体的视运动,导致舰载星体跟踪器的光学瞄准线是晃动的、不稳定的;若不加以控制,则无法实现对星体瞄准测量,这就需要通过星体跟踪器的光学瞄准线稳定控制系统与跟踪控制装置来克服舰船和星体的运动给星体跟踪器带来的不确定性,以达到捕获和跟踪星体,精确测量出星体的舷角(航向角)和俯仰角从而进行精确定位定向的目的。

对船用星体跟踪器光学瞄准线稳定控制与跟踪,基本反映在对系统的工作方式及其跟踪头的瞄准性能(如跟踪范围、角速度、角加速度、精度、反应时间等)要求中。

一、光学瞄准线稳定跟踪控制分类

描述星体从第二赤道坐标系、地理坐标系变成地平坐标系向舰船甲板坐标系转换，称为坐标正变换；反之，称为坐标逆变换。坐标正变换是舰船星体跟踪器捕获星体、跟踪星体的理论基础，称为光学瞄准线的第一级稳定；而对星体进行实时跟踪控制和瞄准测量，则为光学瞄准线的第二级稳定。根据测量的星体甲板坐标再向地平坐标系转换，这就是坐标逆变换。按照星体的地平坐标就可以在天文定位原理的基座上求出舰船的真位置与真航向，进而完成星光导航任务。这一过程是星体跟踪器向惯性导航系统以及火控系统实施有效校正和指挥的理论依据。

船用星体跟踪器的光学瞄准线稳定跟踪控制方式主要有稳定平台式和甲板捷联式两类，如图 5－2～图 5－4 所示。由于船用惯性导航系统精度要求高，所以把星体跟踪器直接安装在惯性导航平台上是有困难的，因此图 5－2 的整体式安装是在个别情况下使用的。大多数稳定方式都采用图 5－3 的稳定平台方式或者图 5－4 的捷联方式。

1. 稳定平台方式

稳定平台方式是通过一个机械式平台来实现星体跟踪器的光学瞄准线第一级稳定，然后由船用星体跟踪器系统本身的跟踪控制实现二级稳定。稳定平台方式又可分为陀螺稳定平台方式和复示平台方式两种。

(1)陀螺稳定平台方式

采用此种稳定方式的系统是把船用星体跟踪器装在万向环式陀螺稳定平台上。在陀螺稳定平台的内环平台上装有陀螺仪和加速度计等惯性元件，当舰船摇摆和航行时，陀螺稳定平台跟踪当地铅垂线而使平台保持水平，此时装在万向环式陀螺稳定平台上的星体跟踪器就不会受到舰船摇摆的影响，就像安装在陆地上一样平稳，如图 5－23、图 5－24 所示。

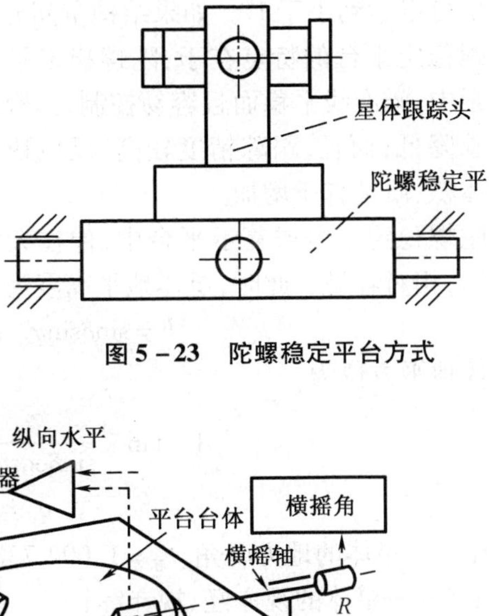

图 5－23　陀螺稳定平台方式

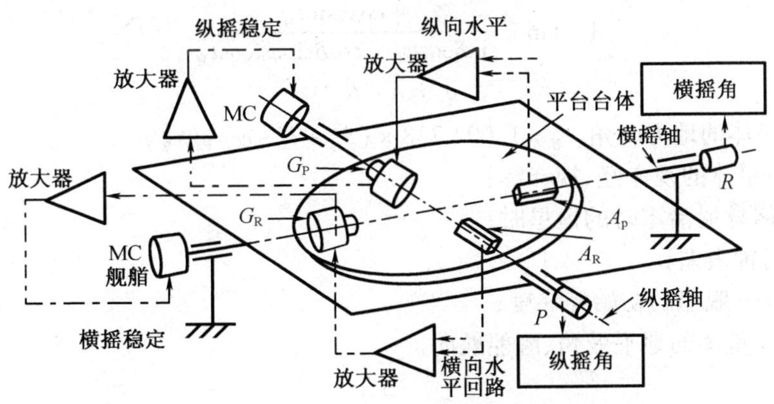

图 5－24　陀螺稳定平台原理图

陀螺稳定平台由常平架、陀螺仪、稳定回路、控制回路、补偿回路和减振装置等组成，如图5－24所示。其中，常平架采用万向环结构，外环轴沿着舰船首尾线方向，视为横摇轴；和外环轴正交的内环即为平台台体，其轴视为纵摇轴。陀螺仪和敏感重力垂线的摆就装在平台台体上。稳定回路由信号检测器、放大器、稳定电机、陀螺仪和常平架组成的闭环系统构成。当舰船运动时，陀螺仪将绕进动轴进动，并输出失调信号，通过稳定回路卸除外力矩，保持平台在惯性空间稳定。控制回路控制横向水平回路和纵向水平回路，每个水平回路都由摆、放大器、力矩器和陀螺仪组成，它们跟踪当地垂线，保持平台水平。补偿回路主要补偿因陀螺漂移、地球自转角速度、舰船速度和加速度等引起的平台水平误差。通常，陀螺仪（G_R，G_P）可采用单自由度陀螺仪或两自由度陀螺仪，陀螺稳定平台可采用双陀螺式或四陀螺式，电机采用力矩电机，内环平台台体可做成承载式。但是，这种陀螺稳定平台的水平精度在好的情况下为2′～5′，远不能满足船用星体跟踪器的定位定向要求，因为船用星体跟踪器对水平精度要求在1′以内。

（2）复示平台方式

船用星体跟踪器有一定质量，从承载能力考虑，现在多采用复示平台结构。当船用星体跟踪系统的瞄准线稳定采用复示平台方式时，其原理与陀螺稳定平台方式相同，所不同的只是在其内环平台上不安装陀螺仪和加速度计等惯性元件，而在内外环轴端上安装力矩电机和测角元件，直接利用惯性导航系统的纵横摇角信息来控制内外环的伺服系统，即复示惯性平台的人工水平基准。复示平台稳定方式同样具有陀螺稳定平台稳定方式的优点，即星体跟踪头工作在地理直角坐标系中，瞄准线平稳，容易控制，见图5－3，这种稳定方式水平精度可以达到小于1′。如果结构空间允许，建议采用这种稳定方式。

陀螺稳定平台的特点在于：陀螺稳定平台能跟踪当地垂线，星体跟踪头工作在地平直角坐标系中，瞄准线平稳而且容易控制；当跟踪星体时，对星体跟踪头伺服系统的速度和加速度要求降低；而且，跟踪精度较高，反应快，能独立工作；但因增加了一套稳定平台装置，系统的体积、质量有所增加。

在陀螺稳定平台或复示平台中，像在大地测量一样，只对星体的地平高度和地平方位进行控制，相对容易。此时，星体地平高度为

$$h=\sin\delta\sin\varphi_0+\cos\delta\cos\varphi_0\cos t_M \tag{5-50}$$

星体地平方位为

$$A=\tan^{-1}\frac{-\cos\delta\sin t_M}{\sin\delta\cos\varphi_0-\cos\delta\sin\varphi_0\cos t_M}$$

$$q_d=A-K \tag{5-51}$$

式中 t_M——星体的地方时角，$t_M=1.002\ 738\times(S_G^0+U+\alpha)\pm\lambda_W^E$；

α,δ——星体的视赤经、视赤纬；

S_G^0——格林尼治零时的恒星时；

U——时钟表差；

λ_W^E,φ_0——舰船的初始经纬度；

q_d,K——星体的地平舷角、舰船航向。

2. 甲板捷联方式

甲板捷联方式，是把星体跟踪头直接装在舰船的甲板基准平面上，通过系统控制计算机和方位与俯仰伺服系统来稳定光学瞄准线，同时完成对星体的跟踪测量，如图5－25所示。

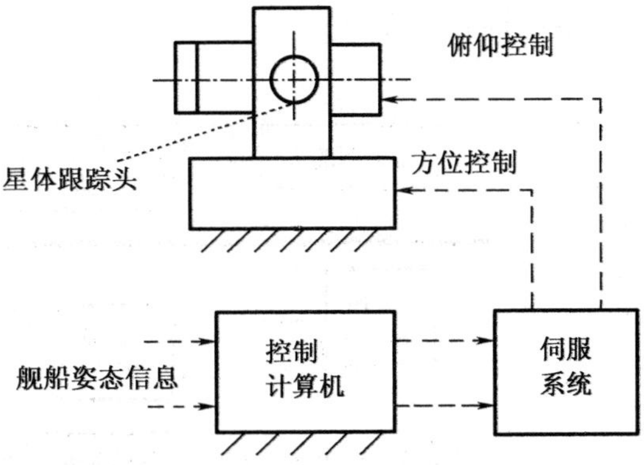

图5－25　甲板捷联式

这里，舰船姿态信息由舰船惯性导航设备或装在星体跟踪头下面的垂直陀螺仪提供。这种方式的主要特点在于：星体跟踪头直接装在舰船甲板上，不需要陀螺稳定平台或复示平台，易于实现系统的小型化。但是系统控制计算机主要完成星体的地平坐标系向甲板坐标系的实时转换（坐标正变换即光学瞄准线的第一级稳定），并控制星体跟踪头的俯仰伺服系统和方位伺服系统对星体进行跟踪控制（即光学瞄准线的第二级稳定）。但由于星体跟踪头直接装在舰船上，其光学瞄准线稳定控制系统要同时克服舰船的摇摆和星体视运动以及信息传输滞后带来的影响，因此，对方位伺服系统和俯仰（高度）伺服系统的跟踪速度、加速度、跟踪精度、延迟时间等动态品质提出了较高的要求。

由公式（5－50）与（5－51）求出星体的地平高度与地平方位后，再进行正坐标变换计算，则星体的甲板高度为

$$h_g = \sin^{-1}(\sin h_d \cos R_m \cos P_m - \cos h_d \cos q_d \sin P_m + \cos h_d \sin q_d \sin R_m \cos P_m) \quad (5-52)$$

星体的甲板方位为

$$q_g = \tan^{-1}\left(\frac{Z_q}{M_q}\right) \quad (5-53)$$

式中　$Z_q = \cos h_d \sin q_d \cos R_m - \sin h_d \sin R_m$；

$M_q = \cos h_d q_d \cos P_m + \cos h_d \sin q_d \sin R_m \sin P_m + \sin h_d \cos R_m \sin P_m$

h_d, q_d——星体的地平高度、地平舷角；

R_m, P_m——舰船的横摇角、纵摇角。

找到了星体的瞬时甲板高度和甲板方位后，就可以控制星体跟踪器的高度伺服系统与方位伺服系统动作，把星体稳定在星体跟踪器的观测视场中，以便瞄准采样。

二、光学瞄准线稳定控制原理

船用星体跟踪器系统的光学瞄准线稳定与跟踪控制主要解决两个问题，即第一级稳定和第二级稳定问题。第一级稳定主要解决由于舰船摇摆运动所带来的光学瞄准线不稳定问题，即用陀螺稳定平台与数字平台稳定问题；第二级稳定主要解决由于星体视运动等所带来的光学瞄准线在视场中的不稳定与测量问题，即平稳跟踪控制问题。陀螺稳定平台方式或复示稳定平台方式是将第一级稳定和第二级稳定截然分开的一种稳定，它首先完成了第一级稳定，即克服舰船的不规则运动问题；第二级稳定则是由舰船星体跟踪器系统来完成的。甲板捷联式则是将第一级稳定和第二级稳定融合在一起都由船用星体跟踪器两套伺服系统跟踪完成的稳定控制。

由图 5－26 可以看出，船用星体跟踪器测星离不开惯性导航的水平基准，星体跟踪头是由计算机控制的方位伺服系统和俯仰伺服系统驱动的，而且高度轴与方位轴上都有精密测角元件给出轴的位置。

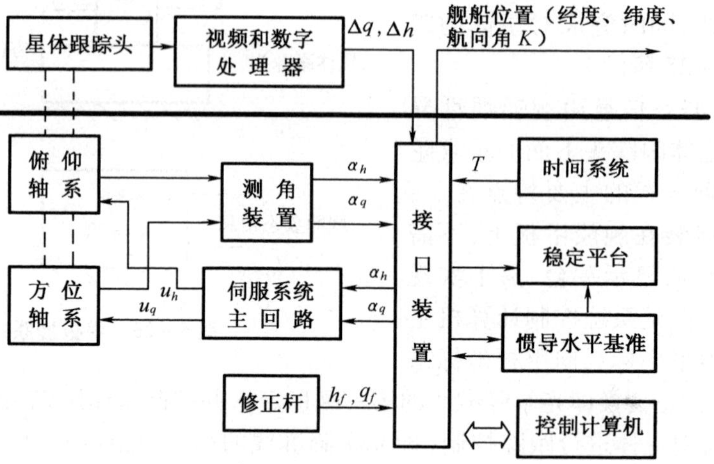

图 5－26　船用星体跟踪器系统控制原理图

为提高星体跟踪器系统的性能，使其向着快速、高精度、智能化方向发展，星体跟踪头的俯仰伺服系统和方位伺服系统都采用数字式随动系统，即把连续系统数字化，用数字计算机控制的系统代替模拟式连续系统，如图 5－27 所示。

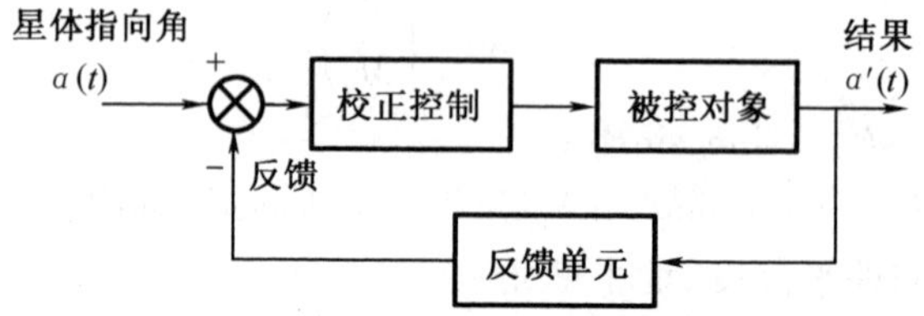

图 5－27　连续式跟踪系统原理图

数字式随动系统（简称 DDC 系统）是目前广泛使用的一种微机控制系统，它通过数字控制器取代模拟调解器，并配合 A/D，D/A 转换器等外围设备，实现对被控对象的控制。系统的给定值（星体指向角）可以通过键盘输入或经过采样开关输入（包括前馈补偿），在反馈通道上设有模拟数字转换器，把连续的转角模拟信号变成数字信号输入计算机，且在采样时刻与给定值进行比较，所得误差信号经微机处理（包括校正计算、滤波与预测）后，再由数模转换器变成模拟信号，经功率放大单元去控制被控对象，达到把星体跟踪头的光学瞄准线指向星体并进行稳定跟踪的目的，如图 5－28 所示。

船用星体跟踪器系统瞄准线第二级稳定主要是解决好数字式随动系统平稳跟踪和最优化问题。因此，需要先从传递函数及其有关问题开始讨论。

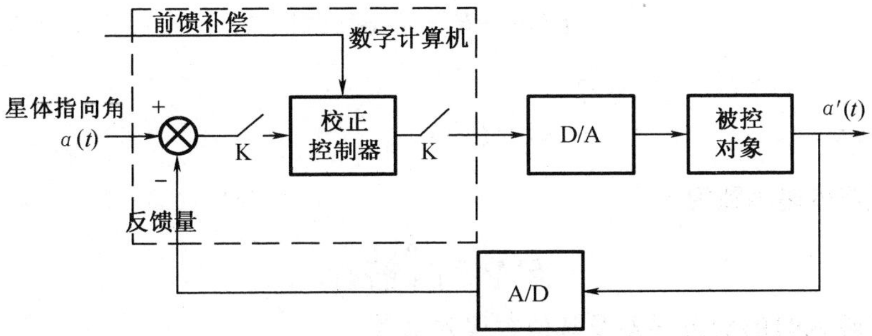

图 5－28　数字式跟踪系统原理图

1. 开环传递函数及其稳态误差

图 5－29 是随动系统控制原理图。当俯仰和方位随动系统都采用 PID 控制时，校正控制器输出为

$$u(t) = k_p \times \left[e(t) + \frac{1}{T_i}\int_0^t e(t)\,\mathrm{d}t + T_d\frac{\mathrm{d}e(t)}{\mathrm{d}t}\right] \tag{5-54}$$

式中　$\frac{1}{T_i}\int_0^t e(t)\,\mathrm{d}t$——积分控制项；

T_i——积分时间常数；

$T_d\frac{\mathrm{d}e(t)}{\mathrm{d}t}$——微分控制项，$T_d$ 称为微分时间常数；

$k_p e(t)$——比例控制项，k_p 称为比例灵敏度。

对式(5－54)两边取拉普拉斯变换，得校正控制器和被控对象的传递函数

$$W_C(s) = \frac{U(s)}{E(s)} = K_P \times \left[1 + \frac{1}{T_i s} + T_d s\right] \tag{5-55}$$

$$W_L(s) = \frac{K_W}{s(T_L s + 1)} \tag{5-56}$$

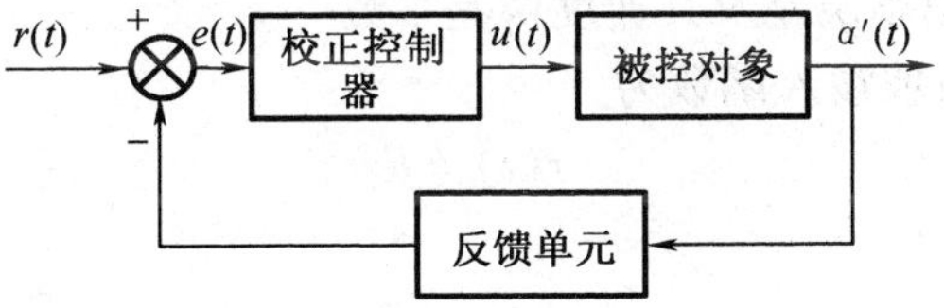

图 5－29　闭环随动系统控制原理图

则开环传递函数(即反馈回路断开时正向回路的传递函数)为

$$W(s) = W_C(s)W_L(s) = \frac{K_P K_W\left(1 + \frac{1}{T_i s} + T_d s\right)}{s(T_L s + 1)} \tag{5-57}$$

式中　K_P——电机的功率放大系数；

T_L——电机的机电时间常数。

由图 5-30 可见，误差传递函数为

$$E(s)=R(s)-\alpha'(s) \tag{5-58}$$

式中

$$a'(s)=R(s)\times\frac{W(s)}{1+W(s)} \tag{5-59}$$

因此，误差传递函数为

$$E(s)=\frac{R(s)}{1+W(s)} \tag{5-60}$$

（1）阶跃输入时的稳态误差及其位置误差系数

如图 5-31 所示，阶跃输入函数为

$$r(t)=R_P(t) \tag{5-61}$$

传递函数是

$$R(s)=\frac{R_P}{s} \tag{5-62}$$

位置误差系数是

$$M_P=\lim_{s\to0}W(s)=\lim_{s\to0}\frac{K_PK_W(1+T_is+T_iT_ds^2)}{T_is^2(T_Ls+1)}\overset{\text{洛必达法则}}{\Longrightarrow}K_PK_WT_d \tag{5-63}$$

稳态误差是

$$e_{sp}=\lim_{s\to0}s\times\frac{1}{1+W(s)}\times\frac{R_P}{s}=\frac{R_P}{1+\lim\limits_{S\to0}W(s)}=\frac{R_P}{1+K_PK_WT_d} \tag{5-64}$$

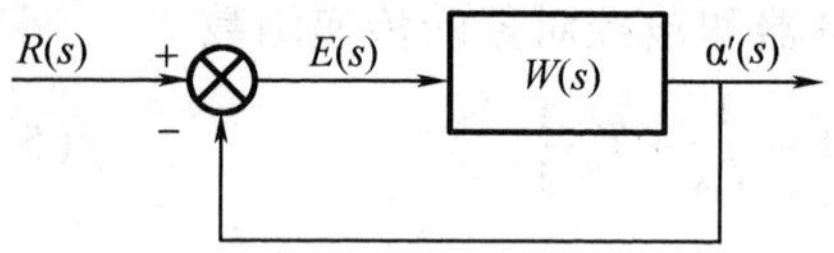

图 5-30 误差传递函数

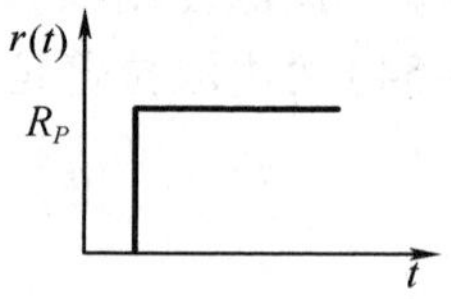

图 5-31 阶跃函数

（2）斜坡输入时的稳态误差及其速度误差系数

如图 5-32 所示，斜坡输入函数为

$$r(t)=R_Vt \tag{5-65}$$

斜坡函数的传递函数是

$$R(s)=\frac{R_V}{s^2} \tag{5-66}$$

速度误差系数是

$$M_V=\lim_{s\to0}s[1+W(s)]=\lim_{s\to0}s\left[1+\frac{K_PK_W(1+T_is+T_iT_ds^2)}{T_is^2(T_Ls+1)}\right]\overset{\text{洛必达法则}}{\Longrightarrow}\frac{K_PK_WT_d}{T_L} \tag{5-67}$$

稳态误差是

$$e_{sv}=\lim_{s\to0}s\times\frac{1}{1+W(s)}\times\frac{R_V}{s^2}=\lim_{s\to0}\frac{R_V}{s[1+W(s)]}$$

$$=\lim_{s\to 0}\frac{T_i s^2(T_L s+1)R_V}{s[T_i s^2(T_L s+1)+K_P K_W(1+T_i s+T_i T_d s^2)]}\xrightarrow{\text{洛必达法则}}\frac{T_L R_V}{1+K_P K_W T_d} \quad (5-68)$$

(3)加速度输入时的稳态误差及其加速度误差系数

如图 5-33 所示，加速度输入函数为

$$r(t)=R_a t^2/2 \quad (5-69)$$

加速度的传递函数是

$$R(s)=\frac{R_a}{s^3} \quad (5-70)$$

加速度误差系数是

$$M_a=\lim_{s\to 0}s^2[1+W(s)]=\lim_{s\to 0}s^2\times\left[1+\frac{K_P K_W(1+T_i s+T_i T_d s^2)}{T_i s^2(T_L s+1)}\right]\xrightarrow{\text{洛必达法则}}\frac{T_L+K_P K_W}{T_L} \quad (5-71)$$

稳态误差是

$$e_{sa}=\lim_{s\to 0}s\times\frac{1}{1+W(s)}\times\frac{R_a}{s^3}=\lim_{s\to 0}\frac{(T_L s+1)R_a T_i}{s(T_L s+1)T_i s+K_P K_W(T_i s+1+T_i T_d s^2)}\xrightarrow{\text{洛必达法则}}\frac{T_L R_a}{K_P K_W} \quad (5-72)$$

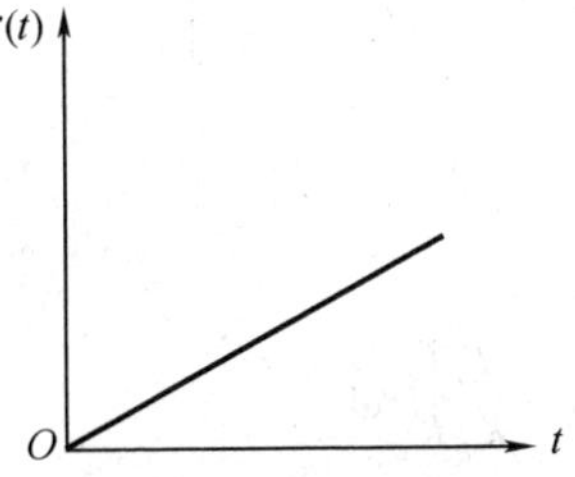

图 5-32 斜坡函数

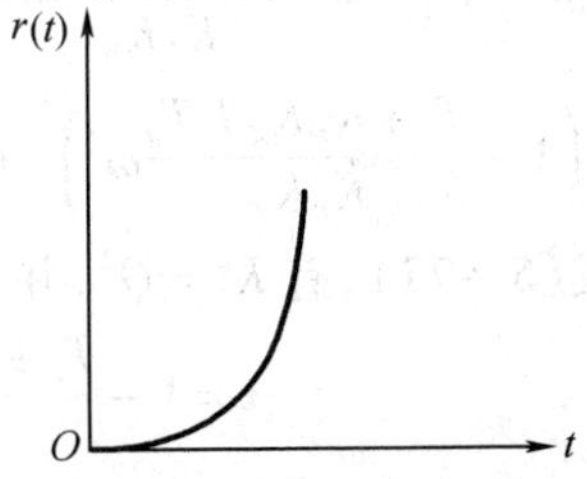

图 5-33 加速度函数

当阶跃输入函数、斜坡输入函数和加速度输入函数同时作用时，系统的稳态误差是

$$e_{ss}=e_{sp}+e_{sv}+e_{sa}=\frac{R_P}{1+K_P K_W T_d}+\frac{R_V T_L}{1+K_P K_W T_d}+\frac{R_a T_L}{K_P K_W} \quad (5-73)$$

由公式(5-73)看出，提高比例环节的放大系数 K_P，增大直流力矩电机的功率放大系数 K_W，增大微分时间常数 T_d 和减小电机（包括负载）的机电时间常数 T_L，都能减小星体跟踪器跟踪控制时的稳态误差，从而使系统输出量很好地跟踪输入量变化，进而达到稳定跟踪的目的。

2. 系统闭环传递函数

如图 5-29 和 5-30 所示，系统闭环传递函数是在反馈回路不断开时系统输出量对输入量变化的函数关系，由开环传递函数公式(5-57)可以导出系统的闭环传递函数

$$\phi(s)=\frac{\alpha'(s)}{R(s)}=\frac{W(s)}{1+W(s)}=\frac{T_i T_d s^2+T_i s+1}{\dfrac{T_i T_L}{K_P K_W}s^3+\dfrac{T_i+K_P K_W T_i T_d}{K_P K_W}s^2+T_i s+1} \quad (5-74)$$

闭环传递函数 $\phi(s)$ 的频率特性为

$$\phi(\mathrm{j}\omega)=\frac{(1-T_i T_d\omega^2)+\mathrm{j}\omega T_i}{\left(1-\dfrac{T_i+K_P K_W T_i T_d}{K_P K_W}\omega^2\right)+\mathrm{j}\omega\left(T_i-\dfrac{T_i T_L}{K_P K_W}\omega^2\right)}=\frac{M}{N} \quad (5-75)$$

式中 $$M=\left[\left(1-\frac{T_i+K_PK_WT_iT_d}{K_PK_W}\omega^2\right)(1-T_iT_d\omega^2)+\left(T_i-\frac{T_iT_L}{K_PK_W}\omega^2\right)T_i\omega^2\right]+\mathrm{j}\omega\left[T_i\left(1-\frac{T_i+K_PK_WT_iT_d}{K_PK_W}\omega^2\right)-\left(T_i-\frac{T_iT_L}{K_PK_W}\omega^2\right)(1-T_iT_d\omega^2)\right]$$

$$N=\left(1-\frac{T_i+K_PK_WT_iT_d}{K_PK_W}\omega^2\right)^2+\omega^2\left(T_i-\frac{T_iT_L}{K_PK_W}\omega^2\right)^2$$

由控制论可知，要使二阶系统的输出获得理想的动态品质，即输出量完全跟踪输入量的变化，应满足下列条件

$$\begin{cases}\text{模 } A(\omega)=1\\ \text{相移 } \phi(\omega)=0\end{cases}\tag{5-76}$$

由公式(5-75)，得到模为

$$A(\omega)=\frac{K}{Q}=1\tag{5-77}$$

式中 $$K=\left\{\left[\left(1-\frac{T_i+K_PK_WT_iT_d}{K_PK_W}\omega^2\right)(1-T_iT_d\omega^2)+\left(T_i-\frac{T_iT_L}{K_PK_W}\omega^2\right)T_i\omega^2\right]^2+\omega^2\left[T_i\left(1-\frac{T_i+K_PK_WT_iT_d}{K_PK_W}\omega^2\right)-\left(T_i-\frac{T_iT_L}{K_PK_W}\omega^2\right)(1-T_iT_d\omega^2)\right]^2\right\}^{\frac{1}{2}}$$

$$Q=\left(1-\frac{T_i+K_PK_WT_iT_d}{K_PK_W}\omega^2\right)^2+\omega^2\left(T_i-\frac{T_iT_L}{K_PK_W}\omega^2\right)^2$$

由公式(5-77)，有 $K^2=Q^2$，并令

$$x=1-\frac{T_i+K_PK_WT_iT_d}{K_PK_W}\omega^2,\quad y=T_i-\frac{T_iT_L}{K_PK_W}\omega^2$$

经简化有

$$\begin{aligned}&[(1-T_iT_d\omega^2)x+T_i\omega^2y]^2+\omega^2[T_ix-(1-T_iT_d\omega^2)y]^2-(x^2+\omega^2y^2)^2\\&=[(1-T_iT_d\omega^2)+T_i\omega^2-x^2]x^2+2[(1-T_iT_d\omega^2)T_i\omega^2-(1-T_iT_d\omega^2)T_i-\omega^2xy]xy+\\&\quad[(T_i\omega^2)^2+\omega^2(1-T_iT_d\omega^2)^2-\omega^4y^2]y^2=0\end{aligned}\tag{5-78}$$

由此可见，要使公式(5-78)成立，只有 $x=y=0$，即 $T_i-\frac{T_iT_L}{K_PK_W}\omega^2=0$，

$$\text{则 } K_PK_W=T_L\omega^2\tag{5-79}$$

$$1-\frac{T_i+K_PK_WT_iT_d}{K_PK_W}\omega^2=0\tag{5-80}$$

将公式(5-79)代入公式(5-80)，得到

$$T_i=\frac{T_L}{1+T_LT_d\omega^2}\tag{5-81}$$

由图 5-30 及公式(5-74)、(5-79)和(5-80)可以求得星体跟踪器系统最佳开环传递函数为

$$W_{\text{开环}}(s)=\frac{\alpha'(s)}{E(s)}=\frac{\alpha'(s)}{R(s)-\alpha'(s)}=\frac{\phi(s)}{1-\phi(s)}=\frac{1+T_is+T_iT_ds^2}{\left(\frac{T_i+K_PK_WT_iT_d}{K_PK_W}-T_iT_d\right)s^2+\frac{T_iT_L}{K_PK_W}s^3}$$

$$=\frac{K_PK_W(1+T_iS+T_iT_ds^2)}{T_is^2(T_Ls+1)}=\frac{K_PK_W\left(1+\frac{1}{T_iS}+T_ds\right)}{s(T_Ls+1)}$$

$$=\frac{T_L\omega^2\left(1+\frac{1+T_LT_d\omega^2}{T_LS}+T_ds^2\right)}{s(T_Ls+1)} \tag{5-82}$$

因此,船用星体跟踪器光学瞄准线第二级稳定的任务实际上就是合理选择与设计俯仰(高度)和方位两套数字伺服系统。

3. 跟踪控制计算

(1)求跟踪误差

对于高度伺服系统和方位伺服系统,要首先求出它们的跟踪误差模式,即高度跟踪误差和方位跟踪误差为

$$\begin{aligned}\Delta h&=\alpha_h-(\alpha_h'-\alpha_{0h}')\\ \Delta q&=\alpha_q-(\alpha_q'-\alpha_{0q}')\end{aligned} \tag{5-83}$$

式中　$\alpha_h,\alpha_h',\alpha_{0h}'$——高度轴角的计算、高度轴角和高度轴角零位的数值;

$\alpha_q,\alpha_q',\alpha_{0q}'$——方位轴角的计算、方位轴角和方位轴角零位的数值。

(2)引入校正计算

根据 PID(比例、积分、微分)控制原理,有

$$W_C(s)=\frac{K(s+b)}{(s+b)(s+c)}\approx K_C\times(1+T_is)-T_ds \tag{5-84}$$

式中,$K_C=\frac{Kb}{ac}$,$T_i=\frac{a^2+bc}{ab(a-c)}$,$T_d=\frac{K(c^2+ab)}{ac(a+c)}$,而且 K_C,T_i,T_d 是可调的。对公式(5-84)进行拉普拉斯逆变换,就可以求得使用的高度伺服系统和方位伺服系统的跟踪控制公式。

(3)实时控制计算

对于高度伺服系统有

$$\Delta h_g^{(n)}=K_h\Delta h^n+(K_h\Delta h^n-K_h\Delta h^{(n-1)})\frac{T_{ih}}{\Delta T_{Lh}}-(h_g^n-h_g^{(n-1)})\frac{T_{dh}}{\Delta T_{Lh}} \tag{5-85}$$

式中　K_h——放大系数;

T_{ih}——积分时间常数;

T_{dh}——微分时间常数;

ΔT_{Lh}——机电时间常数;

$h_g^n,h_g^{(n-1)}$——对应 n 和 $n-1$ 时刻的甲板高度轴角采样值;

$\Delta h^n,\Delta h^{(n-1)}$——对应 n 和 $n-1$ 时刻的甲板高度角误差;

$\Delta h_g^{(n)}$——对应 n 时刻甲板高度角的控制值。

如果 $\Delta h_g^{(n)}\geqslant16'$,则送全“1”;如果 $\Delta h_g^{(n)}<16'$,则送 $\Delta h_g^{(n)}/16'$。

对于方位伺服系统有

$$\Delta q_g^{(n)}=K_q\Delta q^n+(K_q\Delta q^n-K_q\Delta q^{(n-1)})\frac{T_{iq}}{\Delta T_{Lq}}-(q_g^n-q_g^{(n-1)})\frac{T_{dq}}{\Delta T_{Lq}} \tag{5-86}$$

式中　K_q——放大系数;

T_{iq}——积分时间常数;

T_{dq}——微分时间常数;

ΔT_{Lq}——机电时间常数;

$q_g^n,q_g^{(n-1)}$——对应 n 和 $n-1$ 时刻的甲板方位轴角采样值;

$\Delta q^{n},\Delta q^{(n-1)}$——对应 n 和 $n-1$ 时刻的甲板方位角误差；

$\Delta q_g^{(n)}$——对应 n 时刻甲板方位角的控制值。

如果 $\Delta q_g^{(n)} \geqslant 36'$，则送全“1”；如果 $\Delta q_g^{(n)} < 36'$，则送 $\Delta q_g^{(n)}/36'$。

第六节 数字跟踪控制系统的电子电气装置

数字跟踪控制系统的电子电器装置主要包括测角元件、执行元件、电子装置和功放装置。

一、测角元件

用于船用星体跟踪器的测角元件主要功能是实时测出船用星体跟踪器高度轴和方位轴的轴角位置，并且进行实时的 A/D 变换输入给计算机。测角元件决定望远镜光轴对其零位的轴转角，并产生 A/D 转换装置可以接收的有用信号，即连续信息（模拟量）和离散信息（数字量）。模拟量不仅按照时间是连续的，而且按照电平（可以取任意多的数值）也是连续的。数字量是不但按照时间（在一定的固定时间出现），而且按照电平（规定的数字）表示，都是有限的信号量。将模拟量转换成数字量大多采用按时间和电平的量化处理方案。转换装置的分辨率与输出的二进制数码的位数成反比，即

$$\Delta\alpha_K = \frac{\alpha_{\max}}{2^n} \tag{5-87}$$

变换后，得到量化电平的有限数或者输出编码的有限位数

$$N = \frac{\alpha_{\max}}{\Delta\alpha_K} \tag{5-88}$$

在选取转换装置的输出位数时，应使角度传感器的分辨率远小于星体跟踪器的总误差，一般来说，传感器分辨率要比跟踪器总误差小 2 ~ 3 倍。因此，转换装置的位数确定为

$$n = \log_2 N \tag{5-89}$$

或者

$$n = \log_2\left(\frac{\alpha_{\max}}{\Delta\alpha_K} + 1\right) \tag{5-90}$$

输入模拟量的最大变化速度应不大于

$$\left(\frac{\mathrm{d}\alpha}{\mathrm{d}t}\right)_{\max} = \frac{\alpha_{\max}}{2^n \times t_p} \tag{5-91}$$

式中，t_p 为转换装置循环编码最大量化时间。

测角元件主要有如下几种：

1. 多极旋转变压器

它安装在高度（俯仰）轴系和方位轴系上，是轴角的测量元件，输出的是模拟量。这种多极旋转变压器相当于一个小交流电机式变压器，由转子和定子组成，如图 5 - 34 所示，转子为原边，接 400 Hz 激磁电压，正余弦激磁电压信号从转子引入。定子为副边，接相互垂直的正余弦绕组，而粗道正弦绕组两根电压信号线、粗道余弦绕组两根电压信号线、精道正弦绕组两根电压信号线和精道余弦绕组两根电压信号线（共 8 根信号线）从定子绕组上输出，并传给 A/D 编码线路。当转子的激磁绕组磁轴与定子的正弦绕组磁轴垂直时，正弦绕组输

出电压为零,称为零位;而余弦绕组与激磁绕组磁轴平行,因而输出电压最大。若转子和定子相对转动 α 角,则定子正余弦绕组产生的正余弦交流电压分别为

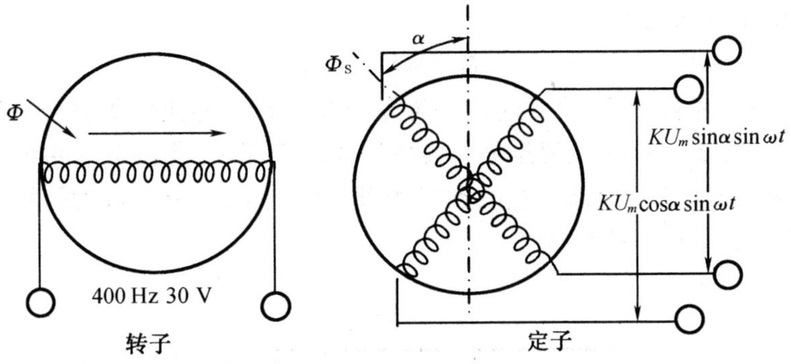

图 5-34 旋转变压器的工作原理示意图

$$\begin{cases} U_S = KU_j\sin\alpha\sin\omega t \\ U_C = KU_j\cos\alpha\sin\omega t \end{cases} \tag{5-92}$$

式中 ω——激磁电压的角频率;

U_S——正弦输出电压;

U_C——余弦输出电压;

U_j——激磁电压的最大值;

α——机械轴转角;

K——变比系数。

对于单极旋转变压器($n=1$),输出信号通过旋转变压器模/数转换器 RDC1702 后,经过运算,可得到轴的机械转角 α_C。但这样求出的机械转角精度很低,为提高轴角测量精度,一般选用多极旋转变压器($n>1$)作为轴角测量传感器。对 n 对极精通道同样也有正余弦输出,输出信号通过旋转变压器模/数转换器 RDC1702 和 RDC1704 后,可分别求出 α_C,α_j,并进行粗精组合纠错,得到机械轴转角的数字量,通过光电隔离线路输出给计算机。多极旋转变压器(1∶n)相当于粗的转过一圈,精的转过 n 圈,粗的机械轴转角和电气转角均为 360 °,但精的机械轴转角为 360 °时,电气转角则为 $n\times360$ °。若电气误差相同,则经粗、精组合纠错后,实际机械轴转角误差为电气误差的 n 分之一。

RDC1702 和 RDC1704 仅能完成相应粗、精通道的模/数转换,尚不能进行组合纠错给出全角量数字码。得到全角量数字码有下述两种处理方法:

一种是把通过 RDC1702 和 RDC1704 的粗、精通道的模/数转换量直接送给计算机,由计算机完成组合纠错给出全角数字量。通常是以精测角为准,对粗测角进行纠错,如对 30 对极旋转变压器,有

$$\alpha_{粗} \div 12° = M_{整}\cdots\cdots m_{余} \tag{5-93}$$

式中,$M_{整}$ 是整数,$m_{余}$ 是余数。

如果 $m_{余}\times30$ 在第四象限,而 $\alpha_{精}$ 已进入第一象限,则表示粗测 $M_{整}$ 少计了一个“1”,应把 $M_{整}$ 加上“1”,即

$$\alpha_{总} = (M_{整}+1)\times12° + \alpha_{粗}\div30 \tag{5-94}$$

如果 $m_{余}\times 30$ 在第一象限，而 $\alpha_{精}$ 已进入第四象限，则表示粗测 $M_{整}$ 多计了一个“1”，应把 $M_{整}$ 减去一个“1”，即

$$\alpha_{总}=(M_{整}-1)\times 12°+\alpha_{粗}\div 30 \quad (5-95)$$

其他情况，则不纠错，为

$$\alpha_{总}=(M_{整})\times 12°+\alpha_{粗}\div 30 \quad (5-96)$$

另一种是加入双速处理器，由双速处理器完成组合纠错得到全角量数字码再送给计算机。目前多用这种方法。双速处理器是一种数字处理器模块，能将双速系统中分别代表粗轴位置的数字角度量和代表精轴位置的数字角度量组合成一个高精度的代表整个机械轴位置的数字全角量，如图 5－35 所示。

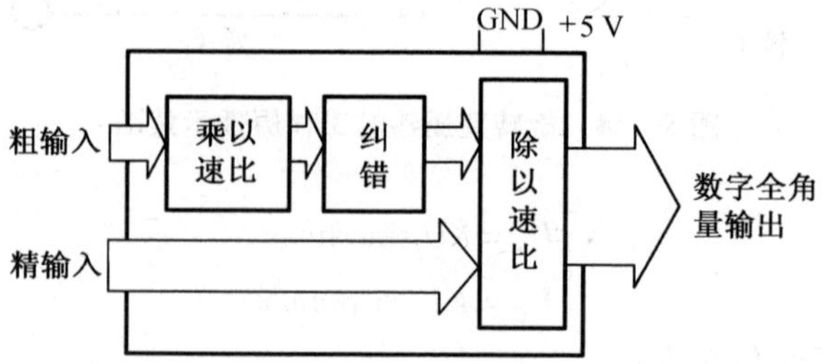

图 5－35　双速处理器的原理框图

由于制造工艺误差、横轴电枢反应的欠补偿、绕组气隙的非正弦分布、定子齿槽与磁路饱和等影响，磁通在空间不是一个严格的正弦分布，有 3，5，7，9 等高次谐波，引起其输出电压中有波形误差，采样点处的波形误差引起 A/D 转换误差，对 30 或 64 对极旋转变压器，其精道角分辨率为 10″～20″。A/D 采用大模块 RDC 编码时误差小于 1″，可忽略不计。因此，多极旋转变压器的测角误差（含 A/D 误差）为 10″～20″。这种测角装置是采用绝对编码原理，它的零位是可以自行建立的。

2. 感应同步器

感应同步器是一种采用电变速原理且最准确的测角装置。感应同步器的转子和定子都是用玻璃盘做成的，用印刷办法把绕组刻在玻璃盘上。其中，在定子上刻的是单相绕组，而在转子上刻的是两相绕组并随机械轴转动，这很类似多极旋转变压器的定子正余弦绕组，是轴角测量装置。如果感应同步器的极对数是 108 对极，它的角度测量误差是 ±5″；如果感应同步器的极对数是 360 对极，它的测角误差是 ±1″。但是只有感应同步器绕组制作精度很高的情况下才能保证，同时必须保证定子和转子之间的间隙均匀、约为 0.1 mm，感应同步器的电压频率为 5 kHz～10 kHz，这时输出电压幅度是 ±(2～5)mV。

感应同步器的工作原理见图 5－36。

图 5－36 是一种电容式感应同步器工作原理图。这里，用作电极的是两块玻璃板，其间间隙很小。一个是不动的，另一个是装在输出轴上，随着输出轴一起转动，它的输出轴角需要测定。同时在盘上刻有波纹状的传导电极，这些波纹状传导电极由成正弦波形非导电带分开。导电平板 I_1-I_4 上有两个相位差为 $\frac{\pi}{2}$ 的正弦波纹。输入通道 I_1-I_2 和 I_3-I_4 由两个相位差是 $\frac{\pi}{2}$ 的电压供电。

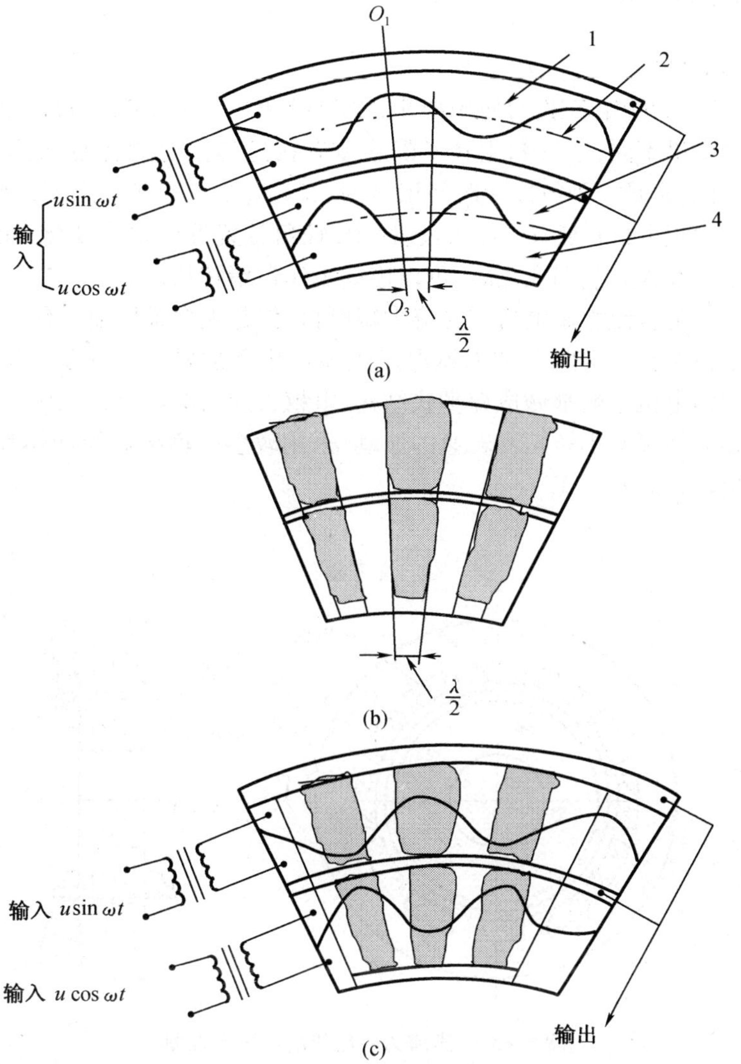

图 5－36　感应同步器原理图

当动盘转动时，输入通道和输出通道之间的耦合电容发生变化，这一变化使输出电压发生变化。输出电压是四个电压的矢量和，并且和动盘的位置有关，即具有不变的电压幅值与变化的相位。测量精度由测量输出电压及其相位差两项决定。这种感应同步器的分辨率一般为30″～1′，如果感应同步器由110对极组成，并且制作精良，则其分辨率为3″。这种测角装置有一个不足的地方就是采用增量码计数，轴角零位需要另外标定。

3. 光栅测角仪

还有一种测角装置是采用脉冲增量计数原理的光栅测角仪，是在镀铬玻璃板上刻制光栅，在光栅的一边放置光源，在光栅的另一边放置读数光栅和光电二极管。它也采用增量计数原理，精度较高，分辨率为1″。但在使用时，需要先转动一下测量轴使其通过零位以便建立计数的起点（零点），有了零位就可以正常测量轴角了。

二、电气执行元件

1. 直流力矩电机

为了满足低速、大转矩负载的使用要求，专门设计了一种特殊的直流电机——直流力矩电机。与一般电机不同，它只利用转子静止或者接近静止时的转矩，而不注重机械功率的使用。也就是说，它是一种可以短时间堵转的、有较宽的转差率、不怕过热和烧毁绕组的特殊直流电机。力矩电机在转子旋转的过程中，轴角位置发生很大变化，而转矩的变化却很小。当工作轴角在很大范围变化时，可以连续工作在堵转状态。

力矩电机又分为直流力矩电机和交流力矩电机，但是大多采用前一种。

直流力矩电机是在一定体积和电枢电压下能产生大的转矩和在低速下连续运转的特殊电机。直流力矩电机一般都做成扁平式结构，电枢长度与电枢直径之比一般为 0.2 左右，而且极对数较多。为了减小转矩和转速的波动，采用较多的槽数和换向器片数。通常采用永磁体来产生磁场，见图 5－37。

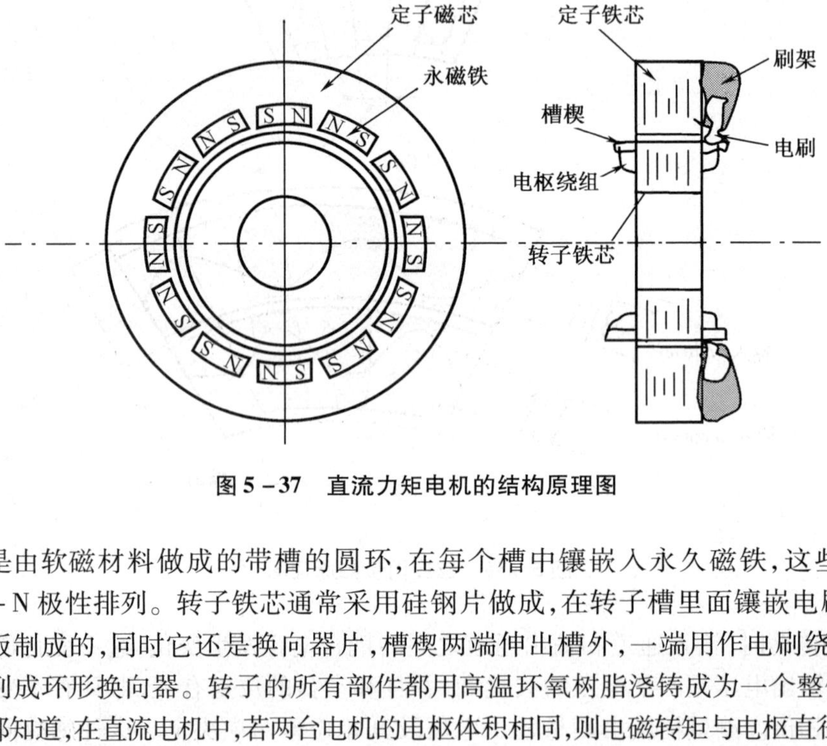

图 5－37　直流力矩电机的结构原理图

定子是由软磁材料做成的带槽的圆环，在每个槽中镶嵌入永久磁铁，这些磁铁按照 S－S和 N－N 极性排列。转子铁芯通常采用硅钢片做成，在转子槽里面镶嵌电刷绕组。槽楔是用铜板制成的，同时它还是换向器片，槽楔两端伸出槽外，一端用作电刷绕组接线，另一端则排列成环形换向器。转子的所有部件都用高温环氧树脂浇铸成为一个整体。

我们都知道，在直流电机中，若两台电机的电枢体积相同，则电磁转矩与电枢直径成正比，而直流力矩电机电枢长度比电枢直径小很多，比例仅为 0.2，这是直流力矩电机转矩大的原因。

2. 交流伺服电机

交流伺服电机的结构分为转子和定子两个部分。定子结构与旋转变压器的基本相同，也就是在定子铁芯里面放置在空间成 90°角的两相绕组，其中一个是激磁绕组，另一个是控制绕组。实际上交流伺服电机是一种两相交流电动机。激磁绕组两端加上恒定的激磁电压 U_f，在控制绕组两端加上控制电压 U_k，一旦加上电压，电机转子就很快转动起来。激磁绕组和控制绕组中的电流在电机里面产生一个旋转磁场，促使电机转子旋转，所以旋转磁场就决定电机的旋转方向。如果绕组中任一个电压改变方向,则旋转磁场也就改变了方向,电机就向相反方向旋转。为了能在电机里面形成一个圆形旋转磁场,要求激磁绕组电压和控制绕组电压之间要有90°的相位差,常用的办法是:

(1)利用三相电源中相电压与线电压相位差是90°;

(2)利用三相电源的任意线电压;

(3)采用移相网络;

(4)在激磁绕组里面串联电容器。

长期以来,在要求调速性能较高的场合,一直都采用直流电机,但是要注意它的缺点:电刷与换向器容易坏,需要保养;换向器与电刷之间有时会产生火花,应用场合受到限制;直流电机的钢铁耗量大,制作成本高。交流伺服电机则没有这些缺点,转子轻、动态响应快,输出功率增加10% ~70%。因此现在很多数控机床都采用交流伺服电机。同时它与步进电机相比,具有控制精度高、矩频特性好、承载能力强、加速性好等特点。如果步进电机步距角为1.8°(两相)或者0.72°(五相),则它的精度就是这些步距角。而交流伺服电机的精度取决于电机编码的精度,如编码是16位,驱动器每接收65 536个脉冲电机转一圈,即每个脉冲相当于360°/65 526 =0.005 5°,显然它的精度提高了。而且它还可以实现闭环控制,从根本上克服了步进电机的失步问题。因此现在多采用交流伺服电机。

三、星体信号从星敏感器测量后的处理线路

1. 对数前置运算放大器

在船用星体跟踪器里面,星敏感器的输出端上总有一个放大器,它把星体信号调制放大,并且对不同亮度的星体都能在一个很宽的频道上检测,即放大器工作在线性状态,它具有较高的输入阻抗、很小的噪声系数、较大的电压放大范围等,这就是对数运算放大器。对数运算放大器能在较宽的范围对星敏感器输出信号进行稳定放大,其中场效应管保证有高的功率放大系数(工作于高阻抗电流发生器状态)和小的噪声电平。对输入信号 $U_{入}$ 取对数取决于输入信号有大的动态范围,而使获得的输出信号 $U_{出}$ 与星体目视等级 m_{pv} 呈线性比例关系,即与导航星体的亮度呈线性比例关系:

$$U_{出} = KU_{入} = K'm_{pv}U'_{入} \tag{5-97}$$

式中,K 为对数前置放大器的放大系数。

对数前置放大器由两个功能部分组成(图5-38),一个是对星体信号 $U_{入}$ 取对数部分,一个是对星体信号 $U_{入}$ 加以准确放大部分。对输入信号 $U_{入}$ 取对数主要采用晶体管 T_{1-1} 的PN结的非线性特性来实现的,它工作在高阻抗电流发生器状态(星敏感器也一样),第二个配对晶体管 T_{1-2} 主要用来对对数环节进行温度补偿。

双极负反馈耦合是由晶体管 T_{3-2} 与电阻 R_8 和晶体管 T_{3-1} 与电阻 R_3 组成,全负反馈是由运算放大器Y输出端分压器 R_{12},R_{13} 提供,而晶体管 T_5 和二极管 D_1 组成局部正反馈。精密放大器的差动级分别接在场效应管 T_2 和 T_4、晶体管 T_{3-1} 和 T_{3-2} 以及运算放大器Y上。运算放大器用于增大负反馈的深度。

2. 信号选通放大器

当天空背景很亮时测星,为了提高信噪比,在星敏感器中采用调制星光的辐射光通量办法,并选用对称双T型电桥滤波器来制作选通放大器以提取星体信号和放大星体信号。对称的双T型电桥具有以下传递函数:

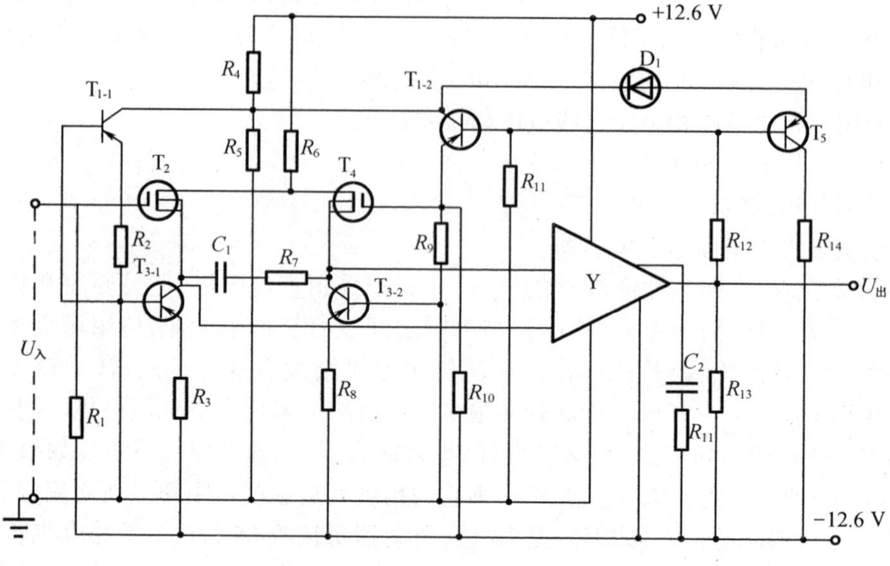

图 5－38　对数前置放大器电原理图

$$K(S)=\frac{S^2+1}{S^2+4S+1} \tag{5-98}$$

式中，$S=\mathrm{j}\omega RC$，为电桥零极点的坐标，它们是 $Z_{1,2}=\pm\mathrm{j}$，$S_1=-3.73$，$S_2=-0.27$。

信号选通放大器由两个运算放大器 Y_1，Y_2 组成(图 5－39)，放大器 Y_2 包括一个恒频电压负反馈，它是一个由 $R_8\sim R_{13}$ 与 $C_5\sim C_{11}$ 组成的双 T 型电桥，用于测出规定输入信号的谱线区间。这个电压负反馈用于稳定选通放大器滤波器的传递系数。通过电阻 R_9，R_{10} 的分压来实现输入信号对给定频谱区间的带宽进行调节。在选通放大器的输出端上一般都加一个电容 C_{12} 来抵消 Y_2 输入端上的直流分量。为了使放大器 Y_2 输入电路对称，使用电阻 R_{14} 和电容 C_{12}，其参数等效于双 T 型电桥的参数。同时运算放大器采用由电阻和电容(R_4，C_2；R_7，C_4)组成的校正网络。

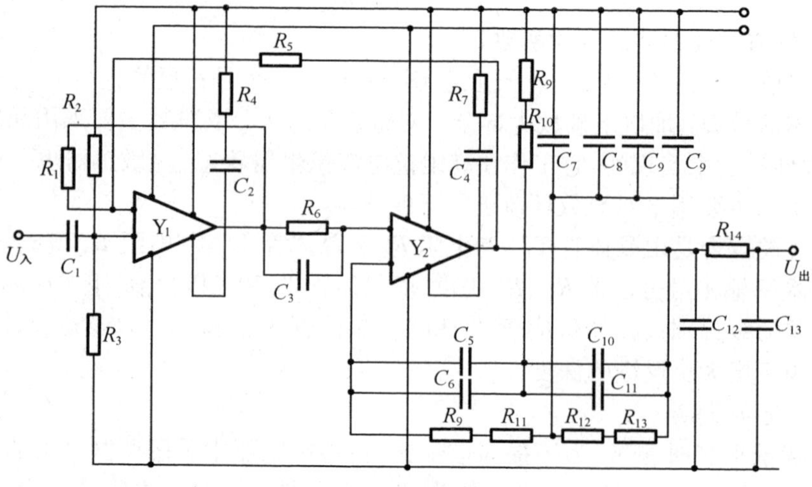

图 5－39　选通放大器原理图

如果星体信号从选通放大器输出端上输出后进入一个精密整流器，则选通放大器输出的交流信号就正比于观测星体的亮度；反之，如果选通放大器输出端接在相敏放大器的输入端，则选通放大器输入端信号就正比于星体跟踪器的跟踪误差。图 5－40 示出了选通放大器的幅频特性。

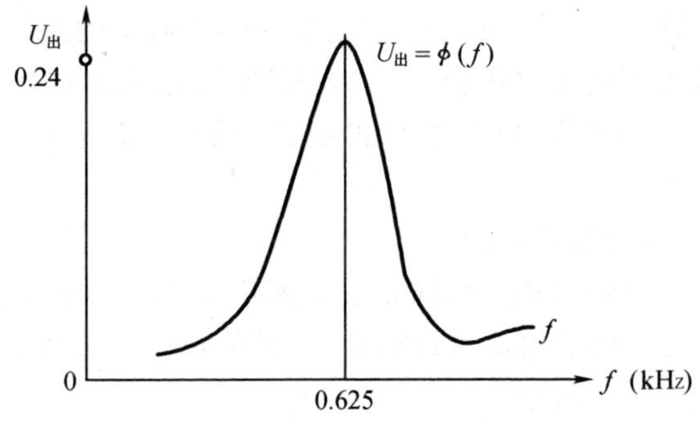

图 5－40 选通放大器的幅频特性

3. 精密整流器

为了使选通放大器的输出信号大小与观测星体的亮度成正比，大多对输出的交流信号进行精密整流，进而控制光电接收器高压电源的大小，如图 5－41 所示。

全波精密整流器是由封装于一个外壳里的两个等同晶体管（$T_3,\cdots,T_6$）组成（按二极管连接），这主要是使精密整流器的参数更好地与负载匹配。从晶体管（$T_3,\cdots,T_6$）的开启上沿引出信号，运算放大器 Y_1 的微弱信号就是从这些晶体管中引出的。

精密整流器包括晶体管 T_1，T_6 组成的差动级，在初始状态下，由晶体管 T_7 构成的电流发生器的电流平均分配在 T_1，T_6 组成的差动级之间。如果 T_1，T_6 组成的差动级在晶体管 T_2 和 T_4 基极上的电位一样，则此线路可对微弱信号进行精密整流。电阻 R_K 和 R_R 应当完全一致，如图 5－41 所示。

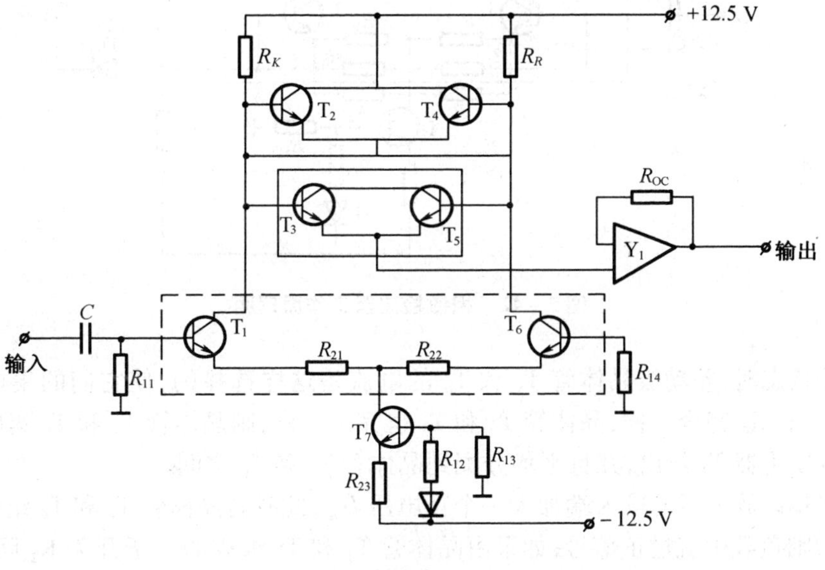

图 5－41 精密整流器原理图

这个图的工作原理如下：在初始状态，整流二极管（晶体管 T_3 与 T_5 的发射极）通过运算放大器 Y_1 的微弱输入电流发生位移。晶体管 T_2 和 T_4 处于截止状态。当加入输入信号时，T_3 上的二极管截止，其输出端有相应的信号电压，当这个信号电压继续增加时，晶体管 T_1 完全导通。这时，晶体管 T_1 的集电极电位经过晶体管 T_4 的发射极趋于晶体管 T_6 的电位。这时晶体管 T_1 的集电极电位不但不降低,相反它随着晶体管 T_6 的集电极电位回升,三极管 T_3 的反向电压不再增加。因为截止的晶体管的整流电位不会下降到负值,这个晶体管就达不到饱和状态,因此,精密整流器输出端最大可能的信号是将初始的集电极电位降低到它的基极电位,然后再把它升到 +12.5 V。如果输出信号是负值,线路工作原理刚好相反。

4. 相敏检波器

得到双相信号的办法是采用工作在双相电流发生器状态下的普通差动级。这时相敏整流器的关键不是放行信号,而是在没有负载时的电流大小,即产生对负载旁流的大小,如图 5-42 所示。

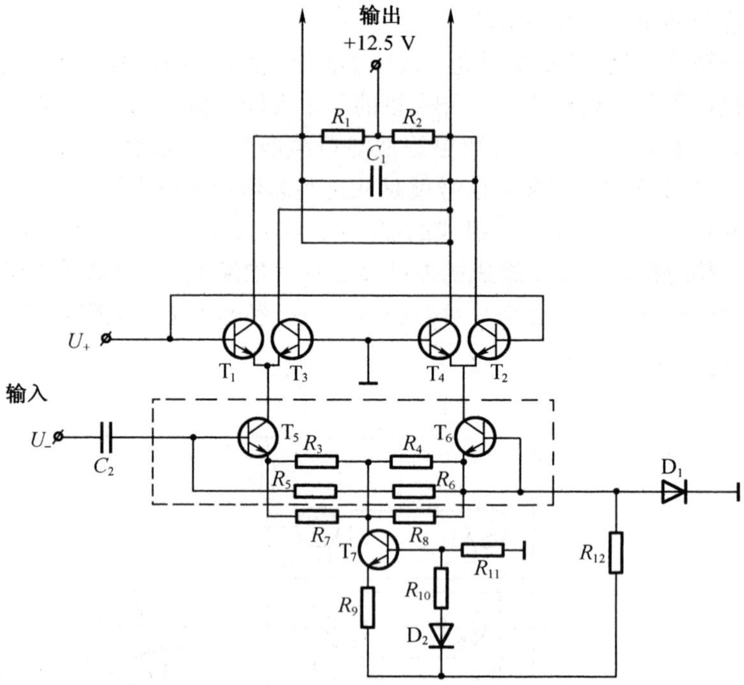

图 5-42 相敏检波器工作原理图

在原始状态时,差动级晶体管 T_5 和 T_6 的电流是这样选择的,使它们的集电极电位为零。如果 R_3 和 R_4 完全一样,晶体管 T_5 和 T_6 也完全一样,则晶体管 T_5 和 T_6 集电极上的电流就由射流发生器 T_7 给出,并且平均分配到晶体管 T_5 和 T_6 之间。

如果在相敏放大器的输入端加入一个正电压 U_+,此时若晶体管 T_1 和 T_4 组成的电子开关 K_1 闭合,则负载中流过正信号;如果由晶体管 T_3 和 T_2 组成的电子开关 K_2 闭合,则负载中流过此输入端为负电压 U_- 的信号,同时将正电压 U_+ 输入端短路。

以上电子线路是对星敏感器输出信号所做的处理,目的只有一个,就是提高信噪比,检测更暗的星体,从而提高星体跟踪器的导航能力。

上面列举的星体检测线路仅供参考,当然目前还有更合适的大集成块可用。

参考文献

[1] А. Ф. Буров,等. 船用光学自动定向仪[J],1981:240-248.

[2] 美国无线电公司. Electro-Optics Handbook[K],1974.

[3] 季必达. 把 CCD 用于昼夜星光导航与制导的试验[J]. 导航,1987(3):27-36.

[4] 法国汤姆森公司. CCD DATA BOOK[K],1988.

[5] 美国罗拉仙童成像敏感器公司, LORAL FAIRCHILD 1991 CCD DATABOOK[K],1991.

[6] 季必达,唐建博. CCD 昼夜星体跟踪器试验[J]. 导航,1992(4):127-130.

[7] 季必达. 未来的天文导航世界[J]. 导航,1994(3):14-18.

[8] 季必达,冯惠兰. 跨向 21 世纪的天文导航应怎样发展[C]//世纪之交的导航技术文选. 中国电子学会导航分会,1998:30-37.

[9] 季必达. 关于 S938 昼夜星体跟踪器[J]. 导航,2000(3):61-67.

[10] 季必达,冯惠兰. 一种天文/惯性/GPS/激光测距组合应用方案分析[J]. 导航,2001(2):83-91.

[11] LEVINE S, DENNIS R, BACHMAN K L. Strapdown Astro-Inertial Navigation Utilizing the Optical-angle Lens Startracker[J]. NAVIGATION, 1990, 37(4):91.

[12] Robert. B. Whitman. ASTROINERTIAL NAVIGATION FOR CRUISE APPLICATIONS (NAS-26 系统):US,ADA 090649 [P],1980-11.

[13] 孙建峰,申功勋. 新一代固态方位敏感器[C]//北京天文 – 惯性导航学术会论文集,1992,6:1-6.

[14] 中国大百科全书(天文学)[K]. 北京:中国的百科全书出版社,1980.

[15] 李龙森. 自动控制理论[M]. 天津:天津科学技术出版社,1980.

[16] 徐泽善. 传感器与压电器件——信息装备的特种元件[M]. 北京:国防工业出版社,1999.

[17] 张琛. 精密定位技术[M]. 上海:上海交通大学出版社,1991.

[18] Robert W. Mayer. Servomechanisms and regulating system design [M]. New York: Hardcover,1963.

[19] г. о. 弗里德连杰尔. 惯性导航系统[M]. 胡良骏,译. 北京:国防工业出版社,1965.

[20] 胡佑德,张富有. 反馈控制系统设计[M]. 北京:北京理工大学出版社,1987.

[21] Finck J , Lance N. An investigation of sight-line wstabilization: US, DAAPO3-69-C-004 [P],1972-12.

[22] Glen Quasius,Floyd McCanless. Star trackers and systems design[M]. Washington,D. C. : Spartan Books,1966.

附录一　坐标变换公式推导

一、符号规定

1. 地平坐标系

(1)星体的地平高度 h_d:从人工地平面向上到天顶方向取值为正,见附图 1 的(1)。

(2)星体的地平方位 A_d:在人工地平面内,以测者天顶为中心,由天北极向东顺时针取值为正,见附图 1 的(2)。

(3)潜艇航向 K:在人工地平面内,以潜艇主桅点(这时和测者天顶相一致)为中心,由天北极向东顺时针取值为正,见附图 1 的(3)。

(4)星体的地平舷角 q_d:在人工地平面内,以潜艇的艏向为基准,围绕主桅点顺时针取值为正,见附图 1 的(3),而 $q_d = A_d - K$。

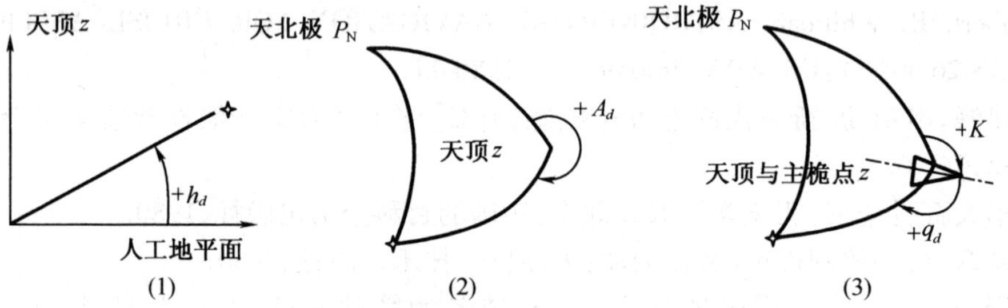

附图 1　坐标变换的地平坐标符号规定

2. 甲板坐标系

(1)甲板高度:从潜艇的甲板基准面向上到主桅点方向取值为正号,见附图 2 的(1)。

(2)甲板舷角:在潜艇的甲板基准平面内,以主桅点为中心,从潜艇艏方向开始顺时针取值为正号,见附图 2 的(2)。

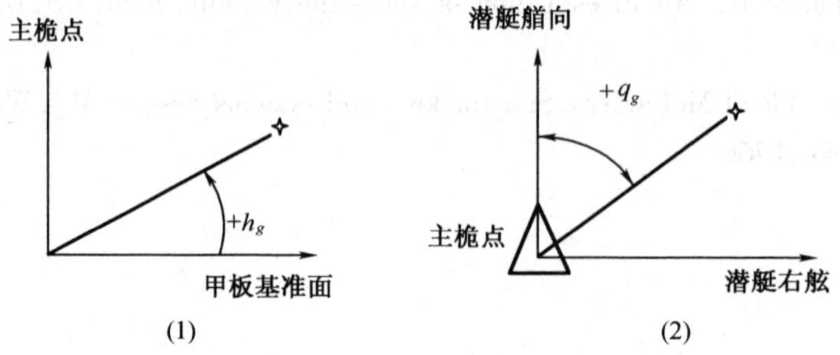

附图 2　坐标变换的甲板坐标符号规定

3. 潜艇的摇摆角

(1)纵摇角 P:当潜艇的甲板基准面艏艉线相对人工真地平面摆动时,称之为纵摇,并规定艇艏高出人工真地平面时,纵摇角取正号;反之,当艇艏低于人工真地平面时,纵摇角取负号。

(2)横摇角 R:当潜艇的甲板基准平面左右舷方向相对人工真地平面摆动时,称之为横摇,且规定左舷基准面高出人工真地平面时,横摇角取正号;反之,横摇角取负号。

二、坐标正变换(地平坐标系向甲板坐标系变换)

假设 $O-xyz$ 代表潜艇的甲板坐标系,Ox 为潜艇的横摇轴线,x 为艇首;Oy 为纵摇轴线,y 为左舷;Oz 为主桅方向,z 为顶。当然,潜艇处于静水中无摇摆状态时,星体在 $O-xyz$ 坐标系中的坐标即为其地平坐标,此时,地平高度是 $+h_d$,地平舷角是 $+q_d$,见附图3。

天体 σ 在各轴上的分量为

$$x = r\cos h_d \cos q_d$$

$$y = -r\cos h_d \sin q_d$$

$$z = r\sin h_d$$

按照先横摇后纵摇的顺序推演变换公式。左舷翘起一个正的横摇角 $+R$,得到一个新的坐标系 $O-x'y'z'$,见附图4。天体 σ 在新的坐标系 $O-x'y'z'$ 中的投影分量为

$$x' = r\cos h_d \cos q_d$$

$$y' = y\cos R + z\sin R = -r\cos h_d \sin q_d \cos R + r\sin h_d \sin R$$

$$z' = -y\sin R + z\cos R = r\cos h_d \sin q_d \sin R + r\sin h_d \cos R$$

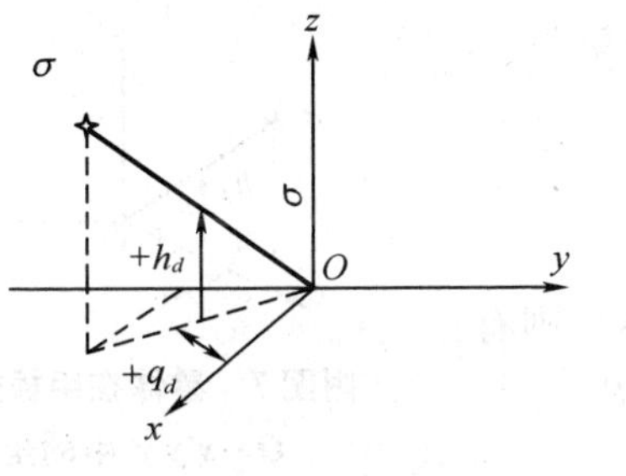

附图3　星体在地平坐标系的坐标

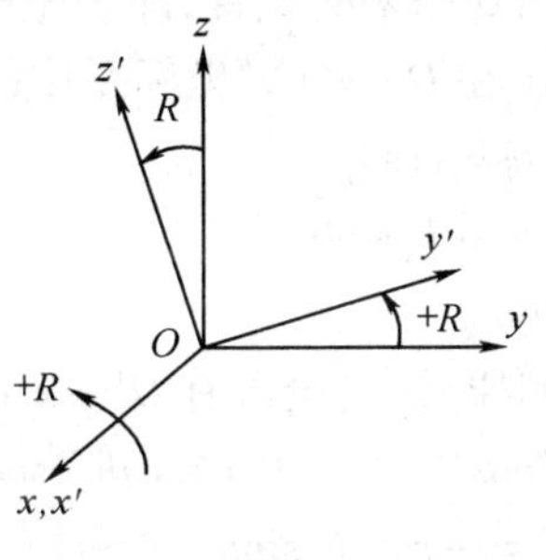

附图4　星体在坐标系 $O-x'y'z'$ 中的投影分量

艇艏仰起一个正的纵摇角 $+P$,又得到一个新的坐标系 $O-x''y''z''$,见附图5。星体在新的坐标系 $O-x''y''z''$ 中的投影分量为

$$x'' = x'\cos P + z'\sin P$$

$$= r\cos h_d \cos q_d \cos P + r\cos h_d \sin q_d \sin R \sin P + r\sin h_d \cos R \sin P$$

$$y'' = y' = -r\cos h_d \sin q_d \cos R + r\sin h_d \sin R$$

$$z'' = -x'\sin P + z'\cos P$$

$$= -r\cos h_d \cos q_d \sin P + r\cos h_d \sin q_d \sin R \cos P + r\sin h_d \cos R \cos P$$

$O-x''y''z''$ 就是潜艇经过摇摆后的甲板坐标系,见附图6。天体 σ 在这个坐标系里的坐标量为

甲板高度 $+h_g$：

$$\sin h_g = \frac{z''}{r} = \sin h_d \cos R \cos P - \cos h_d \cos q_d \sin P + \cos h_d \sin q_d \sin R \cos P \qquad (附1-1)$$

甲板舷角 $+q_g$：

$$\tan q_g = \frac{-y''}{x''} = \frac{\cos h_d \sin q_d \cos R - \sin h_d \sin R}{\cos h_d \cos q_d \cos P + \cos h_d \sin q_d \sin R \sin P + \sin h_d \cos R \sin P} \qquad (附1-2)$$

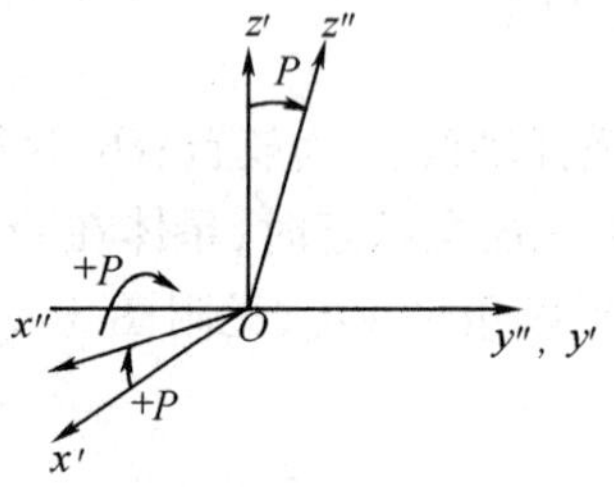

附图5　星体在坐标系 $O-x''y''z''$ 中的投影分量

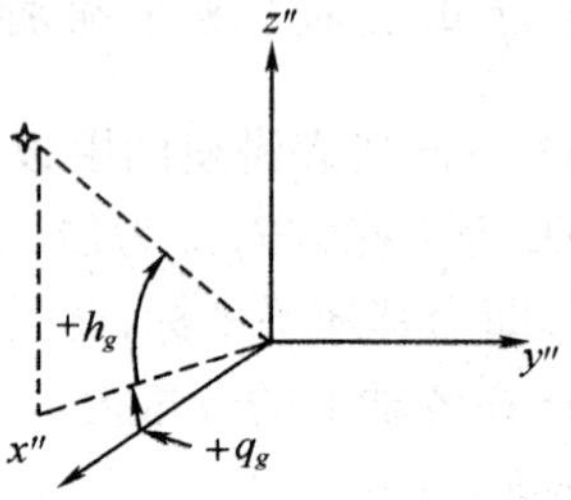

附图6　星体在甲板坐标系 $O-x''y''z''$ 中的坐标

三、坐标逆(反)变换(甲板坐标系向地平坐标系变换)

假设 $O-x''y''z''$ 代表潜艇摇摆后处于观测位置时的甲板坐标系，星体 σ 在这个坐标系中的坐标是已知的，即已经知道星体的甲板高度 $+h_g$、甲板舷角 $+q_g$、横摇角 $+R$、纵摇角 $+P$、偏航角 $+K$。按照先纵摇后横摇的次序(注意：此时摇摆角保持原坐标正变换时的正负号)，把潜艇拉回到原来的位置，即为坐标逆变换。

星体 σ 在 $O-x''y''z''$ 坐标系中的坐标(附图7)分量为

$x'' = r\cos h_g \cos q_g$

$y'' = -r\cos h_g \sin q_g$

$z'' = r\sin h_g$

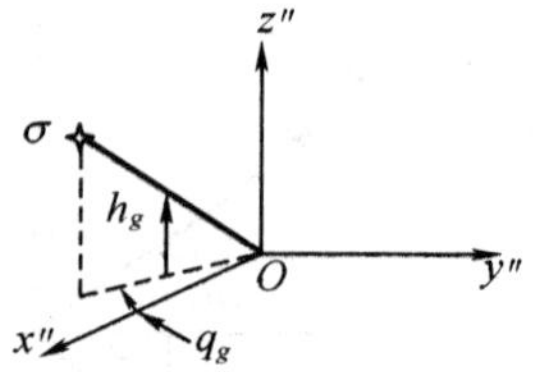

附图7　星体在甲板坐标系 $O-x''y''z''$ 中的坐标

纵摇回原后，潜艇占有 $O'-x'y'z'$ 坐标系(附图8)，则有：

$x' = x''\cos P - z''\sin P = r\cos h_g \mathrm{csoq}_g \cos P - r\sin h_g \sin P$

$y' = y'' = -r\cos h_g \sin q_g$

$z' = x''\sin P + z''\cos P = r\cos h_g \cos q_g \sin P + r\sin h_g \cos P$

横摇回原后，潜艇占有 $O-xyz$ 坐标系(附图9)，则有：

$x = x' = r\cos h_g \cos q_g \cos P - r\sin h_g \sin P$

$y = y'\cos R - z'\sin R = -r\cos h_g \sin q_g \cos R -$
$r\cos h_g \cos q_g \sin P \sin R - r\sin h_g \cos P \sin R$

$z = y'\sin R + z'\cos R = -r\cos h_g \sin q_g \sin R +$
$r\cos h_g \cos q_g \sin P \cos R + r\sin h_g \cos P \cos R$

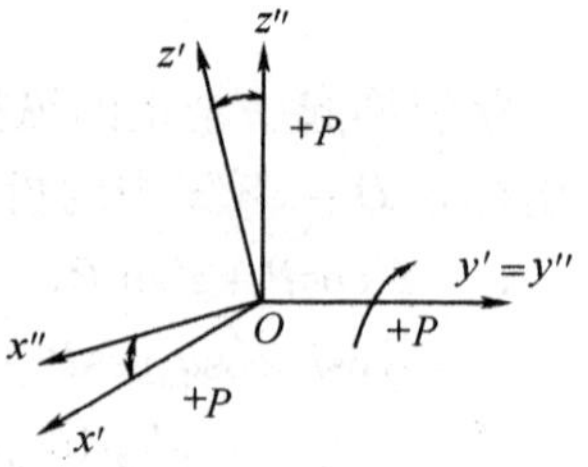

附图8　星体在坐标系 $O-x'y'z'$ 中的坐标

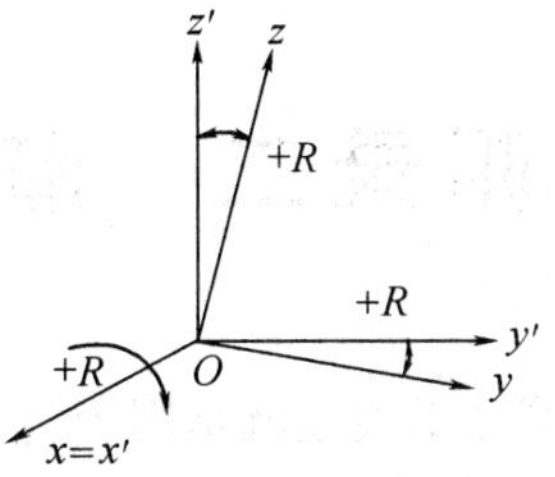

附图 9　星体在坐标系 $O-xyz$ 中的坐标

坐标系 $O-xyz$ 是潜艇又回到不摇摆时的地平坐标系，于是星体 σ 在坐标系 $O-xyz$ 中的坐标为

地平高度 $+h_d$：

$$\begin{aligned}\sin h_d &= z/r \\ &= \sin h_g \cos R \cos P - \cos h_g \sin q_g \sin R + \\ &\quad \cos h_g \cos q_g \sin P \cos R \end{aligned} \qquad (附 1-3)$$

地平舷角 $+q_d$：

$$\tan q_d = \frac{-y}{x} = \frac{\cos h_g \sin q_g \cos R + \cos h_g \cos q_g \sin R \sin P + \sin h_g \sin R \cos P}{\cos h_g \cos q_g \cos P - \sin h_g \sin P} \qquad (附 1-4)$$

地平方位 $+A_d$ 为

$$A_d = q_d + K \qquad (附 1-5)$$

在实际计算中，由于计算机取数时间不同，正反变换中的 $R, P, K, h_g, q_g, h_d, q_d, A_d$ 是一样的，为了区分，在坐标反变换公式中，我们在所有字母的右上方打上“′”。

附录二 潜用星光导航仪的数学模型

所谓数学模型就是用于潜用星光导航仪的数字处理、数值计算和系统控制等公式数字化,用一套公式表达系统的各个动作,这套公式就叫作数学模型。数学模型分三个部分:输入信息计算及其处理、控制计算公式、定位计算公式。

一、输入信息计算及其处理

由频标 1KC 信号传给时间计数器计时,为了得到计算的时间,引入计算系数为

$$\frac{2^{24}}{24 \times 3\ 600 \times 10^3} = C_t$$

对于太阳、行星和月亮的视赤经 α_i 与视赤纬 δ_i,用白塞尔内插方法求得,公式如下:

$$f(t_0 + nw) = f(t_0) + n(f_1 - f_0) + \frac{n(n-1)}{4}(f_2 - f_1 - f_0 + f_{-1}) + \frac{n(n-1)\left(n - \frac{1}{2}\right)}{6}[f_2 - 3(f_1 - f_0) - f_{-1}]$$

式中,f_0,f_1,f_2,f_{-1} 分别代表今天,前一天,前两天,后一天的数值;w 是内插间距;n 是小时数。

二、控制计算公式

1. 求观测天体的地平坐标(其中 $i = 1,2,3$)

(1)对应观测时刻 T_{0i} 的格林尼治恒星时

$$S_{Gi}^0 = S_G^0 + 1.002\ 738(T_{0i} + u) \tag{附 2 – 1}$$

(2)对应 T_{0i} 的天体地方时角

$$t_{Mi} = S_{G0i} \pm \lambda_{0W}^{E} - \alpha_i \tag{附 2 – 2}$$

(3)对应 T_{0i} 的天体地平高度

$$h_{0i} = \sin^{-1}(\sin\varphi_0 \sin\delta_i + \cos\varphi_0 \cos\delta_i \cos t_{Mi}) \tag{附 2 – 3}$$

(4)对应 T_{0i} 的天体地平方位

$$A_{0i} = \tan^{-1}\frac{Z}{M} \tag{附 2 – 4}$$

式中

$$Z = -\cos\delta_i \sin t_{Mi}$$

$$M = \cos\varphi_0 \sin\delta_i - \sin\varphi_0 \cos\delta_i \cos t_{Mi}$$

由 $\sin A_{0i} = \frac{Z}{\cos h_{0i}}$ 和 $\cos A_{0i} = \frac{M}{\cos h_{0i}}$ 来判断 A_{0i} 的象限。

(5)对应 T_{0i} 的天体高度变化率

$$h_{vi} = \frac{dh_{0i}}{dt} = 1.002\ 738\cos\varphi_0 \sin A_{0i} \tag{附 2 – 5}$$

(6)对应 T_{0i} 的天体方位变化率

$$A_{vi}=\frac{\mathrm{d}h_{0i}}{\mathrm{d}t}=1.002\ 738\times(\sin\varphi_0-\cos\varphi_0\cos A_{0i}\tan h_{0i}) \tag{附 2-6}$$

(7)折光差

$$\rho_i=016\ 7\times10^{-4}\times\frac{B(10^{-3})}{0.273+t_c^0(10^{-3})}\coth_{0i} \tag{附 2-7}$$

(8)太阳、月亮和行星的视差

$$\pi_i=\pi_i^0\ \cos h_{0i} \tag{附 2-8}$$

(9)对应跟踪时刻 T_{mi} 的瞬时地平高度

$$h_{\dim}=h_{0i}+(T_{mi}-T_{0i})\times h_{vi}+C_f h_f+\rho_i-\pi_i \tag{附 2-9}$$

式中，C_f 为高度手动修正系数。

(10)对应跟踪时刻 T_{mi} 的瞬时地平方位和瞬时地平舷角

$$\begin{aligned}A_{\dim}&=A_{0i}+(T_{mi}-T_{0i})\times A_{vi}+C_f q_f\\ q_{\dim}&=A_{\dim}-K_{mi}\end{aligned} \tag{附 2-10}$$

式中，C_f 为方位手动修正系数。

2. 观测天体的甲板坐标

(1)由镜管翘曲引入对 R 与 P 的修正

$$\begin{aligned}R_{G\Omega}&=-\frac{A-B}{2\sin\alpha}\cos\Omega-\frac{A+B}{2\cos\alpha}\sin\Omega\\ P_{G\Omega}&=\frac{A-B}{2\sin\alpha}\sin\Omega-\frac{A+B}{2\cos\alpha}\cos\Omega\end{aligned} \tag{附 2-11}$$

式中　α——镜管翘曲测量部分的光学夹角；

Ω——惯性平台框架上的直角棱镜连线中心到潜望镜回转中心连线对舰艏艉线的夹角；

则

$$\begin{cases}R_m=R+R_{G\Omega}\\ P_m=P+P_{G\Omega}\end{cases} \tag{附 2-12}$$

(2)预测天体的甲板高度

$$\begin{aligned}h_{gim}=\sin^{-1}(&\sin h_{\dim}\cos R_m\cos P_m-\cos h_{\dim}\cos q_{\dim}\sin P_m+\\ &\cos h_{\dim}\sin q_{\dim}\sin R_m\cos P_m)\end{aligned} \tag{附 2-13}$$

(3)预测天体的甲板方位

$$\begin{aligned}q_{gim}&=\tan^{-1}\left(\frac{Z_q}{M_q}\right)\\ Z_q&=\cos h_{\dim}\sin q_{\dim}\cos R_m-\sin h_{\dim}\sin R_m\\ M_q&=\cos h_{\dim}\cos q_{\dim}\cos P_m+\cos h_{\dim}\sin q_{\dim}\sin R_m\sin P_m+\sin h_{\dim}\cos R_m\sin P_m\end{aligned} \tag{附 2-14}$$

3. 跟踪控制计算

(1)牛顿后插

①甲板高度插值

$$h_{gim}^{j_1}=h_{gm}+\frac{\Delta T+\delta t_h+j_1\Delta t}{\Delta T}\nabla_{mh}+\frac{(2\Delta T+\delta t_h+j_1\Delta t)(\Delta T+\delta t_h+j_1\Delta t)}{2\Delta T^2}(\nabla_{mh}-\nabla_{(m-1)h}) \tag{附 2-15}$$

②甲板方位插值

$$q_{gim}^{j_1}=q_{gm}+\frac{\Delta T+\delta t_h+j_1\Delta t}{\Delta T}\nabla_{mq}+\frac{(2\Delta T+\delta t_q+j_1\Delta t)(\Delta T+\delta t_q+j_1\Delta t)}{2\Delta T^2}(\nabla_{mq}-\nabla_{(m-1)q})$$

（附 2-16）

式中 $j_1=1,2,3$——外插节点；

Δt——控制小步长，$\Delta t=7.5$ ms；

ΔT——控制大步长，$\Delta T=22.5$ ms；

δt_h——预测提前量，$\delta t_h=\delta t_q=22.5$ ms。

③传递指令

$$\nabla_{mh}=h_{gim}-h_{gim-1},\nabla_{mh}\Rightarrow\nabla_{(m-1)h},\frac{1}{2}h_{gim}\Rightarrow\frac{1}{2}h_{gim-1} \quad (附 2-17)$$

$$\nabla_{mq}=q_{gim}-q_{gim-1},\nabla_{mq}\Rightarrow\nabla_{(m-1)q},q_{gim}\Rightarrow q_{gim-1} \quad (附 2-18)$$

（2）模拟-数字信息处理

①送比例因子 C_{fh},C_{fq}；

②求 $\tan^{-1}(h^J,h^c,q^J,q^c,h_f,q_f,\beta)$；

③判读纠错

对于甲板高度（棱镜轴转角）

$$h^c=M_h\left(\frac{360°}{32}\right)+m_h \quad (M_h=1,2,\cdots,31) \quad (附 2-19)$$

判断三种情况，若 h^J 在：

（a）第一象限，而且符合 $8°28'15''<m_h<11°15'$，则 $M_h'=M_h+1$；

（b）第四象限，而且符合 $0°<m_h<2°18'15''$，则 $M_h'=M_h-1$；

（c）其他象限，则 $M_h'=M_h$。

粗精组合：$h_g=M_h'\left(\frac{360°}{32}\right)+\frac{h^J}{32}-\delta h_g^0$（$\delta h_g^0$ 为高度零位值）。

对于甲板方位（潜望镜转角）

$$q^c=M_q\left(\frac{360°}{32}\times\frac{32}{30}\right)+m_q \quad (M_q=0,1,2,\cdots,29) \quad (附 2-20)$$

判断三种情况，若 q^J 在：

（a）第一象限，而且符合 $9°<m_q<12°$，则 $M_q'=M_q+1$；

（b）第四象限，而且符合 $0°<m_q<3°$，则 $M_q'=M_q-1$；

（c）其他象限，则 $M_q'=M_q$。

粗精组合：$q_g=M_q'\left(\frac{360°}{30}\right)+\frac{q^J}{30}-\delta q_g^0$，（$\delta q_g^0$ 为方位零位值）。

对于镜管弯曲测量（即双光楔转角）$\beta_i=\beta/2.34-\delta\beta^0$（$\delta\beta^0$ 为双光楔轴角零位）。

（3）求跟踪误差

$$\begin{cases}\Delta h_g=h_g^{j_2}-h_g\\ \Delta q_g=q_g^{j_2}-q_g\end{cases} \quad (j_2=1,2,3) \quad (附 2-21)$$

（4）引进校正计算

$$W(s)=k(1+Ts)-\tau s \quad (附 2-22)$$

对于高度随动系统有

$$\Delta h_g^{(s)} = \left[(k_h \Delta h^n - k_h \Delta h^{(n-1)}) \frac{T_h}{\Delta T_h} + k_h \Delta h^n \right] - (h_g^n - h_g^{(n-1)}) \frac{\tau_h}{\Delta T_h} \quad (附2-23)$$

判断：

$\Delta h_g^{(s)} \geqslant 1° \longrightarrow$ 送 8 个“1” 给高度随动系统接口(10013)

↓

送 $\Delta h_g^{(s)}/1°$ 给高度随动系统接口(10013)

对于方位随动系统有

$$\Delta q_g^{(s)} = \left[(k_q \Delta q^n - k_q \Delta q^{(n-1)}) \frac{T_q}{\Delta T_q} + k_q \Delta q^n \right] - (q_g^n - q_g^{(n-1)}) \frac{\tau_q}{\Delta T_q} \quad (附2-24)$$

判断：

$\Delta q_g^{(s)} \geqslant 1° \longrightarrow$ 送 7 个“1” 给方位随动系统接口(10012)

↓

送 $\Delta q_g^{(s)}/1°$ 给方位随动系统接口(10012)

式中　ΔT_h——高度随动系统的机电时间常数(0.15 s)；

ΔT_q——方位随动系统的机电时间常数(0.4 s)。

4. 瞄准测量和存储记录数据

把星像拉入十字分划线中心，并按下“对中”，按钮则由计算机同时记录存储的数据有：

(1)惯性导航系统来的数据　地理经度 λ'_{ik}，地理纬度 φ'_{ik}，航速 ν'_{ik}，航向 k'_{ik}，纵摇角 p'_{ik}，横摇角 R'_{ik}；

(2)模拟数字转换来的数据　高度棱镜轴转角 $\frac{1}{2}h'_{gik}$，潜望镜镜管方位转角 q'_{gik}，镜管弯曲 β'_{ik}；

(3)定位测量时间 T'_{ik}　每个天体记录 7 组数据，每一次天文定位需要 $i=1,2,3$ 个天体。

三、定位计算公式

1. 引入镜管弯曲修正

$$\Delta h'_{wik} = \theta^2 \frac{1+\sin h'_{gik}}{\cos h'_{gik}}$$

$$\Delta q'_{wik} = -\theta \frac{1+\sin h'_{gik}}{\cos h'_{gik}} \quad (附2-25)$$

式中，$\theta = 14'30''\sin\beta'_{ik}$，为双光楔夹角。

则弯曲修正为

$$\begin{cases} h''_{gik} = h'_{gik} + \Delta h'_{wik} \\ q''_{gik} = q'_{gik} + \Delta q'_{wik} \end{cases} \quad (附2-26)$$

2. 求观测的地平坐标

(1)观测的地平高度

$$h'_{il} = \sin^{-1}[(\sin h''_{gik}\cos R'_{ik}\cos P'_{IK} - \cos h''_{gik}\sin q''_{gik}\sin R'_{ik} + \cos h''_{gik}\cos q''_{gik}\cos R'_{ik}\sin P'_{ik})] \quad (附2-27)$$

(2)观测的地平舷角

$$q'_{il} = \tan^{-1}\left(\frac{P}{Q}\right) \quad (附2-28)$$

式中 $P = \cos h''_{gik}\sin q''_{gik}\cos R'_{ik} + \sin h''_{gik}\sin R'_{ik}\cos P'_{ik} + \cos h''_{gik}\cos q''_{gik}\sin R'_{ik}\sin P'_{ik}$;

$Q = \cos h''_{gik}\cos q''_{ik}\cos P'_{ik} - \sin h''_{gik}\sin P'_{ik}$。

(3)观测的地平方位

$$A'_{il} = K'_{il} + q'_{il} \quad (附2-29)$$

3. 求观测平均值

$$\lambda'_i = \frac{1}{7}\sum_{k=1}^{7}\lambda_k^i$$

$$\varphi'_i = \frac{1}{7}\sum_{k=1}^{7}\varphi_k^i$$

$$T'_i = \frac{1}{7}\sum_{k=1}^{7}T_k^i$$

$$h'_i = \frac{1}{7}\sum_{l=1}^{7}h'_{il}$$

$$A'_i = \frac{1}{7}\sum_{l=1}^{7}A'_{il}$$

$$\frac{1}{7}\sum V'_i\cos q'_i = \frac{1}{7}\sum_{k=1}^{7}V'_{ik}\cos q'_{ik} \quad (附2-30)$$

4. 求折光差

$$\rho_i = 0.167\times10^{-4}\times\frac{B\times10^{-3}}{0.273 + t_c^0\times10^{-3}}\coth'_i \quad (附2-31)$$

5. 对应观测记录时刻 T'_i 求计算高度

(1)求 T'_i 的格林尼治恒星时及地方时

$$S_{Gi}^c = S_G^0 + 1.002\,738\times(T'_i + u)$$

$$t_{Mi}^c = S_{Gi}^c \pm \lambda'^E_{ow} - \alpha_i \quad (附2-32)$$

(2)求 T'_i 时刻的天体计算高度

$$h_i^{c'} = \sin^{-1}(\sin\varphi'_i\sin\delta_i + \cos\varphi'_i\cos\delta_i\cos t_{Mi}^c) \quad (附2-33)$$

(3)对太阳、月亮和行星引入视差修正

$$h_i^c = h_i^{c'} - \pi_i^0\cos h_i^{c'} \quad (附2-34)$$

6. 求高度差

$$\Delta h'_i = h'_i - \rho_i - h_i^c \quad (i = 1,2,3) \quad (附2-35)$$

7. 求 T'_i 时刻的计算方位

$$A'_i = \tan^{-1}\left(\frac{Z^c}{M^c}\right) \quad (附2-36)$$

$$Z^c = -\cos\delta_i\sin t_{Mi}^c$$

$$M^C = \cos\varphi'_i\sin\delta_i - \sin\varphi'_i\cos\delta_i\cos t'_{Mi}$$

8. 定位计算

(1)单星定位

判断定位否(是)——→定位转双星定位(打开面板上的定位方式单星定位开关)

↓

(否)→存 $\Delta h'_3 \Rightarrow \Delta h'_j \quad A'_3 \Rightarrow A'_j \quad T'_3 \Rightarrow T'_j$

$$\frac{1}{7}\sum V'_i \cos q'_i = \frac{1}{7}\sum V'_j \cos q'_j$$

(2)双星定位

对第一颗天体引入异顶差修正

$$\Delta h'_1 = \Delta h_1 - (T'_2 - T'_1)\frac{1}{7}\sum V'_1 \cos q'_1 \tag{附 2 - 37}$$

地理经度修正量

$$\Delta\lambda = \frac{\Delta h'_2 \times \cos A^c_1 - \Delta h'_1 \times \cos A'_2}{\cos\varphi'_2 \times \sin(A^c_2 - A^c_1)} \tag{附 2 - 38}$$

地理纬度修正量

$$\Delta\varphi = \frac{\Delta h'_1 \times \sin A^c_2 - \Delta h'_2 \times \sin A^c_2}{\sin(A^c_2 - A^c_1)} \tag{附 2 - 39}$$

航向修正量90°⇒h'_1 转三星定位求航向修正量。

(3)三星定位

对第 1,2 天体引入异顶差修正

$$\begin{aligned} \Delta h'_1 &= \Delta h_1 - (T'_3 - T'_1)\frac{1}{7}\sum V'_1 \cos q'_1 \\ \Delta h'_2 &= \Delta h_2 - (T'_3 - T'_2)\frac{1}{7}\sum V'_2 \cos q'_2 \end{aligned} \tag{附 2 - 40}$$

则

$$G = \sin^2 A^c_1 + \sin^2 A^c_2 + \sin^2 A^c_3$$

$$H = \cos^2 A^c_1 + \cos^2 A^c_2 + \cos^2 A^c_3$$

$$E = \sin A^c_1 \cos A^c_1 + \sin A^c_2 \cos A^c_2 + \sin A^c_3 \cos A^c_3$$

地理经度修正量

$$\Delta\lambda = \frac{(\Delta h'_1 \sin A^c_1 + \Delta h'_2 \sin A^c_2 + \Delta h'_3 \sin A^c_3) - (\Delta h'_1 \cos A^c_1 + \Delta h'_2 \cos A^c_2 + \Delta h'_3 \cos A^c_3) \times \dfrac{E}{G}}{\left[E - \dfrac{E^2}{H}\right]\cos\varphi'_3} \tag{附 2 - 41}$$

地理纬度修正量

$$\Delta\varphi = \frac{(\Delta h'_1 \cos A^c_1 + \Delta h'_2 \cos A^c_2 + \Delta h'_3 \cos A^c_3) - (\Delta h'_1 \sin A^c_1 + \Delta h'_2 \sin A^c_2 + \Delta h'_3 \sin A^c_3) \times \dfrac{E}{G}}{H - \dfrac{E^2}{G}} \tag{附 2 - 42}$$

(4)观测的真实舰位坐标

$$\begin{aligned} \lambda &= \lambda'_3 + \Delta\lambda \\ \phi &= \phi'_3 + \Delta\phi \end{aligned} \tag{附 2 - 43}$$

(5)求航向修正量

对 h_1',h_2',h_3' 进行比较,取高度(h_j')最低值者数据进行航向修正量计算,存 A_j',T_j',于是有

$$t_{Mj}' = S_G^0 + 1.002\ 738(T_j' + u) \pm \lambda_{0W}^{E} - \alpha_j \quad (附 2-44)$$

$$A_j^c = \tan^{-1}\left(\frac{Z_j}{M_j}\right) \quad (附 2-45)$$

式中 $Z_j = -\cos\delta_j \sin t_{Mj}'$;

$M_j = \sin\delta_j \cos\varphi - \sin\varphi \cos\delta_j \cos t_{Mj}'$。

航向修正量:

$$\Delta k = A_j' - A_j^c \quad (附 2-46)$$

9. 对 $\Delta\lambda$,$\Delta\varphi$,Δk 加入标志位后,送给惯性导航系统;同时打印 $\Delta\lambda$,$\Delta\varphi$,Δk,λ,φ,k,停机。

这套数学模型经过实际考验,证明是可行的。